L'ART NATIONAL

ÉTUDE

SUR

L'HISTOIRE DE L'ART EN FRANCE

PAR

HENRI DU CLEUZIOU

*

LES ORIGINES — LA GAULE — LES ROMAINS

CE VOLUME CONTIENT

DIX CHROMOLITHOGRAPHIES, DIX PLANCHES TIRÉES A PART
ET QUATRE CENT TRENTE GRAVURES INTERCALÉES DANS LE TEXTE
Exécutées d'après les Dessins de l'Auteur

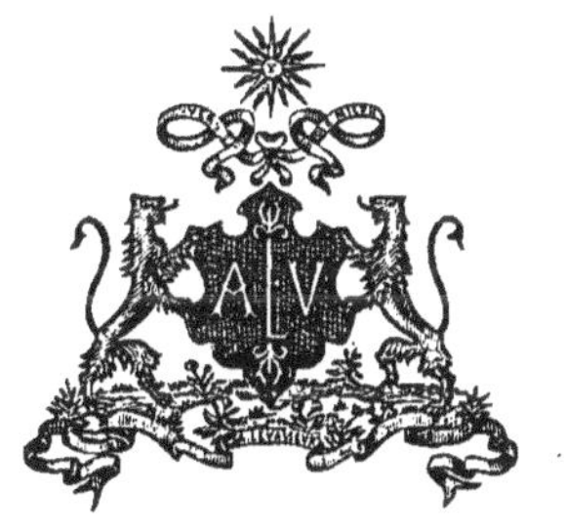

PARIS
LIBRAIRIE ABEL PILON
A. LE VASSEUR Succr, ÉDITEUR
33, RUE DE FLEURUS, 33

1882

L'ART NATIONAL

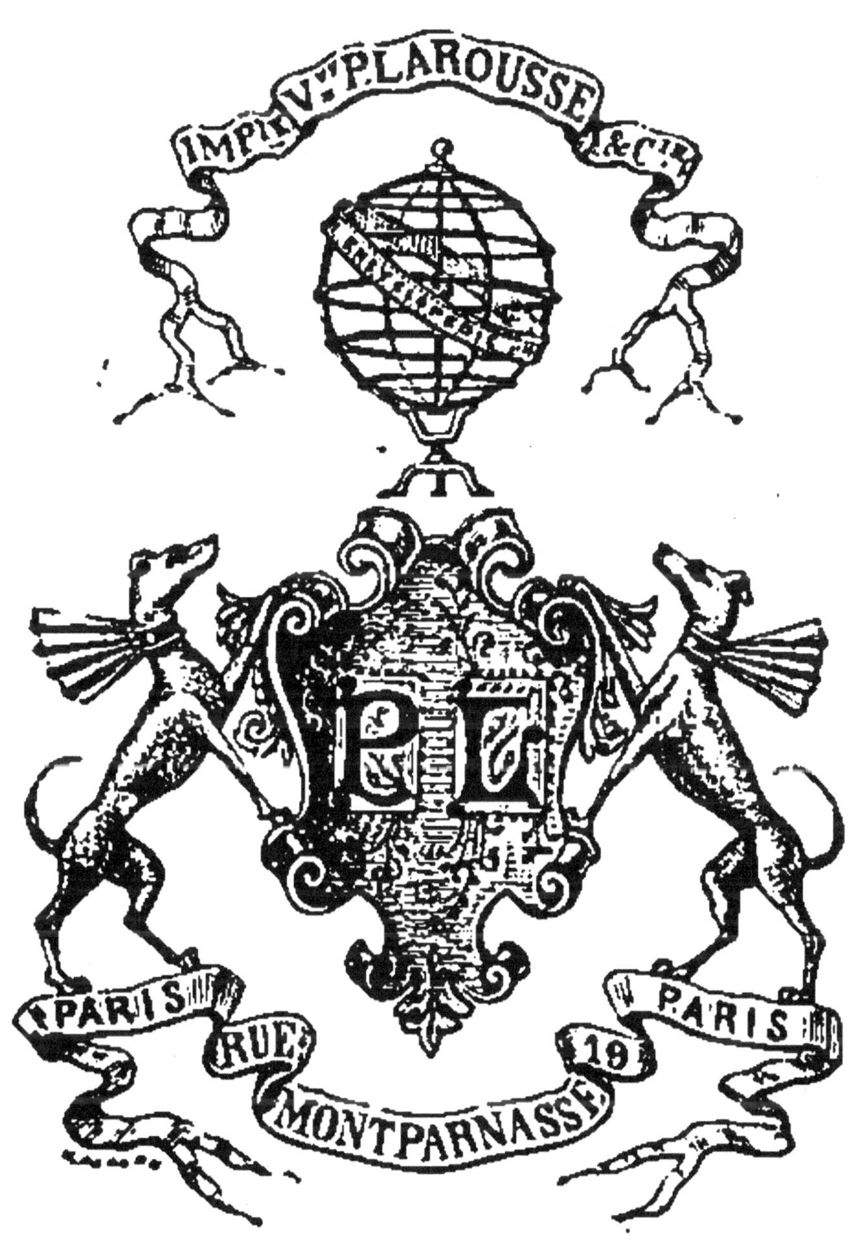
IMPie Ve P. LAROUSSE & Cie
PARIS
RUE
MONTPARNASSE
19
PARIS

Pl. 1

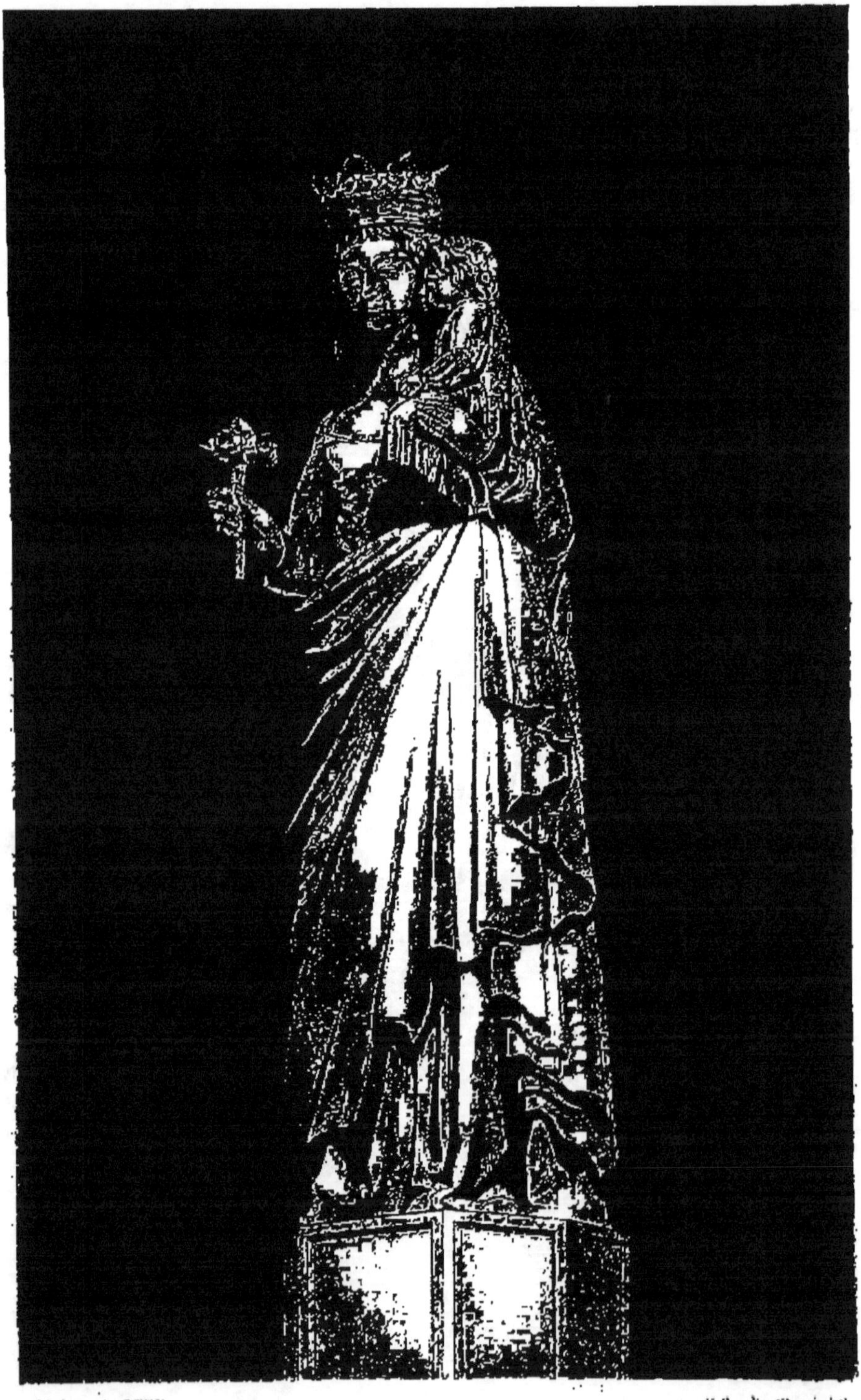

Imp. Lemercier & Cie Paris

E. Boudier Chromolith.

NOTRE DAME DE REIMS

STATUE DE LA VIERGE

(Pl. 1.)

PORCHE DE LA CATHÉDRALE DE REIMS

XIIIe SIÈCLE

Trois conditions nécessaires de l'*awen* (inspiration) :

Un œil qui sache voir la nature;
Un cœur qui sache sentir la nature;
Une volonté qui ose suivre la nature.

Cyfrinach Beirdd ynys Prydain (*Les mystères des bardes de l'île de Bretagne*).

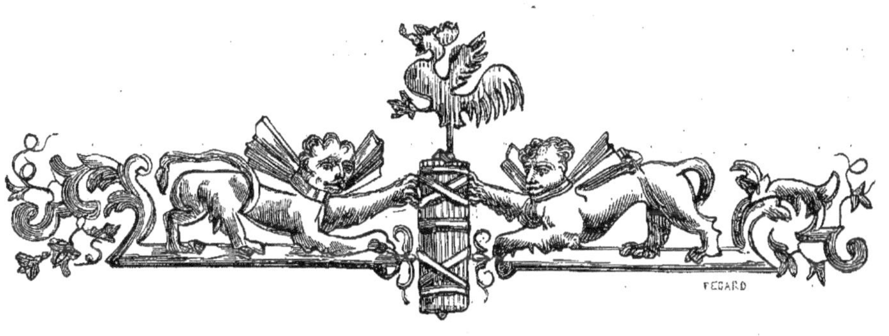

INTRODUCTION

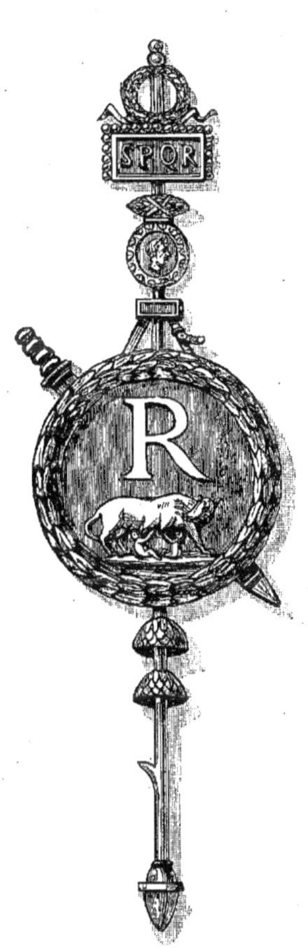

ROME ! l'antique Rome, c'est, pour un nombre incalculable de gens, la lumière illuminant le monde ; — à part la ville éternelle, tout le reste de l'univers n'est qu'obscurité, que ténèbres et que barbarie.

Toute science qui ne parle pas un peu latin est souverainement méprisée dans les sphères officielles. Toute littérature qui n'a pas été consacrée par dix ans d'études latines n'existe pas. — Tout art enfin qui n'a pas reçu les palmes de l'école romaine n'est qu'un art vulgaire et grossier.

Devant ce parti pris séculaire, nous osons élever la voix à notre tour et proclamer hautement qu'avant Rome nous avons été, nous aussi, quelque chose ; que, sans Rome, nous avons produit des chefs-d'œuvre ; que de Rome enfin, nous n'avons reçu, en art, que confusion, outrage et servitude.

Une pareille affirmation va sans doute être immédiatement taxée de paradoxe. — Qu'importe ! nous accepterons volontiers le reproche de trop aimer notre pays et de vouloir rétablir la Gaule, selon la belle expression de La Tour-d'Auvergne, au rang des nations.

On nous a fait Romains malgré nous ; Gaulois nous sommes, Gaulois nous resterons toujours.

Le but de notre œuvre est dans ces mots : LA REVENDICATION DE LA PATRIE.

Dans la langue, la politique, la philosophie ; dans les sciences, dans les arts, nous avons eu, nous autres Français, dès l'origine, une personnalité tout autre que la personnalité romaine ; à travers les siècles, nous en avons gardé le caractère. On a tenté vainement de l'effacer ; il est resté marqué comme un sceau sur toutes nos productions intellectuelles, morales et artistiques.

C'est cette personnalité, ce caractère que nous allons essayer d'étudier et de mettre en lumière.

Forts d'une conviction inébranlable, enracinée dans nos cœurs par des études que nous croyons approfondies, nous espérons faire passer dans l'âme de nos lecteurs, vibrantes, animées, ces idées que nous croyons profondément vraies.

Après des jours de malheur, il est bon, ce nous semble, de se retremper aux vraies sources où burent avidement les aïeux.

Tout ce qui peut réchauffer chez nous, à cette heure, le sentiment si noble de l'amour de la patrie ne peut être, nous le croyons, que favorablement accueilli par des Français.

On nous dit tous les jours : « Nos pères n'étaient que des BARBARES, » et nous le croyons ; simple résultat de notre éducation latine.

A peine au sortir des bras de notre nourrice, les premières paroles qu'on nous apprend à balbutier sont des paroles latines.

Au collège, le premier livre qu'on nous met en main, c'est le *De viris illustribus urbis Romæ*, l'histoire des hommes illustres de Rome la grande. — Demandez à un enfant ce que c'est que Ancus Martius, Numa Pompilius, Tarquin l'Ancien, Servius Tullius ou Menenius Agrippa, il vous répondra tout aussitôt. — Interrogez-le sur Vercingétorix ou Camulogène, il restera muet; et pourtant ceux-ci ont glorieusement versé leur sang pour la défense du sol sacré sur lequel nous vivons, et les descendants de ceux-là l'ont conquis et ravagé.

Comme au temps de Rabelais, les *sophistes* modernes, qui n'ont plus des noms en *us* comme Alanus, Hugotius, Donatus ou Brelingandus, « vous instituent pourtant encore en lettres latines. » Et le temps n'est pas éloigné où les formules en :

Barbara — Celarent — Darii — Ferio.
Dizamis — Datisi — Bocardo — Ferison.

servaient officiellement à perturber les jeunes esprits et à les plonger entièrement dans l'épouvantable *imbroglio* qui s'appelait pompeusement la logique.

On nous a fait faire des vers latins, nous avons fabriqué des narrations latines, on nous a couronnés en latin. Les récompenses de l'*Alma mater*, c'est l'Université, se donnaient hier encore, *in solemni præmiorum distributione,* après avoir fait subir aux assistants l'audition d'un grand discours latin prononcé par un homme en toge dans une tribune sans rostres, avec une éloquence toute cicéronienne. — Là, l'élève était un *alumnus;* le président, un *rector;* l'huissier, un *apparitor,* et l'orateur, un simple pédant, παιδαγωγός en grec.

L'avocat, avant de pouvoir arriver à défendre correctement la veuve et l'orphelin, se farcit la tête de droit romain et livre à ses juges une thèse écrite dans la langue de Justinianus et d'Ulpien.

Le médecin ne peut entrer *in nostro docto corpore* qu'en donnant à toutes les maladies des pauvres mourants qu'il examine les noms les plus saugrenus tirés du grec et du latin. Il y a quelques générations à peine, nul n'était admis au théâtre s'il n'offrait aux spectateurs le personnage d'Octave, César Auguste, empereur de Rome; de Lisander, seigneur romain; de Curiace, gentilhomme d'Albe; d'Aricie, princesse de sang royal; d'Araspe, capitaine des gardes; d'Horace, chevalier romain ou de Charmion, dame d'honneur de l'impératrice Cléopâtre.

Nos peintres, nos sculpteurs, nos graveurs, nos musiciens, nos architectes mêmes ne peuvent passer maîtres qu'après avoir vécu trois ans dans cette funeste ville d'où ils ne rapportent souvent que le mauvais goût le plus complet, les idées les plus surannées, les principes les plus faux et les plus contraires au génie de leur race.

Rome est encore l'unique patrie des peuples, *unica totius mundi civitas*, comme dit Sidoine Apollinaire.

C'est une conjuration monstrueuse contre laquelle il est plus que temps de réagir.

Rome c'était, c'est encore, hélas! le surnaturel et la convention dans toute leur splendeur.

Au temps de Pétrone, on y marchait déjà sur des dieux. « *Utique nostra regio tam præsentibus plena est numinibus, ut facilius possis deum quam hominem invenire.* Notre contrée est à cette heure tellement pleine de divinités qu'il est bien plus facile d'y rencontrer un dieu que d'y trouver un homme. » Les empereurs divinisés faisaient écrire sur leurs médailles : au Père de la patrie : *Patri patriæ;* — au Pacificateur de l'univers, *Pacatori orbis;* — au Conservateur du genre humain, *Conservatori generis humani;* — au Génie des Césars,

Genio Cæsarum; — Pontife souverain, Restituteur du monde, Fondateur de la liberté.

Ils avaient des temples, ils avaient des prêtres, *Sacerdos aræ Augusti, Flamen Trajani.* — Dans les actes privés, quand ils voulaient désigner leur chambre à coucher, ils écrivaient *sacrum cubiculum;* quand ils parlaient de leurs maisons, *nostra divina domus.* — Pline appelait Trajan : *Tua æternitas.*

A Rome aujourd'hui, lorsqu'au détour d'une voie étroite apparaissent tout à coup aux yeux du voyageur surpris la façade d'un palais, celle d'un temple quelconque, peuplée de statues innombrables, ou les architectures contournées d'une immense fontaine surchargée de divinités mythologiques, que voit-on? Des personnages aériens, vêtus de draperies flottantes; des gloires lumineuses, sur les rayons desquelles se suspendent des séraphins en marbre, des anges en porphyre, des bienheureux en granit voltigeant sur des nuages de bronze. — Si vous pénétrez dans l'intérieur de ces palais, de ces basiliques, c'est encore bien mieux. Partout nage dans des brouillards, plane sur des *cumuli* une incroyable foule d'êtres surhumains, les cheveux au vent, les pieds dans le vide et les mains dans l'azur.

On a les yeux tellement fatigués de toutes ces visions, qu'en rentrant le soir au logis, s'il vient à passer au-dessus de vos têtes un oisillon au vol rapide, vous vous garez instinctivement, de peur de voir fondre sur vos épaules un évêque descendant du ciel. Mystère, miracle surnaturel et illusion majestueuse.

Et c'est tout ce fatras vaporeux qu'on veut nous faire passer pour l'idéal du grand art, pour le suprême des styles, comme on dit à l'école.

Convention! simple convention! Contre ces systèmes, le génie de notre race, nous le verrons plus loin, a réagi plusieurs fois avec une énergie sauvage. Dès l'aurore de notre histoire, les bardes gaulois avaient défini tout autrement ce qu'ils entendaient véritablement par les règles de l'art.

Leur esthétique est autrement grandiose.

Si tu veux avoir l'*awen*, disent les triades, c'est-à-dire le souffle, la grande inspiration, si tu veux avoir l'*awen*, il te faut trois choses : l'*œil* qui sait voir la *nature*, le *cœur* qui sait comprendre la *nature*, et la *volonté* qui ose suivre la *nature*.

Si nous avons placé ce tercet si fier en tête de notre livre, c'est qu'il est pour nous l'expression la plus vraie de ce qu'a été ce que nous osons appeler l'ART NATIONAL.

Savoir *voir la nature*, quelle chose sublime ! — Voulez-vous nous permettre un exemple moderne qui expliquera sur ce point notre pensée tout entière?

Il est, au cœur de Paris, un petit coin bien banal et bien vulgaire, par lequel passent à toute heure bourgeois, manants, grands seigneurs, bureaucrates, avocats et militaires, gens de tout ordre et de tout état, c'est en plein Pont-Neuf, non loin de la statue de Henri IV, au-dessus du petit bras de la Seine. — De grands arbres, dont les racines tordues serpentent le long du quai, forment au paysage un premier plan, plein d'un charme délicieux. Le fleuve, large, profond, avec sa ceinture de palais, déroule sa grande nappe, coupée çà et là par les piles régulières de ses grands ponts, allongeant leurs silhouettes blanches dans la réverbération des ondes vertes. — A droite, la longue façade du Louvre, avec ses frises sculptées, ses frontons en relief, les clochetons de Lesdiguières et la haute toiture du pavillon de Flore. — A gauche, le dôme de l'Institut et la corniche grecque de l'hôtel des Monnaies. — Partout rompant la monotonie des lignes droites de tous ces monuments, des arbres çà et là jettent leurs clairs feuillages. — Dans le bleu de l'horizon, les collines d'Auteuil et de Passy parsemées de petites maisons blanches profilent discrètement leur silhouette élégante. — Au-dessus des masses verdoyantes de la terrasse du bord de l'eau et des Champs-Élysées apparaît dans le plein air la voûte colossale de l'arc de triomphe de l'Étoile. — Le coup d'œil est vraiment grandiose.

Vous est-il arrivé de traverser ce pont par un coucher de soleil d'automne, quand tout brille dans une vapeur chaude. Les lointains sont teintés d'opale tendre, les arbres s'irisent dans des tonalités indéfinissables. Sur le pavillon de Flore, des taches lumineuses découpent les hautes cheminées chargées de sculptures. — Le dôme du collège Mazarin se dessine nettement avec ses dorures éclatantes, et les feuillages des grands peupliers, tamisant la lumière et l'arrêtant tout à coup, forment, sur l'ancienne île du Passeur-aux-Vaches, un repoussoir plein de vigueur qui, faisant valoir dans toute leur harmonie tous ces rayons, tout ce flamboiement, toutes ces merveilles, donne à cet ensemble une inconcevable majesté.

Le marchand passe et fait son compte de fin de mois ; le bureaucrate le croise en pensant à son chef de bureau ou à toute autre chose. Le militaire murmure contre l'avancement trop lent à venir. L'avocat redit en gesticulant la période qu'il vient de lancer en plein palais et qui lui a valu les félicitations aigres-douces de ses confrères.

Ah ! le soleil a beau luire, ils ne s'en préoccuperont guère, je vous l'assure. Arrive un jeune homme à l'œil ouvert. Hier encore, il errait au fond des montagnes ou sur les falaises des grandes grèves. C'est la première fois qu'il traverse ce pont. Rêveur, il marche seul avec ses pensées. Tout à coup, le paysage que nous avons tout à l'heure essayé de décrire frappe son regard ; il s'arrête, son cœur se dilate. Il regarde longtemps, il contemple, appuyé sur le parapet de pierre blanche. — Puis, comme absorbé par je ne sais quoi d'immense, il regagne sa mansarde. S'il est peintre, en rentrant, il jettera sur la toile son impression toute vive dans la chaleur de son premier enthousiasme. Plus tard, avec cela, il pourra faire un chef-d'œuvre.

Il a *su voir*, il a compris, et la nature s'est révélée à lui tout entière.

Et là-dedans, pourtant, il n'y a ni renommées flottantes, ni mystérieux archanges, ni muses aux tuniques transparentes, ni saints aux vaporeux contours, ni même évêques et cardinaux emportés par un vent savant et régulier.

Si Paris a des *odeurs*, il possède aussi des *parfums* qui valent bien, croyons-nous, tous les parfums de Rome.

Boileau, qu'on ne soupçonnera pas de romantisme ni de réalisme, ni surtout de naturalisme, a dit une parole bien profonde quand il écrivit ce vers :

Rien n'est beau que le vrai, le vrai seul est aimable.

Et David, l'auteur des *Sabines,* encore un classique pourtant, a commenté cette sentence d'une façon bien gauloise, lorsqu'il s'écria devant ses élèves : « On peut étudier les maîtres, mais c'est la nature seule qu'il faut suivre. On se fait toujours soi-même ; je veux vous préparer pour vous, suivant votre nature, et non contre la nature. »

En France, nous n'avons jamais cru bien fermement au fantastique, au merveilleux et à tous leurs cortèges. Nous ne sommes vraiment épris que des réalités.

Les hommes qui formulèrent, à l'époque celtique, les règles de leur art d'une manière aussi nette, dans la triade que nous avons citée, n'étaient donc pas aussi barbares qu'on voudrait nous le faire entendre. Au lieu de les mépriser, nous ferions mieux de les étudier, de les écouter et de les suivre.

La tradition de cette formule et du principe qu'elle proclamait si franchement ne s'est pas, du reste, totalement perdue en France, malgré toutes les transformations et toutes les révolutions auxquelles fut soumise la nation; en cherchant, on la sent revivre à certaines époques que nous appelons, nous, des *renaissances*, dans cette classe de la population que rien n'a jamais pu changer : le peuple.

Aujourd'hui, cette tradition est moins morte que jamais.

Vous avez sans doute remarqué, dans les grands monuments de nos capitales, certaines façades exposées au vent du nord dont les moulures disparaissent sous une rouille permanente. Les arêtes vives des chapiteaux s'arrondissent; les frises chargées d'ornementations délicates s'effacent, les cannelures des colonnades se creusent petit à petit; les sculptures elles-mêmes deviennent méconnaissables.

Tournez l'angle de l'édifice, dans un petit coin bien abrité, quand vous chercherez à revoir ce que furent autrefois toutes ces choses, vous trouverez intactes, conservées splendidement et les moulures des chapiteaux, et les guirlandes de la frise, et les colonnes aux profils nettement accentués, et les statues aux contours purs.

Le grand souffle qui vient d'en haut frappe et détruit l'orgueilleux qui se fait voir et tient à paraître avec éclat. Il oublie l'humble qui se cache.

Il y a, dans une salle du vieux Louvre, deux fragments d'un immense colosse égyptien, qui, jadis, se dressait dans les plaines de Thèbes la Grande. Le vent furieux du désert, chargé de sable brûlant, a frappé pendant des siècles un des côtés de ce colosse; la grande tête, de ce côté, a perdu jusqu'à l'aspect humain. Ce n'est plus qu'une masse informe de granit rouge, où l'œil le plus exercé distingue à peine un visage. L'autre face, polie comme au temps où l'acheva la main puissante du sculpteur, laisse entrevoir tous les détails de la coiffure, l'œil oblique, la lèvre sèche, le front droit, la ligne sévère du profil et l'allure majestueuse du personnage.

Ceux qui ne veulent voir les choses que d'un seul côté risquent fort de mal juger et de faire fausse route. Quand tout semble détruit pour quelques-uns, tout existe pour d'autres, mieux avisés et plus observateurs.

C'est ce qui arrive pour notre sublime triade et pour l'art qui découle de son principe. Chez les grands de ce monde, elle est oubliée depuis longtemps; chez le peuple, elle est encore dans toutes les mémoires.

C'est qu'il y a, quoi qu'on dise, deux races en France, qui sont restées en face l'une de l'autre sans jamais se confondre.

Nous ne pouvons ici entamer une discussion savante sur la persistance de ces races; on nous traiterait d'idéologue, quoique nous ayons avec nous MM. Henri Martin, Augustin Thierry, Jean Reynaud et bien d'autres. On nous parlerait de fusion nécessaire, d'alliances quotidiennes, de mélanges forcés et violents. Nous nous contenterons de répondre avec un auteur grave, qu'on ne taxera pas, celui-là, de fantaisisme, M. Guizot : « Depuis treize siècles, la France contient deux peuples, un peuple vainqueur et un peuple vaincu. Depuis treize siècles, le peuple vaincu lutte pour secouer le joug du peuple vainqueur. Notre histoire est l'histoire de cette lutte. De nos jours, une bataille décisive a été livrée, elle s'appelle la Révolution. (*Du gouvernement de la France depuis la Restauration et du ministère actuel,* 1820, p. 176.)

L'abbé Sieyès considérait déjà, en 1789, cette même Révolution sous ce nouvel aspect, quand il écrivait sa fameuse brochure sur le tiers état : « Si l'on entreprend de retenir le peuple dans l'oppression, il osera demander à quel titre. Si l'on répond : à titre de conquête;

il faut en convenir, ce sera vouloir remonter un peu haut, mais le tiers ne doit pas craindre de remonter dans les temps passés. Il se reportera à l'année qui a précédé la conquête, et, puisqu'il est aujourd'hui assez fort pour ne pas se laisser conquérir, sa résistance sans doute sera plus efficace. Pourquoi ne renverrait-il pas dans les forêts de la Franconie toutes ces familles qui conservent la folle prétention d'être issues de la race des conquérants, et d'avoir succédé à des droits de conquête? En vérité, si l'on tient à vouloir distinguer naissance et naissance, ne pourrait-on pas révéler à nos pauvres concitoyens que celle qu'on tire des Gaulois vaut au moins autant que celle qui viendrait des Sicambres, des Welches et autres sauvages, sortis des bois et des marais de l'ancienne Germanie? Oui, dira-t-on, mais la conquête a dérangé tous les rapports, et la noblesse a passé du côté des conquérants.

» Eh bien! il faut la faire repasser de l'autre côté; le tiers redeviendra noble en devenant conquérant à son tour. » (*Qu'est-ce que le tiers état?* p. 16, 17 et 18.)

M. de Boulainvilliers avait dit bien avant: « Tous les Franks furent gentilshommes, et tous les Gaulois roturiers. »

Quintus Auclerc, appelant aux armes les Français et les Belges contre les anciens envahisseurs, s'écriait, avec la hardiesse des novateurs de cette époque : « Revenez à votre culte, au culte de la nature, particulier aux primitives tribus celtiques émigrées des hauts plateaux de l'Asie. »

Les pétitionnaires parisiens de l'Hôtel de ville, dans un manuscrit déposé aux archives municipales, étaient encore plus radicaux : « Nous sommes du sang pur des Gaulois, écrivaient-ils dans une requête fameuse qui a dû, hélas! disparaître depuis, chose plus qu'étonnante! Paris est une pépinière de savants; Paris a fait la Révolution, et pas un seul de nos savants n'a encore daigné nous instruire de notre origine, quelque intérêt que nous ayons à la connaître. C'est chez vous, citoyens administrateurs, que nous venons chercher cet appui ; souffrirez-vous que les Parisiens n'aient fait la Révolution que pour faire honneur de leur courage à nos plus grands, à nos seuls ennemis de quatorze siècles, aux bourreaux de nos ancêtres, à nos oppresseurs? Non, sans doute. Vous les instruirez qu'ils ne sont point de cette race abominable qui ne s'est jamais distinguée que par ses crimes, surtout contre nous ; et vous concourrez avec nous à obtenir de la Convention nationale qu'elle nous rende le nom de Gaulois. »

Jean Reynaud enfin écrivait en 1866 : « Lorsqu'en 1789 la nation rejeta ses maîtres pour se témoigner de nouveau, sans intermédiaire, sur la scène du monde; lorsqu'elle proclama, au lieu du droit de barbarie, celui de la civilisation; au lieu du culte de l'archaïsme, celui de la perfectibilité; au lieu de l'antique fédéralisme l'unité et l'indivisibilité du territoire; au lieu de l'hérédité, l'égalité; au lieu de l'égoïsme et de la discorde, la fraternité, elle ouvrit une ère nouvelle : après la Gaule de l'enfance, après la Gaule des Romains, après celle des Germains, elle apparut enfin, sous le nom de République française, ce qu'elle était véritablement, la Gaule adulte. » (*Génie gaulois*, p. 173.)

Nous n'avons pas le loisir de nous occuper ici plus longuement de cette thèse. Simple chercheur, modeste artiste, si nous nous sommes appuyé sur des témoignages aussi formels, c'est que nous avons à notre tour quelques arguments nouveaux, quelques faits positifs à apporter dans le domaine restreint qui nous préoccupe spécialement, et ces faits concordent si complètement avec les données de ces auteurs illustres, que nous avons cru devoir ici relater leur opinion, pour appuyer sur elle ce que l'on aurait pu taxer, ne venant que de nous, d'utopies vides de sens et de rêveries juvéniles.

L'aristocratie, chez nous, a toujours conservé des tendances franques et mérovingiennes. Le peuple est demeuré gaulois malgré tout. Lui seul a gardé le vrai sentiment de l'ART NATIONAL.

Les grands dont nous parlions, dans l'art, restèrent pour ainsi dire toujours *étrangers* au génie gaulois; ils suivirent toutes les *modes* importées par les influences diverses; soit qu'elles vinssent du midi, de l'orient ou du nord.

Avec les Sicambres, ils se couvrirent les jambes de bandelettes de cuir, ceignirent le *scramasask,* adoptèrent le bouclier blanc et ne jurèrent que par Clodovig ou Chilpéric.

Sous les Carlovingiens, ils endossèrent toutes les robes orientales qu'on leur envoya de Byzance. Au moyen âge, ils revêtirent la cuirasse allemande et manièrent la hache d'armes, la hallebarde des reîtres, le fauchard et l'épée à deux mains des gardes suisses. A l'époque de Henri III, ils jouèrent de la sarbacane et du bilboquet et se rasèrent la tête comme des moines. Sous Louis XIII, ils adoptèrent la *cadenette;* sous Louis XIV, la perruque à trois étages, et sous Louis XV, enfin, ils poudrèrent leur chevelure des *frimas* des marquis à *catogan.*

Pendant ce temps, que faisait le peuple? Il conservait la saie des vieux pères, la braie des guerriers de Gergovie, les broderies éclatantes des aïeux, et surtout le goût suprême des bardes pour la nature et la liberté.

Dans l'art, pendant que les autres contournaient fantastiquement les volutes enchevêtrées de leurs fibules, à l'époque des Mérovingiens; pendant qu'ils rêvaient d'animaux tous plus étranges les uns que les autres, sur leurs chapiteaux de l'époque romane; qu'au XVe siècle ils quintessenciaient le gothique; qu'au XVIIe ils se laissaient envahir par le mauvais goût du Bernin et de ses adeptes; que, sous Louis le Bien-Aimé enfin, ils tombaient dans le rocaille, lui restait fidèle aux lois formulées par ses maîtres, lui restait nature.

Une plaine est verdoyante, les fleurs y poussent par milliers dans l'herbe grasse, sur les coteaux se dressent des grands arbres orgueilleux et superbes. Mais soudain

> Du bout de l'horizon accourt avec furie

le terrible ouragan du nord; l'invasion sauvage.

> Celui de qui la tête au ciel était voisine,
> Et dont les pieds touchaient à l'empire des morts,

le chêne tombe, s'écroule, et ses branches, dispersées et broyées, sont balayées au loin par la tempête. La petite fleur disparaît avec lui, la terre est nue, tout semble mort. Surviennent des jours plus doux, un souffle plus heureux, un seul rayon de soleil ; la pâquerette entr'ouvrira de nouveau sa corolle, le bouton d'or épanouira la sienne, la primevère renaîtra dans l'herbe nouvelle. — Plus près du sol, elles y ont des racines profondes, ces pauvres fleurettes. — Passent les orages et les invasions, rien ne les entraîne complètement, ne les arrache de cette terre où elles sont nées. Les grands s'en vont, le peuple reste !

C'est peut-être à cause de cette analogie que la race populaire, en France, a toujours adoré la fleur, et qu'elle en a couvert tous ses monuments, ses bijoux, ses meubles, ses étoffes, ses vases et sa poterie tout entière. Toutes les fois que le peuple, en art, a pu dire son mot, il est revenu à la nature et a fait de la fleur la base éternelle de son ornementation, si caractéristique et si variée.

L'histoire de cette lutte gauloise, à travers les siècles, contre le goût étranger, lutte extraordinairement curieuse, est simplement l'histoire de notre art français proprement dit. Nous allons essayer de l'esquisser en quelques lignes.

Dès l'époque des dolmens, la race celtique affirme son goût pour la fleur. Ses premiers essais de décoration sont empruntés aux plantes qui croissaient sur les landes où ils dressèrent leurs monuments de pierre vierge. A Gavrinis, nous trouvons la fougère avec son feuillage alterné, sa crosse recourbée et ses gracieuses volutes. Toutes les poteries du Morbihan sont copiées sur des fleurs, souvenir de la première coupe que prit en main la première femme lorsqu'elle approcha doucement de ses lèvres la corolle embaumée du lotus pour y humer, à l'aurore, la fraîche rosée du matin, conservée limpide et pure.

Les colliers de verroterie émaillés de couleurs vives, trouvés dans les tombelles, rappellent partout les roses du bois, les fleurs de genêt, les bluets des blés mûrs et les baies d'églantier que les pastoures des champs cueillent çà et là dans leurs courses vagabondes et dont elles ornent naïvement leur cou bronzé par le soleil.

Plus tard, quand arrivera le bronze, c'est au liseron des haies vives, au glaïeul des rivières, au châtaignier des grands bois, au laurier, au charme, que le Gaulois demandera le modèle de ses lances, de ses épées, de ses poignards, de ses flèches et de ses javelots. Veut-il ciseler une cuirasse, graver un ceinturon ou décorer un plastron, il choisira ses motifs dans l'ornementation végétale. A Besançon, nous verrons des plaques de bronze littéralement couvertes de fleurs. — Quant aux vases, toutes les poteries champenoises des cimetières, antérieures à la conquête, sont fabriquées à l'imitation de la fleur. — L'art de ces époques oubliées avait déjà une physionomie très voulue et parfaitement déterminée dans son ensemble. — Il procédait des Grecs, ces admirateurs passionnés de la nature. — On a trouvé des coupes grecques dans les tombeaux de Somme-Bionne et des lettres grecques sur les coupes des Crons de Vertus. — Il remontait encore plus loin; car, quand on analyse toutes ces coupes qui remplissent les champs de repos de la Marne, on retrouve la forme égyptienne et même asiatique; trait d'union, comme dit Lelewel, qui rattache les nôtres à la grande famille aryenne primitive.

Au milieu de l'épanouissement de cette civilisation tomba le Romain brutal. — C'était la tempête venant du midi, cette fois, mais aussi violente et plus destructive peut-être que celle qui, plus tard, devait s'abattre sur nous des bords glacés de la Vistule.

Pauvres rêveurs, qui sous l'ombre des chênes verts alliez cueillir la fleur sauvage pour en décorer vos boucliers, vos casques et vos armures; pauvres artistes, qui faisiez parler les plantes dans les grottes des bords de l'Océan, qu'alliez-vous devenir?

Les aigles, ces bêtes de proie, s'abattirent furieux sur nos contrées.

Ce fut un torrent de piques, de lances, de javelots et de falariques qui descendit des Alpes. La terre trembla sous le pas cadencé des cohortes et des manipules. Après les bataillons réguliers, qui courbaient l'échine sous le cep de vigne des centurions, défilèrent les lourds chariots encombrés de béliers, d'onagres, de mantelets, de scorpions et de balistes démontés. Derrière suivaient les marchands d'esclaves.

Devant s'avançait le proconsul, la face blême, à pied, flairant le carnage et le butin.

Tout périt. La catapulte et la discipline eurent bientôt facilement raison de nos milices, hélas! trop irrégulières et trop indépendantes.

César brûla huit cents villes, soumit trois cents nations, massacra plus d'un million d'hommes, en vendit à peu près autant et imposa à la Gaule libre le joug odieux des enfants de la louve.

Il ne faut plus parler d'art à ce moment. Les Romains n'en connaissaient qu'un seul, c'est Montesquieu qui le dit, *l'art de la guerre*.

En fait de sculptures, ils importèrent chez nous les fameuses statues *iconiques*, toutes semblables, avec le même geste, la même attitude, la même sérénité, la même allure. — Comme bijoux, des contrefaçons grecques ; comme bas-reliefs, des copies agrandies démesurément ; comme poteries enfin, l'uniformité, le surmoulage, la fabrication, la répétition, l'estampage avec tous ses moyens factices. — Les Italiens sont nés mouleurs ; ils inondent aujourd'hui nos places de leurs produits malsains et monotones.

Heureusement qu'au milieu de cette invasion du mauvais goût qu'on admire, hélas ! encore, et qu'on met au-dessus de tout, il se produisit un temps d'arrêt. Par un hasard heureux, pendant plusieurs règnes, le sceptre tomba par voie d'adoption entre les mains des plus dignes. Nous eûmes pour maîtres une série de philosophes qui firent renaître, chez nous, ce que les poètes ont l'habitude d'appeler un âge d'or.

Les Antonins gouvernèrent le monde, et, sous leur sage domination, la Gaule se sentit revivre.

Les florissants gymnases de Toulouse, d'Arles, de Vienne et d'Autun devinrent de véritables centres intellectuels, « et toute la contrée, comme le dit si bien M. Henri Martin, se revêtit comme par enchantement d'une splendeur monumentale que notre imagination a peine à reconstruire dans ses rêves les plus brillants. (*Hist. de France*, t. Ier, p. 203.)

Notre génie personnel prit de nouveau son essor ; nous ne pouvons en juger complètement à cause des destructions barbares qui anéantirent plus tard les innombrables manifestations de cette véritable RENAISSANCE. Mais les poteries seules, que nous avons déterrées en si grand nombre, nous suffisent pour caractériser la révolution artistique qui se fit chez nous à cette époque mémorable.

Visitez le musée de Moulins, celui d'Avignon, celui de Clermont-Ferrand et tant d'autres, et vous comprendrez ce que nous ne pouvons qu'indiquer ici au courant de la plume.

Le lierre court de nouveau sur les vases; les feuilles d'eau forment aux urnes des couronnes délicieuses. Les émaux des anciens ouvriers de bronze reparaissent éclatants, bleus, blancs, rouges, comme au temps des dolmens, dans des fibules exquises de forme et de dessin. La vaisselle de table se remet à parler. Hostelier, remplis cette gourde de cervoise. *Ospita, reple lagona cervesa.* — Vis heureux. *Vivas felix.* — J'ai soif. *Sitio.* — Verse à boire. *Reple.* — Je t'aime. *Amo te.* — Salut à toi. *Ave.*

Reconnaissez-vous la Gaule ?

C'est ce que nous trouvons encore sur les pichets qui pendent aux cheminées de nos auberges de campagne. — A la cave, Marie. — Vive le vin. — Vive la liberté. — Le vôtre suis, etc.

Et par-dessus tout, au milieu des Jupiters officiels, des Minerves réglementaires et des Mars vainqueurs, le Gaulois jette sa note originale et introduit dans l'Olympe italien une chose complètement inconnue de tous ces solennels, LE RIRE, un vrai dieu que les savants ont appelé le *dieu Risus*. On en trouve partout, de ces statuettes si nationales, à Vichy, à Vannes, à Langres même : un jour peut-être nous en écrirons l'histoire. Moulins en possède un exemplaire exceptionnellement remarquable. Rire, à cette époque, était déjà, comme au temps de maître Alcofribas Nazier, « le propre de l'homme. »

La nature, toujours, et rien que la nature.

Sur cette belle patrie pleine d'amour, de joie, de gaieté, de soleil et de fleurs brillantes, l'ouragan se déchaîna de nouveau. Il descendait du nord ce jour-là. Ce fut la grande chevauchée des Sicambres et des Saliens. César, qui connaissait bien ces brigands de naissance, écrivait déjà d'eux dans ses *Commentaires : Sicambri in bello latrociniisque natos.* Il s'en servit pour faire disparaître tout un peuple à l'époque du massacre des Éburons, quand, pour ménager les forces de ses légionnaires, fatigués de tuer impunément, il lança sur des femmes et sur des enfants désarmés toutes ces hordes, campées au delà du Rhin.

La Gaule se reposait des férocités romaines dans une paix relative. Les Francs jugèrent venu « le moment psychologique, » et la troupe immonde descendit dans ces campagnes superbes comme un torrent débordé.

La tête couverte de mufles de bêtes fauves, le corps emprisonné dans des justaucorps de cuir ou d'étoffe grossière, toujours de couleur sombre, sur laquelle tranchaient des baudriers larges ornés de plaques de fer argentées, couvertes de dessins fantastiques, où les entrelacs inextricables se terminent par des têtes de serpent, des becs d'aigle et des profils de dragon, plus semblables à des animaux féroces qu'à des hommes, ils se précipitèrent sanglants, acharnés, en hurlant, à la bataille.

Les femmes, aux longues tresses jaunes, graissées de beurre rance, assises sur des grands coffres armés de triples serrures, traînées dans des chariots attelés de grands bœufs roux, accompagnaient les mâles. Au-dessus de tout cela flottait, comme dans une vapeur épaisse, un parfum de bestiaux vautrés dans la fange, l'odeur d'une armée allemande en marche !

Quelle race ! Par les épouses on peut juger des maris. — Austrehilde tue ses médecins, parce qu'ils ne savent pas ce dont elle est malade. — Rigonthe bat sa mère à coups de pied, à coups de poing, la pousse à moitié dans un coffre, rabat le lourd couvercle et s'assied dessus en souriant d'un rire large, bête et féroce. — Clotilde brûle deux lieues de pays burgonde et s'écrie en entrant sur les terres de son futur époux : « Enfin, je vais pouvoir venger mes frères et mes parents. » Et nous ne disons rien de Frédégonde et de Brunehaut.

L'art des Mérovingiens est comme le reflet de toutes ces grossièretés. Leurs bijoux sont pleins de bêtes, de monstres, d'enchevêtrements de toute sorte, treillissés, contournés dans un goût complètement barbare. Le fantastique, le surnaturel envahit le pays de la raison libre et pure. « Que vois-tu? dit la grosse Basine à Childéric, qu'elle a chassé de son lit. —Je vois des lions, des licornes et des léopards. — Que vois-tu encore? — Je vois des bêtes semblables à des ours et à des loups, dans le bois grand. — Regarde bien, et dis ce qu'aperçoivent tes yeux dans l'ombre de la nuit. — Je vois des chiens qui se dévorent les uns les autres. »

Toutes les traditions des vieux Celtes allaient s'engloutir dans ce flot noir; le clergé nous sauva. — Le rôle que jouèrent en ce moment les moines fut évidemment sublime.

Il nous est doux de penser que ces moines faisaient tous partie de la race envahie, que ces prêtres étaient Gaulois. — Les collèges druidiques s'étaient transformés sous la grande lumière du christianisme. Ils devinrent le type des premiers monastères du nouveau culte. —Tous nos saints légendaires portent des noms celtiques.—D'ailleurs, un seul fait prouverait la vérité de notre assertion, si nous n'avions pas le témoignage des anciennes chroniques. Ces apôtres consacrèrent le peulvan des ancêtres, ils plantèrent la croix sur le menhir et proclamèrent bien haut que « bonne était la pierre, avec l'Évangile. »

Malheureusement, l'influence sémitique à laquelle ils obéissaient d'autre part et qui était pleine, elle aussi, de ce fantastique inconnu chez nous jusque-là, les fit se détourner momentanément de la voie tracée si noblement par les bardes.

L'époque romane est pleine de monstres et de terreur. — Voyez les chapiteaux de nos vieilles églises. Des oiseaux au cou tordu se mordent. — Des léopards à têtes d'homme dévorent des enfants. — Ce est le sermon de la Licorne. — Ce est le sermon de l'Olifant. — (*Bestiaires* des Pères Cahier et Martin.) *Super basiliscum ambulabis et concalcabis leonem et draconem.*

Partout, ce ne sont que coqs à queue de serpent, — sirènes à queue de poisson, — sagittaires à corps de cheval, — aigles à quatre pattes, griffons à corps de tigre. — Le diable règne en maître ; l'enfer s'est emparé du monde terrestre, et la peur de la mort a gagné la région qu'Horace désignait autrefois comme n'ayant jamais été remuée par cette puérile crainte du trépas.

L'AN MIL. — « Vous vivrez mille ans et plus, puis Satan sera délié, il sortira de sa prison et réduira les nations qui sont aux quatre coins du globe, *Gog et Magog,* et le nombre des victimes égalera le sable de la mer. »

Tout va-t-il donc périr? Notre pauvre fleur, où donc est-elle? Attendez, le peuple veille.

Il existait autrefois, chez nous, un magnifique usage. Tous les *frères* d'un clan, aux époques solennelles, se réunissaient dans un *banquet à frais communs,* GHILDE, et, buvant à la ronde, vidaient successivement trois cornes remplies de bière : l'une pour les dieux, l'autre pour les braves du vieux temps, et la troisième pour *l'amitié.* MINNE, c'était le nom qu'on donnait à la réunion commune.

Là se jurait ce qu'ils appelèrent d'abord de ce doux nom : *les amitiés;* ce qui se nomma plus tard la *commune,* « société d'égaux se jugeant, s'administrant et se protégeant eux-mêmes par les armes. » (Henri Martin, t. III, p. 240.) Là-dedans se cachait la vraie Gaule. « Ces puissantes associations de liberté et de protection extralégale, » comme dit Augustin Thierry, ne furent considérées par les seigneurs que comme des conjurations, *conjuratio communionis*, et les frères des banquets se nommèrent eux-mêmes les conjurés.

Les envahisseurs, devenus de par la force suzerains et dominateurs, avaient pour ces associations des haines formidables. « La foule urbaine s'agite bruyamment, les villes machinent la guerre, *machinantur et oppida bellum*, » disaient-ils dans leur latin de mauvais goût.

Ives de Chartres les appelait « des ligues tumultueuses ; » Guibert de Nogent trouvait ce terme de *communes* « un nouvel et très méchant mot ; », les barons l'avaient en horreur et traitaient la chose de « fait abominable. » (H. Martin, t. III. p. 241.)

Les Gaulois persistèrent quand même, déclarant la *maison du banquet* ouverte à tous et promettant d'exécuter en justice tous ceux qui oseraient résister à leurs ordonnances.

Le germe de liberté fructifiait en secret. On n'attendait qu'une occasion pour se démasquer ouvertement. « Nous sommes hommes comme ils sont, » disaient les frères. S'ils sont grands, c'est que nous restons à genoux ; levons-nous. — Le tiers état se formait.

Survinrent les croisades. — Lorsque toute la chevalerie s'en fut allée vers l'Orient, mouvement immense dont nous ne pouvons ici approfondir les causes, il se produisit en France, dans le peuple, un indicible soulagement.

Une soif inextinguible de combats et d'aventures lointaines avait entraîné vers le pays des *Mille et une Nuits* tous ces illustres chevaliers auxquels on promettait, outre leur salut éternel, des monceaux d'or et des boisseaux de pierres précieuses. « Quiconque abandonnera pour moi sa maison ou ses frères, ou ses sœurs, ou son père, ou sa mère, ou sa femme, ou ses enfants, ou ses terres, en recevra le centuple. » (Urbain II, *Concile de Clermont.*)

Les châteaux restèrent vides ; des fiers champions bien peu revinrent, et presque tous semèrent les contrées qu'ils traversèrent de leurs os sans sépulture. Sur soixante mille pèlerins de la bande de Gauthier sans Avoir, il en survécut à peine trois mille, et sur six cent mille guerriers de celle de Pierre l'Ermite, soixante mille, au dire des uns, quarante mille suivant les autres, parvinrent devant les murs de la cité sainte.

Nous ne donnons que le résultat de la première croisade, et vous savez qu'il y en eut huit depuis 1099, époque de la conquête du saint sépulcre, jusqu'en 1270, date de la mort de saint Louis. « Le baronnage, dit M. Henri Martin, continua de s'appauvrir et de s'épuiser. Ce grand corps anarchique de la noblesse, qui pesait si lourdement sur la Gaule et arrêtait tout son essor de liberté populaire, commença de s'affaiblir; — la bourgeoisie surgit tout à coup, secouant le poids qui l'étouffait » et les communes s'affranchirent.

La petite *maison du banquet* ne leur suffisait plus. Ils se réunirent devant l'église, *ante ecclesiam*, au pacte d'Amiens et de Corbie, le jour de la Saint-Firmin, et là se jurèrent mutuellement « une paix et une fraternité perpétuelles ».

C'est là qu'ils résolurent de dresser, sur cette même place, en mémoire de leur *union*, un temple digne d'eux.

Les cathédrales furent l'œuvre des communes libres, élevées pour le peuple et par le peuple, en l'honneur de Dieu et de leur dame : NOTRE-DAME, et dans ces œuvres grandioses on retrouve tout le génie des aïeux.

Au fond des bois de chênes mystérieux, les Celtes avaient adoré Koridwen, la fée blanche, la *mère*, l'Isis suprême, nourrice de la nature, qu'ils représentent sous des traits si naïfs et si purs dans les statuettes de l'Allier. Grâce à l'initiation nouvelle, ils pouvaient prendre un modèle plus sublime; ils s'emparèrent, avec un fanatisme adorable, de la divine mère de Jésus. Mais, en souvenir des forêts antiques, ils élevèrent un sanctuaire qui avait tous les caractères du bois sacré des vieux druides.

« Nos vieux bois, dit M. de Chateaubriand, ont maintenu dans nos cathédrales leurs origines sacrées. Tout y rappelle les temps disparus. La fraîcheur des voûtes, les ténèbres du sanctuaire, les ailes obscures, les passages secrets, les portes abaissées, tout retrace le labyrinthe des bois dans l'église gothique; tout en fait sentir la religieuse horreur, les mystères et la divinité. Les oiseaux eux-mêmes semblent s'y méprendre et les adoptent pour les arbres de leurs forêts. Les corneilles voltigent autour de leurs faîtes et se perchent sur leurs galeries, d'où les chasse à peine le murmure du bronze semblable aux bruits du tonnerre et des vents qui roulent dans les profondeurs du bois sombre. »

La mère qui, dans les rites anciens de Moulins, de Vichy, de Dijon et d'ailleurs, souriait gracieuse à son fils, en lui présentant tranquillement son sein blanc comme neige, trône encore délicieusement dans ce nouveau sanctuaire, copie splendide des anciens temples naturels.

La Vierge est là, superbe nourrice qui caresse doucement son divin fils. — C'est le culte idéalisé de la nature qui reparaît purifié, sanctifié, mais toujours noble et grand comme autrefois.

Au porche de la cathédrale de Paris, il est une figure de la Terre, *Anna perenna,* qui, tenant en main deux sphères ornées de fleurs naissantes, lève au ciel un regard souverainement calme; dans un geste radieux, entr'ouvrant chastement sa robe elle offre à la jeune adolescente qu'elle veut initier à ses mystères sa forte poitrine, source de tous les trésors vrais de la nature. — Tout l'art du XIIIe siècle est symbolisé dans ce haut-relief. Notre-Dame, c'est le poème de l'affranchissement des petits et de leur union solide, inébranlable désormais « sous l'œil de la lumière, » comme disent les bardes du pays de Galles, « pour la conquête de la liberté. »

Ils jugèrent bien sévèrement les rois, ces ouvriers du temple commun, ces francs-maçons catholiques. — Au fronton de toutes les portes processionnelles, dans les bas-reliefs du grand jugement, l'enfer regorge de couronnes, de cagoules, de casques et de mitres, — ils avaient tant souffert, les malheureux! — mais leur satire est bénigne. Désormais libres, ils ne pensent plus qu'à leur passion pour la nature. — La fleur reparaît partout; la fleur envahit tout. Elle rampe sur les frises, s'épanouit dans les chapiteaux, court en guirlandes dans les corniches, monte le long des piliers minces, descend dans les clefs de voûte et, grimpant jusqu'aux sommets les plus élevés, éclate en bouquets délicieux jusqu'au-dessous du coq, antique symbole qui veille au sommet des clochers merveilleux qu'ils lancèrent si audacieusement dans les airs, signal lointain du lieu de la réunion véritablement fraternelle.

Quand on les regarde de bien près, que de choses ils vous racontent, ces monuments inouïs d'une RENAISSANCE véritablement nationale.

Si vous voulez les comprendre complètement, en saisir tout le sens caché, allez passer quelques heures à Saint-Germain-des-Prés, le monastère aux chapiteaux barbares et fantastiques, puis gagnez la Porte-Rouge de l'ancien cloître de Notre-Dame. — Au lieu des pointes de diamant, des cabochons, des entrelacs, des imbrications, des moulures nattées, des chevrons brisés, des rinceaux perlés, vous trouverez pimpantes, fraîches, rayonnantes, des roses, rien que des roses ; puis auprès, la vigne, le lierre, l'aune, le chêne, l'iris, que sais-je ! la fleur, rien que la fleur, le retour à la nature. — C'est la Gaule qui revit.

Au fronton de l'église de Chartres, dans un des portails latéraux du transept, le sculpteur de ce temps a écrit tout un poème. Je ne puis ici que l'indiquer d'un trait.

Sur la première voussure, il a peint les *Vertus de l'homme privé :* la Prudence, la Justice, la Charité, l'Espérance et la Fidélité. — Après il a personnifié les *Vertus de la famille :* la Joie, la Paix, la Patience, la Bonté, la Modestie, la Continence. Puis, au grand jour, sur la moulure la plus en vue, il a osé produire les *Vertus sociales,* les vertus de la société.

Savez-vous quelle est la première? La Douceur dans la force;

virtus, la vertu par excellence. Elle a les pieds sur un parterre de fleurs, et sur son bouclier sont gravées quatre grandes roses épanouies au soleil.

La première fille, la fille aînée de cette vertu suprême, est une vierge au regard austère qui tient en main une pique au fer aigu, et, comme marque de triomphe, elle a pour blason trois couronnes. — Elle a vaincu trois rois. Son nom, pour que nul n'en ignore, est inscrit en gros caractères auprès d'elle, et ce nom, c'est LIBERTAS, la Liberté.

Ceux qui placèrent dans leur église, au XIIIe siècle, la statue de la Liberté, étaient bien les fils de ceux qui combattirent jusqu'à la mort pour défendre pied à pied leur patrie contre les envahisseurs étrangers.

C'était bien du sang gaulois qui coulait dans les veines de ces tailleurs de pierre, de ces fabricants de chefs-d'œuvre.

Hélas! les hommes à casques allaient redevenir maîtres de nouveau. — Les grandes tueries devaient recommencer. Cent ans de guerre. — Un siècle de massacres. — La marée rouge allait cette fois couvrir la France entière.

Rien ne ressemble plus aux épouvantables massacres des fils de Clodomir, quand les oncles assassins jonglent avec des enfants qu'ils reçoivent sur la pointe de leurs glaives, que cette autre lutte des sires des fleurs de lis, comme on disait alors, où les haines de famille en arrivent aux attentats de la rue Barbette et du pont de Montereau. — Orléans et Bourgogne, bâtons noueux rabotés par l'outil féroce des ouvriers de Jean sans Peur.

Quelles batailles et quelles défaites! Crécy, Poitiers, Azincourt; et la patrie livrée par les uns et par les autres à l'étranger maudit qui vient se faire couronner roi de France jusque dans les murs mêmes de Paris la grande ville.

C'est le siècle du fer. — Les hommes ne marchent que cuirassés, casqués et bardés de fer.

Les têtes disparaissent sous les heaumes, les salades, les morions et les bassinets. — Sur les hauberts de mailles brillent des corselets d'acier et les boucliers blasonnés sonnent sur les cuissards ou les genouillères armées de pointes aiguës. Tous ces routiers s'avancent, montés sur des chevaux également caparaçonnés de fer. — Au-dessus, une forêt de lances, de pertuisanes et de fauchards ; — au côté, la rapière, l'estoc ou le braquemart ; — dans la main gauche, la miséricorde.

Les cottes et les hoquetons sont fascés d'or et de gueules, burelés de sinople ou d'azur.

Les pennons, les gonfanons, les bannières et les flammes laissent flotter au vent des batailles leurs semis d'hermine, et dans l'air se balancent les lions léopardés, les aigles éployées, les dragons lampassés, les ours couronnés, les serpents, les merlettes, les corbeaux et les guivres. Le fantastique marche toujours avec cette race de proie. Du haut de leurs innombrables donjons, les hommes de fer descendent tous les jours et l'on pille le plat pays, tantôt pour Blois et tantôt pour Montfort. — Ici pour le roi, et là-bas pour l'Anglais. — Jacques Bonhomme reçoit tous les horions sans mot dire.

L'idée de la patrie elle-même semble disparaître du cœur des enfants de la Gaule.

Elle vit encore dans l'âme d'une paysanne de Lorraine. — Voici Jehanne, la grande pucelle, qui se lève ; rien n'est perdu. Les Gaulois, cette fois encore, sauveront la France.

Quelle plus noble figure peut-on trouver dans notre histoire que celle de cette fille du peuple, que M. Henri Martin a chantée, c'est le mot, avec l'enthousiasme des grandes âmes ?

Place à la vierge de Domremy ! Sous l'ombre des chênes antiques, refuge des fées blanches, elle a eu le cœur bouleversé par les voix saintes des ancêtres, défenseurs de la patrie. — Jadis, dans ces mêmes bois, les *brenns* suspendaient leurs armures aux grandes branches, et quand le vent furieux secouait sur les boucliers les lames de bronze des épées, il passait dans la poitrine des voyageurs errants comme un immense souffle d'indépendance. — Jeanne, qui avait appris à écouter ces voix, est partie, résolue « à user ses jambes jusqu'aux genoux, » s'il le faut, pour chasser l'envahisseur. — Chose incroyable, elle réussit, et son étendard, après avoir été à la peine, se trouva soudainement à l'honneur.

Le roi de Bourges fut, de par elle, pompeusement sacré dans la ville de Reims.

Hélas! les *godons* refoulés, elle fut prise, livrée, emprisonnée, jugée comme sorcière et relapse, et brûlée par les évêques, sur le Vieux-Marché de Rouen. — Charles ne fit pas un pas, ne dit pas un mot pour la sauver. — L'ingratitude est une vertu royale.

Après les orages traversés par les éclairs des sabres, il se fait toujours une nuit grande, dans laquelle vivent les oiseaux au bec crochu, mangeurs de cadavres. — Sur le champ de bataille, les vainqueurs partis, s'abattent leurs troupes sombres et noires. Il ne faut plus parler d'art à ces époques. Toute pensée, toute intelligence a disparu pour longtemps.

Le surnaturel, nécessairement, reprend tout son éclat, avec les subtilités qui l'accompagnent. — Le XVe siècle fut le siècle des distinctions et des arguments en *baroco* et en *baralipton.*

En architecture, les belles rosaces se divisent et se subdivisent, s'allongeant en langues maigres et sèches. C'est le *flamboyant* avec toutes ses mièvreries; les fleurs disparaissent; l'ornementation est déchiquetée, coupée, découpée, disloquée et quintessenciée.

En sculpture, tout se sèche. En peinture, les figures sont émaciées, raides, droites, mortes. — Le hiératisme règne sur toute la ligne.

Les Égyptiens, au temps des Philopator et des Évergète, eurent dans leur art une révolution analogue, alors qu'ils donnèrent à tous ces Ptolémées de la décadence les physionomies des grands chefs de la dix-huitième dynastie, et qu'ils représentèrent Cléopâtre sous les traits d'Isis la grande, ou de Neith, la rectrice des dieux.

Le XVe siècle est une épreuve usée, vieillie et décolorée du XIIIe.

En littérature, « on verbocine d'une façon latiale ; » on en arrive à sophistiquer contradictoirement, en ergotant par *pro* et *contra*. — Les *esparviers* de Montaigu sont latinisés jusqu'aux moelles. Ils ne broutent que fleurs de rhétorique ; — mais quelles fleurs, grands dieux ! — C'est un indescriptible cliquetis de *clochas in clocherio*, *clochabiliter*, *clochantes*, à rendre sourd tout un peuple ; — le peuple des sots, comme dit Michelet, qui se rue dans « ces écoles du vide, où la suffisance scolastique et la vanité prétentieuse se gonflent de mots et se nourrissent de vent. »

« La vertu tue le corps, tels imposteurs empoisonnent les âmes. »

« RAISON, dit Joanotus de Bragmardo, raison, mais nous n'en usons point céans. »

Par la rate-Dieu ! arrière ! marmiteux boursouflés, faces non humaines, fagoteurs de tabus, arrière ! Voici le Gaulois, le vrai Gaulois, qui revient le fouet en main, pour vous faire rentrer sous terre.

RENAISSANCE, c'est la vraie, cette fois, et en tête, — vous ne me direz pas qu'il ne sort pas du ventre de la nation, qu'il n'est pas de la vraie race, celui-là, — en tête, maître Alcofribas Nazier, le maître, le divin maître, comme disait le cardinal de Châtillon, *François Rabelais !*

Quel naturalisme sublime ! On respire, en lisant ces chroniques admirables de la *Vie très horrifique du grand Gargantua*, ou celles plus curieuses encore de l'immense Pantagruel, roi des Dipsodes.

Qu'il fut beau, celui qui fonda l'abbaye de Thélème et inscrivit sur le portail majestueux de son logis ce mot si profond :

Fais ce que vouldras!

Liberté, liberté, te voilà donc rajeunie à nouveau, pauvre belle!

« Le temps n'est plus de conquester royaumes avec domage de son prochain frère chrestien. » « La fin n'est plus de piller et arrançonner les humains, mais de les enrichir et réformer en liberté totale. » — « Les rois, ces rustres, ne sont rien, et ne savent et ne veulent rien, sinon faire des maulx aux pauvres sujets et troubler tout le monde par guerre pour leur inique et détestable plaisir. »

Quel souffle, dans toute cette Renaissance! quel art superbe, cet art français du XVIe siècle. Et qu'on ne vienne pas nous dire qu'il est Italien et nous vanter encore, à ce propos Rome et toujours Rome.

Pierre Lescot, l'architecte du vieux Louvre, était de Paris. — Jean Cousin, l'auteur du tombeau de l'amiral Chabot et des vitraux de Saint-Gervais, de Vincennes et d'Anet, naquit à Soucy, près de Sens. — Philibert Delorme, le créateur des Tuileries, avait vu le jour à Lyon. — Germain Pilon, l'ami du renommé Langey, vécut au Mans. — Jean Goujon, l'incomparable auteur de la Diane et de la salle des Cariatides, était un enfant de Lutèce, et Palissy, enfin l'homme de l'art de terre, composa ses rustiques figulines à Saintes, sur les bords heureux du divin fleuve de Charente.

L'Italie, à cette époque, elle, nous envoyait *Francesco Primaticio,* le chanoine de la Sainte-Chapelle; *Giovanbatisto di Jacopo Rosso,* le maître de Fontainebleau, et *Benvenuto Cellini*, seigneur de Nesle, qui assommait à coups de pied son modèle, la belle *Scozone* du grand bas-relief du Louvre, gloires surfaites sur lesquelles nous espérons bien un jour dire notre pensée tout entière.

L'Italie, sous prétexte de bonnes manières, nous servait les flatteries ampoulées, les compliments lombards et les baise-mains de Florence. Prosternations romaines accompagnées des formules écœurantes d'*Éminences*, d'*Excellences*, de *Grandeurs* et d'*Altesses sérénissimes*. — Les nôtres, assez fiers pour répondre à des rois que l'on forçait à les tuer : « Je vous plains, sire, d'être contraint, » n'avaient rien de commun avec ceux-là. — Ils procédaient directement de la nature et n'avaient, après elle, d'autres maîtres que les Grecs. La Renaissance française ne fut pas romaine, elle fut grecque; c'est Rabelais qui le dit. C'était, comme au temps primitif, la vieille nourrice des grands hommes qui les avait abreuvés de son lait.

Ce qui caractérise surtout le grand mouvement de cette époque, c'est le débordement du naturalisme dans l'art. — Au XVe siècle, tout végétait à l'ombre des clochetons aigus et des étroites chapelles. L'art, semblable à ces fleurs maigres et chétives qui se dressent et s'allongent minces, glabres, au fond d'une cave obscure, allait tous les jours s'amoindrissant. On lui rendit le soleil; il éclata vivace et plantureux à nouveau.

Hélas! l'ère des massacres n'était pas encore fermée. — Goujon fut tué d'un coup d'arquebuse à la fontaine des Innocents, ou sur un échafaudage du Louvre. — Palissy mourut en prison. — Dolet fut brûlé place Maubert, Ramus assassiné au collège de Presles; et le tocsin de Saint-Germain-l'Auxerrois donna, dans une nuit terrible, le signal de la sanglante boucherie des protestants. Après devaient venir les dragonnades, la guerre des Cévennes et la révocation de l'édit de Nantes. — Pourquoi le surnaturel est-il toujours accompagné par des gens d'armes!

La Réforme anéantie, la maladie romaine nous envahit définitivement.

Les nouveaux apôtres, qui avaient juré leur serment sacré dans la crypte de Montmartre, le quinzième jour du mois d'août de l'année 1574, sous les ordres de don Inigo Lopez de Ricaldo, se chargèrent de la conversion de la Gaule, — et ils y parvinrent.

Nous n'avons pas ici la prétention d'étudier ni d'apprécier leur mission ; mais il est de notre droit de constater l'influence malsaine qu'ils eurent sur le goût français à cette époque, et nous le faisons.

Rome avait été, vers la fin du XVIe siècle, empoisonnée par une convention toute théâtrale; ce fut le règne du redondant, du boursouflé, de l'ampoulé, du faste, du vide et du creux. — Les propagateurs *per fas et nefas* des idées romaines inondèrent la France, tombée dans leurs mains, de toutes ces décorations soi-disant majestueuses, et le domaine de l'art ne fut plus éclairé que par le soleil qui trônait au palais de Versailles. La nature elle-même fut peignée, coiffée, rasée, frisée à l'instar de Louis. On coupa les arbres; on les aligna ; on les dressa comme de simples courtisans, pour plaire à l'œil régulier du maître.

Une fleur ne pouvait vivre à cette époque que selon la formule ; un marronnier pousser qu'avec une tenue conforme, un if verdir que sous la forme d'un obélisque ou d'une pyramide.

Nec pluribus impar.

C'est alors qu'on inventa le style noble, le style officiel, la pompe. — Pompe à Versailles au petit lever du roi, quand on lui présentait l'eau bénite et qu'on lui passait sa chemise en cérémonie. — Pompe à Marly, quand le Soleil sortait au matin de sa royale demeure pour visiter les douze pavillons qui n'étaient que les douze signes de son zodiaque terrestre. — Pompe à la Porte Saint-Denis, quand on le faisait passer sous une voûte, où se lisait en lettres d'or cette inscription de basse flatterie qui lui accordait vivant l'immortalité : *Ludovico*

Magno. — Pompe au collège de Clermont, quand les régents de ce collège, sur un mot tombé de la bouche du dieu, effacèrent le titre de leur maison pour le remplacer par celui de *collège Louis-le-Grand :*

Sustulit hinc Jesum posuitque insignia regis,
Impia gens, alium nescit habere Deum.

osa dire un des leurs, moins plat que tous les autres; ce qui lui valut trente ans de Bastille.

Pompe au carrousel des Tuileries, quand le roi conduisait la quadrille des Romains, que Monsieur menait les Persans, le prince de Condé les Turcs, et le duc de Guise les sauvages d'Amérique. Partout *la piaffe*, comme dit toujours le duc de Saint-Simon, le *paraître*, aurait ajouté le baron de Fœneste. Il descendait bien des chevelus à tunique de pourpre et d'or du temps des Byzantins, ce pompeux qui disait à d'Hozier : « Surtout, ne faites pas de moi un Gaulois. Je suis Franc, vous savez, d'Hozier, tout ce qu'il y a de plus Franc. »

Au milieu de tous ces nuages d'encens pétrifié, de tous ces rayons de plâtre doré, de tous ces chérubins boursouflés, le goût français semble perdu. Prenez en main cette modeste assiette de faïence de Rouen et regardez bien, vous allez le retrouver tout entier *vivant à toujours*.

Il est une remarque curieuse à faire : c'est que, chez nous, à l'origine de ce que nous appelons les Renaissances, ce sont toujours les potiers qui ont donné le signal du mouvement.

A l'époque des Antonins, ce furent les fabricants de Vichy, de Moulins, d'Arles ou de Dijon, qui firent les premières œuvres de l'art gaulois. — Au XIIIe siècle, les carreaux émaillés de la Sainte-Chapelle, les églises de Champagne, les sanctuaires de Normandie, précédèrent les révolutions naturalistes que nous indiquions tout à l'heure. — Au-dessus de toutes les nobles figures de la Renaissance du XVIe siècle, se place celle du grand Bernard de Saintes, l'immortel potier des Tuileries.

On peut dire de ces ouvriers de l'argile qu'ils eurent « la rage de la tradition. » Il suffit, pour s'en convaincre, de visiter en France quelques-uns de ces nombreux villages qui portent tous le nom de Saint-Jean-la-Poterie. *Yan,* le fils aîné du vrai soleil.

A Versailles, à l'heure dont nous parlons, tout ce qu'il y a de français dans la nation semble englouti sous les enroulements d'or, sous les corniches superposées, sous les colonnades sans nombre ; tout disparaît derrière les cartouches, les écussons, les guirlandes de pierre, les mansardes, les lauriers, les palmes, les trompettes des Renommées et les lyres des poètes.

L'ouvrier le plus humble, l'ouvrier de terre, conserve seul la foi et garde en son cœur les préceptes des ancêtres.

La fleur des champs couvre les assiettes et les plats de Rouen, s'épanouit sur les corbeilles de Strasbourg, brille aux panses des pots bleus de Nevers, des buires de Sinceny et des aiguières du Moustier.

C'est le feu qui couve sous la cendre. Attendez un vent propice, l'étincelle jaillira de nouveau. — Les petits sont toujours là.

On sait comment finit l'immortel Soleil, et les injures que le peuple jeta sur ce cadavre qui passait pour se rendre à Saint-Denis. — Louis XV lui succéda.

L'art, sous ce dernier roi, tomba dans le bibelot d'étagère. Le dunkerque en vernis Martin de la Du Barry est l'idéal de ce règne du *rocaille*.

L'art de Louis XV, c'est Brimborion, Bagatelle et le Parc-aux-Cerfs. Et, chose incroyable, ces paniers, ces cornettes, ces courtisans poudrés, ces marquises aux nerfs si sensibles, tout ce monde en satin clair est fou de merveilleux et de surnaturel. Mesmer et Cagliostro gouvernent la cour et la ville. — La reine fait ses prières devant une tête de mort, qu'elle appelle sa *belle mignonne,* et qu'elle pare tous les jours de rubans et de pompons. Et toutes les belles duchesses, après elle, agrémentent de coiffures variées des crânes blancs dans leurs boudoirs. — Il faut lire l'histoire fantastique de ce temps dans les *Mémoires* du marquis d'Argenson, quand il raconte la quête du diable, faite par des marquises que la bande de Cartouche dévalisa si bien, et qu'on trouva blotties dans une cave du faubourg Saint-Jacques, avec leurs mouches, leur rouge, leur poudre et des souliers de satin bleu tendre pour tout costume.

Comme il était temps d'en finir !

La Révolution éclata, Nous ne reviendrons pas sur ce que nous avons dit plus haut de cette revendication de la race opprimée contre la race envahissante, du Gaulois contre le Germain. — Mais quelle poussée vers la nature on sent, dans l'air, à cette époque !

Jean-Jacques, le premier, se nomme « l'homme de la nature et de la vérité ».

Pour les fêtes, on remit en honneur nos grandes réunions des solstices et des équinoxes. On créa la fête de la vieillesse, celle du printemps ou du renouveau, celle de l'été ou des moissons, celle de l'automne ou des vendanges. — On planta partout des arbres de la Liberté. On inventa même un calendrier naturaliste : ventôse, pluviôse, frimaire et thermidor, noms tirés des anciennes dénominations gauloises des mois : — *Miz Guenveur*, janvier, le mois tout blanc ; *Miz Ebrel,* avril, le mois sans souffle. *Miz Guengolo*, septembre, le mois de la blanche paille, et *Miz Du*, enfin, le mois noir, novembre et décembre.

La vieille race revenait avec ses goûts, ses tendances, son caractère et sa loi naturelle.

Nous ne pousserons pas plus loin cette étude. Les rapprochements que nous avons essayé d'indiquer prouvent assez clairement, croyons-nous, la thèse que nous prétendons soutenir.

Sur le sol de la patrie, deux races ont existé : l'une, ayant toujours devant les yeux un monde extra-humain qui la hante dans ses rêves, chose qui se traduit en art par l'inextricable dans l'ornementation et par un merveilleux toujours fantastique dans la peinture et la sculpture ; l'autre, ne cherchant, à travers tout, que la nature ; ayant une soif inextinguible du vrai et s'affirmant partout par un amour constant de la fleur.

Faut-il insister de nouveau ? — Non ! Nous croyons notre pensée suffisamment développée pour le moment.

Maintenant que, après des commotions violentes, il nous arrive de nous retrouver plus calmes et de pouvoir essayer des synthèses, étudions, étudions encore, étudions toujours, et rattachons, si faire se peut, les liens qui nous relient à nos pères.

Remonter aux sources est le mot d'ordre de notre siècle ; suivons-le.

Il ne peut être malsain pour personne de se retremper dans ces ondes salutaires.

Nous l'avons tenté jadis. Nous l'essayerons plus amplement dans notre livre.

Mais puisque, ballottés de système en système, nous errons, en esthétique, du convenu au factice et du factice au convenu, rejetons toutes ces formules et proclamons la loi qui nous fit nôtres.

Nous voudrions voir écrite, au fronton de toutes nos écoles, cette triade que nous inscrivons à la première page de notre œuvre.

Si tu veux avoir l'*awen,* il te faut trois choses :

L'œil qui sait voir la nature,
Le cœur qui sait comprendre la nature,
Et la volonté qui ose suivre la nature.

Elle nous semble la seule règle à suivre pour produire enfin chez nous, ce qui pourrait s'appeler le vrai réveil de l'art français.

Il existe, au Musée de Lyon, un petit bas-relief très curieux, façonné en mosaïque d'une harmonie de couleurs étonnante. C'est une figure de femme coiffée à la grecque et tenant en main une petite fleur, assez semblable à celles que portent aux pieds de la déesse Isis les belles Égyptiennes de Karnac et de Thèbes.

Les Lyonnais l'appellent l'ESPÉRANCE. Inspirons-nous de ce que proclame cette figure, comme on disait au moyen âge. Écoutons le sermon de l'Espérance. Revenons à la fleur des aïeux, revenons à la tradition gauloise.

Là, selon nous, et là seulement, se trouve le germe de la vraie *Renaissance* de notre ART NATIONAL.

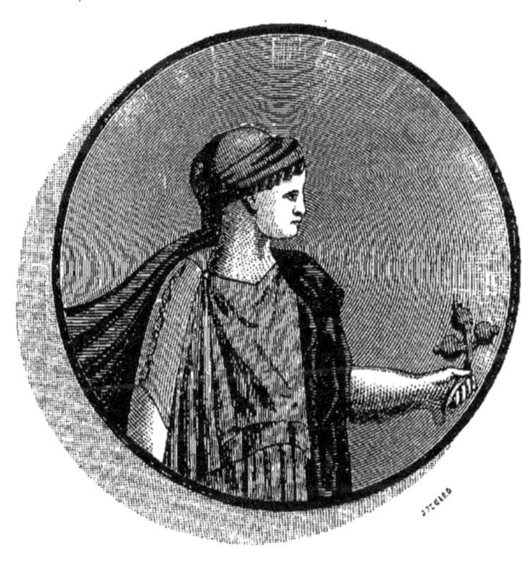

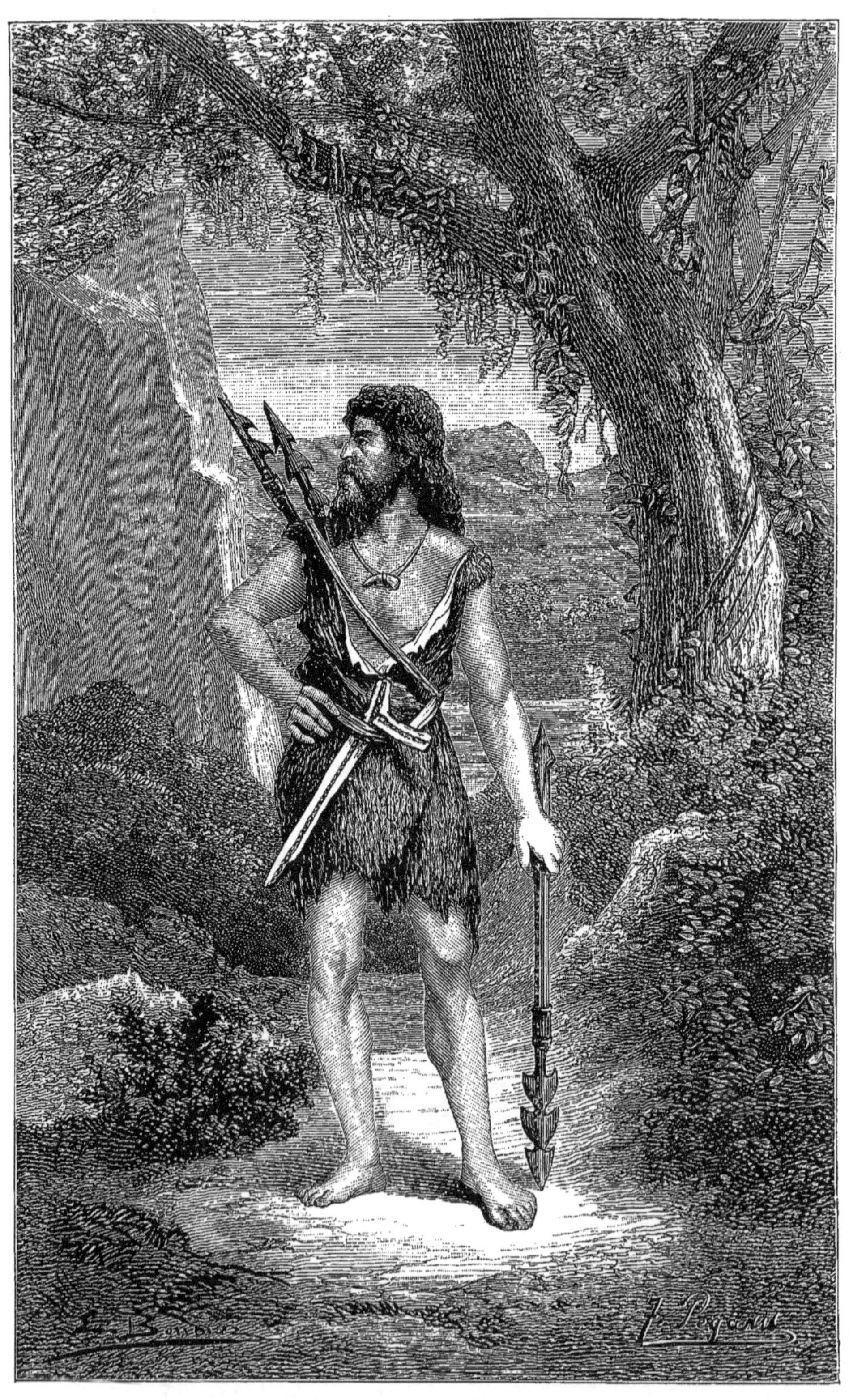

L'HOMME DES CAVERNES.

CHAPITRE PREMIER

L'HOMME DES CAVERNES

SOMMAIRE. — L'homme fossile. — La salamandre de Cuvier. — Premières découvertes sérieuses. — M. Boucher de Perthes. — L'homme de l'époque quaternaire. — Station de Thenay. — M. l'abbé Bourgeois. — L'homme de l'époque tertiaire. — Classification de M. de Mortillet. — Saint-Acheul. — Le Moustier. — Solutré. — La Madeleine. — Les cavernes du Périgord. — L'art des cavernes. — Le chasseur.

L'ANTHROPOLOGIE, — pardon de ce grand mot tout hérissé de grec! — est une science positive, qui a le tort, pour certaines gens qui aiment à dormir sur des illusions séculaires, de détruire un peu brutalement peut-être, mais très sérieusement, hélas! la douce quiétude des amoureux aveugles des légendes sémitiques.

Nous n'avons à étudier ici que les manifestations extérieures de ces hommes primitifs; aussi n'entrerons-nous pas dans les questions de controverse qui troublent si

* Le frontispice du chapitre premier est composé d'un choix d'ornements des peuples de la Laponie actuelle, dessinés à l'exposition anthropologique du Trocadéro en 1878. Ces ornements se rap-

souvent les simples chercheurs de notre espèce. Du reste, quand on veut bien se donner la peine de regarder et de voir, il ne peut plus désormais subsister aucun doute au sujet de ces ancêtres préhistoriques.

Aux âmes timorées, d'ailleurs, nous pouvons dire : chassez toute crainte, nous avons avec nous Mgr Meignan, évêque de Châlons-sur-Marne, qui a publié sur la matière un long ouvrage [1], développement de la thèse déjà soutenue par M. Marcel de Serres dans sa *Cosmogonie de Moïse comparée aux faits géologiques* [2].

Nous avons M. l'abbé Lambert, qui a théologiquement parlé de l'homme primitif et de la Bible [3]; M. l'abbé Bourgeois, qui a révélé à la science l'homme de l'époque tertiaire [4]; M. l'abbé Delaunay, professeur à Pontlevoy, qui le premier a découvert des ossements d'une fabuleuse antiquité, portant les traces de la main de l'homme [5]. Nous avons M. l'abbé Ducrost, l'explorateur judicieux des trésors de Solutré [6]; l'abbé Cochet, enfin, qui signa le premier rapport sur les fouilles de M. Boucher de Perthes [7].

Donc, forts de ces autorités orthodoxes, écrions-nous avec M. Renan que « l'idéal de l'homme étant la recherche scientifique indépendante, indifférente aux résultats, de la vérité, il faut la poursuivre sans rémission avec la résolution de tout lui sacrifier [8] ».

« Du moment qu'il est reconnu que la question des origines humaines se dégage de toute subordination au dogme, elle restera

prochent extraordinairement de ceux que l'on voit sur les bois de renne des cavernes du Périgord. — L'ornement de la lettre est pris dans les fougères fossiles du comte de Saporta (*Le Monde des plantes avant l'apparition de l'homme*). Sur le tout se dessine la moitié de mâchoire humaine trouvée par M. Boucher de Perthes dans les terrains de transport de Moulin-Quignon, près d'Abbeville (Somme), le 28 mars 1865.

1. *Le monde et l'homme primitif selon la Bible*. Un vol. in-8°, 1869, chez V. Palmé.

2. Deux vol. in-12. (Paris, 1859, chez Lagny frères.)

3. Brochure in-8°. (Paris, 1869, chez Savy.)

4. *Étude* sur les silex travaillés trouvés dans des dépôts tertiaires de la commune de Thenay, près Pontlevoy (Loir-et-Cher). — Congrès international d'anthropologie et d'archéologie préhistoriques. 2e session. Paris, 1867. (Paris, C. Reinwald, rue des Saints-Pères, 15, 1868, 1re livraison, p. 67.)

5. *Idem*, p. 72.

6. *Archives du Muséum d'histoire naturelle de Lyon*, tome Ier. — *Étude sur la station préhistorique de Solutré*, par M. l'abbé Ducrost et M. le docteur Lortet. (Petit in-folio, 1872.)

7. *Rapport* adressé à M. le sénateur préfet de la Seine-Inférieure, 1860.

8. *Conférences Hibbert*. Première conférence prononcée le 6 avril 1880. (Paris, Calmann-Lévy, p. 5.)

ce quelle doit être, une thèse toute scientifique, accessible à toutes les discussions et susceptible, à tous les points de vue, de recevoir la solution la plus conforme aux faits et aux démonstrations expérimentales. » C'est M. Lartet qui parle de la sorte[1], et l'on ne peut que s'honorer de suivre un tel homme dans un chemin si périlleux à parcourir.

Il y a vingt ans, l'homme fossile était un *mythe* qui prêtait à rire aux gens du monde et dont parlaient en haussant les épaules les savants les plus considérés, les plus autorisés et les plus rentés. Il y avait la salamandre de Cuvier! — Et l'on se tenait les côtes dès qu'il était question d'un *préadamite* quelconque, en vous jetant au nez sans cesse cette malheureuse salamandre, dont voici l'histoire.

Au commencement du siècle dernier, dans les carrières d'Œningen, à quelques lieues du lac de Constance, on découvrit un schiste contenant une empreinte bizarre, munie de bras, à l'extrémité desquels se détachaient de petites mains. La tête était énorme, l'épine dorsale très caractérisée. Un savant médecin du cru fit un mémoire sur l'individu conservé dans ce schiste, et, sur un ton complètement doctoral, s'écria : « C'est irrécusable ! Voici une moitié, ou peu s'en faut, du squelette d'un homme; la substance même des os et, qui plus est, des chairs, et des parties encore plus molles que les chairs, sont incorporées dans la pierre; en un mot, c'est une des reliques les plus rares que nous ayons de cette race maudite qui fut ensevelie sous les eaux. Nous possédons l'homme témoin du déluge.

Homo diluvii testis. »

Ce médecin se nommait Scheuchzer. — Lorsque l'on présenta la chose à Cuvier, le savant professeur du Muséum, avec son crayon facile, continua le dessin interrompu, fit les deux autres pattes du prétendu bipède, prolongea l'épine dorsale en longue queue se terminant en pointe, et se contenta d'écrire en dessous : « Salamandre

1. *Nouvelles recherches* sur la coexistence de l'homme et des grands mammifères fossiles réputés caractéristiques de la dernière période géologique, par Éd. Lartet. (*Annales des sciences naturelles*, 4e série, t. XV, p. 256.)

gigantesque. » La déconvenue était un peu forte. — On examina de nouveau la pierre. Le célèbre naturaliste fut convoqué d'office. Il lui fut permis même de creuser de ses mains, le débris en présence de plusieurs savants distingués. L'opération laissa paraître aux yeux de tous le squelette qu'il avait indiqué avec une précision si remarquable. — L'homme du déluge devenait un simple reptile batracien, de la famille des urodèles. — La chute en était admirable. — L'homme fossile n'en revint pas.

Ceci se passait en 1811. En 1823, un géologue français, M. Ami Boué, trouvait dans la vallée du Rhin, à Lahr, non loin de Strasbourg, au milieu d'un terrain quaternaire, la moitié des os d'un squelette humain. Il se hâta de présenter sa découverte à Brongniart et à Cuvier. Le fait fut simplement écarté comme contraire à la science; le crâne devait provenir, sans aucun doute, d'un ancien cimetière... Sur ce, on mit les os de côté. Et Gratiolet, il y a dix ans, les découvrit derrière une caisse dans un grenier du Muséum [1].

En 1827, M. Tournal, de Narbonne, déterrait des dents d'homme aux cavernes de Riga, dans l'Aude, unies à des os de mammifères disparus. En 1828, M. de Christol, de Montpellier, rencontrait à Poudres, près de Nîmes, des débris humains à côté d'ossements d'hyène et de rhinocéros. En 1833, Schmerling, le géologue belge, mettait à jour dans les cavernes d'Engis et d'Engiboul, au fond de la province de Liège, le fameux crâne devenu depuis si célèbre. En 1844, enfin, M. Aymard, à La Denise, près du Puy-en-Velay, ramassait un crâne fossile. — Rien n'y fit. — C'était heurter de front la science officielle, et la science officielle ne tolère pas ces hardiesses. On ne discuta pas, on dédaigna simplement. Le maître avait parlé, tout était dit.

Roma locuta est, causa finita est.

Il existait jadis autour des cathédrales et des vieux monastères des séries de petites baraques bizarres qui s'étaient collées là, dans le temps, entre deux contreforts. Superposées les unes sur les autres,

1. *L'Homme préhistorique*, de Zaborowski. (Paris, Germer-Baillière, p. 20.)

elles ressemblaient assez à ces bancs de coquillages parasites qui se forment au milieu des goémons fauves sur les rochers noirs de nos côtes. Là dedans se cachaient des familles de chantres, de sacristains, de sonneurs de cloche, d'enfants de chœur privilégiés. Sous cette lèpre disparaissait l'édifice; on ne pouvait plus en suivre ni les lignes si pures, ni les profils finement découpés, ni les sculptures symboliques. L'art moderne, grâce aux restaurateurs intelligents de nos monuments historiques, fit justice de toutes ces superfétations malsaines. Semblables à ces parasites et aussi tenaces qu'eux, autour des ministères, des musées, des bibliothèques, un autre genre de dévots établit depuis quelques années ses pénates. Fils et successeurs, ils encombrent toutes les voies, bouchent toutes les portes, ferment toutes les fenêtres et arrêtent toutes les découvertes en se proclamant pompeusement la science officielle. Ils se sont emparés des palais, brûlent le bois des forêts de l'État et se casent majestueusement dans des trônes sans emploi désormais. A force d'être salués par un régiment de gardiens à galons, ils se croient des hommes forts et grands. Simples chantres, simples sonneurs de cloche, simples sacristains! On devrait les renvoyer bien vite au moulin de La Fontaine, d'où ils n'auraient jamais dû sortir. Nés dans le sérail, ils y resteront indéfiniment, comme ce savetier de l'Odéon qui, appelé pour raccommoder les bottes de don Juan, y demeura vingt ans, logé dans les combles. — Nos neveux trouveront encore en place leurs fils inamovibles.

C'est contre ces hommes que se heurtent, que se heurteront longtemps les explorateurs dédaignés qui seuls font véritablement progresser la science. — Enfin, puisqu'ils sont assis, qu'ils y restent. La vérité n'a rien à voir avec cette race; laissons-les donc et revenons à nos chercheurs de fossiles. Ceci n'est dit que pour faire comprendre les dédains qui accueillirent les découvertes que nous venons d'énumérer.

C'est alors que survinrent les trouvailles de M. Boucher de Perthes. D'une ancienne famille, très riche, Boucher de Perthes avait beaucoup voyagé.

> Quiconque a beaucoup vu
> Peut avoir beaucoup retenu.

Il s'était, dès l'enfance, passionné pour l'archéologie. Du reste, comme il a écrit lui-même l'histoire de ses découvertes, avec une fantaisie qui prouve une fois de plus que la science, sûre d'elle-même, aime à se laisser comprendre de tous, nous lui emprunterons ses impressions mêmes pour tout ce que nous avons à dire de ses fouilles merveilleuses. « J'étais bien jeune, dit-il, lorsque la pensée de l'homme fossile me préoccupa pour la première fois. En 1805, me trouvant à Marseille, chez M. Brack, beau-père de Georges Cuvier et ami de mon père, j'allai visiter dans les environs une grotte dite *de Roland*. Mon premier soin fut d'y chercher de ces os, dont j'avais si souvent entendu parler par Cuvier. J'en rapportai en effet quelques échantillons. Étaient-ils fossiles? Je ne saurais le dire. Plus tard, en 1810, je visitai une autre grotte, celle de Palo (États romains). Cette fois, j'étais avec M. Dubois (Aymé), depuis membre de l'Institut. Là, on prétendait avoir trouvé des squelettes humains. C'est possible; mais nous n'en vîmes pas. Nous ramassâmes, comme je l'avais fait à Marseille, des os d'animaux, et j'y recueillis plusieurs pierres qui me parurent taillées... Cependant, je n'avais pas de preuves à donner. J'en étais encore aux probabilités et aux systèmes. En un mot, ma science n'était que prévision; mais cette prévision, chez moi, était devenue conscience. Je n'avais pas encore analysé un seul banc, que je tenais déjà ma découverte pour faite[1]. » Vers 1835, on creusa à Abbeville de profondes tranchées pour la construction de fortifications nouvelles, pour l'exploitation d'un chemin de fer, pour l'ouverture d'un canal. Boucher de Perthes, qui habitait alors cette dernière ville, ne quittait pas un instant les travaux. « Combien de journées ai-je passées, dit-il dans ce même ouvrage que nous citions plus haut, courbé sur ces bancs, devenus pour moi l'arcane de la science et ma terre de promission! Que de milliers de silex, disons même de millions, n'ont pas été remués sous mes yeux! Je faisais ma besogne en conscience. Tous ceux qui, par une couleur ou une coupe spéciale, se distinguaient des autres, je les ramassais;

1. Boucher de Perthes, *De l'Homme antédiluvien et de ses œuvres.*

je les examinais sur toutes les faces; pas la moindre cassure ne m'échappait. Quelquefois je croyais voir cette trace si péniblement cherchée... C'en était une sans doute, mais si faible! J'y trouvais une indication, ce n'était pas une preuve. »

Enfin, en 1838, dans le banc inférieur, parfaitement caractérisé comme *diluvien* par les ossements d'espèces perdues, particulièrement d'éléphants et de rhinocéros, qui s'y trouvaient enfouis, se rencontrèrent des haches et autres instruments de silex, grossièrement taillés, mais accusant d'une manière qui ne saurait laisser aucun doute la présence de l'homme à cette époque.

Des outils pour couper, percer, racler ou frapper, comme devait le dire si justement l'abbé Bourgeois à propos des fouilles de Thenay [1].

Dans le courant de l'année 1839, Boucher de Perthes apporta ses haches à Paris et les montra à plusieurs savants, notamment à son ami M. A. Brongniart.

Avec Cuvier, Brongniart avait décidé en principe que l'homme, nouveau sur la terre, n'était pas contemporain des grands pachydermes antédiluviens. Il ne put reconnaître la main d'un ancêtre dans ces grossiers essais. « J'y voyais des haches, dit le prophète d'Abbeville, comme l'appelle M. Figuier, et je voyais juste; mais la coupe de ces pauvres silex était vague, les angles émoussés; leur forme aplatie différait de celles des haches polies, les seules que l'on connût alors; enfin, si des traces de travail s'y révélaient, il fallait réellement pour les voir avoir les yeux de la foi; je les avais, mais je les avais seul. Ma doctrine s'étendait peu; je n'avais pas un seul disciple. Il me fallait d'autres preuves; dès lors, d'autres recherches, et pour les étendre, je pris des associés. Je ne les choisis point parmi des géologues; je n'en aurais pas trouvé; aux seuls mots de haches et de *diluvium* je les voyais sourire. Ce fut donc chez les ouvriers que je cherchai mes aides... Avant la fin de 1840, j'avais pu offrir et soumettre à l'examen de l'Institut une vingtaine de silex où la main humaine était manifeste. M. Brongniart ne douta plus; M. Dumas,

1. *Étude sur les silex travaillés* trouvés dans les dépôts tertiaires de la commune de Thenay. Compte rendu du Congrès de 1868.

son gendre, adopta son opinion. A partir de ce moment, j'eus des prosélytes. Le nombre en fut petit, comparativement à celui des opposants. Ceux-ci ne soupçonnaient pas ma bonne foi, mais ils doutaient de mon bon sens[1]. » On le regardait comme un enthousiaste, presque comme un fou, dit Lubbock[2]. Il continua dix ans ses recherches et publia son livre sur l'*Industrie primitive*[3].

Ah! les beaux cris que poussèrent les savants à l'apparition de ce livre.

On avait forcé, en 1744, Buffon, le grand Buffon à rétracter en pleine Sorbonne des propositions répréhensibles et contraires à la foi. On fit de la question purement géologique de M. Boucher de Perthes un sujet de controverse religieuse. « Ceux qui ne mirent pas en doute ma religion m'accusèrent, dit-il, de témérité. Archéologue inconnu, géologue sans diplôme, je voulais renverser tout un système confirmé par une longue expérience et adopté par tant d'hommes éminents! C'était là, disait-on, une étrange prétention. Mais cette prétention je ne l'avais pas; je ne l'ai jamais eue. Je révélais un fait; il en découlait des conséquences; je ne les avais pas faites. La vérité n'est l'œuvre de personne; elle a été créée avant nous, elle est aussi vieille que le monde. Souvent cherchée, mais plus souvent repoussée, on la trouve, mais on ne l'invente pas. Parfois aussi nous la cherchons mal; car ce n'est pas seulement dans les livres qu'elle réside : elle est partout, dans l'eau, dans l'air, sur la terre. Nous ne pouvons faire un pas sans la rencontrer, et, quand nous ne l'apercevons pas, c'est que nous fermons les yeux ou que nous détournons la tête. »

E pur si muove!

M. Boucher de Perthes ne se découragea pas. Il venait de convertir un de ses adversaires les plus acharnés, le docteur Rigollot, qui,

1. *Études préhistoriques*. L'industrie humaine, ses origines, ses premiers essais et ses légendes, par A. Daux. (Paris, Eugène Belin, 1877.)

2. *L'Homme avant l'histoire*, par sir John Lubbock, F. R. S., traduit de l'anglais par Ed. Barbier. (Paris, Germer-Baillière, 1867, p. 270.)

3. *De l'Industrie primitive* ou *les Arts et leur origine*. 1846.

sceptique jusqu'alors, vint à Saint-Acheul, pays si célèbre depuis, examina les graviers, trouva plusieurs armes et crut[1].

Les savants anglais devaient donner à ses théories une consécration bien plus importante. En 1859, le docteur Falconer, vice-président de la Société géologique de Londres, passant par Abbeville, visita sa collection. Il fit connaître le résultat de cette visite à M. Joseph Prestwich qui, avec M. Joseph Evans, fit exprès le pèlerinage d'Abbeville. A leur retour en Angleterre, ils communiquèrent leurs conclusions personnelles à la Société royale. Une commission fut déléguée par les savants de Londres. Ils refirent une dernière fois le voyage, ouvrirent des tranchées, fouillèrent de leurs mains, retirèrent des bancs ouverts devant eux des échantillons fossiles et des haches nettement travaillées. Le chef de l'école, sir Charles Lyell, reconnut l'état vierge des bancs géologiques, la présence de l'éléphant fossile, celle des silex taillés, et, dans un grand discours prononcé en septembre 1859 dans le meeting de l'Association britannique, il proclama solennellement l'authenticité de la découverte de M. Boucher de Perthes.

Les savants officiels français commençaient à ouvrir les yeux. On envoya M. Gaudry, un aide-naturaliste du Muséum. Il fallait bien se rendre à l'évidence. M. Gaudry lut à l'Académie des sciences un mémoire dont les conclusions étaient :

1° Nos pères ont été contemporains du *rhinoceros trichorinus*, de l'*hippopotamus major*, de l'*elephas primigenius*, du *cervus somonensis*, d'un grand bœuf, etc., toutes espèces aujourd'hui détruites.

2° Le terrain nommé *diluvium* a été formé, au moins en partie, après l'apparition de l'homme.

Restait pour le vulgaire un doute. — Des silex, c'est bien ; des haches, c'est mieux ; mais l'homme ! où était l'homme ? Pourquoi ne pas nous montrer des ossements vrais ? — Parmi tant d'objets, comment se fait-il que l'on n'ait pas trouvé les traces d'un os, la moindre phalange, le moindre tibia, le moindre crâne ?

1. *L'Homme avant l'histoire.* Lubbock, *Antiquité de l'homme*, chap. IX, p. 270.

Le 23 mars 1863, un terrassier qui travaillait à la carrière de sable de Moulin-Quignon apporta à Abbeville à M. Boucher de Perthes une hache en silex et un petit fragment d'os qu'il venait de recueillir. L'ayant débarrassé de la gangue terreuse qui l'enveloppait, Boucher de Perthes reconnut dans cet os une molaire humaine. Il se rendit aussitôt sur les lieux, et s'assura que le gisement où ces objets avaient été trouvés était une veine argilo-ferrugineuse imprégnée d'une matière colorante qui semblait renfermer des débris organiques. Cette couche faisait partie d'un terrain vierge, comme le disent les géologues, c'est-à-dire sans aucune infiltration ni introduction secondaire. Le 28 mars, un autre terrassier vint apporter à Boucher de Perthes une nouvelle dent humaine, en ajoutant qu'il apparaissait en ce moment dans le sable « quelque chose qui ressemblait à un os. » Boucher de Perthes quitta tout et courut immédiatement à la carrière. Là, en présence de MM. Dimpré père et fils et de quelques membres de la Société d'émulation d'Abbeville, il retira lui-même du terrain une demi-mâchoire inférieure humaine, entourée de la même gangue terreuse. A quelques centimètres de cet os, on rencontra une hache en silex recouverte de la patine noire qui couvrait la mâchoire. Le gisement était situé à quatre mètres et demi au-dessous du niveau du sol[1]. La nouvelle produisit en Angleterre une émotion considérable. MM. Carpenter, Falconer, etc., vinrent eux-mêmes analyser l'état du terrain et déterminer l'ancienneté évidente de la mâchoire. Et le 20 avril suivant, M. de Quatrefages crut devoir constater à son tour le fait en présentant à l'Institut l'intéressante pièce adressée d'Abbeville par son inventeur à la docte compagnie. La doctrine de la prodigieuse antiquité de l'espèce humaine fut définitivement acquise.

La science classique avec ses dédains systématiques était domptée. « C'était par milliers de siècles qu'on devait compter l'existence de l'homme ici-bas, non plus par milliers d'années[2]. » L'élan était donné.

1. *L'Homme primitif,* par Louis Figuier. (Paris, librairie de L. Hachette, 1870, introduction, p. 18.)

2. *Discours de M. Broca,* séance du vendredi 30 août, au Congrès international d'anthropologie et d'archéologie préhistoriques. (Paris, 1867, C. Reinwald, p. 372.)

On retrouva le crâne de Canstadt découvert en 1700, oublié depuis. On enleva la poussière qui couvrait celui de M. Ami Boué déterré à Strasbourg en 1823. On mesura celui d'Engis trouvé par Schmerling en 1833. Puis vinrent le squelette de Neanderthal et la fameuse tête aux arcades sourcilières proéminentes donnée par le docteur Fühlrott d'Eberfeld; puis les admirables fouilles de M. Édouard Dupont dans les cavernes de Belgique; puis les découvertes anglaises dont nous n'avons pas à parler; puis la mâchoire du trou de la Naulette, etc. Enfin, en plein Paris, à deux pas de l'hôtel des Invalides, rue de Grenelle et avenue de Lamothe-Picquet, M. Gosse fils, de Genève, dans des terrains diluviens depuis longtemps recommandés par M. Boucher de Perthes, prouva l'existence incontestable de l'homme souterrain sur les bords de la Seine en plaçant sous les yeux des savants les plus incrédules de la capitale des objets identiques à ceux que l'on trouvait dans les sables de la Somme.

J'en passe; car on ne s'attend pas, sans doute, à ce que nous fassions ici l'histoire de ces découvertes merveilleuses qui se succédèrent tous les jours, plus formelles et plus probantes, et donnèrent à la Société française d'anthropologie une importance désormais incontestable. Il semble que plus une science a rencontré d'obstacles pour s'établir sérieusement, plus elle fait par la suite de conquêtes immenses; comme la grande mer sauvage qui, longtemps retenue par des digues, troue le sable, écarte les pierres, renverse tout sous ses vagues grondantes, puis étend doucement sur la grève ses flots blancs d'écume et ses longues vagues transparentes.

Mais les savants, quand ils s'y mettent, deviennent insatiables.

On avait des fragments, on voulut mieux! — M. le docteur Rivière se chargea de trouver ce mieux. Envoyé en mission dans le nord de l'Italie, vers 1872, il devait rapporter au Muséum l'homme complet de Menton.

Depuis plusieurs mois, M. Rivière fouillait les cavernes de Baoussé-Roussé (les rochers rouges). Il rencontrait à chaque instant des silex taillés, des ossements d'ours et de bœuf, frivoles découvertes, simples bagatelles, quand tout à coup, le 26 mars, à six mètres au-dessous du sol primitif de la caverne, il vit apparaître plusieurs os qui devaient évidemment appartenir à un pied d'homme.

Découvrir *in situ*, comme disent les officiels, un squelette complet, semblait un rêve. — Huit jours, M. Rivière resta couché sur ce cadavre, découpant, pour ainsi dire, la silhouette imperceptible, dégageant, avec des soins extrêmes, ces os friables si précieux, mais si fragiles. Enfin il lui fut donné de contempler dans son entier développement sa curieuse découverte. Il était là, l'homme antédiluvien, couché sur le flanc, la main gauche appuyée sur la mâchoire inférieure, la droite ramenée sur la poitrine, les jambes croisées et légèrement repliées dans la complète attitude du sommeil interrompu par la mort. Sur son crâne se développait une coiffure bizarre, formée d'une infinité de petits coquillages percés d'un trou régulier; quelques dents de cerf perforées de même gisaient auprès, ornements détachés de cette parure sauvage. Une grande pointe faite d'un os effilé, attachée sur le front, formait le cimier de ce casque singulier. Un bracelet de coquilles analogues à celles de la coiffure ornait une des jambes un peu plus bas que le genou. Sur la poitrine, un os assez volumineux, troué comme les coquilles, pendait en guise d'amulette. Des pointes de flèche en silex, quelques ustensiles d'un usage inconnu apparaissaient près du squelette. Des traces de feu, du charbon, restes d'un campement probable, jonchaient le sol près du corps étendu. Il fallut à M. Rivière un mois et demi de travail pour enlever la couche de pierre elle-même sur laquelle reposait son personnage. Il put, après ce labeur péniblement mené à bien, transporter intacte sa précieuse trouvaille au Jardin des Plantes.

Tout était dit; on avait désormais sous les yeux, on touchait du doigt l'HOMME FOSSILE[1]!

La science en marche ne saurait s'arrêter. On possédait des documents incontestables, restait à en faire une étude approfondie. Avec une vertèbre Cuvier rétablissait un squelette, reconstituait une espèce perdue. Avec les débris divers des cavernes et des car-

1. Avec l'homme de Menton se trouve, dans la même salle du Muséum, l'homme de Grenelle, découvert en 1869 par M. Émile Martin, dans la carrière Foulon.

rières, en les palpant, en les comparant, en les classant, en les mesurant, les anthropologues modernes ont remis sur pieds toute une race, nous en ont décrit les habitudes, retracé les mœurs, reconstitué les costumes.

L'homme quaternaire, grâce aux recherches obstinées de ces puissants travailleurs, vit pour ainsi dire désormais sous nos yeux. On parle aujourd'hui du type de Neanderthal, de l'homme écrasé de Laugerie-Basse, de la femme assassinée près de Cromagnon, du grand vieillard du Limousin, des hommes de Bruniquel avec autant de précision que si l'on parlait d'un accident arrivé hier sur le boulevard Montmartre ou dans la rue Richelieu.

Ils étaient grands, « la longueur du fémur de Cromagnon, dit M. Broca, indique une taille d'un mètre quatre-vingts centimètres. » Ils étaient forts, « le volume des os, l'étendue et la rudesse des surfaces d'insertion musculaire, le développement extraordinaire de la branche de la mâchoire où s'insèrent les muscles masticateurs annoncent une constitution athlétique. » A cette force se joignait je ne sais quoi de digne, de grandiose dans l'aspect. L'homme de Grenelle, dit M. Hamy, présente dans son système vertébral, comme dans son crâne, sa face et ses membres, un bizarre mélange de noblesse et de bestialité.

Les armes de ces guerriers farouches étaient confectionnées avec un soin extrême; leur adresse était prodigieuse. On a recueilli une vertèbre de renne dont le corps a été percé d'outre en outre par une lance ou un javelot, un tibia humain dont la tête a été traversée par une flèche, près de la rotule. Dans les deux cas, le silex rompu est resté en place, attestant la bonté de l'arme et la force de celui qui s'en servait.

Leurs vêtements, d'abord fabriqués avec des peaux d'ours rudes, grossières, non débarrassées de leurs poils, assez semblables à ceux des Esquimaux, avec lesquels, nous le verrons plus tard, les hommes primitifs ont des points de contact nombreux et caractérisés, se transforment peu à peu.

Les grattoirs en silex nous révèlent une industrie nouvelle. On épile les bêtes fauves; on assouplit la peau en l'imbibant de graisse; puis les femmes, avec des aiguilles délicates (on en rencontre par centaines), aiguilles façonnées avec les os les plus ténus, et toujours percées d'un trou régulier, les femmes cousent les peaux assemblées, donnent aux vêtements une forme plus élégante, enveloppant le corps sans en gêner les mouvements. — Les Lapons actuels ne procèdent pas autrement. Les fibres du renne sont utilisées comme ligaments, ceintures, cordons, etc. Tous les ossements présentent des entailles transversales à l'endroit où la section du tendon a dû être opérée. Avec des dents creusées et percées, ils se fabriquent des sifflets de chasse, et les coquettes compagnes de ces terribles lutteurs ornent leurs gorges de coquilles brillantes, attachées en chapelet, et suspendent sur leur puissante poitrine de petites pierres percées, douces amulettes d'espérance [1]. Assez semblables à ces enfants des grèves que vous rencontrez derrière les rochers rouges, à demi vêtus, les jambes nues, les oreilles et le cou décorés de bijoux naturels aux reflets nacrés, le chef orné des plumes de la mouette sauvage, du goéland blanc, du corbeau gris, portant comme parure triomphale dans leur chevelure inculte la fleur éclatante cueillie dans les falaises ou dans les halliers d'alentour.

Quel chemin nous avons fait depuis la salamandre gigantesque trouvée par le savant docteur Scheuchzer dans les environs du lac de Constance !

Ce n'était pas encore assez, l'homme quaternaire allait devenir presque moderne. En 1854, M. Garrigou crut avoir trouvé les preuves de la contemporanéité de l'homme et des mammifères *miocènes*. Il montrait des entailles sur des os de l'époque tertaire déterrés à Sansan, dans le Gers. M. le colonel Laussedat en indiquait d'autres sur une mâchoire de rhinocéros enlevée aux couches de Billy. L'abbé Delaunay, enfin, en rencontrait de bien plus caractéristiques sur des côtes d'halitérium des faluns de Pouancé (Maine-et-Loire). La chose devenait grave. M. Hébert décréta que tout cela provenait du *carcho-*

1. *L'Homme préhistorique*, de Zaborowski. (Paris, Germer-Baillière, p. 109 et suiv., *passim*.)

rodon megalodon, un squale, qui avait dû ronger ces os à l'état frais. Devant le *carchorodon megalodon*, tout le monde se tut.

Mais l'abbé Bourgeois, qui avait soutenu son confrère l'abbé Delaunay, et le marquis de Nadaillac, ce Boucher de Perthes de l'Ouest, s'entêtèrent dans leurs affirmations et résolurent de faire triompher, malgré tout, ce qu'ils appelaient la « bonne cause. » Ils explorèrent le gisement de Thenay, dans les sables de l'Orléanais, au-dessous du calcaire de Beauce, et en rapportèrent des silex portant trace de feu. Les classificateurs ont rangé depuis ces silex de l'époque tertiaire dans l'âge qu'ils nomment l'*âge de la pierre étonnée*[1] ! Il y avait des racloirs, des têtes de flèche et de lance, des poinçons, des grattoirs, des marteaux, tout un atelier, une industrie complète. Le *carchorodon* était distancé. Du reste, en Angleterre, M. Charlesworth trouvait des dents de *carchorodon* perforées elles-mêmes par la main de l'homme[2]. Décidément, où devait-on s'arrêter; les abbés eux-mêmes se mettaient de la partie. On pouvait sans crainte marcher de concert avec eux; c'est ce que l'on fit, et M. de Quatrefages lui-même, dans la *Revue scientifique,* proclama « qu'anatomiquement, physiologiquement, l'homme étant un vrai mammifère, dès que les mammifères ont paru et vécu à la surface du globe, il a pu s'y montrer et y vivre comme eux. Or, à ce titre, il peut dater non seulement des temps tertiaires moyens (miocènes), mais même des temps *éocènes*[3]. Il peut remonter plus haut encore[4].

Que de changements s'étaient opérés dans l'histoire de l'humanité primitive; après l'homme du mammouth en arrivait un autre[5].

1. Gabriel de Mortillet. — Zaborowski, p. 30.

2. *L'Homme préhistorique*, de Zaborowski, p. 39.

3. *Éocène, miocène* et *pliocène* sont les noms donnés par les savants aux divisions de la période tertiaire. *Éocène* veut dire aurore du récent; *miocène*, moins récent, et *pliocène*, plus récent.

4. *Revue scientifique* du 10 février 1872.

5. Quelques savants ont prétendu que l'homme de Thenay appartenait à une race d'anthropisques (futurs hommes), de précurseurs, qui avaient plus de ressemblance avec les orangs, les gibbons, les chimpanzés et les gorilles qu'avec les hommes actuels; qu'on devait les classer dans la famille des lémuriens de M. Hæckel, des *mesopithecus Pentelici* de M. Gaudry, des singes anthropomorphes de M. Lartet, des *dryopithecus* de M. Fontan, ou des anthropoïdes de M. de Mortillet. Ceci est une question que nous n'avons pas à traiter, et, quoique Darwin ait vu un singe casser des noisettes avec une pierre qu'il cachait sous la paille après son opération sournoise, nous ne nous

Après l'homme d'Abbeville, qui avait vu couler la Somme à plus de 100 pieds au-dessus de son niveau actuel [1], survenait l'homme de Thenay, qui, du haut de la petite colline que l'on voit encore de nos jours, colline crétacée qui ne fut jamais immergée, même à l'époque tertiaire, avait embrassé d'un seul coup d'œil le grand lac de Beauce étendant ses eaux profondes aussi loin que le regard pouvait se porter. Un grand fleuve, dont on ne connaît ni l'étendue ni l'origine, avait ensuite déposé ses sables au-dessus du calcaire formé par les eaux tranquilles du lac sans limites. Puis tout cela avait disparu pour être remplacé par la mer des faluns, qui avait jeté là son riche dépôt de coquilles marines; puis la mer avait quitté ces régions, laissant là, au-dessus des couches anciennes, la preuve irréfutable de son long séjour [2]. Révolutions énormes, incompréhensibles transformations, rêve inouï que la pioche inconsciente du terrassier développe successivement sous l'œil investigateur du savant qui refait dans sa pensée tout ce passé inconnu, qui retrouve dans un modeste fragment, dans un os brisé, dans une dent trouée, dans une petite pierre l'histoire de tous ces âges. Avant la nuit des temps, il y avait eu des siècles où l'homme avait contemplé là l'azur du ciel, le sable blanc des grèves, les arbres majestueux, les forêts gigantesques, la verdure des champs, et le grand soleil dorant toute cette nature vierge de ses reflets puissants.

Que conclure? « Que nous sommes en présence de l'inconnu, comme le dit si bien l'abbé Bourgeois, que notre devoir donc est de recueillir consciencieusement les faits et de nous montrer sobres d'affirmations jusqu'à ce que la lumière soit faite [3]. » Cette page, écrite aujourd'hui, sera vieille de dix ans l'année prochaine. La science

prononcerons aucunement sur cette hypothèse. Nous ne traitons ici que de l'art, et l'art n'a rien à voir avec ces messieurs, fussent-ils même les ancêtres ou les cousins germains, comme disait Carl Vogt, de l'homme préhistorique.

1. *L'Homme avant l'histoire*, par sir John Lubbock. (Paris, Germer-Baillière, 1867.) *Antiquité de l'homme*, p. 309.

2. Marquis de Nadaillac. — *L'Industrie humaine, ses origines, ses premiers essais et ses légendes*, depuis les premiers temps jusqu'au déluge, par A. Daux. (Paris, Eugène Belin, 1877, p. 76.)

3. *Congrès international d'anthropologie et d'archéologie préhistoriques*. 1867, séance du lundi 19 août, p. 74.

marche vite. Quand on lit une revue de 1867, un volume de 1878, il semble qu'on ouvre un traité du XVIIIe siècle, un in-folio des bénédictins de Saint-Germain-des-Prés, qui prenaient des fibules mérovingiennes pour des coiffures de jeunes Gaulois, des cuisines de couvent pour des temples du Soleil et dissertaient sérieusement sur les pierres polies comme sur des amulettes tombées du ciel par un jour d'orage. Elle viendra, cette lumière, soyons-en sûrs. Restons donc modestes dans nos dires et contentons-nous simplement de déblayer le terrain pour nos successeurs.

Les preuves s'accumulaient, les documents arrivaient de toutes parts; il se rencontra juste à point un homme qui, par sa position spéciale, était plus que tout autre à même de cataloguer ces documents et de classer ces preuves. Cet homme fut M. Gabriel de Mortillet, attaché au musée des antiquités nationales de Saint-Germain-en-Laye. Il venait de fonder les *Matériaux pour l'histoire positive et philosophique de l'homme*[1]. Il avait contribué à la formation des congrès internationaux d'anthropologie et d'archéologie, inaugurés à La Spezia en 1865, consacrés à Paris l'année de l'Exposition universelle en 1867, l'année même où M. l'abbé Bourgeois fit sa communication si importante sur les premières découvertes de Thenay. Les vitrines se remplissaient d'objets, les casiers regorgeaient de renseignements. Il en tombait d'Italie, il en arrivait du Portugal. Le Danemark en envoyait par centaines. L'Angleterre en promettait un plus grand nombre. M. Gabriel de Mortillet s'était imposé une rude besogne; il ne faillit pas à sa tâche. Il créa des divisions, numérota ses silex et parvint, avec une lucidité merveilleuse, à faire la lumière dans ces obscurités séculaires. Nous ne pouvons ici que suivre pas à pas, sans commentaires, ses remarquables travaux.

Les savants avaient appelé l'âge que nous étudions l'*âge de la*

1. *Matériaux pour l'histoire positive et philosophique de l'homme.* Bulletin mensuel des travaux et découvertes concernant l'anthropologie, les temps antéhistoriques, l'époque quaternaire, les questions de l'espèce et de la génération spontanée, par Gabriel de Mortillet. (Paris, bureaux, rue de Vaugirard.)

pierre. Il le subdivisa en trois sections : *éolithique, paléolithique* et *néolithique*, ce qui veut dire, en français compréhensible :

Pierre tout à fait primitive (de ἠώς, aurore, point du jour, matinal, et λίθός, pierre);

Pierre d'une antiquité de premier ordre (de παλαιός, ancien, antique);

Pierre d'une ancienneté plus nouvelle, d'un second âge (de νέος, jeune, récent, nouveau) [1].

L'époque *néolithique* est celle de la pierre polie. Nous y reviendrons dans le chapitre suivant.

L'époque *éolithique* ou thenaisienne est celle des silex de l'abbé Bourgeois; en français, exploration de Thenay, département de Loir-et-Cher. Nous venons d'en parler et nous ne pouvons davantage nous attarder à son endroit. Il y a si peu d'art dans ces premiers essais que nous ne croyons pas devoir y arrêter plus longtemps le lecteur.

L'époque *paléolithique*, dont nous avons seule à nous occuper en ce moment, et qui constitue la période quaternaire, est pleine de nuances délicates. M. de Mortillet la subdivise en quatre catégories :

1° Époque *acheuléenne* ou du mammouth;

2° Époque *moustérienne* ou du grand ours des cavernes;

3° Époque *solutréenne*, du renne et du mammouth pour une partie;

4° Époque *magdalénienne*, des cavernes en majeure partie, du renne en presque totalité.

Ces termes ne sont que les attributions scientifiques de quatre stations exclusivement françaises :

1° Saint-Acheul, près d'Amiens, département de la Somme;

2° Le Moustier, dans la Dordogne;

1. Puisque les savants découvrent tant de choses dans les crânes, ils devraient bien analyser l'oreille de leurs confrères, pour savoir si elle est conformée comme celle des humains en général. Pourquoi s'obstinent-ils à parler une langue barbare à force de grec médicinal et de latin scolastique? Pourquoi, quand ils ont un mot simple et honnête, le transforment-ils aussitôt, le déguisent-ils de façon à le rendre inintelligible pour le vulgaire?

Au dernier congrès de l'Exposition universelle, au Trocadéro, une jeune et charmante demoiselle, égarée par mégarde au milieu de ces messieurs, tout effarée de ce qu'elle entendait, se pencha vers son voisin en lui disant : « Pardon, monsieur, me serais-je trompée; je croyais me rencontrer ici avec des Français! quelle est donc la langue que l'on parle dans cet endroit? »

3° Solutré, à deux pas de Mâcon, département de Saône-et-Loire;

4° La Madeleine, en Périgord.

Entrons ici dans le vif de la question et cherchons le point capital de notre étude, l'art des premiers habitants de la France.

A Saint-Acheul, les silex sont *taillés en amande* (fig. 1 et 2), généralement aplatis des deux côtés, quelquefois d'un seul, soigneusement travaillés sur tout leur pourtour, de manière à présenter un bord tranchant. Les ouvriers, dans leur langage pittoresque, les appellent des *langues de chat*.

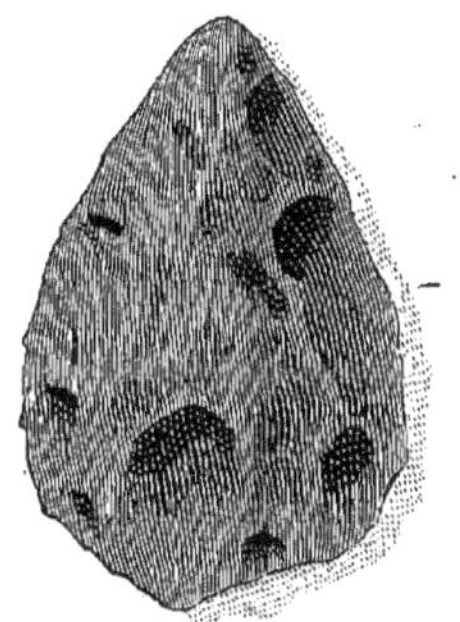
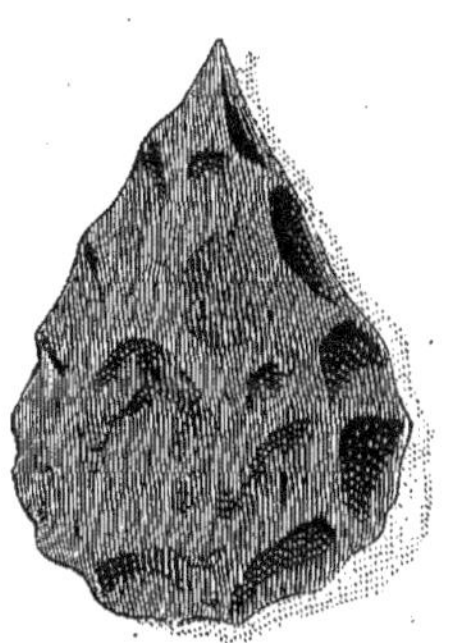

Fig. 1. — Armes de pierre de la première époque paléolithique, type de Saint-Acheul. Les langues de chat. — Collection de M. Eugène Boban.

Parmi les plateaux sur lesquels ce type a été observé en France, nous citerons ceux de Beaumont, dans la Vienne; de Tilly, dans l'Allier, et de La Ganterie, dans les Côtes-du-Nord. Il est du reste répandu dans le monde entier. On en a constaté la présence en Amérique, en Angleterre, en Espagne, en Italie, en Algérie, dans la Judée, dans la Syrie et même en Égypte.

Dans des conditions de milieux semblables, ayant à aborder la lutte contre les fauves, avec moyens identiques, l'homme partout a dû employer à peu près les mêmes procédés; de là et de là seulement la ressemblance de ces pierres.

Au Moustier (fig. 4), la taille des deux faces de la hache de Saint-Acheul disparaît complètement. Une seule face est préparée sur le noyau (les savants disent *nucleus*), à petits coups; puis la pièce est détachée par un seul coup sec donné parallèlement à la face taillée, imprimant ainsi à l'objet une boursouflure caractéristique que l'on appelle le *bulbe de percussion* (fig. 3).

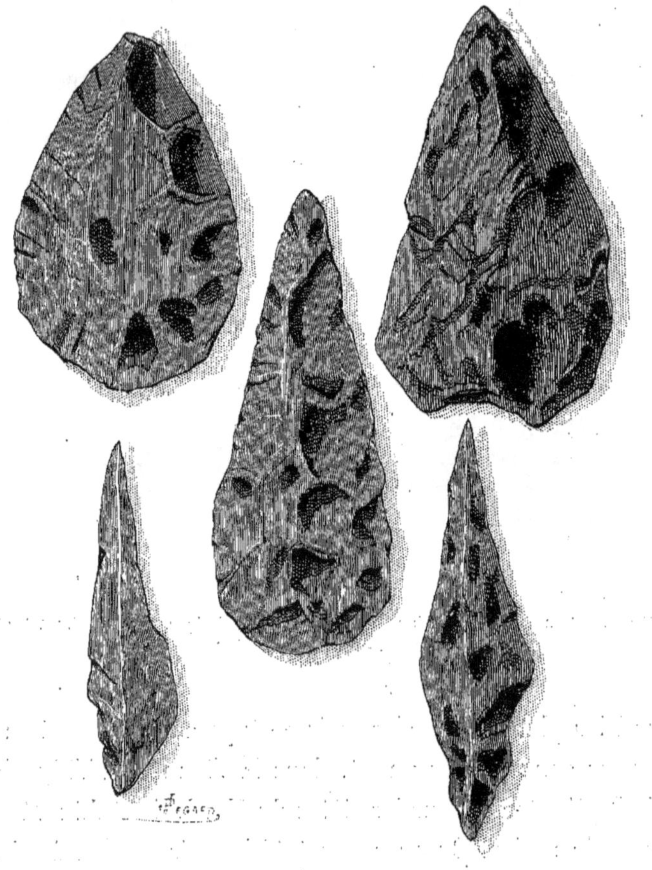

Fig. 2. — Armes de pierre de la première époque paléolithique, type de Saint-Acheul. Les amandes. — D'après la collection de M. Eugène Boban.

La pointe du Moustier à forme ogivale est complètement typique; on en trouve une quantité incroyable, toujours de même forme et de même aspect. Les gisements les plus connus de ces haches sont, après Grenelle, ceux de Clichy, du Pecq (Seine-et-Oise) et de Montguillin (Oise). Au Mexique, on en a trouvé à Guanajato. Assez large, dit M. Broca pour faire de grandes blessures, assez mince pour pénétrer aisément dans les chairs, elle constituait une arme bien plus terrible que la hache de Saint-Acheul; emmanchée au bout d'un épieu, elle pouvait mettre à mort les plus grands mammifères.

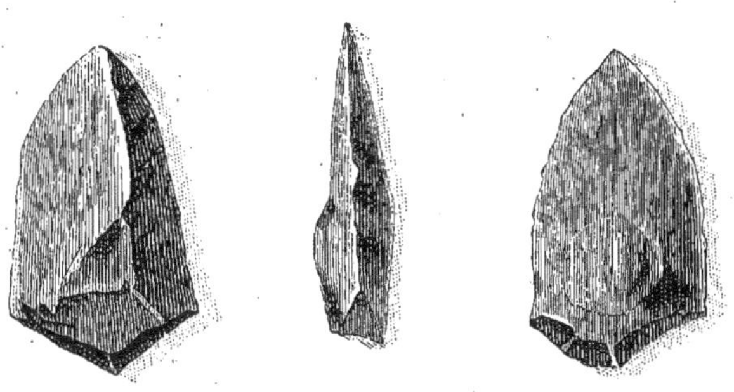

Fig. 3. — Armes de pierre de la deuxième époque paléolithique, type du Moustier. La pointe avec bulbe de percussion. — D'après la collection de M. Eugène Bobau.

Le Moustier offre encore un nouvel outil plus intéressant que sa pointe, c'est le *racloir* (fig. 5). Cet instrument peut être facilement

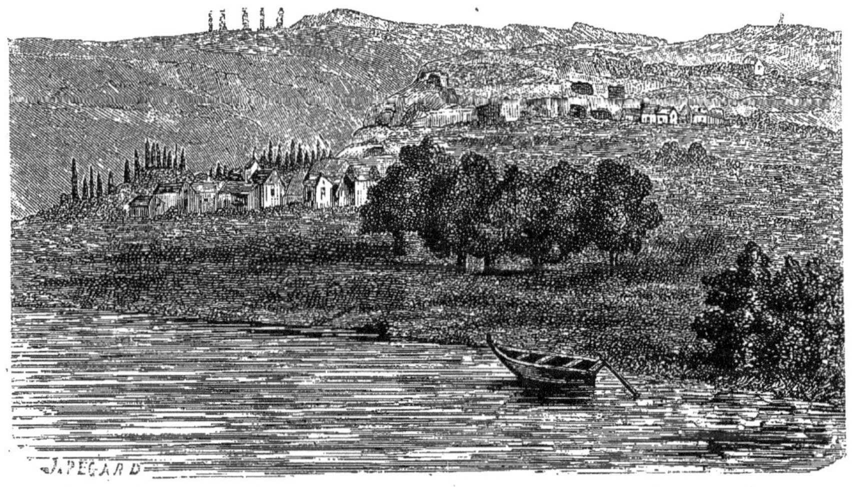

Fig. 4. — Bords de la Vézère. Vue du Moustier et des cavernes fouillées par MM. Christy et Lartet.

pris à la main; son tranchant, allongé parfois en courbe légère, parfois d'une rectitude parfaite, laisse assez comprendre son utilité pour la préparation des pelleteries dont se vêtissaient les hommes de cette époque.

A Solutré, c'est tout autre chose. C'est là qu'apparaît le type en *feuille de laurier* et les *flèches à ailerons* devant lesquels se pâment d'aise les véritables connaisseurs. Le simple percuteur ou marteau,

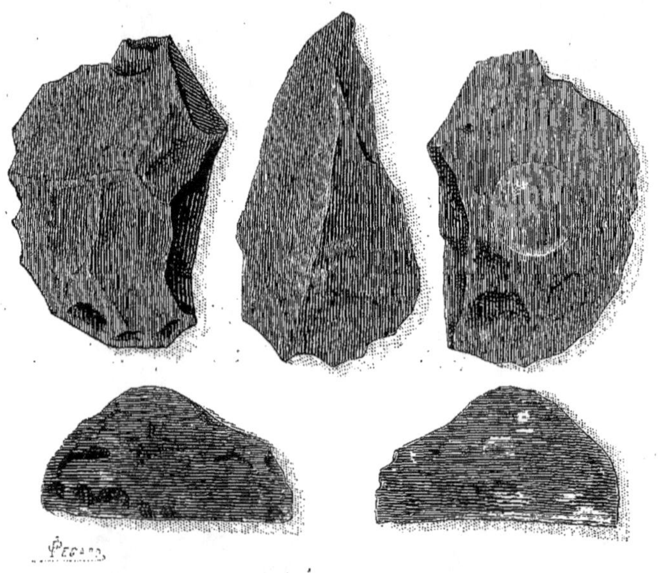

Fig. 5. — Armes de pierre de la deuxième époque paléolithique, type du Moustier. Pointes et racloirs.

caillou vulgaire qui ne servait qu'à frapper fort, est abandonné. La pointe de lance finement préparée a été placée sur un appui. Ce n'est plus à main levée que les ouvriers ont travaillé l'objet pris dans une sorte d'étau; la taille, par contre-coup, faite par un ciseau ou une pointe, a été pratiquée avec une dextérité surprenante (fig. 6). Il y a de la science dans la lame de Solutré; il y a même de l'art.

Ces longues feuilles de pierre mince sont d'une délicatesse de touche tout à fait particulière. Le Danemark seul en fournit d'aussi fines et d'aussi agréables à l'œil. Le musée de Chalon-sur-Saône en possède une collection extraordinairement remarquable.

A Solutré se superpose, avec des transitions perceptibles pour l'œil exercé de l'observateur, l'époque de La Madeleine (fig. 7). Les *grattoirs* remplacent les racloirs, les *couteaux* se multiplient; au lieu d'arracher brutalement la chair de leurs victimes, les habi-

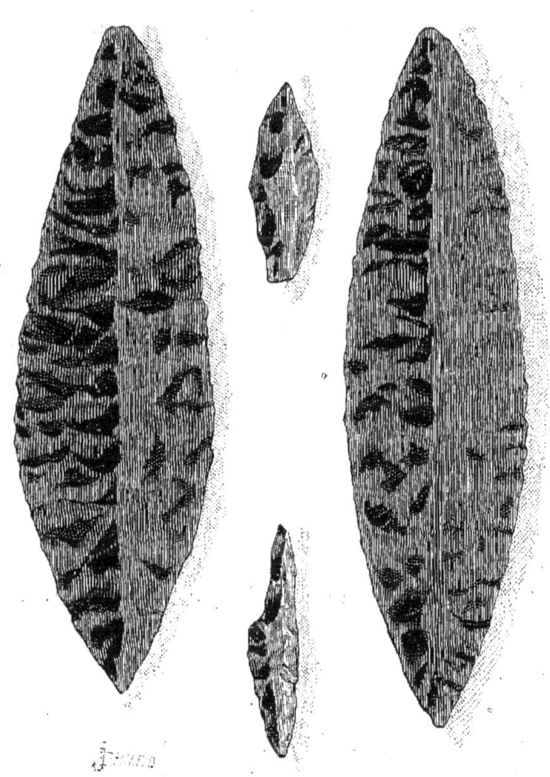

Fig. 6. — Armes de pierre de la troisième époque paléolithique, type de Solutré. Feuilles de laurier et flèches à ailerons. — D'après la collection de M. Eugène Boban.

tants de La Madeleine les dépeçaient, les découpaient plus humainement. Les pointes de lance ou de javelot deviennent de petites flèches; l'arc remplace l'épieu. — Le progrès est déjà une loi dans l'humanité. Certes, on n'attend pas de nous une théorie artistique sur les silex ébauchés par ces hommes ultra-primitifs. Nous ne nous sentons pas la force de chercher à faire partager au lecteur l'immense joie qu'éprouvent les véritables anthropologues à la vue d'une pointe encore humide sortant fraîche, complète, intacte dans une tranchée profonde, d'un terrain certainement quaternaire, sous le coup de pioche brutal d'un banal terrassier. Ce sont des jouissances qu'il n'est donné qu'à quelques-uns d'éprouver. Il faut un cœur de savant pour être ému jusqu'aux larmes en sentant trembler dans sa main un aileron du Périgord, un laurier du Mâconnais, un bulbe de percussion de la Dordogne ou quelque amande des carrières de la

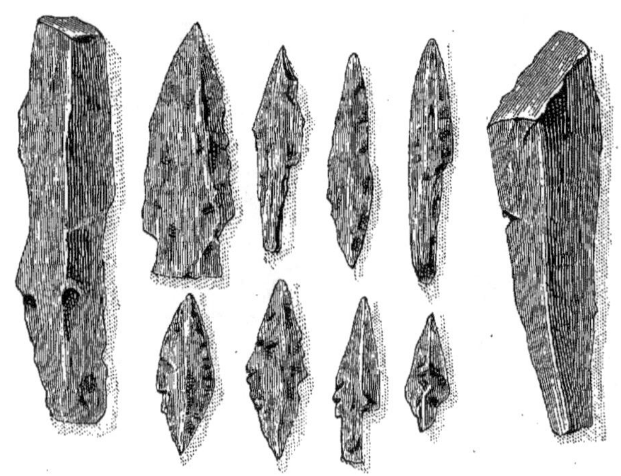

Fig. 7. — Armes de pierre de la quatrième époque paléolithique. Grattoirs, couteaux et flèches. — D'après la collection de M. Eugène Boban.

Somme. Il faut un œil plein d'une foi robuste pour découvrir en frémissant cette patine mirifique qui dore toutes ces pierres d'un éclat sans pareil, pour en faire sentir toutes les beautés incommensurables à ses interlocuteurs.

Nous avons essayé de les analyser le mieux possible; bornons-nous à cet aperçu sommaire. Mais y eut-il dès cette époque un art plus caractérisé, une expression plus visible du sentiment d'une race? C'est ce qui nous reste à examiner et ce que nous allons essayer de faire en y apportant toute l'attention possible.

En 1842, près de la ville d'Aurignac, sur la colline de Fajoles, que les habitants appellent *Mountagno de las Hajoles* (Montagne des Hêtres), un ouvrier, nommé Bonnemaison, découvrit, au milieu de terriers à lapins, un trou qui lui sembla présenter un orifice d'une forme particulière; il y enfonca le bras jusqu'à l'épaule ; mais, au lieu d'en retirer un maître Janot quelconque, fils de Pierre et de Simon, au lieu d'en extraire même demoiselle Belette au corps long et fluet, il saisit brusquement quelque chose de lourd et de grand qui ressemblait à un os. Curieux d'approfondir ce mystère, Bonnemaison creusa tout aussitôt en contre-bas du trou une tranchée de quelques mètres. Après un travail de plusieurs heures, il rencontra une dalle de grès placée verticalement. Cette dalle bouchait une ouverture cintrée d'assez grande dimension. Enlever la dalle, agrandir le trou fut pour lui l'affaire d'un instant; là, que vit-il? Dix-sept squelettes étendus sur le sol. Bonnemaison n'était pas archéologue. Effrayé de sa découverte, il en parla le soir à des amis. La chose prenait un caractère fantastique. Les commentaires allaient leur train : un ancien évoqua le souvenir oublié d'une bande de faux monnayeurs qui, cinquante ans auparavant, avaient détroussé le pays. Les dix-sept squelettes devinrent les victimes de cette bande légendaire. Ils avaient caché là, dans cette grotte connue d'eux seuls, les hommes et les femmes massacrés par eux. Survinrent le maire et le curé. La terre sainte réclamait ces restes de malheureux tués par des malfaiteurs. On réunit pieusement tous les os et le cimetière local reçut cette funèbre dépouille. Toutefois, avec les squelettes, on avait retiré de la grotte un certain nombre de petits disques ou rondelles percés, façonnés dans des coquilles de *cardium*. Dix-huit ans après, M. Édouard Lartet, passant à Aurignac, vit une de ces coquilles; il se fit raconter cette histoire. Ne pouvant obtenir, même du fossoyeur, aucune indication précisé sur l'endroit où avaient été inhumés les cadavres, il se rendit à la grotte et procéda immédiatement à des fouilles savantes et régulières. En 1860, on croyait à peine aux cavernes. Les os et tous les débris divers qu'on y rencontrait pouvaient avoir été mélangés postérieurement par une irruption des eaux. Rien ne prouvait là la contemporanéité de l'homme avec les animaux disparus. C'était chose convenue, les cavernes n'étaient pas une preuve admissible. Cuvier l'avait dit : « On a fait grand bruit, écrivait-il en

1830, à propos des fouilles de MM. Tournal et Christol, de certains fragments d'os humains trouvés dans les cavernes à ossements de nos provinces méridionales; mais il suffit qu'ils aient été trouvés dans

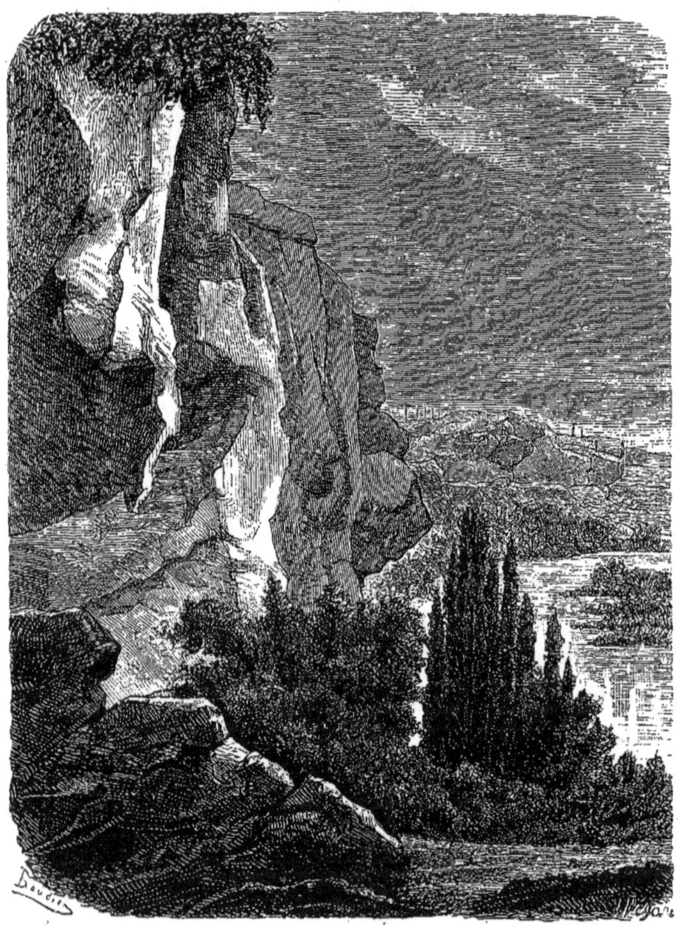

Fig. 8. — Bords de la Vézère. Vue du roc de Tayac, d'après MM. Christy et Lartet.

les cavernes pour qu'ils *rentrent dans la règle.* » Or la règle, pour lui, c'est qu'on ne rencontre pas d'os humains dans les couches régulières et que, les eaux opérant dans le sol terreux des cavernes des filtrations et des remaniements, des objets peuvent y occuper des positions contiguës bien qu'apportés à des dates différentes[1]. Ah! si l'on trouvait des os percés, travaillés, taillés, gravés, oui; mais on n'avait encore rien exhibé de semblable. D'ailleurs, M. Lartet n'était pas en odeur de sainteté près de l'Académie, qui venait de lui refuser cette année même la publication d'un mémoire sur l'ancienneté géologique de l'espèce humaine dans l'Europe occidentale. (Ce fut la Société royale de Londres qui le fit connaître.) Il y avait bien, au musée de Cluny, des os gravés donnés par M. Joly Leterne, et découverts par lui, à Savigné, dans la Vienne, en 1853; mais ils étaient classés au catalogue sous le nom d'*objets celtiques*.

Les fouilles d'Aurignac n'en continuèrent pas moins. L'exploration ne donna pas tous les résultats attendus. On constata la présence du mammouth, du rhinocéros, de l'hyène des cavernes, du cerf, du renne, etc.; quelques traces d'entailles et de stries se laissèrent même apercevoir sur les fragments, et le savant chercheur proclama hautement que cette cave était une sépulture humaine contemporaine des grands mammifères de l'époque quaternaire. — Les officiels ne répondirent absolument rien! — M. Lartet s'entêta. L'Angleterre lui faisait des avances, il se mit à la disposition des Anglais, et, dès 1863, aidé de M. Christy, il se lança à plein collier dans une recherche approfondie des grottes nombreuses de l'ancienne province du Périgord. La récolte fut immense. Il la publia tout entière à Londres sous le titre de *Reliquiæ Aquitanicæ*[2].

Ce n'étaient plus de simples silex que l'on découvrait : c'était la représentation elle-même des hommes et des animaux de cette époque, gravée finement sur des plaques d'ivoire, sur des schistes, sur des

1. Bibliothèque utile. *L'Homme préhistorique*, de M. Zaborowski. (Librairie de Germer-Baillière, p. 20.)

2. *Reliquiæ Aquitanicæ. Being contributions to the Archæology and Palæontology of Perigord and the adjoining Provinces of southern France,*
By Edouard Lartet and Henry Christy,
Illustrated with 87 plates, 3 maps and 132 wood cuts.
1865-75. London. Williams et Norgate.
Paris, J.-B. Baillière et fils.
Leipsic, P.-A. Brockhaus. — 1875.

andouillers de cerf; c'étaient des poignards, des statuettes[1], des ornements, des scènes même, des bâtons de commandement, des aiguilles, des poinçons, etc. On demandait des os gravés, il en trouva par centaines. La vie tout entière de cette époque, inconnue quelques années auparavant, se révélait à nous dans ses détails les plus intimes. L'hypothèse controversée, conspuée, niée, tournée en dérision, devenait une certitude frappante, visible, non seulement aux yeux exercés des

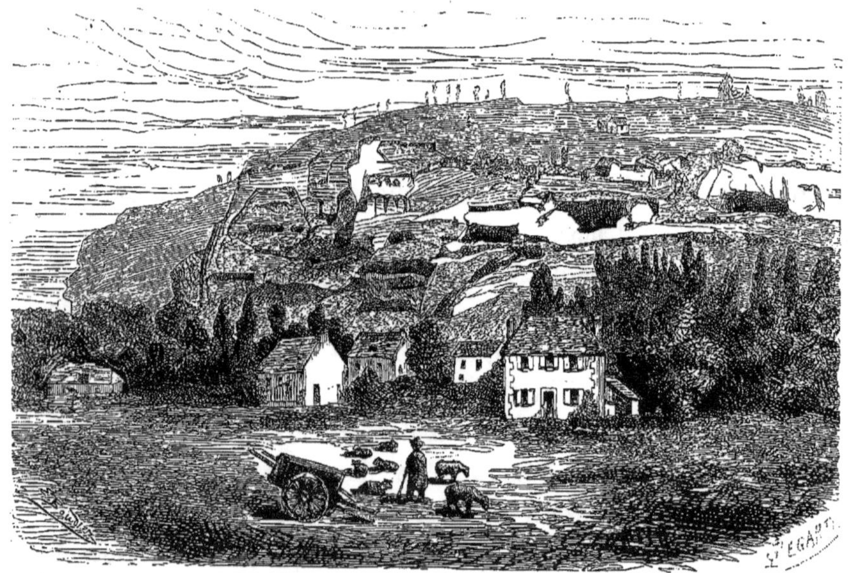

Fig. 9. — Vue du village des Eysies et des cavernes fouillées par MM. Christy et Lartet.

savants, mais saisissable pour tous, compréhensible pour les plus ignorants, irréfutable pour les plus obstinés.

La première représentation gravée d'animaux fut trouvée aux Eysies, dans la commune de Tayac (fig. 8 et 9). Ce n'était qu'un fragment dessiné sur un simple schiste; mais le trait naïf apparaissait là bien en creux, indiqué avec une précision, une délicatesse, un voulu

1. C'est à Laugerie-Basse que M. le marquis de Vibraye a trouvé une espèce de statuette de femme qu'on a même appelée, je ne sais pourquoi, la Vénus impudique; elle est en ivoire à moitié poli. Nous n'avons pas cru devoir la reproduire ici. M. le marquis de Vibraye a publié sur cette statuette une note dans les *Comptes rendus de l'Académie des sciences*, en septembre 1865.

extraordinaires. Quelle ne fut pas la joie des travailleurs! La moindre ardoise fut dès lors examinée à la loupe; on trouvait des gravures de

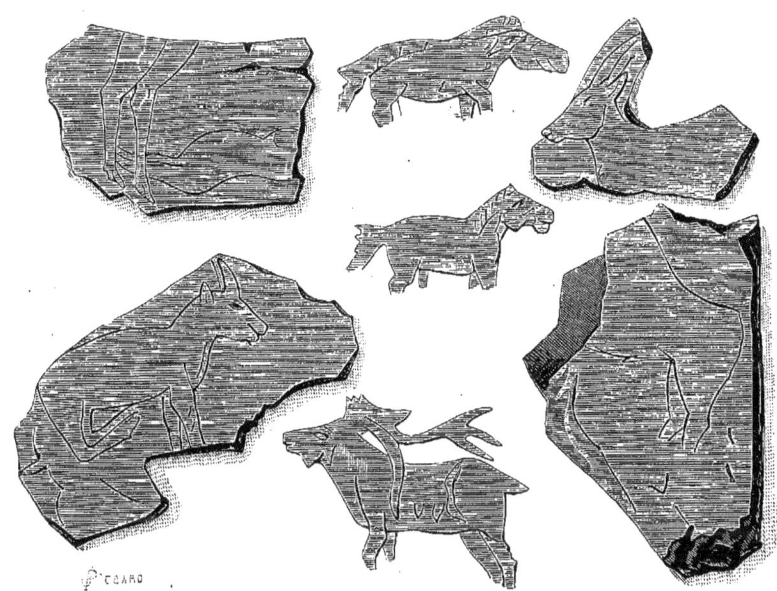

Fig. 10. — Plaques gravées (la femme au renne [1]). Bouquetins, chevaux, renne. — Stations de Laugerie-Basse et de La Madeleine.

l'âge du mammouth (fig. 10)! Plus tard, on allait trouver ce mammouth lui-même, esquissé sur une défense de cet animal (fig. 11). Ce fut

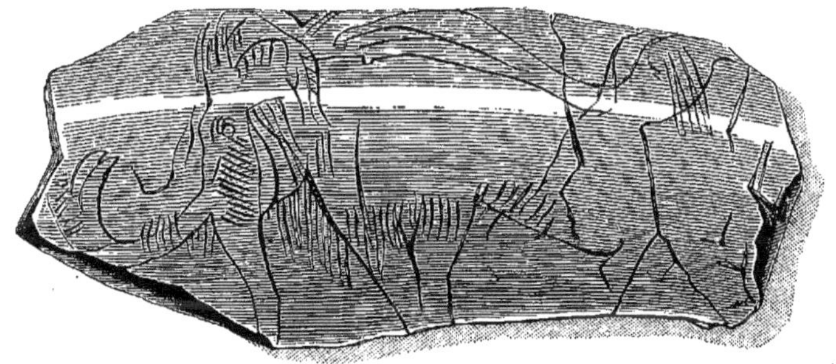

Fig. 11. — Lame d'ivoire portant gravée la représentation d'un mammouth de la station de La Madeleine.

1. On reconnaît facilement dans notre gravure la fameuse femme au renne découverte par M. l'abbé Landesque. Nous nous dispenserons de commentaires sur la position de cette femme, laissant au digne abbé la responsabilité de son explication sur la bestialité de son héroïne.

à La Madeleine, en mai 1864, sous les yeux de MM. Falconer, Verneuil et Lartet, que les terrassiers mirent au jour cinq ou six fragments d'une lame d'ivoire, assez épaisse, qui devait contenir un

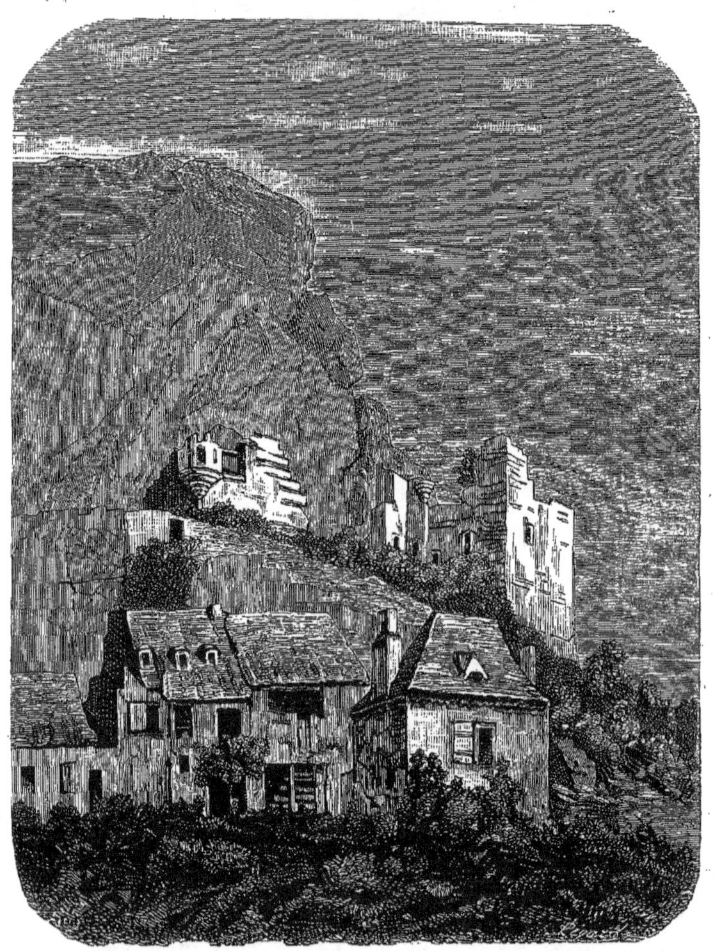

Fig. 12. — Vue du château des Eysies, d'après MM. Christy et Lartet.

dessin compliqué. Ces messieurs, avec la patience qu'on connaît aux savants, réunirent les morceaux. La crinière caractéristique apparut à leurs yeux étonnés; c'était le dessin de Cuvier, d'après le fameux éléphant trouvé en Sibérie, dans les glaces, en 1769, mais celui-ci fait sur la nature vivante, dans le temps où errait en France, à travers les grands bois de la Dordogne, ce puissant quadrupède. La grotte des Eysies, si pittoresquement placée dans son escarpement de rochers crétacés (fig. 12), fournit encore à ses explorateurs un spécimen d'herbivore primitif et le petit doigt d'un *félin*, couvert d'entailles et de rayures parfaitement déterminées.

Mais on devait dès lors marcher de surprise en surprise.

A la station de Laugerie-Basse, sur des empaumures de renne, les gravures se multiplièrent comme à plaisir.

Puis vint le fameux poignard détaché tout d'une pièce du merrain d'un bois de renne. Ceci n'était plus de la gravure; c'était presque

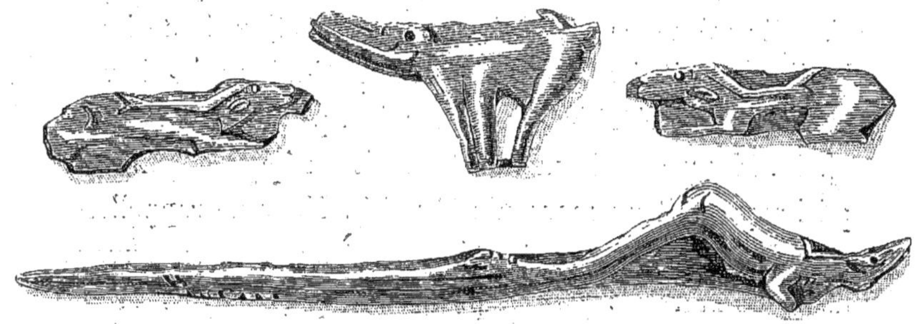

Fig. 13. — Poignard et manche de poignard en bois de renne, de Bruniquel et de Laugerie-Basse.

de la sculpture (fig. 13). L'artiste, profitant des reliefs que lui donnait la matière même, a dans cette pièce utilisé des contours indiqués [1] pour mieux profiler son sujet. L'animal, comme abattu par le chasseur, est couché sur le ventre, les jambes de derrière allongées du côté de la lame, celles de devant repliées sans effort sous la poitrine; c'est un vaincu. « La tête, ornée de cornes ramées, a son museau relevé de façon à faire retomber les cornes sur le côté des épaules,

1. Nous reviendrons sur cette manière de comprendre la sculpture; c'est une des caractéristiques de cette race, et nous les retrouverons plus tard, dans le courant de cet ouvrage, chez les Mérovingiens, chez les Carlovingiens et même au moyen âge. A ce propos, qu'il nous soit permis de dire ici qu'on a peut-être trop négligé les fameux silex façonnés en profils humains de M. Victor Chatel et de M. Boucher de Perthes.

Quand on a dégagé cette inconnue, qui se nomme l'homme fossile, on a pu se laisser aller quelquefois au delà du but; mais, dans les observations d'un tel homme, il y a toujours quelque chose à prendre, et celle-là même dont on rit encore ne sera peut-être pas, dans quelques années, si drôle pour ceux qui s'en moquent à cette heure.

où elles s'appliquent, sans gêner aucunement la pression de l'arme par une main très petite (plus petite que d'ordinaire dans les races actuelles de l'Europe centrale). » M. Lartet, auquel nous avons emprunté la description qui précède, croit qu'on doit voir dans cette poignée l'essai de reproduction d'un renne mâle. Il y avait décidément un art à l'époque quaternaire, et cet art possédait déjà un cachet tout particulier, tout personnel, le cachet d'une race.

Après les fouilles des Eysies, de Laugerie-Basse et de La Madeleine, les découvertes continuèrent. On trouvait partout des brèches couvrant le sol rocheux des grottes, planchers saturés de débris qu'on se mit à analyser avec frénésie. M. le marquis de Vibraye faisait à cette même Laugerie-Basse une collection d'une importance capitale; il montrait des figures humaines au milieu de chevaux dont on déterminait la variété (variété ardenaise, petite taille et grosse tête) [fig. 10]. M. Massenat, de même, trouvait un homme poilu et vigoureux qui harponnait un marsouin (fig. 15). Nous ne rappellerons pas la fameuse femme au renne (fig. 10). Quant aux bâtons couverts d'ornements ou de marques quelconques, on ne pouvait plus les compter. — Et nous ne sommes qu'à l'aurore des découvertes dans cette seule Laugerie-Basse... L'Association française pour l'avancement des sciences, en 1872, a cru apercevoir, pendant une simple visite d'excursionnistes, à la lueur des bougies portées par les guides des galeries profondes, où il faut descendre en rampant et dans lesquelles s'entassent des silex taillés, des os creusés et travaillés en quantité prodigieuse [1].

Au point où en est la science, nous pouvons toutefois hasarder un commencement de synthèse et poser les premiers jalons d'une théorie qui peut-être plus tard trouvera des arguments sérieux, lesquels ne feront, nous en avons l'espérance, que la confirmer complètement. Les savants étudient l'histoire des races dans la configuration des crânes : — c'est l'anthropologie pure ; — dans les assonances produites par ce qui nous reste de leurs langues : — c'est la philologie.

1. *L'Homme préhistorique*, de M. Zaborowski, p. 91.

— Ils en tirent des conclusions que nous ne contesterons pas, — Dieu nous en garde! — Le tout est entremêlé de termes qui rendent du reste inabordable pour un simple curieux toute discussion sur la matière.

Les crânes sont *dolichocéphales*, *brachycéphales*, *mésaticéphales* ou *kumbecéphales*[1]. Les langues sont *isolantes*, *combinantes*, *flé-*

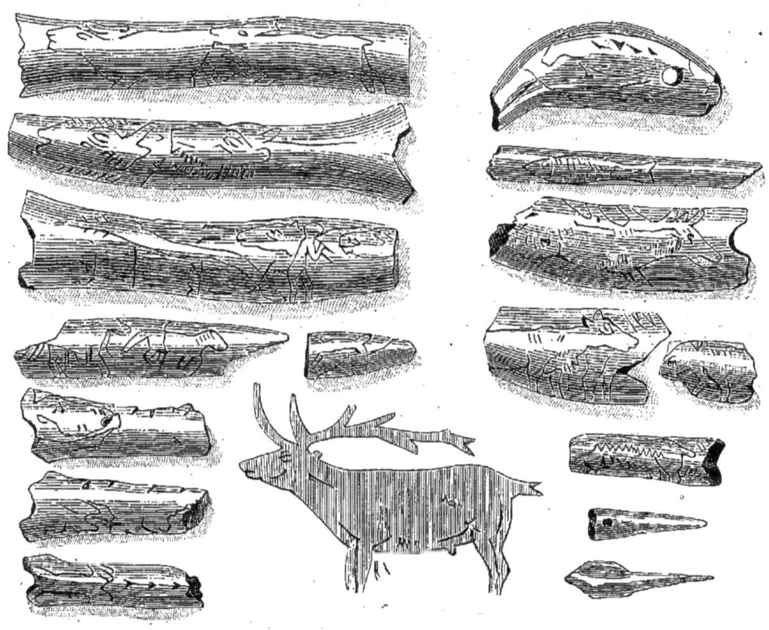

Fig. 14. — Ustensiles divers en bois de renne trouvés à La Madeleine, où se voient gravées des représentations de rennes, de bœufs, de poissons, de chevaux et même d'hommes, d'après MM. Christy et Lartet. — A. Dent d'ursus avec phoque.

chissantes, *synthétiques*, *analytiques*, *agglutinatives*, etc. Nous qui ne faisons que de l'art, nous allons essayer de déterminer le génie des hommes des cavernes d'après leurs systèmes d'*ornementation*.

1. *Dolichocéphale*, de δολιχός, long, allongé, et de κεφαλή, tête, veut dire tête en pointe. *Brachycéphale*, de βραχύς, court, petit, et toujours de κεφαλή, veut dire tête ronde, front étroit. *Mésaticéphale* est le crâne intermédiaire, ni chair ni poisson, de μέσατος, milieu. Et *kumbecéphale* enfin, employé par sir John Lubbock, est la tête en forme de barque, de κύμβη, bateau, navire.

C'est peut-être un peu ambitieux; mais, comme nous ne raisonnons que sur des faits et que, ces faits, nous les plaçons immédiatement sous les yeux de nos lecteurs, ils pourront décider eux-mêmes si nous avons tort ou raison, avantage que n'ont pas les discussions à

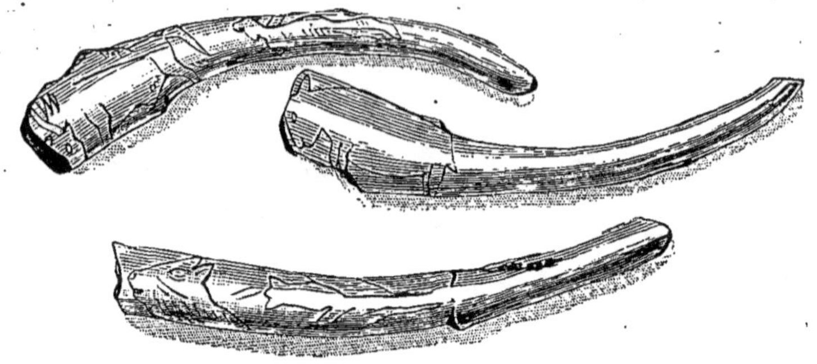

Fig. 15. — Bâton avec représentation humaine, d'Élie Massenat.

perte de vue sur les Atlantes, les Ibères, les Pélasges, les Cyclopes ou les Hyperboréens.

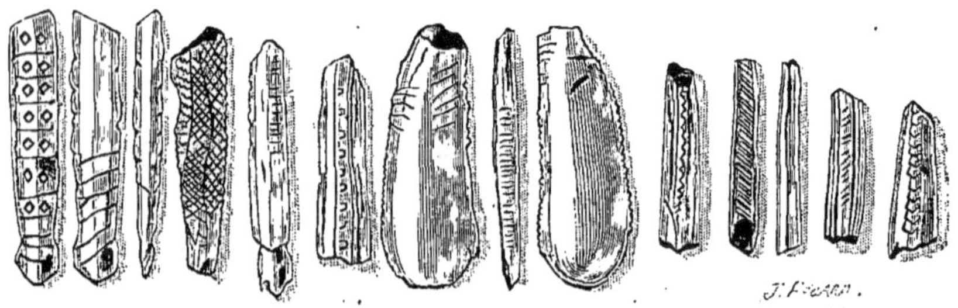

Fig. 16. — Ustensiles divers en bois de renne provenant des grottes de La Madeleine.

Donc, en quoi se résume et par quoi se caractérise l'ART DES CAVERNES?

1° Par la représentation de l'homme formellement indiqué, sans scrupule, sans réserve (fig. 14 et 15). Le précepte de ne point faire d'images taillées, de ne pas employer l'impur ciseau sur la pierre ou sur l'ivoire n'était pas encore descendu du ciel.

2° Par la silhouette de toutes sortes de quadrupèdes, de poissons, d'amphibies, très finement tracée.

3° Par un système de décorations qui répète à satiété le même motif, sans le varier aucunement, et reste toujours aligné, droit, régulier, géométrique : stries horizontales, zigzags perpendiculaires, hachures transversales, losanges séparés par des bandes, points, signes de numération ou marques de chasse symétriquement espacés, etc. (fig. 16 et 17). Rien de la fleur; rien de la nature végétale; tout à la *convention*. C'est un bien grand mot; mais nous le hasardons quand même.

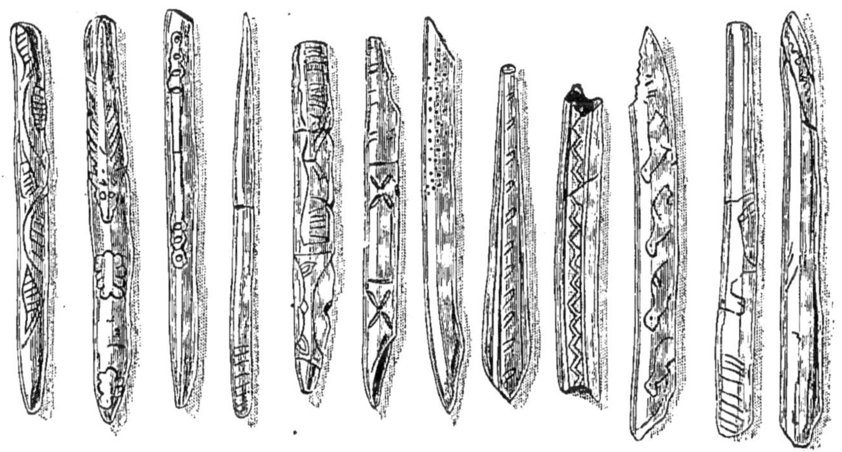

Fig. 17. — Ustensiles divers en bois de renne, avec ornementations géométriques gravées en creux, provenant des grottes de La Madeleine.

M. Élisée Reclus croit apercevoir dans ces lignes « les courbes, les festons, les entrelacs qui se retrouvent, dit-il, sur les parures gauloises, sur les monuments gallo-romains et même dans les églises romanes[1]. » Nous lui laissons les églises romanes. Quant aux parures gauloises et aux monuments gallo-romains, nous nions formellement toute accointance entre leurs motifs adorables et les essais géométriques, nous répétons le mot, des hommes de la période paléolithique. Ceci pourra être développé par la suite, et nous renvoyons le lecteur aux chapitres des Gaulois et des Francs.

1. *Nouvelle géographie universelle.* La terre et les hommes, par Élisée Reclus. (Paris, librairie Hachette, 1876, 66e livraison, p. 35.)

Revenons à nos artistes de l'âge de pierre. Qui a fait cela? — Des chasseurs, de simples chasseurs. — Rien que des chasseurs.....

Avez-vous jamais rencontré, dans la forêt de Fontainebleau, ces braconniers qui couchent dans les cavernes du Long-Rocher, qui stationnent des nuits entières au fond de la gorge aux Loups, traquant des bêtes fauves, quand ils peuvent en surprendre, étranglant des

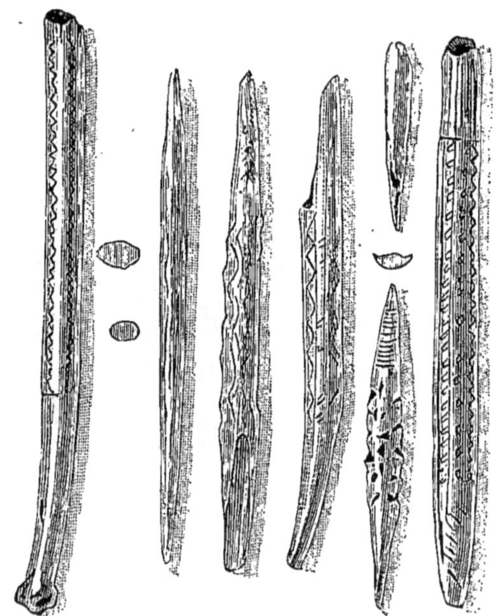

Fig. 18. — Pointes d'armes de jet, cuillers, etc., des grottes de La Madeleine, d'après MM. Christy et Lartet.

lapins, vivant de subterfuges et se croyant des hommes libres. Pendant le jour, avec une apparence des plus honnêtes, ils sculptent des cannes coupées dans les taillis, qu'ils vendent aux touristes comme souvenirs d'une excursion à Marlotte, à Franchard ou à Barbison. Ce sont les mêmes hachures, les mêmes zigzags, les mêmes petits points (fig. 18, 19 et 20). Et quand il leur arrive d'essayer leur talent dans la reproduction d'un animal quelconque, c'est encore la même exactitude et la même naïveté. Mieux que cela, rencontrent-ils une racine dont les trous, régulièrement placés, semblent reproduire un commencement de figure humaine, ils arrondissent avec la pointe du couteau, ici un menton, là des joues boursouflées, plus haut un

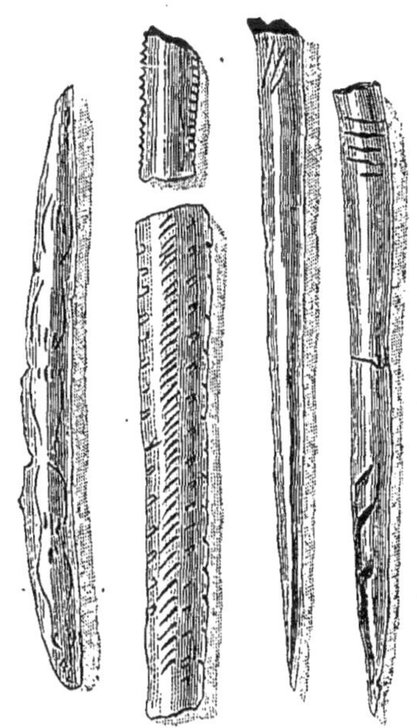

Fig. 19. — Ustensiles divers avec ornements, des grottes de La Madeleine.

front que déprime tout à coup la section faite à l'avance. Ainsi procédaient les sculpteurs de Laugerie-Basse. La chasse; voilà quelle était,

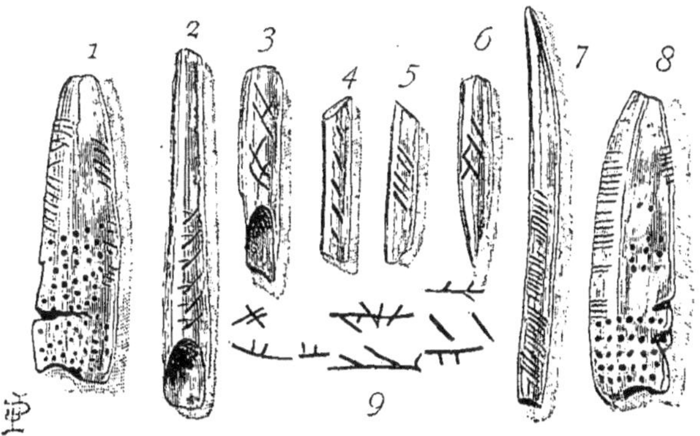

Fig. 20. — Ustensiles avec marques de chasse, des grottes de La Madeleine. — Lettres des Esquimaux.

dit-on, leur seule occupation, et nous répétons, avec les savants, la chasse! Oui, voilà bien l'art du chasseur, de celui qui frappe et qui tue pour vivre, de celui que n'effraye ni le combat corps à corps avec son ennemi, ni le sang versé, ni la blessure reçue, ni la tuerie, ni la bataille.

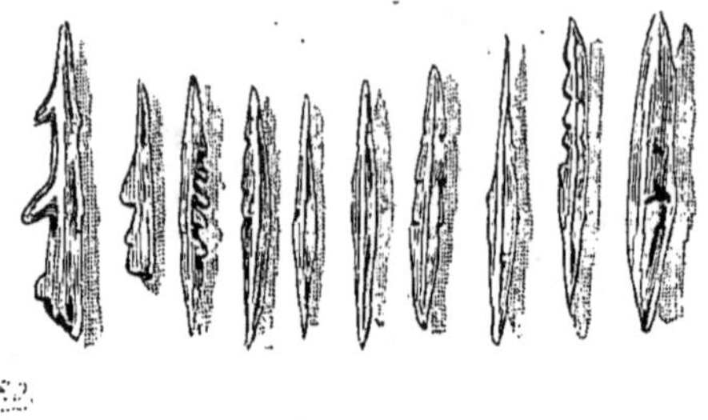

Fig. 21. — Harpons et pointes de flèches en bois de renne, des grottes de La Madeleine (Dordogne), d'après MM. Christy et Lartet.

Ah! nous les retrouverons plus tard, ces hommes, ne craignez rien, avec leurs harpons (fig. 21 et 22), leurs javelots, leurs flèches barbelées, et tous les ustensiles à crocs, à dents de scie, qui écorchent, saignent,

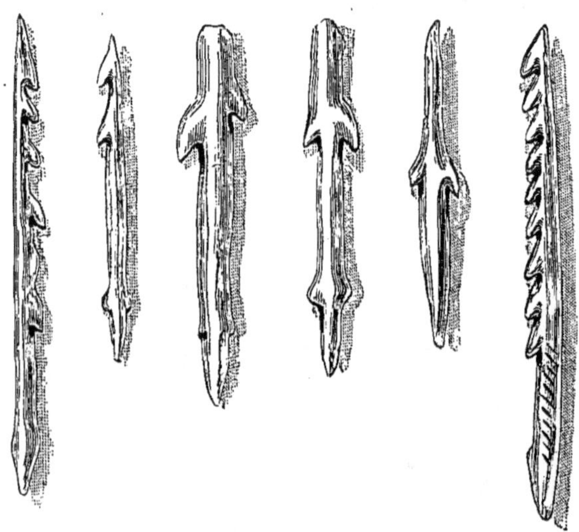

Fig. 22. — Harpons en bois de renne, des grottes de La Madeleine.

pénètrent en faisant des plaies incurables. Vous croyez éteinte cette race primitive; elle vit encore. M. de Quatrefages prétend que le crâne de Neanderthal appartient à un individu qui, à en juger par les autres os qu'on a pu en recueillir, ne s'écarterait en rien du type moyen du Prussien actuel[1]. Et il a raison.

Voulez-vous des comparaisons plus immédiates.

Plus haut que la Prusse, dans des régions préservées, pour ainsi dire, du contact de la civilisation, vous retrouverez vos hommes des

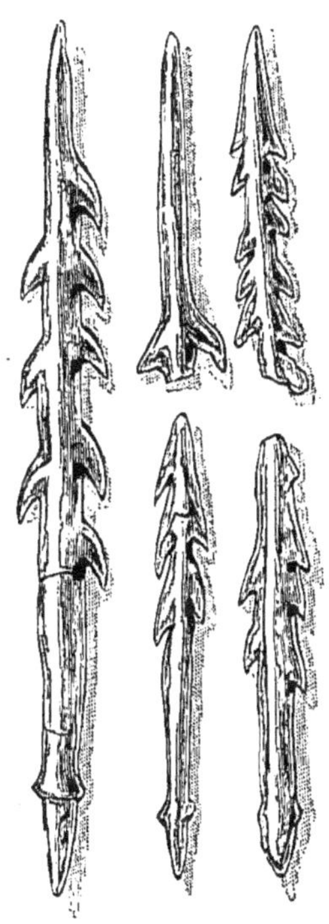

Fig. 23. — Harpons en bois de renne trouvés dans les cavernes de La Madeleine.

cavernes au milieu de ces peuplades encore vêtues de peaux, qui chassent le renne, pêchent le phoque, vivent dans des huttes sordides, et gardent, non seulement la forme des instruments antiques de la Dordogne (fig. 23 et 24) et du Périgord, mais encore leurs motifs d'ornementation et jusqu'au principe qui guida les premiers essais artistiques des fossiles d'Europe : l'art géométrique et la répétition insatiable du même motif sur une même surface (fig. 25).

1. *Rapport sur les progrès de l'anthropologie*, publié en 1868.

Reste un dernier objet. — Ce n'est pas nous qui en avons trouvé l'attribution; ce sont les savants, et nous leur en laissons toute la responsabilité. C'est ce qu'ils appellent des *bâtons de commandement*. Nous en donnons ici quelques spécimens (fig. 26, 27, 28, 29 et 30).

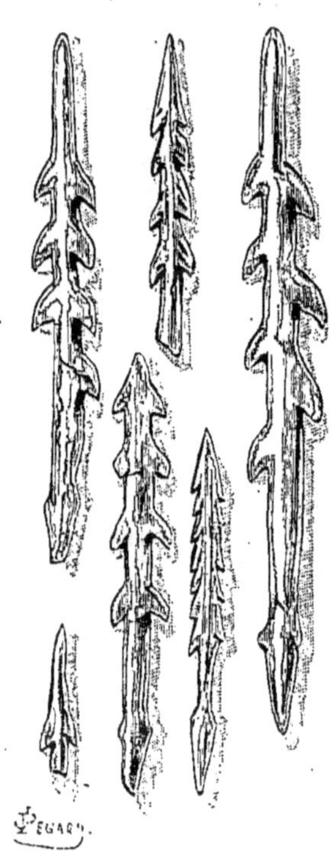

Fig. 21. — Harpons en bois de renne trouvés dans les cavernes de La Madeleine.

Va pour le bâton de commandement. Il était bien dans le génie de ce peuple, qui ne pouvait croire qu'à la force brutale, d'inventer le sceptre; nous n'osons hasarder ici d'autres réflexions.

Quant à la poterie, ce *critérium* absolu en fait d'esthétique, cet art de terre qui pour les voyants a tant de charmes, elle fait presque entièrement défaut à l'époque du mammouth et du renne. Longtemps même on avait cru à son absence complète; les fragments qu'on en rencontrait étaient si grossiers et si frustes qu'on n'en pouvait tirer aucune constatation certaine. On avait des géodes naturelles, celles de Saint-Germain, entre autres. On s'en tenait donc à l'affirmation faite en haut lieu : « Pas de poterie à l'époque quaternaire, » quand

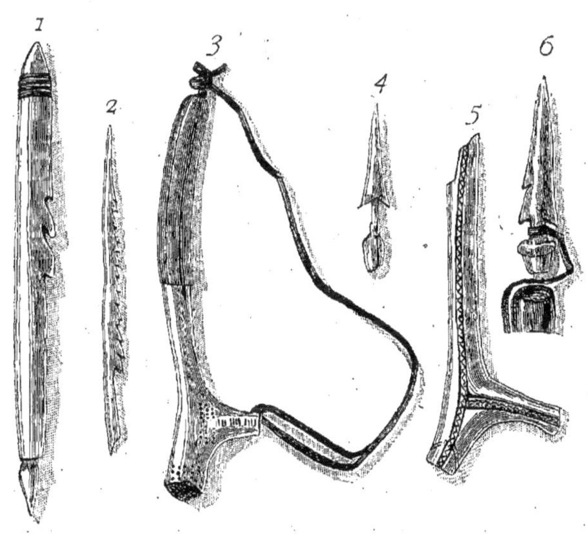

Fig. 25. — 1. 6. Harpons des Esquimaux. — 2. 4. Harpons des naturels de la Terre-de-Feu. 3. 5. Puck a maugan des Esquimaux[1].

M. Dupont, le savant explorateur des cavernes de la Belgique, trouva, près de Dinant, à Furfooz, l'urne que nous donnons ici (fig. 31);

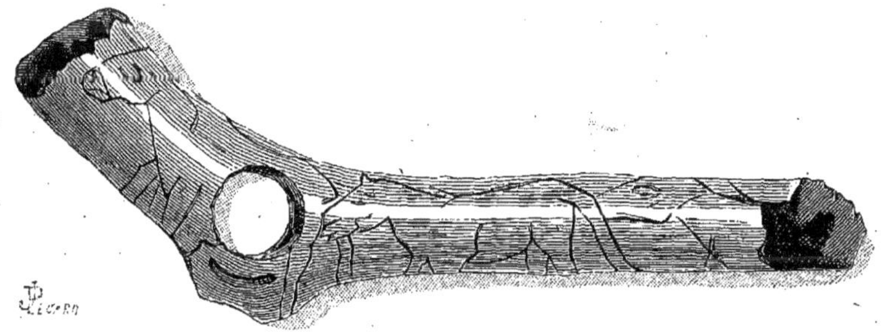

Fig. 26. — Bâton de commandement avec gravures de chevaux. Station de La Madeleine. Henri Christy et Éd. Lartet.

simple gourde, on le voit, qui ne fait, par sa forme même, que confirmer la théorie que nous esquissions tout à l'heure.

1. Le *puck a maugan*, arme ordinaire aux Esquimaux, faite en bois de renne, est employé de nos jours par les naturels des bords du fleuve Mackensie (Amérique du Nord). Son nom signifie littéralement « le frappeur, l'assommeur ».

Tous les vases des dolmens affectent la forme de la fleur. Il en est de même en Égypte, dans le Chine, dans la Grèce antique. Nous

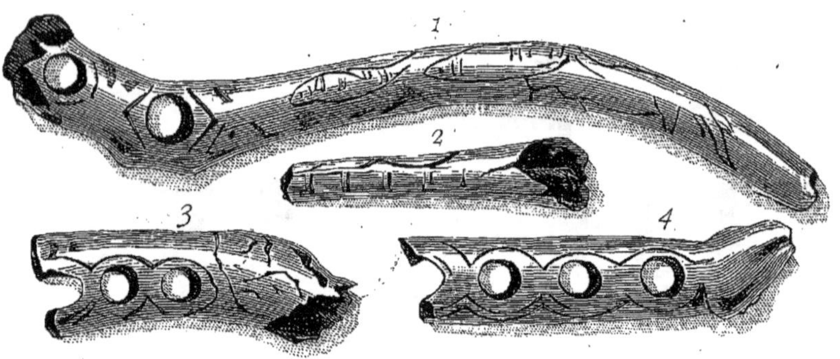

Fig. 27. — Bâtons de commandement de La Madeleine, à deux et trois trous[1].

reviendrons sur ce sujet dans le prochain chapitre. L'urne de Furfooz est un fruit ; pour les initiés, la chose est extraordinairement impor-

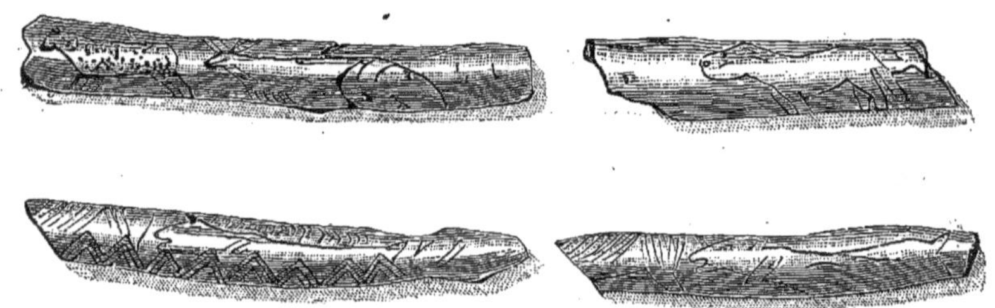

Fig. 28. — Bâtons avec représentation de bœuf, de renne, etc. — Laugerie-Basse et La Madeleine.

tante. C'est encore un vase de chasseur ; c'est la chose que l'on emporte, que l'on pend à sa ceinture, pour étancher sa soif pendant les longues

1. M. Louis Figuier, dans son *Homme primitif*, propose d'établir une hiérarchie dans ces bâtons de commandement à cause du nombre variable des trous. Cette variété, d'après lui, indiquerait un grade dont le terme le plus élevé correspondrait au bâton présentant le plus de trous. « C'est ainsi, ajoute-t-il, que dans l'empire chinois le degré d'autorité d'un mandarin se juge au nombre des boutons de sa calotte de soie, et de même qu'il existe dans la hiérarchie musulmane des pachas à une ou plusieurs queues, il y avait, chez les hommes de l'époque du renne, des chefs à un ou plusieurs trous. » (*L'Homme primitif*, p. 25.)

Pour un savant, il nous est permis de dire que M. Figuier a bien de l'imagination !

heures de l'embuscade, après les fatigues du combat, au terme de la course sauvage. C'est bien le vase de cette race !

Quant à ses parures, car nous avons aussi des échantillons de ses parures, les colliers de coquillages de Cromagnon (fig. 32), comme les

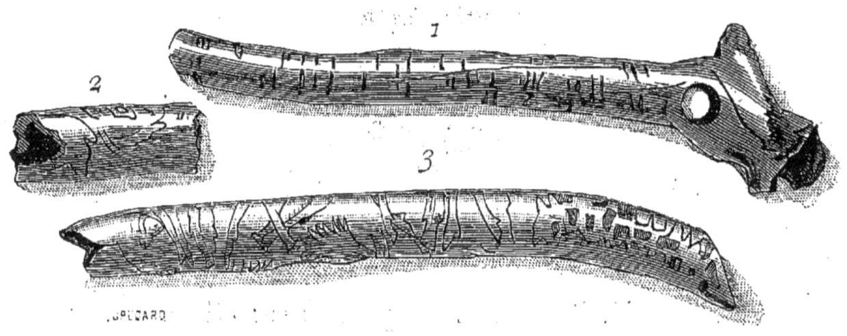

Fig. 29. — Bâtons de commandement de La Madeleine. — Collection du marquis de Vibraye.

rondelles d'Aurignac, sont des souvenirs de voyage. Les pèlerins actuels affectionnent encore particulièrement cet ornement si simple. Quelques amulettes les accompagnent souvent. Y avait-il là idée religieuse? Ceci est fort difficile à conclure. Y avait-il superstition simple? Peut-être.

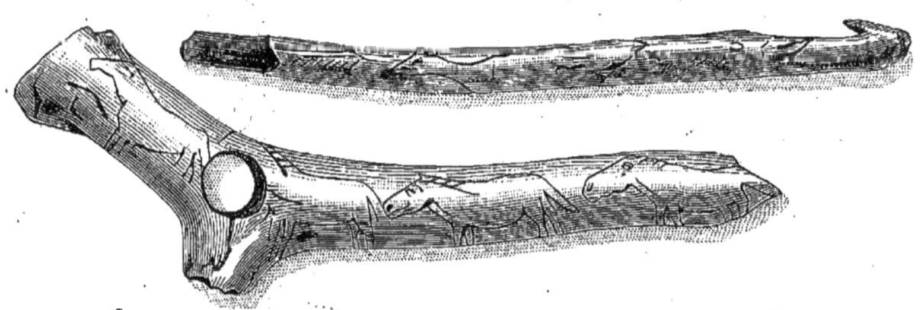

Fig. 30. — Harpon et bâton de commandement de La Madeleine, d'après MM. Christy et Lartet.

Le porte-bonheur est si alléchant, même pour les incrédules, qu'on ne peut, nous semble-t-il, à propos de si peu, affirmer si grand.

Laissons donc de côté les hypothèses.

Nous nous sommes efforcé de ne raisonner jusqu'ici que sur des faits; tenons-nous-en donc à notre système et concluons, si faire se peut. Nous n'insisterons pas sur les preuves de l'existence de l'homme fossile; elle nous semble ressortir amplement du seul aspect des objets réunis et présentés par nous dans ces quelques pages.

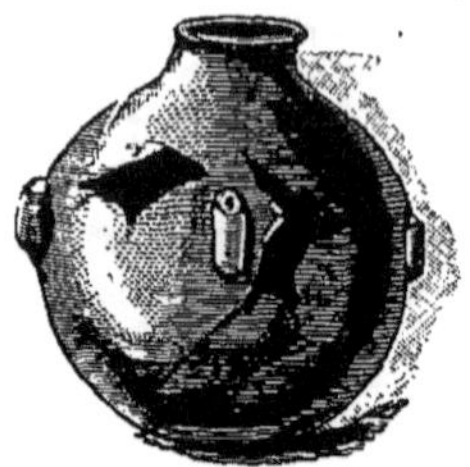

Fig 31. — Vase en terre trouvé dans les cavernes de Furfooz (Belgique).

Quant à ce qu'était cette race, quant à ses attaches avec celles qui subsistent encore de nos jours sur notre sol, qu'en dire? On pré-

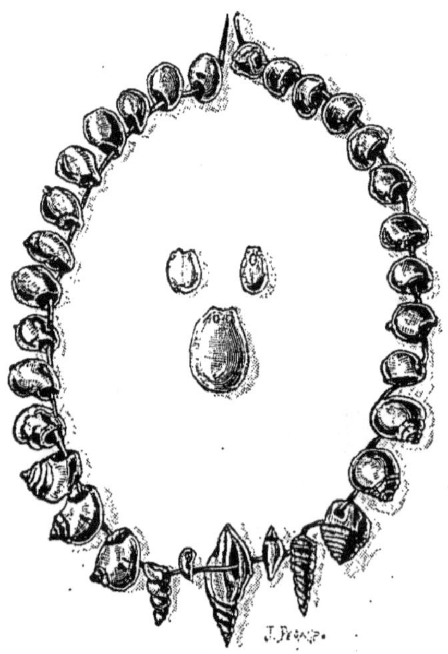

Fig. 32. — Collier de coquillages et amulettes trouvés dans les cavernes de Cromagnon.

tend que les Basques sont les descendants directs des hommes des cavernes. La chose nous semble contestable. A voir la description qu'en fait M. Élisée Reclus [1], on en douterait. Cette race, chez laquelle la laideur est un véritable phénomène, où les femmes prennent place dans les assemblées délibérantes, ces fiers montagnards, si libres, qui ont pour blason trois mains avec ce cri : *Irurak bat!* (« Les trois n'en font qu'une! ») n'ont pas dû courber leur front jadis sous les bâtons troués dont nous parlions plus haut.

Nous croyons que c'est vers le nord qu'il faudrait chercher les descendants de nos chasseurs de bêtes féroces, chez ces êtres grêles qui, sortant de leurs tanières, courent le cerf ou le renne, harponnent le phoque et, comme le dit leur nom même, mangent du poisson cru [2]. Nous n'avons, pour notre compte, rien à dire de leur langue ni de leurs crânes; mais l'ornementation des Lapons (voir l'entête du chapitre Ier), les lettres des Esquimaux (fig. 20), cet alphabet étrange, qui consiste dans des entailles obliques ou perpendiculaires sur une seule tige, toujours répétées, toujours semblables ; ces croix, ces carrés, ces cercles sont tellement semblables à l'ornementation de nos bois de renne, que nous serions tenté de trouver là, sinon des frères, du moins des neveux de ceux dont nous venons d'esquisser les mœurs. Il faudrait donc rattacher ces races à celle des fameux Hyperboréens dont quelques savants veulent absolument faire les ancêtres directs de nos vrais pères, les Celtes. — Du reste, tout n'est pas dit encore sur ces hommes; on commence à peine à déchiffrer ce palimpseste : attendons.

La science nous les a fait connaître. La légende nous en avait pour ainsi dire gardé le souvenir.

Est-ce que tous les géants de nos contes n'étaient pas un peu parents des hommes des cavernes? Est-ce que tous nos dragons ne descendent pas en droite ligne des animaux disparus de la faune quaternaire. Il y a là matière à bien des études. Hercule, cette personnification des Pélasges, des Aryens de la grande invasion hellénique, a tué le *lion de Némée*, et les bas-reliefs du temple de Jupiter

1. *Nouvelle géographie universelle.* La terre et les hommes. (Paris, Hachette, 1876, 54e livraison, p. 862.)

2. *Esquimaux*, dans la langue de ce peuple, veut dire « mangeurs de poissons crus ».

d'Olympie, sculptés par Alcamène, l'un des plus célèbres élèves de Phidias, nous représentent ce lion avec tous les caractères du lion d'Europe. Il a terrassé le *sanglier d'Érymanthe*, il a tué le *taureau de Péonie*, et la description de ce taureau par Pausanias donne au monstre tous les caractères de l'auroch, avec de grands poils sous la gorge, une crinière féroce, une allure tout à fait primitive. Hercule encore a étouffé le géant Antée; il a écrasé Cacus, et Cacus n'était-il pas un véritable homme des cavernes? Que savons-nous du Minotaure et de sa lutte avec Thésée? Que savons-nous des Hespérides, des Titans et des Cyclopes?

Vous verrez qu'on en arrivera bientôt à refaire l'histoire elle-même de ces hommes dont l'existence était encore hier contestable et contestée.

Les chercheurs de textes se sont mis à l'œuvre, ils nous en apportent de tous côtés. Homère en a parlé : « Chez eux, dit-il, pas d'assemblée qui délibère sur les places publiques, pas de loi ; ils habitent le sommet des montagnes, au fond des cavernes; chacun commande à sa femme et à ses enfants; les chefs de famille ne s'occupent pas les uns des autres[1]. »

Virgile en a fait la description par la bouche du vieil Évandre, fondateur des murs de Rome : « Ces bois eurent jadis pour habitants des faunes, des nymphes indigènes et une race d'hommes nés du tronc des chênes les plus durs; incultes et sans lois, ils ne savaient ni recueillir ni conserver les dons de Cérès, et ne se nourrissaient que de fruits sauvages et des produits d'une chasse pénible[2]. »

Horace en dit un mot : « Quand les hommes, troupeau muet

1. Τοῖσιν δ' οὔτ' ἀγοραὶ βουληφόροι οὐδὲ θέμιστες.
Ἀλλ' οἵ γ' ὑψηλῶν ὀρέων ναίουσι κάρηνα
Ἐν σπέσσι γλαφυροῖσι· θεμιστεύει δὲ ἕκαστος
Παίδων ἠδ' ἀλόχων οὐδ' ἀλλήλων ἀλέγουσιν.
HOMÈRE (*Odyssée*).

2. « Hæc nemora indigenæ Fauni Nymphæque tenebant,
Gensque virum truncis et duro robore nata;
Queis neque mos, neque cultus erat; nec jungere tauros,
Aut componere opes norant, aut parcere parto;
Sed rami atque asper victu venatus alebat... »
VIRGILE (*Énéide*, liv. VIII, v. 315).

encore et hideux, sortirent de la terre naissante pour ramper à sa surface, ils se servirent de leurs ongles et de leurs poings, puis de bâtons, et enfin, des armes qu'avaient fabriquées leur expérience, pour se disputer du gland et des tanières[1]. »

Lucrèce enfin les a décrits de même : « Les premières armes des hommes furent les mains, les dents, les ongles et les pierres ; après ils saisirent les branches des arbres coupés. Puis vinrent le feu, les flammes. Enfin on connut la force du fer et de l'airain. L'usage de l'airain précéda celui du fer[2]. »

Les historiens anciens eux-mêmes ne les ont pas oubliés. Diodore de Sicile dit que « les premiers hommes menaient une vie misérable, qu'ils étaient sans abri, et se réfugiaient l'hiver dans les cavernes[3]. » Pline, en parlant des demeures d'Euryalus et d'Hyperbius, dit que « les cavernes furent les premières habitations des hommes[4] ». Strabon écrit que, « de son temps, les Parati, les Sossinati, les Balari et les Aconites de Sardaigne vivaient dans des grottes[5] ». Florus, décrivant les Aquitains, qu'il appelle *callidum genus*, dit qu'ils se retiraient dans les cavernes[6]. Et Tacite enfin, à propos des Germains, leur attribue des demeures souterraines où ils avaient l'habitude de se réfugier dans la saison rude[7].

1. Quum prorepserunt primis animalia terris,
Mutum et turpe pecus, glandem atque cubilia propter
Unguibus et pugnis, dein fustibus atque ita porro
Pugnabant armis quæ post fabricaverat usus.
HORACE (*Satires*, liv. I, sat. III, v. 100).

2. Arma antiqua, manus, ungues dentesque fuerunt,
Et lapides et item sylvarum fragmenta rami ;
Et flammæ atque ignes, postquam sunt cognita primum.
Posterius ferri vis est ærisque reperta
Et prior æris erat quam ferri cognitus usus.
LUCRÈCE (*De Natura rerum*, liv. V).

3. Ἐκ δέ τοῦ κατ' ὀλίγον ὑπὸ τῆς πείρας διδασκομένους εἰς τὰ σπήλαια καταφεύγειν ἐν τῷ χειμῶνι κ. τ. λ. Diodore, l. III, ch. XV.

4. Laterarias ac domos constituerunt primi Euryalus et Hyperbius fratres Athenis, antea specus erant pro domibus. PLINE (*Hist. naturelle*, liv. VII, ch. LVII).

5. Strabon, liv. V, p. 225. Πάρατοι, Σοσσινάτοι, βάλαροι, Ἀκώνιτες, ἐν σπηλαίοις οἰκοῦντες.

6. Aquitani, callidum genus, in speluncas se recipiebant.

7. Solebant subterraneos specus aperire, suffugium hiemi et receptaculum frugibus. Citation de M. Alexandre Bertrand, à propos du renne de Thaïgen, p. 74. *Archéologie celtique et gauloise*. (Paris, Didier, 1876.)

Après avoir découvert la signification des hiéroglyphes d'Égypte, on a trouvé la généalogie de ses rois. Vous verrez que, dans quelques années, quand on aura déchiffré les signes des troglodytes, comme on a déjà trouvé les sceptres de leurs grands chefs, on en arrivera à établir les dynasties de l'homme fossile.

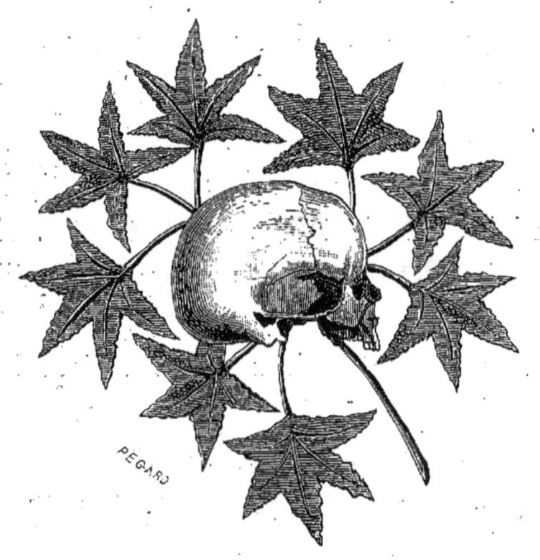

Fig. 33. — Crâne de vieillard trouvé par M. Brun dans l'abri sous roche de La Faye, à Bruniquel. — Plantes miocènes, d'après M. le comte de Saporta. — Le monde des plantes avant l'apparition de l'homme.

Pl. II.

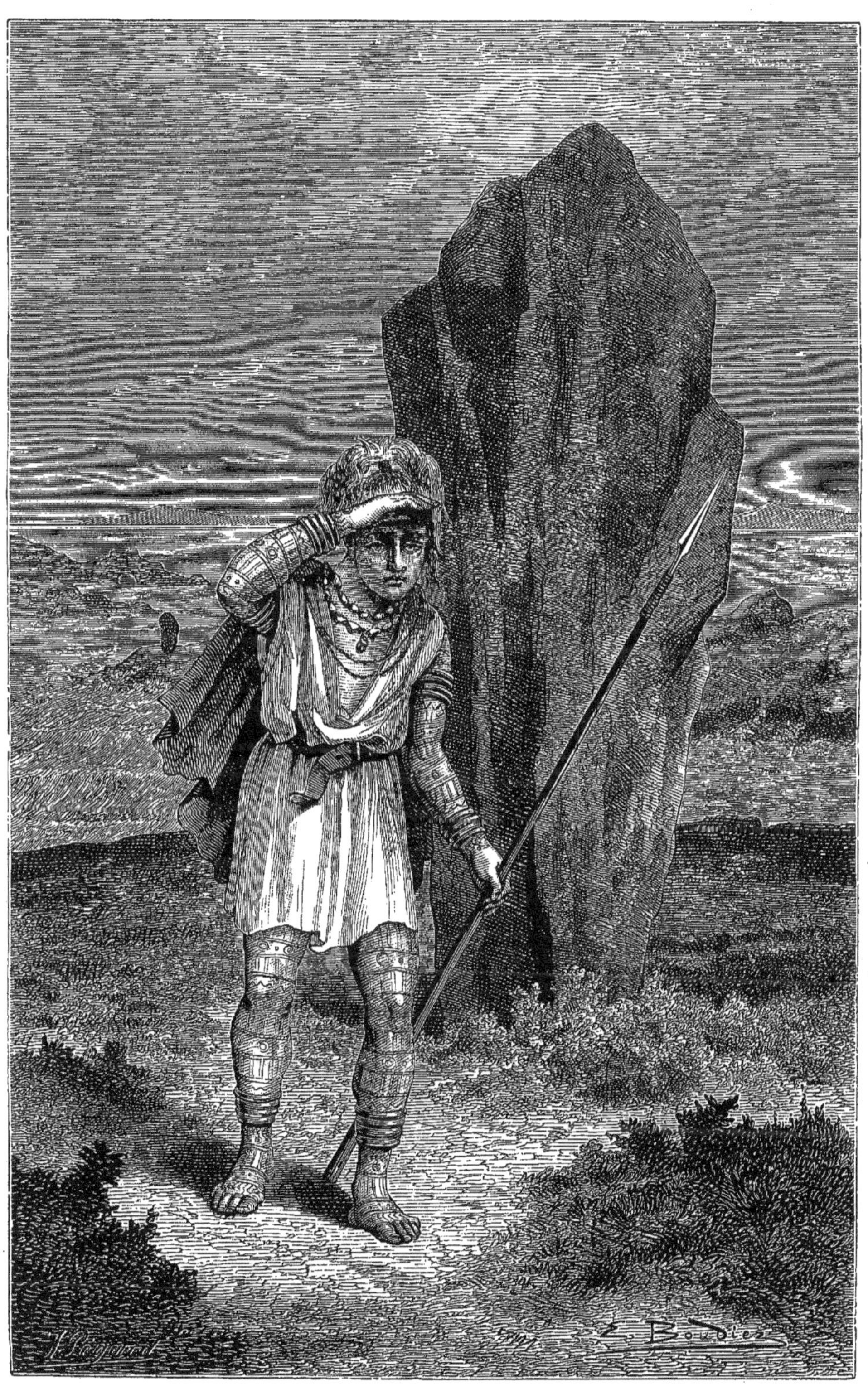

L'HOMME DES DOLMENS.

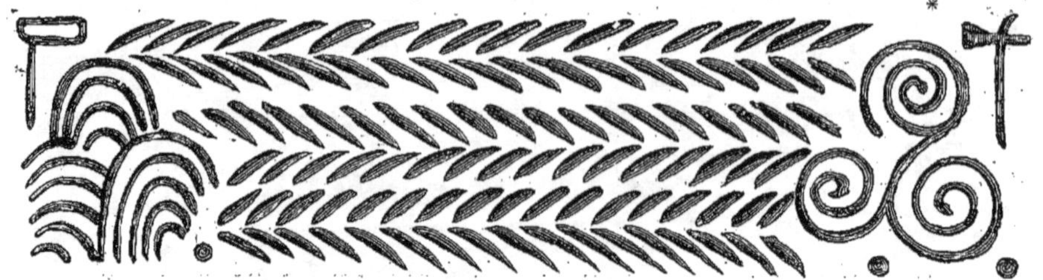

CHAPITRE DEUXIÈME

L'HOMME DES DOLMENS

SOMMAIRE. — Opinions diverses sur les *dolmens, menhirs, cromlechs, alignements,* etc. — Pierres à sacrifices. — Camps de César. — *Dracontium.* — Ophiolâtrie. — Les monuments *mégalithiques* ne sont pas celtiques ; système de M. A. Bertrand. — Les pierres vierges sont celtiques ; affirmation de M. Henri Martin. — Analyse et étude de ces monuments. — But de leur érection. — Ornementation et mobilier funéraire des dolmens.

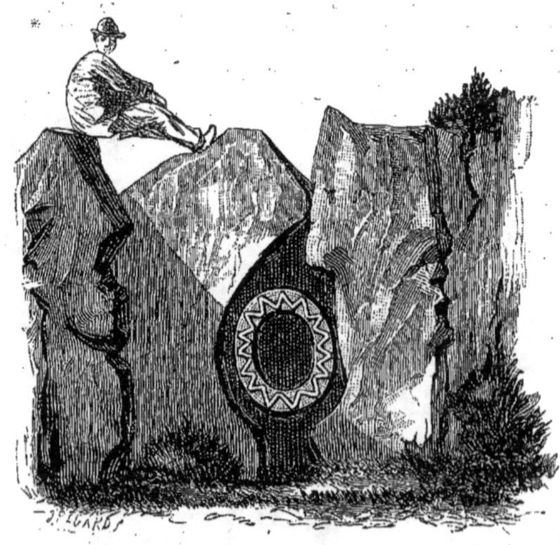

ON a écrit tant de chapitres, de brochures, de volumes même sur les *dolmens,* les *menhirs,* les *cromlechs,* etc., que nous n'osons vraiment entreprendre de résumer ici les opinions des savants sur ces monuments si merveilleux dans leur sublime simplicité, si grandioses dans leur énergie sauvage, roches « d'une majesté silencieuse, dit James Fergusson, mais peu commu-

* Le frontispice de ce chapitre est composé d'un motif d'ornementation végétale, gravé dans l'intérieur du dolmen de Gavrinis (Morbihan). — La lettre O se détache sur le fond d'un dolmen troué, aujourd'hui détruit, qui se trouvait près des alignements de Kerlescan, à Carnac, et s'appelait *Toul ar Crionnet,* le Trou des Crions ou des Nains.

nicative[1]. » Il faudrait un volume au moins pour classer les systèmes divers, les théories incroyables nées dans l'imagination trop puissante des hommes de notre âge sur ces malheureuses pierres. Nous nous contenterons d'une nomenclature que nous tâcherons de rendre la plus intéressante possible.

Les dolmens ont passé longtemps pour des pierres à sacrifices sur lesquelles on nous montrait les trous façonnés pour l'emplacement de la tête, des bras, des jambes et du corps, d'où partaient des rigoles où avait dû couler à flots le sang des victimes humaines. La chose était poétique et terrible : au fond des bois apparaissaient les silhouettes sombres de ces funestes autels, maculés de taches noirâtres ; autour, des vieillards revêtus de longues robes blanches, couronnés de chêne, brandissaient des faucilles d'or en prononçant des imprécations farouches : « Teutatès veut du sang ; il a parlé dans la forêt profonde, le gui sacré a été coupé au sixième jour de la lune, au premier jour du siècle, Teutatès veut du sang ; il a parlé dans la forêt profonde[2]. »

La foule s'inclinait pleine d'une sainte terreur en se dissimulant dans les hautes herbes, derrière les vieux troncs dépouillés.

Des bardes chantaient sur des guitares le chant de mort des grandes victimes : « L'aigle de Penguern au bec gris pousse des cris perçants ; avide de la chair des moribonds, l'aigle de Penguern au bec gris pousse des cris perçants. » — Puis il se faisait un grand silence ; les hérauts d'armes agitaient au-dessus de la foule la branche sacrée de la verveine, et, dans le sifflement de la tempête, on n'entendait plus que les soupirs lugubres des gorges entr'ouvertes ; le sang rougissait la lande ; le druide élevait vers le ciel sa droite encore humide, et les fronts se courbaient devant la volonté d'Ésus, le terrible.

Malheureusement, les géologues sont arrivés. Les dolmens à bassins sont tous en granit ; ils ont analysé ce composé de *quartz*, de

1. *Les Monuments mégalithiques de tous pays*, par James Fergusson, traduit de l'anglais par l'abbé Hamard. (Paris, Haton, éditeur ; Introduction, p. 2.)

2. *Les Martyrs*, par M. le vicomte de Chateaubriand (liv. IX, p. 157 de l'édition Didot).

feldspath et de *mica* qui se nomme le granit et, sans daigner s'occuper de la redoutable destination des autels druidiques, ni de la poétique interprétation des troubadours de la Restauration, ils ont déclaré que les décompositions de ces trois substances par l'eau du ciel et par l'air produisaient ces bassins, ces rigoles et ces trous. — Tomber de la poésie dans un *silicate d'ammoniaque* et de *potasse*; c'était vraiment triste[1]. Quant à Teutatès, les bénédictins du XVIIIe siècle s'en étaient chargés, et le R. P. dom Martin lui avait rendu son véritable titre en le nommant *Tud-Tad*, père du peuple, un honnête patriarche dans le goût des Jacob et des Abraham du peuple juif[2]. Laissons donc ces rêveries aux âmes sensibles et passons à un autre genre d'interprétation qui, venant d'illustres antiquaires, mérite une réfutation un peu plus complète.

Le premier savant qui se soit occupé de nos pierres fut le célèbre sir Inigo Jones, l'architecte de Christian IV de Danemark et de Jacques Ier d'Angleterre. Sur l'ordre du roi de la Grande-Bretagne, il examina Stonehenge, que Jacques avait daigné contempler, non sans une certaine stupéfaction, lors d'une visite qu'il fit au comte de Pembrok, à Wilton. De ses observations, il conclut que Stonehenge était un temple romain dédié à *Cœlus*, le père des dieux, et bâti dans le style toscan. — Jones, qui avait séjourné longtemps en Italie, était un admirateur passionné de Palladio. Il fallait, en effet, être complè-

1. *Phénomène de dénudation et de désagrégation*, Recherches sur la provenance des granites qui ont servi à élever les monuments dits celtiques, par M. Geoffroy d'Ault-Dumesnil, conservateur adjoint du Musée d'histoire naturelle, de la Société polymathique du Morbihan. (Vannes, imprimerie de L. Galles, 1866.) L'hypothèse des bassins était, du reste, peu soutenable. Un des menhirs de Carnac, au *Menec Vras*, présente sur l'une de ses faces un des plus beaux bassins connus, complètement régulier de forme, avec rigoles et le reste, placé perpendiculairement au sol, c'est-à-dire dans une position où jamais druide n'aurait pu opérer son sacrifice.

A Tregastel et à Ploumanac'h, près de Perros-Guirec, il y a des bassins qui ont plus de 10 mètres de long, dans des rochers couverts par la mer à chaque marée. Toute la côte en est couverte. Du reste, nous verrons plus tard qu'il ne faut tenir aucun compte de l'extérieur des dolmens, et que, dans la province où il s'en rencontre le plus, ils étaient toujours recouverts de terre. — Voir les *Manè* à la fin de ce chapitre.

2. *La religion des Gaulois, tirée des plus pures sources de l'antiquité*, par le R. P. dom ***, religieux bénédictin de la congrégation de Saint-Maur. (A Paris, chez Saugrain fils, libraire juré de l'Université; MDCCXXVII, tome Ier, p. 326.) — Jean Reynaud traduit Abraham par « père de la multitude » (192, *Esprit de la Gaule*).

tement absorbé par les études romaines pour voir du toscan dans les pierres frustes des landes d'Angleterre.

En 1747, un des compatriotes du célèbre architecte de Whitehall trouva mieux encore. — Celui-ci était un archéologue de profession et se nommait le docteur Stukeley. — Il observa consciencieusement les grands cromlechs du comté de Wilt, y passant des journées et des mois, errant au milieu de ces cercles et de ces rangées de pierre, les quittant pour méditer, y revenant pour contrôler ses conclusions. Après plusieurs années de recherches, il découvrit que tout cela n'était que le signe hiéroglyphique d'un serpent qui se mord la queue et il les décora du nom, depuis devenu fameux, de *Dracontium*. — Sir Richard Colt Hoare, baronnet, dans son grand ouvrage sur les antiquités du Wiltshire, approuva complètement le système du docteur Stukeley.

Enfin, en 1830, le révérend Bathurst Deane, qui avait vu notre Carnac et en avait fait faire un plan par M. Murray, d'Exeter, dans un ouvrage publié à Londres sur le culte du serpent (*Worship of the serpent*), imposa définitivement à la science du temps l'interprétation de ses devanciers, apportant à la thèse des dragons merveilleux, du serpent *Baal* et du serpent *Ob*, des argumentations d'une érudition plus que transcendante.

L'excentricité est une vertu toute britannique; l'esprit des habitants de la grande île a je ne sais quelle tournure bizarre qui les porte à chercher, ailleurs que dans le convenu et le raisonnable, matière à s'exercer tout d'abord. Étant Saxons, ils adorent le fantastique, et, par conséquent, quand il se présente deux solutions à un problème, l'une surnaturelle, l'autre naturelle, leur tendance les porte aussitôt vers la première. Ils aiment avant tout l'irréalisable, l'inexplicable et l'impossible. Leur idéal, c'est d'escalader un pic inaccessible; de traverser un passage où des millions d'hommes ont péri; de prendre, s'ils le pouvaient, la lune avec les dents. — Dans la science, les extravagances les attirent; le vide a pour eux un attrait irrésistible : ces positifs aiment avec passion le vertige.

Nous allons voir que les savants français n'ont rien à envier, sous le rapport des hypothèses hasardées, à leurs confrères d'outre-Manche.

En 1755, M. de La Sauvagère, officier général du génie, publia sur les pierres extraordinaires des environs de Vannes[1] une dissertation dans laquelle il démontra que ces monuments n'étaient que le camp planté par César sur ces rivages, à l'époque de sa campagne contre les Vénètes : « Les Romains avaient élevé là ces rochers pour mettre leurs tentes et leurs baraques à l'abri des coups de vent violents qui règnent fréquemment sur ces côtes. » — « Il ne fallait rien moins que leur industrie pour imaginer un semblable retranchement, et leur ardeur infatigable pour l'exécuter. » — C'était « voir la chose d'un œil extrêmement militaire, » comme le dit si bien plus tard M. le baron de M. L..., officier supérieur dans le corps de l'artillerie[2], qui, « étant venu faire là revue des batteries de Quiberon et d'une compagnie de canonniers qui occupaient cette presqu'île trop célèbre, » expliqua, les *Commentaires* de César en main, l'hiéroglyphe non déchiffré de Carnac. L'enthousiaste baron écrivit sur ces rochers, avec la pointe de son glaive probablement, comme les soldats du peintre David :

Vidimus Cæsarem;

puis, « versant des flots de lumière sur cette énigme de quatorze siècles et soulevant le voile diaphane qui couvrait le secret de ces pierres, » il démontra « avec la plus incontestable évidence » que ces monuments avaient été élevés « par les vaincus en l'honneur du triomphe de César, le grand empereur, le dominateur des nations. » *Et vera incessu patuit Dea* (p. 41). Ceci fut écrit en 1809. — En fait de monuments celtiques, l'artillerie et le génie n'y voyaient que

1. *Recherches sur les antiquités de Vannes, à la côte sud de la Bretagne,* ou Description historique des pierres extraordinaires et de quelques camps des anciens Romains, qui se remarquent dans le pays des anciens Vénètes jusqu'à Belle-Isle.

2. *Le monument de Carnac et les deux pierres colossales de Locmariaquer* (département du Morbihan), par M. le baron de M... L...

Non cœlum narrant, sed saxa gigantea Martem.

(Paris, Benjamin Duprat, 1845.)

du feu, et rendaient à César ce qui ne lui appartenait pas du tout[1].

Avant M. de La Sauvagère, à la fin du XVIIe siècle, le commissaire de marine Deslandes, qui traita tous les sujets, depuis l'art de ne point s'ennuyer jusqu'à l'histoire de Pygmalion et de sa statue animée, et qui écrivait le français comme un bourreau, au dire de M. de Voltaire, avait proclamé, dans un traité de physique, que toutes ces pierres étaient le résultat d'un bouleversement et avaient été plantées là par le déluge. Si MM. les officiers supérieurs avaient vu la chose un peu militairement, lui la regardait par trop administrativement. Son hypothèse n'eut même pas un succès bureaucratique.

Sous la Restauration, M. Maudet de Penhoüet releva en France la bannière anglaise du grand serpent babylonien; mais il n'arriva à cette explication sublime qu'après avoir plusieurs fois brûlé ce qu'il avait adoré. — Il consacra aux pierres celtiques quatre brochures assez compactes. — Les évolutions de cet esprit original entre tous sont assez curieuses pour que nous nous arrêtions un instant à les étudier sommairement.

Dans la première, publiée en 1806, il s'efforça d'établir que ces monuments devaient être considérés comme « érigés en mémoire d'un guerrier péri en ces lieux dans une bataille mémorable : »

Sta, viator, heroem calcas[2].

Dans la seconde, publiée en 1814, « ne voulant pas se borner à copier les idées de ceux qui l'avaient précédé, » il découvrit que les menhirs n'étaient que des colonnes d'Hercule; car Hercule seul avait pu élever l'obélisque de Locmariaquer (p. 74)[3].

Dans la troisième, M. Colt Hoare lui ayant fait hommage de son

1. Pages 30 et 41, *loc. cit.*

2. *Essai sur des monuments armoricains qui se voient sur la côte méridionale du département du Morbihan, proche Quiberon*, par M. de ***, ancien officier de la marine. (A Nantes, chez Busseuil jeune, libraire, place Égalité.)

3. *Recherches sur l'origine des Bretons armoricains*, avec gravures. (A Nantes, chez Victor Mangin. A Paris, au bureau de l'Almanach du commerce, 1814, avec dédicace à Son Altesse royale Mgr le duc d'Angoulême, grand amiral de France.)

livre sur les antiquités du Wiltshire, il se convertit entièrement au culte du *Dracontium* et trouva, en basse Bretagne, des serpents célestes à tous les coins de champs.

Cœli enarrant gloriam Dei[1].

Dans la quatrième enfin, grâce à l'appui de M. Deane, il proclama définitivement la religion ophiolâtrique dans toute sa pureté; il s'en fit l'apôtre et eut des disciples. *Gric a Moloc, en bon espoir*[2] (p. 29).

Quand on se laisse glisser sur cette pente, rien ne peut vous arrêter.

L'ophiolâtrie vécut en France jusqu'à ces derniers temps; ce qui n'empêcha pas les hypothèses d'aller toujours leur train.

M. J. Denizet, en 1875, fit des *cromlechs* « des chambres de députés ou de représentants du peuple, » et des *menhirs* isolés « la colonne vertébrale des habitations de l'époque tourmentée où la catastrophe terrestro-sidérale joncha notre globe de débris de planètes, suivant les légendes et les traditions celtiques, brahmaniques, indiennes, étrusques et égyptiennes » (p. 367). M. J. Denizet, qui, d'après l'autorité d'Henrion, établissait qu'Adam avait eu 123 pieds 9 pouces de haut, Noé 103 pieds, Abraham 27 à 28 pieds, Moïse 13 pieds et Hercule 10 pieds, fit peu de prosélytes[3].

Survint M. Voulot, professeur de l'Université, membre correspondant des Sociétés d'histoire naturelle de Colmar, d'émulation de Montbéliard, de Belfort, etc. — Il créa, lui, l'*A b c* d'une science

1. *Archéologie armoricaine*, Mémoire sur les pierres de Carnac. (1826, chez les principaux libraires de la Bretagne; et à Paris, chez Dentu, rue des Vieux-Augustins. Imprimé à Rennes, chez Mme veuve Frout.)

2. *De l'ophiolâtrie ou Culte du serpent appliqué à l'explication des monuments de Carnac et des monuments des arts de la Grèce et de Rome, dans lesquels figure le serpent*, Mémoire adressé à la Société royale académique de Nantes, par M. M. de Penhouët, maréchal de camp en retraite, membre de cette Société. (A Nantes, aux librairies de Mme Busseuil et de M. Sebire. A Rennes, à la librairie de Mlle Blouet.)

3. *Les pierres monumentales.* (*L'explorateur géographique et commercial* sous le patronage de la commission de géographie commerciale déléguée par la Société de géographie et les chambres syndicales de Paris.) No 15, 1er volume, 13 mai 1875, et no 16, 1er volume, 20 mai 1875. (Paris, 18, rue Vivienne, p. 344 et 367.)

nouvelle[1]; et, s'appuyant sur le *Kar,* « qui est l'expression des courbes enflammées que décrivent au-dessus de nos têtes les flambeaux du jour et de la nuit, » il fit des menhirs du Morbihan « un immense *Calendrier mégalithique.* » — « Les lignes droites des pierres étant parfois courbes, ovales et même arrondies en cercles concentriques, sont formées de 11 et de 9 rangées[2]. Or 9 est le nombre trois fois grand, 3×3, qui signifie Hermès Trismégiste, et 11 est composé de 7, le nombre des planètes, et de 4, le nombre des saisons. » — Donc le Menec, le plus grand des alignements de Carnac, « veut dire sanctuaire de la lune; saint Corneille, le patron du bourg, doit être la corne de El, ou le croissant de la lune, et Carnac, enfin, signifie l'enceinte du *Kar,* la courbe de la lune. » — « Voilà tout trouvé, et trouvé définitivement, le sens mystique des pierres celtiques. » — Il est vrai que M. Voulot aperçoit, dans les montagnes des Vosges, des profils sémitiques de 100 pieds de haut, et des têtes scythiques façonnées dans des blocs de rochers; qu'il y rencontre des chevaux de plusieurs kilomètres de long, des sangliers assis, des sangliers marchant, des lions acéphales et même des groupes de chameaux.

Inutile d'insister, je crois!!!

Était-il possible d'aller plus loin encore? M. Hippolyte Clauzel, de Bergerac, le tenta. — M. le docteur Clauzel déclare « qu'il ne veut rien avancer à la légère; » — « mais, ayant des choses d'une importance incalculable à révéler au monde, » — il laisse la science s'arrêter sur la terre devant les monolithes, « sphinx d'un nouveau genre, » et monte plus haut, vers les régions sereines de l'empyrée. C'est de là « qu'il ose déchirer enfin le voile qui pendant des milliers d'années avait caché au monde la lumière éclatante des premiers jours. » — C'est de là « qu'il pénètre les motifs vrais de l'érection de ces pierres;

1. *A b c d'une science nouvelle, les Vosges avant l'histoire,* Étude sur les traditions, les institutions, les usages, les idiomes, les armes, les ustensiles, les habitations, les cultes, les types de race des habitants primitifs de ces montagnes; résumé de leurs travaux découverts, décrits, dessinés et gravés par F. Voulot, professeur de l'Université, membre correspondant des sociétés d'histoire naturelle de Colmar, d'émulation de Montbéliard, de Belfort, etc. (Mulhouse, imprimerie de Vve Bader et Cie, 1872.)

2. Ces nombres ne sont pas exacts. Nous le verrons à la fin même de ce chapitre.

motifs qui étaient restés scellés sous un sceau indestructible » et qu'il s'écrie : « Il faut dévoiler enfin le secret de Mercure ! » — Ce secret, c'est que les *menhirs* représentent tout bonnement le fruit d'Éden (p. 85), la pomme d'Adam. — Ce secret, c'est que les *dolmens* figurent le Dieu en trois personnes; les deux piliers indiquant le Fils et le Saint-Esprit, la pierre de dessus symbolisant le Père (p. 67). Voilà la véritable origine des pierres gigantesques. — Quant aux *celtæ*, soi-disant haches de pierre, qui se rencontrent parfois auprès de ces monuments, ils sont « le signe de la saine doctrine, » « les gouttes de la science venue du ciel » (p. 120). — Tout cela n'était jusqu'ici que des « pierres d'achoppement pour la folie des ignorants que l'aberration des incrédules ne pouvait parvenir à comprendre ; » elles doivent être considérées désormais comme la preuve la plus flagrante qui se puisse trouver de la vérité du christianisme et proclament majestueusement le triomphe du fils de Dieu » (p. 43)[1].

Vous est-il arrivé quelquefois d'errer sur les grèves blanches ou sur le sommet des falaises arides avec un charmant *baby* dont les yeux ébahis s'illuminent à l'aspect de ce ciel immense, de cet horizon grandiose qui se déroule à perte de vue devant lui? Assis sur la bruyère, étendu sur le sable fin, l'enfant, d'abord silencieux, peu à peu s'enhardit; il regarde, regarde toujours, puis, s'il a dans le cœur une grande confiance en vous, il vous prend doucement la main et vous murmure tout bas, bien bas, en étendant vers le ciel sa petite main mignonne : — Vois-tu, là, ce château, ces tourelles? Voilà la porte d'entrée; voilà les fenêtres et les toitures élevées; les cavaliers arrivent avec de grands drapeaux au-dessus de leurs têtes, ils vont entrer sur le pont; les vois-tu, dis, les vois-tu? Ici, ce sont de grands lions, de grands tigres qui se précipitent du haut des montagnes, et des hommes s'approchent pour les combattre. Comme ils sont nombreux! en voilà plus de cent, plus de mille! Plus loin, ce sont de grands bois qui s'alignent sur de grands rochers gris; le ruisseau coule au pied

1. *Le Triomphe du Christ*, ou Découverte d'une science immense, perdue depuis cinq mille ans, par Hippolyte Clauzel. (En vente à Bergerac, chez le docteur Clauzel, imprimerie et lithographie Faisandier, rue Bellegarde, 18; 1875.)

des troncs d'arbres géants ; les sapins se dressent et les montagnes couvertes de neige se découpent au loin sur l'azur. — Vous écoutez, laissant doucement jaser la bouche rose. — Puis vient un coup de vent violent, tout disparaît ; l'enfant se lève et, se penchant à votre oreille, il s'écrie tristement : — Ils sont partis, mais ils reviendront, n'est-ce pas ?...

Il en est de même de nos savants : leurs imaginations sont des châteaux célestes faits de vapeur et d'ombre, construits en l'air par de grands enfants, fantastiques, mais pas nuisibles au fond. — Que ces rêveries leur soient légères !

Nul de nos songeurs, si ce n'est pourtant les militaires qui avaient l'œil obscurci par les visions royales ou césariennes, n'avait osé enlever aux Gaulois ou aux Celtes, — ce qui est la même chose au fond, — la paternité des monuments de pierre vierge, comme les nomme si bien M. Jean Reynaud. — Cette injure était réservée à notre âge. — Deux hommes savants, très savants même, ont essayé, de nos jours, d'attribuer tout cela à je ne sais quelle race éclose dans leur imagination. — M. Roget, baron de Belloguet, dont nous apprécions plus que tout autre les recherches profondes, a commencé la lutte.

« Trois siècles de disputes et d'exagération, dit-il dans l'Introduction de son *Glossaire gaulois*, avaient recouvert de ténèbres épaisses les origines celtiques[1]. » Dans ce lointain où se perdent tous les regards de la critique historique, dans cet abîme où se choquent les systèmes les plus contradictoires, dans ces *ténèbres vraiment cimmériennes* (p. 4), il a osé descendre plein d'enthousiasme et, rêvant une *Ethnologie universelle*, — c'était un travail à tuer dix bénédictins et à remplir je ne sais combien d'in-folio, — grâce à l'*Ethnogénie*, science toute spéculative qu'il ne faut pas confondre avec l'*Ethnographie*, science au contraire toute positive, grâce à l'*Ethnogénie*, étude

1. *Ethnogénie gauloise*, ou Mémoires critiques sur l'origine et la parenté des Cimmériens, des Cimbres, des Ombres, des Belges, des Ligures et des anciens Celtes, par Roget, baron de Belloguet, premier prix Gobert de 1869 à l'Académie des inscriptions. Introduction. Première partie : *Glossaire gaulois*. (Paris, Maisonneuve et Cie, libraires-éditeurs, 1872.)

des origines primitives des peuples et de leur généalogie, qui est en quelque sorte la paléontologie de l'Histoire (p. 5), il est sorti de cet abîme. — La *linguistique*, la *physiologie*, l'*ethnologie* lui ont fourni des aperçus dont nous sommes loin de contester la valeur ; c'est au milieu de ce chaos qu'il a découvert une race qu'il nomme les *mystérieux Préceltiques;* les historiens anciens les appellent les Ligures. C'est d'eux qu'il a fait les grands initiateurs de nos pères, les forts entre les forts, — en un mot les planteurs de pierres levées, les constructeurs de *dolmens*. — Et il réclame bien haut l'honneur de les avoir le premier présentés au monde savant comme la véritable source de notre arbre généalogique.

Dès lors, comme les monuments qui nous occupent ne pouvaient garder la dénomination erronée de celtiques ou de druidiques, que les mots *dilithiques*, *trilithiques*, *dolménitiques* ne convenaient qu'à quelques-uns et ne renfermaient pas, par conséquent, les caractères essentiels d'une définition, il a proposé de les désigner, non par le mot *mégalithique*[1], comme le voulait Pruner-Bey, — qualificatif qu'il trouve vague et incomplet, — non par le mot *mégalolithique*[2], comme le veut encore l'amiral Fleuriot de Langle, — non pas même par celui d'*ortholithique*[3], comme le désire M. Rhind, mais bien par le terme définitif d'*argomégalithique*[4].

Les Ligures donc sont les architectes des monuments *argomégalithiques*. — « C'est aux Celtes moins qu'à toute autre population antéhistorique de l'Occident, dit-il ailleurs, dans son *Génie gaulois*[5], qu'on peut attribuer ces gigantesques constructions. Leur tempérament lymphatique, le manque d'énergie de leurs grands corps, qui ne pouvaient supporter de longues fatigues, leur aversion enfin pour tout travail prolongé forment un faisceau d'impossibilités qui prouvent jusqu'à l'évidence que jamais ils n'ont pu dresser le moindre *menhir*, construire le moindre *dolmen*. » — « Est-ce avec de

1. De μέγας, grand, vaste, fort, puissant, important, et λίθος, pierre.
2. De μεγάλως, grandement, beaucoup, magnifiquement.
3. De ὀρθός, dressé.
4. De ἀργός, brut, non travaillé.
5. *Ethnogénie gauloise*, 3e partie, Preuves intellectuelles. — *Le Génie gaulois*, p. 525.

pareils hommes, s'écrie l'auteur de l'*Ethnogénie* avec la chaleur qui lui est habituelle, que vous entreprendrez des labeurs écrasants et de longue durée, tels que les allées de Carnac, les cercles et les avenues d'Abury et le temple de Stonehenge (p. 526)[1]? »

Non. — « C'est à la race énergique et opiniâtre des Ligures, à ces petits corps secs et nerveux, à ces esprits tenaces et entêtés, qu'on peut et qu'on doit faire l'honneur des effrayants travaux qu'ont exigés les monuments mégalithiques » (p. 540).

Or savez-vous quel est le portrait que nous fait de ces fameux Ligures M. Roget de Belloguet lui-même? Écoutez : — « Ce sont de misérables sauvages, à la tête arrondie en sphère, au front moyen, un peu bombé, fuyant vers les tempes, avec de grands yeux ouverts; leurs cheveux, bruns ou noirs, sont crépus, frisés, bouclés, *torti plerumque crines,* leur chair fauve, *colorati vultus.* Ils sont petits, trapus, faits pour la fatigue et les privations. » — Voilà pour le portrait physique. Quant au moral, « ces tribus, isolées les unes des autres par la nécessité de leur misérable existence, n'ont aucune idée d'union politique et de nationalité. Le sens religieux leur manque absolument; quelques-unes de ces peuplades n'ont pas même une idée de la divinité. Leur langue n'a rien de fixe; ils parlent autant d'idiomes différents qu'il existe de peuplades séparées. L'incontinence est chez eux un vice général; la passion des amours masculines les caractérise partout où ils passent. — Leur impiété est proverbiale. — Les Romains les accusent sans cesse de perfidie, de cruauté. Ce sont des esprits subtils, chicaneurs et rusés; Servius les appelle menteurs, perfides et voleurs. Ausone les traite de *fallaces Ligures,* et Florus de *callidum genus.* — Leur passion pour le brigandage leur a valu le surnom de pirates des montagnes. » — « L'avarice, l'avidité de pillage les poussent seuls à guerroyer pour conquérir, et vaincus par le bronze des Celtes, eux qui ne pouvaient se défendre avec des

1. Il y a quelques années, nous avons vu des paysans bretons redresser, sans se servir de leviers, à l'aide de leurs seuls bras, de leurs épaules et de leurs mains, les pierres du dolmen de Kercado qu'un éboulement avait renversées les unes sur les autres, et ces Bretons n'étaient que des descendants dégénérés des vieux Celtes.

armes faites de pierres dégrossies et même d'os, leur indomptable opiniâtreté les fera se retirer au fond d'immenses marécages où ils continueront de vivre dans leur isolement farouche et leur intraitable barbarie[1]. »

Or, pour dresser ces immenses blocs, il fallait être poussé par une idée quelconque bien puissante. Les vieux auteurs du XVIIe siècle, qui n'osèrent pas déterminer l'objet de ces gigantesques débris, écrivaient que « le peuple, quel qu'il fût, qui les éleva, était animé d'un désir incroyable d'immortaliser sa mémoire, et que la foi seule qui transporte des montagnes pouvait leur avoir inspiré le désir de parler de la sorte, par ces œuvres colossales, aux races qui venaient derrière eux. » — M. de Belloguet avoue « que ce n'est que par les forces coopératives d'un peuple doué d'instincts généreux, poussé par l'ambition de dompter la matière et de vaincre ou de remuer les grandes masses qui s'offraient à ses regards, qu'une œuvre collective comme celle de Carnac a pu être menée à bonne fin. »

Ses Ligures nous semblent bien peu façonnés à un pareil acte de foi, à une pareille entente commune et fraternelle; et, puisqu'il en réclame la paternité, il faut avouer qu'il les regarde avec des yeux bien tendres pour les croire capables, après nous les avoir peints sous des couleurs si sombres, de ces élans patriotiques.

Mais il fallait démolir les Celtes et mettre quelque chose à leur place. — N'ayant rien sous la main, on prit les Ligures.

Hélas! comme le dit si bien un vieil auteur: « Il faut se garder, en ces matières, d'affirmer trop haut son sentiment; car il arrive souvent par la suite qu'on est obligé de corriger ses premières idées, ce que l'on ne fait jamais sans grand déplaisir et sans vif remords. »

M. Alexandre Bertrand, conservateur du Musée des antiquités nationales de Saint-Germain-en-Laye, membre de la commission de topographie des Gaules et directeur de la *Revue archéologique*, M. Alexandre Bertrand, dédaigneux de suivre ce que son prédécesseur appelle le *servum pecus* des routiniers, au lieu de se tourner vers

1. *Ethnogénie gauloise* : 1re partie, *Glossaire gaulois*; 2e partie, *Types gaulois et celto-bretons*; 3e partie, *Génie gaulois*. (Paris, Maisonneuve, *passim*.)

le sud, dirige ses regards du côté du nord. — Les Ligures, c'était classique. Comme il rêve de détruire à jamais « le roman préhistorique, » il va chercher ailleurs quelque chose de plus romantique — ou de plus romanesque, si vous voulez — et il invente de toutes pièces les fameux Hyperboréens.

Sa façon de procéder est plus didactique que celle de M. Roget de Belloguet. — Dans ce qu'il appelle l'époque antéromaine, il veut des subdivisions de périodes distinctes et nettement tranchées, et il les donne solidement établies [1], quoique plus tard il supplie je ne sais quel congrès d'abandonner ces classifications si nettes et si formelles, et de jeter au panier « ces âges de bronze, de fer et de pierre qui dépassent toujours, par les idées accessoires qu'elles entraînent avec elles, la portée des faits [2]. » — Rien n'est plus dangereux dans la science — c'est toujours M. Bertrand qui parle — que ces généralisations trop hâtives et ces cadres tout faits [3]. » — Il daigne accorder aux hommes des dolmens un gouvernement, des chefs, des traditions et même une religion quelconque. Il reconnaît chez eux un état social bien au-dessus de la sauvagerie et croit apercevoir dans leurs œuvres une espèce d'art. « Les vases de terre dont ils se servaient dans leurs usages journaliers sont parfois presque élégants. » (p. XII). — Mais, avant tout, « leur origine remonte au delà de l'invasion des Celtes. » Aussi repousse-t-il absolument, pour ce motif, l'appellation erronée de *monuments celtiques*. Les faits sont là ! — Et il affirme avec une incroyable énergie que « rien ne porte à croire que les *menhirs* sont des pierres élevées sur des tombeaux » (p. 84); « que le fer n'ap-

1. « Nous sommes convaincu que dans peu de temps personne ne contestera l'utilité, j'allais dire la *nécessité* de ces divisions; nous nous applaudirons alors d'avoir hâté, dans la faible mesure de nos forces, le moment où cette vérité, reconnue, permettra aux nombreux archéologues que ces questions intéressent d'apporter au classement de nos antiquités nationales un ordre plus logique et plus lumineux. » *Introduction des métaux en Gaule*, p. 188. — *Archéologie celtique et gauloise*. Mémoires et documents relatifs aux premiers temps de notre histoire nationale, par Alexandre Bertrand. *C'est ici un livre de bonne foy* (Montaigne). (Paris, librairie Académique Didier et Cie, libraires-éditeurs, 1876.)

2. « J'adjure le congrès de réfléchir à la nécessité d'abandonner cette malheureuse expression d'âges, etc. » (*De l'expression :* Age de bronze, *appliquée à la Gaule*, communication faite au congrès de Stockholm, p. 213). — *Archéologie celtique et gauloise*.

3. *Idem*, p. 214.

paraît *jamais* sous les *dolmens* non violés » (p. 85) ; que « les corps sont ensevelis sous les *dolmens,* jamais incinérés » (p. 101); que « les *dolmens* sont préceltiques » (p. 88); — enfin, que « les monuments dits celtiques sont les moins celtiques de tous » (p. 104).

Comme il faut une race quelconque pour remplacer celle qu'il ose rayer d'un trait de plume, il va la chercher sur les bords du Dniéper, de la Vistule et de l'Oder (p. XVIII), et il invente une invasion qui arrive par mer, et remonte les fleuves sur des radeaux et des barques fantasmagoriques. — « Cette race vient directement du nord, le long des côtes, et pénètre dans l'intérieur de la Gaule par les rivières ou les vallées de l'Orne, du Blavet, de la Loire et de tous ses affluents, de la Sèvre, de la Charente, de la Dordogne, pour ne s'arrêter que sur les plateaux supérieurs où ces rivières prennent leur source[1]. » Les *dolmens* recouvrent les restes de cette population *dont l'histoire ne nous parle pas et qui n'existait plus au temps de César* (p. 109).

Son siège est fait. — Maintenant, que les Celtes et les Gaulois, qui ont dû vivre si longtemps dans le pays, aient laissé peu ou prou de traces, peu lui importe. — Il tient ses Hyperboréens, cela lui suffit.

1. Cette constatation des dolmens placés sur les bords des rivières est très intéressante; mais en résulte-t-il nécessairement qu'ils ont été plantés là par suite d'une invasion maritime? Ceci est contestable, comme bien des affirmations de M. Bertrand. Il existe en Bretagne, et même, ce nous semble, dans bien d'autres vieilles provinces françaises, un usage très caractéristique qui consiste à vider, aussitôt qu'un malade a rendu le dernier soupir, tous les vases qui peuvent contenir de l'eau dans la maison, pour que l'âme, disent les paysans, ne stationne pas sur ce liquide. L'eau est considérée là-bas, qu'on me passe l'expression, comme bonne conductrice des âmes.

Dans le conte de *Marie la Damnée,* quand le héros arrive au bord de la mer, un vieillard lui donne un cheveu pour marcher sur les eaux et le conduire à l'île d'Avallon, où il doit retrouver le mort qu'il recherche (le Pont des cheveux de Mahomet, le Tchinevad de Zoroastre).

On connaît la légende de la *Baie des Trépassés* et le transport nocturne des âmes sur la mer. Est-ce que l'usage d'établir les dolmens, monuments funéraires comme nous le verrons tout à l'heure, le long des rivières, des fleuves et sur le bord même de la mer, n'aurait pas son origine dans cette croyance ?

Nous en connaissons un très grand nombre, en Bretagne, élevés sur les rives de cours d'eau, que jamais barque, fût-elle même hyperboréenne, n'a rayés de son sillon léger. Les presqu'îles sont couvertes de dolmens. On connaît les monuments celtiques de Quiberon. — La presqu'île de Crozon, entre la rade de Brest et celle de Douarnenez, est couverte de dolmens, de cromlechs et d'alignements. Celle de Kermorvan, près du Conquet, en regorge. Locmariaquer, à tout bien considérer, est une presqu'île; Tumiac est sur une presqu'île, et Carnac, en examinant bien sa configuration géographique, est encore une presqu'île formée par la rivière de la Trinité et le bras de mer d'Etel.

Ceci n'est pas une affirmation d'un nouveau système; ce n'est qu'une observation que nous croyons devoir consigner ici, pour servir ce que de raison.

M. Bertrand tombe ensuite à bras raccourcis sur Cambry et son école (p. 94), sur le détestable ouvrage de La Tour d'Auvergne, et il s'écrie triomphalement : C'est de la Prusse aujourd'hui que nous vient la lumière[1] ; — « la civilisation est venue chez nous des pays du nord ; — c'est de ce côté que nous devons chercher l'origine de nos monuments (p. 113) ; — la civilisation de la pierre polie est une civilisation hyperboréenne ; et il est dangereux d'appeler les monuments de pierre vierge des monuments celtiques » (p. 137). — Voilà ce que M. Bertrand rapporte de son voyage « à travers les *steppes* de l'archéologie préhistorique » (p. 174).

L'Académie des inscriptions a couronné ce mémoire en 1862.

« Stukeley, dit Fergusson, avait coupé net les amarres qui retenaient le vaisseau de l'archéologie attaché au rivage du sens commun. Le pauvre navire avait vogué dès lors à la dérive, au gré des vents et des flots des imaginations exaltées, jusqu'à ce que l'on s'efforçât, dans ces derniers temps, d'en remorquer les débris dans le sombre port de l'antiquité préhistorique où il est à craindre qu'il ne se brise de désespoir en abordant une région aussi nébuleuse[2]. »

Avec les steppes de M. Bertrand et les ténèbres cimmériennes de M. de Belloguet, le navire échoué de M. Fergusson montre assez que si les métaphores et tous les tropes de la vieille rhétorique perdent

1. Il est de bon goût, de nos jours, maintenant que l'archéologie gauloise a conquis sa place au soleil, de déprécier outre mesure les ouvrages des antiquaires du temps de la Révolution française, et de mépriser Cambry, Dulaure, Legrand d'Aussy et La Tour d'Auvergne. Pourtant ce sont eux qui les premiers, quand tout, grâce au mouvement impérial, venait de se romaniser de nouveau en France, ont osé « rétablir sur la liste des nations les Gaulois qu'on semblait vouloir en effacer pour toujours. » *Avant-Propos des Origines gauloises*, du citoyen La Tour d'Auvergne Corret. Ces patriotes avaient du bon parfois ! Ils sentaient couler dans leurs veines le sang d'un peuple libre. Ils aimaient d'un grand amour leurs vieux pères et tenaient à les glorifier aux yeux de tous.

Leur œuvre contient des naïvetés aujourd'hui hors de mode ; mais leur foi sublime dans les défenseurs de la patrie contre César, leur haine profonde de l'invasion germanique des Mérovingiens sont, après tout, dignes d'éloges.

Qui nous dit que, dans vingt ans, on ne rira pas des théories nouvelles, peut-être bien autrement enfantines ?

Ceux qui glorifièrent la patrie par leurs actes et par leurs écrits ne seront jamais pour nous des êtres ridicules.

2. *Les Monuments mégalithiques de tous pays.* Introduction, p. 18.

du terrain dans la littérature courante, ils trouveront toujours un refuge assuré dans l'imagination féconde des archéologues.

Heureusement, en France, quand il se produit des revirements systématiques, soit en politique, soit en philosophie, soit ailleurs, il se trouve toujours un petit coin où le bon sens solitaire, cette qualité gauloise qui est un des caractères primordiaux de notre race, reste vivant, conservant intacts tous ses droits, toute sa force, tout son pouvoir.

Un savant illustre, un membre de l'Académie française, auquel nous devons le magnifique ouvrage de l'histoire patriotique de notre cher pays, M. Henri Martin, va nous le prouver, du reste, complètement.

Dès 1867, M. H. Schuermans, de Liège, dans un rapport adressé à M. le ministre de l'intérieur, écrivait en plein triomphe mégalithique que, si les *dolmens* se trouvent partout, surtout en Asie, ils pouvaient appartenir à la grande race aryenne dont les Celtes étaient une branche aînée. — Ceux-ci avaient continué chez eux l'usage pratiqué par leurs pères, comme leurs frères cadets l'avaient fait ailleurs. — Alors pourquoi leur enlever l'honneur d'avoir dressé ces monuments? Pourquoi les attribuer à une population autre que la population celtique? — M. Schuermans ne voyait aucune raison d'être à cette prétention nouvelle[1] (p. 18).

Il y eut alors bien des revendications contre la théorie envahissante de M. Bertrand; nous ne pouvons les citer toutes.

Du reste, malgré ses affirmations, M. Bertrand n'est pas très sûr de lui-même; car il avoue quelque part qu'une des vertus de l'archéologue, c'est de se tromper, et qu'il tient à en donner l'exemple (préface, p. XXXII). — Acceptons d'avance cet aveu dépouillé d'artifice.

M. Henri Martin, dans ses *Études d'archéologie celtique,* tout en reconnaissant que les Finnois et les Ligures avaient pu précéder les

1. *Congrès d'anthropologie et d'archéologie préhistoriques,* tenu à Paris en 1867. Rapport adressé à M. le ministre de l'intérieur, par M. Schuermans, sur la question de l'origine des dolmens et autres monuments de pierres brutes. (Bruxelles, imprimerie de Deltombe, 1868.)

Celtes en Occident (p. 233), réclame pour ceux-ci l'honneur d'avoir dressé seuls les monuments de pierre vierge, comme il les appelle avec Jean Reynaud, l'homme le mieux voyant, quoi qu'on en dise, en fait de génie gaulois. — « Les vieux antiquaires des deux côtés de la Manche, écrit-il dans son chapitre sur l'origine des monuments mégalithiques[1], voyant ces monuments répandus dans la plus grande partie de la France et des îles Britanniques, et les principaux groupes placés dans les pays où s'étaient conservées le plus fortement les traditions et même les langues celtiques, n'hésitèrent pas à les attribuer aux Celtes ou Gaulois, en donnant à ces noms leur acception la plus générale. Cette attribution était d'autant plus naturelle que c'était la seule catégorie de monuments importants qui eût précédé dans nos contrées l'empire romain et que, s'ils n'eussent appartenu aux Gaulois, ceux-ci n'eussent laissé sur notre sol aucun vestige notable, ce qui n'était pas à présumer. » Et ailleurs, dans son chapitre des *Antiquités bretonnes*[2] : « Ces monuments et ces peuples avaient toujours paru liés ensemble. Puisqu'il ne subsiste en Occident aucune autre sorte d'architecture antérieure aux Romains, et qu'on ne peut admettre que des nations nombreuses et puissantes, telles que les confédérations celtiques, qui avaient une religion savante, de grandes corporations sacerdotales et scientifiques, n'aient laissé aucune trace sur le sol, on leur attribuait tout naturellement ces rudes et grandioses constructions.

» On les leur conteste aujourd'hui, et, parce qu'on rencontre des monuments du même genre dans les régions qui n'ont point été habitées par nos aïeux, les Celtes ou Gaulois, au lieu d'en conclure que les constructions de pierres non taillées ont été un usage commun, dans une ère patriarcale, aux Gaulois et à d'autres peuples historiques, tels que les Juifs, les Libyens, les Indiens, les Aryens primitifs de l'Asie centrale, etc., on les attribue en masse à un peuple antéhis-

1. *Études d'archéologie celtique, Notes de voyages dans les pays celtiques et scandinaves,* par Henri Martin, membre de l'Institut. (Paris, librairie Académique de Didier et Cie, libraires-éditeurs, 1872, p. 225.)

2. *Idem,* p. 160.

torique qui aurait semé ses œuvres gigantesques à travers le monde sans qu'il se conservât de lui aucune tradition, aucun souvenir. Ces inconnus auraient tout fait, et les peuples gaulois et celtiques, qui ont dominé l'Occident durant une vingtaine de siècles avant l'ère chrétienne et peut-être davantage, ne nous auraient pas laissé une pierre levée ! »

C'est regarder les choses sans voir l'esprit de ces choses. — Mais il faut, pour étudier tout cela, pour le comprendre, une intelligence sympathique qui manque à plus d'un. — « On touche, dans ces grottes vénérables, au fond, au tuf même de notre race » (p. 176). « Tout ce qu'on voudrait substituer aux Celtes en Occident s'évanouit comme un nuage à mesure qu'on s'en approche » (p. 237). « L'originalité des Celtes est d'avoir gardé, jusqu'à la fin de leur indépendance, les idées et les traditions qui leur avaient été communes avec toute une humanité patriarcale et primitive » (p. 257).

Les conclusions de M. Henri Martin sont donc que les monuments de pierre vierge sont bien celtiques, et qu'ils n'ont rien à voir avec l'humanité primitive, avec les Finnois, les Ligures et les Hyperboréens (p. 267). « Nous maintenons, ajoute-t-il, plus que jamais notre opinion que ces monuments appartiennent aux Celtes, en Occident, et nous articulons nettement cette opinion corrélative, que l'âge de la pierre polie, avec lequel commence la civilisation, est, en Occident, un âge celtique » (p. 265).

Devant l'autorité d'un tel homme, il nous semble qu'on doit s'incliner et laisser dormir en paix la civilisation prussienne des bords du Dniéper, de la Vistule et de l'Oder. — S'il est dangereux, comme le dit M. Alexandre Bertrand, de nommer ces monuments des monuments celtiques, il nous paraît malsain de nous donner comme ancêtres et comme maîtres des Poméraniens ou autres Germains des bords de la Baltique.

« Il y a plus, aujourd'hui, qu'une curiosité d'érudition, il y a un véritable appui moral à retrouver dans ces documents celtiques inspirés par un esprit si radicalement opposé à la philosophie allemande du XIXe siècle, qui a envahi la France avant les armées de M. de Bismarck. » Comme dans les légendes antiques, nos devanciers « se lèvent du fond des monuments de pierre pour nous venir en aide » (p. IV). Écoutons-les, et respectons-les. Les confondre avec cette espèce, c'est vraiment leur faire une trop grande injure.

Nous avons vu les systèmes modernes. Résumons, pour terminer cette étude, les appréciations des savants qui écrivirent sur ce sujet dès la fin du XVIIIe siècle et pendant la période de la Révolution française. Bien plus sages, à notre avis, furent ces anciens auteurs, aujourd'hui presque déconsidérés.

Dom Bernard de Montfaucon qui, l'un des premiers en France, ce nous semble, publia des reproductions de ces monuments d'après dom de La Prevalay et dom Le Roy [1], n'osant hasarder une conjecture en l'air, se contenta de regarder ces blocs de pierre « comme des sépultures de gens de qualité. » — C'est lui qui attira l'attention des antiquaires sur ces nouveaux édifices, que l'on regardait jusque-là avec indifférence. Il s'étend assez longuement sur la sépulture découverte par M. de Cocherel, sépulture remplie de haches en beau jade oriental, verdâtre et marqueté d'argent, mais n'ose toutefois se lancer à la suite de ceux « qui firent alors à ce sujet de grands raisonnements et imaginèrent bien des choses. » — Pourtant il classe formellement les pierres levées et les pierres couchées sous le titre de *monuments gaulois*.

Le comte de Caylus, après lui [2], croit qu'il est bien difficile de donner au sujet de ces pierres une idée qui puisse être adoptée par la raison. « On s'y perd, écrit-il à propos du dolmen de Saumur, et le silence est le meilleur parti à prendre. Il est plus court de convenir que l'étude de l'antiquité présente, comme celle des sciences, quelques points dont l'éclaircissement est impossible et qui sont condamnés à une entière obscurité. » — Pourtant il se range, lui aussi, au sentiment qui leur attribue une destination funèbre, considérant cette

1. *L'Antiquité expliquée et représentée en figures*, par dom Bernard de Montfaucon, religieux bénédictin de la congrégation de Saint-Maur. (A Paris, chez Hilaire Foucault et Jean-Geoffroy Nyon, via Jacobea [rue Saint-Jacques], et ad ripam P. P. Augustinianorum [sur le quai des Augustins]).

2. *Recueil d'antiquités égyptiennes, étrusques, grecques, romaines et gauloises*. (A Paris, chez MM. Tilliard, libraires, quai des Augustins, à Saint-Benoît, MDCCLXVII.)

pensée comme la plus naturelle[1]. — Ce fut M. le président de Robien qui le convertit à cette supposition. — M. de Robien, qui habitait au Plessis-Kœr, à deux pas de Carnac, avait souvent dirigé ses pas vers ces régions si riches en pierres celtiques. Il avait souvent erré dans ces allées mystérieuses. Il possédait la langue du pays, il aimait cette vieille terre et parlait *de visu,* chose très appréciable ; aussi parvint-il bien vite à persuader l'antiquaire parisien, qui se plut à reconnaître dans ses recherches un très grand mérite[2]. — M. de Robien, sans préjugés savants, avait vu Locmariaquer et il considérait tous les tumulus du Morbihan comme des *tombeaux gaulois.* Dans la suite de ce chapitre, nous aurons occasion de prouver à notre tour, par des faits nouveaux, par les procès-verbaux des fouilles récentes, combien avait raison le vieux châtelain de Plessis-Kœr.

Les plus forcenés faiseurs de systèmes, quand ils n'enfourchent pas leur grand cheval de bataille, partagent, du reste, au fond cet avis. — M. de La Sauvagère, le fameux inventeur du camp de César, dans une gravure qu'il annexe à son ouvrage auprès même de la vue de son retranchement fantastique, écrit en dessinant les pierres de la presqu'île de Plouharnel : *Tombeaux gaulois* à Quiberon (fig. 20). Et dans sa grande dissertation à propos des tombelles de Port-Louis et d'Hennebont, semblables à celles des environs de Carnac, il ajoute :

1. Voici les réflexions qu'il fait sur les dessins qu'il publie dans son ouvrage, et les notes qu'il inscrit sous les gravures de ces monuments : — T. VI, pl. CXVII. Plan, élévation et profil d'un monument dit la *Pierre couverte,* qui se voit sur le chemin de Saumur, à Montreuil-Bellay ; — T. VI, pl. CXXIII. Ouvrage singulier dit la *Roche aux fées,* sur les confins des paroisses de Teil et d'Essé, dans l'évêché de Rennes ; — T. VI, pl. CXV. Pierres debout placées sur la gauche du nouveau grand chemin qui conduit de Paris aux Sables-d'Olonne, à un quart de lieue en deçà du bourg d'Aurillé, autrefois ville considérable ; — T. IV, pl. CXI. Monument connu sous le nom de *Pierre levée,* à Poitiers, de beaucoup antérieur aux Romains. Les ouvrages de ce genre et de cette nature sont du temps des Gaulois, et leur construction doit avoir précédé de plusieurs siècles la guerre de César. Leur objet n'est pas plus facile à déterminer que leur date. On peut également les regarder comme des bornes, des limites, des témoignages de quelque événement, enfin comme des tombeaux. Ce dernier sentiment me paraîtrait le plus naturel (p. 372).

2. Voici les titres que donne Caylus des manuscrits de M. le président de Robien, manuscrits que lui communiqua le fils de l'auteur : *Abrégé de l'histoire ancienne de la Bretagne,* avec les vues des principales positions des villes et des monuments qui subsistent ou qu'on en a tirés ; — *Histoire moderne et détaillée sur les évêchés de la province ; — Histoire naturelle de cette même province,* examinée dans tous ses objets. Ces manuscrits sont encore, dit-on, dans la bibliothèque des avocats, à Rennes.

« Ce ne sont sans doute que différentes manières dont on s'est servi, dans la haute antiquité, pour désigner des *tombeaux des personnes de marque* (chap. V)[1]. »

Nous ne parlerons pas de La Tour d'Auvergne et de Cambry, — on nous traiterait de celtomane, — non plus que de Dulaure, dont l'opinion à ce sujet est pourtant formelle[2]. Mais arrêtons-nous un instant aux recherches de Legrand d'Aussy. — C'est lui qui consacra, dans un mémoire[3] lu à l'Institut national des arts et des sciences, en ventôse an VII, les dénominations bretonnes des monuments mégalithiques. — Comme il motive le choix fait par lui de ces expressions et qu'il est le premier à les avoir vulgarisées hors des pays de langue bretonne, nous consignerons avec soin ses raisonnements si clairs et si précis. Ils valent mieux, croyons-nous, que tous les arguments présentés depuis pour essayer de débaptiser ces pauvres pierres.

Après avoir constaté que nos pères, dans ces constructions gigantesques, « visaient au grand et travaillaient pour l'immortalité, » qu'elles furent le fruit d'une croyance à une autre vie fort étrange, à un second monde, comme il le dit, il les « trouve donc recommandables par leur haute antiquité, imposantes par leur grandeur, dignes en un mot de nos pères, et il souligne le mot en ajoutant : J'ai dit *nos pères !* — Puis il reprend : « Si ces monuments, sous le rapport de production d'art, ne peuvent être mis en parallèle avec les étonnantes construc-

1. *Recueil d'antiquités dans les Gaules*, enrichi de diverses planches et figures, plans, vues, cartes topographiques et autres dessins, pour servir à l'intelligence des inscriptions de ces antiquités; ouvrage qui peut servir de suite aux *Antiquités* de feu M. le comte de Caylus, par M. de La Sauvagère, chevalier de l'ordre royal et militaire de Saint-Louis, ancien directeur en chef dans le corps militaire du génie et de l'Académie royale des belles-lettres de La Rochelle. (A Paris, chez Hersant le fils, libraire, rue Saint-Jacques, MDCCLXX.)

2. « Les Gaulois, et notamment les Bretons, comme les autres peuples qui n'étaient pas plus qu'eux avancés en civilisation, érigeaient des pierres pour honorer leurs dieux ou leurs morts. » — *Des cultes qui ont précédé et amené l'idolâtrie ou l'adoration des figures humaines*, par J.-A. Dulaure. (De l'imprimerie de Fournier frères, à Paris, MDCCCV, p. 265.)

3. Mémoire sur les anciennes sépultures nationales et les ornements extérieurs qui en divers temps y furent employés; sur les embaumements, sur les tombeaux des rois francs dans la ci-devant église de Saint-Germain-des-Prés, et sur un projet de fouilles à faire dans nos départements, par le citoyen Legrand d'Aussy. Lu le 7 ventôse an VII. — *Mémoires de l'Institut national des sciences et arts*. Sciences morales et politiques, tome II. (Paris, Baudouin, imprimeur de l'Institut national, fructidor an VII.)

tions de Memphis, au moins ils l'emportent sur elles en ce que l'on peut conclure de leur immense quantité qu'ils furent un ouvrage libre et volontaire, et non, comme elles, la tâche d'un esclave imposée par un tyran (p. 597). — Depuis longtemps les savants se plaignent avec raison de n'avoir sur l'histoire primitive de notre nation et de notre pays d'autres mémoires que ceux qui, depuis son asservissement et sa conquête, nous ont été laissés par des Romains ou des Grecs souvent peu d'accord entre eux. Voici des monuments authentiques, des monuments irrécusables ; et je suis convaincu que si l'on veut et si l'on sait lire, on y trouvera des notions curieuses à l'aide desquelles nos archéologues pourront écrire sur nos premiers temps quelques pages neuves et intéressantes (p. 601). »

Puis il explique pourquoi il les nomme *menhirs*, *dolmens* et *lichavens*. « On m'a dit qu'en bas breton ces obélisques bruts s'appellent *ar men hir*, littéralement la pierre longue[1]. J'adopte d'autant plus volontiers cette expression, qu'avec l'avantage de m'épargner des périphrases elle m'offre encore celui d'appartenir à la France et de présenter à l'esprit un sens précis et un mot dont la prononciation n'est pas trop désagréable (p. 545). »

Pour les lichavens, *lec'h a ven*, il écrit (p. 563) : « Voilà encore une dénomination qui, tout âpre et toute rude qu'elle soit, me devient nécessaire, puisque notre langue n'en a point de correspondante. Je m'en empare donc et, en l'adoucissant un peu, j'appellerai *lécavenes* ces couples de colonnes brutes surmontées d'une architecture rustique. » Ce sont les trilithes des savants.

1. Cette dénomination était, en effet, commune en Bretagne bien longtemps avant le XIXe siècle. Le P. Grégoire de Rostrenen, dans son *Dictionnaire françois-celtique ou françois-breton*, dit au mot *pilier* : « Pilier ou pierre longue et haute, élevée dans les landes et sur les grands chemins par les païens, nos ancêtres. *Peulvan*, pluriel *Peulvanou; Mœnhirr*, pluriel *Mein-hirr; Mœn sao*, pluriel *Mein sao*. (On en a abattu une près de Castre, paroisse à quatre lieues de Quimper, il y a environ vingt ans [il publia son dictionnaire en 1732], sous laquelle on trouva onze têtes de morts dans un grand bassin, qui se changèrent en cendres dès qu'on y toucha.) » — *Dictionnaire françois-celtique ou françois-breton*, nécessaire à tous ceux qui veulent apprendre à traduire le français en celtique ou en langage breton, pour prêcher, catéchiser et confesser selon les différents dialectes de chaque diocèse ; utile et curieux pour s'instruire à fond de la langue bretonne et pour trouver l'étymologie de plusieurs mots français et bretons, de noms propres, de villes et de maisons ; par le P. S. Grégoire de Rostrenen, prêtre et prédicateur capucin. (A Rennes, chez Julien Vatar, imprimeur et libraire, MDCCXXXII.)

Quant aux *dolmens*, qu'il écrit *dolmins*, notre auteur (p. 565), explique ainsi pourquoi il tient à désigner désormais les tables de pierre par ce mot : « Le citoyen Corret dit qu'en bas breton on nomme ces tables *dolmins*. Je saisis de nouveau cette expression qui, comme les deux précédentes, m'est nécessaire. Dans un sujet totalement neuf et dont, par conséquent, le vocabulaire n'existe pas encore, je suis forcé de m'en faire un, et, quoique par mon droit je fusse autorisé à créer des mots, je préfère néanmoins adopter ceux que je trouve existants, surtout quand ils me donnent, comme le bas breton, l'espoir de représenter les anciennes dénominations gauloises. »

Le bon sens a résisté à toutes les tentatives des fabricants de termes techniques, et les dénominations de Legrand d'Aussy sont encore en usage.

Espérons qu'il en sera de même des théories antipatriotiques avec lesquelles on cherche à changer leurs antiques attributions si nationales et si vraies.

Le granit celtique est bien dur : il ne s'est pas laissé entamer par les dragons et les serpents d'Angleterre ; il a résisté au souffle céleste des prophètes de Bergerac et d'ailleurs. Vous verrez qu'il usera les ongles des gros bonnets de la science moderne, et que, malgré les tentatives des Ligures et des Hyperboréens de l'Institut, les grandes pierres grises continueront à parler « aux années qui s'élèvent derrière les siècles » et seront toujours, pour les vrais fils des Gaulois, les *pierres du souvenir*.

Le peuple, qui a plus d'esprit même que M. de Voltaire, va nous fournir un dernier argument en faveur de la thèse que nous prétendons soutenir.

Malgré les prohibitions des conciles et les défenses formelles des synodes, malgré les apostrophes véhémentes des lettres pastorales et les ordres impérieux des Capitulaires, le peuple garda longtemps, garde encore le respect de ces pierres.

On voulait lui rendre ces lieux sacrés haïssables et dangereux à fréquenter. Il mit ses tombes sous la protection d'êtres fantastiques que la religion ne pouvait atteindre.

Ce ne sont point les anathèmes qui leur ont manqué. — Dès l'année 452, le concile d'Arles proclame « que celui qui néglige d'extirper la coutume d'adorer les fontaines, les arbres, les pierres, est coupable de sacrilège. » En 567, le concile de Tours « conjure les pasteurs de chasser de l'église tous ceux qu'ils verront faire devant certaines pierres des choses qui n'ont point de rapport avec les cérémonies de l'Église, et ceux qui gardent les observances des gentils » (can. 22). — En 538, le synode d'Auxerre renouvelle de virulentes attaques contre ces superstitions païennes. — Saint Ouen, le successeur de saint Romain, un des premiers évêques de Normandie, appelle ces pratiques « impures et sacrilèges. » — En 743, le concile de Leptine défend les cérémonies qui se pratiquent auprès des *fans* consacrés à Mercure et à Jupiter. — Le concile de Nantes, à son tour, apprend au peuple qui apporte ses vœux et ses offrandes aux pierres situées dans des lieux agrestes que les démons seuls stationnent près de ces pierres, et que ces adorations sont impies au premier chef. — L'évêque de Cahors ordonne la destruction et l'enfouissement de tous ces symboles. Enfin, en 789, Charlemagne, dans un Capitulaire daté d'Aix-la-Chapelle, dit « qu'à l'égard des arbres, des pierres et des fontaines où quelques insensés vont allumer des chandelles et pratiquer d'autres superstitions, on abolira cet usage et que celui qui, suffisamment averti, ne ferait pas disparaître de son champ les simulacres qui y sont dressés, soit traité comme sacrilège. » — En Angleterre, pays celtique, le culte se continue plus longtemps encore. En 967, Etgard le défend, et, dans le XIe siècle, comme les prescriptions royales n'y ont rien fait, Canut renouvelle ces ordonnances : « Nous défendons le culte idolâtrique. Or c'en est un que d'adorer des pierres, ou des arbres, ou des bois. *Gentilis est adoratio sive quis saxa, arbores, lignave coluerit*[1]. »

1. En 1876, nous avons vu des paysannes bretonnes adorer des pierres rondes au cimetière de Lanrivoaré. Quant au culte des fontaines, il est si commun dans toute cette province, qu'il faudrait un volume pour décrire toutes les différentes cérémonies qui se pratiquent dans ces lieux, considérés comme sacrés. Au Folgoat, on fait l'épreuve de la chemise; à Saint-Laurent-du-Pouldour, la grande lustration pendant la nuit du 9 au 10 août; à Saint-Cornely-de-Carnac, le baptême des bestiaux et la promenade nocturne et silencieuse autour du cimetière, etc. — A Saint-Samson, près de

Les saints qui évangélisèrent l'Armorique et qui arrivaient tous du fond de l'Hibernie,

Eur Brenin euz an Hyberny,

se montrèrent plus tolérants que les évêques français. C'est ce qui explique peut-être la présence si nombreuse des pierres celtiques en Bretagne et leur absence totale dans certaines contrées de l'ancienne Gaule. Les Irlandais de la grande invasion chrétienne du IVe siècle, les Gildas, les Pol Aurélien, les Brieuc, les Hervé, les Armel, les Malo, les Goulven et le reste apportaient avec eux le grand respect des ancêtres communs. Ils déclarèrent le *menhir* sacré pour des chrétiens : « *Bonne est la pierre avec l'Évangile,* » disait l'axiome des bardes. — Bonne est la pierre, répétèrent les saints, et de leurs pieuses mains ils tracèrent simplement le signe de rédemption sur le granit et sanctifièrent ainsi le lieu consacré par les aïeux[1].

A défaut de saints pour protéger les pierres, le peuple, qui est toujours resté un peu réfractaire aux colères évangéliques, trouva, dans les autres provinces françaises, les *fées,* les *géants* et les *nains.*

Les noms que portent encore de nos jours les pierres levées qui subsistent sont, du reste, assez significatifs pour établir ce fait d'une façon qui nous semble complètement incontestable. Dans la Normandie, dans la Bresse, dans la Franche-Comté, dans le Berry[2], on les appelle :

Pierres à la fée ;
Quenouilles des fées ;
Mottes des fées ;

Lannion, le menhir du saint est soigneusement frotté par les gens atteints de rhumatismes : il paraît que saint Samson donne la force. Nous en passons ; car sur ce sujet, comme nous le disions plus haut, il y a beaucoup à dire, et ce n'est pas le lieu de nous étendre ici sur ces choses.

1. Nous parlerons, à l'époque mérovingienne, de tous ces Lec'hs couverts de signes et d'inscriptions qui signalèrent l'apparition du christianisme en ce pays. On dressa des pierres levées en Bretagne pendant toute la période mérovingienne et carlovingienne. Nous en connaissons même une élevée en plein XIVe siècle. L'histoire de ces Lec'hs est excessivement curieuse ; nous renvoyons donc le lecteur au chapitre où nous comptons la traiter le plus complètement possible.

2. *La Normandie romanesque et merveilleuse,* traditions, légendes et superstitions populaires

Grottes des fées;

Milloraines ou Demoiselles; les demoiselles de Langon, dans l'Ille-et-Vilaine;

Pierre à la *marte,* à Mont-Chevrier;

Pierre à la femme, à Saint-Georges-sur-Moulon;

La tioule de los Fadas, près de Saint-Flour;

La tuile des Fades, à Langeac;

La lauza de la Fada, en Provence;

Lou daro de la Fadée, dans la Creuse.

Dans le Morbihan, on les nomme :

Toul ar Crionet, le trou des Crions;

Ty ar Gorrigued, Ty ar Gorriganed, la maison des Corrigands;

Ty ar boudigued, Ty ar rè vihan, la maison des nains, la maison des petits[1].

de cette province, par Mlle Amélie Bosquet. (Paris, J. Techener, éditeur, place du Louvre. Rouen, A. Le Brument, libraire, 1845.)

Désiré Monnier et Vingtrinier : *Croyances et Traditions populaires* recueillies dans la Franche-Comté, le Lyonnais, la Bresse et le Bugey. (Lyon, Henri Georg, libraire-éditeur, 1875.)

Croyances et Légendes du centre de la France. Souvenirs du vieux temps, par Laisnel de La Salle, avec une Préface de George Sand; 2 volumes. (Paris, imprimerie et librairie centrale des chemins de fer, A. Chaix et Cie, 1875.)

1. On s'est beaucoup occupé dernièrement de l'étymologie et de l'orthographe de *la Korriganne.* Qu'il nous soit permis de donner ici la version vraie de ce mot en nous appuyant sur des auteurs autrement compétents que ceux sur lesquels on a fait fond à cette époque. Tout d'abord, le *K* est d'origine moderne, comme remplaçant le *C* dans le breton. M. de La Villemarqué l'a surtout mis à la mode. Les anciens ne s'en servaient aucunement. *Cór,* dit dom Le Pelletier, dans son *Dictionnaire de la langue bretonne,* 1752, signifie nain, pluriel *Coret,* diminutif *Coric,* pluriel *Corighet,* en Vannes *Corrigant.* « Je crois, ajoute-t-il, qu'il est libre d'écrire *Cor* et *Corr,* et la prononciation des nôtres semble demander deux *rr,* du moins en *Corret* et en *Corrig.* » *Cor* est un nom fort commun en basse Bretagne, comme celui de Le Nain en France. La Tour d'Auvergne s'appelait Malo Corret.

Grégoire de Rostrenen, dans son *Dictionnaire françois-celtique,* au mot Nain, écrit *Corr,* pluriel *Corred; Cornandoun,* pluriel *Cornandouned; Corrig,* pluriel *Corrigued;* Vannes, *Corrigan,* pluriel *Corriganed* ou *Corrigant,* pluriel *Corriganted;* — et, au mot Fée, nom honnête de sorcière ou enchanteresse : *Corricq,* pluriel *Corriqued; Corrigan,* pluriel *Corriganed; Boudicq,* pluriel *Boudigued.*

L'abbé L'Armerye, dans son *Dictionnaire françois-breton,* 1744, dit, au mot Nain : *Corrigant,* pluriel *Corrigandett;* Naine, *Corriganness,* pluriel *Corriganezett.*

Jehan Lagadeuc enfin, dans son *Catholicon* de 1499, écrivait, lui : *Corr,* gallice *Corre;* latine *Nanus.* — Le *Catholicon* est un dictionnaire breton-français-latin imprimé à Tréguier, chez Jehan Calvez, dès l'origine de l'imprimerie en France.

Ainsi, en admettant la prononciation francisée du mot au féminin, l'orthographe vraie serait *Corriganne* et, si l'on admet le *K* des modernes, *Korriganne.*

Dans l'Ile-de-France et les pays circonvoisins :

Haute borne ;

Rue de la Haute-Borne de Ménilmontant ;

La haute borne de Vertus ;

Pierre frite ;

Pierre fiche ;

Pierre fite ;

Pierre plantée, à Cosqueville ;

Pierre levée, à Saint-Patrice-du-Désert, et rue Pierre-Levée, près du Temple, à Paris ;

Pierre des Bignes (des bruyères), à Rosnay ;

Pierres grises, à Montaigu-la-Brisette ;

Pierre La ;

Pierre des Las, à Saint-Plantaire ;

Pierre du Lu ou du Leu, à Allouis ;

Pierre Loc, à Damville, souvenir du *Lec'h Loc'h Lac'h* de Bretagne ;

Pierre Lite, aux environs de Nozeroi et à Mont-Rivel ;

Pierres Bures, à Crevant ;

Pierres Jomatres, dans la Creuse ;

Pierres Pouquelées, à Vauville ;

Pierres Couplées, à La Ferté-Fresnel ;

Pierre Cornue, à Condé-sur-Laison ;

Pierre Ferrant, pierre aux Magniats, en souvenir des tziganes, les chaudronniers ambulants, à Formanville (p. 138, A. Bosquet) ;

La Longue pierre, à Carneville, pays synonyme de Carnac ;

La Droite pierre, au Repos ;

La Roche aiguë, à Vignats ;

La Pierre courcoulée, dans la forêt d'Évreux ;

La Pierre écouplée, à Tourlaville.

Et comme pierres branlantes et légendaires :

Pierre tournante, à Caudebec ;

Pierres Tournoises, à Montmerrey ;

Pierre qui vire, un peu partout;
Pierre tournole, à Chariez (Haute-Saône);
Pierre Tourneresse, en Normandie.

Quelques usages relatifs aux mariages s'étant maintenus à travers les âges, il en est qui conservent des noms plus significatifs :

Pierre aux Honneux, près de la mare du Torps, en Normandie (p. 186, A. B.);
Pierre Mignon, à Tousieux;
Pierre d'Apetit, à Verdun;
Pierre de l'Épousée, dans la vallée de Fours, où la jeune mariée, conduite par le plus proche parent de l'époux, vient recevoir le baiser de sa nouvelle famille et les anneaux symboliques, gages de son union[1].

Il est une série de dénominations bien plus singulières sur lesquelles nous demandons la permission de nous arrêter ici quelques instants.

Nous avons parlé de géants protecteurs de ces pierres. — Le P. Grégoire de Rostrenen, au mot *géant*, écrit, à propos de Og, roi de Basan, qui avait neuf coudées de haut : *Ennez voa ar Peulvan, va Doue!* « Celui-là était un Peulvan, mon Dieu! » Et plus bas : « Ce mot se dit des hommes extraordinairement grands[2], » constatant ainsi, au XVIIIe siècle, l'usage d'identifier les pierres levées avec la personne elle-même des géants.

Mais il existe en France un autre colosse qui, bien plus que le roi Og, est devenu le père de la plupart de nos monuments celtiques; c'est GARGANTUA.

M. Laisnel de La Salle en signale plusieurs dans le Berry, placés sous son patronage, entre autres :

Les *Dépatures de Gargantua*, tumuli de Châtillon-sur-Indre;

1. Nous trouverons un usage plus naïf à la pierre de Kerveatou, dans le pays du bas Léon)v. p. 108). Voir, pour tous les usages des pierres d'Apetit et des pierres Mignon : *Les croyances et les traditions populaires de la Franche-Comté*, de MM. Monnier et Vingtrinier, p. 793 et suiv.
2. *Dictionnaire françois-celtique*, p. 453.

Les *Palets,* les *Cuillers* et les *Galoches de Gargantua,* dans l'île d'Oleron.

Mlle Amélie Bosquet en trouve bien d'autres en Normandie :

La *Pierre de Jargantua,* à Cramesnil;
La *Pierre de Gerguintua,* à La Hoberie;
La *Pierre à affiler de Gargantua,* à Néaufles.
Le *Palet de Gargantua,* au château de La Brosse;
La *Chaise de Gargantua,* à Duclair;
La *Pierre Gante* ou géante, à Tancarville;
Le *Tombeau de Gargantua,* à Veulettes;
Et le *Mont Gargant* de Sainte-Catherine, à Rouen.

M. Bourquelot a fait[1] une nomenclature presque complète des monuments de ce grand homme — ou de cet homme grand — dans la France entière. Nous ne pouvons que la reproduire ici; elle est extraordinairement intéressante.

« Dans la chaîne de montagnes de Sassenage (Isère) s'élève un rocher dont le sommet est composé de trois éminences, en forme de dents canines; on les désigne sous le nom de *Dents de Gargantua* ou de *Roche prou pena* (de beaucoup de peine). — Les monts Jumeaux, aux environs de Châtillon-sur-Seine, sont appelées *Bottes de Gargantua.* — A Verdes (Loir-et-Cher), on voit la *Soupière de Gargantua.* C'est une grande excavation évidemment faite de main d'homme et près de laquelle se trouvent un *tumulus* et des *pierres posées* qui contribuent à lui donner une physionomie druidique. — Sur le même territoire se trouve une pierre longue d'environ 10 pieds et échancrée dans le milieu, que les gens du pays prennent pour les *Lunettes de Gargantua.* Le géant a laissé dans divers endroits des monuments de ses jeux : un *palet* et une *drue,* à Tripleville (Loir-et-Cher); un *palet* et une *drue,* à Saint-Sigismond (Loiret); des *palets*, à Changé, près de Maintenon (Eure-et-Loir). Ces derniers sont un groupe de peul-

1. P. Bourquelot, *Notice sur Gargantua,* dans le XVIIe volume des *Mémoires de la Société royale des antiquaires de France.*

vens et de menhirs dont un seul reste encore debout. Suivant la tradition, Gargantua s'amusait à lancer vers un but des pierres en guise de disques : le but est le menhir, qui a conservé sa position perpendiculaire; les palets sont les rochers épars lancés par le géant contre le but.

On montre à Néaufles (Eure) la *Pierre à affiler de Gargantua.* — Sur la crête d'une falaise, proche le château de Tancarville (Seine-Inférieure), s'élève, à 200 pieds au-dessus du niveau de la mer, une roche de craie semblable à un immense toit qui surplombe. Elle paraît prête à se détacher et à se précipiter dans le fleuve. Elle est connue sous le nom de *Pierre Gante* et sous celui de *Chaise* ou *Fauteuil de Gargantua.* Suivant la tradition, Gargantua avait coutume de s'y asseoir lorsqu'il se lavait les pieds dans la Seine, et il faisait entendre de sourds rugissements qui retentissaient dans les nuages chassés par le vent de la mer et amoncelés autour des rochers[1].

Il y a aussi près de Péronne (Somme) un menhir dit *Pierre fiche de Gargantua;* à Membrolles (Loir-et-Cher), une pierre de Gargantua; à Vic-sur-Aisne, une autre d'un nom plus pittoresque.

Près de l'abbaye de Saint-Seine (Côte-d'Or) est une ferme à laquelle on donne le nom de *Ferme de Gargant;* aux environs de Rambouillet (Seine-et-Oise), un cimetière où l'on a découvert des restes de poterie romaine et de tombes mérovingiennes est appelé *Les Gargants.*

Aux courses et aux voyages du géant se rattachent divers souvenirs. C'est à lui qu'on attribue la formation de la montagne sur laquelle est établie la ville de Laon. Il portait un jour de la terre dans une hotte; se trouvant trop chargé, il jeta dans la plaine une partie de son fardeau et la vallée fut changée en une montagne.

Près de Chalautre-la-Grande (Seine-et-Marne) est une butte naturelle, dans l'intérieur de laquelle on a trouvé des ossements humains, des armes et des instruments. On prétend que cette butte a été formée par la boue des sabots de Gargantua qui vint jadis les décrotter en cet endroit (ce sont les *Dépatures de Gargantua*). Le diable hante

1. Voir, dans la brochure de M. Gaidoz, une rectification de M. P. Baudry au sujet de la position de cette pierre, p. 4, note 2.

encore la nuit la montagne de Chalautre-la-Grande, qui est elle-même peu éloignée des monuments druidiques de Liours.

A Dormont, près de Vernon, deux *tumuli* sont appelés la *Hottée de Gargantua*. Dans une plaine de Hurepoix, entre Dourdan, Étampes et Arpajon, s'élève un grand rocher isolé que l'on nomme le *Gravier de Gargantua*. Au dire des conteurs du pays, Gargantua jeta dans la prairie ce gravier qui se trouvait dans son soulier et lui blessait le pied.

On montre près de Pontmort (Eure), sur les bords de la Seine, une pierre levée qui porte le nom de *Caillou de Gargantua*. Il existe aussi près du bourg de Toury (Loiret), sur la grande route de Paris à Orléans, un *dolmen* dont l'origine est semblable à celle du gravier. Le géant s'y débarrassa, en passant, d'un petit caillou qu'il retira de son soulier, et ce caillou est l'énorme pierre qui a pris le nom de *Pierre de Gargantua*.

Gargantua paraît avoir fréquenté particulièrement la Beauce, le Berry, la Franche-Comté. Un jour il voyageait en Beauce, portant sur le dos un fardeau de bois; pris par la faim, il pria une vieille qu'il rencontra et qui menait un troupeau de bœufs de lui donner à manger. La vieille lui offrit de se rassasier sur le troupeau et il le dévora tout entier; en récompense, il laissa à la bergère sa charge de bois, avec laquelle elle se chauffa tout l'hiver.

Les Francs-Comtois racontent qu'en se désaltérant dans les rivières du Doubs et de la Drouenne, Gargantua les mettait à sec. C'est à lui qu'on attribue l'origine de la *Pierre qui vire*, près de Poligny.

D'après une tradition répandue dans le pays des Grisons, Gargantua a été vu à Hanz dans l'attitude du colosse de Rhodes, debout sur deux rochers et se penchant pour boire d'un trait la rivière qui coule à leur base. — Il s'est trouvé dans la même position près de Beaugency, et l'on prétend qu'il posait jadis l'un de ses pieds sur la *Pierre tournante* et l'autre sur la *Pierre d'Ourcière*, qui en est distante d'environ trois lieues.

Suivant quelques histoires locales, le *Tombeau de Gargantua* existe près de la grotte de Miremont (Dordogne), entre Sarlat et Périgueux. C'est une grosse pierre que les habitants considèrent comme recouvrant les restes du géant. Il y a aussi une *Tombo del geant* à Saint-Cirq, près de Caussade (Tarn-et-Garonne). Le dolmen qui porte ce nom paraît avoir eu des dimensions colossales. Il a été brisé et fouillé, et l'on a trouvé sous ses fragments des ossements humains. »

A cette nomenclature, M. Gaidoz, auquel nous empruntons cette citation, ajoute : le *Palet de Gargantua* d'Allyes, au canton de Bonneval, arrondissement de Châteaudun (Eure-et-Loir).

La *Pierre Coupe,* autre *Palet de Gargantua* de la plaine d'Ambré, semi-dolmen.

Enfin le *Tombeau de Gargantua*, dolmen du territoire de Corlay, dans les Côtes-du-Nord.

Or, qu'est-ce que GARGANTUA? M. Gaidoz se charge de nous le dire dans une brochure très curieuse intitulée : *Gargantua, essai de mythologie celtique*, mémoire lu devant la Société de linguistique dans les séances des 6 et 20 juin 1868. Il démontre, dans cette brochure, que le géant de Rabelais est bien antérieur aux élucubrations grotesques, mais profondément savantes de maître Alcofribas Nazier. Gargantua, dit-il, est un Hercule, soleil vainqueur qui détruisit les créations monstrueuses des marécages et fut le *bon Géant,* selon l'expression de Michelet, le Dieu *purifiant* et *bienfaisant.*

Il a sa généalogie parfaitement déterminée en Angleterre, où il se nomme *Gurguntius, filius nobilis illius Beleni,* souverain qui régna, dit Giraud le Gallois, écrivain du XIIe siècle, sur la Grande-Bretagne bien longtemps avant l'arrivée de César. C'est le fils de l'*Apollo Bélénus* des Gaulois, dont le culte était si répandu dans toute la France.

C'est un grand *mythe celtique.*

C'est le développement populaire de l'Hercule gaulois.

C'est peut-être un *mythe solaire*[1].

Et nous voilà revenus, par la voie populaire, à notre point de départ.

1. *Revue archéologique : Gargantua* (*Essai de mythologie celtique*), par M. H. Gaidoz. (Paris, librairie Académique de Didier, quai des Augustins.)

Les monuments mégalithiques sont vraiment des monuments celtiques ; la tradition les consacre en leur conservant encore le nom du Bienfaisant qu'adoraient nos vieux pères. — Souvenirs pieux des ancêtres que n'ont pu effacer les conquêtes sanglantes des vainqueurs de l'Italie, ni celles plus funestes des féroces envahisseurs de la Germanie ; — souvenirs que n'ont pu détruire les ordres des évêques trop

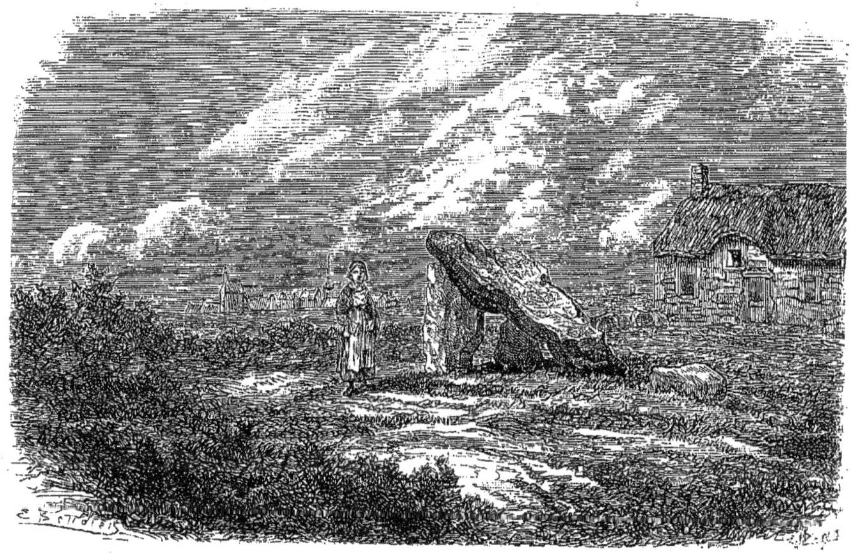

Fig. 34. — Dolmen de Ker roc'h, près de Plouharnol (Morbihan), Meinn Cam, la Pierre boiteuse (semi-dolmen).

zélés, les commandements des empereurs ; — souvenirs que ne détruiront pas les mesquines élucubrations des gens à courte vue qui cherchent à anéantir tout ce que nous avons de gaulois dans l'esprit et dans le cœur, et qui vivra toujours au fond des âmes de ceux qui respectent avant tout les êtres grands et forts qui ont passé leur vie à se sacrifier pour les petits, à combattre les pichrocholes, à démolir les chats fourrés et les chicanous, à démasquer les fredons et les gastrolatres, à nettoyer enfin les écuries d'Augias du fumier qui les encombre de plus en plus.

Oui, le peuple avait bien raison, et Gargantua nous aide une dernière fois à dévoiler le *secret de la Dive,* qui est toujours vérité cachée, mais grand savoir et haute philosophie.

Maintenant que nous avons analysé les théories, examinons les monuments eux-mêmes et tâchons de définir sommairement :

Ce que c'est qu'un *dolmen;*

Ce que c'est qu'un *menhir;*

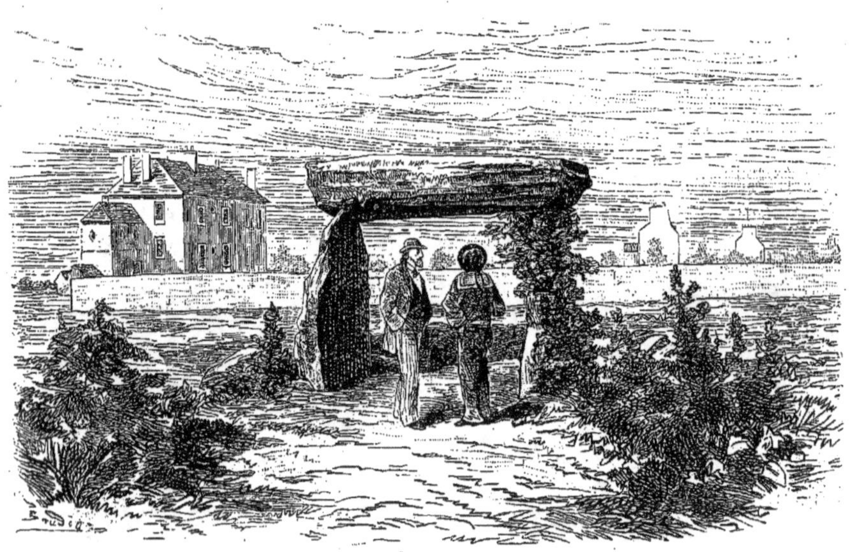

Fig. 35. — Dolmen de Saint-Nazaire (Loire-Inférieure). Trilithe.

Ce que c'est qu'un *cromlech* ou qu'un *alignement.*

Sur la bruyère fauve, au sommet d'une colline (fig. 34) d'où l'on aperçoit d'un côté la pleine mer, de l'autre le clocher d'un petit village qui se nomme la *Peuplade de l'Ossuaire* (*Plou Harnel*), le savant rencontre une pierre abattue, soutenue à peine par une autre roche fortement enchâssée dans le sol dur. — Monument dilithique, s'écrie-t-il aussitôt; semi-dolmen, continue son voisin; et, sans se préoccuper des noms de lieux, des débris qui environnent cette ruine, il classe la chose au numéro 1 de son catalogue. Cette pauvre roche que le paysan nomme, lui, *Meinn Cam,* la Pierre boiteuse, n'est que le dernier vestige d'un *dolmen* complètement détruit; les quelques cailloux qui remplissent le talus voisin, ceux qui parsèment les landes tout autour, sont les éclats des anciens supports disparus depuis de longs jours. A cela l'homme au carnet ne prêtera nulle attention. Hélas! que de choses dans ces débris si parlants! Mais il faut « des catégories parfaitement déterminées. »

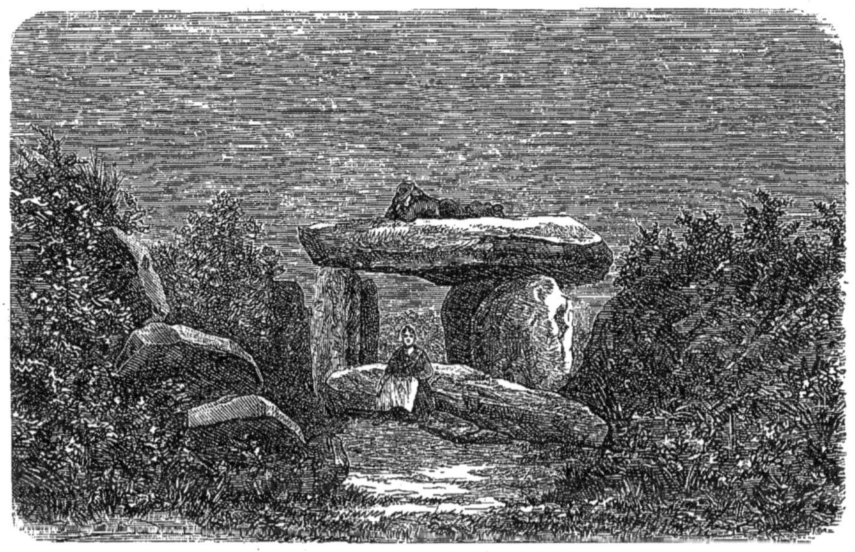

Fig. 36. — Dolmen de Krec'h Gouenou, la butte des Blancs, en Kerlouan (Finistère).

Ailleurs, s'il aperçoit, au milieu d'une ville croissante (fig. 35), conservées par hasard les trois pierres traditionnelles qui constituent à ses yeux le monument complet que l'on nomme autel des druides, et que Legrand d'Aussy appelait Lécavenes [1], il inscrit sur son album le mot sacramentel : *Trilithe*. Et, sans se préoccuper davantage des piliers renversés qui jonchent le sol du petit *square* tracé par l'administration locale autour de la pierre du tombeau, il déclare que le dolmen de Saint-Nazaire est composé seulement de deux supports et d'une

1. *Lec'k ar Veinn* veut dire littéralement le « lieu des Pierres ; » c'est un nom commun en Bretagne, mais trop général pour désigner particulièrement une espèce de monument. Aussi est-il pour cela même tombé en désuétude, et nous ne le relèverons pas.

architrave. Trilithe est bientôt dit ; il y a au moins, à Saint-Nazaire, quatre pierres appartenant positivement au monument primitif et qui sont encore restées sur le sol où il s'élevait jadis.

Vous faut-il un exemple plus frappant de ces accessoires dédaignés des hommes de parti pris, prenez le dolmen de Krec'h Gouenou, la butte des Blancs, en Kerlouan (Finistère) [fig. 36].

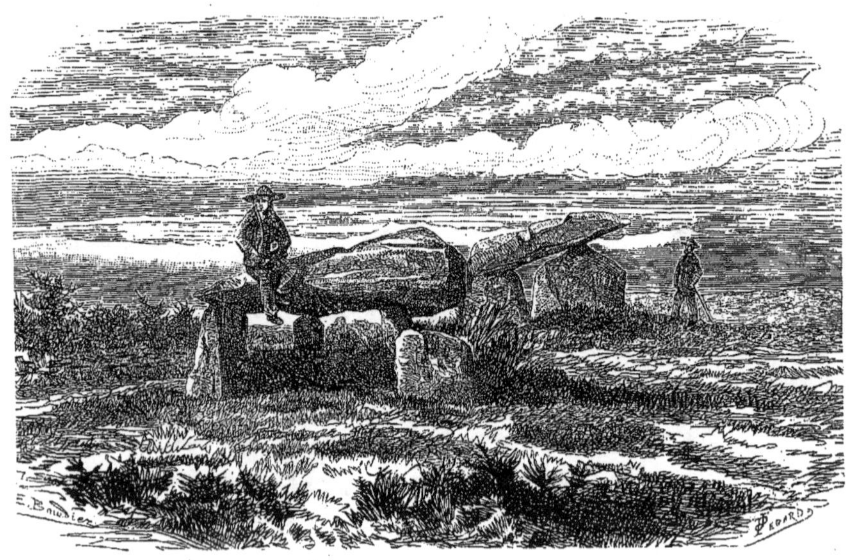

Fig. 37. — Dolmen de Saint Pol-de-Léon, route de Roscoff (Finistère).

La silhouette est fantastique ; au sommet de sa crête, la haute pierre se profile blanche sur le ciel gris ; auprès, l'ajonc vert sombre lui sert de repoussoir ; la terre est froide, les ronces encombrent le passage, et partout ici les ruines du monument se dessinent au milieu des fleurs d'or. On commence à comprendre que le *Trilithe*, pour être savant, n'en est pas moins une conception fausse de tout point.

Poursuivons notre observation et complétons notre futur sépulcre par des constatations plus positives.

A Saint-Pol-de-Léon, sous la grande table[1], quatre supports se

1. Ce dolmen de Saint-Pol est un de ceux que les amateurs de bassins considèrent avec le plus de componction comme un des spécimens remarquables dans ce genre. — Nous avons dessiné

distinguent encore en place (fig. 37). A quelques mètres, les restes du monument se dressent, faisant rêver à une grotte funèbre de dimensions colossales. Au loin, comme à Kerlouan, on entend gronder les flots qui se brisent sur les rochers de la côte. Si nous consignons ici cette observation, c'est qu'elle nous semble la confirmation de ce que nous avons dit plus haut à propos des presqu'îles et qu'elle pourra

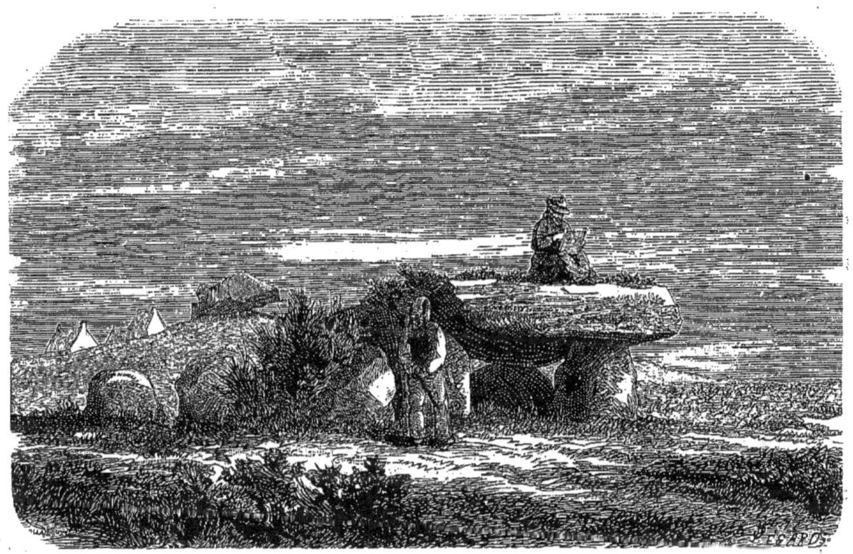

Fig. 38. — Dolmen Roc'h an Daul, la roche de la Table, en Plounéour Trez (Finistère).

nous être d'une utilité certaine dans la suite de notre ouvrage.

A Plounéour Trez (fig. 38), le monument se complique; surtout à Pennou Kreac'h, séparé de Roc'h an Daul par quelques champs seulement.

Le dolmen se transforme et prend tous les caractères de ce que les savants appellent une allée couverte (fig. 39).

La région est pleine de pierres levées et de *dolmens;* un des plus grands *menhirs* du pays, celui de Pontusval, est surmonté d'une

avec un soin scrupuleux les fameux bassins de ce monument, et nous avouons ici naïvement n'y avoir rencontré qu'une chose extraordinaire : c'est que la tête figurée dans la pierre avait la silhouette complète d'une Parisienne du XIXe siècle, avec chignon élevé et coiffure dans le dernier goût des petites dames de la fin du règne de Napoléon III.

croix de pierre et chargé à sa base d'une autre croix gravée dans le granit et d'une date évidemment très ancienne. C'est le pays des bonnets bleus, des fameux pilleurs de mer, *ar Paganed,* les païens, comme on les appelle, convertis, dit-on, au catholicisme vers la fin du règne de Louis XIV, par le P. Michel Le Nobletz.

On appelle les dolmens, dans ce pays, *hinkineret;* de *hinkin,*

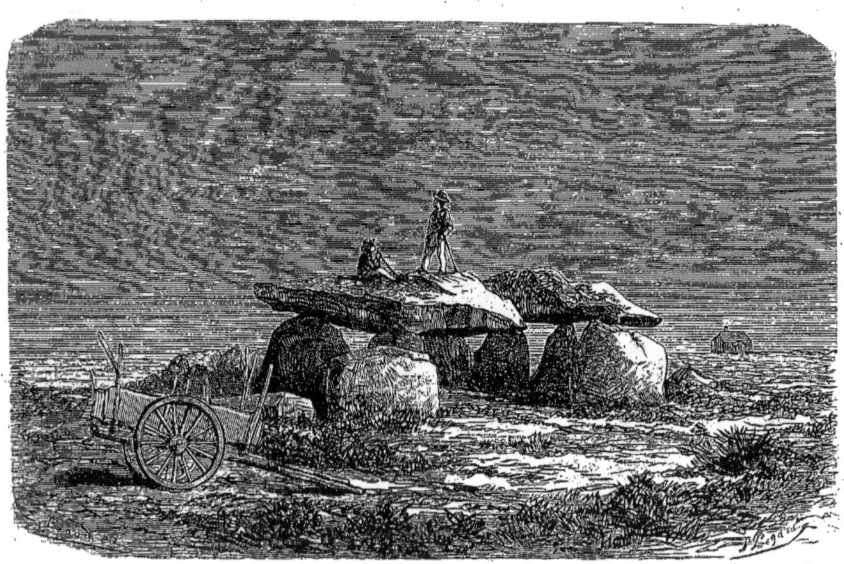

Fig. 39. — Dolmen de Pennou Kreac'h, en Plounéour Trez (Finistère). Allée couverte.

fuseau [1], demeure des fileuses. Les fées, on le sait, filaient leur quenouille d'or auprès des fontaines sacrées, et les fées étaient celtiques, au dire du savant Alfred Maury.

Un jour, dans cette contrée sauvage, il nous a été donné de rencontrer, au pied d'un de ces monuments solitaires, des femmes à la coiffe blanche qui, regardant au loin la mer, laissaient tourner dans leurs doigts agiles le fuseau des vieilles druidesses, en chantant le

1. Voir l'article *Enkin* ou *Hinquin* au *Dictionnaire* de dom Le Pelletier : *Dictionnaire de la langue bretonne,* où l'on voit son antiquité, son affinité avec les anciennes langues ; — l'explication de plusieurs passages de l'Écriture sainte et des auteurs profanes, avec l'étymologie de plusieurs mots des autres langues, par dom Louis Le Pelletier, religieux bénédictin de la congrégation de Saint-Maur. (A Paris, chez François Delaguette, rue Saint-Jacques, *à l'Olivier.* MDCCLII, p. 277.)

refrain monotone d'une ballade du temps passé ; près d'elles, des enfants sur le sable traçaient des cercles avec de petites pierres. Tout était calme, le vent à peine agitait les feuillages argentés des buissons ou les petites herbes fraîches des grandes haies ; la mer, avec son murmure plaintif, servait d'accompagnement aux tristes couplets des chanteuses, et les goélands, dans la nuée, passaient en poussant leur cri

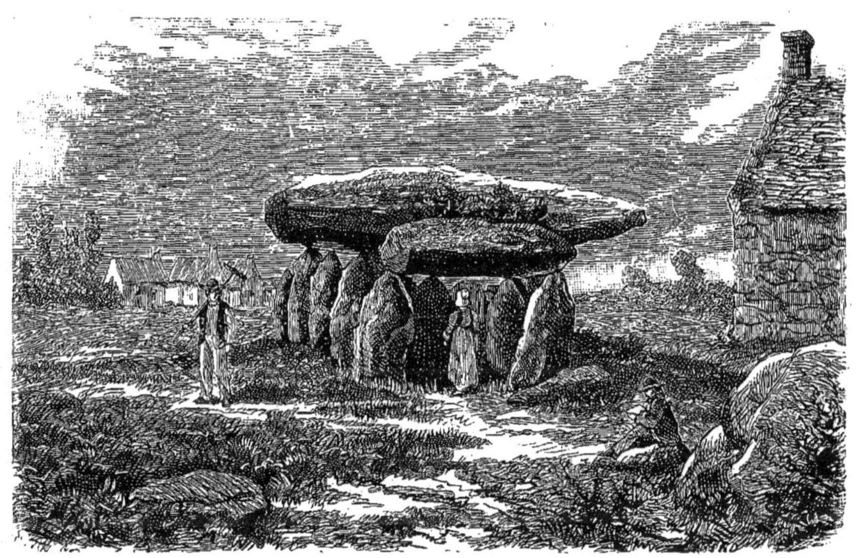

Fig. 40. — Dolmen de Krugkenno, en Plouharnel (Morbihan). Allée couverte.

semblable aux soupirs des âmes oubliées. On eût dit un paysage antique ; le nom de la pierre, les cercles, les fuseaux, tout nous transportait à ces âges disparus. C'était comme « l'esprit des choses, » ainsi que le dit si bien Henri Martin. Et nous revînmes au village avec le cœur plein d'une vision primitive, avec l'esprit rempli de souvenirs véritablement celtiques.

A Krugkenno, la chambre sépulcrale s'agrandit et se dessine (fig. 40). *Krugkenno,* que l'on s'obstine, je ne sais pourquoi, à nommer *Corcono,* est un des plus beaux dolmens du Morbihan [1].

1. *Crughell* veut dire : monceau, butte, colline, petite éminence ; pluriel, *Crughellou.* Davies met *Crug : cippus, tumulus.* Voir dom Le Pelletier, p. 191, *loc. cit.*

Ici, la chambre du dolmen est complète, et les restes de l'allée qui y menait se voient encore dans les environs du monument aujourd'hui privé de son complément nécessaire, le *Crug* de Davies, dont nous parlions dans la note précédente. Situé entre Erdeven et Carnac, il est, du reste, en plein dans la région des grands monuments de pierre vierge. Fasse le ciel que les entrepreneurs de chemins de fer l'oublient

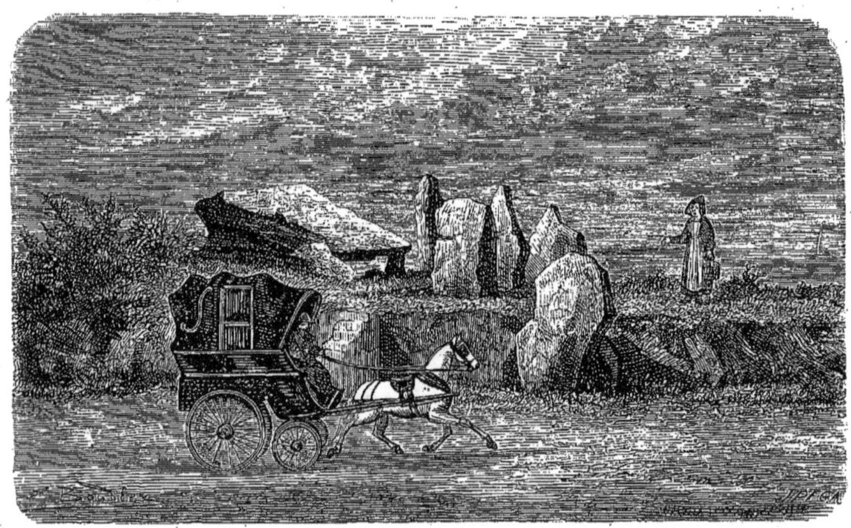

Fig. 41. — Dolmen entre Plouharnel et Carnac (Morbihan).

derrière les pauvres chaumières qui le dissimulent aux regards, et qu'ils ne le considèrent pas, dans leurs folies de destruction systématique, comme un simple amas de *roches volantes*. Ce ne sont pas les habitants qui détruisent les pierres celtiques, leur existence même en est la preuve ; d'ailleurs, ils les respectent trop pour cela ; ce sont les ingénieurs. Quand on songe que l'un des alignements de Carnac, le *Menec Vihan*, a été presque entièrement démoli il y a quelques années pour la construction d'un des phares de Belle-Ile, on reste rêveur. A quoi servent donc la civilisation et la soi-disant lumière de l'instruction complète quand de pareils faits se produisent sous nos yeux, en plein XIXe siècle? *Gaignage!* comme disent nos voisins de Normandie, qui ont pris ce mot pour devise : *gaignage*[1] !

Le grand dolmen de la route de Plouharnel à Carnac est la preuve flagrante de ce que nous avançons (fig. 41). — Il y a quelques années, nous l'avons connu complet ; sur les supports, aujourd'hui vides, se dressait la grande table surplombant la route de sa masse gigantesque.

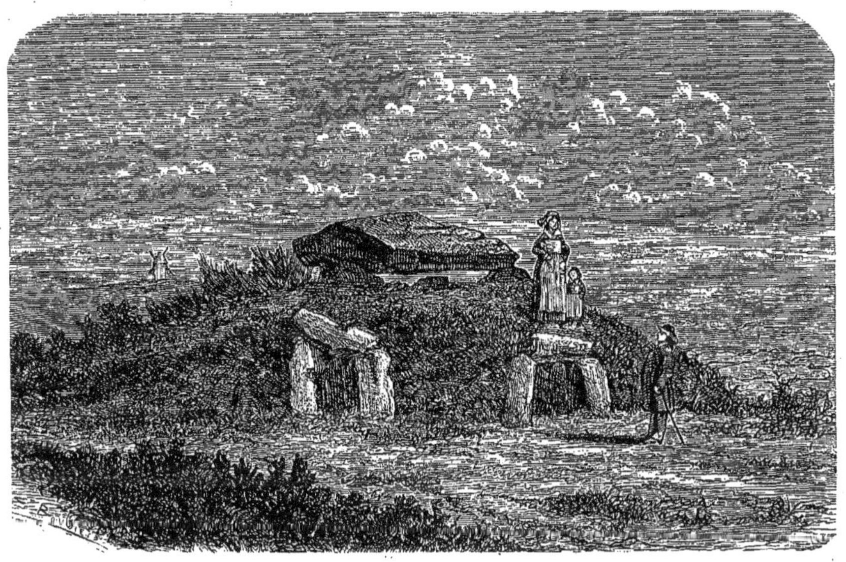

Fig. 42. — Tumulus et dolmen de Plouharnel (Morbihan).

A travers les pierres de l'allée, on apercevait l'horizon morne, et rien n'était plus grandiose que cette découpure sombre sur le ciel bleu. — Aujourd'hui, la table encombre le ruisseau ; demain, elle servira peut-être à paver le grand chemin qui l'avoisine. Une route s'élargit, on renverse la pierre qui gêne le travail du cantonnier, et celui-ci la brise en mille petits morceaux que foulent bientôt les banales charrettes qui portent le sel à la ville voisine. — Les savants arrivent et trouvent des

1. Les paysans ne touchent pas aux pierres. Ce sont les entrepreneurs de travaux qui les abattent. L'un d'eux nous a avoué avoir démoli dans une année plus de trois cents menhirs. Il nous montrait le viaduc d'Auray et riait en s'écriant : « Ah ! si vous saviez ce qu'il y a de vos pierres là-dedans, vous ririez bien. » Ils appellent nos monuments des *roches volantes* et les préfèrent de beaucoup aux moellons des carrières à cause du prix de l'extraction qu'ils n'ont point à solder.

BIJOUX DES DOLMENS

(Pl. 2.)

1. Torquès trouvé au Pual-en-Cessons, près de Rennes (Ille-et-Vilaine).

2 et 3. Bracelets d'or du Musée de Cluny.

4. Perles d'ambre et verroteries, trouvées à Plouharnel (Collection de Mme Le Bail).

5. Collier en pierre (calaïs verte), trouvé au mont Saint-Michel, près de Carnac (Morbihan) [Musée de Vannes].

6. Chaîne en or fin, trouvée à Carnoet (Finistère) [Musée de Cluny].

7 et 9. Bijoux du trésor de Saint-Marc-le-Blanc, près de Rennes (Musée de Cluny).

8. Bulle en or du dolmen de Kermarquer (-er-Roc'h), près de La Trinité-sur-Mer (Musée de Vannes).

10 et 15. Colliers, verroteries et ambre, trouvés à Carnac (Morbihan).

11 et 12. Bracelets d'or, trouvés dans le dolmen de Plouharnel et près de Poitiers.

13, 14, 16, 17, 18, 19 et 20. Bijoux du trésor de Saint-Marc-le-Blanc, près de Rennes (Musée de Cluny).

PL. 2.

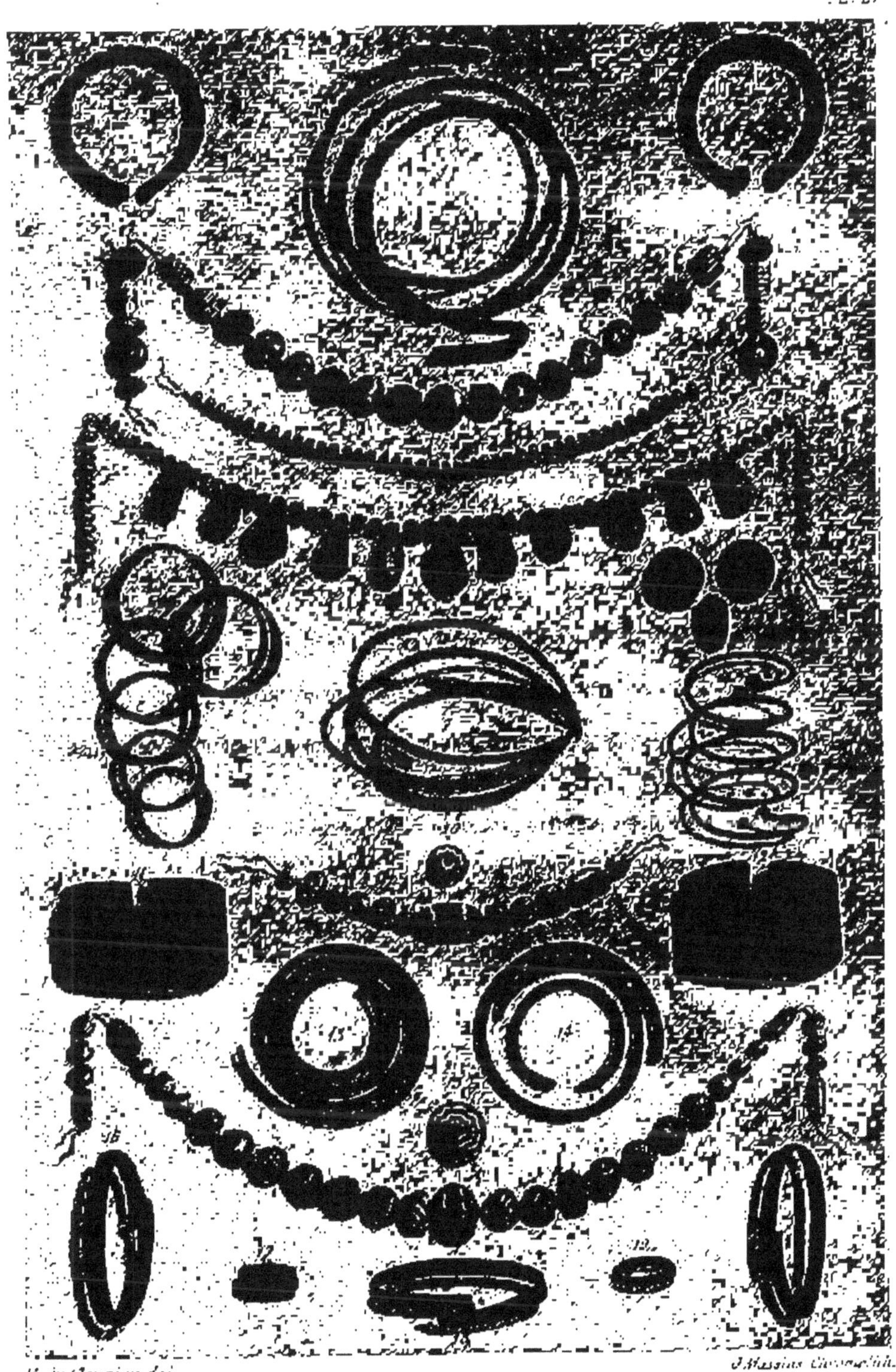

BIJOUX DES DOLMENS

dilithes et des trilithes où, hier encore, s'amoncelaient de grandes et somptueuses tombes entourées de la vénération des petits-fils de ceux qui les plantèrent.

A Plouharnel, nous apercevons presque complètement la forme de la tombelle, qui, partout dans ce pays, couvrait les soi-disant autels d'Ésus et de Teutatès (fig. 42).

Trois chambres, dont l'une ornée d'un petit cabinet, précédées de trois allées couvertes, subsistent encore; une colline factice, composée de petites pierres recouvertes de terre, enveloppe le tout.

C'est là qu'en 1849 M. Le Baïl, maire de Plouharnel, découvrit, dans la plus grande des chambres, les deux bracelets d'or dont il conserve encore un spécimen (v. pl. Ire). Des cendres, des charbons, des fragments d'os calcinés démontrèrent suffisamment la destination funéraire du monument. — Presque toutes les poteries découvertes dans cette fouille ont été brisées; on ne s'occupait pas alors de la céramique des dolmens. — Pourtant Mme Le Baïl conserve encore un fragment assez important du vase noir trouvé près des bracelets, que l'on peut voir dans son petit musée, à l'hôtel même du bourg de Plouharnel[1]. Les légendes avaient raison : ce que gardaient les nains, les petits *dus* de la nuit, étaient bien des trésors. — La découverte piqua au vif les archéologues du département. Ils se mirent à la besogne, et, grâce à leur savante initiative, à leurs patientes recherches, nous n'avons plus rien à apprendre sur la destination, sur la forme, sur la disposition des grottes du Morbihan. En 1853, ils fouillèrent la grande *Butte de Tumiac*, près de Sarzeau, et y trouvèrent une trentaine de *celtæ* et le fameux collier en callaïs verte qui figura à l'Exposition universelle, en 1867[2]. En 1862, ils attaquèrent le grand tumulus de Carnac, appelé *mont Saint-Michel*, qui leur donna une quarantaine de haches en *jadéite* et

1. *Grottes de Plouharnel*, extrait d'un Mémoire de M. Philippe Kérarmel, trésorier de l'Association bretonne (septembre 1850), par M. de Fréminville, ingénieur des ponts et chaussées. — *Bulletin de la Société archéologique du Morbihan*, année 1857. (Vannes, typographie et stéréotypie de Gustave de Lamarzelle.)

2. *Rapport sur la découverte d'une grotte sépulcrale dans la butte de Tumiac*, par le docteur Fouquet (*Bulletin de la Société polymathique du Morbihan*), année 1862. (Vannes.) — *Fouilles du tumulus de Tumiac en Arzon*. (Vannes, 1864. L. Galles.)

en *fibrolite* d'une pureté de forme remarquable[1]. — C'est là que la Société polymathique déterra le collier de pierres vertes que nous donnons dans notre planche chromolithographique.

En 1863, les fouilleurs du mont Saint-Michel ouvrirent le *Manè er Groez* (la butte de la Croix), près du château de Kercado[2]. Là, comme à Tumiac, comme à Carnac, ils pénétrèrent les premiers, après plu-

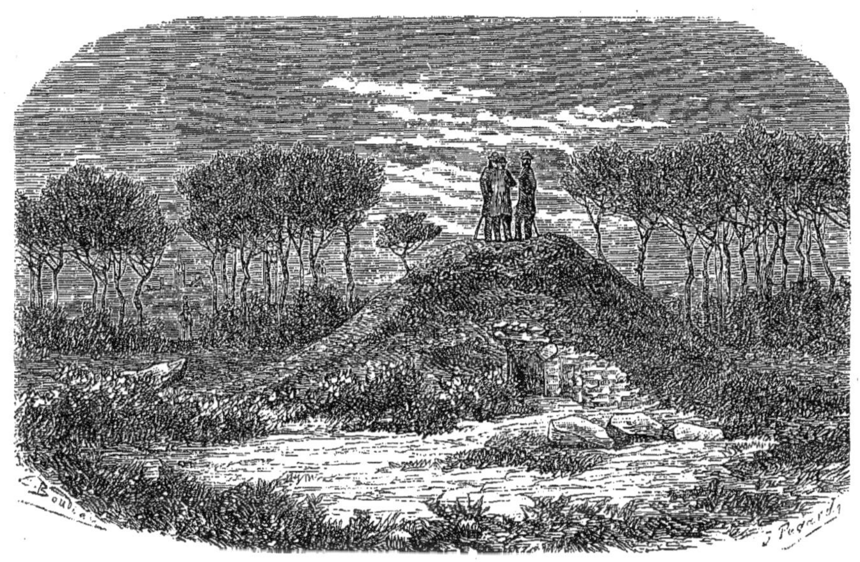

Fig. 43. — Manè er Groez, la butte de la Croix. Tumulus et dolmen de Kercado (Morbihan).

sieurs siècles de silence, dans un dolmen inviolé (fig. 43). — Il faut lire, dans les procès-verbaux de leurs fouilles, leurs impressions écrites au jour le jour. Leur enthousiasme devient parfois d'un lyrisme tout à fait merveilleux[3].

1. *Rapport à M. le préfet du Morbihan* sur les fouilles du mont Saint-Michel de Carnac, faites en septembre 1862, par René Galles, sous-intendant militaire, ancien élève de l'École polytechnique, membre de la Société polymathique du Morbihan. (*Bulletin* de la Société, année 1862.)

2. *Tumulus et dolmen de Kercado* (*Carnac*), par R. Galles. (Vannes, 1864, imprimerie de J.-M. Galles.) — *Bulletin de la Société polymathique du Morbihan*, 2e semestre, année 1863, p. 5.

3. M. René Galles, pénétrant dans la grotte du mont Saint-Michel, écrivait dans son *Rapport à M. le préfet du Morbihan* :

« Déjà par une fissure on apercevait le vide, et nos lampes éclairaient, sur un sol obscur, la

Kercado leur donna des poteries dont nous parlerons plus loin, des haches et des pendeloques.

L'année même des fouilles du *Manè er Groez*, le *Manè er Groec'h* (la butte de la Fée), dont on a transformé le nom dans l'appellation barbare de *Manè er H'Roek*, leur livra ses secrets. Nous y reviendrons. Plus de cent *celtæ* de pierre furent ramassés par ces impitoyables piocheurs dans le dolmen de cette tombelle[1].

Puis ils fouillèrent le *Manè Cua*, le *Manè Roec'h*, le *Manè Roc'h*, à La Trinité-sur-Mer, et le *Manè Lud*, à Locmariaquer[2].

Nous ne les suivrons pas dans leurs expéditions toujours fructueuses. Il faudrait un volume pour énumérer leurs trouvailles.

Mais de toutes ces découvertes ce qui ressortait de plus grave, c'est que les tombelles ou tumulus recouvraient des dolmens, et que,

tranche de deux *celtæ* et trois grosses perles de jaspe qui brillaient azurées au milieu de la crypte, comme si elles y eussent été placées la veille.

» Bientôt après, avec les plus grandes précautions, une entrée suffisante ayant été pratiquée, je pénétrai dans cette enceinte où le silence et l'obscurité régnaient depuis plus de trois mille ans peut-être.

» Ce n'est pas sans une émotion singulière que l'on trouble ainsi, soi premier et chétif, ces antiques solitudes fermées; elles inspirent je ne sais quel respect mêlé de vagues terreurs : que de *Celtæ* furieux eussent châtié ma curiosité téméraire, sans cet abîme rompu qui séparait le nouvel entré du dernier sorti! Il me semblait que tous les siècles vécus depuis par le monde s'entassaient autour de moi, se hâtant par l'étroite ouverture, pour combler ce vide béant.

» Le soleil de César lui-même, quand, après la victoire terrassante de Brutus, il traversait les plaines vaincues de l'Armorique, n'avait pu irradier cette nuit, et sans doute les effluves impériales aussi, mais cette fois aborigènes, qui venaient d'y pénétrer, réveillaient plus doucement le vieux Gaulois endormi. » — (René Galles. Vannes, 1864, p. 7.) (L'empereur Napoléon III avait fourni une subvention assez considérable pour les fouilles du mont Saint-Michel.)

1. *Manè er H' Roek*, dolmen découvert sous un tumulus à Locmariaquer, par M. Lefebvre, préfet du Morbihan, et M. René Galles, sous-intendant militaire. — *Rapport à la Société polymathique* (classe d'archéologie), par M. René Galles, séance du 25 novembre 1863. (Vannes, imprimerie de J.-M. Galles, 1863.)

2. *Manè*, dans le dialecte de Vannes, signifie : montagne, colline, tertre, butte. Nous voyons ici même, par cette courte nomenclature de quelques-unes des fouilles de la Société polymathique, que ce nom est toujours appliqué à des dolmens plus ou moins recouverts de terre.

Une des preuves de ce fait que nous cherchons à établir, que dans la province qui nous occupe le tertre était l'accompagnement nécessaire de la chambre sépulcrale, c'est que là où il ne reste plus que deux ou trois pierres du monument, il s'appelle encore *Manè*. *Manè Li*, à Kervilor; *Cador er Manè* (la chaise du Manè), à Kermarquer; *Parc er Manè* (le champ du Manè), au Menec; *Er Manio*, les Manè, à Kerlescan, etc. — Dans la Cornouaille et le pays de Tréguier, on écrit et l'on prononce Menè. — *Menè Hom*, près de Châteaulin; *Menè Bré*, près de Guingamp (le mot s'est même conservé dans le pays Gallot); le Menè, près de Moncontour.

réciproquement, les dolmens aujourd'hui détruits avaient été jadis recouverts par des tombelles. Kercado, sous ce rapport, enlevait tous les doutes. Un des plus hauts dolmens du pays est enseveli tout entier sous sa butte [1]. Nous arrivions ici au monument complet, conservé intact dans son intégrité primordiale.

A deux pas du Manè er Groez [2], la Société polymathique éventra

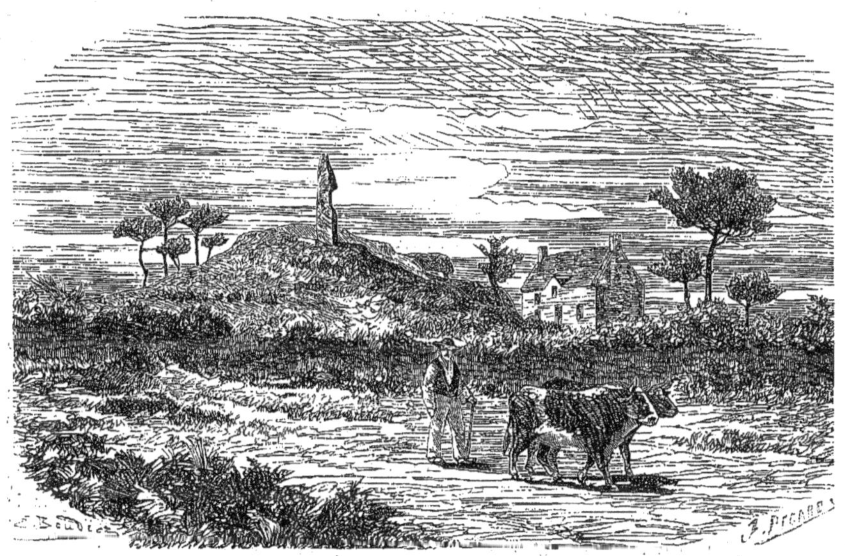

Fig. 44. — Tumulus avec dolmen et menhir du Moustoir, à Carnac (Morbihan).

1. « La chambre, dit le rapport de M. Galles, mesure :

Au fond, côté ouest.	2m,95
Côté sud.	2m,50
Côté nord	3m,00
Côté est.	2m,30
Sa hauteur est d'un peu plus de.	2m,50

Inutile de dire qu'il est orienté. » Brochure de M. R. Galles, p. 2 : *Tumulus et dolmen de Kercado (Carnac)*, par M. R. Galles. (Vannes, 1864.)

2. Nous ferons remarquer, à propos de l'orthographe de ce *Manè*, que nous suivons strictement, quand nous parlons des dolmens du Morbihan, l'orthographe du dialecte vannetais. — De même, quand nous donnons des monuments de Léon ou de Tréguier, il nous arrive d'orthographier autrement le breton; c'est que nous tenons à garder à ces pierres les noms exacts qu'on leur donne dans leurs pays respectifs. Croix, dans la Cornouaille et ailleurs, en basse Bretagne, s'écrit Croaz ou Groaz en construction euphonique. Il en est de même de l'article *ar* qui, en Vannes, se prononce toujours *er*. Son nom de *Manè er Groez*, butte de la Croix, vient de ce qu'autrefois, à son sommet, s'élevait une croix de pierre plantée dans un petit piédestal dont on a retrouvé les débris au moment de la fouille.

une autre colline, le *Moustoir* (fig. 44), et, nécessairement, mit à jour un dolmen, des cellules funéraires, des poteries et les restes d'un foyer considérable[1].

Au Moustoir, la tombelle était surmontée d'un *menhir*.

En face, un autre tertre s'élève encore de même avec sa pierre levée, debout au sommet (fig. 45), rappelant cette description antique

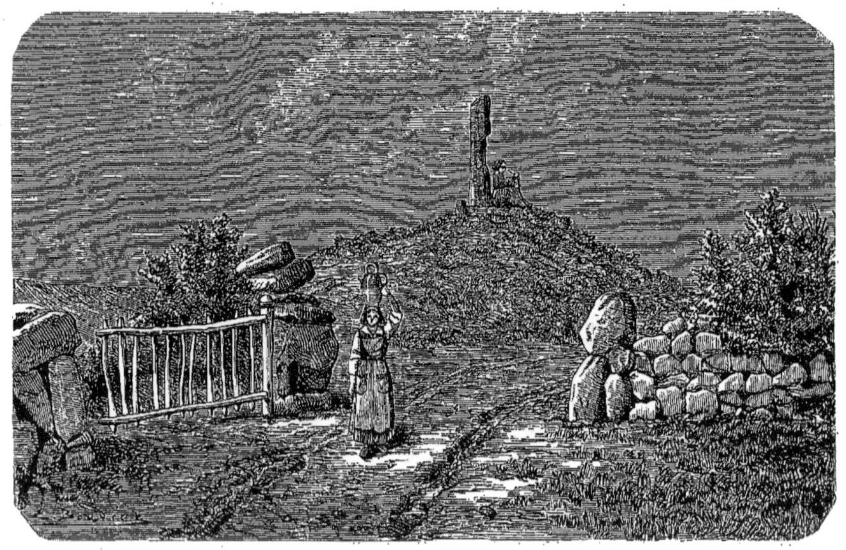

Fig. 45. — Tumulus et menhir de Crucuni (Morbihan).

d'un tumulus irlandais, signalé par M. Henri Martin : « Il y a, dit un très ancien livre (*Leabhar na-h Uidhre*), il y a un monceau de pierres (*cairn*) au-dessus de lui qui est dans la terre; il y a une haute pierre (*leac*) debout sur son *cairn* et un *ogum* écrit au bout de la haute pierre, et ce qui est écrit sur la pierre, c'est *Lochaid Airgtheach est ici*[2]. »

1. *Fouilles du tumulus du Moustoir* (Carnac), par René Galles et le docteur Alphonse Mauricet. (Vannes, imprimerie de L. Galles, 1865.)

2. *Études d'archéologie celtique*, par Henri Martin (les *Antiquités irlandaises*, p. 98). Nous nous contenterons, à propos de ce nom de Crucuni, de le rapprocher du mot Crugkenno et d'en signaler l'analogie. Tenant à faire simplement des traductions, jamais de philologie, nous ne hasarderons aucune interprétation de cette dénomination d'un de nos tumulus. Le cadastre a tellement déformé les noms que, pour retrouver leur véritable signification, il faut là-bas rechercher les anciens

La destination du *dolmen* comme sépulcre, vérifiée, constatée positivement, nous donne donc ici formellement, par son alliance avec la pierre levée, l'attribution désormais incontestable du *menhir* comme monument funéraire.

Le dolmen complet se composait donc d'une ou de plusieurs chambres sépulcrales, d'un tertre ou d'une pyramide élevée dissimulant la crypte dans ses flancs, d'un menhir qui signalait de loin, aux yeux de tous, le monument des ancêtres [1].

M. Louis Galles, qu'un de nos confrères appelle « l'homme des dolmens, » M. Louis Galles, l'explorateur passionné des grottes du Morbihan, donne, dès 1873, ses conclusions sur cette matière, dans le Bulletin de la société dont il fut l'un des membres les plus actifs [2]. — Elles sont autrement nettes que celles du savant conservateur du musée de Saint-Germain, quoiqu'un peu contraires aux affirmations que se permit M. Bertrand, bien avant les découvertes des sagaces Bretons.

Pour résumer la question, nous ne pouvons mieux faire que de les retracer ici le plus sommairement possible.

« L'emploi du dolmen, dit M. L. Galles, est nécessairement intérieur; ses pierres, informes au dehors, non dégrossies, sont au dedans régulières, planes, et ne présentent que des aspérités peu saillantes (p. 2).

Les grottes aux fées, les allées couvertes et les dolmens peuvent se confondre sous une même appellation; le dolmen est plus mutilé, les grottes aux fées en meilleur état de conservation (p. 3).

aveux des notaires locaux, chose qui n'est pas toujours très facile. Nous l'avons fait à propos de Carnac, et nous renverrons le lecteur à la note qui concerne ce pays dont l'étymologie était bien autrement importante à consigner définitivement.

1. Parfois le menhir était situé auprès du tertre, comme au *Manio*, à *Kerlescan*, au *Stel Seu*, à *Criforn* et ailleurs; parfois le tertre était entouré d'un *cromlech*, comme au *Menec* et au *Manè Bod gad*, au *Toul ar Crionnet* et dans bien d'autres lieux. Mais ici nous devons nous arrêter. Quand on aura réuni plus de faits, on pourra peut-être conclure. Nous n'en sommes qu'à l'aurore de ce genre d'explorations. Ah! si nous avions eu à Saint-Germain un Mortillet pour cette partie de nos études nationales!

2. Deux Mémoires sur les monuments de l'âge de pierre, par L. Galles (Vannes, 1864.) — *Étude sur les peuples constructeurs de dolmens*, par L. Galles (*Bulletin* de la Société polymathique du Morbihan), 1er semestre, année 1873. (Vannes, imprimerie de L. Galles.)

Les dolmens ont été autrefois enfouis, et les amas de terre qui les entourent ont été placés là, non pour abattre le monument, mais pour le préserver (p. 5). Tout cela formait une seule et même espèce de monuments recouverts d'un amas de pierres et de terre (p. 6).

Ce sont des tombeaux; car quelle autre destination donner à une grotte enfouie sous une montagne fermée de tous côtés et dans laquelle l'air ne pénètre pas plus que la lumière (p. 7)?

Les noms mêmes de ces monuments confirment nos observations : *Kerlud,* en Locmariaquer; *Kerludu,* en Belz; *Manè Lud,* veut dire « village des cendres, montagne des cendres »; *Kercouno,* en Plouharnel, « village du souvenir »; *Er Bé,* village de Saint-Gildas-de-Rhuys, près duquel existent un dolmen détruit et deux menhirs, signifie tout simplement « le tombeau » (p. 8).

Quant aux menhirs, M. Louis Galles est tout aussi affirmatif. Les *menhirs,* quoique différents du dolmen pour la forme, ne sont avec lui qu'une seule et même chose pour la destination (p. 10) : « J'ai essayé de prouver que les dolmens étaient des tombeaux, je crois pouvoir assurer que les menhirs en sont aussi; maintenant, la différence qu'il y avait entre ces deux monuments, par rapport au but, a-t-elle existé? C'est possible. Les dolmens cachent-ils sous leur voûte ténébreuse les cendres d'un grand homme, tandis que les menhirs ne sont que l'accompagnement ordinaire d'un sépulcre, je ne vois rien qui m'oblige à adopter cette opinion ou à la rejeter. D'ailleurs, que me fait à moi que ces deux espèces de monuments n'aient pas la même forme, puisqu'il me paraît raisonnable de leur assigner le même but? »

Et il termine en disant : « Reconnaissons donc dans les dolmens et dans les menhirs autant de tombeaux, soit commémoratifs, soit locaux, élevés par les peuples primitifs à la mémoire de leurs guerriers et de leurs ancêtres, et disons avec M. de Fréminville : « On ne » peut douter que ces blocs de pierre ne désignent effectivement autant » de sépultures » (p. 19).

Quant à la question de la race qui a construit les dolmens, M. L. Galles établit, par une ingénieuse comparaison des signes tracés sur les dolmens et des mêmes signes gravés sur des médailles gauloises, que ce sont des Gaulois qui les ont élevés, et il intitule joyeusement son mémoire : *Comment les dolmens pourraient bien avoir été construits par les Gaulois* [1]. Voilà donc que disparaissent à jamais les bassins des victimes humaines et la fantasmagorie des autels druidiques.

Voilà que disparaissent aussi les Ligures et les Hyperboréens.

Ah ! c'est qu'il ne suffit pas, pour comprendre véritablement les monuments d'une province, de la visiter en curieux, de l'examiner au pied levé; il ne suffit pas de tracer sur une carte des petits points rouges et des petits points bleus : il faut vivre de sa vie, parler sa langue, prendre sa nature corps à corps et lutter avec elle.

C'est ce que firent les archéologues du pays de Vannes.

Aussi préférons-nous de beaucoup leurs observations consciencieuses, naïves parfois, mais toujours sincères, aux classifications érudites, mais systématiques, des savants à trente-six carats que vous savez.

Les fouilles de la Société polymathique constatèrent encore des faits d'une bien autre importance.

M. Alexandre Bertrand avait dit : « Les dolmens sont préceltiques, les tumulus sont celtiques » (p. 88). Et voilà que les dolmens n'étaient que des tumulus.

Il avait affirmé « qu'on ensevelissait sous les dolmens, que l'on brûlait sous les tumulus » (p. 101). Et voilà que M. Malaguti, un chimiste du bon cru, doyen de la Faculté des sciences de Rennes s'il vous plaît, plongeant dans de l'eau les ossements trouvés au mont Saint-Michel, apercevait à leur surface des stries blanches qui rendaient l'eau laiteuse; d'où il concluait que ces os avaient été fortement calcinés.

Les traitant ensuite par l'acide chlorhydrique, il constatait une effervescence ne laissant aucun résidu ; « preuve péremptoire qu'ils avaient subi l'action du feu [2]. »

1. *Bulletin de la société*, année 1873, p. 50 et suiv.

2. *Analyse des ossements et terres trouvés dans les tumulus de Tumiac et du mont Saint-Michel (en Carnac)*, faite, sur la demande de la Société polymathique, par M. Malaguti, doyen de la Faculté des sciences de Rennes. *Bulletin de la société*, année 1862, p. 40.

Plus tard, à Plougoumelen, dans le dolmen du Rocher, on trouvait une urne en bronze remplie d'ossements.

M. le docteur Fouquet, aidé de son confrère le docteur de Closmadeuc, analysait ces os et arrivait à la constatation certaine d'une incinération incontestable [1]. Nous ne pouvons nous arrêter ici à toutes les terres noirâtres, à tous les charbons rencontrés par ces messieurs dans leurs dolmens. On pourrait en faire une liste qui serait interminable.

M. Alexandre Bertand avait encore écrit que tout portait à croire que les menhirs n'étaient pas des pierres élevées sur des tombeaux, et que le fer n'apparaissait *jamais* dans les dolmens (p. 85).

Et l'impitoyable docteur Fouquet, en 1864, trouvait des charbons, des cendres, des *celtæ* et des urnes au pied des menhirs de Pleucadeuc [2].

En 1865, il faisait des découvertes analogues à Plœmeur, à Pluherlin, à Saint-Congard, à Plaudren. Dans ce dernier endroit, ses ouvriers découvraient même, au-dessous d'une pierre levée, un fer façonné, énormément oxydé, ayant toutes les apparences d'un fer à cheval dont les trous à clous avaient cessé d'être perceptibles, sous les boursouflures de l'oxyde [3].

En 1867, M. Lukis trouvait à Plougoumelen, dans l'intérieur d'un dolmen, des bracelets de bronze, le rebord d'un grand vase de même métal, un clou en fer et deux anneaux en fer [4]. Et M. Louis Galles, en 1872, auprès des fouilles du savant anglais, déterrait de même des amas de bracelets, une bague et le fameux vase de cuivre cerclé de fer dont nous avons parlé plus haut [5].

1. *Des ossements incinérés* contenus dans une urne en cuivre découverte au Rocher en 1872, par M. le docteur Alfred Fouquet. *Bulletin de la société*, 2e semestre, année 1872, p. 127.

2. *Compte rendu* de quelques fouilles opérées en septembre 1864, au pied de cinq menhirs en Pleucadeuc, par M. le docteur Fouquet, p. 105. *Bulletin de la société*, 2e semestre, année 1864.

3. *Campagnes archéologiques en 1865*, par M. le docteur Fouquet, p. 56. *Bulletin de la société*, 2e semestre, année 1865. (Vannes, imprimerie de L. Galles.)

4. *Rapport* sur un tumulus de l'âge de bronze au Rocher, commune de Plougoumelen, par W.-C. Lukis, MAF. SA, p. 110. *Bulletin*, 2e semestre, année 1867.

5. Découverte de deux sépultures de l'âge de bronze au Rocher, en Plougoumelen, par M. Louis Galles. *Bulletin*, 2e semestre, année 1872, p. 125.

En 1868, M. l'abbé Collet, vicaire de Saint-Pierre-de-Quiberon, trouva bien mieux encore dans le *Manè Beg en Naud :* il rencontra de grosses chevilles de fer entourées de fragments de chêne. M. Galles et M. de Cussé, qui contrôlèrent la découverte en 1869, constatèrent par eux-mêmes la présence de ces chevilles, mêlées à des masses de fer plus considérables. Les ayant fait examiner par un homme du métier, celui-ci déclara tout net qu'on avait là les clous d'un ancien navire enterré avec le cadavre [1].

En 1871, le même abbé Collet, au *Manè Bot Gade,* près d'Erdeven, avec des clous encore et des anneaux en fer, ramassait dans la terre noirâtre des dolmens une hache en fer semblable à celle qui se trouve au musée de Vannes [2].

En France, d'ailleurs, on était déjà fixé sur la présence du fer et du bronze dans les dolmens. M. de Bonstetten cite, dans son ouvrage sur les dolmens, des monuments dans les départements de l'Oise, de Saône-et-Loire, de Seine-et-Marne, de la Dordogne, du Lot, de Maine-et-Loire, dont la description se rapporte parfaitement aux dolmens bretons où il a trouvé, notamment à Boisbérard et dans le Lot, du bronze sous la forme de poignards et d'épées.

M. de Malbosc assure avoir vu du cuivre dans les dolmens de l'Ardèche.

Ceux du Languedoc, explorés par M. de Cartailhac, contenaient du bronze.

Enfin l'abbé Cerez, dans sa notice sur les monuments celtiques des environs de Rodez, nous apprend qu'on a trouvé du bronze dans les dolmens de cette contrée [3].

1. Nous verrons plus tard, en Champagne, les guerriers gaulois se faire enterrer sur leurs chars de guerre. Quoi d'étonnant qu'un Celte ait désiré naviguer vers l'île sainte sur le navire qui l'avait si souvent porté sur les flots bleus de l'Océan ?

2. Rapport de M. le docteur de Closmadeuc sur les fouilles et les découvertes récentes de M. l'abbé Collet, vicaire de Saint-Pierre-de-Quiberon. *Bulletin*, 2e semestre, 1868, p. 171. *Compte rendu* sur la fouille du tumulus de *Beg en Naud* (Saint-Pierre-Quiberon), par M. L. Galles. *Bulletin*, 2e semestre, 1869, p. 112. — *Archéologie préhistorique.* Tumulus du *Manè Bot Gade,* par M. l'abbé Collet, vicaire. *Bulletin de la Société polymathique du Morbihan,* 1er semestre, année 1871, p. 49.

3. Citations de M. L. Galles, dans son Étude sur les peuples constructeurs de dolmens. *Bulletin*, 1er semestre, année 1873, p. 55.

M. Alexandre Bertrand s'est-il rendu à l'évidence? — Non. — Il a réimprimé ses affirmations en 1872, se contentant de jeter, au bas d'une de ses pages, cette simple note : « Depuis cette époque, quelques faits nouveaux portent à croire que cette affirmation : *Le fer n'apparaît jamais dans les dolmens,* est trop absolue. » (A. B., 1er février 1876, p. 85.)

« Affirmer sans preuves, dit le docteur Fouquet, c'est desservir la science. »

D'ailleurs, de ce que l'on ne trouvait pas de fer dans les dolmens, fallait-il en conclure brutalement que les populations qui les dressèrent ignoraient l'usage de ce métal? — Ceci est encore en question.

On connaît les prescriptions de la loi juive sur les constructions de pierre vierge : « Si tu m'élèves un autel de pierres, dit le Seigneur, dans l'Exode, tu ne le feras point avec des pierres taillées. Si tu y mets le ciseau, il sera souillé. » *Quod si altare lapideum feceris mihi, non ædificabis illud de sectis lapidibus : si enim levaveris cultrum super eo, polluetur*[1].

La loi était si bien dans la mémoire du peuple qu'elle est répétée dans le Deutéronome : « Tu élèveras un autel au Seigneur ton Dieu avec des pierres que le fer n'aura point touchées, avec des rochers informes et non polis. » *Et ædificabis ibi altare Domino Deo tuo de lapidibus quos ferrum non tetigit, et de saxis informibus et impolitis*[2].

Voilà, dit M. Jean Reynaud, la clef des monuments druidiques; et si la Judée était demeurée aussi fidèle aux institutions patriarcales que la Gaule, en Judée comme en Gaule les archéologues n'apercevraient d'autres monuments, jusqu'à l'époque de la conquête romaine, que des dolmens et des menhirs[3].

La tradition de l'impureté du fer se conserva longtemps dans toutes les religions de l'antiquité. Le soc de la charrue qui servait à tracer l'enceinte d'une ville nouvelle devait toujours être d'airain.

1. *Liber Exodi*, caput xx, v. 25. *Biblia sacra Vulgatæ editionis*, editio nova. (Parisiis, excudebant Gauthier frater et socii, in via Hautefeuille, p. 56.)

2. *Liber Deuteronomii*, caput xxvii, v. 5 et 6. *Id.*, p. 146.

3. Œuvres de Jean Reynaud : *L'esprit de la Gaule* (De l'idée de Dieu), p. 40.

Nous ne parlerons pas de la circoncision ni de l'ouverture du corps de la momie, cela nous mènerait trop loin[1], non plus que des prescriptions relatives à la purification d'un temple où le fer a été introduit[2].

La souillure que le fer, par son oxydation même, communiquait aux cadavres, explique déjà suffisamment l'horreur que ces peuples pouvaient avoir pour ce métal qui tachait après la mort dans les sépultures souvent ouvertes, — c'est peut-être le cas de nos dolmens, — tout ce qu'il avait touché.

Nous avons vu ce qu'était le *dolmen;* essayons de donner quelques renseignements précis sur les *menhirs*.

Le menhir, sanctifié par la croix des saints irlandais, nous l'avons déjà dit plus haut, trouva grâce devant les chrétiens, en Bretagne. « Bonne était la pierre avec l'Évangile. » La *croix plantée* le remplaça, soit qu'on la façonna dans sa masse, soit qu'on en surmonta son sommet, soit qu'on se contenta d'en graver l'image sur une de ses faces[3].

Or si nous déterminons bien le rôle de la *croix plantée,* en Bretagne, il nous sera permis de reconstituer, nous le croyons du moins, celui du *menhir* dans son existence antérieure, et de retrouver ainsi, d'une façon presque certaine, sa destination primitive; car l'une se substitue positivement à l'autre à l'époque de l'introduction du christianisme dans ces contrées.

Peut-être dira-t-on que nous raisonnons un peu trop par analogie; mais c'est à la suite d'une étude consciencieuse de la plupart des monuments celtiques et des premiers monuments chrétiens de cette province que cette conviction est entrée dans notre esprit, et l'on nous pardonnera de chercher ici à la faire partager à nos lecteurs.

1. On sait que l'opération de la circoncision se pratiquait primitivement avec un *silex,* et que cette tradition s'est conservée longtemps chez les Juifs. Quant au corps de la momie, *le Paraschite,* qui faisait la première incision dans le flanc du cadavre destiné à l'embaumement, se servait d'une *pierre éthiopienne.* Voir les *Usages funèbres,* d'Ernest Feydeau, p. 79.

2. Interprétation d'un texte en langue volsque trouvé en 1784, à Velletri. Communication de M. Michel Bréal à l'Institut.

3. Voir, au chapitre des *Mérovingiens,* quelques-unes de ces croix, quelques-uns de ces menhirs avec des inscriptions chrétiennes.

Nous avons vu par les tombelles du Moustoir et de Crucuni que, dans certaines circonstances, la pierre levée était positivement, par sa plantation au-dessus du dolmen, le signal d'un monument funéraire. Nous ne nous arrêterons pas à prouver que la croix a été de tout temps, chez nous, l'accompagnement nécessaire d'un tombeau. Nos cimetières actuels sont encore, à l'heure qu'il est, partout décorés de croix de bois, de croix de pierre, de croix de fer, de croix de bronze. Il nous semble inutile d'insister ici sur cet usage[1].

Comme type de ce menhir-tombe, nous donnons ici la pierre de la Vierge à Trebeurden, près de Lannion (fig. 46).

Triste est la lande que parsèment çà et là d'autres pierres levées. Dans les îles s'élèvent de grandes allées couvertes; au loin, la mer se bat sur les innombrables blocs qui hérissent la côte; plus près, elle inonde les granits rouges et les grèves désolées de Tregastel et de Ploumanac'h de ses flots sauvages. Au delà de l'horizon se dessine la Lieue de grève et son grand rocher bleu *Roc'helglas*.

1. Au-dessus de la tombe du sage Le Gonidec, comme l'appelle M. Roget de Belloguet, dans le petit cimetière de Loc'christ, près du Conquet, des hommes du pays de Galles, passant par la Bretagne, ont élevé un monument. Savez-vous ce qu'ils ont écrit sur l'une de ses faces?

Peulvan
Disked dan holl.
hano
ar Gonidek
den Gwiriek
ha den fur.
Reizer
ar Breyzounnek.

« *Peulvan*, apprends au peuple le nom de Le Gonidec, homme de vérité, homme sage, législateur de la langue bretonne. » Sur l'autre face, ils avaient constaté leur acte par cette inscription explicative :

Érigé en 1845,
Et renversé par la foudre en 1846,
Ce monument a été relevé
Et complété en 1851
Par les habitants du pays de Galles
En témoignage de leur admiration
Pour Le Gonidec,
Restaurateur de la langue bretonne,
En laquelle il a traduit
la sainte Bible.

C'est là que les anciens ont dressé ce fantôme blanc que la nature s'est chargée de rendre si pittoresque.

Lorsque le voyageur, au détour d'un chemin creux, aperçoit le

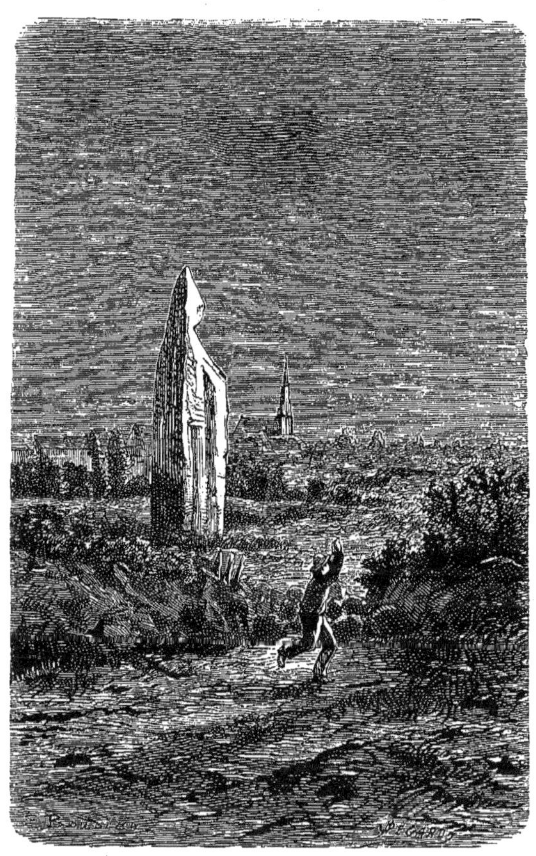

Fig. 46. — Mein ar Gwer'hez, la pierre de la Vierge, à Trebeurden, près de Lannion (Côtes-du-Nord).

soir cette vision étrange, eût-il le cœur cerclé du triple airain de l'indifférence, il s'arrête étonné.

On dirait l'âme d'un vieux barde qui vient, à la clarté funèbre de la lune, au bruit de la tempête, errer dans les lieux où sa voix jadis faisait résonner les échos des refrains de ses chansons monotones et lugubres.

Mais la *croix plantée* sert encore à d'autres usages dans les villages du pays d'Armor; partant, le menhir peut avoir eu d'autres significations.

Un affreux choc d'hommes a lieu sur la grande lande; c'est à mi-voie entre Ploërmel et Josselin. L'an de grâce 1350, le samedi devant *Lætare, Jerusalem,* trente chevaliers bretons se sont rencontrés avec trente Anglais, et l'on s'est battu comme on se battait alors. La victoire a souri aux fils des Celtes; ils ont fleuri leurs casques de la fleur d'or des genêts, et sont rentrés glorieux au logis. Sur la place on dressa une croix :

A LA MÉMOIRE PERPÉTUELLE
DE LA BATAILLE DES TRENTE QUE MONSEIGNEUR LE MARÉCHAL
DE BEAUMANOIR A GAGNÉE EN CE LIEU,
LE XXVII MARS L'AN MCCCL

Un autre jour, sur la pente douce d'une petite colline et dans la plaine qui s'étend à ses pieds, il y a eu rencontre de deux armées; cette fois, celles de deux ducs, Blois et Montfort. Charles, ce jour-là, à la fin de la lutte, a été navré d'un coup de dague, et Jean, le matin, a relevé sur la terre froide le cadavre de son compétiteur, que couvrait un grand bouclier blasonné d'hermine.

Sur le lieu il a fait dresser un *lec'h;* il y est encore. Plus tard, on y a planté une croix[1]. Qui nous dit que jadis on n'a pas sur les champs de bataille, en mémoire des nombreux guerriers tués en ce lieu, de même planté des pierres levées (fig. 47)?

Le menhir ici ne changeait pas encore de destination; il restait la pierre funéraire.

Des constatations certaines, quand on se mettra à étudier plus à fond toutes ces choses, nous le prouveront sans doute. Il y a, près de

1. Cette croix, plusieurs fois démolie depuis le 29 septembre 1364, a été restaurée par les soins d'un maire d'une localité voisine, qui a fait graver sur sa base cette naïve inscription :

En mémoire de la bataille de
Jean de Montfort et Charles de Blois
en 1364, renouvelée par Jean Le Boulch,
maire de Brech en
1849.

Locoal-Mendon, un champ qui se nomme *Parc er C'hlean* (champ de l'Épée), où se voit encore une pierre levée dont nous parlerons plus tard.

Parmi les attributions données aux menhirs par les savants, il en est une que l'on cite toujours en première ligne ; c'est celle de la pierre debout, *limite de territoire*. Que cette pierre ait été placée là

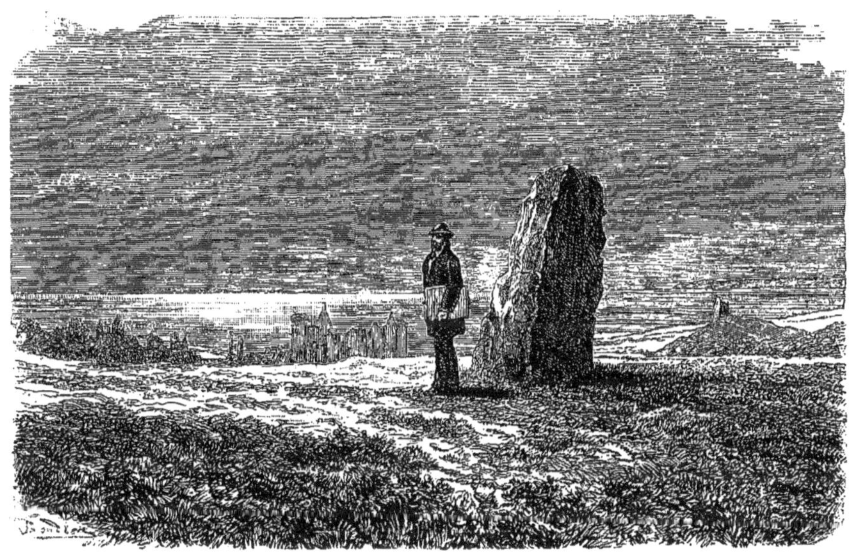

Fig. 47. — Menhir près du château de Sucinio (Morbihan).

positivement comme *borne bornante*, c'est ce qu'il est difficile de déterminer complètement ; qu'on s'en soit servi l'ayant déjà trouvée en place, comme on se sert d'un jalon naturel, arbre, roc ou toute autre chose, sur lequel on aligne une division convenue entre les parties, ceci est peut-être plus raisonnable.

Mais comme nous constatons les faits, nous croyons devoir signaler ici une pierre évidemment bornale dans le pays de Kerlouan, que l'on désigne sous le nom de *Mein an tri person*, la Pierre des trois recteurs. La légende ajoute que là se réunissaient pour converser ensemble les desservants des trois paroisses riveraines qui, tout en se donnant la main, pouvaient avoir le pied sur leur territoire respectif.

Ceci, du reste, ne change en rien la thèse du menhir-tombe, car le fait de l'érection de cette pierre devait être bien antérieur à celui de la division des terrains en paroisses différentes.

Passons à une autre signification encore donnée par bien des gens à la pierre levée.

Près de la cathédrale du Mans se trouve un immense bloc connu dans tout le diocèse sous le nom de la *Pierre du Mans*. Ce n'est qu'un vestige, mais il est important. Nous avons évidemment ici une pierre que l'on peut classer dans la catégorie des *pierres de clan*.

En Bretagne, près du haut clocher à jour que saluent de loin les fidèles parce qu'à l'abri de ce clocher béni reposent les corps de la famille aimée, respectée et chérie, près du sanctuaire vénéré s'élève toujours une croix, la *Croix du lieu*. Là-bas, les cimetières entourent encore l'église, ornés partout de leurs portes triomphales, de leurs ossuaires où s'entassent, sur de minces étagères, sous des ogives trilobées, les crânes des trépassés dans de petites châsses de bois noir couvertes d'inscriptions commémoratives : « Je fus le chef d'Anna Marie ar Du ; » « Je fus le chef de Heri le Bras, » etc. Au fond, sous les grands arbres bruns, s'aligne parfois la chapelle des morts décorée de ses sculptures bizarres, danses macabres qui parlent aux yeux, archers funestes qui crient dans leurs bouches de pierre, comme à Landivisiau : « Ouy çà, je suis le patron de celui qui fera fin ; » comme à La Roche : « Je vous tue tous. » Au milieu de ces cimetières se dresse un véritable édifice, le *Calvaire*, où se déroulent parfois toutes les scènes de la Passion, avec des bourreaux vêtus à l'espagnole. A Guimillau, à Plougastel-Daoulas, à Pleyben, les calvaires ont des arcades. On en fait le tour. Des personnages en ronde bosse circulent partout sur les corniches : juifs barbus, soldats féroces, pharisiens de toute sorte, avec une pointe de satire qui n'a peut-être pas été assez remarquée jusqu'ici. Les larrons pendent à des croix jumelles, des cavaliers se détachent sur le ciel, grimpés sur les bras du grand arbre central ; au-dessous volent des anges portant des calices sacrés où coule le sang de la grande victime. Et sur le pied de cette croix, le dimanche, montent des hommes qui parlent au peuple de ses affaires, de ses marchés, de ses ventes, de ses promesses de mariage, de sa politique même, librement, aux yeux de tous, en dehors de l'église.

Quelques-unes de ces croix possèdent des chaires de pierre, construites pour faciliter les conversations ordinaires.

A Pleubihan, il y en a une élevée de plusieurs mètres au-dessus de la tête des assistants; à Runan, une autre; à Trevignon, un escalier de plusieurs marches conduit à la plate-forme.

C'est une tribune véritable.

Et l'on y cause non seulement de Dieu, mais de bien autre chose.

C'est au pied de ce calvaire que le paysan de ce pays a été porté par sa marraine le jour de son baptême. C'est là qu'il a rencontré sa fiancée, toute pimpante de rubans d'or et de galons brodés le jour de ses noces. C'est là qu'il a reçu l'étreinte de ses amis à l'époque de la mort de son père ou de sa mère. C'est sa pierre, à lui, et voilà toute trouvée la signification des *Pierres d'Apetit* de la Franche-Comté, des *Pierres aux Honneurs* de Normandie, des *Pierres de l'Épousée,* dont nous parlions plus haut.

Comprenez-vous maintenant comment la croix a remplacé le menhir? Comprenez-vous la cérémonie de la vallée de Fours et celle de Plouharzel, plus primitive encore, où, le jour du mariage, le fiancé, devenu époux, vient avec sa femme, souvent accompagné de sa mère, se frotter, je ne dirai pas de quelle façon, pour demander à l'ancêtre de donner à ses futurs fils un peu de sa force, de son énergie et de sa valeur?

A Plouharzel, le menhir auquel nous faisons allusion s'appelle *Ker ve atou* (la pierre du vivant à toujours) [fig. 48].

Est-ce encore une tombe? Pourquoi pas? — Celui qui fonda le clan était un *Tud-Tad,* un vrai père du peuple. Pourquoi ses fils n'en auraient-ils pas gardé l'immortel souvenir? Certes, oui. Car il est encore aujourd'hui *vivant à toujours*...

Vous voyez bien que le menhir, même ici, n'a pas changé sa destination sublime et qu'il est encore la pierre des ancêtres.

Enfin une remarque faite par les érudits armoricains place des menhirs à toutes les pointes de terre qui s'allongent au milieu des brisants, sur la Manche ou sur l'Océan.

Nous en donnons deux exemples : l'un à la pointe du Raz de

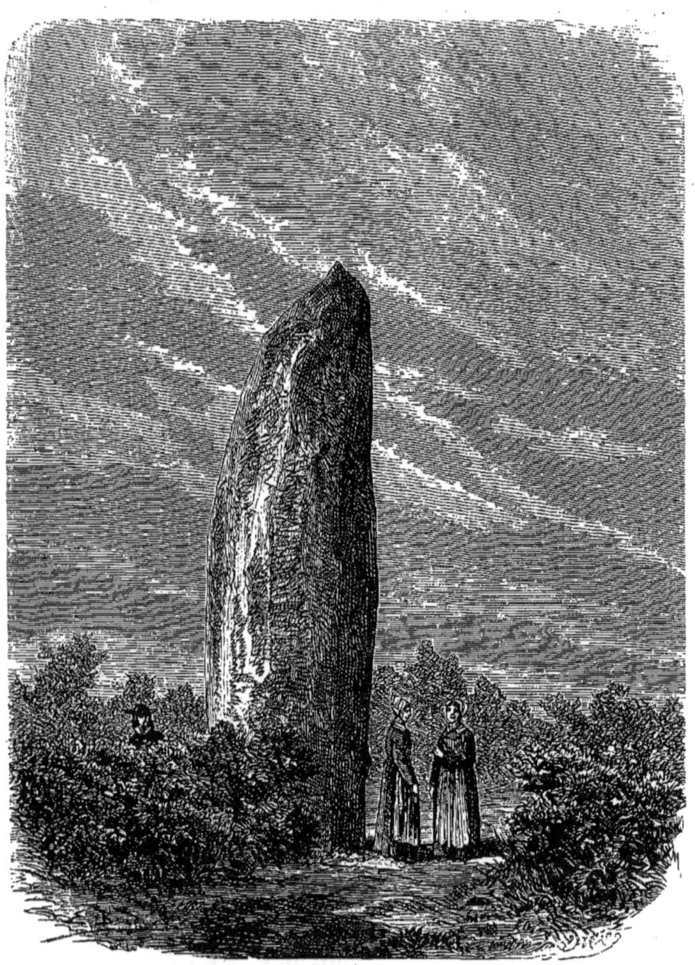

Fig. 48. — Menhir de Kerveatou, la pierre du vivant à toujours, près de Saint-Renan (Finistère).

Sein (fig. 49), l'autre à l'extrémité d'une des branches de la presqu'île de Quiberon (fig. 50).

Qu'étaient ces pierres? — Des signaux, dit-on. En faisant un feu de branchages et d'ajoncs au pied du monument, on éclaire la nuit toute sa surface, et l'aspect de ces *Mein sao,* se détachant en lumière sur le sombre horizon, simplement éclairés par la réverbération du foyer, est vraiment d'un effet extraordinaire. On aperçoit à plus de sept lieues la pierre blanche sur la nuit noire; nous en avons nous-même fait une fois l'expérience [1].

Au milieu de la Lieue de grève, à Saint-Michel, près de Plestin,

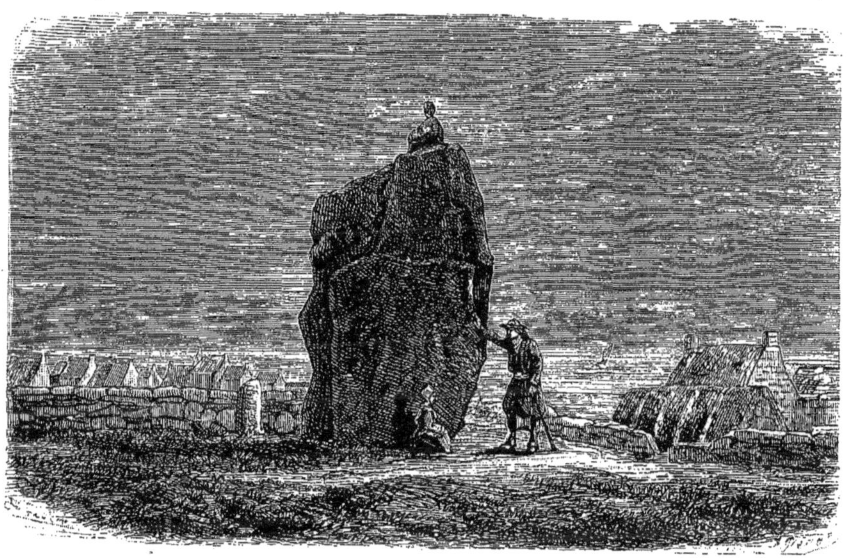

Fig. 49. — Menhir de la pointe du Raz (Finistère).

se trouve une croix plantée au centre de la plage. Lorsque les habitants de Trédrez veulent passer à Locquirec, ou réciproquement, ils regardent cette croix. Si le flot la couvre à la marée montante, ils ne se hasardent pas sur le sable; mais tant que la croix les voit, comme ils disent, le danger n'existe pas, et, pieds nus, ils parcourent la grève, diminuant ainsi leur course de plusieurs heures.

En mer, pour traverser un passage périlleux, il est des points de

1. L'usage de faire des feux au pied de ces menhirs s'est si bien gardé qu'il y a quelques années un curé de Crozon, qui allumait son feu de Saint-Jean dans cet endroit, crut devoir prendre la pierre elle-même comme mât central de son foyer, et détruisit ainsi par ignorance une des plus belles pierres levées de la presqu'île. Quand le feu fut éteint, la pierre, calcinée, s'effrita et tomba pour ainsi dire en poussière.

repère que connaissent les matelots. Mettant le cap sur ce point toujours fixe sur la terre ferme, toujours en vue par conséquent, ils laissent filer la barque, certains de ne toucher ni telle roche fertile en naufrages, ni tel banc où l'on s'ensable au risque de sa vie. Les menhirs de pointe leur servent souvent d'amers. Ils portent tous des noms bien particuliers. Celui de Quiberon se nomme le *Conguel*,

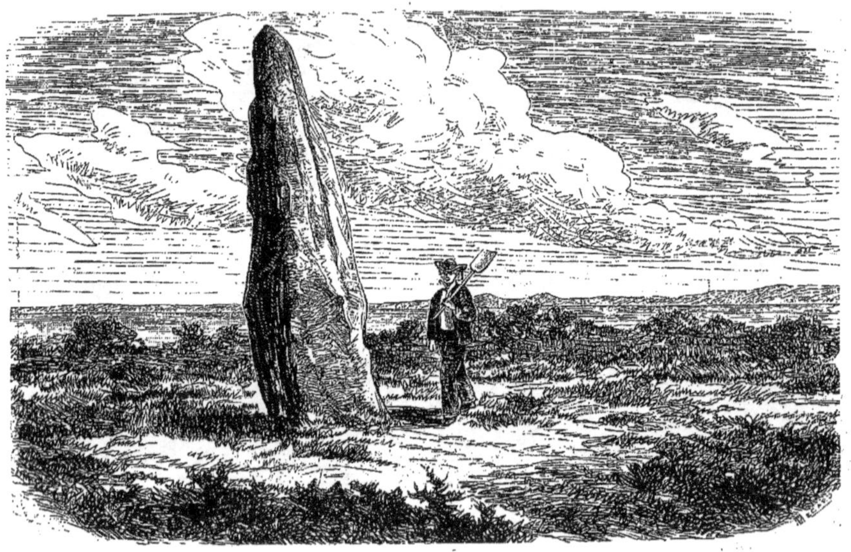

Fig. 50. — Menhir de Conguel, pointe de la Vigie, presqu'île de Quiberon (Morbihan).

la pointe de la Vigie (fig. 50). Signaux, si vous voulez, où la femme inquiète vient voir, au moment où souffle le vent furieux, la route que suit, sur la crête des vagues, le père de ses petits enfants ; signaux, d'où jadis peut-être on guettait l'ennemi communiquant à l'intérieur, au moyen des feux dont nous parlions, des nouvelles directes et précises. — Mais, encore ici, qui nous dit qu'autrefois le premier arrivé n'a pas choisi ce lieu comme plus près de l'île sainte dont il rêvait la jouissance dans une autre vie pour y planter sa tombe? Plus tard les fils ont profité de la pierre consacrée ; mais rien n'empêche de penser que nous ayons, ici comme toujours, des monuments funéraires signalés par le menhir.

Donc tout porte à croire, comme dirait M. Alexandre Bertrand, que les pierres levées sont des tombeaux, et c'est là notre simple conclusion indéracinable, basée sur une série d'observations dont nous n'osons donner ici qu'une superficielle énumération.

Maintenant arrivons rapidement à ce que l'on nomme *cromlechs* et *alignements*.

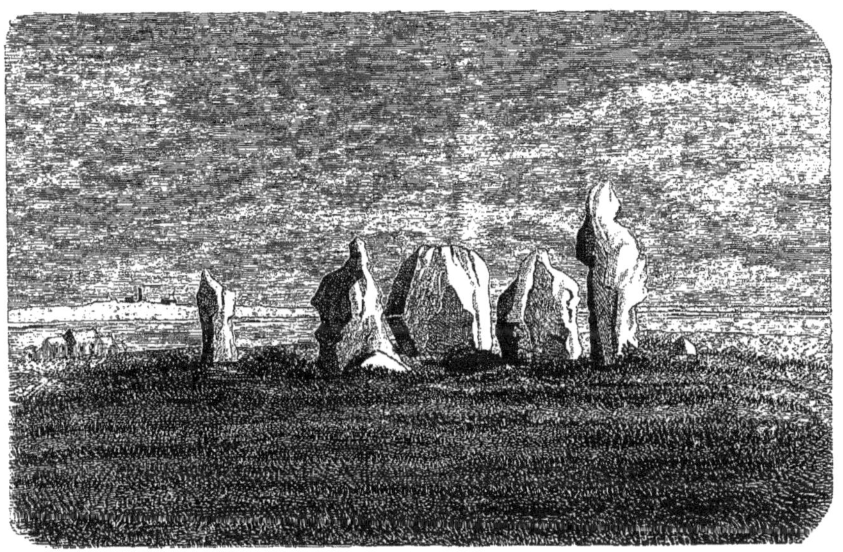

Fig. 51. — Alignement près du village de Saint-Pierre-de-Quiberon (Morbihan).

Les alignements sont des ensembles de pierres levées disposées en lignes plus ou moins droites. — Les cromlechs sont de même des ensembles de pierres levées disposées en cercles[1].

Les cromlechs sont souvent joints aux alignements et en forment, nous pouvons le dire sciemment, le complément nécessaire.

Ce genre de monuments est excessivement commun en Bretagne. On ne parle que de ceux de Carnac; il y en a partout, non seulement

1. La forme des enceintes de pierres levées connues sous le nom de *Cromlec'hs* n'a jamais été bien déterminée. Il en est de complètement carrés : nous en connaissons d'ovales. Quelques-uns sont positivement ronds. Si nous adoptons le mot de *Cromlec'hs*, qui signifie littéralement lieux saints, disposés en cercles, c'est que ce terme est généralement employé par tous les gens qui se sont occupés de monuments mégalithiques.

dans cette province, mais à Lyon, dans l'Ile-de-France et dans bien d'autres lieux.

L'alignement de Saint-Pierre-de-Quiberon, que nous donnons ici en premier lieu, est surtout remarquable par la configuration fantastique de ses grandes pierres levées (fig. 51).

La mer qui, par ses conquêtes sur les falaises et ses destructions

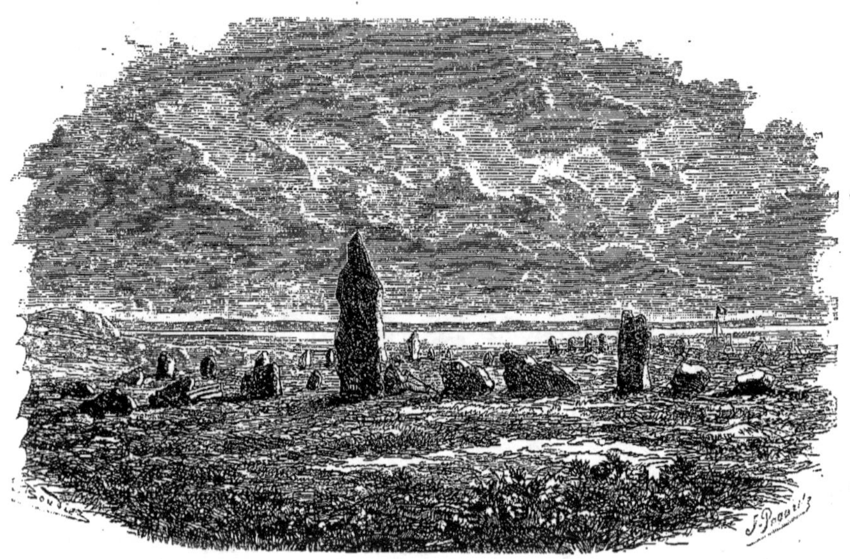

Fig. 52. — Alignements du Toulinguet, près de Camaret (Finistère).

continuelles, change partout l'aspect de ce pays[1], a détruit une partie de ce monument. Le rétablir dans son intégrité nous semble difficile; nous ne l'essayerons pas. Il est précédé d'un cromlech assez grand, et ses dernières pierres sont pour ainsi dire mouillées par le flot à son plein. A certaines heures du jour, éclairée par un soleil ardent projetant des ombres violentes sur le granit rugueux, et surtout à certaines heures de nuit, quand la lune le caresse de ses reflets

1. On signale, à Quiberon, des forêts qui n'existent plus depuis longtemps : la forêt de Kerné, par exemple; et les marins d'Etel rapportent à chaque instant de la baie des troncs d'arbres énormes, entièrement rongés, troués par les insectes et qui appartenaient sans nul doute à d'autres grands bois considérables, aujourd'hui couverts par les flots. — *Note sur la presqu'île de Quiberon*, par l'abbé Lavenot. (Caen, imprimerie de Le Blanc-Hardel, 1871.)

l'alignement de Saint-Pierre prend des aspects merveilleux. Les gens du pays y voient, comme à Trebeurden, des moines, des vierges, des guerriers, des femmes qui pleurent, que sais-je? — Malheureusement son voisinage avec les pierres d'Erdeven et de Carnac l'a toujours fait oublier par les archéologues ; c'est pour cela que nous avons cru devoir le signaler tout d'abord.

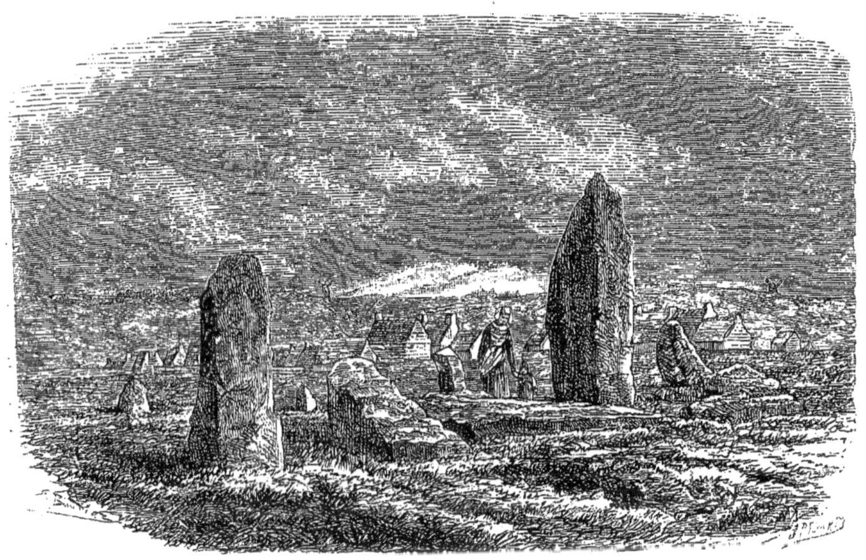

Fig. 53. — Alignements du Toulinguet, à Camaret, presqu'île de Crozon (Finistère).

Celui de Camaret (fig. 52), établi sur la plus haute falaise de la pointe du Toulinguet, a des aspects moins farouches ; mais sa position pittoresque, à l'extrémité du monde, en fait pourtant un bien curieux spécimen de l'architecture celtique. Il n'est composé que de quarante et une pierres, disposées en deux carrés, qui en font plutôt un cromlech qu'un alignement proprement dit. Jamais pierres levées ne nous ont fait comprendre comme celles du Toulinguet l'idée génératrice de ces incroyables constructions, aujourd'hui si muettes ou si peu communicatives, comme dit Fergusson. Ici, les pierres parlent véritablement à qui veut les entendre (fig. 53).

Le Celte, parti de l'Inde, a traversé le monde préoccupé d'une seule idée : *Go-a-head!* en avant! comme disent les Américains, bien plus Celtes que Saxons. Parvenu aux extrémités de la terre, son œil bleu ayant mesuré l'infini, il s'est écrié dans sa soif de progrès : « Là-bas, qu'y a-t-il encore? » — Et là-bas il a placé son rêve : « les îles fortunées, » l'*Avalon* des bardes, le séjour où, dans une autre vie, il cultivera d'autres terres. Fatigué de sa course immense, il a choisi ce lieu comme repos superbe en face de l'inconnu; et, de ses mains puissantes, il a creusé sa tombe pour dormir un moment, en attendant le nouveau voyage.

Allez donc, en face de cette pensée qui vous saisit le cœur quand on parcourt cette grandiose falaise et que l'on cherche, sans préoccupation savante, à deviner le pourquoi de ces pierres, allez donc parler d'Hyperboréens et de Ligures! Un souffle d'immortalité vous dilate le cœur, vous rêvez d'infini, et l'on vient vous assommer d'un coup avec des Allemands et des sauvages!

Passent les savants, passent les pédants; ouvrez votre âme au rêve. « Le Breton vivait de poésie, » a dit Augustin Thierry; ses fils s'en souviennent. Il faut être complètement fermé sous tous les rapports pour ne pas être ému jusqu'aux larmes en errant seul, par un beau jour d'automne, au milieu de ces magnifiques attestations de la religion de nos vieux pères.

Mais essayez donc de faire comprendre la suavité de la *Joconde* de Léonard à des aveugles, les contours harmonieux de la *Vénus* du Louvre à des tartufes, ou la majesté sublime du *Prophète* de Meyerbeer à des sourds.

Pour savoir la nature, disait la Triade, pour recevoir l'*awen,* il fallait passer une nuit tout entière sur la montagne des aigles, *Pen Eryry* [1]; — pour saisir la poésie des monuments celtiques, il faut avoir erré pendant plusieurs nuits dans les alignements de Camaret.

Carnac est plus complet; nous pouvons en parler scientifiquement, ayant vécu de longs mois au milieu de ses rangées silencieuses.

1. Voir Henri Martin, *le Pays de Galles* (*Études d'archéologie celtique*). [Paris, Didier, 1872, p. 47.]

Essayons de le faire dans des termes moins poétiques, mais peut-être plus probants.

Carnac est un fragment presque détruit d'une immense nécropole (fig. 54).

Qu'il y ait eu là un ou plusieurs sanctuaires, c'est ce qu'il est impossible d'affirmer. Des fouilles, dirigées avec soin, pourront peut-

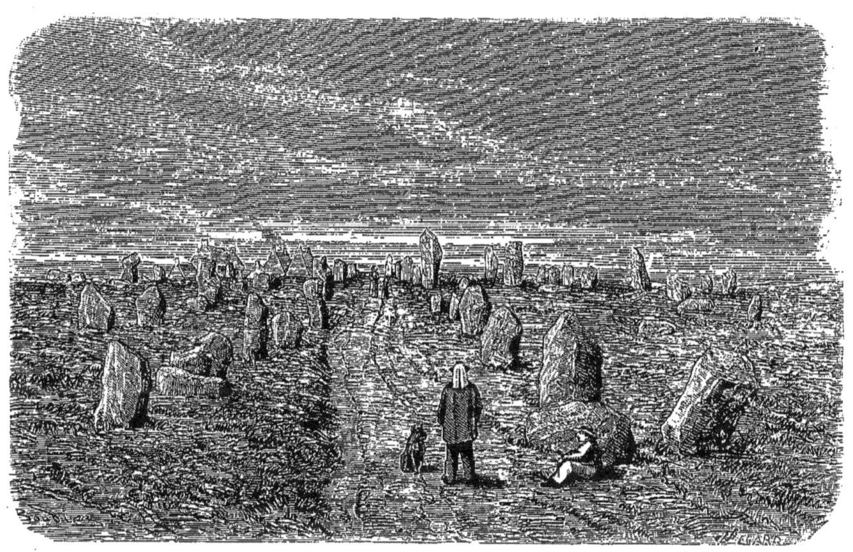

Fig. 54. — Vue des alignements de Carnac : le Menec Vras, les Petites pierres.

être plus tard faire découvrir en ces lieux bien des nouveautés ; mais actuellement, de tous les travaux exécutés sur ces alignements, on ne peut absolument conclure qu'une seule chose, c'est que *Carnac* est un *cimetière*[1].

1. Les Bretons d'outre-Manche appellent *Karn, Kairn,* leurs tumulus et leurs dolmens. Ce mot, en Armorique, avait la même signification, comme le témoignent encore *Carnouet,* le bois du Carn ; *Loc Karn,* le lieu de *Karn.* C'est dans la tombelle de *Carnouet* que fut trouvé le fameux collier d'or du Musée de Cluny, reproduit dans notre chromolithographie ; et pour *Loc Karn,* qui est situé entre Carhaix et Callac, dans la forêt de Duault, M. l'amiral Fleuriot de Langle y signale un grand nombre de monuments mégalolithiques. Le *Carn,* pris dans le sens de dolmen recouvert d'un tumulus, est donc une dénomination commune aux deux peuples. De plus l'ossuaire, ce petit édifice qui est l'accompagnement ordinaire des cimetières en basse Bretagne, et dont nous parlions plus haut, s'appelle encore aujourd'hui *Carnell,* en Vannes, dit Grégoire de Rostrenen (p. 154), *er Harnel,* nom que nous

Le monument se divise en quatre parties bien distinctes :

1° Le *Menec*, orienté à l'est, direction des équinoxes. Il a 1,200 mètres de long sur 100 mètres de large et se compose de onze rangées de menhirs qui partent d'un demi-cercle encore assez régulièrement tracé parmi les maisons du petit village qui a pris son nom de cet alignement. Il a 942 pierres en place (409 levées, 533 renversées) (fig. 54). En tête, dans le cromlech, s'élevaient jadis au moins deux tombelles recouvrant des dolmens; les noms des lieux le témoignent suffisamment : le grand champ qu'entoure le *crom* s'appelle *Parc er Manè*, le champ de la tombelle, et le petit verger du village, le *Manè Vihan*[1] (la petite tombelle); un fragment du dolmen primitif existe encore à cet endroit. A droite et à gauche des alignements, des fragments de tumulus et des dolmens détruits subsistent encore en assez grand nombre, entre autres au *Stel Seu*, avec menhir; à *Criforn*, avec menhir; à *Croaz Moquen*, au *Manè Courdiec*, au *Manè Nilestrec*, avec menhir; au *Manè Runel*, au *Manè Gradeven*, au *Manè Couclour;* enfin au *Manè Mikel* (le mont Saint-Michel). Le *Menec*, d'après dom Le Pelletier, veut dire le *Lieu du souvenir*[2].

retrouvons dans Carnel, village près de Lorient; dans *Carnel*, en Plouay; dans Plouharnel, la peuplade de l'ossuaire; même dans la forêt de Carnèle, près de Paris, si connue par ses monuments celtiques.

Ac est un suffixe que les Latins traduisaient par *acus* et dont « se servaient les Celtes pour former un adjectif d'un substantif dans l'intention d'ajouter un qualificatif à un mot. » (Voir, pour les différents emplois du suffixe *ac, auc, ek, ach*, M. Houzé, au mot *Pouilly*, p. 72 de son *Étude sur la signification des noms de lieux en France*.) Il joue en breton le rôle de la syllabe *eux* dans la langue française : peur, *peureux;* malheur, *malheureux;* pierre, *pierreux*. L'auteur que nous citions tout à l'heure, M. Houzé, en donne différents exemples : *gonid*, gain, *gonidek* (gagneur); *cnocc*, bosse, *cnocach* (bossu); *dead*, fin; *dedenach*, final, etc. Ayant déterminé la traduction du mot *carn*, en breton *Carnac* signifierait donc littéralement : qui a des *carns*, qui possède des ossuaires.

Ducange traduit *carnarium* par : locus ubi carnes reponuntur; *ossarium, cœmeterium :* locus ubi ossa mortuorum ponuntur, sedes ossuum, et enfin : capella in cimeterio quæ dicitur *charnier*. Jehan Lagadeuc, en son *Catholicon*, écrit *carnel*, G. reliquaire, L. Lipsanum. Nous venons de voir l'opinion de Grégoire de Rostrenen. L'Armerie la partage à la page 53 de son *Dictionnaire françois-breton*. Tout donc, ce nous semble, confirme la traduction que nous venons de donner plus haut, et *Carnac* veut bien dire la terre des ossuaires.

1. Nous ne revenons pas sur la signification positive du *Manè* et nous renvoyons le lecteur aux explications données précédemment (page 93).

2. La signification propre de *Menec* serait la mémoire locale, ou marque pour trouver ce dont on veut se souvenir. (*Dictionnaire de la langue bretonne*, p. 592.) *Meneac* est une forme trecoroise de *Menec*. *Miniac* en est une autre; *Miniac* est le nom d'une famille bretonne où le courage et l'honneur sont des vertus héréditaires : aussi antique noblesse ne pouvait manquer d'obliger.

2° Le second alignement, orienté dans la direction du solstice d'été, est celui de *Kermario* (la Cité des morts)[1]. Ce second monument a 1,250 mètres de long sur 100 mètres de large jusqu'à *Vitri Vihan* (la petite métairie). Il ne présente à son origine que dix lignes de pierres levées; la onzième se laisse apercevoir seulement au-dessous du moulin de Kermaux[2].

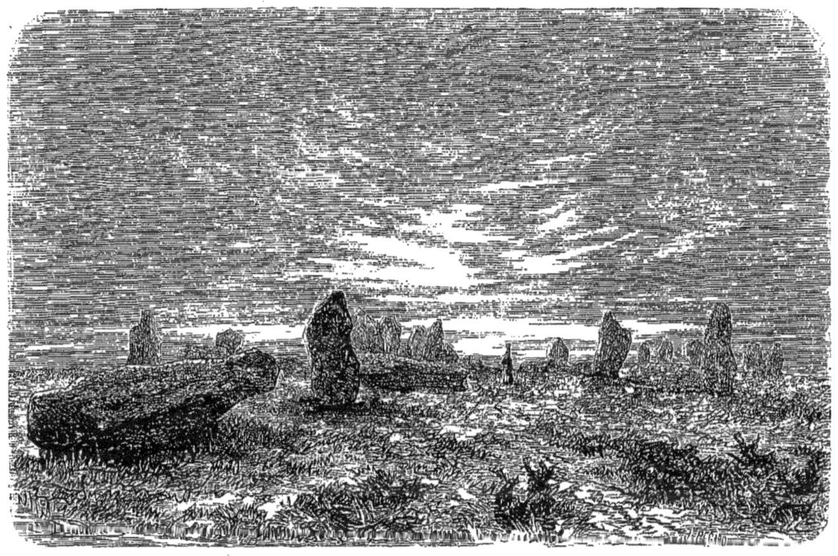

Fig. 55. — Les alignements de Carnac, vue prise à Kermario : les Grandes pierres.

Kermario a 885 menhirs (205 levés, 680 renversés) [fig. 55]. En tête se rencontrent les restes d'un dolmen assez bien conservé : preuve nouvelle des tombes placées à l'origine du monument. Le lieu s'appelle du reste encore ici *Manè Kervario* (la tombelle de la Cité des morts), et les champs voisins portent tous des dénominations significatives, *Mescao pel, Mesquao vras, parc ar Mesquao, er Mesqueux,* qui veulent dire : les champs des caves ou des grottes. Il y avait là des tumulus qui formaient, comme au Menec, la tête de l'alignement.

1. *Mario* est le pluriel vannetais de *maro*, la mort. La mort, en breton, n'a pas de pluriel; quand on veut parler des trépassés, on dit *an anaoun*, les âmes des défunts. Mais, en construction grammaticale, *mario* ne peut être qu'un pluriel et ce pluriel ne peut dériver que de *maro*, la mort.

2. *Kermaux* s'écrit en breton *Kermao* et dans les vieux actes *Kermaro* (la ville de la mort), ce qui confirme suffisamment, nous le croyons, la traduction précédente.

A droite, à gauche, d'autres tombelles ou d'autres dolmens parsèment la campagne : *Er Roc'h* avec menhir, *Mané Velin, Manè er Nechen, Manè Kercado, Manè Renaud, Manè Kervinio, Manè er Groez*, enfin le fameux tertre dont nous avons parlé plus haut.

Nous ne nous arrêterons pas à traduire le nom des pièces de terre que parcourent ces lignes de pierres; ils ont des significations bien curieuses. Contentons-nous de citer les *Luduen*, les *Luhen* et les *Luheux*, dont le radical est *ludu* (cendre), qui est aussi celui du *Manè lud*, en Locmariaquer, signalé précédemment à propos des fouilles de la Société polymathique du Morbihan.

Des morts, des grottes, des *Manè*, des cendres. Je crois qu'ici les preuves s'accumulent en faveur de notre opinion, et que les noms de lieux sont assez éloquents. Nous sommes bien non seulement dans un cimetière, mais encore dans un cimetière par incinération.

3° Le troisième alignement est celui de *Kerlescan* (la Cité des cendres)[1], orienté au solstice d'hiver[2]. Ici encore nous avons en tête un cromlech qui, lui, porte un nom plus significatif que tous les autres : il se nomme le *Manio* (les tombelles)[3].

1. *Kerlescan* vient de *lesqui*, brûler. D'habitude, on écrit *losquet*. Du reste, à deux pas des alignements, il y a des *kerlosquet* et des *parc losquet* en quantité suffisante pour confirmer la traduction du mot. — Lesquen est un nom de famille commun en Bretagne; il nous donne la forme *lesquan* ou *lescan* de notre monument.

2. Par direction des solstices et des équinoxes, nous prétendons dire qu'en se mettant au milieu de l'alignement de Kerlescan, par exemple, au matin du jour de Noël, à la Saint-Jean d'hiver, on verra se lever le soleil au-dessus des dernières pierres à l'horizon; qu'à la Saint-Jean d'été, à Kermario, et que le jour de Pâques ou le jour de la Saint-Michel, au Menec Vras, il en sera de même. Un archéologue anglais, M. Ellis, cité par Fergusson, avait fait la même remarque à Stonehenge : étant assis un matin d'un jour d'été sur une pierre appelée *l'autel*, il vit le soleil se lever derrière une autre pierre appelée *le Talon du moine* (Fergusson, Introduction, p. 8). Il en concluait même que Stonehenge était un observatoire; nous ne tirerons de notre observation aucune déduction semblable.

L'habitude d'orienter les monuments religieux s'est conservée chez nous jusqu'à l'introduction des jésuites en France. Toutes nos vieilles cathédrales sont orientées. Toutes les églises de Paris, même Saint-Benoît-le-Mautourné, étaient orientées. C'est Saint-Paul-Saint-Louis qui commença à prêcher par l'exemple le dédain de cette vieille coutume gauloise. Les vieux plans de la capitale constatent même la présence d'un dolmen construit sur *le terrain* qui se trouvait placé au chevet de l'église métropolitaine. L'orientation est française, l'habitude contraire est romaine.

3. Voici encore un pluriel vannetais dans le genre du *Mario* de tout à l'heure. Celui-ci est incontestable. Grégoire de Rostrenen et L'Armeric écrivent *Maneyeu;* mais quand on connaît la prononciation extraordinairement molle des Blohigued (Vénètes burlesquement), la transformation se comprend aussitôt.

Le groupe de Kerlescan occupe une longueur de 350 mètres sur 128 mètres de largeur. Un cromlech carré le commence, treize lignes de pierres partent de ce cromlech; il y a, à Kerlescan, 294 pierres (116 levées, 178 renversées).

A droite, près des restes d'un monument détruit, peut-être un alignement, se trouve le fameux *barow* signalé par tous les livres anglais, où nous avons pris le motif de notre lettre d'en-tête de ce chapitre (*Toul ar Crionnet,* le trou des *Crions,* les nains de Cambry), tumulus immense que nous avons vu complet avec son *crom* et ses deux pierres trouées. Aujourd'hui, il en reste une table et trois supports enfouis dans une fosse immonde.

Un autre cromlech avec menhir de signal (6 mètres de haut), maintenant couché sur la terre, se trouve près du *Manio.* Du reste, les champs qui l'environnent portent tous des noms caractéristiques : *Parc er Manio, Lannec er Manio, Coat er Manio* (le champ, la lande, le bois des tombelles).

Ici, ce n'est plus une ou deux collines funéraires comme au Menec ou à Kermario; ce sont des tumulus en foule qui se présentent adossés au monument lui-même, des montagnes de tombes.

Les pierres continuent à parler plus vigoureusement encore que tout à l'heure.

4° Le quatrième alignement est celui du *Menec Vihan, le petit Menec;* mais là, les entrepreneurs de bâtisse, les constructeurs des phares de Belle-Isle ne nous ont laissé que des fragments tellement dispersés, que nous pouvons à peine en déterminer la direction probable.

En prenant les pierres qui servent de supports aux talus du chemin creux, il y a, au *Menec Vihan,* 244 menhirs, dont 58 levés et 186 renversés.

Mais, en revanche, les tombelles qui accompagnent le monument sont innombrables. Nous arrivons à La Trinité et à sa rivière, cela se comprend ; et le château qui domine la contrée s'appelle encore le Lac, en breton *Lac'h* ou *Lec'h,* le point sacré par excellence. Nous avons déjà donné la signification de ce mot; qu'on nous permette de ne pas y insister. C'est là que se trouvent le *Manè Cua,* le *Manè Bras,* le *Manè Roc'h,* le

Manè Kermarquer, fouillés par les archéologues du département, puis le *Manè Penher*, le *Manè Croiziaux*, le *Manè Gabelec*, le *Manè Kerisper*, le *Manè er Rohec'h*, le *Manè Vihan*, *Crac'h Tan* (la butte du feu), le *Manè Li*, le *Manè Lac'h*, le *Derver* (la chênaie) *de Kerlearec* et tant d'autres que nous n'osons nommer, de peur de fatiguer le lecteur avec nos éternels *Manè*.

M. de Keranflec'h a compté soixante-sept dolmens dans la commune de Carnac, et certes il ne les a pas découverts tous, ayant négligé le cadastre qui conserve le nom des monuments détruits.

Tel est actuellement ce qui reste du monument connu sous le nom des ALIGNEMENTS DE CARNAC.

Nous avons dit tout à l'heure qu'il n'était qu'un fragment d'une nécropole immense.

Ici nous ne pouvons que jeter quelques indications sommaires, au courant de la plume, n'osant nous étendre indéfiniment sur ces pierres si curieuses et si mal explorées.

Les alignements de Carnac sont la dernière ligne d'un tout bien plus considérable se rattachant immédiatement à ceux du Vieux-Moulin et de Sainte-Barbe, qui n'en sont que la continuation, ou le commencement si vous voulez.

La seconde ligne est formée par Erdeven, qui se relie à Quelvezin, et à d'autres *Menecs* presque entièrement démolis.

Une troisième ligne se rencontrerait peut-être dans les environs d'Auray et dessinerait alors le complément de ce cimetière colossal, qui allait du bras de mer d'Etel à celui de La Trinité, faisant de toute cette presqu'île un champ de tombes de plusieurs lieues de tour.

Que l'on se mette à étudier, comme nous l'avons fait pour Carnac, les noms de lieux et les pierres dispersées ; que l'on ne néglige ni les *Cosquer*, ni les *Kergos*, ni les *Keric en arvor*, ni les *Keric la Lande*, ni les *Kerighoh*[1], autant de petites villes qui subsistèrent

1. *Cosquer* veut dire vieille ville. *Kergos* a la même signification. *Keric en arvor* veut dire la petite ville au bord de la mer. *Keric la Lande* est une dénomination plus terrestre, et *Kerighoh* enfin est la construction vannetaise de *Kergos*. Le pays est plein de ruines gallo-romaines. Il y a là à fouiller pendant des années, et que de trésors on y trouverait ! Hélas ! hélas ! je ne continue pas, j'en aurais trop à dire.

jusqu'au IVe siècle et qui sont des débris gaulois de la plus haute antiquité, et peut-être qu'alors on aura la clef de cette énigme et le pourquoi de toute cette contrée si riche en documents précis sur nos antiquités nationales[1].

Nous venons de voir ce qu'étaient les *cromlechs :* des cercles de pierre entourant des tombelles. Il en est beaucoup qui subsistent encore

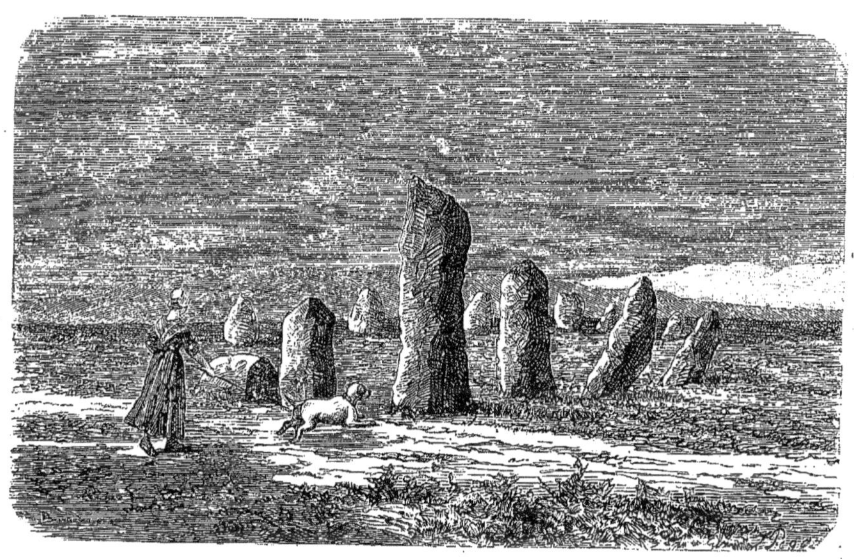

Fig. 56. — Cromlech de Lorette, près du Quillo (Côtes-du-Nord).

sans aucune apparence de tumulus à leur centre. En ont-ils eu jadis? Comme nous n'avons pas l'habitude d'affirmer sans preuve, nous avouerons ici tranquillement que nous n'en savons absolument rien ; mais que tout porte à croire, comme le dirait toujours M. Alexandre Bertrand, que, s'ils n'ont pas de tertre, ils ont pu en avoir.

Nous donnons ici deux exemples de ces *croms* dénués de *Manè.*

Celui de Lorette[2] est dans une position magnifique (fig. 56) ; nous nous rappelons un jour avoir joui, du haut de cette montagne, d'un coup

1. Les documents qui précèdent sont puisés dans un travail commandé pour les monuments historiques et qui fait partie des archives du ministère des beaux-arts. (Missions de 1873 et 1874.)

2. La chapelle qui a donné son nom à cette montagne, et qui est consacrée à Notre-Dame-de-Lorette, est de fabrication complètement récente.

d'œil véritablement féerique. La vallée était couverte de brouillards; les nuées, poussées par un vent d'ouest, passaient sous nos pieds avec une rapidité vertigineuse; le défilé des vapeurs blanches dura bien une bonne heure. Un pâtre, qui nous servait de guide, s'écria tout émerveillé devant ce spectacle bizarre : C'est l'armée d'Arthur. — « Des cavaliers, au sommet de la montagne, passent, montés sur des

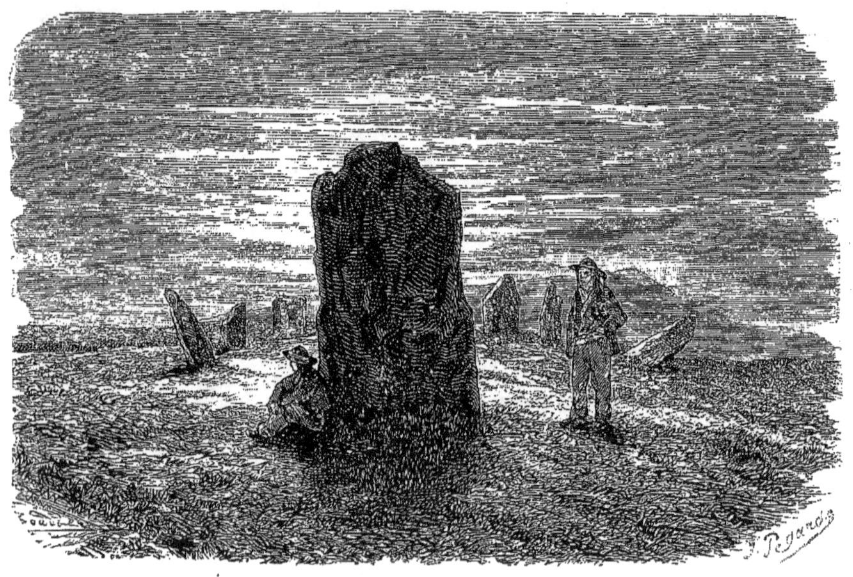

Fig. 57. — Cromlech de la presqu'île de Kermorvan, près du Conquet (Finistère).

coursiers qui reniflent le froid. Neuf longueurs d'un jet de fronde depuis leur tête jusqu'à leur queue. » — Il nous chanta toute la ballade.

Et nous nous ressouvînmes au milieu de ces monuments des traditions primitives de cette autre armée des Aryas, où l'Apollon de l'Inde, Wichnou, monté sur des coursiers fougueux, crible de ses flèches d'or les Açwins, nuages qui obscurcissent la terre, et, soleil radieux, apparaît tout à coup dans sa gloire, ressuscitant le monde en le fécondant de sa chaleur bienfaisante.

Monuments des anciens âges et légendes des ancêtres, tout se confondait dans notre esprit.

Nous avons gardé, de ce jour et de ce lieu, un souvenir ineffaçable.

Le second *crom* est plus petit; il est placé dans la presqu'île de Kermorvan, près du Conquet (fig. 57). Le voisinage de nombreux dolmens et d'une source considérée comme sacrée[1] laisse à penser que là devait se trouver une grande tombelle qu'entouraient jadis les menhirs.

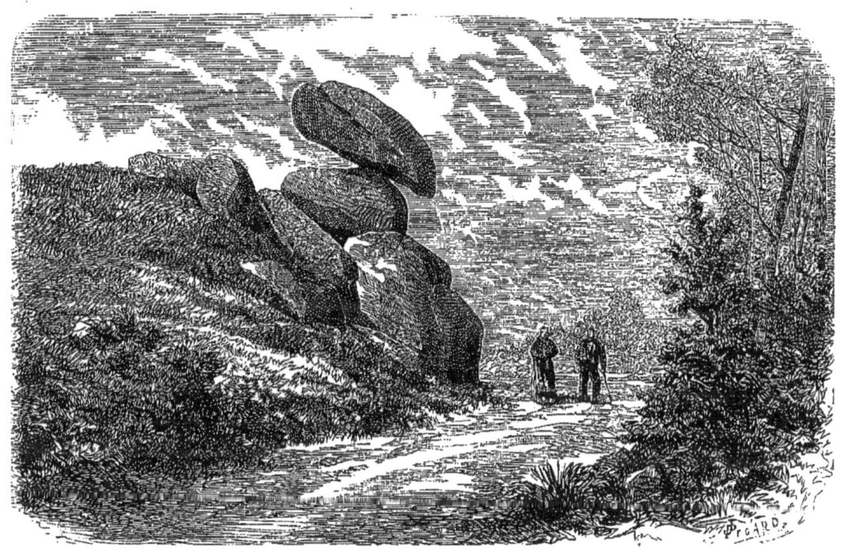

Fig. 58. — Pierre branlante de Brech, près d'Auray (Morbihan).

Quant aux *pierres branlantes,* notre opinion sur elles est complètement fixée : ce ne sont que des jeux de la nature que la légende a rendus vénérables.

1. Les monuments celtiques sont toujours accompagnés de fontaines vénérées par les hommes et surtout par les femmes du pays qui, malgré tous les anathèmes, y pratiquent encore des superstitions défendues par l'Église : telles que le jet de l'épingle, l'épreuve de la chemise de l'enfant nouveau-né et bien d'autres sur lesquelles nous ne pouvons donner ici de plus amples détails. Au Menec, il y a une fontaine d'un aspect extraordinairement druidique; à Kermario, il y en a une autre, près du chemin de Kercado, peut-être encore plus fantastique; à Kerlescan, on en rencontre deux. Près de tous les alignements nous en avons toujours entrevu. Celle de Merlin, dans la forêt de Paimpont, qui fait la pluie et le beau temps, est peut-être la plus curieuse de toutes. On y va même encore en procession de nos jours avec la croix et la bannière. A quoi servent donc les conciles et les Capitulaires ?

Celle de Brech est bien étrange (fig. 58); les paysans qui passent auprès d'elle la saluent pieusement; nous avons essayé en vain de la remuer. Celle de Tregastel s'agite à la poussée d'une petite main d'enfant (fig. 59). Son voisinage de la mer et sa désagrégation intérieure expliquent facilement ses oscillations ordinaires.

Il en est quelques-unes en Bretagne qui servent de pierre

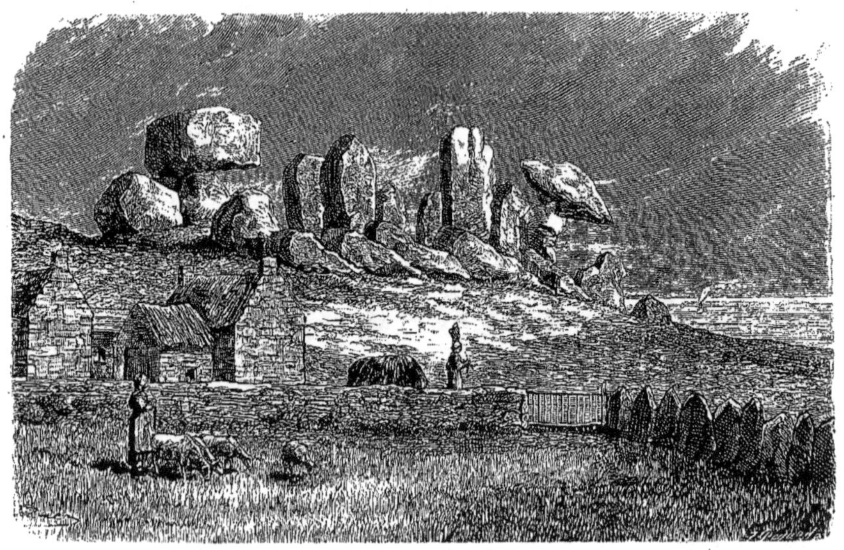

Fig. 59. — Pierre branlante de Tregastel (Côtes-du-Nord).

d'épreuve pour les maris trompés. Nous n'osons donner ici plus de détails sur ces pierres : elles n'ont rien de commun avec nos menhirs et nos dolmens, et ne sont pas des monuments celtiques.

Nous avons vu le dolmen dans sa construction extérieure, manifestation grandiose de ce que nous avons appelé *l'art celtique*. Étudions-le maintenant comme chambre sépulcrale dans sa décoration intérieure et dans son mobilier funèbre, et pénétrons par là plus avant dans le caractère vrai de la race qui l'éleva jadis.

Les hommes des cavernes reproduisaient les animaux, les éléphants, les rennes, les aurochs, les phoques, les chevaux qu'ils chassaient dans la forêt, au bord des grands lacs, sur les rivages de la mer. Ils traçaient même dans leurs dessins naïfs les figures de leurs semblables, et couvraient leurs cornes, leurs ivoires, leurs schistes de croquis bizarres, inscrivant des carrés et des losanges au centre de leurs cercles, multipliant les lignes, les plaçant comme au hasard, irrégulièrement, sans soin, sans goût, sans aucune logique d'ornementation, et surtout ne se préoccupant jamais de la fleur, de la plante et de la nature au milieu de laquelle ils vivaient.

Au revers, nous allons voir le Celte proscrire les représentations de l'homme et de tous les êtres animés, mais, en revanche, s'inspirer de la nature végétale et l'imiter la plupart du temps dans la confection de ses vases, dans la décoration de ses colliers, même dans la gravure qu'il essaye de creuser sur les parois intérieures de ses grandes tombes. Là sera notre point d'attache avec ce que nous appellerons d'abord l'*art gaulois,* avec ce que nous désignerons ensuite sous le nom d'*art français,* d'ART NATIONAL.

Si l'on s'en rapporte aux traditions hébraïques, il y a déjà, dans cette absence de la reproduction de figures vivantes comme la preuve d'une religion parfaitement déterminée. « Tu ne feras point d'images taillées, dit le Seigneur à son peuple par la bouche de Moïse, ni aucune représentation de ce qui est au ciel et sur la terre. » *Non facies tibi sculptile neque omnem similitudinem quæ est in cœlo desuper, et quæ in terra deorsum.* (Exode, ch. XX, v. 4.)

Les hommes des cavernes étaient de féroces chasseurs devant le Seigneur; leur préoccupation principale était de tuer.

La race celtique était mue par une tout autre pensée. Elle introduisit dans nos régions une chose magnifique et sainte, nouvelle jusque-là, la CHARRUE.

Les Celtes étaient avant tout des agriculteurs. « Ces premiers émigrants de l'Inde profonde arrivèrent ici par la vallée du Danube sur leurs chars traînés par des bœufs et des chevaux sous le joug, dit M. d'Arbois de Jubainville[1], au milieu de leurs troupeaux de vaches, de moutons, de chèvres, et tracèrent dans ce sol vierge le premier

1. *Les premiers habitants de l'Europe,* d'après les auteurs de l'antiquité et les recherches les plus récentes de la linguistique, par H. d'Arbois de Jubainville, correspondant de l'Institut. (Paris, J.-B. Dumoulin, libraire-éditeur, 1877, p. 138.)

sillon de la charrue. » Le pain, quelle chose sublime! c'est la nourriture commune que le grand chef partage avec ses enfants; c'est la constitution de la famille, par conséquent du *clan*, et plus tard de l'union sociale. — Rompre le pain avec un hôte est resté chez nous longtemps un acte sacré, une vraie *communion*. La religion catholique devait faire de ce pain un symbole bien plus majestueux et bien plus grandiose.

Le peuple a pour ainsi dire gardé pure, dans ses usages communs, la tradition de ce pain de nos aïeux, et l'on en retrouve encore les

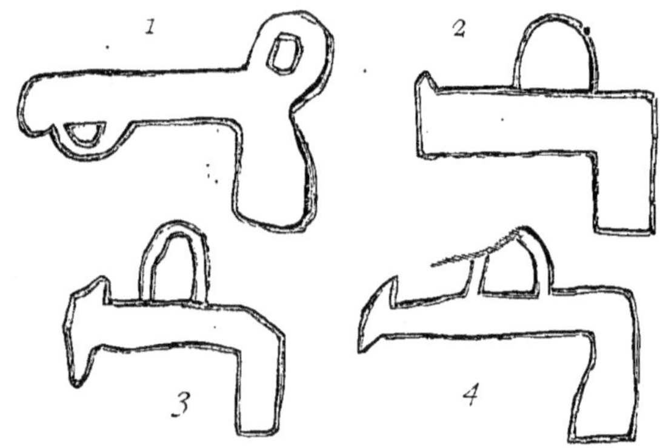

Fig. 60. — Ascias, charrues symboliques. — 1. Table de César, à Locmariaquer. — 2. Dolmen de Kercado (Carnac). — 3. Pen Hap (île aux Moines). — 4. Bé er Groec'h (Locmariaquer).

traces en cherchant bien dans les *cornabeux* et les *naulets* du Berry, pain de Noël;

Dans les *cogneux* de Lorraine;

Dans les *couing ar gouan*, pain de l'hiver de Bretagne;

Dans les *coignoles* de Flandre;

Dans les *cochelins* d'Orléans;

Dans les *coquelins* de Chartres;

Dans les *bourettes* de Valognes,

Et dans les *gouastel*, le gâteau de la moisson, du pays de Tréguier.

Quoi d'étonnant, dès lors, de rencontrer, au plafond de nos dolmens, ce grand symbole de la charrue largement indiqué par un trait profond et énergique ! — Sous la grande table de Locmariaquer, à laquelle les savants ont infligé comme dernier outrage le nom du plus terrible massacreur de la race celtique, et qu'ils ont nommée la *Table de César,* nous trouvons un premier exemple de cette charrue

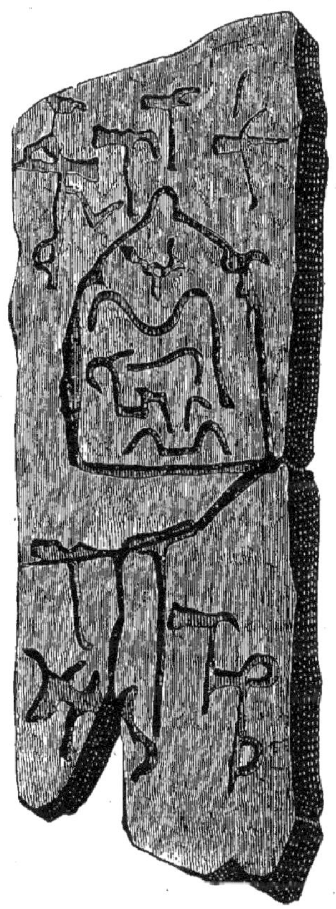

Fig. 61. — Pierre trouvée à l'entrée du dolmen de Manè er Groec'h (Locmariaquer), d'après M. de Cussé.

symbolique. Il en est un autre au milieu de la grande dalle du dolmen de Kercado ; un autre à Pen Hap, dans l'île aux Moines ; un autre à Bé er Groach, le tombeau de la Fée (fig. 60).

Lorsque l'on fouilla la grande tombelle du *Manè* er Groec'h, à Locmariaquer, les explorateurs rencontrèrent, à l'entrée de la crypte, servant de porte pour ainsi dire au tombeau, une grande pierre couverte de signes étranges (fig. 61). Au milieu, une sorte d'écusson contenait la marque de la famille, le *totem,* comme on dit du clan, et tout autour des signes, dans lesquels ils crurent reconnaître des *celtæ,* emmanchés d'une façon régulière. — Ces *celtæ* n'étaient que des imitations grossières des grandes charrues de la table de César et du tertre de Kercado. Dans l'intérieur, on ramassa plus de cent soi-disant haches de pierre. Le rapprochement était pourtant assez lumineux : on n'y

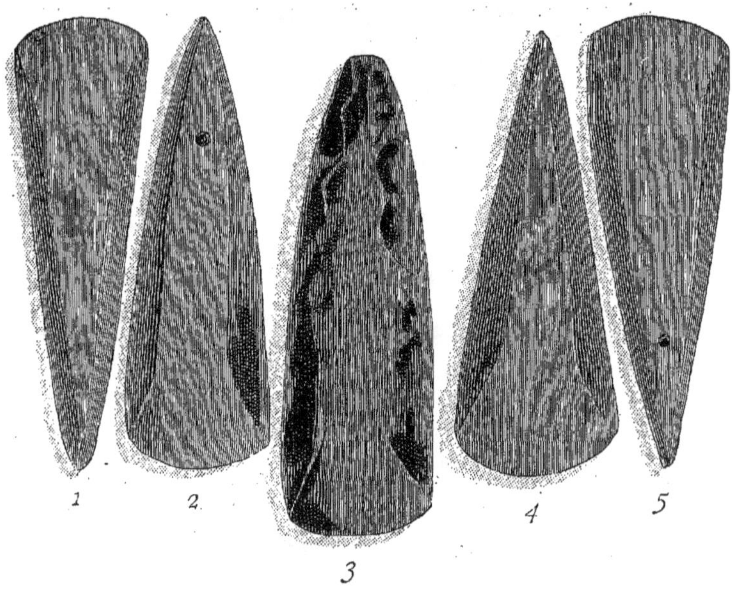

Fig. 62. — 1. Celtæ de Paris. — 2. 3. 4. 5. Celtæ des dolmens du Morbihan (Musée de Vannes).

prêta, ce jour-là, aucune attention; on croyait aux haches, on y croit encore.

Les *celtæ* de jade, de trémolithe, de fibrolithe (fig. 62), si délicats, si minces, si gracieux et si fins, ne sont pourtant pas autre chose que de petites charrues votives, placées là dans la tombe sous le grand signe de l'*ascia,* « *sub ascia dedicavit*[1], » pour donner au mort la faculté de cultiver la terre promise dans la région sereine où va passer sa grande âme.

En voulez-vous une preuve flagrante? Allez au Musée du Louvre,

1. Pour l'explication de l'*ascia,* nous renvoyons aux tombes gallo-romaines que nous donnons dans le Ve chapitre de ce volume.

dans les salles égyptiennes ; vous y rencontrerez une énorme quantité de petites figurines qui présentent l'aspect de la momie elle-même. Leurs bras sont croisés sur la poitrine ; elles tiennent dans les deux mains des instruments d'agriculture, hoyaux et herminettes (fig. 63). Derrière leur épaule pend un sac destiné à contenir des graines. — « Le sens de cet outillage, dit M. Paul Pierret, le savant conservateur de ce Musée, nous est expliqué par le tableau du chapitre CX du *Livre des*

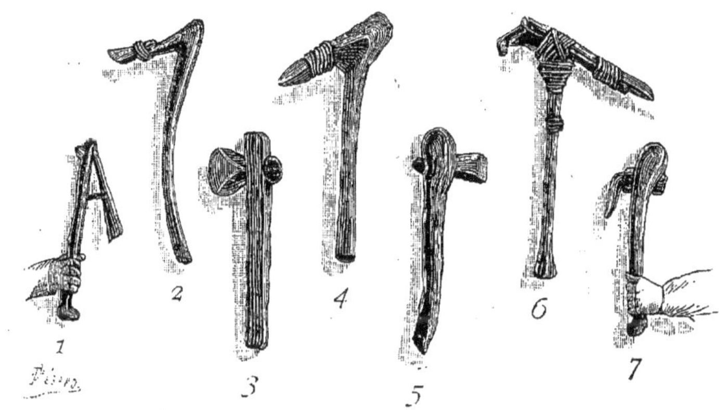

Fig. 63. — 1 et 7. Herminettes égyptiennes des statuettes de momies du Musée du Louvre. — 2. Hache de Port-Praslin, île Sainte-Élisabeth, d'après Charton. — 3. Hache caraïbe de la Guadeloupe. — 4 et 5. Haches de pierre emmanchées dans des bois de provenance lacustre. — 6. Hache des Taïtiens[1].

morts, qui représente le défunt labourant, semant et moissonnant dans les champs célestes. Sur ces petites statuettes est habituellement tracé le texte du chapitre VI du même livre, dans lequel elles sont appelées *ouschabtion*, du verbe *ouscheb*, « répondre. » Elles étaient donc considérées comme des répondantes de l'aptitude du personnage représenté à accomplir les travaux de l'autre vie.

Voici ce texte, qui est une allocution que leur adresse le défunt : « O *ouschabtion !* si cet osiris N. est jugé digne de faire tous les travaux qui se font dans les diverses régions inférieures, alors tout

1. Nous avons réuni ici, dans une même planche, différentes haches emmanchées de sauvages modernes ; deux spécimens des *ouschabtion* du Louvre ; deux autres des lacustres, pour bien faire comprendre au lecteur leur aspect primitif, et les rapprocher des charrues ou des hoyaux tracés sur les dolmens.

principe mauvais lui est enlevé, comme à un homme maître de ses facultés. Or moi, je vous dis : Jugez-moi digne pour chaque journée qui s'accomplit ici de fertiliser les champs, d'inonder les ruisseaux, de transporter le sable de l'ouest à l'est. Or je vous dis cela, moi, l'osiris N.[1]. »

Et voilà toute trouvée l'explication de nos charrues, l'emmanchement de nos *celtæ* et la signification de ces fameuses *céraunies*, ou pierres de foudre, sur lesquelles on a tant écrit de choses (fig. 64).

Haches polies, tant que vous voudrez ; j'aime mieux voir dans

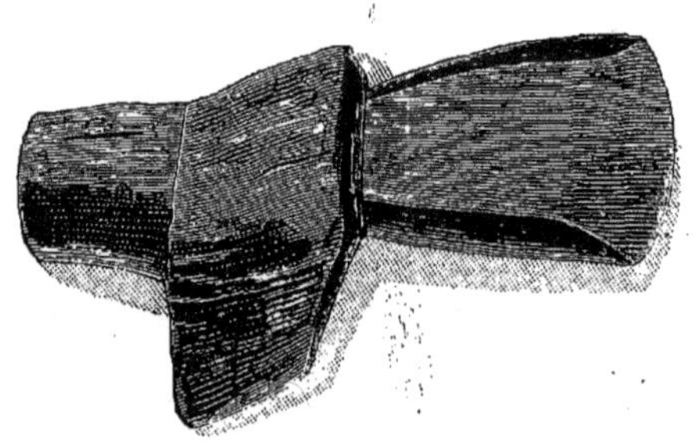

Fig. 64. — Hache emmanchée dans un andouiller de cerf, type Robenhausien, trouvée à Chassey (Saône-et-Loire). Musée de Châlon.

tout cela les preuves de la grande conquête celtique par l'agriculture que les images sanglantes des massacres, des tueries et des guerres que la malheureuse habitude des historiens anciens et modernes nous ont mises dans l'esprit depuis des siècles (fig. 65 et 66).

Quand donc fera-t-on l'histoire d'un peuple sans faire l'histoire de ses rois et de ses empereurs ? — Il est bien temps de s'y mettre.

Revenons à nos signes. Les archéologues du Morbihan qui découvrirent les premiers toutes ces merveilles ont cru devoir baptiser tous ces signes et les classer méthodiquement. Ils ont appelé ceux

1. *Catalogue de la salle historique de la galerie égyptienne* (Musée du Louvre), par Paul Pierret, conservateur adjoint du Musée égyptien. (Paris, Charles de Mourgues frères, imprimeurs des musées nationaux, 1873, p. 23). — Ce n'est pas le seul rapprochement que nous trouvons chez nous entre les Celtes et les Égyptiens. Nous donnons dans notre planche chromolithographique deux perles de collier trouvées à Carnac (Morbihan). Elles sont en pâte d'émail *tricolore* : bleu, blanc, rouge, d'une exécution toute particulière. Au Louvre, il y en a une absolument semblable dans une des vitrines de la salle civile.

dont nous venons de parler signes *celtiformes* et signes *asciformes*. Passe pour *celtiformes* et pour *asciformes ;* mais ils ne s'en sont point tenus là et ont désigné ceux de la pierre de Locmariaquer et ceux dont nous donnons ici deux spécimens trouvés aux Pierres plates

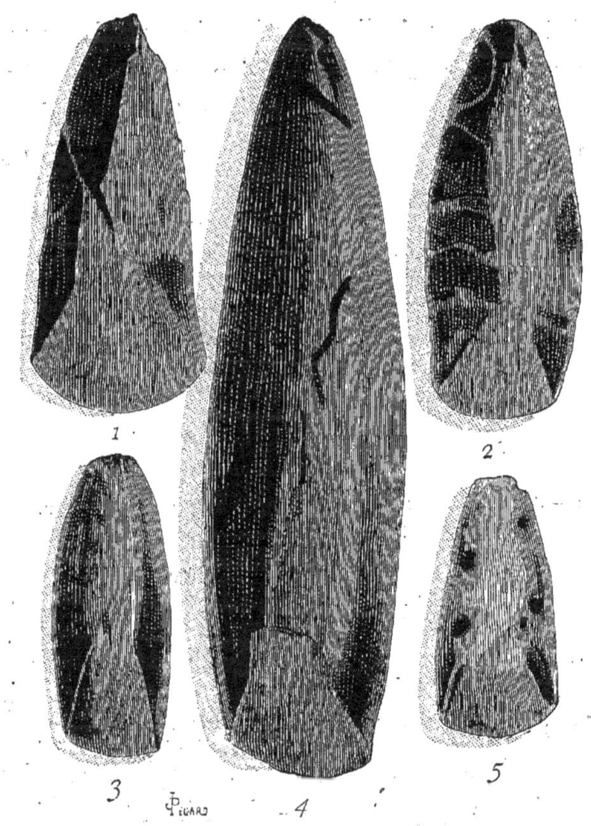

Fig. 65. — 1. 2. Haches préparées pour le polissage (Aube et forêt d'Othe). — 3. 4 et 5. Haches polies. *Celtæ* du musée de Carnac (Morbihan).

par le vocable singulier de *scutiformes,* en façon de boucliers (fig. 67).

Ce sont toujours des *totems,* symboles que nous ne chercherons pas à expliquer ; car le temps des conjectures est passé, et ce qu'il faut à la science moderne, ce sont des faits et rien que des faits.

Ce n'était pas encore assez : dans leur fureur de classer, à l'imitation des maîtres parisiens, ils ont numéroté tous les autres signes et leur ont mis des étiquettes toujours affreusement latinisées. Nous réunissons ici, dans une seule planche, ces signes avec lesdites étiquettes (fig. 68).

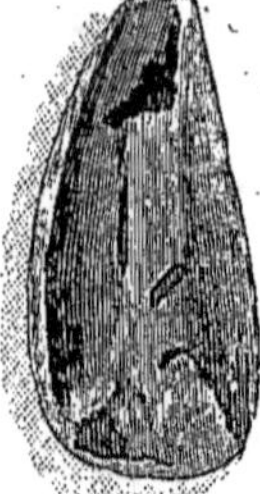

Fig. 66. — Hache polie de Niort.

D'abord les *pectiniformes* (nos 1 et 6) en forme de peignes et de râteaux, disent-ils! Puis viennent les *pédiformes* (nos 2 et 5) ou

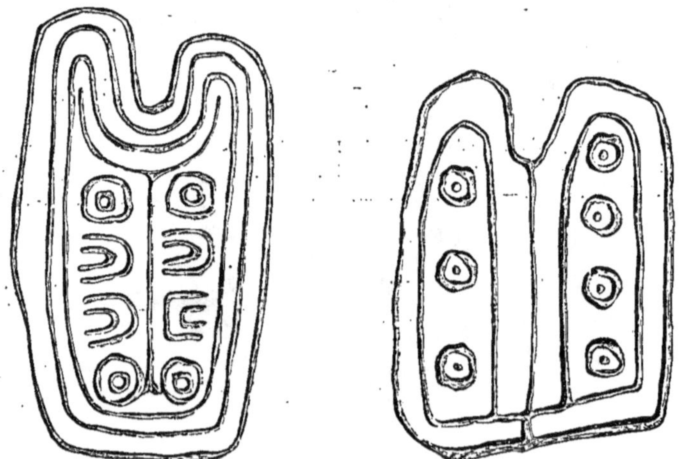

Fig. 67. — Signes sculptés sur les dolmens du Morbihan. Scutiformes, du docteur G. de Closmadeuc. Pierres plates, à Locmariaquer.

crosses et bâtons recourbés; puis les *jugiformes* (n° 4), en façon de joug; puis les *cupuliformes*, enfin, creusés en coupelles (n° 3)[1]. —

1. *Sculptures lapidaires et signes gravés sur les dolmens dans le Morbihan*, par M. le docteur G. de Closmadeuc, président de la Société polymathique du Morbihan. (Vannes, imprimerie de J. de Lamarzelle, 1873.) — *Recueil de signes sculptés sur les monuments mégalithiques du Morbihan*, relevés et réduits au pantographe, par L. Davy de Cussé. (Vannes, imprimerie de L. Galles, 1866.)

Grands dieux! qui nous débarrassera donc un jour de la manie que l'on a de barbariser notre langue!

Viollet-le-Duc disait toujours de ces gens à latin scolastique qu'ils n'étaient que des pharmaciens; faisant allusion au sacro-saint *Codex,* qui appelle la rhubarbe, *rheum palmatum;* le potiron, *cucurbita maxima;* le vinaigre, *acetum;* le sel, *chlorure de sodium;* le cresson de fontaine, *mastartium officinale;* la rose de Provins, *rosa gallica;*

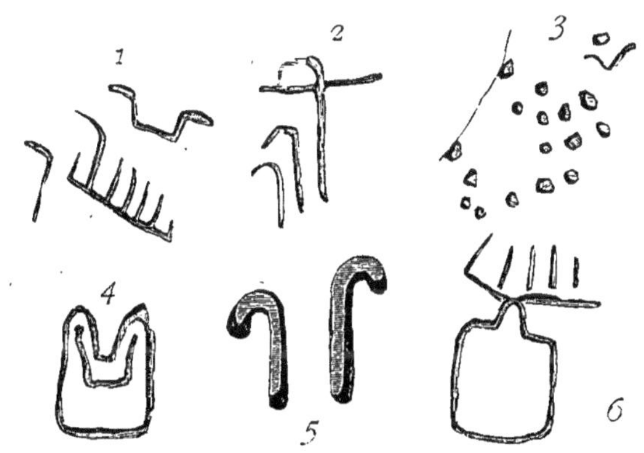

Fig. 68. — 1. 6. Signe pectiniforme du Manè Lud, à Locmariaquer. — 2. Signe pédiforme du Mein Drein, à Locmariaquer. — 3. Signe cupuliforme du Petit-Mont, à Arzon. — 4. Signe jugiforme des Pierres plates, à Locmariaquer. — 5. Signe pédiforme du menhir de La Boulaye, à Moustoir-Ac, d'après M. de Cussé.

le laurier-sauce, *laurus nobilis*, et l'eau pure, *aqua vulgaris.* Ah! que Viollet-le-Duc avait raison!

Ne nous arrêtons donc pas plus longtemps à ce charabia médico-archéologique; mais, comme il a fait loi dans la science des dolmens, nous avons cru devoir ici en consigner les termes.

Quant aux explications à donner de tout cela, il nous semble inutile de formuler les informes essais qu'on a tenté d'en faire. Il est des choses, comme disaient si bien les vieux auteurs du XVIIe siècle, qui doivent rester dans l'ombre jusqu'à ce que, par la comparaison, on arrive à les illuminer complètement.

Nous n'avons encore aucune clef pour découvrir ces énigmes. Laissons ce soin à nos successeurs.

Qu'on nous permette pourtant de nous arrêter un instant au

dessin du Petit-Mont à Arzon, que nous donnons dans la figure 69, et qui représente des pieds entourés de zigzags et de chevrons. —

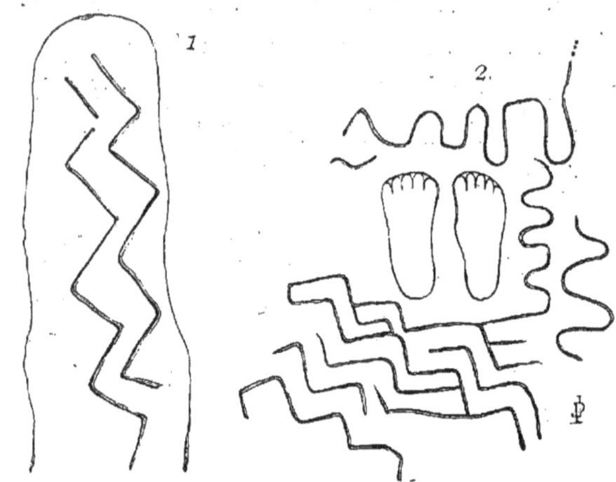

Fig. 69. — Signes des pierres du Morbihan. Dolmen du Petit-Mont, à Arzon, d'après M. de Cussé.

En Orient, quand on visitait un tombeau, quand on faisait un pèlerinage dans un lieu sacré, on traçait sur le sol le contour de ses

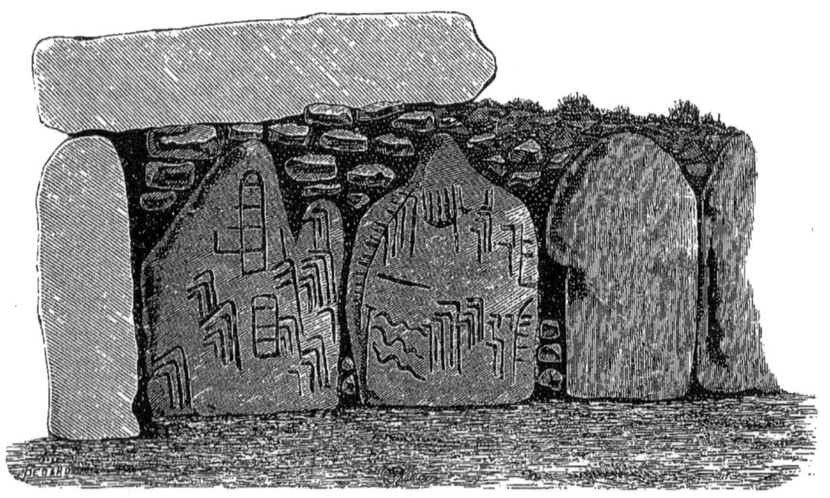

Fig. 70. — Signes gravés des dolmens de Keriaval. Mañè Gorion, près de Plouharnel (Morbihan).

pieds. « Je suis venu ici, disait l'Arabe, et j'ai rendu hommage. » L'usage nous aurait-il été transmis directement des pays du soleil par les ancêtres? C'est ce que nous n'osons affirmer, tenant essentiellement à ne faire aucun commentaire inutile.

Les grottes du Morbihan sont partout couvertes de ces ornements d'un cachet si personnel. Nous donnons ici deux coupes d'une partie de ces monuments, cherchant, par ces exemples, à faire pénétrer le lecteur dans l'esprit qui guida les vieux Celtes dans le choix de leur décoration si originale.

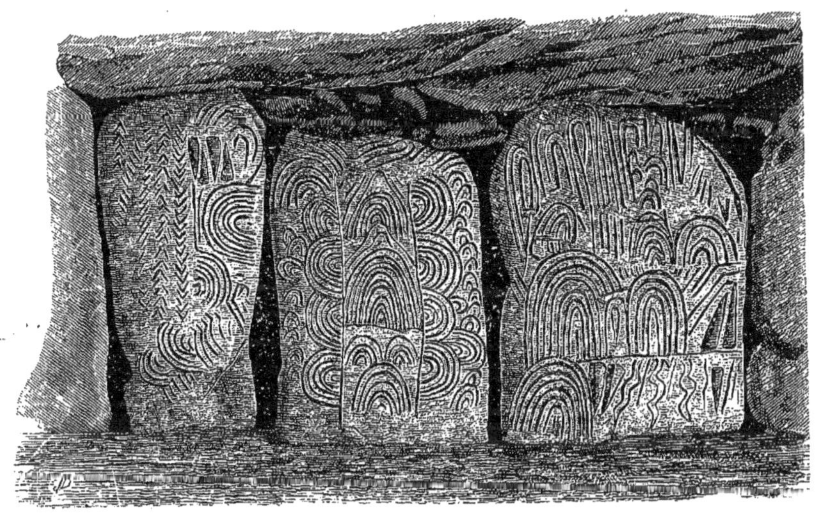

Fig. 71. — Signes gravés du dolmen de Gavrinis (Morbihan).

L'une est celle du dolmen de Keriaval, au *Manè Gorion* (fig. 70), près de Plouharnel, qui nous semble plus ancienne que la seconde, celle de Gavrinis (fig. 71).

Pour compléter l'étude de cette dernière grotte, d'abord signalée par M. Prosper Mérimée et depuis si souvent décrite, nous choisirons encore trois pierres, plus caractéristiques peut-être, et que nous avons copiées sur les photographies rapportées par M. Abel Maître, photographies faites directement sur ses estampages (fig. 72).

Les courbes dominent dans tous ces dessins, sans enchevêtrement; elles se succèdent naturellement, dans une composition qui n'est quelquefois nullement désagréable pour l'œil.

L'onde s'y remarque aussi parfois.

La mer a là-bas de ces aspects doux et tranquilles qui ont peut-être inspiré nos artistes primitifs. Enfin, ce que l'on y voit surtout de curieux, c'est pour la première fois l'apparition du feuillage parfaitement indiqué (v. l'en-tête du chapitre et la fig. 71), décor que nous allons retrouver dans la poterie et qui est pour nous tout à fait digne de remarque.

Ce ne sont plus à des chasseurs que nous avons affaire. La main

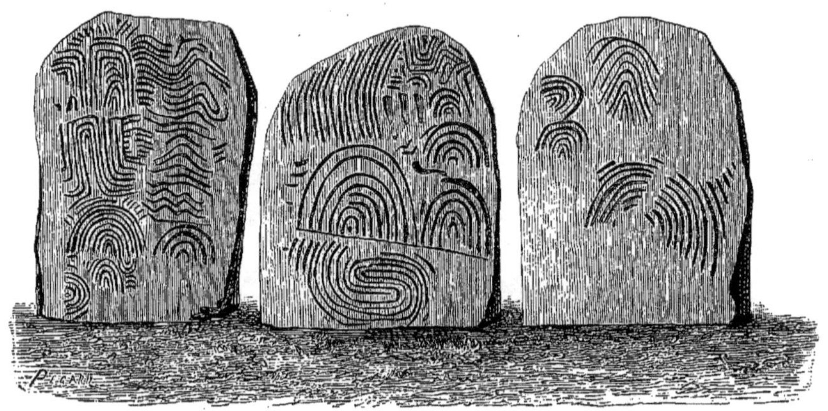

Fig. 72. — Signes gravés du dolmen de Gavrinis.

qui a tracé cela a plutôt manié la charrue que le javelot barbelé, et c'est bien à des Celtes qu'appartiennent ces inventions; les Celtes furent les premiers agriculteurs de nos contrées, nous l'avons vu plus haut.

Fergusson, dans son Étude sur les dolmens d'Irlande, signale des ornements végétaux bien plus complets encore que ceux que nous figurons à cette place[1].

Les colliers que nous donnons dans notre planche chromolithographique sont bien évidemment inspirés du désir d'imiter les fleurs. — Ici, nous avons déjà la feuille. Tout se tient; l'apparition de la fleur est une révélation dans un art; nous le verrons bien, plus tard, toutes les fois que l'art vraiment français pourra placer son mot dans un monument national.

1. *Les Monuments mégalithiques de tous les pays*, par James Fergusson, traduction de M. l'abbé Hamard. (Paris, Haton, éditeur.) [*Irlande, cimetières*, p. 220 et 224.]

Dans son ouvrage sur les signes gravés des menhirs d'Angleterre, M. J. Simpson, d'Édimbourg, nous donne des motifs bien plus formels encore, quoique peu différents des nôtres (fig. 73).

Ici c'est la spirale, le cercle concentrique, la volute qui se signalent principalement. Nous avons vu la crosse, ou signe que le

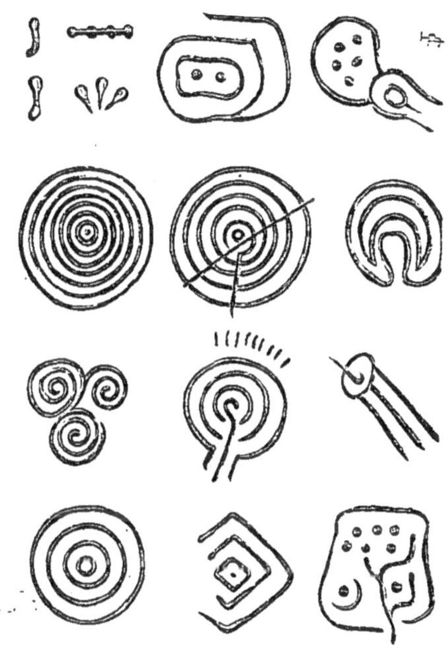

Fig. 73. — Types de signes gravés sur les dolmens et les menhirs d'Angleterre (Archaic sculpturings), d'après J. Simpson d'Édimbourg.

docteur de Closmadeuc appelle *pédiforme*. La fougère, la vigne ont de ces tournures. Il y a partout en germe, dans les dolmens, une grande préoccupation d'imiter la nature végétale, bien effacée peut-être, mais réelle pourtant (fig. 74).

Si nous ne la trouvions plus accentuée dans les poteries, nous n'oserions en déduire aucun rapprochement qu'on ne nous le permette ; car elle constitue un genre nouveau, entièrement différent de tout ce que nous avons vu dans le premier chapitre de cet ouvrage.

Savez-vous ce que peuvent devenir ces ornements dans des mains plus habiles? Jetez un coup d'œil sur nos dessins de broderies bretonnes modernes (fig. 75 et 76).

C'est le même aspect, la même mode, si vous voulez.

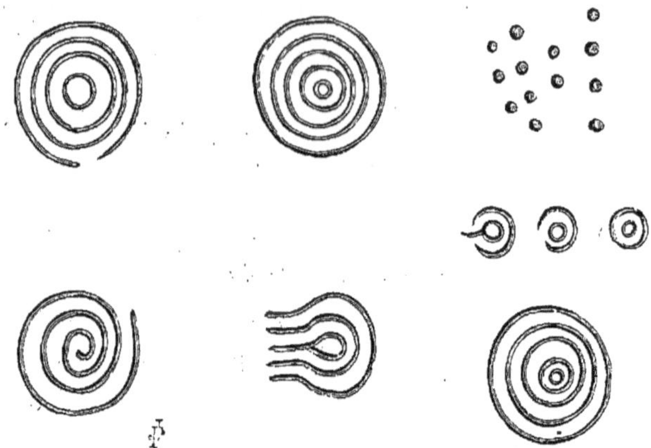

Fig. 74. — Types de signes gravés sur les dolmens et les menhirs d'Angleterre (Archaic sculpturings), d'après J. Simpson d'Édimbourg.

Tous les ornements de nos dolmens se retrouvent ici : les chevrons en bordure, les volutes admirablement bien distribuées, les cercles concentriques, les feuillages alternés, les ondes, que sais-je?

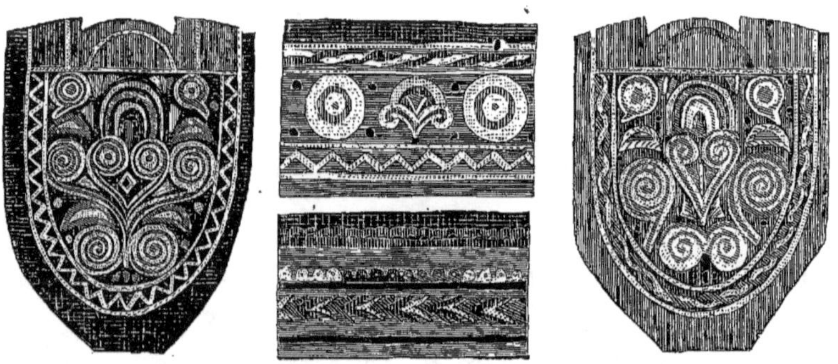

Fig. 75. — Broderies bretonnes modernes (Pont-l'Abbé).

Ceci est un peu une affaire de sentiment; la démonstration se fait plutôt par l'œil que par la parole. N'insistons donc pas sur cette délicate comparaison; si vous l'apercevez comme nous, tout est dit, et notre cause est gagnée.

Quelle preuve plus complète peut-on trouver de l'attribution vraiment celtique de nos dolmens que cette tradition, gardée depuis des siècles par des gens qui parlent encore la langue des aïeux, qui pensent comme ils pensaient et n'ont, comme broderies de leurs corsages et de leurs chaussures, que les gravures inscrites par les anciens sur les pierres de leurs sépultures?

Arrivons à l'art de terre, comme l'appelle le grand Bernard de Saintes.

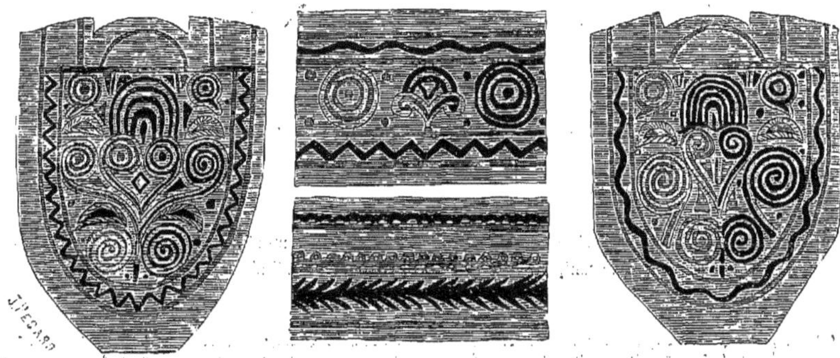

Fig. 76. — Broderies bretonnes modernes (Pont-l'Abbé). Développements des signes des dolmens.

M. Alexandre Bertrand daignait accorder une certaine élégance aux poteries de l'âge de la pierre polie (p. XII de sa préface). C'est vraiment fort aimable de sa part.

Il n'y a que quelques années que l'on s'est avisé de récolter les urnes qui remplissaient les grottes fouillées par les savants; urnes soi-disant cinéraires qui n'étaient, nous le savons maintenant, que les vases sacrés des festins funèbres (fig. 77).

Avant on disait : — Ce ne sont que des pots. Et l'on jetait là ces débris, les foulant aux pieds et les mutilant à plaisir.

Du reste, à part les poteries romaines, qu'y avait-il à récolter dans nos pays à cette époque? — Rien! absolument rien. Il s'est rencontré un artiste d'une patience extraordinaire, qui, morceau par morceau, a reconstitué ces pauvres petits vases; c'est M. L. Davy de Cussé, le très savant conservateur du musée de la Société polymathique du Morbihan.

Nous l'avons vu à l'œuvre, et je vous réponds qu'il faut avoir vraiment *la foi* pour agir comme il le faisait.

Grâce à lui, grâce à ses soins minutieux, nous pouvons maintenant comprendre l'art des poteries celtiques et retrouver le sentiment qui les inspira, analyser leurs formes, apprécier la tournure de leurs

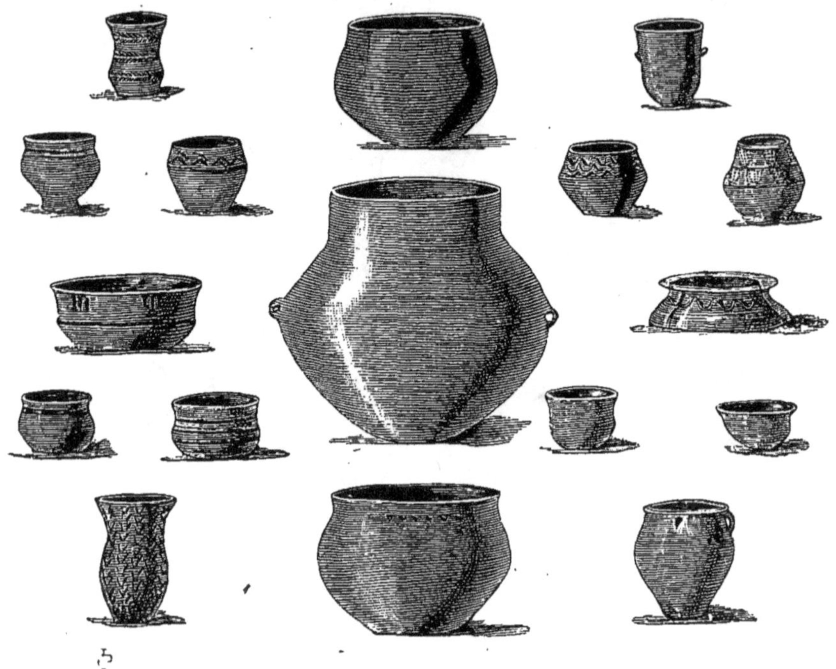

Fig. 77. — Poteries des dolmens du Morbihan reconstituées par M. de Cussé. (Musée de la Société polymathique de Vannes.)

vases et la recherche plus délicate de leur décoration si variée. La poterie sera toujours, comme le dit si bien Lelewel, le seul critérium vrai de l'éducation d'une race (fig. 78).

Nous craignons ici que l'on ne nous traite un peu de visionnaire ; nos gravures, malgré nos soins, rendent si peu l'esprit de tous ces vases !

Mais, s'il vous est jamais donné de saisir dans vos mains, de retourner en tous sens ces expressions si fines de la pensée des premiers civilisateurs de la Gaule, vous éprouverez des impressions si vives que vous nous pardonnerez notre enthousiasme en parlant de ces œuvres prime-sautières.

La main elle-même est là encore empreinte sur la terre, conservée pour ainsi dire par la cuisson.

Petites stries faites à l'ongle (fig. 79 et 80), où l'on revoit encore la trace de la compression des doigts délicats qui façonnèrent ces coupes;

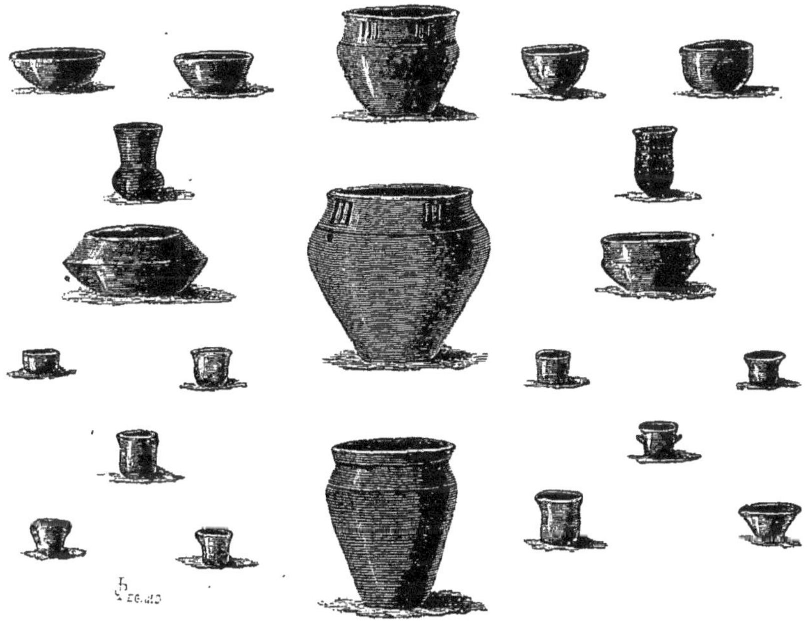

Fig. 78. — Poteries des dolmens du Morbihan reconstituées par M. de Cussé.
(Musée de la Société polymathique de Vannes.)

bavures d'ébauchoir faites d'hier, ondes creusées à la pointe, dessins combinés avec un sentiment de la fantaisie dont on ne peut se faire une idée.

Triangles, chevrons papelonnés, guirlandes, cercles s'emboîtant de toutes manières, toujours réguliers, mais sans fatigue et sans répétitions monotones.

Voilà ce que nous donne la poterie morbihanaise. Quant à la forme, on sait que la première coupe offerte à l'homme, quand il eut un logis, fut tenue par la main d'une femme qui avait trouvé, à l'aurore du jour, l'eau du ciel conservée dans le calice de la fleur entr'ouverte.

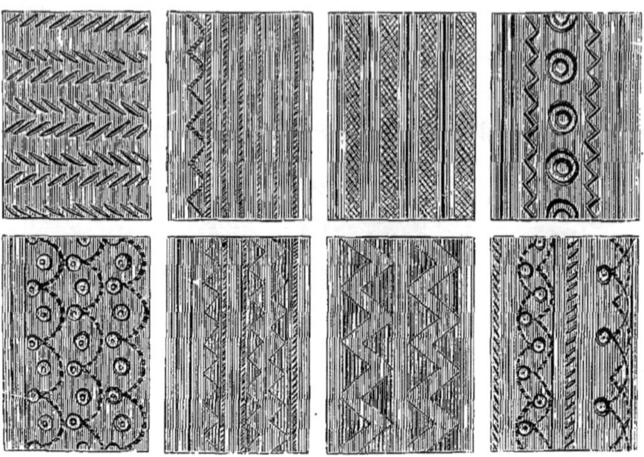

Fig. 79. — Principaux motifs d'ornementation des poteries des dolmens (Musées de Vannes et de Quimper).

C'est de là que sont nés tous nos vases celtiques. Nos pères avaient rapporté de l'Inde la révélation du lotus générateur; ils en

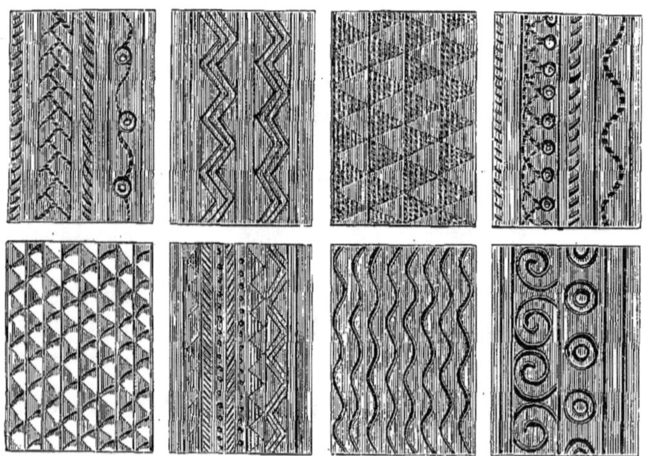

Fig. 80. — Principaux motifs d'ornementation des poteries des dolmens (Musées de Vannes et de Quimper).

ont gardé longtemps le souvenir, et leurs corolles si pures se sont transmises de siècle en siècle dans la tradition des façonneurs d'argile.

Les habitants des lacs de Suisse[1] l'avaient. Tous leurs vases sont *apodes,* comme disent les initiés, c'est-à-dire sans base ou sans pied (fig. 81), destinés qu'ils étaient à être placés sur des tables dans des rondelles dont quelques-unes ont été conservées intactes et que nous retrouverons en Champagne, dans une époque plus voisine de nous.

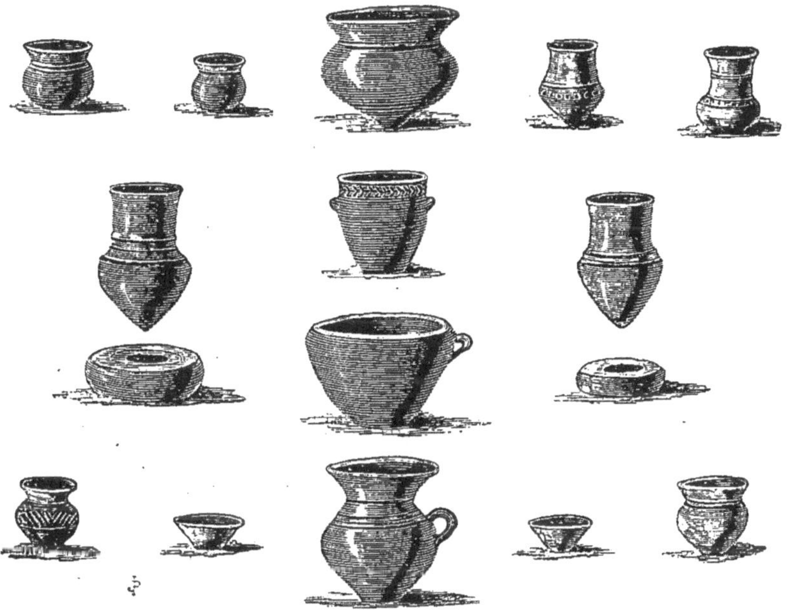

Fig. 81. — Poteries du lac de Neufchâtel, station d'Auvernier (Collection d'E. Boban).

Partout où s'est trouvée la race des dolmens, on a rencontré cette forme (fig. 82).

C'est la fleur, encore la fleur et toujours la fleur, le calice des premiers âges que la religion chétienne devait diviniser dans ses cérémonies et dans son culte[2].

1. Nous ne parlerons pas ici des habitations lacustres, ni des *Kjokkenmoddings*, amas de coquilles. Les unes sont particulièrement suisses et les autres entièrement danois. Ils appartiennent par certains points à la période qui nous occupe, mais n'ont vraiment, à bien regarder, aucun caractère positivement français, quoiqu'on ait trouvé, dit M. Élisée Reclus, des lacustres à Clairvaux, non loin de Lons-le-Saunier, quoiqu'on ait trouvé des amas de coquilles à l'embouchure de la Somme, à Daoland, dans le Finistère, et même à Bordeaux, sur un des affluents de la Gironde. Nous tenons à rester ici Français avant tout.

2. *De la Poterie gauloise,* Étude sur la collection Charvet. (Paris, librairie polytechnique de J. Baudry, *passim.*)

« Alignez sur une étagère, dit toujours Lelewel, la poterie d'une race, vous retrouverez son génie. »

Rien n'est plus vrai pour les Celtes. C'est toujours l'œil qui sait

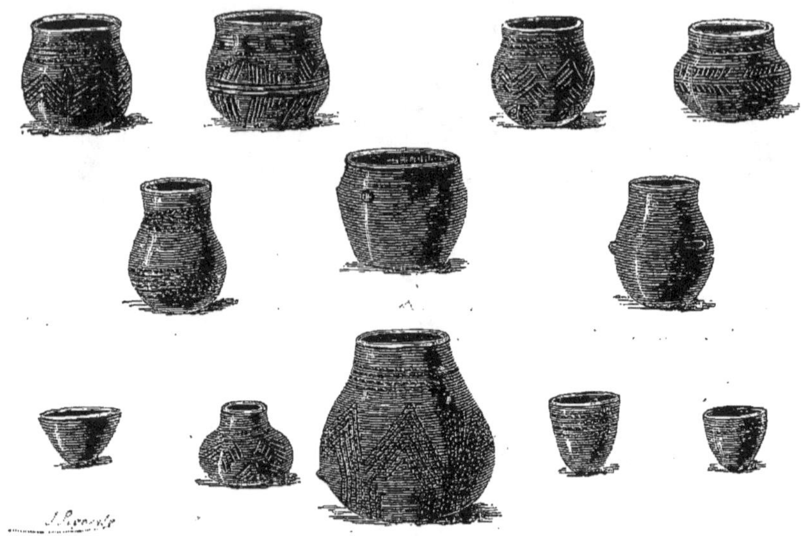

Fig. 82. — Poteries de l'âge de la pierre polie (Bords du Rhin).

voir la nature, le cœur qui sait la comprendre, et la volonté qui ose la rendre telle qu'elle est.

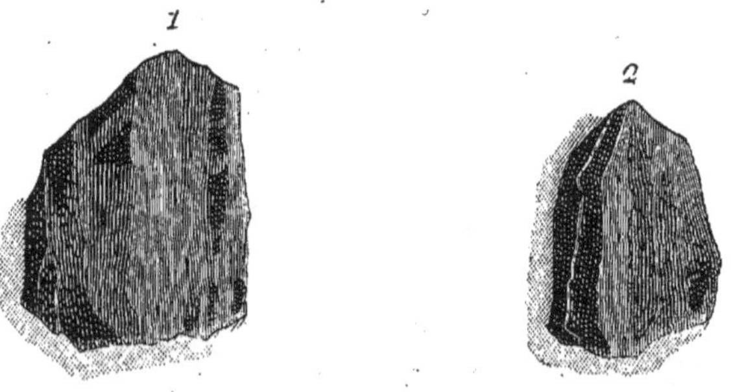

Fig. 83. — Nucleus (noyau) de l'Aisne.

On a encore trouvé bien des instruments plus ou moins bien façonnés ; quelques-uns même à peine dégrossis, dans nos départements français, que l'on a classés rigoureusement dans l'époque de la pierre polie. Les catalogues leur assignent strictement une place dans cet âge (fig. 83, 84).

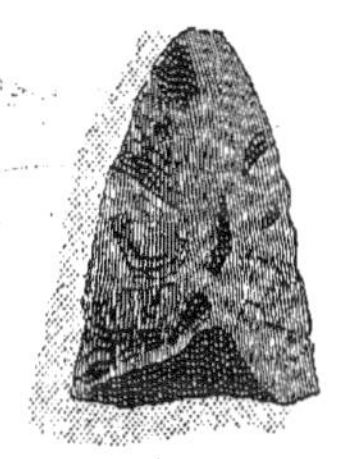

Fig. 84. — Coin en silex de la forêt d'Othe.

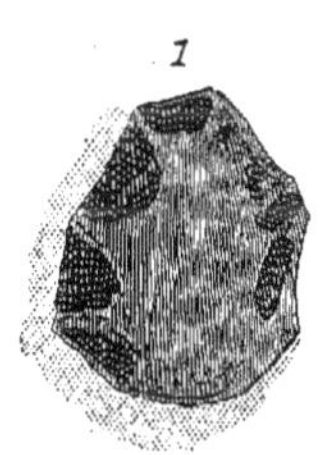

Coin en silex racloir de l'Yonne.

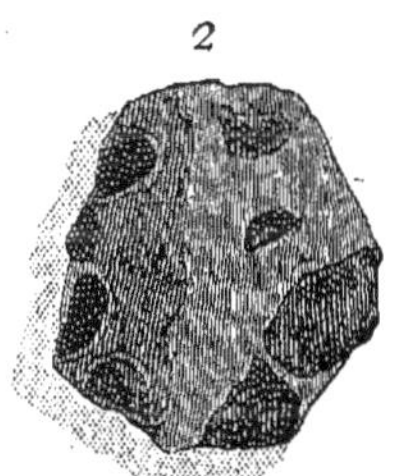

Percuteur de l'Yonne (Collection Boban).

Ces marteaux, ces coins, ces armes n'ont rien à faire avec l'art : Silex plus ou moins éclatés ; percuteurs ou racloirs de l'Yonne ;

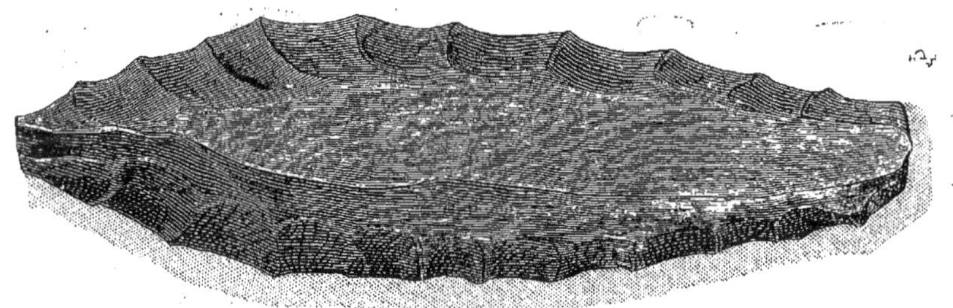

Fig. 85. — Grand nucleus de Pressigny.

nucleus de Pressigny (fig. 85) ; noyaux dont on tirait, avec un coup sec, des couteaux et des pointes de lances ; coins de la forêt

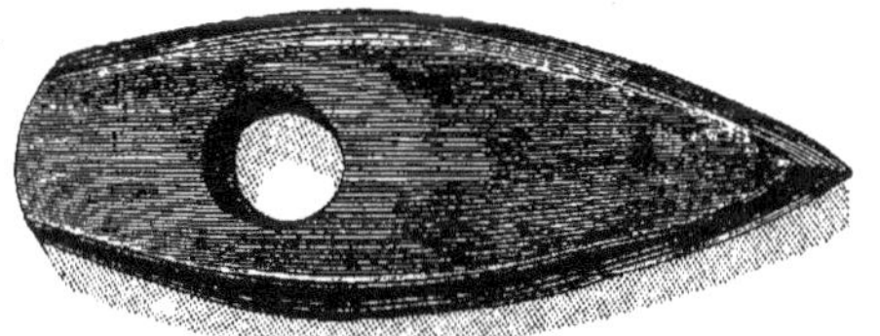

Fig. 86. — Marteau en jadéite trouvé à Carnac.

d'Othe ; marteaux de la collection Piquetti (fig. 86, 87), ceux-là d'un poli tout à fait remarquable ; armes plus vulgaires, plus grossières et plus rudes; couteaux de la collection Boban (fig. 88); grattoirs de Preuilly; disques percés (fig. 89, 90); pointes de flèches du camp de Catenoy (Oise), etc. (fig. 91).

Contentons-nous d'en dessiner quelques spécimens. Tout cela ressemble fort aux ustensiles des hommes des cavernes; ce ne sont que les marques d'une transition nécessaire entre deux civilisations superposées. Les invasions ne se font pas comme le grand défilé d'une

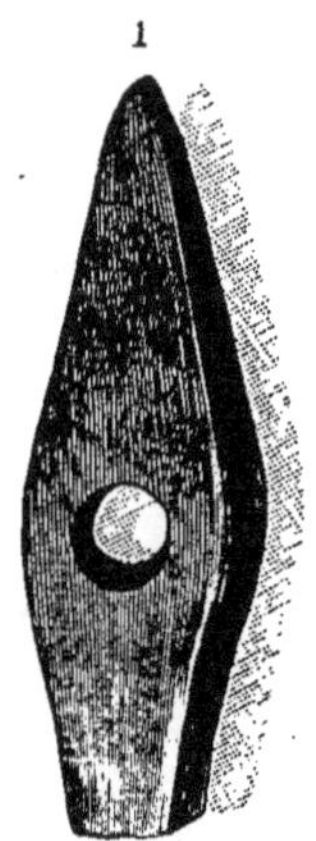

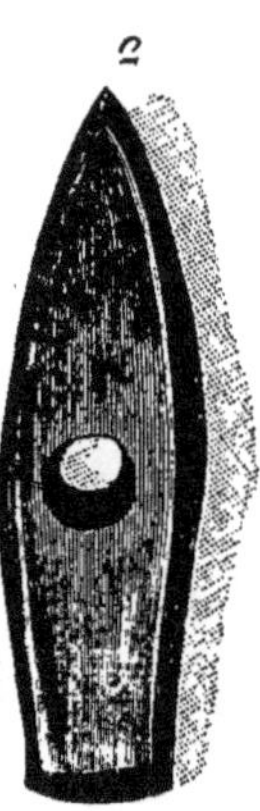

Fig. 87. Marteaux percés en jadéite de la collection Piquetti, trouvés dans la Seine, à Paris.

revue militaire. Il y a des siècles entre le départ des premiers émigrants et l'arrivée des derniers.

Du reste, en fait de pierres éclatées et même de pierres polies, nous avons le malheur d'être un peu sceptique.

Nous donnons donc ici une nomenclature à peu près complète de ces objets sans plus de commentaires.

Au XIe siècle, rapporte Guillaume de Poitiers, à la bataille d'Hastings, les Anglais se servaient encore de flèches de pierre. « *Jactant Angli cuspides et diversorum generum tela sævissimas quoque secures et lignis imposita saxa.* » Cela suffit, je crois, pour faire saisir toute la portée du classement de ces instruments de pierre.

Nous avons été, dans ce chapitre, particulièrement *Breton.* Il nous est arrivé peut-être de fatiguer le lecteur par nos étymologies, nos noms de lieux et nos dénominations provinciales.

Hélas! quand on parle de cette vieille terre d'*Armor*, ce n'est

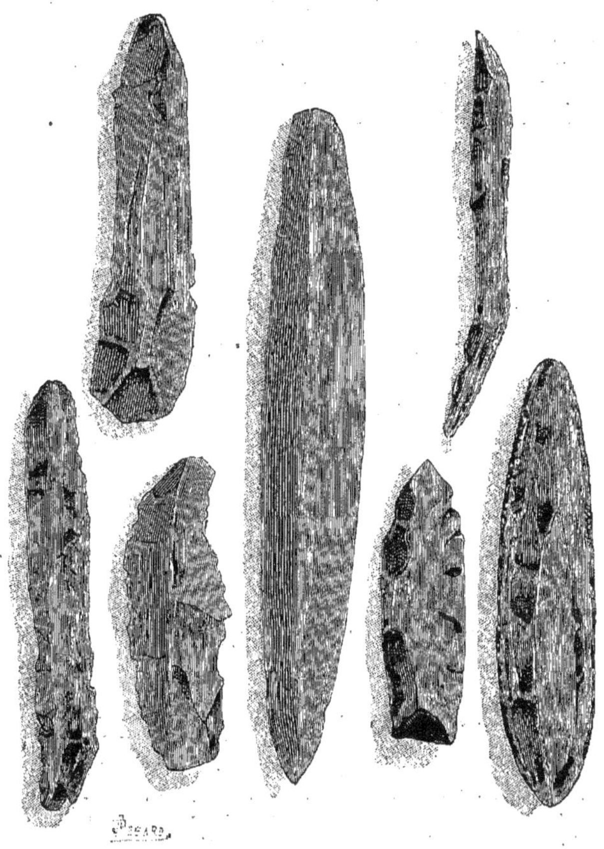

Fig. 88. — Couteaux en silex des ateliers du Grand-Pressigny, de la collection de M. Eugène Boban.

jamais sans une émotion profonde, et l'on se laisse toujours entraîner un peu loin.

Notre seule excuse, c'est que, là seulement, dans ce petit coin de terre si gaulois encore, nous pouvions trouver complètes, intactes, les cryptes funéraires, les grottes ensevelies sous les tertres verts; nous pouvions trouver les cromlechs plantés sur la lande ou jetés sur la falaise, dans la presqu'île sauvage, les alignements enfin dans toute leur majesté, se profilant au loin sur l'horizon bleu de la mer. Qu'on nous le pardonne, nous n'y reviendrons plus.

C'est grâce pourtant à ces noms si singuliers dans leur rude

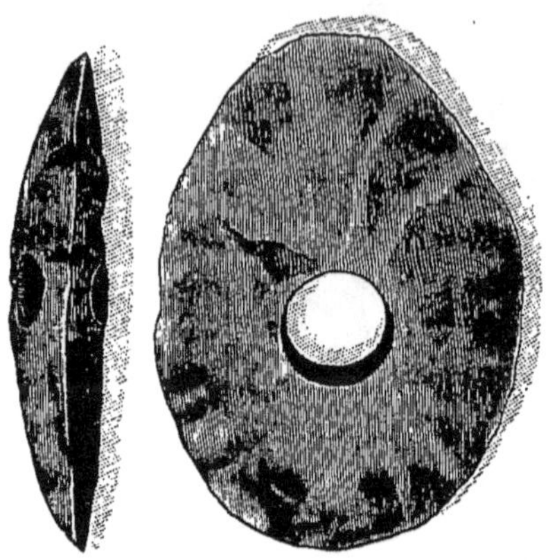

Fig. 89. — Disques percés trouvés dans l'Yonne.

harmonie, mais si caractéristiques dans leur signification certaine; c'est grâce aux recherches des Vénètes modernes que nous avons pu rendre à nos Celtes ce qu'on veut leur enlever à tout prix.

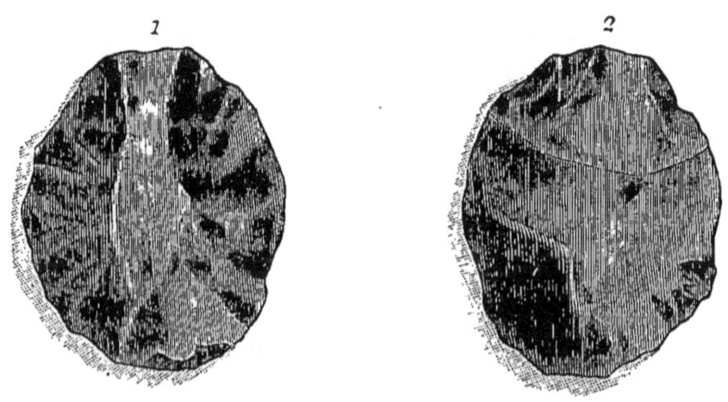

Fig. 90. — Grattoirs de Preuilly (Indre-et-Loire).

Être Breton bretonnant nous a donc servi à quelque chose.

Heureux si nous avons pu vous convaincre que les *menhirs*, les *dolmens*, les *cromlechs* et le reste sont vraiment des *monuments cel-*

tiques, des pierres de nos aïeux ; car les Celtes, comme le dit si bien le grand Gaulois du XVIe siècle, l'immortel Rabelais : « Les Celtes

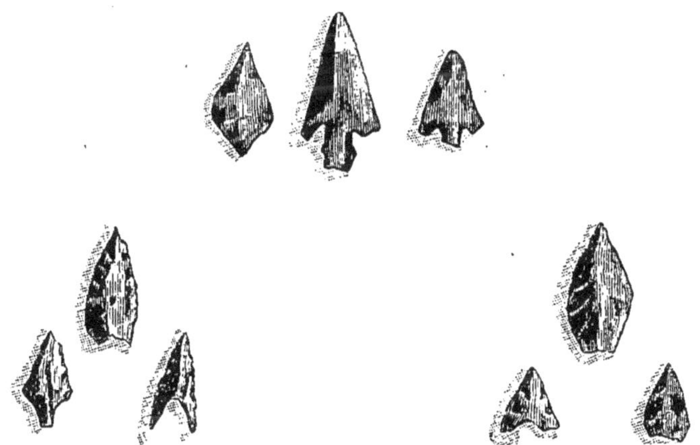

Fig. 91. — Pointes de flèches en silex du camp de Catenoy (Oise).

sont les nobles, vaillants, chevaleureux, belliqueux et triomphants François[1]. »

1. Pantagruel, liv. IV, ch. XVII, p. 226.

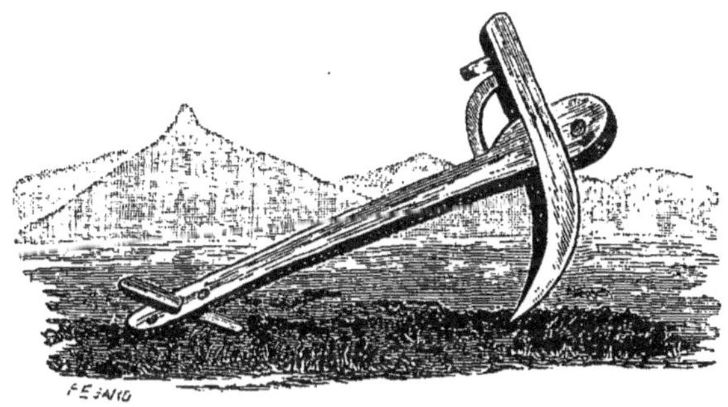

Fig. 92. — Charrue moderne du Turkestan. Exposition des missions scientifiques, 1878. Missions de M. Ujfalvy, 1876, 1877.

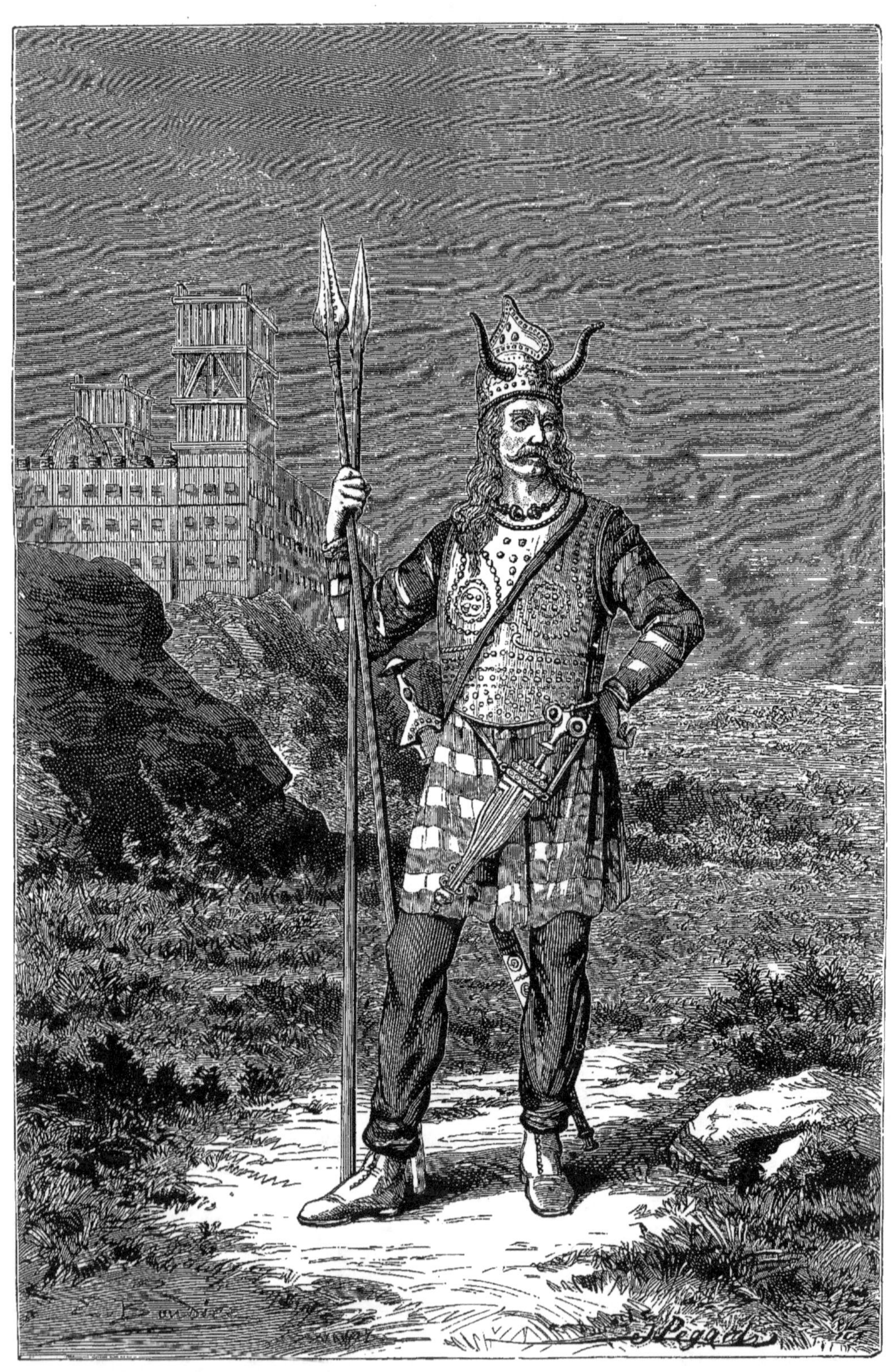

LA GAULE INDÉPENDANTE.

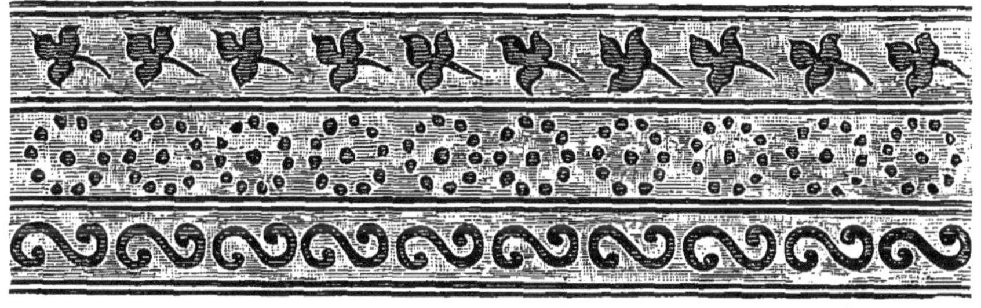

CHAPITRE TROISIÈME

LA GAULE INDÉPENDANTE

SOMMAIRE. — Calomnies des anciens et des modernes sur la race gauloise. — Sacrifices et massacres. — Ce qu'était une ville gauloise. — Chefs gaulois. — Armes. Harnachements. Costumes. Parures. — Les femmes gauloises. — Art gaulois, rapprochements grecs. — Ornementation. — Poteries. — Cimetières de la Marne.

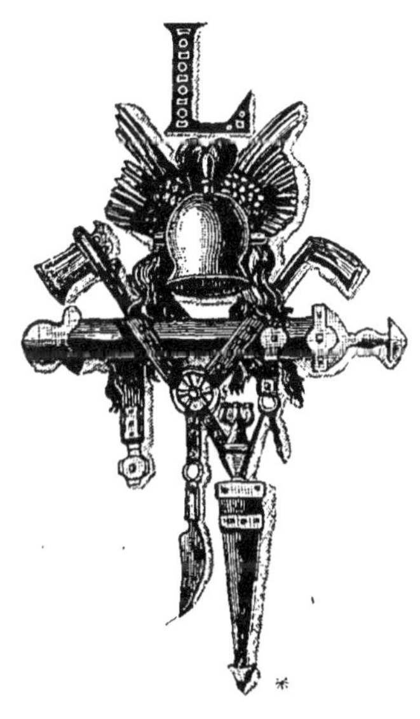

Les Juifs s'appelaient autrefois *le peuple de Dieu,* et ils désignaient toutes les autres nations sous le titre dédaigneux d'*enfants des hommes,* regardant par-dessus l'épaule tout ce qui n'était pas de la postérité de Jacob ou d'Abraham.

Ces enfants des hommes, avec qui ils étaient en rapport immédiat, ont laissé les admirables ruines des palais de Ninive et de Khorsabad, les grands bas-reliefs de Persépolis, les tombes royales de Pasargade et de Nakch-i-Roustam, les merveilles de Thèbes, les hypogées de Beni-Hassan, les colosses d'Ipsamboul et les Pyramides. Des fils de Dieu, nous n'avons rien du tout ! Adoniram, qui bâtit le

* Le frontispice de ce chapitre est formé d'une série de motifs d'ornementation pris sur les médailles gauloises de la collection Hucher. — La lettre L surmonte un faisceau d'armes gauloises copié sur les reconstitutions du Musée d'artillerie. — Costumes de guerre. (Hôtel des Invalides, Paris.)

temple de Salomon, était un Tyrien, et toute la science de M. de Saulcy n'a pu nous donner, comme spécimen de l'art des Hébreux, que trois ou quatre tombeaux grecs découverts dans la vallée de Josaphat.

Les Romains qui, eux aussi, se servaient des autres peuples pour se faire bâtir des palais (il suffit de lire Juvénal pour s'en convaincre)[1], appelaient les nations qu'ils massacrèrent LES BARBARES, et, sur le dire de ces soldats féroces, nous croyons encore, au XIXe siècle, que la terre entière, à l'exception de la ville aux sept collines, était plongée, avant l'arrivée de ces orgueilleux conquérants, dans un état presque voisin de la sauvagerie.

Après avoir, au profit des patriciens avides, pillé l'univers, Rome affiche l'étrange prétention de faire croire qu'elle l'a seule éclairé.

Rome, cette parvenue, qui décora ses maisons boueuses des dépouilles de toutes les nations ravagées par elle;

Rome, qui s'enrichit et paya les dettes de ses grands pontifes avec l'or de la Gaule;

1. *Non possum ferre, Quirites,*
Græcam urbem...
Edde, quid illum
Esse putes? Quemvis hominem secum attulit ad nos;
Grammaticus, rhetor, geometres, pictor, aliptes,
Augur, schœnobates, medicus, magus; omnia novit;
Græculus esuriens, in cœlum jusseris, ibit.

« Je ne puis souffrir, ô Romains, cette ville remplie de Grecs. »

« Savez-vous ce que c'est qu'un Grec? Quand l'un d'eux nous arrive, il apporte avec lui les talents et les vices de tous les autres hommes : il est grammairien, rhéteur, géomètre, peintre, baigneur, augure, danseur de corde, médecin et magicien; que n'est-il point? Un Grec affamé monterait au ciel, si tu le lui ordonnais. » (Satire III, v. 60 et 75.)

Dans la satire VI, Juvénal va encore plus loin à propos des dames romaines qui ne parlent plus que le grec :

Quid ultra
Concumbunt græce.
(Satire VI, v. 190).

Nam quid rancidius quam quod se non putat ulla
Formosam nisi quæ de Tusca Græcula facta est,
De Salmonensi mera Cecropis.

« Est-il rien de plus fastidieux qu'une femme qui se croit dépourvue d'agréments si elle n'a l'air grec, quoique née dans la Toscane, et le ton d'Athènes alors qu'elle est de Salmone? » (Satire VI, v. 185.)

Rome, qui ne dut qu'à la Grèce vaincue de savoir penser, parler et écrire[1], a su imposer au monde sa grandeur factice et sa science usurpée. Préjugé funeste qu'il est plus que temps de détruire !

Elle eut des historiens, et nous n'avons appris à lire que dans les œuvres laissées par eux.

C'est le cas de dire, avec le lion terrassé par l'homme de notre fabuliste :

> Je vois bien... qu'en effet
> On vous donne ici la victoire.
> . . . .
> Si mes confrères savaient peindre[2] !

Nous avons été élevés dans la haine des nôtres. Pour des raisons qu'il serait beaucoup trop long de développer à cette place, on nous a faits *Latins* malgré nous ; et, quand il nous arrive d'étudier les *Commentaires* du conquérant de notre patrie, nous ne faisons qu'un avec l'envahisseur, et *l'ennemi,* pour nous, grâce à cette épouvantable convention, c'est l'Arverne, qui se fait tuer sous les remparts de Gergovie ; c'est le Parise, qui meurt aux bords de la Seine, sous le *pilum* des légionnaires de Labiénus ; c'est le confédéré, qui tombe accablé sous la tactique savante des lieutenants du proconsul, aux circonvallations d'Alésia.

Que diriez-vous actuellement si l'on cherchait à vous faire croire que la vérité historique sur la campagne de France, en 1870, ne se rencontre nulle part ailleurs que dans les gazettes germaniques, et que

1. Horace, qui aimait les Grecs, en fin lettré qu'il était :

> *Graiis ingenium, Graiis dedit ore rotundo*
> *Musa loqui, præter laudem, nullius avaris.*

« Les Muses prodiguèrent aux Grecs le génie et les charmes de l'élocution, parce que jamais ils ne furent avides que de gloire. » (*Art poétique.*)

Horace est plus terrible encore pour ses compatriotes que son confrère en satire quand il dit, dans son épître à Auguste :

> *Græcia capta ferum victorem cepit, et artes*
> *Intulit agresti Latio.*
> (*Épitres*, liv. II, ép. I.)

« La Grèce vaincue soumit son farouche vainqueur et porta les arts dans le rustique Latium. »

2. *Fables de La Fontaine*, liv. III, fable x.

les impressions vraies d'un Français bombardé dans Paris, la grande ville, par les cohortes prussiennes, ne doivent se lire uniquement que dans les bulletins de M. de Bismarck, ou dans les lettres de l'empereur Guillaume à l'impératrice Augusta?

Les historiens classiques ont parlé de la Gaule à peu près comme, il y a vingt ans, on parlait des habitants de l'Afrique centrale.

César, qui ne croyait à rien, pas même à ses dieux, a disserté sur les religions, les mœurs et les coutumes des Gaulois, c'est le R. P. dom Martin qui l'affirme, « comme un voyageur qui veut paraître tout savoir, et, pour y parvenir, forme ses jugements sur des apparences légères et chimériques [1]. »

A sa suite se sont rués tous les pédants, « rapetasseurs de vieilles ferrailles latines, » comme dit l'auteur de la *Vie très horrifique du grand Gargantua, père de Pantagruel.* Ils ont ergoté par *pro* et *contra*, en *baroco* ou en *baralipton,* pour savoir si le frère de Rémus s'appelait Romus ou Romulus, et s'il portait de la barbe ou s'il n'en avait pas [2].

« Par leurs inventions dépravées, c'est toujours Rabelais qui parle, ils ont envenimé le monde. »

Et nous avons cru dur comme fer tous « ces rêveurs mathéologiens, crottés à profit de mesnage, tous ces maîtres inertes du lac punais de Sorbonne, dont le savoir n'est que besterie, la sapience que moufles, abastardisant les bons et nobles esprits et corrompant chez nous toute fleur de jeunesse... et de patriotisme [3]. »

Parler des adversaires de César! Tout cela n'était bon qu'à recouvrir de l'éternel manteau de l'oubli. C'était piété filiale que d'effacer de la mémoire des hommes des chroniques aussi malséantes.

« L'histoire est une grande conjuration contre la vérité. » C'est M. de Maistre qui le proclame.—Chez les auteurs à larges vues, l'empire de Charlemagne succédait directement à l'empire romain de Théodose et de Constantin, sanctifié par le christianisme. Et cet empire lui-même

1. *La religion des Gaulois,* tirée des plus pures sources de l'antiquité, t. Ier, p. 333.

2. Interrogation en matière de dispute d'après Vives. *Histoire de sainte Barbe,* par J. Quicherat, t. Ier, p. 89.

3. *Gargantua,* liv. Ier, ch. xv. Œuvres de François Rabelais.

avait reçu pour héritage l'autorité confiée par Dieu à l'homme à l'époque de Moïse, à l'époque de Samuel, du temps des rois de Juda. Louis XIV, descendant *direct* de Clovis, fils aîné de l'Église, sacré par saint Remi à Reims, et de Charlemagne, proclamé Auguste et couronné par Léon III dans la basilique romaine, était, pour les aigles de Meaux, quelque chose comme un petit-fils de David.

Là se trouvait le chemin de l'arche sainte à travers le monde, la grande ligne lumineuse ; tout le reste était ombre, Babel et confusion [1].

Chez ceux qui, se croyant plus nationaux, ne se rattachaient pas immédiatement à la pourpre des Césars, après Clovis, « chef de cette longue suite de rois qui devaient gouverner la France, » on remontait à Mérovée « qui, par ses vertus politiques et guerrières, mérita de donner son nom à la première race » (p. 3). Mérovée, à son tour, descendait de Pharamond.

Pharamond de Macromir, Sunnon et Mellobandes, et ceux-ci d'Ascaric et Ragaise, né en 4004 du temps de Jésus-Christ, époque que ne pouvait raisonnablement dépasser un auteur qui tenait à respecter son lecteur bénévole et croyant [2].

Quant aux Gaulois, on ne s'en souciait pas plus que d'un fétu de paille poussé par le vent. Domptés, écrasés, anéantis par les Romains, « ces renards à griffes de lion, » comme les appelle si justement M. le baron Roget de Belloguet [3], calomniés par le *mystificateur* qui écrivit les *Commentaires* (l'expression est encore de l'auteur de l'*Ethnogénie gauloise* [4]), reniés même par les historiens contemporains, nos pères ne nous apparaissent plus que sous l'aspect effroyable d'horribles BARBARES, dans la plus grave acception du mot.

1. *Tableau analytique de l'Histoire universelle*, présenté d'après les vrais principes, pour servir de guide dans les études historiques, par B.-H. Freudenfeld, professeur d'histoire au collège Saint-Michel à Fribourg, en Suisse. (Paris, chez Poussielgue-Rusand, libraire, rue du Petit-Bourbon-Saint-Sulpice, 3. — Lyon, chez J.-B. Pelagaud et Cie, 1848.)

2. *Histoire de France* à l'usage de la jeunesse, avec cartes géographiques. Nouvelle édition, revue et corrigée par l'auteur. (Lyon, Louis Lesne, imprimeur-libraire, ancienne maison Rusand. — Paris, Poussielgue-Rusand, rue Hautefeuille, 9, 1843. Collection A. M. D. G. ***.)

3. *Ethnogénie gauloise*, 3e partie, *le Génie gaulois*, p. 36.

4. *Idem*, *Glossaire gaulois*, introduction, 1re partie, p. 38.

Reste à l'archéologie, science moderne et positive, à les réhabiliter aux yeux de tous. Espérons qu'elle n'y faillira pas. L'archéologie, c'est l'histoire vraie, sans parti pris ; essayons de faire celle des grands ancêtres de notre race.

Que furent véritablement les druides, et que doit-on penser de leurs sacrifices?

Que pouvait être une ville gauloise à l'époque de la conquête? — Quel aspect, quelles mœurs, quelles armes devaient avoir ses défenseurs?

En quoi consistait leur commerce?

Existait-il déjà un art gaulois en France à cette époque?

Quel rôle jouaient les femmes dans la nation?

Autant de questions que nous traiterons ici sommairement.

On nous a représenté les druides, grands ancêtres de notre race, comme occupés tout le jour à fouiller les entrailles palpitantes des victimes humaines égorgées sur les *dolmens*. Nous avons déjà vu quelle foi il fallait ajouter à ces autels fantastiques, à ces *dolmens* ensanglantés du matin au soir par ces bourreaux, mangeurs de populaire... Nous n'y reviendrons pas.

Mais les Latins ne se sont pas arrêtés en si bon chemin dans leurs descriptions ultra-fantaisistes.

César nous parle, en outre, de mannequins d'osier, où l'on entassait les hommes, les femmes et les enfants, et que l'on enflammait ensuite avec de grands cris et des imprécations solennelles. Les sacrifices de ce genre, dit-il, font partie des institutions de l'État. « Publiceque ejusdem generis habent instituta sacrificia. » (Livre VI, XVI.) Puis, quand la flamme sauvage léchait, en montant, ces hécatombes de chairs grillées, lançant dans l'espace une odeur âcre, une fumée noire, d'où s'échappaient des plaintes sans nom, les prêtres élevaient la voix vers *les dieux immortels,* dans la joie de la seule offrande qui pouvait leur être véritablement agréable... « Quod pro vita homini nisi hominis vita reddatur, non posse deorum immortalium numen placari arbitrantur. » (Livre VI, XVI [1].)

1. *Commentaires* de César, *Guerre des Gaules*, liv. VI, XVI, édition Charpentier, p. 268.

Pomponius Mela, lui, raconte que l'on égorgeait les vieillards quand ils étaient décrépits ; que l'on hachait ensuite leur chair menu menu, avec d'autres viandes, et que l'on en faisait le plus excellent des plats d'un festin auquel on invitait en grande pompe les parents, les amis et les voisins du défunt. « Corpora ipsa laniata et cæsis pecorum visceribus commixta epulando consummunt. » (Pomp. Mel., lib. II, chap. I, p. 53[1].)

Tite-Live parle des crânes des vaincus que l'on sertissait d'or, et dans lesquels on buvait l'ivresse qui pouvait seule excuser ces inénarrables tueries. (Tit.-Liv., XXIII, XXIV[2].)

Et saint Jérôme achève le tableau en assurant que, pour les Gaulois, les cuisses des bergers et les mamelles des femmes sont les plus délicieux de tous les mets. (*Hier. adv. Jovin.*, lib. II, p. 53[3].)

Cet aimable crayon de nos aïeux est, ce nous semble, assez réussi ; rien n'y manque. Nous verrons plus tard ce qu'il faut penser de toutes ces infamies.

Mais d'abord, qu'était-ce donc que ces sacrifices humains qu'on nous reproche avec tant d'aigreur ?

Des immolations volontaires d'une race qui avait au fond du cœur, gravée en traits ineffaçables, la sublime croyance de l'immortalité de l'âme, et pour laquelle la mort n'était que le commencement de la vie. (*Mervel da Veva.*) — Mourir pour vivre, comme le dit si bien la belle devise bretonne des seigneurs de Kergomar et de Kergoff[4].

Las de l'existence, vaincus dans la bataille de la vie et désireux de voyager au doux pays d'outre-tombe, c'est Posidonius le Stoïque qui nous le raconte, le Gaulois quêtait dans sa province, dans son clan, dans son village, *le prix de sa mort*. Les présents amassés, l'or réuni, les juges rassemblés, le vin même enfermé dans de larges tonneaux, il

1. *Discours sur la nature et les dogmes de la religion gauloise*, servant de préliminaire à l'histoire de l'Église gallicane, par M. de Chiniac de La Bastide-du-Claux, avocat au parlement. (A Paris, chez Butard, rue Saint-Jacques, *à la Vérité*, MDCCLXIX, p. IX, avant-propos.)

2. Henri Martin, *Histoire de France*, t. Ier, p. 35, note.

3. Chiniac de La Bastide-du-Claux, *loc. cit.*, p. XI. Citation de saint Jérôme.

4. Cette devise est écrite sur la porte d'un manoir situé à Plougastel-Daoulas. C'est celle de la famille des Kerérault. Voy. Pol de Courcy, *Armorial*, p. 197.

appelait les siens, distribuait à tous le produit de sa collecte funèbre; puis, gaiement, sans remords et sans crainte, il faisait apporter les boucliers peints de sa lignée glorieuse, et là, étendu sur ces écussons aux nobles emblèmes, la face tournée vers le ciel, il s'étendait, offrant tranquillement la poitrine en souriant au couteau de l'ovate[1].

Un grand chef mourait. Il avait, pendant le cours de sa vie, fait partager sa richesse et ses mauvais jours à toute une troupe fidèle d'*ambactes* et de *soldures,* liés à sa destinée par un serment fièrement tenu jusqu'alors. On faisait au mort des funérailles somptueuses et magnifiques. « Funera sunt pro cultu Gallorum magnifica et sumptuosa, » dit César. (Livre VI, XIX.) Le corps étendu sur le bûcher funèbre, on plaçait auprès de lui tous les objets qu'on pensait lui avoir été chers dans sa vie : ses colliers d'or, ses bracelets de bronze, sa grande épée, son poignard au fourreau ciselé, les vases dont il avait l'habitude de se servir dans les festins, sa coupe, son hanap ; on amenait ses chiens favoris, ses chevaux aimés, son char de guerre. « Omniaque, quæ vivis cordi fuisse arbitrantur, in ignem inferunt; etiam animalia, ac paulo supra hanc memoriam servi et clientes, quos ab iis dilectos esse constabat, justis funeribus confectis una cremabantur. » (Livre VI, XIX.)

Puis auprès, se tenant par la main, les frères d'armes du défunt entonnaient leur chant triste et lugubre, dernier adieu à ceux qui restaient ici-bas, et, se tuant sans mot dire, ils s'en allaient avec lui, croyant partager encore, dans une autre vie, la bonne comme la mauvaise fortune d'un maître auquel ils s'étaient volontairement unis.

« Neque adhuc hominum memoria repertus est quisquam, qui eo interfecto cujus se amicitiæ devovisset mori recusaret. » Et on ne peut se souvenir qu'un seul d'entre eux ait refusé de mourir quand l'homme auquel il s'était voué était mort lui-même. (*Com.*, livre III, XXII.)

1. *Ethnogénie gauloise*, Mémoires critiques sur l'origine et la parenté des Cimmériens, des Cimbres, des Ombres, des Belges, des Ligures et des anciens Celtes, par Roget, baron de Belloguet, honoré de plusieurs médailles d'or par l'Institut, 3e partie. Preuves intellectuelles. *Le génie gaulois.* (Paris, Maisonneuve et Cie, libraires-éditeurs, 15, quai Voltaire. 1868. — *Mœurs et coutumes privées*, p. 70.)

GROUPE GAULOIS DE LA VILLA LUDOVISI

(Pl. 3.)

Ce groupe, désigné autrefois sous le nom de *Pætus et Arrie*, représente un Gaulois se tuant sur le corps de sa femme.

L'original se trouve à Rome à la villa Ludovisi.

On peut en voir deux copies en France : l'une, dans la salle d'entrée de la Chambre des députés ; l'autre, en marbre, au parc de Versailles.

PL. 3

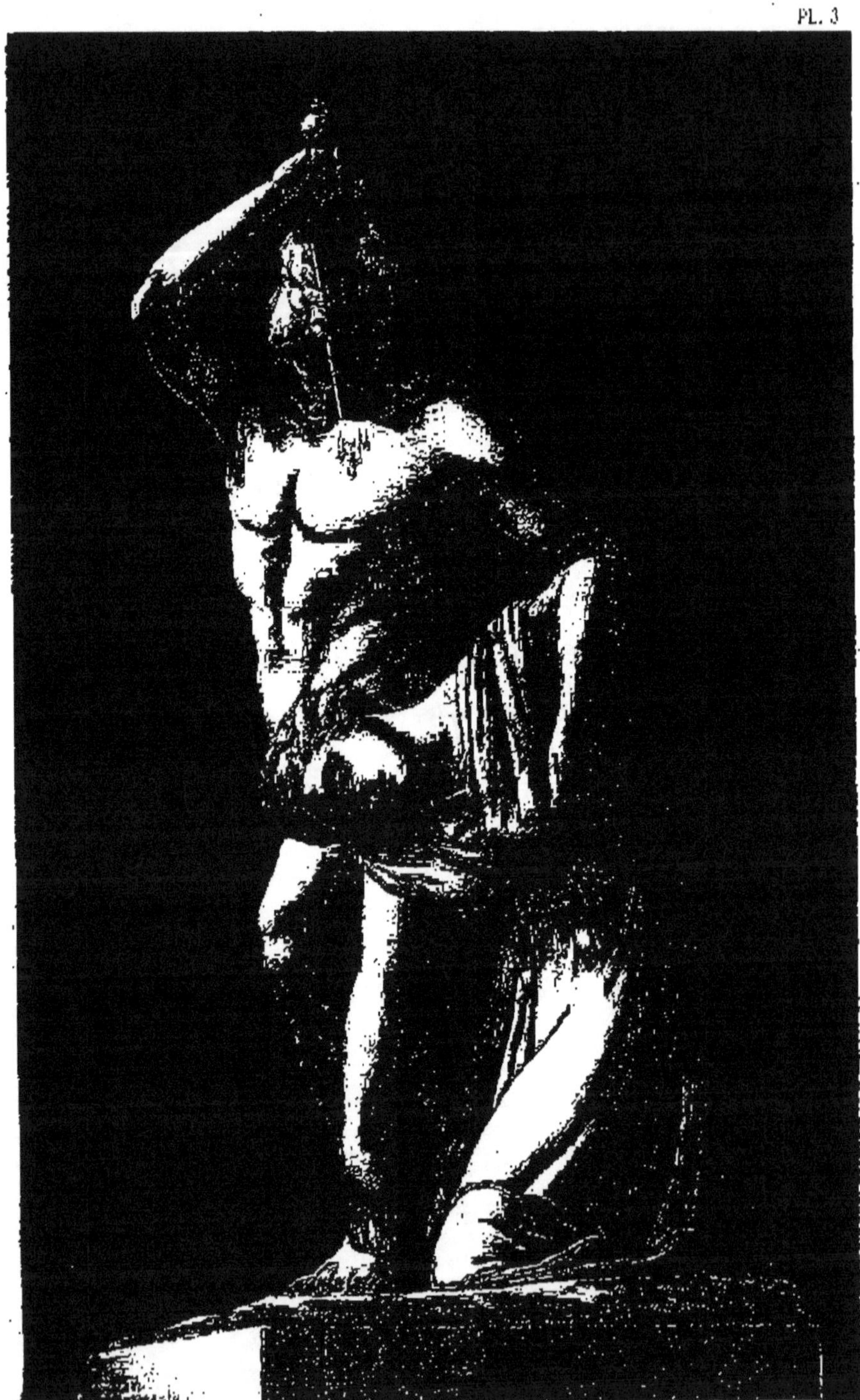

Imp. Lemercier & Cie Paris — *Boudier Chromolith.*

GROUPE GAULOIS

DE LA VILLA LUDOVISI

« Vois comme ma gorge est blanche, disait la femme aimée sur le cadavre de celui qu'elle venait de perdre ; c'est là que tu enfonceras jusqu'au cœur ton bienfaisant couteau. — Ma langue dira mon chant de mort au milieu du cercle de pierres qui enferme le monde. — C'est la fête autour des deux lacs : un lac m'environne et environne le cercle, le cercle un autre cercle, ceint de douves profondes ; une belle retraite est devant : de grands rochers la recouvrent ; le dragon s'avance dehors, en rampant vers les vases de l'échanson, de l'échanson aux cornes d'or. Les cornes d'or sont dans sa main, sa main sur le couteau, le couteau sur ma tête. — Gloire à toi, victorieux Neli, et à toi, roi Manogan, qui défends les franchises de l'île de Miel[1]. »

Est-ce que des Romains énervés par les plaisirs, abrutis par l'obéissance passive, esclaves d'un maître ou d'un tyran, est-ce que des *ancillæ domini*, simples servantes sans gages, pouvaient comprendre cette sublime folie ?

Aussi que n'en ont-ils pas dit ?

César, « avec son indifférence habituelle en matière de religion » (le mot est de Jean Reynaud[2]), pour excuser, à son point de vue, toutes ces insanités révoltantes, écrit avec un dédain tout italique : « La prétention des druides est surtout de faire croire que les âmes ne meurent pas, et cette croyance est, suivant eux, très propre à exciter le courage en faisant mépriser la mort. » « In primis hoc volunt persuadere non interire animas, sed ab aliis post mortem transire ad alios, atque hoc maxime ad virtutem excitare putant metu mortis neglecto. » (Livre VI, XIV.)

Puis, il se drape dans son *paludamentum* de pourpre et jette un suprême regard de mépris à toute cette foule ignorante et superstitieuse.

La séquelle des pédants l'imite à qui mieux mieux, et l'histoire constate officiellement à tout jamais l'étrange barbarie de nos sauvages ancêtres.

1. *Les romans de la Table ronde* et les contes des anciens Bretons, par M. le vicomte Hersart de Villemarqué, membre de l'Institut. (Paris, librairie Académique Didier et Cie, 75, quai des Augustins, 1860. — *Le dragon du Karn*, notes, p. 419.)

2. *Œuvres choisies de Jean Reynaud*, Études religieuses et philosophiques. *L'esprit de la Gaule*. (Paris, Furne, Jouvet et Cie, 1865. — *De l'idée du ciel*, p. 103.)

Et qui donc nous reproche, en somme, ces fameux sacrifices humains?

Les Juifs, qui se glorifient d'avoir, dans leurs livres sacrés, le sacrifice d'Abraham et celui, bien plus épouvantable, de la fille de Jephté de Galaad.

Ah! nous avions l'étrange habitude de tuer parfois nos prisonniers de guerre!

— Mais nous lisons au chapitre xv du premier livre des Rois : « Voici ce que dit le Seigneur Dieu des armées : Va et frappe Amalec; taille ce peuple en pièces, et n'épargne rien. Ne désire pas les biens qui lui appartiennent, mais *tue tout, depuis l'homme jusqu'à la femme, depuis la femme jusqu'à l'enfant qui est encore à la mamelle,* les bœufs, les brebis, les chameaux et les ânes. « Hæc dixit Dominus exercituum : Nunc ergo *vade et percute* Amalec et demolire universa ejus; non parcas ei et non concupiscas ex rebus ipsius aliquid, sed *interfice a viro usque ad mulierem et parvulum atque lactentem,* bovem et ovem, camelum et asinum[1]. »

Et dans la Genèse! Les fils de Jacob, à cause de la séduction de la trop belle Dina par le roi de Sichem, proposent traîtreusement alliance et circoncision aux habitants de la ville, et le troisième jour, « quando gravissimus vulnerum dolor est, » Siméon et Lévi, frères de Dina, l'épée au poing, entrent dans la cité ouverte et sans défiance, et massacrent tous les mâles. Ils surprennent le roi et son fils et les tuent pareillement. Puis on pille la ville, on dépouille les morts, on vole les troupeaux, on emmène les femmes et les enfants, et, le cœur en joie, tous regagnent les tentes des patriarches.

« Et ecce die tertio, quando gravissimus vulnerum dolor est, arreptis duo filii Jacob Simeon et Levi, fratres Dinæ, gladiis ingressi sunt urbem confidenter; interfectisque omnibus masculis, Hemor et Sichem pariter necaverunt.

» ... Quibus egressis irruerunt super occisos cæteri filii Jacob et depopulati sunt urbem in ultionem stupri.

1. *Biblia sacra.* Liber primus Regum, cap. xv, v. 2 et 3.

» Oves eorum et armenta et asinos, cunctaque vastantes quæ in domibus et in agris erant.

» Parvulos quoque eorum et uxores duxerunt captivas[1]. »

Samuel est encore plus brutal; Samuel qui, de par Dieu, sacra les rois dans Israël.

Saül, selon l'ordre du Seigneur, a tout détruit dans Amalec; par un reste de pitié, il a cru devoir épargner le chef.

« Qu'on m'amène Agag, » dit Samuel.

Et la victime, grasse et tremblante, « pinguissimus et tremens, » est conduite devant le juge. — « Siccine separat amara mors? » « Épargnez-moi la mort amère! » s'écrie-t-il. »

Mais Samuel lui répond : « Comme tant de mères ont été privées de leurs enfants par ton glaive, ta mère restera sans enfants parmi les femmes. » *Et il le coupa en morceaux devant le Seigneur, dans Galgala.* « *Et in frusta concidit eum Samuel coram Domino in Galgalis*[2]. »

Nous ne parlerons pas des Grecs et du sacrifice de la poétique Iphigénie; mais est-ce bien à ceux-là à nous jeter la première pierre, qui ont dans leurs chroniques tant de victimes, tant de meurtres et tant de sang répandu?

Œdipe, époux de sa propre mère et meurtrier de son père.

Étéocle et Polynice, fils de Jocaste, se tuant mutuellement sous les murs de Thèbes.

Et l'histoire épouvantable de la race des *Atrides*, qui commence par le *festin de Thyeste*, repas un peu plus relevé que celui que saint Jérôme reprochait aux nôtres; qui se continue par le retour terrible d'*Agamemnon*, égorgé par *Clytemnestre*, et se termine par la vengeance d'*Oreste*, assassin de sa mère, à l'instigation de sa sœur *Électre*.

Leurs héros et leurs dieux eux-mêmes sont tous plus infâmes les uns que les autres.

Médée tue ses enfants avec une fureur indescriptible, et *Saturne* mange les siens à mesure qu'ils viennent au monde.

1. *Biblia sacra*. Vulgatæ editionis. Liber Genesis, cap. XXXIV, v. 25, 26, 27, 28, 29.
2. *Biblia sacra*. Liber primus Regum, cap. XV, v. 32, 33.

Quant aux Romains, ces fils de louve, on peut leur décerner sans crainte la palme de la tuerie, organisée par principes.

Ils enterraient vifs des Gaulois au milieu de leurs places publiques; et, trois siècles après les déclamations ampoulées de leur avocat Cicéron, qui servent aujourd'hui de base à toutes les calomnies qu'on débite sur nos aïeux (*Pro Font.*, 12 et 13), on égorgeait encore, non seulement des hommes, mais encore des femmes, ce que ne firent jamais les Gaulois, sur les autels de Mars et de Jupiter Latialis [1].

Il leur sied bien de parler de prisonniers de guerre, à ceux-là!

Sans sortir de la Gaule, ils nous ont laissé de la clémence proverbiale de César des souvenirs inoubliables.

Ce sont d'abord les Helvètes, auxquels on a tué soixante mille hommes. Restent six mille prisonniers qui ont rendu les armes. Ils tentent de s'enfuir. César les fait reprendre et les passe tous au fil de l'épée. C'est ce qu'il appelle traiter les gens en ennemis : « Reductos in hostium numero habuit. » (*Guerre des Gaules,* livre Ier, XXVIII.)

Chez les Belges, auprès de Laon, sur la rivière d'Aisne, après un vif combat, comme les Gaulois battaient en retraite en laissant derrière eux une multitude de traînards affolés, César lance sa cavalerie, et l'on tue sans danger tant que dure le jour. « *Sine ullo periculo,* tantam eorum multitudinem nostri interfecerunt quantum fuit diei spatium. » (Livre II, XI.)

Je passe les Nerviens. Là, sur soixante mille combattants, il en resta cinq cents, et tous les chefs périrent, si ce n'est trois. « Ex sexcentis ad tres senatores, ex hominum millibus sexaginta vix ad quingentos, qui arma ferre possent, sese redactos esse dixerunt. » (Livre II, XXVIII.)

Chez les Vénètes, comme la ville se rendit, on se contenta de massacrer les vieillards, et le reste fut vendu comme esclaves. « Itaque *omni senatu necato,* reliquos sub corona vendidit. » (Livre III, XVI.)

Près de Clèves, toute une nation campait tranquille, quatre cent

1. Suétone, *Aug.*, 15. — Sénèque, *De clem.*, I, 11. — Pline, XXVIII, 3. — Porphyre, *De abstin.*, II, 56. — Lactance, *Div. institut.*, I, 21. — Eusèbe, *Prepar. evang.*, IV, 16 et 17. — Citation de M. Roget de Belloguet. *Ethnogénie gauloise, le génie gaulois,* p. 7 et 8.

trente mille individus, les Usipètes et les Tentchtères. Ils demandaient à César une concession de terrains. On retint les ambassadeurs. On envahit le camp pendant la sieste du milieu du jour. Les femmes et les enfants se mirent à fuir vers le Rhin. La cavalerie romaine reçut l'ordre de les massacrer. *Sans perdre un homme,* ils frappèrent tant que leurs bras purent frapper et soutenir leurs sanglantes épées. Tout fut tué ; ceux qui s'échappèrent périrent dans les eaux du fleuve. — « Reliqua multitudo puerorum mulierumque passim fugere cœpit ; ad quos consectandos Cæsar equitatum misit... Magno numero interfecto, reliqui se in flumen præcipitaverunt. » (Liv. IV, XIV et XV.) « Nostri *ad unum omnes incolumes,* perpaucis vulneratis..., se in castra receperunt.

Au pays de Tongres, chez les Éburons, on extermina tout un peuple. Race infâme, *stirpem hominum sceleratorum,* ils avaient osé réclamer la liberté ; ils devaient disparaître de la surface du monde. César crut qu'il était de son honneur, *suæ dignitati esse dicebat,* de ne rien laisser debout sur cette terre vouée à la destruction (*Histoire des Gaulois,* t. II, p. 331. Amédée Thierry.) — C'est dans cette campagne qu'il appela, pour le pillage complet des Éburons, les Sicambres, ces Allemands nés pour le brigandage, *in bello latrociniisque natos.* Il voulait ménager les forces de ses légionnaires. Le butin fut immense. Les Allemands étaient déjà fort habiles dans ce genre d'exercice. (Livre VI, XXXV.)

« Mettre une nation hors la loi de l'humanité, assurer l'impunité d'assassins, moyen dont l'idée seule, dit M. Amédée Thierry, eût révolté le conquérant le plus sauvage, et qui ne parut que toute simple à l'imperator couronné de lauriers de Rome la grande [1]. »

A Bourges (*Avaricum*), qu'on épargna à cause de sa magnificence, lors de la grande destruction commandée si patriotiquement par Vercingétorix, dans le but d'isoler César dans un désert et d'en venir facilement à bout, quand on prit la ville, après de longs jours de siège, tout fut égorgé, et quarante mille individus nagèrent dans le sang.

1. *Histoire des Gaulois,* depuis les temps les plus reculés jusqu'à l'entière soumission de la Gaule à la domination romaine, par M. Amédée Thierry, membre de l'Institut. (Paris, Didier, 1863, p. 228, t. II, liv. VI, ch. III.)

Les Romains n'épargnèrent ni les vieillards, ni les femmes, ni les enfants. Personne ne s'occupa de faire du butin ; on ne songea qu'au carnage. « Nec fuit quisquam qui prædæ studeret... Non ætate confectis, non mulieribus, non infantibus perceperunt. Denique ex omni numero, qui fuit circiter millium XL, vix DCCC, qui primo clamore audito se ex oppido ejecerant, incolumes ad Vercingetorigem pervenerunt. » (Livre VII, XXVIII.)

Le grand chef, à son tour, tomba devant Alise ; César le réserva vivant pour son triomphe.

Puis, comme on résistait encore çà et là, que les Poitevins n'avaient pas déposé les armes, César envoya des renforts à ses lieutenants, qui battirent les Poitevins. *On poussa les chevaux tant que les chevaux purent aller ; on frappa tant que les bras purent frapper,* et l'on massacra douze mille Gaulois, soit de ceux qui avaient les armes à la main, soit de ceux qui les avaient jetées bas. « At nostri equites, qui paulo ante cum resistentibus fortissime conflixerant, lætitia victoriæ elati magno undique clamore sublato cedentibus circumfusi, *quantum equorum vires ad persequendum dextrœque ad cedendum valent, tantum eo prœlio interficiunt.* (Liv. VIII, XXIX.)

Restait *Uxellodunum,* le Puy d'Issolu. César en fit l'assaut ; les légions montèrent au pas de charge par tous les côtés de la montagne et s'emparèrent de la ville. Les marchés d'Italie regorgeaient d'esclaves. Il y avait baisse sur la marchandise du pays. Ne sachant que faire de ce qui lui restait de prisonniers, le doux César *fit couper les mains à tous ceux qui avaient porté les armes,* et les lâcha à travers champs dans la patrie désolée, pour servir d'exemple à ceux qui oseraient penser désormais à une revendication. « Itaque *omnibus qui arma tulerant manus prœcidit* vitamque concessit quo testatior esset pœna improborum. » (Hirtius, *Commentaires,* liv. VIII, XLIV.)

Que dites-vous de cette introduction splendide de la grande civilisation dans la pauvre Gaule barbare [1]?

C'est aux Romains, moins qu'à tout autre peuple, de nous repro-

1. *Les instruments de la civilisation* (le Soldat). *De la Poterie gauloise.* Étude sur la collection Charvet, p. 127 et suiv.

cher nos *dévouements,* qu'ils ne comprenaient pas, et nos vengeances devenues naturelles devant une telle sauvagerie.

Avec de pareils principes, ce peuple, qu'on trouve si sublime, devait aller encore plus loin. Il en arriva à couronner de l'impérial laurier des Néron, des Claude et des Tibère. Il en arriva à se courber sous le sceptre de ces monstres et se rua bestialement dans la servitude, selon la farouche expression de Tacite. — Quand une race a donné au monde de pareils exemples, elle devrait avoir au moins la pudeur de se taire et de rester calme.

Qu'on nous cite, parmi nos *brenns,* un seul homme qui ait insulté le monde en prononçant des paroles comme celles qu'osa lancer un jour impunément Caligula : « Plût aux dieux que le peuple romain n'eût qu'une tête pour que je pusse la couper d'un seul coup. » « Utinam populus romanus unam cervicem haberet[1]. »

De quel côté est donc véritablement ici LA BARBARIE?

« César avait besoin de rabaisser ses ennemis pour excuser ses impitoyables violences, » dit M. Jean Reynaud; c'est pour cela qu'il a sali de sa bave impériale nos illustres aïeux.

Vraiment on a eu bien tort de donner tant d'importance aux calomnies de cet homme.

Mais nous n'avons jusqu'ici parlé que de nos prêtres et de leurs sacrifices. Voyons ce que les Latins ont dit de nos guerriers.

Vivant dans des repaires faits de branchages et de boue délayée, cachés au fond des bois comme des animaux dans leurs tanières, n'ayant, comme défense de leurs soi-disant cités, que des troncs d'arbres abattus et renversés les uns sur les autres, et formant une sorte d'enceinte grossière et rude (ceci est de Strabon, le géographe, IV, 164), les Gaulois, quand ils sortaient de ces antres, assez semblables à des bêtes fauves, relevaient sur la tête, pour se rendre encore plus terribles, leur chevelure inculte, imprégnée de lait de chaux, et laissaient retomber en véritable crinière cette étrange parure, d'une couleur rouge et sanglante, sur leurs épaules velues. Ils poussaient

1. *Caius Caligula,* Suétone, XXX.

alors des cris horribles, s'appelant de tous côtés et s'excitant mutuellement au pillage. « *Gens ferox,* dit Tite-Live (X, 10), et ingenii avidi ad pugnam... inter ferrum et arma natos. » Nation féroce, avide de coups, née pour la bataille, ne rêvant que têtes coupées, qu'ils suspendent au pommeau de leur selle, qu'ils accrochent au poitrail de leurs chevaux, dont ils décorent l'entrée de leurs ignobles cabanes, ou qu'ils conservent desséchées dans des coffres, pour les montrer à leurs descendants comme une preuve de leurs exploits sur les champs de bataille. (Diodore de Sicile, XIV, 115.) Voilà pour les chefs.

En troupe, l'aspect de ces colosses horribles est véritablement effrayant, dit Florus. « Ils semblent nés pour l'extermination des hommes et des villes. »

Heureusement que ces matamores, malgré leurs regards menaçants, leur voix formidable et l'arrogance de leur démarche (Cicéron, *Pro Font.,* 14), après leur premier élan, incapables de supporter la fatigue et la chaleur, plus que des hommes à leur début, deviennent *moins que des femmes* après les premiers coups portés. « Corpora intolerantissima laboris atque æstus fluere, primaque eorum prælia plus quam virorum, postrema *minus quam feminarum* esse. » (Tite-Live, X, 28.)

Après avoir défié le ciel, avoir marché follement contre les vagues de la mer, après avoir chanté leur propre éloge avec une emphase tragique (Diodore de Sicile), nus jusqu'à la ceinture, comme à la fameuse journée de Télamon (Polybe, I, 114), comme à la bataille de Cannes (Tite-Live, XXII, 46), brandissant en l'air leurs armes au-desus de la tête, ainsi que de véritables Peaux-Rouges, ils terminent leurs bravades par des éclats de rire et des gambades grotesques, et finissent par tirer grossièrement leur langue rouge et baveuse à l'ennemi, qui les regarde silencieux.

Les Romains ne pouvaient manquer d'avoir facilement raison de pareilles brutes. Manlius Torquatus (Tite-Live, VII, 10) le prouva bien, du reste, et les marchands du Forum en firent des gorges chaudes, en plaçant au-dessus de leurs boutiques la fameuse figure gauloise qui provoqua si souvent le rire des gamins de la cité souveraine.

Leurs repas sont des orgies sans nom. Ils boivent le vin toujours pur, disent ces sobres Quirites, qui se remplissaient comme des éponges aux immondes festins de Trimalcion[1], et s'enivrent à qui mieux mieux, en se gorgeant d'hydromel, de bière et de cervoise, jus fétide tiré de l'orge qu'on laisse pourrir dans de l'eau. (Diodore de Sicile.)

Étendus sur des bottes de foin, dans leurs cases, ils saisissent à deux mains les viandes grillées qu'on leur jette, et les déchirent à belles dents, comme des lions.

Quand on apporte les jambons, l'un des invités s'empare de la cuisse, et, l'élevant au-dessus de sa tête, défie tous les convives de venir la lui arracher des ongles. Si quelqu'un se lève, le duel commence, les couteaux sortent des gaines de cuir, et l'on s'égorge dans la salle même du festin ; car ces combats singuliers ne peuvent finir que par la mort de l'un des deux adversaires. (*Ethnogénie,* p. 65 et 69.)

Lorsqu'il est à terre, vaincu, mourant, le Gaulois, qui se sent défaillir, honteux de mourir d'une blessure qu'il aperçoit à peine, se jette sur sa plaie avec une véritable rage et la déchire de ses propres mains, pour l'agrandir aux yeux de tous. Laisser échapper son âme par une simple égratignure serait une monstrueuse injure. (Tite-Live, XXXVIII, 24.)

Parfois, c'est contre leur famille même qu'ils tournent leur folie sanglante ; alors ils massacrent, avec des cris horribles, leurs femmes elles-mêmes et leurs enfants. (Tacite, *Agricola,* 38.)

La peinture, on le voit, est assez délicate. Quelles douces compagnes devaient avoir de pareils monstres !

Savez-vous comment nous les représentent ces mêmes historiens latins ?

Ce sont des *viragos* à l'œil farouche. « Leur vigueur est telle, dit Ammien Marcellin, qu'un Gaulois et sa femme peuvent tenir tête à plusieurs hommes de tout pays. Celles-ci sont encore plus fortes que

1. *Tingomenas faciamus* (éponge est un mot propre). Pétrone, *Satyricon,* ch. XXXIV.

leurs maris, et quand elles combattent, le cou gonflé par la fureur, leurs pieds et leurs mains lancent des coups comme ceux d'une catapulte. »

« Tum maxime cum inflata cervice suffrendens, ponderansque niveas ulnas et vastas admistis calcibus emittere cœperit pugnos, ut catapultas tortilibus nervis excussas. » (XV, 11.).

Des auteurs allemands ont encore chargé cette esquisse en nous représentant nos mères comme « légères, coquettes, volages, n'ayant aucune idée élevée de la vie de famille et de la pureté, adultères, sans cœur et libertines » (*Die Wanderungen der Kelten,* 74 et 90 ; Roget de Belloguet, p. 30, *Génie gaulois*); elles qui ont inventé les trois pudeurs de la femme, dont nous reparlerons plus tard, et qui se tuaient pour ne pas survivre à leurs amours.

MM. les savants ont l'habitude de considérer l'Allemagne comme la terre de toute vérité; ils ont répété avec eux : volages, coquettes, adultères et libertines ; simples femelles, à peine bonnes à tout supporter de leurs mâles.

Comme si ces funestes conceptions, dignes des cervelles germaniques, avaient la moindre base réelle.

Outré de ces dires, M. Henri Martin s'est écrié : « Ce ne sont certes pas des esclaves écrasées sous de durs travaux, ni d'oisifs instruments de plaisir que ces belles et fières créatures, épouses dévouées, si bonnes éducatrices, égalant en force d'âme leurs maris, auxquels elles préparent des fils dignes d'eux. » (*Histoire de France,* t. Ier, p. 38.)

Nous verrons plus tard combien a raison, dans sa patriotique indignation, notre grand historien national.

Les géographes de Cappadoce, qui n'avaient jamais fréquenté nos rivages, nous ont peint ces pauvres druidesses sous des couleurs encore plus sombres. C'est sur des rochers sauvages qu'ils nous les montrent, errant la nuit, la torche en main, hurlant dans la tempête, et livrant leurs secrets terribles aux navigateurs assez hardis pour les violer.

C'est dans des îles battues par la mer orageuse qu'ils nous les font voir démolissant, à certains jours de l'année, la toiture de chaume de leur misérable temple, jetant au loin la charpente usée, dispersant la paille aux quatre vents du ciel, puis rapportant les matériaux nouveaux amassés par leurs soins, et recommençant leur stupide besogne en se guettant mutuellement d'un œil torve, pour voir si quelque poutre, quelque chevron, quelque fascine, ne s'échappe des mains fatiguées des ouvrières. Alors, dit Strabon, ce sont des clameurs horribles. Ces furies échevelées se précipitent sur leur malheureuse compagne. Dans un transport frénétique, elles déchirent ses chairs, en arrachent les lambeaux et dispersent les membres sanglants de leur victime autour de l'enceinte sacrée de leur pieux sanctuaire.

Jamais année ne se passe, ajoute le narrateur, sans qu'il y ait une victime.

Hélas ! voilà ce que nous débitent tous les jours certains hommes à col bridé, successeurs ineptes des Jehan Le Veau, des Brelingandus, des Jobelin, des Thubal Holopherne et des Juanotus de Bragmardo.

Plutôt que d'étudier par nous-mêmes les nôtres, nous croyons de bonne foi ces ignares.

Quel sera le Ponocrates qui parviendra enfin à nous faire oublier ce que nous avons appris sous ces bailleurs de balivernes, si pleins de verbocination latiale.

Grâce à eux, nous n'avons vu qu'un côté de la médaille. Tâchons, à notre tour, de déchiffrer l'autre et d'enlever l'épaisse couche de rouille qui nous a, jusqu'ici, empêchés de l'apercevoir brillante et glorieuse comme elle fut jadis.

Pendant que le divin Jules, poursuivi par ses créanciers, rêvait, à Rome, de piller une nation quelconque pour y trouver l'or nécessaire à l'achat des consciences, vrai moyen de se pousser au pouvoir, la Gaule reposait tranquille.

Les grandes cités se profilaient calmes sur les collines où les avaient plantées primitivement les vieux chefs des clans libres ; et, dans la vallée, les pasteurs faisaient paître, heureux et doux, leurs grands troupeaux de bœufs.

Quel pouvait être, d'après les monuments qui nous restent, l'aspect vrai d'une ville gauloise, à cette époque? Essayons d'en tracer un léger croquis.

Lorsque l'on suit la route de Paris à Dijon, après avoir traversé Montbard, la patrie du grand Buffon, si l'on s'arrête au pied du mont Rea, non loin de Flavigny, à quelques pas se détache sur le ciel une montagne longue, au sommet triste et dénudé.

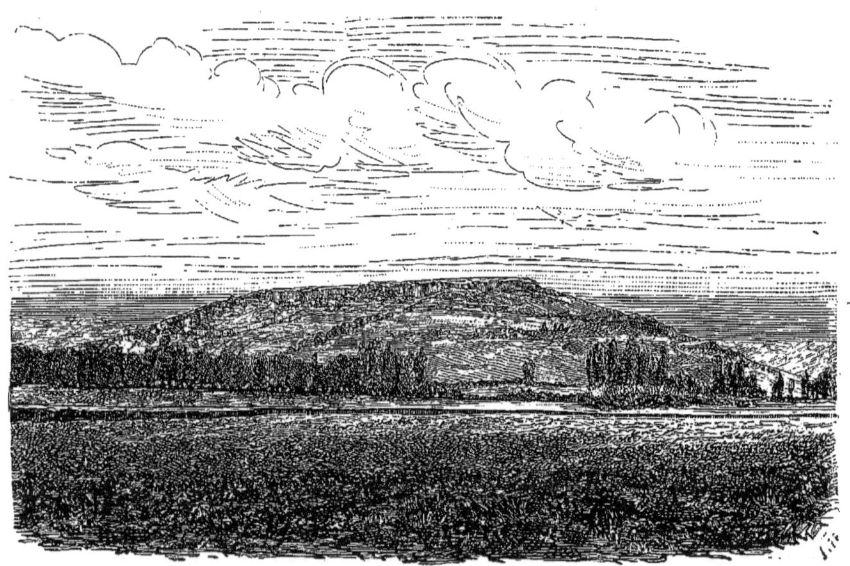

Fig. 93. — Le Mont Auxois (Alise-Sainte-Reine). Vue prise des pentes de la montagne de Bussy. Album de la *Vie de César*.

De grands peupliers découpent leur feuillage léger sur les flancs abrupts de la colline; une petite rivière serpente dans le vallon, bordée de saules et d'arbustes divers. Au loin s'aperçoivent, à l'horizon, les riches pentes de la Côte-d'Or : c'est Alise-Sainte-Reine[1] (fig. 93).

1. Nous ne voulons pas ici entamer de discussions sur la position probable de la véritable Alésia de César. Parmi les archéologues, les uns la placent en Bourgogne, d'autres en Franche-Comté. Nous ne pouvons prendre parti pour aucun d'eux, quoique tout nous porte à croire que M. Quicherat ait plutôt raison que beaucoup d'autres. Mais le mont Auxois fut certainement une forteresse gauloise; pour le moment, cela nous suffit.

Aucune silhouette ne rend mieux, à notre avis, l'aspect que durent avoir jadis les cités gauloises du temps de l'indépendance.

Ce ne sont pas les *burgs* du moyen âge, ces nids d'aigle juchés sur des rochers noirs, du haut desquels le regard des pilleurs plongeait sur tout le plat pays, découvrant au loin le convoi des marchands, les chariots nombreux des laboureurs, le troupeau des paysans qu'ils devaient *arrançonner* à cœur joie. Ces repaires ont une allure complètement germanique ; ce sont les demeures des Francs. Nous les retrouverons plus tard.

Ici, point de sentiers inaccessibles, point de dentelures sauvages. Ce n'est pas un homme orgueilleux, fainéant et voleur qui habite ces sommets. C'est un peuple qui a choisi ces hauts lieux comme point de réunion habituelle de ses familles, comme refuge assuré en cas d'invasion étrangère.

Le laboureur, avec les siens, s'est abrité dans la plaine, parsemant la campagne de ses nombreuses chaumières, cachant sur le flanc des vallons, sous les grands arbres, le long des frais ruisseaux, sa modeste retraite. « Ut sunt fere domicilia Gallorum qui, vitandi æstus causa, plerumque silvarum atque fluminum petunt propinquitates. » Car les Gaulois, pour éviter la chaleur, bâtissent presque toujours leurs habitations dans le voisinage des bois et des rivières. (*Commentaires,* liv. VI, XXX.)

Les moissons croissent paisiblement dans les champs ; les troupeaux errent dans les prairies, et, le jour convenu, le patron arrive à la ville, suivi de sa parenté, pour faire ses échanges, vendre ses produits et contracter ses marchés. Il a là-haut sa place au grand soleil ; membre de la commune, il peut y pénétrer quand tel est son bon vouloir.

La caste des guerriers qui doivent le défendre est composée de ses fils et de ses neveux. Ce ne sont pas des conquérants qui l'oppriment ; ce sont des égaux qui le protègent.

« Il n'y a point de caste fermée ni même héréditaire en Gaule, dit M. Henri Martin. (*Histoire de France,* t. Ier, p. 41 et suiv.) Le peuple est surtout fier de son indépendance, et, quoi qu'en dise César :

« Nam plebes pæne servorum habetur loco » (liv. VI, XIII), il n'était pas composé d'esclaves ; car, ainsi que le dit Jean Reynaud dans une des dernières pages qui soient, hélas ! tombées de sa plume clairvoyante : « Chez nous, *la main qui conduit la charrue a toujours été une main libre.* » (*De la classe populaire, Esprit de la Gaule,* p. 136.)

Après Alise, *Uxellodunum,* le Puy d'Issolu, donne plus fièrement

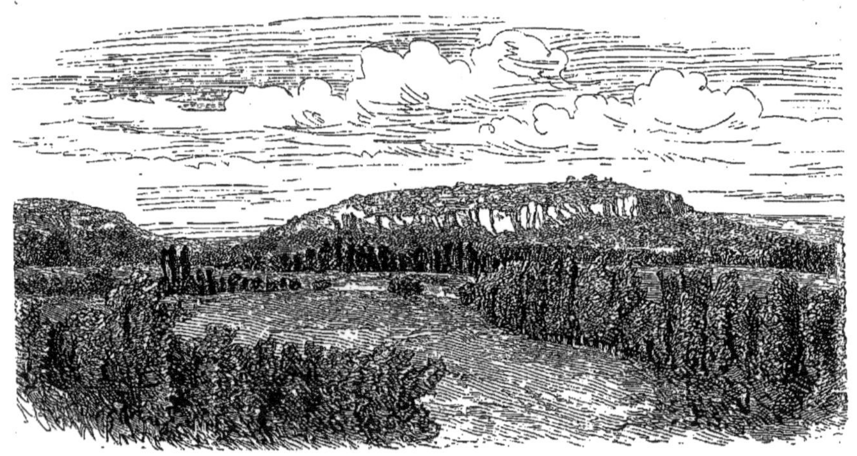

Fig. 94. — Vue du Puy d'Issolu (*Uxellodunum*), prise du côté du midi. Album de la *Vie de César*.

encore peut-être *le site* de ces acropoles celtiques, dont étaient si fiers les combattants de la nation (fig. 94.)

Uxellodunum fut le dernier refuge de la liberté gauloise, et César en personne dut la prendre lui-même, car ses lieutenants n'y pouvaient réussir.

C'est là qu'il accomplit son dernier acte de barbarie, et qu'il abattit furieusement les mains droites des derniers champions de la patrie [1].

1. Uzel en Bretagne, jeté de même sur une montagne, a gardé la forme et le nom d'Uxellodunum, composé de *Huel* ou Uzel, la haute, et de *dunum* ou *dounos,* colline, montagne, comme dans *Lugdunum,* la montagne de lumière, et dans *Augustodunum,* la colline d'Auguste. (*Glossaire gaulois,* p. 98 et 99.) — Uzel est, par son aspect et ses mœurs, une cité gauloise par excellence. Les marchés s'y font encore comme autrefois, et la campagne voisine, remplie de petits villages de quatre ou cinq

Langres est plus complet ; c'est l'oppidum du temps de la conquête, avec ses remparts sur toits élevés, *tecta alta,* ses jardins et ses tours (fig. 95).

César, dans son livre VII, consacre tout un chapitre à nous décrire les murailles des citadelles gauloises, composées de poutres d'une seule pièce, régulièrement séparées par des intervalles de deux

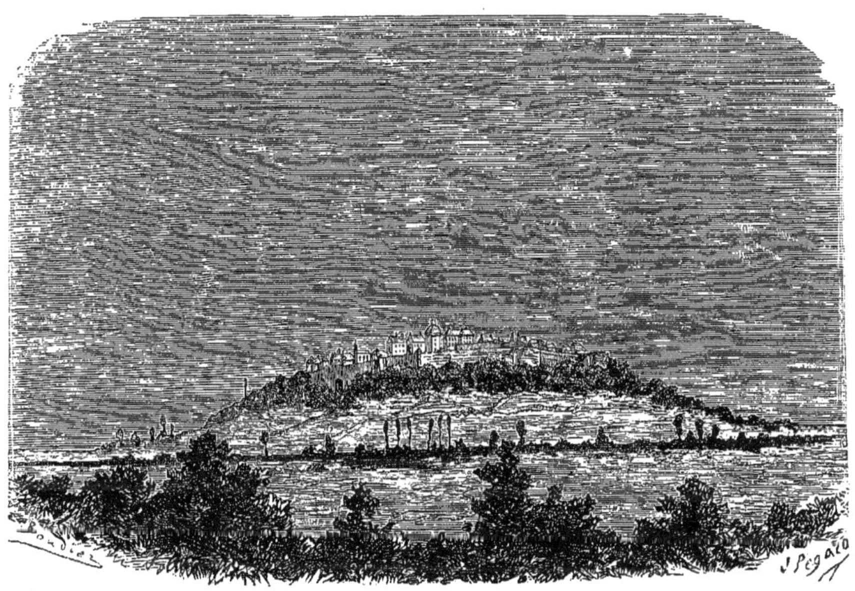

Fig. 95. — Vue de la ville de Langres (Haute-Marne).

pieds, placées horizontalement sur le sol et reliées entre elles avec de grosses pierres. L'ensemble, ajoute-t-il en connaisseur, n'en est pas déplaisant. « Hoc quum in speciem varietatemque opus deforme non est[1]. »

feux, est habitée comme au temps de l'invasion. Si l'on veut vivre de la vie des vieux Celtes, c'est là qu'il faut aller : vêtements, coutumes, langage, tout est conservé intact.

Si nous faisons ici le rapprochement d'Uzel et du Puy d'Issolu, c'est que la langue nous donne une étymologie certaine et positive, et, comme elles sont rares, nous avons cru devoir constater la nôtre pour les philologues, lesquels recherchent si avidement ces traductions qui ont leur importance.

1. « Muri autem omnes Gallici hac fere forma sunt. Trabes directæ perpetuæ in longitudinem, paribus intervallis, distantes inter se binos pedes, in solo collocantur; hæ revinciuntur introrsus et multo aggere vestiuntur; ea autem, quæ diximus, intervalla grandibus in fronte saxis effarciuntur. His conlocatis et coagmentatis alius insuper ordo adjicitur, ut idem illud intervallum servetur, neque

Ces murailles régulières étaient, de distance en distance, surmontées par des tours en bois, qu'on recouvrait de peaux fraîches, et, d'en haut, les assiégés accablaient l'ennemi sous une grêle de pierres et de pieux durcis au feu. Quand il tentait d'approcher, on l'inondait de poix brûlante.

« Et apertos cuniculos, præusta et præacuta materia et pice fervefacta et maximi ponderis saxis morabantur, mœnibusque appropinquare prohibebant. » (Livre VII, XXII.)

A Langres, les pierres des murs d'enceinte de Louis XI et de François Ier surmontent exactement les assises romaines, qui, elles-mêmes, remplacèrent les remparts gaulois.

L'antique cité des Lingons, à cause même de la configuration escarpée de son tertre, n'a pu rompre ici sa ceinture. Elle est restée la même (fig. 96).

Au Mans, chez les Cénomans de Camulogène, les maisons modernes, appuyées partout sur le mur de brique, ont presque fait disparaître les hautes tours, que retrouvent à peine, en cherchant bien, les fureteurs d'antiquités nationales.

A Langres, tout éclate aux yeux en pleine lumière, et lorsque l'on gravit le chemin tournant qui mène à la vieille porte triomphale,

inter se contingant trabes, sed paribus intermissæ spatiis singulæ singulis saxis interjectis arte contineantur. Sic deinceps omne opus contexitur, dum justa muri altitudo expleatur. Hoc cum in speciem varietatemque opus deforme non est, alternis trabibus ac saxis quæ rectis lineis suos ordines servant; tum ad utilitatem et defensionem urbium summam habet opportunitatem ; quod et ab incendio lapis et ab ariete materia defendit, quæ perpetuis trabibus pedes quadragenos plerumque introrsus revincta neque perrumpi neque distrahi potest. » (*Commentaires*, liv. VII, XXIII.)

(Les murs de toutes les villes gauloises sont à peu près construits comme nous allons le dire : des poutres d'une seule pièce, régulièrement séparées par un intervalle de deux pieds, sont placées horizontalement sur le sol ; on les relie intérieurement entre elles, et on les couvre d'une grande quantité de terre. Les intervalles dont nous avons parlé sont remplis sur le devant avec de grosses pierres. Quand la première assise est ainsi disposée et assujettie, on en établit une seconde par-dessus, en conservant entre les poutres le même intervalle, de manière qu'elles ne se touchent pas et que, dans les vides qui les séparent, on puisse entre chacune d'elles introduire des pierres et les relier solidement les unes aux autres. On continue de la sorte tout le travail jusqu'à ce qu'il ait atteint la hauteur voulue. Ces poutres et ces pierres, rangées par couches alternatives et dans un ordre parfaitement régulier, forment un ensemble dont la disposition et la variété ne déplaisent pas ; et elles sont de la plus grande utilité dans la défense des villes ; car la pierre défend le rempart contre l'incendie, le bois le défend contre le bélier, et il est impossible de renverser et d'entamer cette masse compacte formée par des poutres de quarante pieds de long, dont la plupart sont reliées entre elles à l'intérieur.)

l'antique *Colonia Lingonum* des inscriptions apparaît, farouche encore, sur son plateau, comme au temps des grandes guerres d'autrefois.

A la place de la cathédrale, découvrez la petite fontaine[1] dédiée au génie du lieu, source bénie qui va descendre dans les contrées voisines et les féconder de ses eaux bienfaisantes, *Sirona Sequana,*

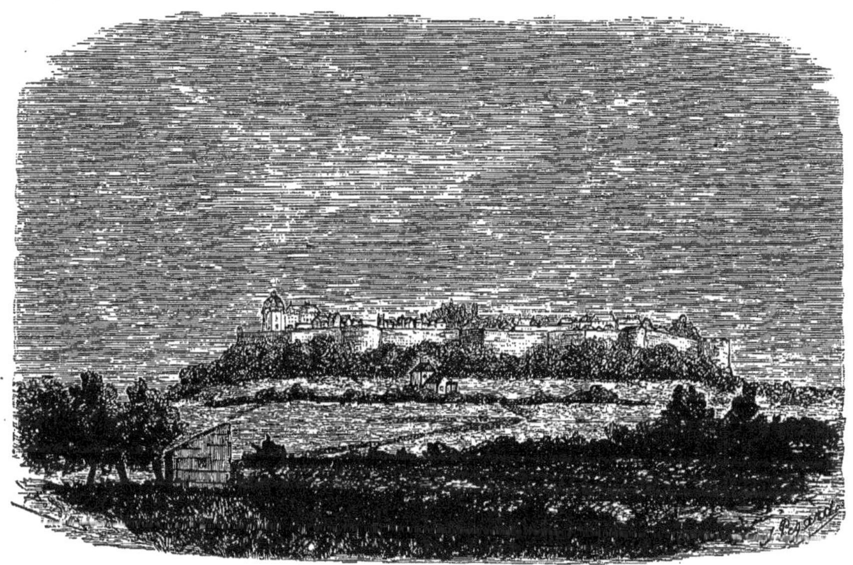

Fig. 96. — Vue de la ville de Langres (Haute-Marne).

Divona, Sagona; le Siron, dans l'Aquitaine; la Seine, l'Aronde ou la Saône[2];

Placez quelques bardes qui chantent leurs refrains sacrés aux femmes venant éprouver l'eau, comme on le fait encore actuellement à Bibracte du mont Beuvray[3];

1. Un grand nombre d'églises en France ont dans leurs cryptes des fontaines sacrées; nous n'en citerons que deux : Lanmeur en Bretagne et Jalons en Champagne. Une véritable rivière sort des fondations de l'église de Vertus. Dans la cathédrale de Nantes se trouve un puits vénéré, et Notre-Dame de l'Épine enfin possède une source où les jeunes filles viennent demander à la Vierge de leur trouver des époux de son choix.

2. *Croyances et légendes de l'antiquité,* par Alfred Maury, de l'Institut. (Paris, librairie Académique de Didier, p. 243.)

3. Le premier mercredi de mai, tous les habitants des pays voisins se réunissent au mont

Alignez au centre les maisons hautes, garnies de leurs escaliers extérieurs, tels qu'on en trouve partout en France, à Autun, à Arles, à Châlons, à Marseille et ailleurs [1];

Couvrez ces rondes habitations primitives de toits aigus, façonnés en pierres de diverses couleurs (*pavonacea,* dit Pline), semblables, par la combinaison singulière de ces pierres, à la queue de l'oiseau de Junon;

Tracez l'enceinte circonscrite du quartier des forgerons, des émailleurs, des tisserands, des potiers, des boulangers et des marchands de toute sorte;

Animez ce petit coin si vivant du bruit des marteaux des ouvriers du fer, aiguisant sur la pierre dure les grandes lames de leurs sabres allongés;

Ouvrez là-bas la boutique du fabricant de bronze, trempant à l'air vif ses lances brillantes ou ses poignards à la garde couverte de fines hachures;

Étalez ici les produits variés d'un graveur sur métaux, qui incruste dans le cuivre ses petits émaux cloisonnés avec tant de soin, parures ravissantes des coquettes à cheveux blonds qui l'entourent;

Appendez au soleil les grandes saies neuves des hommes libres, le manteau des pasteurs ou les capuchons bruns des bourgeois, et laissez tourner plus loin la roue sonore des ouvriers de terre, qui font sécher en plein vent les vases si délicats modelés par les mains de leurs femmes;

Dressez au centre la grande halle des jours de foire (*marchallac'h*), la place du marché public [2];

Au pied du *castellum,* placez les demeures plus luxueuses des

Beuvray. Les femmes vont faire leurs dévotions à différentes fontaines qui se trouvent sur le plateau, et y laissent tomber, comme offrande, des œufs et quelque menue monnaie. Parfois, elles déposent au pied d'une croix des fleurs et leurs jarretières dans l'espoir de conjurer la fièvre. Les hommes passent derrière leur épaule une baguette de coudrier, et l'on danse tout le jour au son des cornemuses. (*Mag. pitt.*, 43e année, 1875, p. 149.)

1. Voir, pour la description des maisons gauloises élevées sur des sous-sol, d'une hauteur assez considérable, à cause de l'humidité habituelle des terrains, le travail de M. Roget de Belloguet, avec force citations à l'appui. (*Ethnogénie gauloise. Le Génie gaulois*, p. 473 et 477.)

2. *Dictionnaire* de dom Louis Le Pelletier, p. 578.

chevaliers et de leurs familles; faites courir çà et là les chevaux richement caparaçonnés des guerriers;

Semez le tout enfin de jardins ornés de grands arbres, et vous aurez facilement l'idée générale de ce que put être *Andomatunum*, du temps d'Orgétorix, le chef des cent vallées.

Lorsque, dans cette antique ville de Langres, appuyé sur le parapet du rempart, on laisse errer au loin son regard sur la plaine fertile qui s'étend à perte de vue au pied des murailles, scrutant l'horizon, où se dressent les derniers pitons des Vosges et les montagnes de la Franche-Comté, on reste étonné du goût de notre race pour les horizons vastes[1].

C'était bien là le noble séjour de ces gens aux puissantes idées, qui se faisaient nommer Pères du Peuple (*Tud Tad*), et le méritaient bien.

Puis, si l'on suit la ligne de collines qui se perdent dans la teinte bleuâtre du ciel, et qu'on demande à son voisin : « Cette croupe à profil accentué, qu'est-ce donc? — Un fort, vous répond-il. — Et là-bas? — Un autre fort. — Et plus loin? — Une citadelle. » — Alors on se souvient que le grand camp retranché de Langres est aujourd'hui notre première défense du côté d'où viennent les sourdes invasions, et l'on se dit : « Ceux qui choisirent cette place pour y planter leur ville n'étaient vraiment pas si *barbares* qu'on voudrait nous le faire croire; et l'on respecte d'autant plus leur souvenir.

Mais il est un pèlerinage qu'on ne fait jamais sans en rapporter une impression bien autrement profonde : c'est celui de la Gergovie des Arvernes.

En partant de Clermont-Ferrand, à peine au sortir de la ville, la sainte montagne vous apparaît, avec son haut plateau découpé dans la même forme que celui d'Alise ou d'*Uxellodunum* (fig. 97). C'est là que Vercingétorix vit fuir les cohortes romaines sous la charge forcenée de ses hardis cavaliers à la cuirasse d'or.

1. Le grand roi, qui mourait d'ennui à Saint-Germain, sur cette terrasse merveilleuse d'où l'on aperçoit tant de choses, outre les clochers de Saint-Denis; le grand roi, qui ne pouvait resplendir dans sa gloire ensoleillée qu'au fond des trous sans perspective de Versailles et de Marly, disait à d'Hozier : « Surtout, ne faites pas de moi un Gaulois, je suis *Franc*, tout ce qu'il y a de plus *Franc*. »

Sur la route poudreuse, on croise des paysans au front sévère, le nez droit, la lèvre fine, l'œil fier et regardant haut, la tête couverte du grand chapeau de feutre, cette vraie coiffure antique que nous retrouvons jusque sur les médailles. Ils saluent l'étranger sans servilisme ni bassesse. Des femmes à la coiffe blanche, portant sur la tête de longues corbeilles chargées des produits de leurs vergers ou du lait

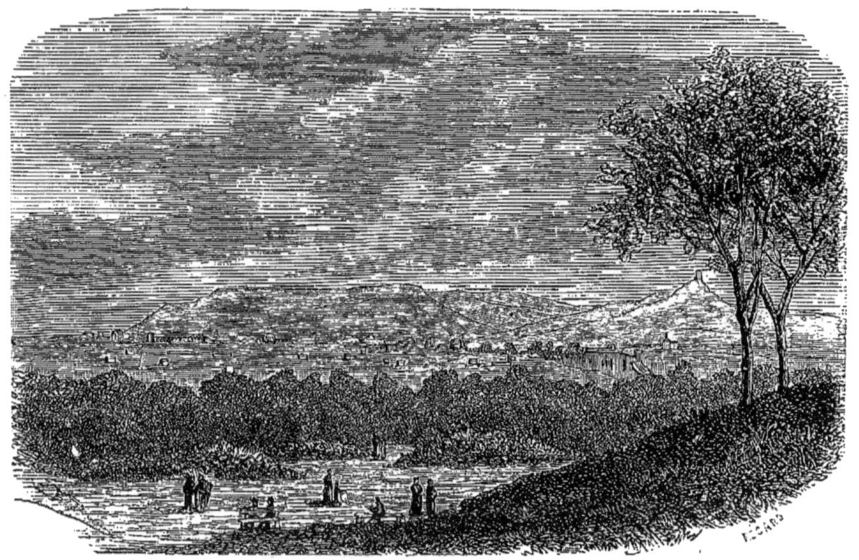

Fig. 97. — Vue du plateau de Gergovie et des ruines du mont Rognon, prise du jardin des plantes (Jardin Lecoq), Clermont-Ferrand (Puy-de-Dôme).

de leurs troupeaux, qu'elles vont vendre à la ville, marchent légères, passent presque hautaines, laissant entrevoir leur pied cambré, les attaches fines de leurs bras nerveux, la peau blanche de leur cou, franchement découvert. — De grandes charrettes, que mène lentement un laboureur qui siffle un refrain triste et monotone, gravissent la colline avec leurs attelages de bœufs, la tête prise dans un joug unique. — La terre est dure, l'air vif, la campagne d'un vert sombre; le ciel est bleu, l'horizon vaste. N'était cet accablant pic du Puy de Dôme, qui domine le paysage, on se croirait au fond des celtiques contrées de l'Ouest. Qu'il est resté gaulois, ce coin de la belle France!

On y sent, pour ainsi dire, passer le souffle qui anima les grands défenseurs qui vainquirent le proconsul au front chauve.

Lorsque l'on a gravi le dur sentier de l'oppidum, le cœur se serre au souvenir des jours passés. Vos pieds foulent des fragments innombrables du temps des héros de Bourges et de *Dariorigum;* chaque butte de terre vous retrace toute une époque oubliée depuis des siècles.

Le paysage est splendide : au loin s'étend la superbe Limagne ; auprès se creusent les *goules* de l'Artières et de l'Auzon.

Là-bas, voilà la *Roche blanche*. C'est là qu'était le petit camp de César, communiquant au grand camp d'*Orcet* par un double fossé creusé dans le sol.

A gauche, par delà le grand chemin dont le long ruban se dessine dans la plaine verte, s'étendait l'ancien lac de Sarliéves, desséché depuis.

Tout est là, comme au jour de l'immortelle victoire des confédérés, réunis sous les sangliers d'or.

Voilà *Merdogne,* avec ses petites maisons basses. C'est là que se tenait, avec sa chère 10e légion, la vieille garde du temps, l'homme rouge serré dans son manteau, surveillant l'attaque et voyant tout.

Au signal donné, Fabius descendit de la *Roche blanche*. Le passage était libre. On avait fait, la nuit même, une diversion vers les *hauteurs de Rizolles,* avec des muletiers déguisés et casqués. Comme il fallait à tout prix, de notre côté, défendre *Rizolles,* à cause du chemin des fourrages et de la route de la rivière, tout le monde piochait et remuait la terre avec furie.

Fabius gravit la pente, enjamba le premier mur, surprit les confédérés qui faisaient la sieste et parvint à la ville. Les trois camps des alliés furent envahis de prime saut. Teutomatus, chef des Nitiobriges, s'enfuit de sa tente, à peine vêtu ; il eut son cheval tué sous lui. Au pied de la grande muraille, le centurion hésita quelques secondes ; puis, poussé par l'ardeur du butin, excité par le souvenir des récompenses données aux assaillants après le siège d'*Avaricum,* il résolut de tenter le coup. Soulevé par trois soldats de son manipule, il atteignit bientôt le haut des créneaux, tendit le bras aux autres et se jeta dans la cité, dégarnie de ses défenseurs.

La clameur des femmes fut horrible ; elles allaient hurlant à travers les rues, courant, échevelées, élevant au-dessus de leur tête les enfants nouveau-nés, implorant la pitié des soldats à cuirasse lamée de fer noir, se pendant à leurs mains sanglantes et se laissant traîner par eux dans la poussière. — C'est qu'ils n'étaient pas doux pour les petits, ces féroces enfants de la louve.

Tout semblait perdu, quand survinrent Vercingétorix et les siens.

Ils avaient entendu les cris des femmes. Lâchant les pioches, ils sautèrent en selle, dégainèrent les épées et tombèrent comme une avalanche sur les envahisseurs surpris dans leur triomphe. A fond de train, le glaive au poing, la lance droite, le poignard aux dents, ils chargèrent.

Le choc fut épouvantable.

Les casques aux aigrettes rouges roulèrent dans les fossés ; les hommes furent jetés par-dessus les murs, car les suppliantes de tout à l'heure étaient devenues de terribles auxiliaires et frappaient à tour de bras sur les Romains.

Aux cavaliers venaient se joindre les archers qui, montés en croupe, étaient descendus dès l'arrivée sur le champ de bataille. Les poitrines furent trouées, les dos traversés, et les têtes coupées se balancèrent dans les mains des terribles vengeurs.

Les aigles s'enfuirent à tire d'aile ; les soldats les suivirent pêle-mêle, sans aucun souci du commandement de leurs officiers. Petronius, de la 8e, se fit tuer avec quelques braves pour leur donner le temps de rejoindre les enseignes.

La dégringolade sur la pente abrupte commença sur toute la ligne.

Tout à coup, devant la colline du Puy-de-Marmant, apparut la silhouette étrange d'une troupe en tout semblable à celle qui poursuivait les Romains avec tant d'acharnement. Mêmes cuirasses dorées, mêmes petits manteaux courts, mêmes boucliers peints, mêmes aigrettes flottantes.

« Des Gaulois! s'écrièrent les légionnaires; encore des Gaulois! » Ils lâchèrent les boucliers, les enseignes, et se mirent à courir de plus belle. La déroute était devenue une débâcle.

La troupe entrevue dans le vague du lointain était celle des traîtres Éduens, au service de César; mais on ne pouvait, de l'endroit où se passait le combat, distinguer leur bras droit découvert en signe d'alliance.

Seul, abandonné de tous, même de sa 10e légion, César, à *Merdogne,* errait au milieu des broussailles. C'est là qu'il fut empoigné

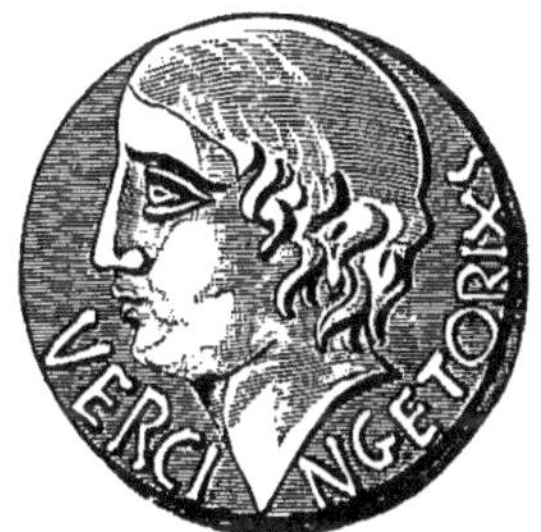

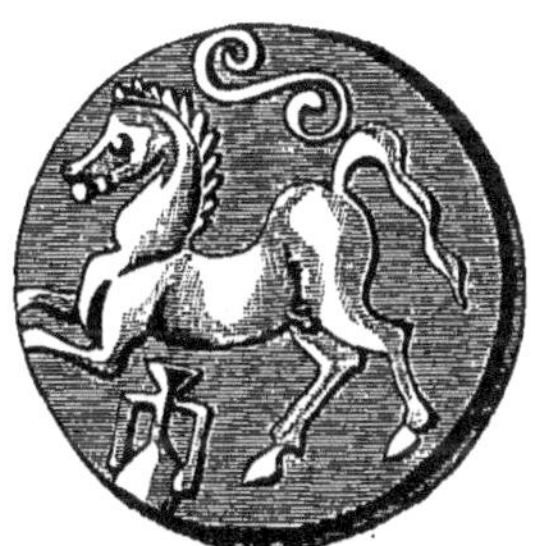

Fig. 98. — Médaille d'or de Vercingétorix trouvée à Pionsat.

par la rude main d'un Auvergnat et couché en travers sur le pommeau de la selle de son vainqueur.

Hélas! soit forfanterie, soit naïveté, le cavalier gaulois, apprenant, aux cris de ses voisins, que c'était le général qu'il tenait ainsi suspendu, plus pâle encore qu'à l'ordinaire, le lâcha. Incompréhensible sentiment de respect pour le nom retentissant de sa victime! La journée n'en fut pas moins à nous.

Quarante-huit heures après, le proconsul levait le camp et fuyait vers la Loire, dévorant sa vengeance et la préparant déjà cruelle, inexorable. — Il traversa le fleuve à gué, près de Bourbon-Lancy.

Gergovie! Gergovie! Quand on a passé la journée sur ce coteau ruiné et qu'arrivent les ombres du soir, la pensée flotte, indécise, sur tous ces tertres verts. On croit y entendre encore le bruit strident des *pilums* serrés des Romains. On croit voir passer dans la plaine les somptueux cavaliers de la nation, avec leurs étendards rouges, leurs casques brillants, leurs fines ceintures de bronze et leurs saies rayées de franches couleurs.

Hélas ! tout cela n'est plus, et le pâtre qui rentre avec ses vaches

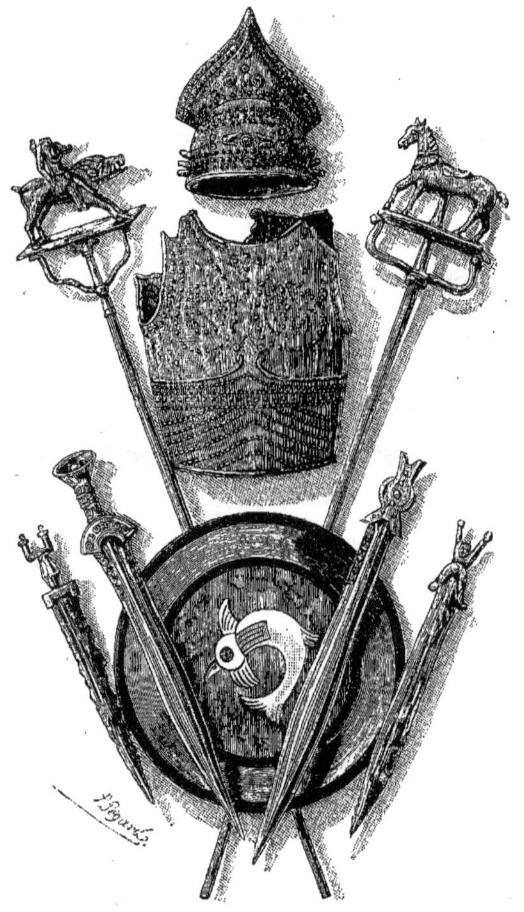

Fig. 99. — Armes gauloises. Casque de Falaise (Musée du Louvre). Étendards : sanglier (collection Charvet) ; cheval (Exposition archéologique de Valencia). Cuirasse (Musée du Louvre). Bouclier peint du Musée d'artillerie (grec). Poignards, épées, bronze et fer, du Musée d'artillerie.

aux mamelles gonflées, ignore même le nom du grand vainqueur de cette journée terrible.

Mais quelle impression profonde on garde de ce voyage !

Si vous voulez comprendre à fond ce qu'était une ville gauloise à l'époque de ces luttes sublimes,

Allez à GERGOVIE !

Un homme savant qui a osé, le premier, écrire sur son livre ce titre, qui parut alors extravagant : l'*Art gaulois d'après les médailles,* M. Eugène Hucher, nous a conservé les portraits de ces hommes passionnés pour la liberté de leur patrie.

Nous ne résistons pas au plaisir de vous communiquer, d'après lui, quelques-uns de ces types si curieux et si vrais.

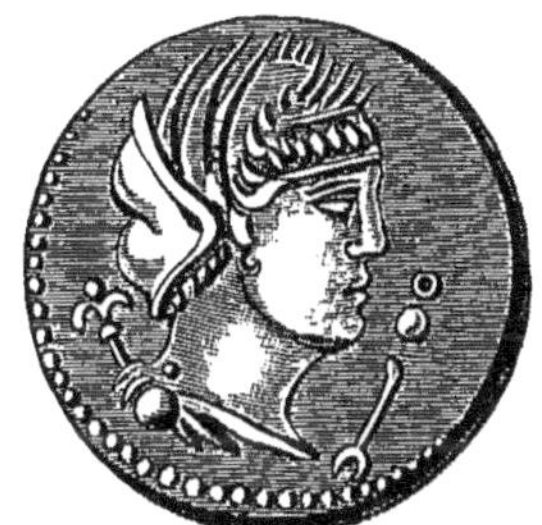

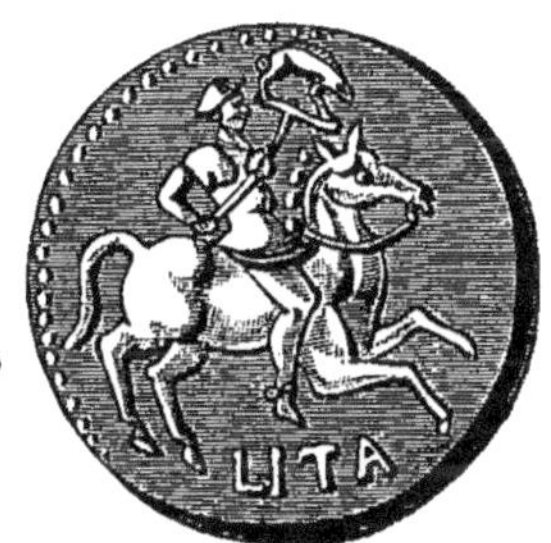

Fig. 100. — Médaille de Litavicus, chef des Éduens. LITA. Argent.

Voici d'abord (fig. 98) *Vercingétorix,* dont le nom devrait être inscrit en lettres d'or dans toutes les écoles de notre chère France, pour qu'il servît de premier enseignement à tous ceux qui viendront après nous.

Un cheval lui sert de cachet sur le revers. On sait que le cheval faisait partie des symboles de la Gaule (fig. 99), et qu'il remplaçait, avec le sanglier, au-dessus des drapeaux, l'oiseau que les Romains avaient pris pour emblème (Hucher, pl. LIX).

La figure 100 représente *Litavicus,* le beau parleur, qui, pendant le siège dont nous venons de parler, faillit détacher les Éduens de la ligue de César et les mener au secours de la ville assiégée. L'incroyable rapidité du proconsul arrêta cette conspiration. Lui, ses frères et ses clients rentrèrent seuls dans la forteresse, défendue si courageusement par Vercingétorix. Après la fuite du général romain, il revint à Bibracte, et, grâce à son éloquence patriotique, accomplit ce qu'il n'avait fait qu'ébaucher quelques semaines auparavant.

M. Hucher voit, dans cette médaille, une tête de Diane avec des

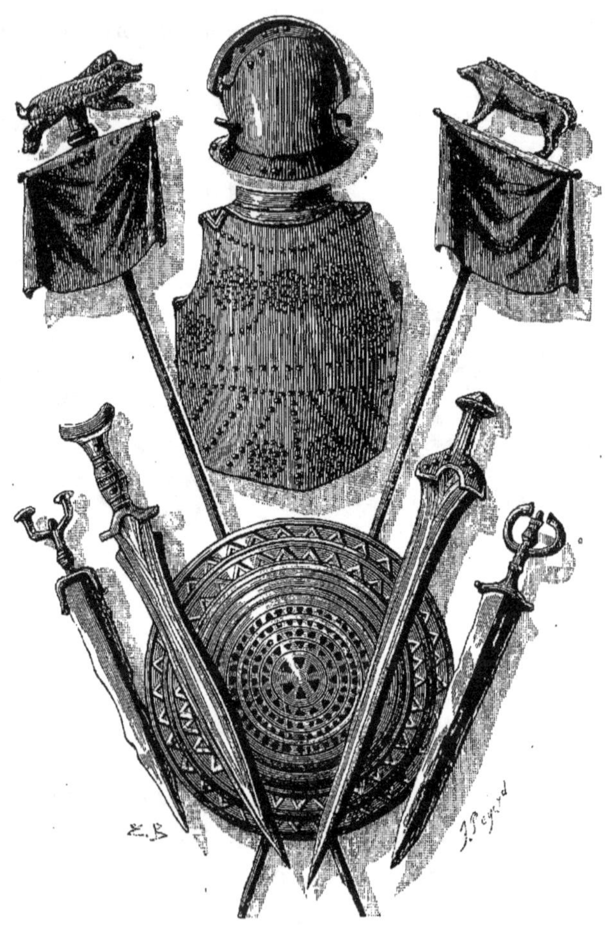

Fig. 101. — Armes gauloises. Casque d'Halstadt. Bouclier reconstitué d'après les fragments d'Alésia. Cuirasse du Musée d'artillerie. Étendards, sangliers (Collection Charvet). Épées et poignards, époque d'Halstadt (Musée d'artillerie.)

sceptres (?). Sur le revers, le héros porte glorieusement le sanglier d'or, dont nous parlions plus haut (fig. 101). La légende de ses médailles est toujours *Lita, Litav.*, et quelquefois *Litavicos* (Hucher, p. 58 et pl. II).

Après (fig. 102) vient *Camulogène*, le vieux brenn des tribus du Mans, le défenseur de l'antique Lutèce.

Camulogène est une des plus belles figures de notre histoire gauloise. Pendant le siège de Gergovie, Labiénus, qui s'ennuyait à Sens,

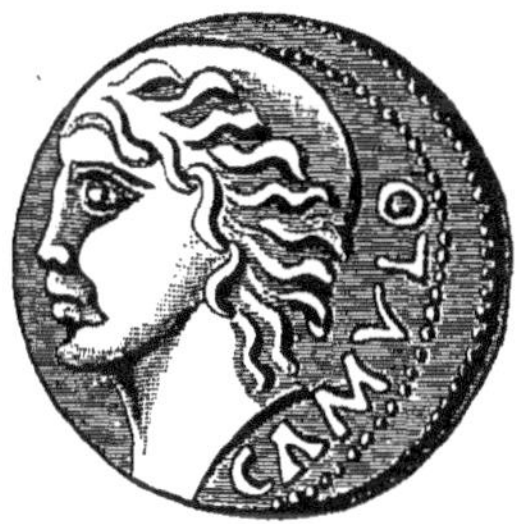

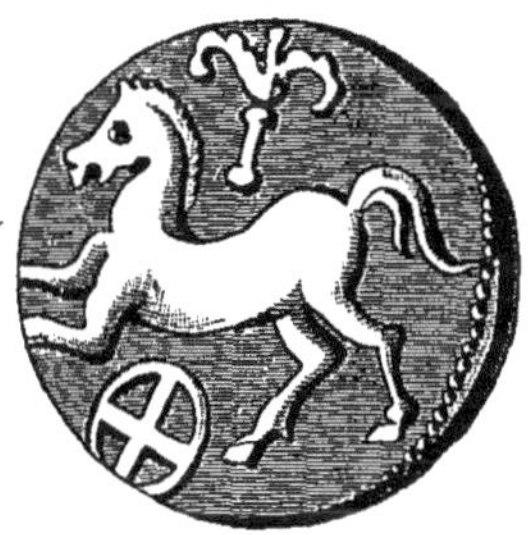

Fig 102. — Médaille du chef Camulogène, CAMULO. Aulerques, Cénomans. Paris.

voulut tenter un coup du côté de Paris. Il remonta la Seine jusqu'à Juvisy. Là, des marais l'arrêtèrent. Derrière lui se trouvait l'armée des défenseurs de l'île, qui devait devenir *la Cité* par excellence.

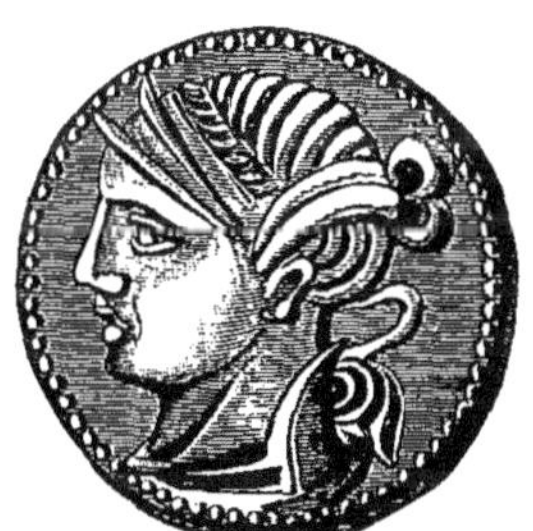

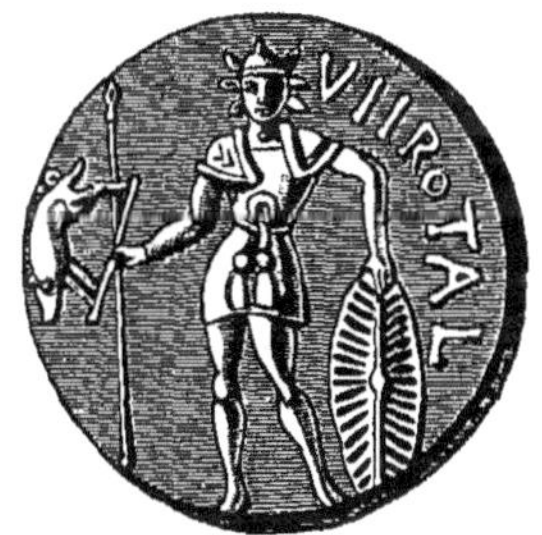

Fig. 103. — Médaille d'argent au nom du chef Vérotal (Verotalos).

Labiénus remonta jusqu'à Melun ; là, il passa de l'autre côté de l'eau et descendit vers Charenton-le-Pont. Camulogène campait à Vitry [1]. Labiénus traversa le fleuve près du Port-à-l'Anglais. Là, eut

1. Inutile de dire qu'ici, comme toujours, nous suivons les données de M. Quicherat et non celles de l'auteur de l'*Histoire de Jules César*. Personne, mieux que M. Quicherat, n'a vu *vrai* dans ces obscurités des temps primitifs. Son coup d'œil simplement *juste*, appuyé sur une étude sérieuse des lieux et des textes, a fixé pour toujours les points controversés par des érudits de seconde main, qui ont fait fausse route là où il avait planté des jalons sûrs et incontestables, et qui seront, nous l'espérons du moins, plus tard incontestés.

lieu la fameuse bataille de Paris. Le vieux chef fut vaincu et périt au milieu des siens ; mais le lieutenant de César sentit que le terrain, dans cet endroit, n'était guère favorable aux aventures belliqueuses.

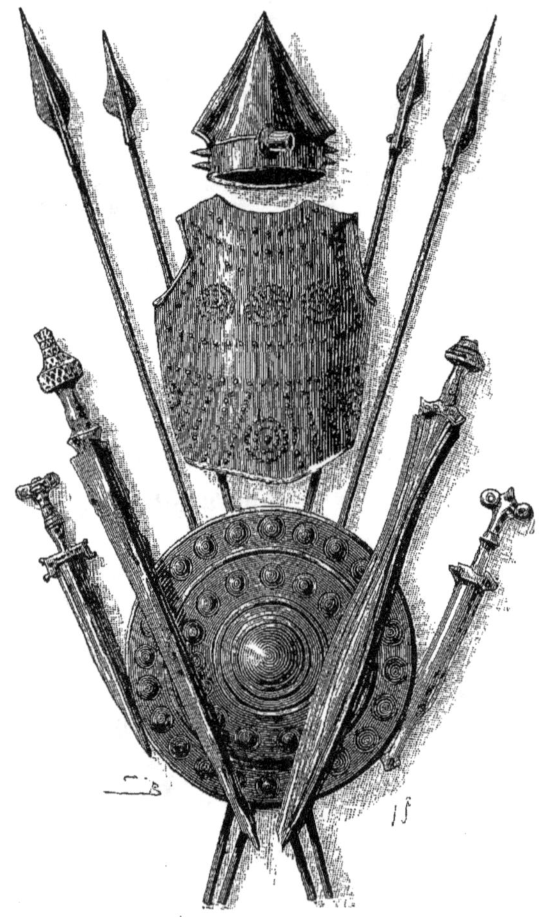

Fig. 104. — Armes gauloises. Casque d'Halstadt. Cuirasse du Musée d'artillerie. Lances de bronze de même provenance. Bouclier celtique d'après l'*Archæologia*. Poignards, épées de fer, bronze et or du Musée d'artillerie.

Il fit plier bagages à ses troupes et rejoignit son quartier général à marches forcées (Hucher, pl. CI et p. 20)[1].

1. Sur le revers de la médaille de Camulogène se trouve un cheval galopant au-dessus d'une roue et surmonté d'une espèce de fleur de lis. Ce signe du lis est très commun sur les médailles gauloises. Nous en donnons un spécimen bien plus formel encore dans notre figure 161.

Outre les chefs devenus historiques, M. Hucher en nomme beaucoup d'autres, plus obscurs; mais les détails qu'il donne sur leurs costumes, leurs physionomies et leurs armures sont tellement intéressants que nous avons cru devoir en faire figurer ici quelques-uns.

L'un des plus caractéristiques est *Vérotal*. Vérotal n'est pas connu; c'est un chef de l'Aquitaine, voilà tout. Mais le costume du revers de sa médaille est si complet que nous sommes heureux de le donner en entier (fig. 103).

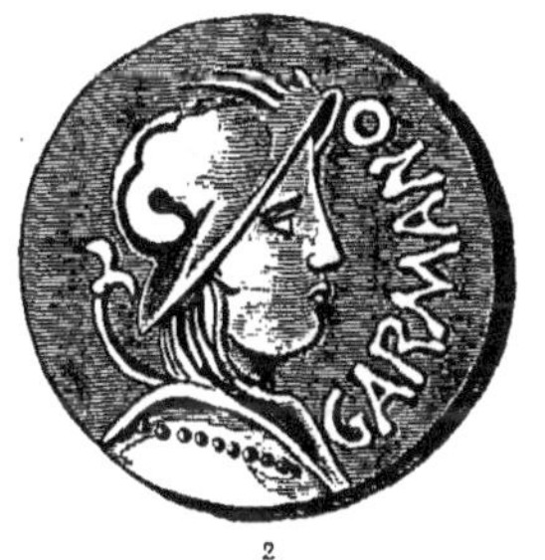

2

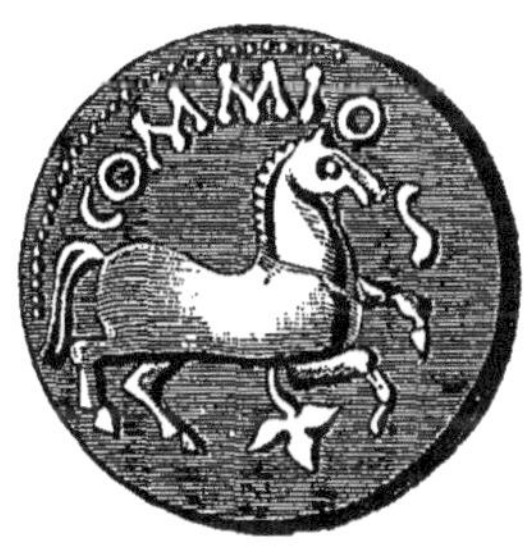

Fig. 105. — Médaille d'argent de Commius, chef des Atrébates.

Vêtu de la saie, serrée à la taille par ce que M. Hucher appelle une ceinture à lemnisques, il s'appuie de la gauche sur un bouclier long, semblable à ceux qui figurent dans le cul-de-lampe de ce chapitre. Il soutient de sa main droite sa lance et le sanglier qu'il plantera plus tard au sommet de sa pique.

L'allure du personnage est si peu hiératique et si complètement naturaliste, hasardons le mot, qu'on reconnaît ici du premier coup la main d'un graveur gaulois.

Le casque a beaucoup d'analogie avec celui de notre faisceau d'armes (fig. 104). Originaires d'une contrée qui est restée plus celtique qu'on ne le croit, l'un explique l'autre ; c'est pour cela que nous les avons rapprochés dans notre texte.

Parmi la collection du célèbre conservateur du musée du Mans, nous avons encore choisi la tête de *Comm,* du pays d'Arras (fig. 105), et celle de *Vergasillaun,* le cousin du grand chef des Arvernes (fig. 106).

Comm ou *Commius*, si l'on adopte l'orthographe fantaisiste de César [1], est un des héros de la guerre de l'indépendance.

Après s'être battu avec Vergasillaun à Alise, il assista encore, avec Corrée, le Bellovaque, à cette bataille où le vieux chef, aux sommations des Romains, répondit en abattant à ses pieds tout ce qui vint l'approcher, et tomba percé de mille traits sur un monceau de cadavres.

Il tint encore la campagne jusqu'après la prise d'*Uxellodunum*, et ne se rendit, la Gaule épuisée et vaincue, qu'à une condition : c'est

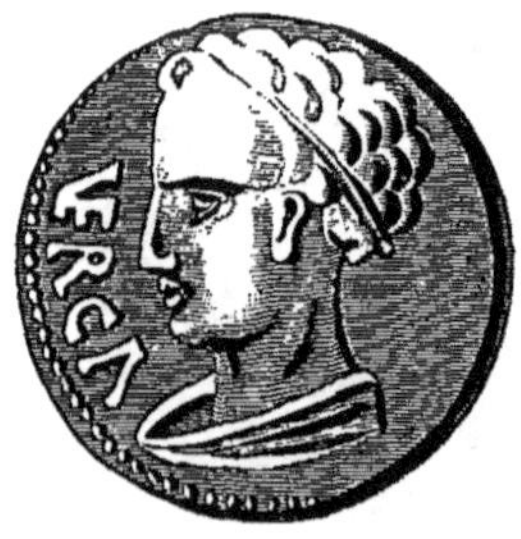

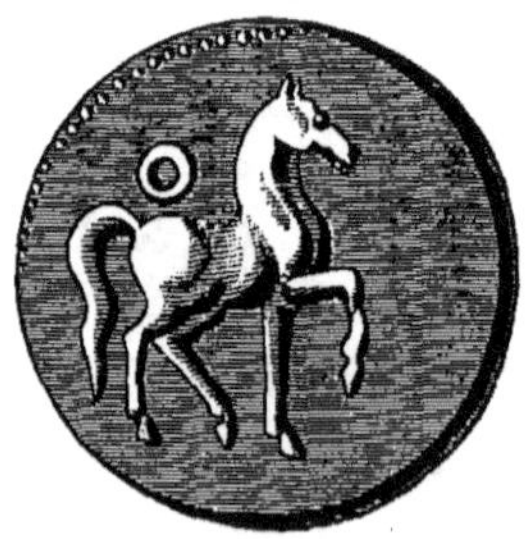

Fig. 106. — Médaille de bronze de Vergasillaun, chef des Arvernes.

qu'on ne condamnerait jamais ses yeux à contempler le visage d'un Romain. (H. Martin, t. Ier, p. 190.)

Vergasillaun (fig. 106), *Vergasillaunus* de César, fut mis à la tête de la grande confédération gauloise qui vint au secours de Vercingétorix, enfermé dans Alise, avec les contingents des Senons, des Séquanes, etc., deux cent quarante mille fantassins et huit mille cava-

1. Il serait bien temps d'en finir avec cette orthographe latinisée de César. Vous vous rappelez l'histoire de Victor Hugo à Schaffausen, et son étonnement quand il vit écrit sur la carte de son dîner cette fantastique chose qui se nommait : *Calaïsche à la choute*. Nous avons vu dans ce même pays, vu de nos yeux, une autre suscription presque aussi singulière : *Cratupel*, qui voulait dire simplement *gras-double*, comme celle du grand poète signifiait *calèche à la chute*.

César a écrit tous nos noms de lieux, tous nos noms d'hommes dans un style analogue à celui des employés si lettrés des bords du grand Rhin. Puisque nous avons des philologues qui ne font rien, ils devraient bien s'y mettre et nettoyer un peu de notre histoire toutes ces interprétations en langue sauvage de nos grands hommes et de nos grandes villes. Il y a là, ce nous semble, un beau champ à explorer pour des patriotes du bon cru ; car il nous est pénible à la longue de nommer *Atrebates*, *Veliocasses*, *Corisopites*, *Bellovaques* et *Mediomatriques* d'honnêtes gens de l'Artois, du Vexin, de Cornouailles, du Beauvoisis ou du pays Messin.

liers, qui s'écrasèrent sur les chevaux de frise et se perdirent dans les chausses-trapes, les aiguillons, les pièges à loups fabriqués par César; océan d'hommes dont la *furia* s'abattit dans des trous traîtreusement espacés et dissimulés devant le camp des assiégeants. *Vergasillaun* fut pris avec soixante-quatorze drapeaux. Le lendemain, Vercingétorix se rendit.

La figure 107 nous donne le profil de *Suticos,* chef des Véliocasses. Sur l'une de ses médailles se trouve gravé le mot *Ratumacos,* qui n'est que l'antique *Rotomagus,* le Rouen moderne.

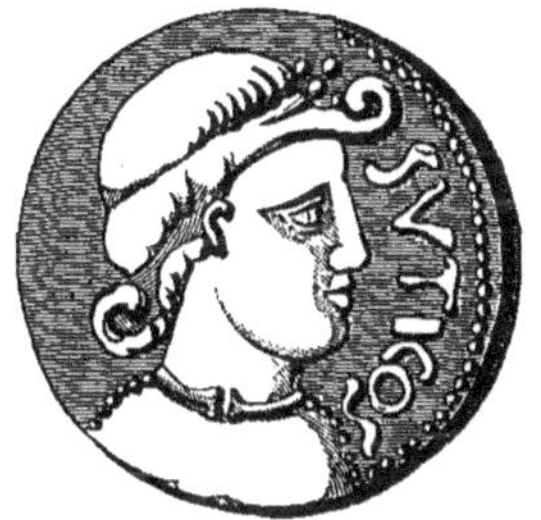

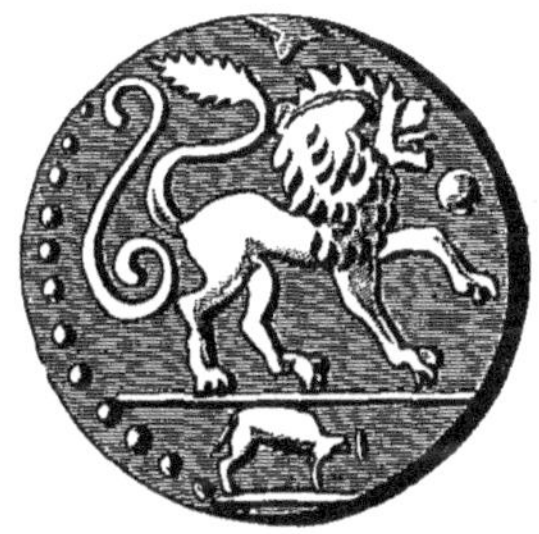

Fig. 107. — Médaille de bronze du chef Suticos, frappée à Rouen.

Il porte d'ordinaire, sur le revers, un cheval décoré d'une palme, en signe de victoire ; parfois, comme dans l'exemplaire que nous donnons, un lion, d'une allure tout à fait héraldique, surmontant un sanglier.

Sa coiffure, qui semble faite d'une fourrure épaisse, est très originale. Elle est surmontée d'une aigrette à trois boutons. Son col est orné du *torques* d'or des guerriers. (Hucher, pl. xcii, p. 40.)

La figure 108 est une médaille des environs de Paris.

Elle porte le nom de *Roveca :* c'est un chef des Meldes. On en a trouvé beaucoup à Meaux. Sa poitrine est décorée d'un vêtement qui semble brodé. Derrière le cheval du revers se dresse une plante, sans doute symbolique, comme celle des tapisseries orientales. Une autre médaille du même chef le représente à cheval, tenant en main un glaive très court et un bouclier à extrémités très aiguës. Hucher le donne comme du temps de César.

Terminons ces quelques spécimens de la numismatique gauloise par les médailles du grand *Orgètorix* (fig. 109).

L'an 59 de notre ère, *Orgètorix* s'allia à *Casticus*, chef des Séquanes, et à *Dumnorix*, frère du célèbre Éduen *Divitiacus*. C'est ce

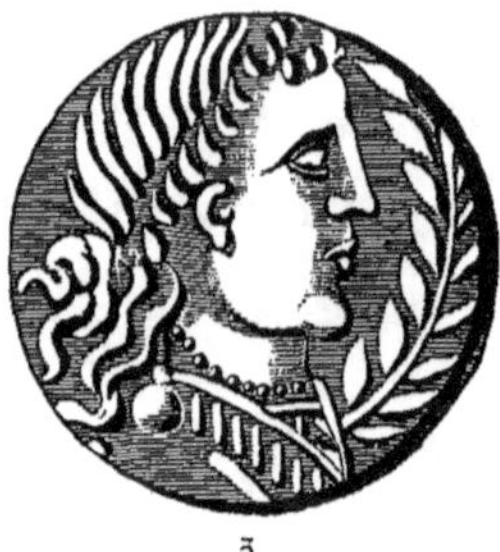

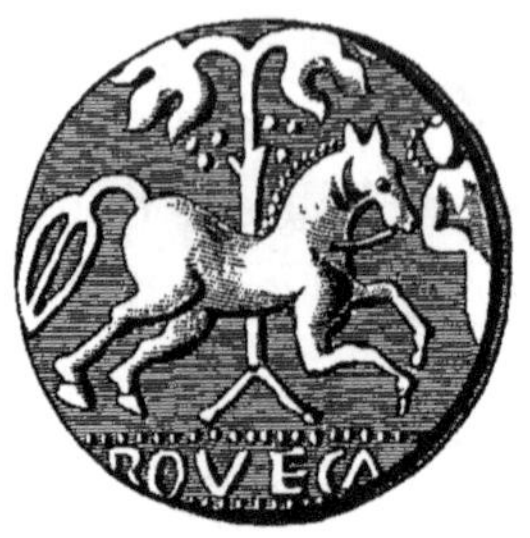

Fig. 108. — Médaille d'argent au nom de Roveca, trouvée à Lizy (Seine-et-Marne).

fait que rappelle notre médaille. Le mot *EDUIS*, gravé sous la tête, indique formellement cette alliance. Hucher veut voir dans cette tête une figure de Diane avec un carquois (?) — Orgétorix avait d'im-

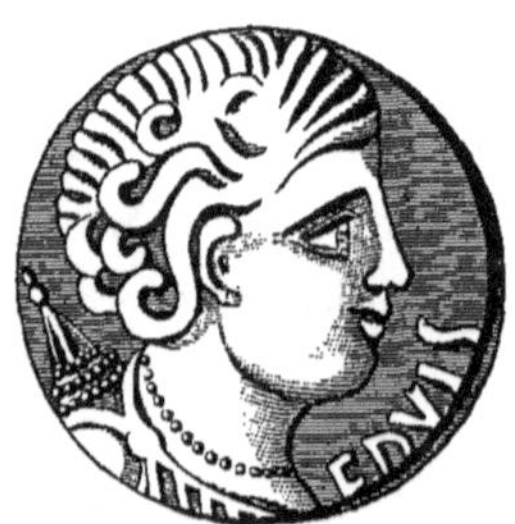

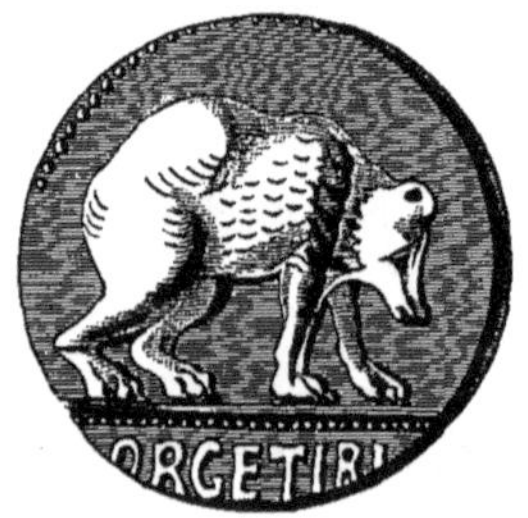

Fig. 109. — Médaille d'argent d'Orgétorix, avec le nom des Éduens, EDUIS ORGETIRIX.

menses projets. « Il rêvait, dit M. Henri Martin, de s'emparer de la Saintonge, de s'établir, avec les siens, dans le bassin de la Charente, et là, rayonnant dans tous les sens, de dominer la contrée, grâce à la supériorité militaire de ses Helvètes. Son ambition était de rassembler tous les clans gaulois dans une confédération générale, dont il deviendrait l'unique *brenn.* » (*Histoire de France,* t. Ier, p. 139.) Les magistrats de son pays s'emparèrent de sa personne et le mirent en jugement, comme aspirant à la tyrannie. Il disparut. On crut qu'il s'était donné la mort de sa propre main.

Ce Suisse avait comme signe un ours ; on sait que l'ours est resté le symbole parlant (*ber*) de la ville de Berne.

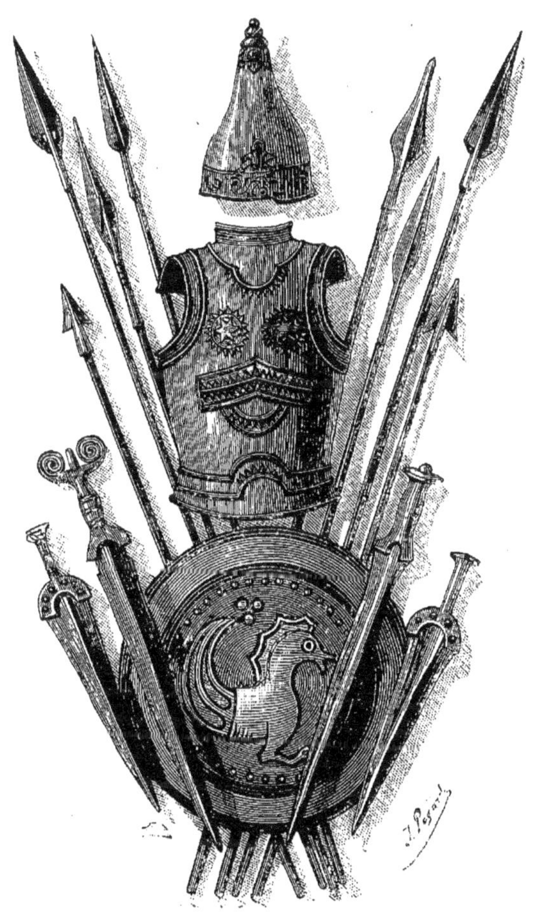

Fig. 110. — Armes gauloises. Casque de Beru. Cuirasse de la Saône (Musée d'artillerie). Épées et poignards (Musée du Louvre). Lances (Musée d'artillerie). Bouclier peint. Hippocampe des Armoricains.

Les armes parlantes étaient, en Gaule, d'un usage presque général.

Les Auvergnats portaient une branche d'aune, *ar vern;* les habitants de Blois un loup, *bleiz* en celtique, et les Armoricains un hippocampe (cheval de mer), *ar mor*.

Nous donnons ici, dans notre faisceau d'armes, un hippocampe reconstitué d'après les médailles de style breton de la collection de M. de Saulcy (fig. 110).

Les noms mêmes de nos villes, de nos contrées, de nos grands hommes, étaient aussi significatifs que leurs blasons[1].

Les Bituriges, les Berrichons s'appelaient *les Rois du monde.*

Catalauni, les Champenois, signifiait : « pugna gaudentes », *Joyeux au combat.*

Namnetes, les Nantais, voulait dire *les forts.*

Nitiobriges, les Agenais : « pugna potentes », *Puissants dans les batailles.*

Ædui, les Bourguignons, « ignei », *les Enflammés.*

Osismii, les Bretons, « audaces », *les Audacieux.*

Ruteni, les habitants du Rouergue, « hilares », *les Rieurs.*

Treviri, les gens de Trèves, « prudentes », *les Prudents.*

Les Lemovices, les Limousins, s'intitulaient *les Enfants de l'ormeau.*

Le Mans, Cenomani, était *le clan des héros,* et les Parises, enfin, s'adjugeaient le qualificatif de « strenui », *les Courageux*[2].

De nos jours, on dit encore plus gauloisement :

Les *buveurs* d'Auxerre,
Les *mangeurs* de Poitiers,
Les *musards* de Verdun,
Les *bagards* d'Angers,
Les *glorieux* d'Issoudun,
Et les *badauds* de Paris.

Nous ne nous lancerons pas dans les proverbes. Il y en a

1. Ne voulant à aucun prix nous lancer dans une dissertation philologique, nous ne transcrivons dans ce travail que des noms entièrement reconnus par les érudits les plus sérieux. Tout ce qui suit est emprunté à la *Grammatica celtica* de Zeuz ou au *Glossaire gaulois* de M. Roget de Belloguet. On ne pourra de la sorte nous accuser de la moindre fantaisie dans ce tableau rétrospectif.

2. Rabelais, ce Gaulois par excellence, avait rêvé, au XVIe siècle, ces traductions, œuvres des savants modernes, quand il écrit à propos des Parisiens : « D'ond estime Joanninus de Barrauco, *Libro de copiositate reverentiarum,* qu'ils sont dicts Parrhesiens en grécisme, c'est-à-dire fiers en parler. » (*Gargantua*, liv. Ier, ch. XVII.)

des centaines, tous plus caractéristiques les uns que les autres, depuis le :

Lorrain, mauvais chien,
Traître à Dieu et à son prochain,
Le Bourguignon salé,
L'Artésien boyau rouge,

Jusqu'au fameux dicton de Grégoire de Rostrenen :

Sodt evel ur Guennedad,
Brusq evel ur C'hernevad,
Laer evel ul Leonard,
Traytour evel un Treguer yad.
Sot comme un Vannetais,
Brutal comme un Cornouaillais,
Voleur comme un Léonard,
Traître comme un Trégorrois.
Mais cela nous mènerait peut-être un peu trop loin [1].

Pour les noms d'hommes :

Ambigatus voulait dire « persapiens », *le Très Sage;*
Bellovesus « bollignarus », *Savant à la guerre;*
Caractacus « plenus amoris », *Plein d'amour;*
Convictolitanes, « magnarum expeditionum vir, » l'*Homme des grandes aventures;*
Dumnorix « potens dominus », *le Puissant;*
Epagatus, *Connaisseur en chevaux;*
Éporédorix « celer instar equi », *Rapide comme un coursier;*
Sigovèse enfin « victoriæ gnarus », *Savant pour la victoire.*

Nous retrouvons cet amour du *cognomen* dans tous les surnoms de nos rois de France :

Charles *Martel,* — Pépin *le Bref,* — Louis *le Débonnaire,* — Hugues *Capet,* — Robert *le Fort,* — Charles *le Chauve,* — *le Gros,*

1. Voir *Croyances et légendes du centre de la France,* par Laisnel de La Salle, p. 216; et le *Livre des proverbes français* de M. Le Roux de Lincy, série n° VII, t. Ier, p. 301.

— *le Simple,* — *le Sage;* — Louis *le Bègue,* — *le Hutin,* — *le Juste,* et même *le Grand;* — Philippe *le Hardi,* — Jean *le Bon,* etc.

Et si nous passons aux bourgeois eux-mêmes, leurs noms de famille sont tout simplement des noms gaulois :

Le Blanc, — Le Noir, — Le Roux, — Le Brun, — Le Coq, — Le Laboureur, — Le Mercier, — Le Père, — Le Vaillant, — La Mothe, — La Fontaine, — La Ramée, — La Rivière, — La Roche, — La Roncière, — La Tour, — La Sablière, etc.

Malgré tout, nous sommes restés celtiques, et si l'on appelait autrefois : Arles, Arelata, in luto sita, *placée dans les vases du Rhône;* — Cabillonum, Cavaillon, *la ville des chevaux;* — Mellodunum, Melun, arx collina, *la citadelle plantée sur la colline;* — et Lutèce, *la Boueuse,*

On dit aujourd'hui : Coulanges-*la-Vineuse,* — Saint-Germain-*des-Prés,* — Savigny-*le-Sec,* — Saint-Aubin-*des-Bois,* — Civry-*en-Montagne,* — Villiers-*la-Forêt,* — Pouilley-*les-Vignes,* — Saint-Jacut-*de-la-Mer,* — Parres-*le-Tertre,* — Baume-*les-Dames* — et Baume-*les-Messieurs*.

Nos rues elles-mêmes, avant qu'une sottise horriblement prétentieuse les eût débaptisées, par amour de la régularité administrative, avaient, dans leurs désignations pittoresques, conservé quelque chose de ce *sentiment national* que nous nous efforçons de mettre ici en pleine lumière.

L'Arbre sec, le Puits qui parle, les Blancs manteaux, les Bons enfants, les Mauvais garçons, les Enfants rouges, le Vide gousset, la Grange aux belles, etc., étaient certes des titres plus doux à l'oreille, et surtout plus *français,* dans la véritable acception du mot, que Mazet, Véro-Dodat, Bizet, Bailleul, Cadet, Charlot, ou même Barbet-de-Jouy.

Malgré les pédants de toute sorte et de toutes couleurs, nous resterons encore, nous resterons toujours cette race franche, ouverte et *naturelle,* qui finira, si on la laisse faire, par conquérir le monde, non pas avec l'épée, ce qui serait absurde, mais avec la *joie,* la *confiance mutuelle* et la *liberté.*

Revenons à nos chefs gaulois. Nous avons vu leur profil et leur physionomie ; étudions de plus près leurs armes, leurs parures et leurs costumes. Leur première arme de jet, la plus terrible, au dire de César, était le *gais, gæsum* ou *gæsa,* la lourde lance, qu'on jetait dans une course rapide. « Hostes ex omnibus partibus, signo dato, decurrere, lapides *gæsaque* in vallum conjicere. » (Livre III, IV.)

Virgile (*Énéide,* livre VIII, v. 661) nous représente les Gaulois du Capitole tenant en main deux de ces *gais :*

. . . . Duo quisque Alpina coruscant
Gæsa manu. . . . . . .

Les médailles d'*Épasnactus* l'Arverne (Hucher, pl. XX) et de *Dunacos,* du Mans, nous montrent deux chefs à cheval, casqués, le court mantel flottant au vent, et fondant sur l'ennemi la grande lance en arrêt.

Virotal, nous l'avons vu plus haut, à pied, cette fois, s'appuie sur un *gais* (fig. 103).

Dans une autre médaille de la collection Hucher, le Tourangeau *Tricos,* debout sur son char de guerre, le bouclier à l'épaule, balance au-dessus de sa tête une lance formidable, que l'on peut prendre également pour la représentation exacte de cette fameuse arme, citée par les Latins comme spécialement en usage dans l'ancienne patrie française. (Hucher, pl. LIV.)

A propos de ces lances, et avant d'aller plus loin, qu'on nous permette une réflexion. Jamais, dans ses armes mêmes, le Gaulois n'adopta la forme sèche et raide des Romains. Ses flèches sont copiées sur les feuillages du liseron des champs ; ses glaives (*gladius, gladiolus*) ont l'apparence des glaïeuls de ses petites rivières ; ses lances, enfin, conservent comme l'aspect du laurier, du charme ou du grand châtaignier, si communs dans les contrées que nous habitons (fig. 111 et 112).

Outre le *gais,* le Gaulois avait encore :

Le *saunion,* qu'on dardait spécialement du haut des chars ; on peut en voir quelques exemples dans un de nos faisceaux (fig. 110) ;

Le *sparus,* dont Virgile arme la main d'Ornytus le chasseur[1], et que Servius appelle *telum rusticum,* bâton ferré, défense ordinaire des paysans;

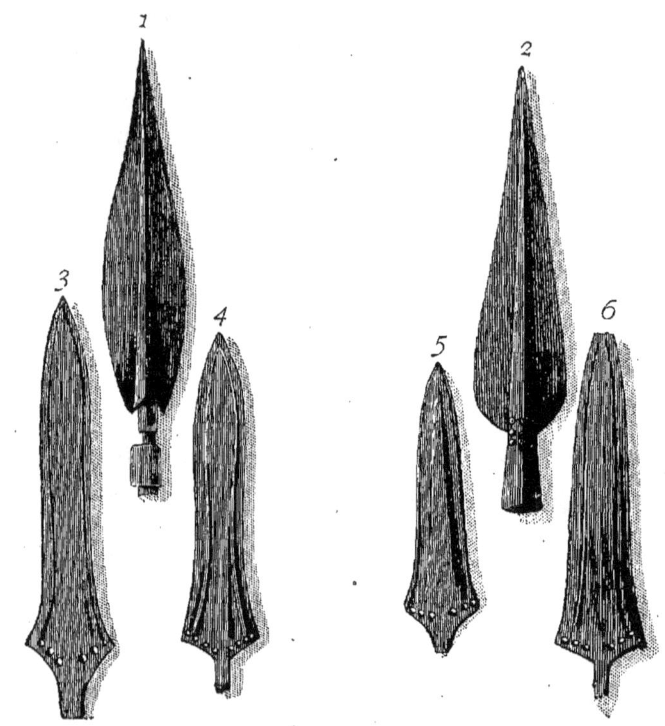

Fig. 111. — 1. 2. Pointes de lance du Musée d'artillerie. — 3. 4. 5. 6. Lames de poignard trouvées dans la forêt de Carnouet (Finistère), par M. Boutarel (Musée de Cluny, n° 1798 du catalogue).

La *materis,* sorte de javeline que Strabon donne aux Belges, et

1. *Procul Ornytus armis*
Ignotis et equo venator Iapyge fertur :
Cui pellis latos humeros, erepta juvenco
Pugnatori operit; caput ingens oris hiatus
Et malæ texere lupi cum dentibus albis,
Agrestisque manus armat sparus : *ipse catervis*
Vertitur in mediis et toto vertice supra est.
(*Énéide*, liv. XI, v. 677.)

(L'un d'eux, Ornytus le chasseur, se faisait remarquer de loin par son coursier d'Apulie et par la singularité de son armure : la peau d'un taureau se déploie sur ses larges épaules, son énorme tête est couverte de la gueule d'un loup qui, béante, montre ses blanches dents; un *sparus* rustique arme sa main. Il court au milieu des escadrons qu'il dépasse de toute la tête.)

dont le nom nous est resté dans les *matras* du moyen âge et dans la *matraque* des Arabes;

Et enfin la *cateia,* arme très courte qui se lançait avec une cour-

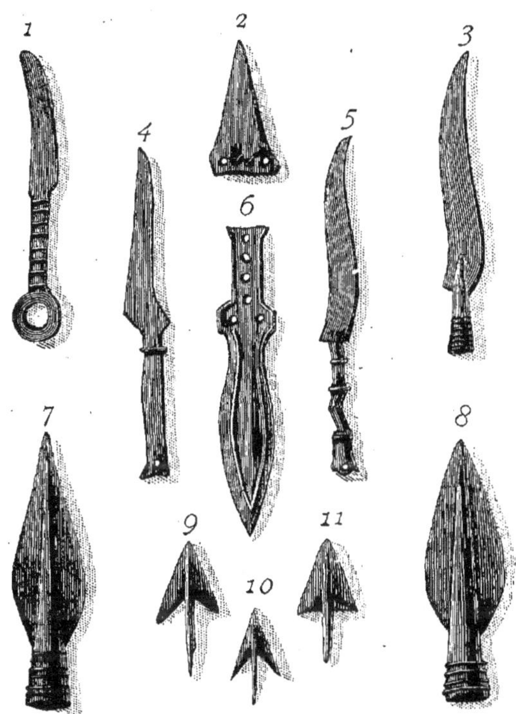

Fig. 112. — 1. 2. 3. 4. Lames de poignard et couteaux de la collection de M. le professeur Desor, de Neufchâtel. — 5. Couteau du Musée de Cluny, trouvé à Auvenay (nº 3352 du catalogue). — 6. Poignard du Musée d'artillerie. — 7. 8. Lances de la collection Desor. — 9. 10. 11. Pointes de flèches des fouilles lacustres de M. Desor.

roie retenue par le guerrier, laquelle servait, la blessure faite, à ramener en main le trait pour une nouvelle attaque.

C'est Virgile qui nous en donne le nom celtique :

Teutonico ritu soliti torquere cateias.
(*Énéide*, liv. VII, v. 741.)

Les Romains craignaient beaucoup cette petite lance, car elle brisait tout quand elle arrivait droit au but : *Quo pervenit omnia perfringit,* ajoute Servius le Scoliaste.

Cette courroie de la *cateia* nous fournit directement l'explication si cherchée des fameuses haches munies d'anneaux, dont nous don-

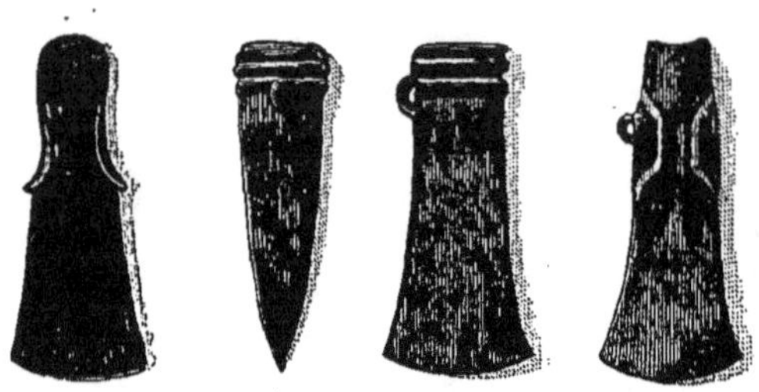

Fig. 113. — Instruments dits haches de bronze (provenance : Musée d'artillerie).

nons ici quelques exemples (fig. 113), et qui ne sont tout simplement que des *talons* de lance, des *bas* de *cateia*.

Les conservateurs du Musée d'artillerie ont cru devoir reconstituer leur emmanchement de la façon qu'indique ici notre figure 114.

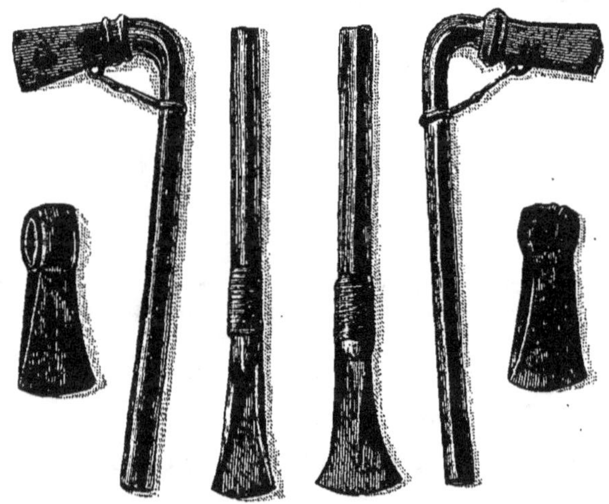

Fig. 114. — Emmanchements des haches de bronze fabriqués dans les ateliers du Musée d'artillerie.

Nous ne nions pas l'ingéniosité de cette reconstitution ; mais la chose nous semble quelque peu hasardée. Il est plus normal de les comprendre droites, comme dans la figure 115.

Passe pour les deux spécimens, véritables haches, cette fois, que nous avons donnés dans la figure 114; mais toutes les autres n'étant, nous le répétons, que des *talons* de *cateia*, nous sembleront toujours mieux appropriées à leur destination primitive, emmanchées droit, que bizarrement contournées et liées, comme le veulent les habiles directeurs de l'hôtel des Invalides.

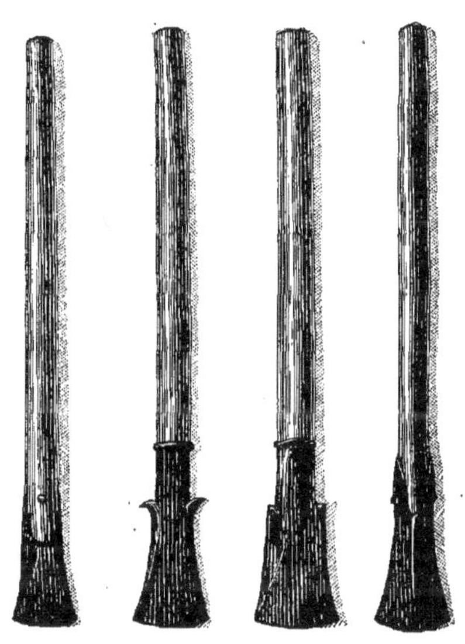

Fig. 115. — Instruments dits haches de bronze. Emmanchements présumés, fabriqués dans les ateliers du Musée d'artillerie.

En haut, la lance; en bas, le coin de bronze, solide contrepoids, muni de son anneau, auquel s'attache la courroie, voilà l'arme complète (fig. 115 et 116).

D'un coup rapide, d'une seule secousse adroitement donnée, la lance, retenue dans un bouclier ou dans une palissade, revient aux mains du combattant, qui peut, dans quelques secondes, s'en servir à nouveau pour l'attaque ou pour la défense.

Les hallebardes du moyen âge ont assez souvent de ces talons en fer, d'une forme identique à celle de nos coins de bronze; et les lances des sauvages ne sont jamais autrement garnies, à l'heure qu'il est.

Le *sparus*, dont nous parlions plus haut, cet agreste bâton, devait être muni de cet appendice.

Il n'est pas rare de rencontrer, en France, des bâtons ferrés qui affectent encore cette forme antique, et la houlette des pasteurs des Vosges, de l'Artois et du Berry, est encore décorée de cette fameuse hache, directement fixée au bout de la hampe. Quand on veut déter-

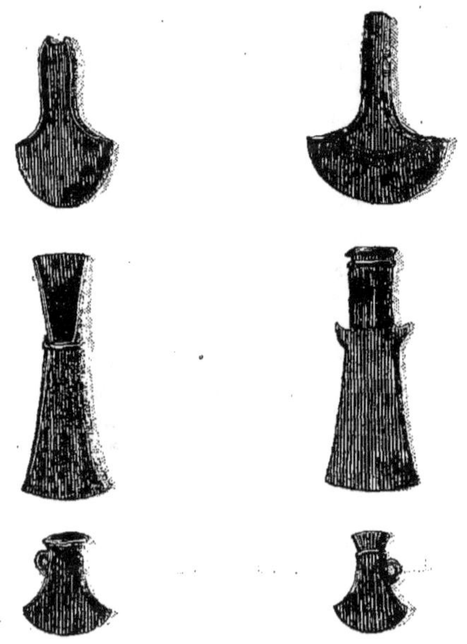

Fig. 116. — Instruments dits haches de bronze (provenance : Musée du Louvre, Musée d'artillerie et collection Charvet).

miner l'emploi des objets anciens, il vaut mieux s'en rapporter à leur façon d'être moderne, quand on la rencontre, que de chercher dans son imagination des modes qui ne sont que des affectations purement problématiques.

Comme glaives, les Gaulois avaient la grande épée de bronze d'abord, de fer ensuite, que Tacite appelle *spatha,* dans sa description de la bataille contre Caractacus (fig. 117). « Et si auxiliaribus resisterent, gladiis ac pilis legionarium, si huc verterent, *spathis* et hastis auxiliarium sternabantur. » S'ils faisaient face aux auxiliaires, ils tombaient sous l'épée, sous le javelot des légionnaires; s'ils tenaient tête à ceux-ci, les *spatha* et les javelines des auxiliaires les harcelaient. (*Annales,* livre XII, xxxv.)

La *spatha* se portait, au repos, suspendue sur le côté droit par une chaîne de fer ou de cuivre, et quelquefois par un ceinturon orné de plaques d'or et d'argent.

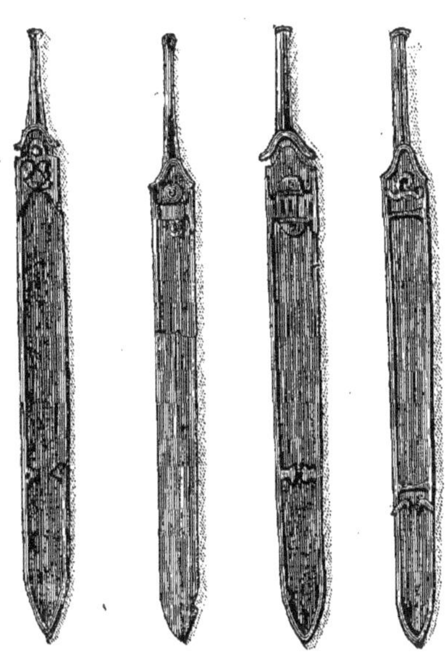

Fig. 117. — Épées avec fourreaux trouvées dans le cimetière de La Tiesenau, d'après les moulages du Musée d'artillerie.

C'était bien la vraie arme de ces grands pourfendeurs, qui taillaient à deux mains les rangs de leurs adversaires, et s'arrêtaient, dans les batailles, pour redresser avec le pied ces longues lames, qui s'émoussaient et se courbaient sur les cuirasses serrées, sur les casques de fer des soldats romains.

Nous avons donné plusieurs exemples de ces *spatha* dans nos faisceaux d'armes. (V. fig. 99, 101 et 104.)

La collection de M. Desor nous en fournit d'autres spécimens, munis de leurs fourreaux, que nous présentons ici (fig. 117 et 118).

Le *semispatium* de Végèce n'est que ce grand glaive, réduit aux proportions d'un poignard.

Le Musée d'artillerie possède deux de ces poignards en bronze, munis de leurs fourreaux, décorés d'ornementations que nous oserons appeler complètement gauloises (fig. 119).

Le musée de Lyon, de même, expose, dans les riches collections de ses magnifiques vitrines, deux poignards analogues, avec des fourreaux semblables, l'un en fer, l'autre en bronze (fig. 120, nos 4 et 5).

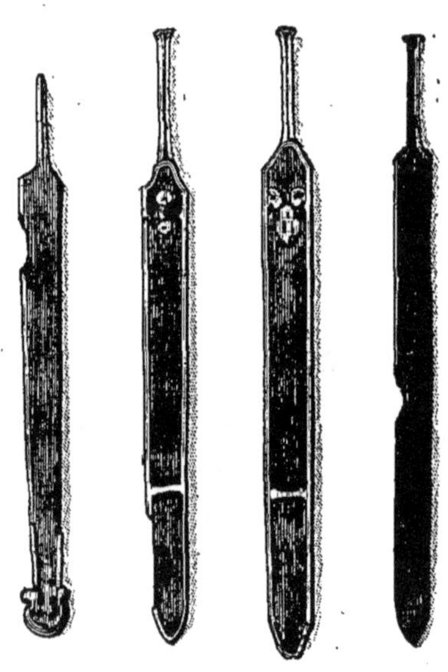

Fig. 118. — Épées avec fourreaux de fer trouvées dans le cimetière de La Tiesenau (Suisse), d'après les moulages du Musée d'artillerie.

Inutile de faire remarquer que la forme de ces poignards conserve ce caractère d'imitation végétale que nous avons signalé plus haut; cachet singulier, qui pourra servir plus tard à classer enfin dans les musées, sous le titre d'armes gauloises, des glaives désignés presque toujours comme armes romaines par les antiquaires amoureux du latin quand même.

Passons maintenant à un autre genre de couteaux, qui est excessivement commun chez nous, et qui n'a pas été, nous le croyons du moins, assez étudié jusqu'à présent.

Le célèbre Anthony Rich l'appelle *machæra culter venatorius,* couteau de chasse, et il en attribue l'importation aux Orientaux. (*Dictionnaire des antiquités*, p. 382.)

On en a trouvé de très grands à Dijon, à Langres, à Gray, à Lyon. Les sculptures de l'arc de triomphe de Carpentras nous en donnent un planté dans son fourreau, avec la courroie qui l'attachait au ceinturon du guerrier (fig. 121, n° 3).

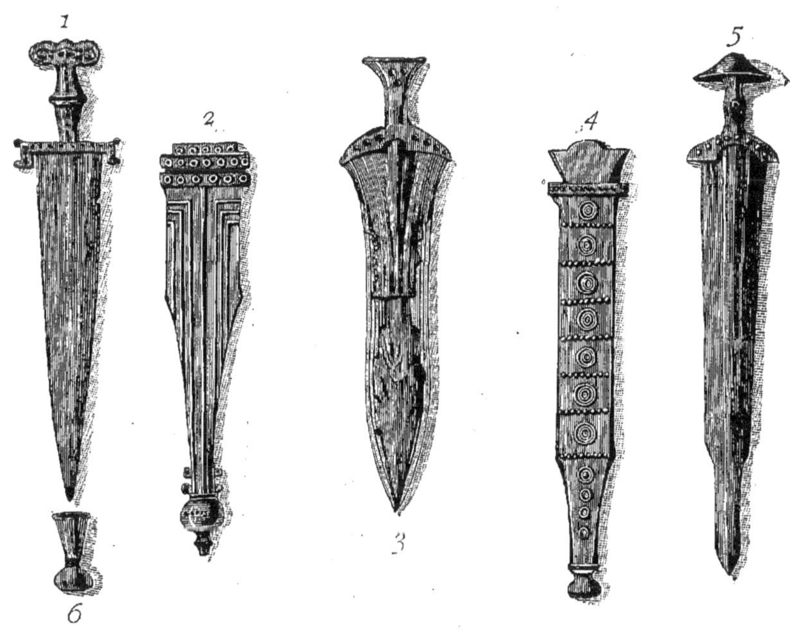

Fig. 119. — 1. Poignard à poignée de bronze et à lame de fer, provenant du cimetière d'Halstadt. — 2. Fourreau de ce même poignard. — 6. Bas de fourreau de la collection Desor. — 4 et 5. Poignard et fourreau du Musée d'artillerie. — 3. Lame de poignard trouvée à La Roche-Derrien (Côtes-du-Nord), de la collection de M. le comte de Bois-Boucssel.

La stèle du Chasseur du musée du Puy en présente un autre, également dans sa gaine (V. ch. v).

Les habiles fouilleurs des habitations lacustres de Suisse en ont découvert là-bas un très grand nombre.

Enfin, le cimetière d'Halstadt en possédait quelques-uns. Les conservateurs du riche musée provenant de ces fouilles en envoyèrent un certain nombre à l'Exposition universelle de la Société d'anthropologie, au Trocadéro, en 1878 (fig. 122).

Or, et c'est ici le point important, M. Pszybyslawski en regardant, il y a quelques années, sur les bords de la mer Noire, travailler des Tziganes, ces tribus nomades, indiennes de race, qui s'en vont par le monde,

Pauvres gueux, pleins de bonnes aventures,
Ne portant rien que des choses futures,

comme le dit si bien maître Callot, les vit fabriquer devant lui des objets absolument celtiques.

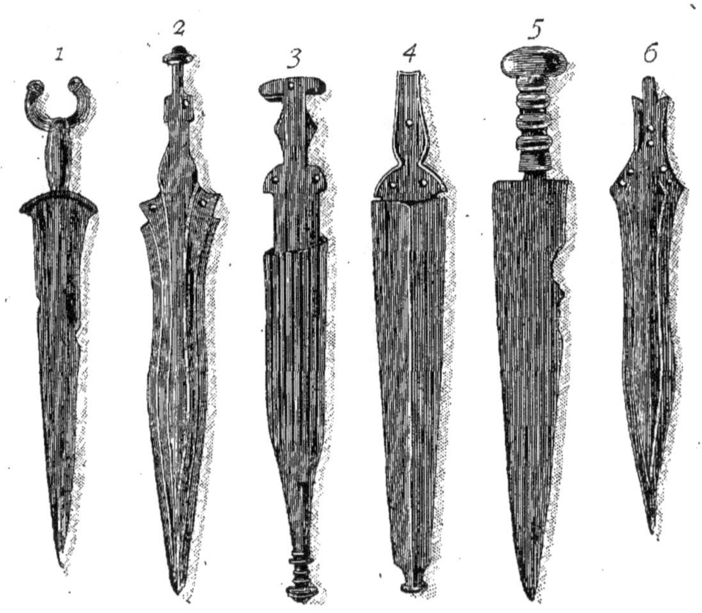

Fig. 120. — 1. 2. 6. Poignards de fer et de bronze du Musée d'artillerie. — 3. Poignard de bronze à fourreau de fer du Musée du Louvre. — 4. Poignard trouvé à Cormor (Ain), Musée de Lyon (*gladius in vagina*). — 5. Poignard avec poignée en ivoire et en or, également du Musée de Lyon.

Au bout de quelques heures, ils livrèrent à ses yeux étonnés, outre des coins de bronze semblables à ces soi-disant haches dont nous parlions plus haut, des poignards identiques, par la forme et le dessin, à ceux d'Halstadt, à ceux de Suisse, à ceux de France, lames étroites, langues de serpent, ornées de ciselures bizarres [1].

1. Ces objets ont été exposés en 1878 par M. Bataillard, qui les tenait directement de M. Pszybyslawski, avec ceux d'Halstadt, à l'Exposition universelle, section d'anthropologie. C'est là que,

Mais, avec Halstadt, nous remontons à quatre siècles avant la conquête ; avec les lacustres, nous allons plus loin encore, aux limites de ce que l'on appelle l'*âge de bronze*, et déjà ce poignard *oriental* est entre les mains des populations celtiques. Est-ce que, de ces rapprochements, on ne pourrait pas tirer une conclusion formelle? C'est que

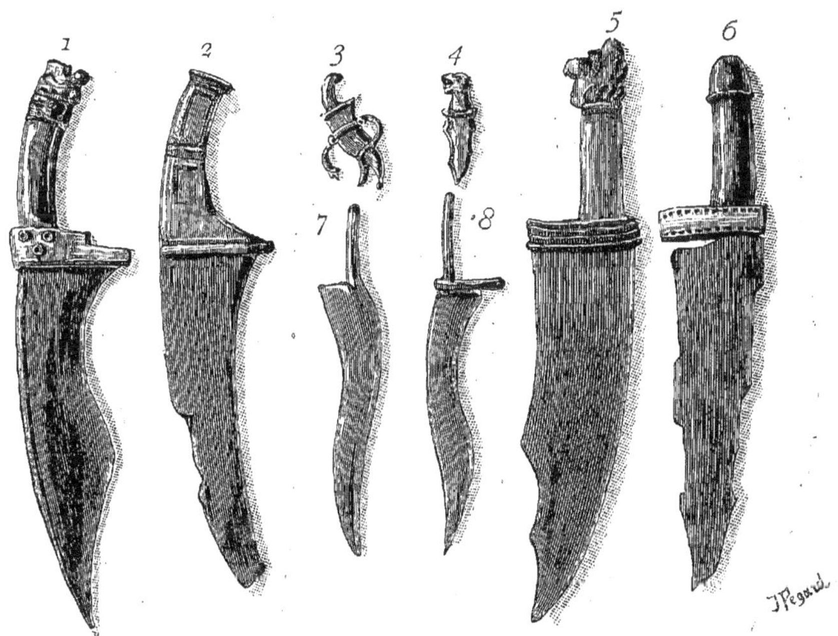

Fig. 121. — 1. 2. Poignards du Musée de Dijon. — 5. Poignard du Musée de Langres. — 6. Poignard de la collection de M. Perron, à Gray, trouvé dans la Saône. — 3. Poignard sculpté sur l'arc de triomphe de Carpentras. — 4. Poignard sculpté sur la stèle du Chasseur (Musée du Puy-en-Velay). — 7. Poignard de la collection Duquenelle, à Reims. — 8. Poignard trouvé à Courelanges (Musée de Troyes).

le bronze a pénétré chez nous, non pas tout d'un coup, instantanément, par le fait d'une invasion, mais peu à peu, par le commerce

grâce à la bienveillance de M. Gabriel de Mortillet, nous avons pu les dessiner nous-même. Nous tenons à en remercier ici publiquement le célèbre professeur. On sait qu'en revanche, à l'exposition rétrospective du Trocadéro, il était expressément défendu de sortir un crayon de sa poche et de stationner trop longtemps devant une vitrine. Il y avait l'article 19 du règlement interdisant « toute reproduction, photographie, dessin, empreinte ou publication de quelque nature qu'elle soit, » signé Teisserenc de Bort, affiché ostensiblement dans chaque salle, avec une brigade de gardiens se chargeant de le faire exécuter ponctuellement. Faire la lumière en cachant tout sera toujours la devise de la science officielle.

ordinaire de ces tribus voyageuses, qui partaient de l'Inde et y revenaient, après avoir touché aux extrémités du monde, par un chemin qu'on appellerait aujourd'hui le chemin des écoliers.

Ceci est une question à étudier, que nous livrons à des hommes plus compétents que nous. Ils recherchent des faits; en voilà un. A eux

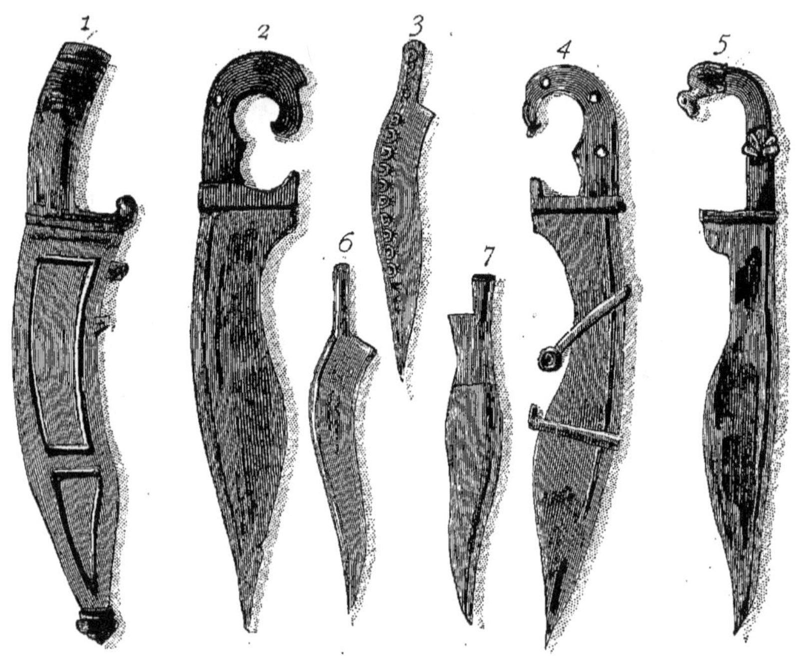

Fig. 122. — 1. Poignard du Musée de Lyon (Vaise). — 2. 4. 5. Poignards de l'Exposition anthropologique de Valence (Espagne, Trocadéro, 1878). — 3. Poignard moderne des Tsiganes (zlotars). — 6. Poignard des habitations lacustres de la collection du docteur Desor, de Neufchâtel. — 7. Poignard des tombes d'Halstadt.

d'en tirer les conséquences. Elles nous paraissent presque acquises à l'avance.

Ce fameux couteau n'a, du reste, pas disparu complètement de la circulation. Sans parler de celui qu'attachent à leur veste de bure les laboureurs de Limoges ou du Poitou, on le retrouve en très grand honneur dans les pays d'où sont sortis les poignards de notre figure 122. Les Celtibères de la péninsule espagnole l'appellent de nos jours la *navaja*.

Ils y gravent des devises qui ne manquent pas d'une certaine grandeur. (*Voyage en Espagne*, par MM. Gustave Doré et Ch. Davillier. *Tour du monde*, 2e semestre, p. 6.)

No me saques sin razon,
No me embaines sin honor.

« Ne me tire pas sans raison, ne me rengaine pas sans honneur. »

Si esta vivora te pica,
No hay remedio en la botica.

« Si cette vipère te pique, ne cherche pas de remède, etc. »

La *navaja* est une arme nationale, et l'on ne sourit pas impunément devant les yeux de ceux qui la portent si fièrement dans leur ceinture de laine.

La persistance des traditions dans tout ce qui est pays celtique est extraordinairement remarquable. Ces têtes dures aimaient véritablement leurs pères, pour avoir, à travers les âges, conservé d'eux tant de choses.

Nous ne parlerons pas ici des arcs, des flèches, des casques et des boucliers, qui complétaient l'armement des Gaulois. Dans les faisceaux dessinés plus haut, nous nous sommes efforcé de grouper tous ces objets pour en rendre l'aspect plus compréhensible au lecteur.

Un croquis vaut mieux, selon nous, que vingt descriptions à la plume.

Si nous nous sommes étendu sur les lances, les glaives et les poignards, c'est que jusqu'ici, nous le répétons encore, on avait régulièrement classé toutes ces pièces sous l'étiquette banale d'*armes antiques*. Or, armes antiques voulait dire *armes romaines*.

Le *gais*, le *saunion*, le *sparus*, la *materis*, la *cateia*, la *spatha*, le *semispatium* et la *machæra* n'ont absolument rien de romain ; et nous avons tenu, en leur redonnant leurs vrais noms, pris dans des auteurs d'une valeur incontestable, à les restituer à leurs seuls inventeurs, ces Gaulois si méprisés, ces Gaulois si *barbares*.

Une terreur immense s'empara des Romains, à leur arrivée en Gaule, quand ils aperçurent, pour la première fois, devant leurs lignes serrées, la farouche cavalerie de ces pays étranges.

Nous avons eu, de tout temps, un goût prononcé pour la *piaffe,* comme disait Saint-Simon, et nos immenses guerriers, grimpés sur leurs montures puissantes, galopant avec la *furia* que vous savez, devaient avoir, en effet, un aspect colossal et fantastique, propre à faire trembler le cœur des petits fantassins si réguliers des bords du Tibre

La *chevalerie* était déjà le fait de ces *preux.* M. Henri Martin, dans son *Histoire de France* (t. Ier, p. 25), a décrit cette formidable *Trimarkisia* qui, si souvent, donna des preuves de sa bravoure dans les guerres contre l'envahisseur italien.

L'*Ukel-our,* le haut homme, aimait, dans toute la force du mot, son destrier à la longue crinière.

Le cheval n'est-il pas, comme dit Buffon, « la plus noble conquête que l'homme ait faite sur la création. »

« Aussi intrépide que son maître (c'est toujours Buffon que nous citons), le cheval voit le péril et l'affronte. Il se fait au bruit des armes; il l'aime et le cherche. Partageant la joie et les plaisirs de son maître, avec lui, à la course et dans les parades, il brille, il étincelle. Obéissant à toutes les impressions qu'il en reçoit, il se précipite, se modère et s'arrête sur un signe, et va même jusqu'à mourir pour lui, s'il le faut. »

Le Gaulois donc adorait son cheval et le parait, par conséquent, avec amour, d'une incroyable variété d'ornements de cuivre, de bronze, d'argent, émaillés, éclatants et sonores.

Les auteurs anciens ne tarissent pas sur ces harnachements.

Philostrate parle des émaux cloisonnés dont les barbares de l'Océan couvraient la *cuirie* de leurs montures. A propos des chevaux qui traînent le char de Polémon, sophiste de Laodicée, il dit que leurs freins d'argent sont couverts d'*ornements celtiques.*

Pline cite le placage d'or et d'argent dû au génie inventif des populations celtiques, et mis en œuvre principalement pour le harnachement des chevaux : *Equorum maxime ornamentis.*

M. J.-G. Bulliot a écrit un traité sur l'art de l'émaillerie chez les Éduens, et sur les parures équestres du temps où Bibracte était libre. Nous donnons, dans notre planche chromolithographique, quelques-uns des bijoux découverts par lui au mont Beuvray.

M. Fourdrignier a pu déterminer l'emploi certain des croix incrustées de corail qui figurent également dans notre planche IV, et

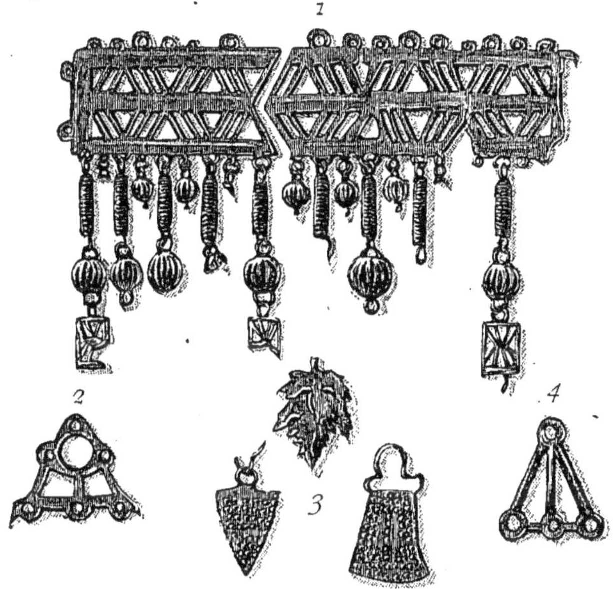

Fig 123. — 1. Harnachements avec grelots (*frontal*) du Musée de Besançon. — 2. 4. Pendeloques du Musée de Moulins. — 3. Fleurons et pendeloques du Musée de Rouen.

qu'il dit avoir servi d'ornements au frontal des chevaux attelés au char de guerre du chef, découvert par lui à La Gorge-Meillet. Nous renvoyons le lecteur aux savantes dissertations de ces messieurs[1].

Ici, nous nous contenterons de classer, à notre tour, la récolte faite par nous dans les différentes collections qu'il nous a été donné de visiter.

Le premier ornement qui se présente dans le harnais d'un cheval,

1. *L'art de l'émaillerie chez les Éduens avant l'ère chrétienne*, par J.-G. Bulliot et Henry de Fontenay. (Paris, Honoré Champion, libraire, quai Malaquais, 1875.)—*Antiquités des Gaules*, catalogue explicatif et illustré de la collection de M. Édouard Fourdrignier. (Paris, Henri Menu, 1878.) — Exposition historique du palais du Trocadéro.

c'est le *chanfrein*, la *têtière*, ce que les Latins appellent *frontale*; bandeaux placés au travers du front des chevaux, habillements de tête du coursier de guerre.

Le musée de Besançon en possède deux de l'époque gauloise, qui sont extraordinairement curieux, à cause de la quantité de grelots et de pendeloques qui les accompagnent. Ils sont en bronze vert, d'une patine admirablement conservée.

L'un est presque complet; c'est celui que nous donnons (fig. 123).

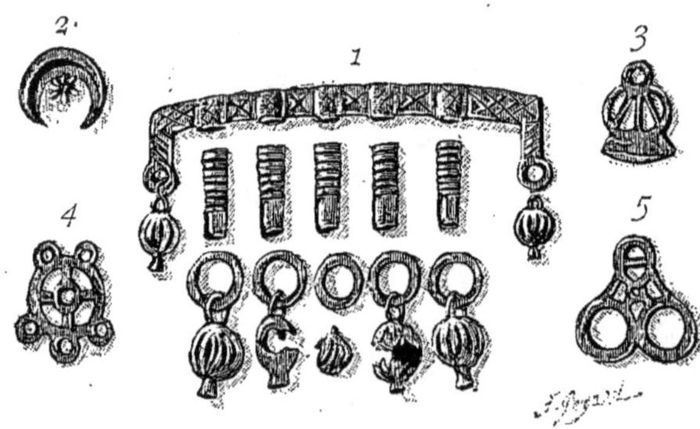

Fig. 121. — 1. Harnachements avec grelots du Musée de Besançon (*frontal, têtière*). — 2. Croissant du Musée d'Arles. — 3. 4. 5. Pendeloques de Lyon.

Le second est plus ordinaire; nous en indiquons les débris, mis en place à la figure 124.

Le premier a été trouvé à Cademène, dans le Doubs, en 1861; et le second à Clucy, dans le Jura, sous des tumulus.

M. Viollet-le-Duc, dans son *Dictionnaire du mobilier,* dit précisément, à propos de ces têtières :

« Nous avons vu parfois de ces pièces classées parmi les objets appartenant à l'armement de l'homme, comme si l'on n'eût osé admettre que les coursiers de guerre, chez les anciens, pussent aussi être armés. Cela contrariait certaines habitudes classiques, que les conservateurs des musées ne se soucient pas de gêner. Trouver et montrer des analogies entre la façon de s'armer chez les anciens et chez nos hommes du moyen âge, il est évident que c'est tout simplement saper les principes du *grand art,* qui s'est fait *son antiquité,* à laquelle il ne convient pas de toucher. Nous n'avons pas ces scrupules [1]. »

Avec lui, nous rendrons donc à ces prétendues ceintures l'attribution qui leur est due, et nous oserons les classer tout bonnement dans les harnachements des chevaux de guerre (fig. 125).

Les bas-reliefs d'Arles et de Reims (tombeau de Jovin, — chasse au sanglier) nous donneront, du reste, plus tard, complètement raison; car là, nous trouverons, figurés en marbre sur les chevaux des chasseurs, tous ces croissants, ces fleurons, ces sonnailles, que nos savants conservateurs veulent absolument nous faire passer pour des parures d'hommes, ou même de femmes gauloises.

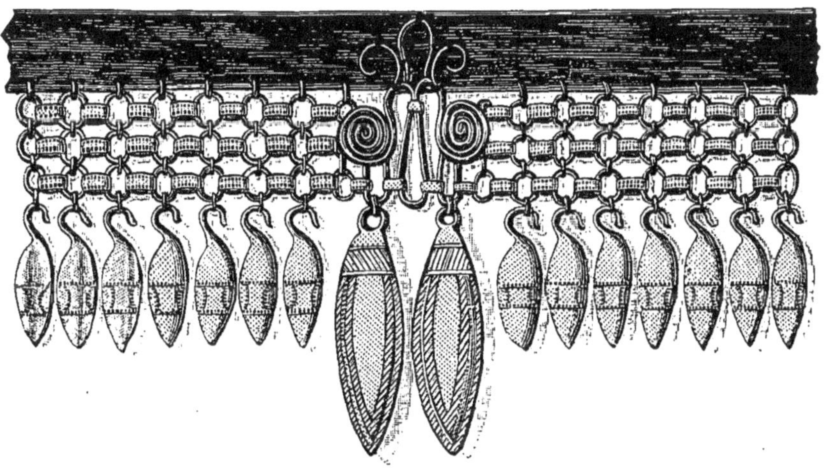

Fig. 125. — Ceinture trouvée par M. l'abbé Bourgeois d'après la reconstitution du Musée d'artillerie. Costumes de guerre.

Il est une autre pièce de harnais que, dans l'armée, on appelle le *fleuron*, et que les Romains nommaient la *copula* (fig. 126).

C'est la plaque qui réunit, sur le devant du poitrail des chevaux, les deux courroies qui s'attachent à la selle.

On appelait, en Italie, ces courroies *antilena* pour le devant, *postilena* pour la croupe. Le tout était, en Gaule, orné de pendeloques, répétées et variées à l'infini.

1. *Dictionnaire raisonné du mobilier français de l'époque carlovingienne à la Renaissance*, par M. Viollet-le-Duc, tome VI, au mot *Harnois*, p. 28.

Quant à la plaque du poitrail, nous croyons que les soi-disant boucliers du musée de Besançon, en beau bronze, finement découpés à jour, ne sont que ces *copulæ,* fabriquées à la mode gauloise (fig. 127 et 128).

Trop délicats pour former des *umbos,* trop faibles pour résister au choc des lances et des glaives, elles nous semblent n'avoir eu d'autre usage que de décorer le poitrail des chevaux des escadrons de notre formidable cavalerie nationale. Nous conclurons donc, comme toujours, de l'application actuelle des objets connus à la destination probable de leurs analogues dans l'antiquité, et, de nos cercles concentriques, nous ferons, si vous le voulez bien, des *copulæ* gauloises du temps de César.

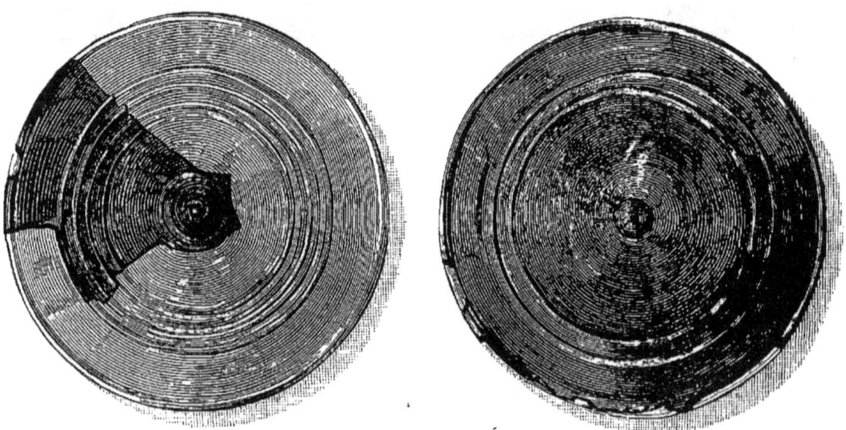

Fig. 126. — Harnachement trouvé au pied du Puy de Dôme, à Mauson. Musée de Clermont-Ferrand (*copula*).

C'est, ce nous semble, une façon de raisonner inattaquable pour ceux que n'aveuglent pas l'esprit de système et le classique parti pris que nous cherchons à combattre avant tout et partout.

Restent la *phalera* et le *monile,* colliers ornés de nombreuses pendeloques, dont nous parle Virgile, ce transfuge gaulois, comme l'appelle M. Jean Reynaud[1]; incomparable poète qui garda tant de

1. *Tite-Live* était, comme *Virgile,* un glorieux enfant de la Gaule cisalpine, ainsi que *Pline* et *Catule* (Roget de Belloguet, t. Ier, p. 389). M. Jean Reynaud aime à appeler *Virgile* le transfuge de Mantoue. (*Esprit de la Gaule,* p. 274.)

souvenirs des jours de son enfance et de son éducation primitive, et, partant, nous peignit les nôtres comme nul ne le fit jamais à cette époque d'historiens vendus et de conquérants littéraires.

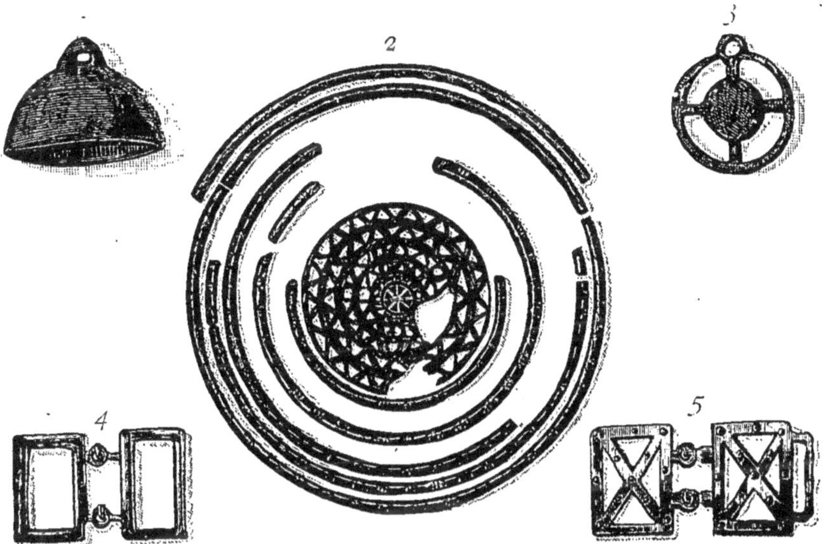

Fig. 127. — 1. Clochette du Musée d'Autun. — 3. Rondelle de Besançon. — 2. Harnachement (*copula*), trouvé au Cassard, à Flagey (Doubs). — 4. 5. Boucles du Musée du Louvre (Salle des bronzes antiques).

Voici comment il décrit le harnachement si brillant des coursiers de nos chefs :

Instratos ostro alipedes pictisque tapetis;
Aurea pectoribus demissa monilia pendent :
Tecti auro, fulvum mandunt sub dentibus aurum.
(*Énéide*, l. VII, v. 277.)

« Ces coursiers aux pieds ailés sont couverts de housses de pourpre brodées avec art; sur leur poitrail descend un *monile* d'or; l'or brille sur les harnais, et dans leur bouche ils rongent un frein d'or étincelant. »

Le *monile* était donc un collier descendant sur le cou, et muni des ornements que nous avons décrits plus haut.

A cause de ses croissants nombreux, Stace l'appelle quelquefois *monile lunatum*.

Le musée de Lyon en possède plusieurs exemplaires (fig. 129), délicieux de forme et de tournure. Nous avons tenu à les dessiner très complètement pour vous les donner comme exemples de ce genre spécial de parure équestre, que nous ne pouvons, hélas! à notre grand regret, désigner ici que sous son nom latin.

La fameuse trouvaille de M. Giraud de Mimorin, actuellement exposée au musée de Moulins (fig. 130), se rapporterait plutôt à ce que

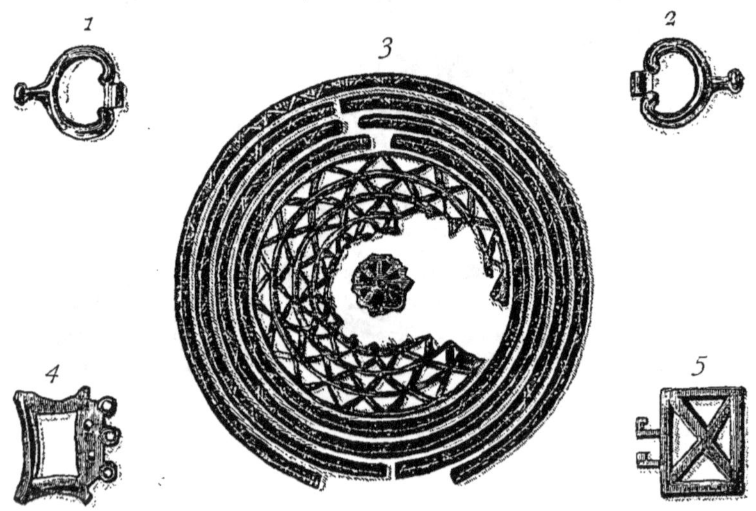

Fig. 128. — Harnachements de chevaux du Musée de Besançon, trouvés au Cassard, à Flagey (Doubs). Boucles du Musée du Louvre.

nous avons désigné tout à l'heure sous le nom de *phalera*. La *phalera* pendait au-dessous du *monile* et descendait presque au fleuron de la *copula*.

Les tintinnabulations de toutes ces plaques minces et légères, de ces croissants, de ces clochettes (fig. 131 et 132), devaient être d'un effet splendide et tout à fait dans le goût du peuple qui les créa.

Le musée de Lyon possède une dernière pièce de harnais, dont nous donnons l'aspect à la figure 133. Le nom latin de cette pièce est le *dorsualium*, large bande d'étoffe, dit l'auteur du *Dictionnaire des antiquités*, que l'on jetait en travers sur le dos des chevaux, dans les cortèges, dans les défilés, dans les fêtes.

Notre *dorsualium* est en bronze fabriqué avec de petits anneaux, rejoints entre eux en forme de filet. Il n'est pas sans analogie avec ce que, dans le moyen âge, on appelait la *broigne*. (Viollet-le-Duc, t. V, p. 242.)

Ici finit, hélas ! la nomenclature de ce que nous possédons actuellement, comme harnachement de la cavalerie gauloise. Nous croyons être un des premiers à avoir attiré l'attention des antiquaires sur ces

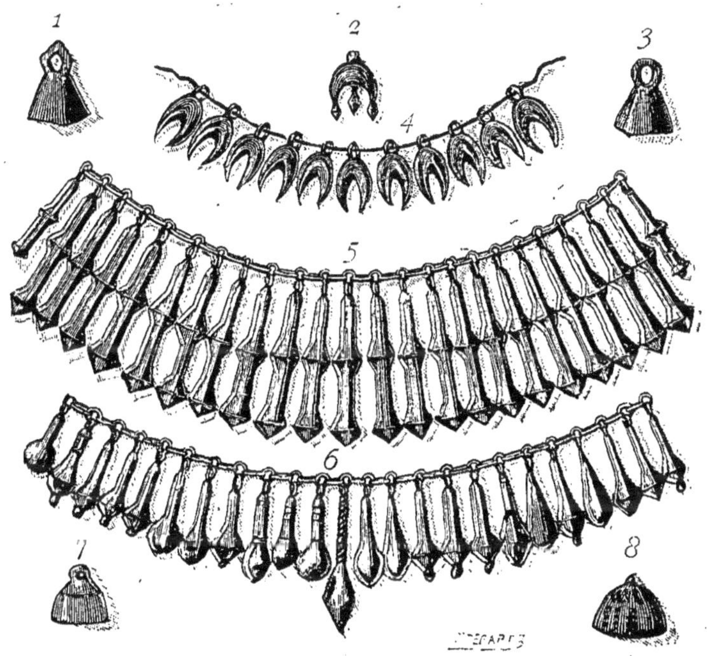

Fig. 129. — 1. Grelots trouvés à Saint Jean-de-Maurienne (Savoie, 1852). *Crepitaculi* du Musée de Lyon. Harnachements. *Monile*, du Musée de Lyon. Sonnailles de Besançon et d'Avignon.

objets si précieux et si rares. Espérons que, par la suite, on osera enfin mettre à leur véritable place les trouvailles qu'on ne peut manquer de faire, et que nous pourrons ainsi compléter la parure de ces splendides coursiers qui faisaient l'admiration du monde.

Grâce à ces quelques détails, on peut déjà pourtant se figurer ce que devaient être, à cheval, des Gaulois de l'époque de César.

Sur trois rangs (*trimarkhisia* [1]), ils descendent la colline.

1. La cavalerie gauloise se nommait la *Trimarkhisia*, c'est-à-dire l'ordonnance de trois chevaux (*tri*, trois; *markh*, cheval en gaélique et en kymrique) parce qu'elle était disposée sur trois rangs; au premier rang, les chevaliers (*markhein*); au deuxième et au troisième, les écuyers (*escoue-

En tête, debout sur son char d'argent[1], le chef balance sa lourde *cateia*.

Ses cheveux flottent au vent, sous son casque d'or. Le front est

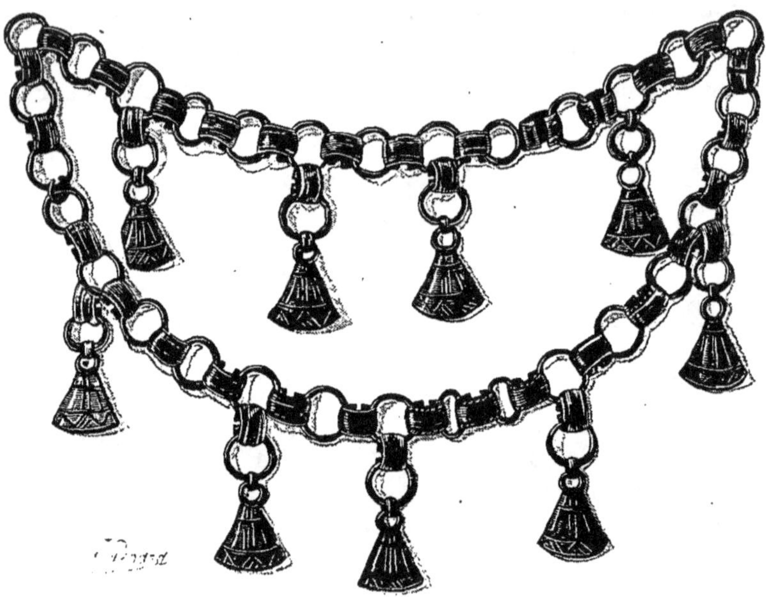

Fig. 130. — Harnachements (*phalera*), du Musée de Moulins (Collection Giraud de Mimorin).

droit, la tête fière; une moustache longue couvre ses lèvres minces.

daour). Quand un chevalier était démonté, un de ses écuyers lui donnait un cheval; était-il tué ou hors de combat, un des deux écuyers prenait son cheval et son rang. (Pausan., liv. X, p. 645. — Henri Martin, *Histoire de France*, t. Ier, p. 25.)

1. Les chefs gaulois avaient l'habitude de combattre sur des chars traînés tantôt par deux, tantôt par quatre chevaux. Les médailles du temps nous en fournissent une quantité d'exemples suffisamment compréhensibles. Nous citons au hasard : *Turonos Tricos*, dont nous avons déjà parlé; *Suticos*, de Rouen, pl. LIV et XCII (Hucher), et les statères arvernes, poitevines, cénomaniennes, armoricaines, des planches XIV-XV, XCXVI et XCXVII de l'*Art gaulois*.

César nous donne la description complète de ces chars et de leurs conducteurs qui maintenaient leurs chevaux lancés sur les pentes les plus rapides, les faisaient tourner en marchant sur le timon, allaient s'asseoir sur le joug et retournaient dans l'intérieur du char avec une adresse étonnante :

« Tantum usu quotidiano et exercitatione efficiunt, uti in declivi ac præcipiti loco incitatos equos sustinere et brevi moderari ac flectere et per temonem percurrere et in jugo insistere et se inde in currus citissime recipere consuerint. » (Liv. IV, XXXIII.) — Lucain nous donne le nom celtique de ces chars qu'il appelle *covini*. — Florus parle avec admiration du *char d'argent* sur lequel *Bituitus*, somptueusement vêtu, ainsi que ses gardes, conduisait ses Arvernes au combat (III, 3). — Posidonius enfin nous peint *Luern*, le roi du pays des Aulnes, jetant à pleines mains l'or aux bardes qui suivaient son char en chantant ses louanges.

Le sombre azur de ses prunelles semble refléter les profondeurs de l'Océan. Les ailes d'un oiseau sauvage, épervier des montagnes ou cor-

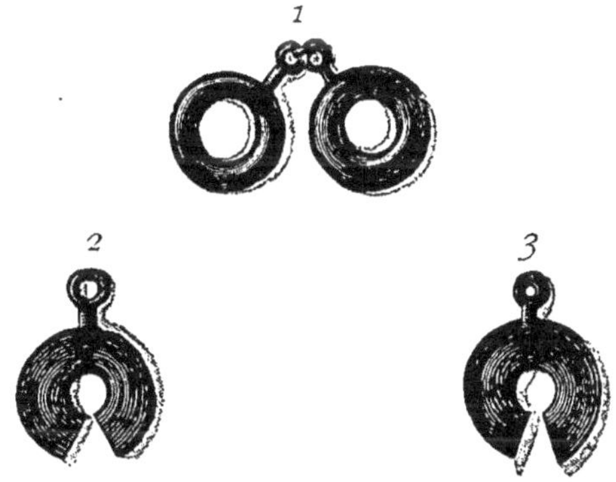

Fig. 131. — Pendeloques de Clermont-Ferrand et de Moulins (*monile lunatum*).

beau gris des grèves, ombragent sa coiffure. Derrière, mêlée aux cheveux fauves, se répand la crinière teinte de rouge de son heaume, aux ornements profondément creusés.

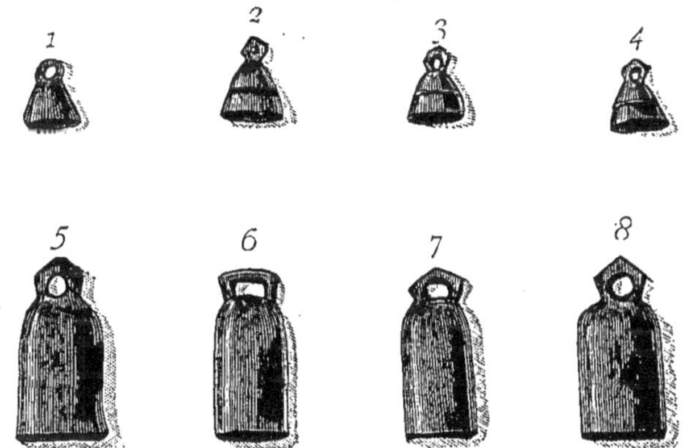

Fig. 132. — Sonnailles des Musées de Besançon, de Troyes, de Clermont-Ferrand et d'Avignon.

Sur son cou blanc, brille son *torques* d'or ; ses bras nerveux sont décorés de bracelets d'or, et sa poitrine se cache sous une cuirasse d'or.

Aurea cæsaries ollis atque aurea vestis,
Virgatis lucent sagulis ; tum lactea colla
Auro innectuntur : duo quisque Alpina coruscant
Gæsa manu, scutis protecti corpora longis.

« On les reconnaît à leur chevelure d'or, à leurs vêtements d'or. Leurs saies sont rayées de bandes brillantes, et à leur cou, blanc

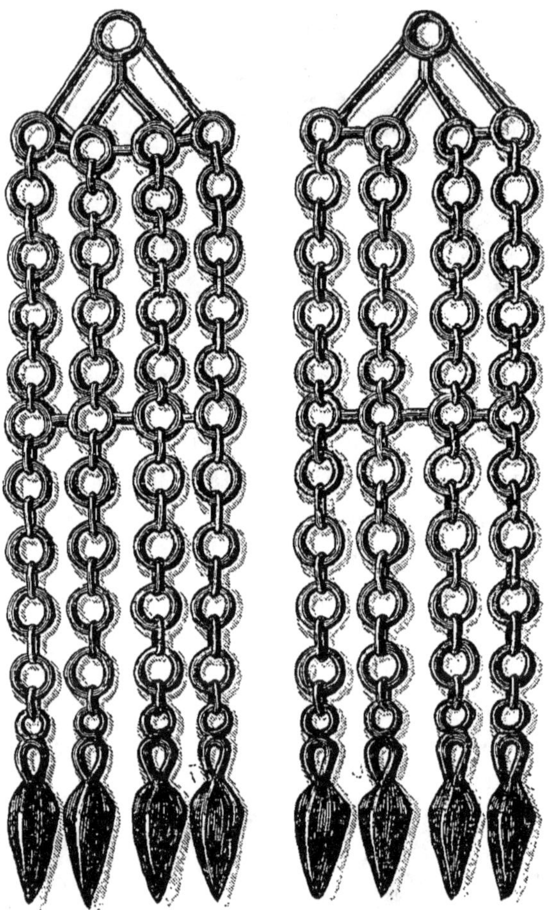

Fig. 133. — Harnachement (*Dorsualium*) de chevaux, du Musée de Lyon.

comme le lait, s'enlacent des colliers d'or, » etc. (Virgile, *Énéide*, livre VIII, v. 659.)

Au flanc droit, le brenn porte sa grande *spatha,* longue, effilée vers la pointe, large de lame, avec une arête centrale finement dessinée, qui remue dans son fourreau de bronze.

Un baudrier de cuir, couvert de plaques ciselées, la soutient.

A sa ceinture est attachée sa dague puissante; les poignées d'ivoire, garnies de cercles de métal, se détachent lumineuses sur les raies bleues de sa grande *saie*, sur la pourpre sombre de son *sagulum*, flottant à la brise.

La jambe serrée dans sa *braie* nationale (*Gallia bracata*), planté droit, le torse en avant, il soulève au-dessus de sa tête son bouclier peint, décoré de son signé, et crie, en se retournant vers les siens : « A moi, Auvergne! En avant! Au plus dru! »

Près de lui, comme dans les bas-reliefs de Nimroud et de Thèbes aux cent portes, se tient l'écuyer, qui porte ses javelots et ses lances. Sur le timon, voltige l'*essedaire,* qui fouette à tour de bras les coursiers couverts de grelots sonores, la tête ornée de chanfreins de bronze, et la poitrine protégée par des plaques se découpant, brillantes, sur le cuir rouge des harnais.

Derrière, au galop, descendent les tumultueux escadrons; les lames étincellent dans les mains des guerriers; les lances jettent dans l'air des éclats sinistres; les panaches flamboient sur les casques; au-dessus, les sangliers d'or garnis de leurs petits drapeaux, brillent dans l'azur.

Au milieu des sifflements du vent furieux, on entend un bruit extraordinaire; ce sont les glaives qui frappent à la fois tous les boucliers de cuivre.

Les trompettes (*karnux*), recourbées en mufles de bêtes fauves, accompagnent de leurs accents sonores le chant du bardit de guerre :

Deomp, deomp, deomp d'ar gad!
Deomp kar, deomp breur, deomp map, deomp tad!
Deomp, deomp, deomp holl.
Deomp ta, tud vad!

« Allons, allons, allons au combat;
Allons chers, allons, frère, allons, fils, allons, père,
Allons, allons, allons tous...
Allons tous, hommes de cœur. »

Nous sommes un peu loin des hommes tout nus et des sauvages de la pédanterie classique.

Les costumes des Gaulois étaient d'une variété extraordinaire.

Si nous ne pouvons juger de leur forme exacte d'après des bas-reliefs ou des statues quelconques, puisque l'interdiction de la représentation humaine faisait partie de leurs dogmes sacrés, grâce aux médailles, aux nombreuses figurines gallo-romaines, aux stèles funéraires, aux jouets d'enfants de cette même époque, dont nous reparlerons plus tard ; grâce surtout aux textes des auteurs anciens, à leurs descriptions minutieuses, il nous est possible de nous en former un concept suffisamment vrai. Nous allons essayer ici de donner l'idée la plus complète possible de ces costumes divers.

Le grand vêtement national était la *saie* (*sagum*) et la *braie* (*brakai, braccæ*).

La *saie* était une tunique ouverte au cou, à manches larges, descendant sur la cuisse, et serrée à la taille par une ceinture de cuir ou de métal. La *blouse* actuelle de nos paysans n'est que la *saie* appauvrie et diminuée.

L'ancienne était vraiment superbe.

Virgile la couvre de raies brillantes. C'est la *saga virgata*. (*Énéide*, livre VIII, 660.)

Isidore de Séville parle de la douceur de son tissu délicat. *Mollia saga*.

Polybe nous représente les Gaulois de Télamon comme magnifiques à voir, avec ces vêtements dont l'éclat singulier étonnait toujours les peuples du Midi. (II, 28.)

Diodore teint ces tuniques de toutes sortes de couleurs et compare les guerriers qui les portent aux fleurs émaillant les prairies vertes. Tite-Live, Tacite et Dion-Cassius s'étendent, dans les descriptions de ces mêmes tuniques, sur la variété des couleurs qui les décoraient : *versicolori*, disent-ils en parlant d'elles. (Tit.-Liv., VII, 10 ; Tac., *Hist.*, II, 20; Dion, LXII, 2.) Pline les borde d'ornements variés. *Pingunt*, écrit-il (VIII, 73). Strabon les agrémente de bariolages dorés, et Silius Italicus, qui attache les cheveux des chefs sur le haut de leurs têtes superbes avec des galons d'or, en citant la saie de Cryxus, dit que ses manches (*rigebant ex auro*) étaient raides sous le poids des ornements d'or qui les couvraient (IV, 115).

Le chantre d'Énée, fils de Vénus, avait bien raison de nous les peindre brillants de cette coloration fauve qui les rendait si splendides à l'assaut du Capitole et de la roche Tarpéienne, et sa pompeuse description n'avait, on le voit, rien d'exagéré dans les termes.

La braie n'était que notre pantalon actuel, serré et fermé au-dessus de la cheville, couvrant ainsi la *gallica*, la galoche, ancienne chaussure de cuir à semelle de bois, lacée au cou-de-pied, sur lequel retombait la languette intérieure, percée de petit trous cerclés de cuivre, comme en ont encore les porteurs de *maillettes* du bourg de Locminé.

Sur les épaules, les Celtes jetaient le *sagulum*, petite *saie* dont ils ne passaient pas les manches, et qu'ils attachaient simplement au cou avec une épinglette ou *fibule* de bronze.

Parfois, ils s'enveloppaient tout le corps avec l'*endromis*, épaisse couverture tissée par les Séquanes, la *limousine* moderne.

Ailleurs, ils ramenaient sur la poitrine un grand manteau qui tombait par derrière, la *lacerna*, qui les garantissait de l'humidité habituelle aux contrées de la France centrale.

Plus bas, vers l'Espagne, ils se couvraient de la *bigerra* des Pyrénées, faite d'une étoffe rousse et velue, assez semblable à nos *peaux de biques* du pays des anciens Cénomàniens du Maine et de l'Anjou.

Sur le *bonnet phrygien*, d'un usage général en Gaule [1], ils jetaient aussi le *bardocucule* adopté plus tard par les élégants de Rome, qui s'en couvraient, au dire de Pétrone, pour dissimuler leurs courses

1. Le fameux bonnet phrygien était particulier à la Gaule; on le retrouve du reste encore en usage dans le pays de Léon (en noir), dans le pays de Cornouaille (en rouge); les Roscovites et les marchands de fraises du port de Brest portent le bonnet phrygien le plus complet qu'on puisse voir. C'était une des coiffures des paysans du temps de César. Deux statuettes antiques, qu'on a désignées je ne sais pourquoi comme représentations d'Atys, sont coiffées de ce bonnet. L'une, entièrement féminine, ce qui coupe court à toute discussion sur ce sujet, a été publiée par M. De Bast, curé de l'église Saint-Nicolas de Gand; l'autre, masculine, a été trouvée, il y a quelques années, près d'Autun; elle fait partie de la collection Boban. Toutes deux portent la coiffure dont nous parlions plus haut et sont revêtues de braies boutonnées sur la jambe d'une façon très originale.

aventureuses dans les quartiers mal famés de la capitale. Ce *bardo-cucule* était un vêtement à capuchon sombre.

La *caracalle*, de même, figurait une espèce de caban à petite pèlerine. Cette dernière capeline fut déshonorée plus tard par l'infâme successeur de Sévère, qui la portait si habituellement qu'il lui dut son surnom de Caracalla.

Tous ces manteaux n'étaient que des vêtements d'hiver, compléments nécessaires d'un habillement destiné à affronter la rigueur des nuits d'automne et les vents glacés des journées neigeuses, si communes dans nos contrées froides.

En été, le Gaulois accrochait au logis ces préservatifs désormais inutiles, et se laissait voir alors aux doux rayons du soleil, dans tout l'éclat de ses voyantes parures, se pavanant glorieusement au milieu de ses gais compagnons, sur la grande place de sa cité joyeuse.

Voulez-vous essayer de vous rendre compte de ce qu'était une foule gauloise, à l'époque de la conquête?

Ne cherchez pas dans nos modernes agglomérations de chapeaux droits, de paletots noirs et de redingotes boutonnées, où tout se tait, se regarde et se contient, une ressemblance quelconque avec ces réunions pleines d'entrain, d'éclats de rire et de vêtements bariolés.

Nous devenons tous les jours plus guindés, plus maintenus, plus gourmés, plus raides et plus anglais.

« A mesure que nous voyageons, dit l'auteur des fameux *dixains* de Touraine, le rire s'estainct et desperit comme l'huile de la lampe, et l'ennui tombe comme une pluie fine qui mouille, nous perce à la longue et va dissolvant nos anciennes coutumes qui faisaient de la *raye publicque* un amusement pour le plus grand nombre. »

Le rire, nous le verrons plus tard, était une divinité gauloise.

Voulez-vous revoir nos vieux pères, vivants comme autrefois?

Allez à Autun, le jour de la fête de *saint Ladre*, et regardez descendre par les rues tortueuses, toutes enguirlandées de verdure, les femmes, les enfants, les hommes qui reviennent de la fontaine sacrée qui se dresse encore auprès de la cathédrale.

Allez à Niort, sur la *Brèche*, à l'époque de la foire de mai, le jour où les *jeunesses* viennent se montrer toutes pimpantes dans leurs coiffures ornées de fleurs, à leurs champêtres amoureux de la plaine ou du marais.

Allez à Angers, près de la montée de Saint-Maurice, non loin de la pompe du Pied-Boulet, et voyez descendre, le long des escaliers rapides, toutes les belles filles du Pont-de-Cé, joyeuses commères, au regard vif, étalant leurs tabliers bleu de ciel, vert de mer ou rouge écarlate. Ou plutôt, laissez-vous conduire à Sainte-Barbe-du-Faouet, sur les marches de granit qui serpentent au flanc pittoresque de la colline ; à Sainte-Anne, le jour du pardon, sur les landes de Nicolazic ; au Folgoat, derrière le pieux sanctuaire du pauvre Salaün ; à Rumengol, *la rouge pierre du soleil*. Là vous verrez passer sous vos yeux éblouis une innombrable quantité d'hommes à la veste ronde, les jambes serrées dans l'antique *braie* nationale, le chef couvert du bonnet bleu orné de houpettes rouges, jetant sur leurs épaules le *bardocucule* blanc de Plougastel au beau calvaire, ou la *caracalle* flottante de Kerlouan aux grands menhirs. Leur cou rude et vigoureux est décoré de broderies jaunes ; leur taille mince est prise dans des ceintures garnies de plaques de cuivre émaillé. Ils balancent dans leurs mains noueuses le *pen bas* moderne, *gais* des aïeux.

Les coiffes blanches des femmes se détachent lumineuses sur toutes ces têtes sombres, aux cheveux longs ; les jupes rouges, rehaussées de galons d'or, brillent ; les bouquets enrubannés d'argent ornent tous les corsages légèrement entr'ouverts ; les épinglettes, agrémentées de verroteries sans nombre, s'agitent sur toutes les poitrines.

Et partout vous entendez, sonore, gouailleuse, rutilante, retentir l'antique langue des Ossimiens et des Vénètes.

La vraie France est dans le peuple.

Et là, *le rire encore est le propre de l'homme ;* là se retrouvent la fantaisie, l'indépendance, la personnalité puissante, l'âme d'une grande race qu'on ne peut abattre, qui revient quand même et s'épanouira certainement au jour, dans toute sa fière allure, dans tout son éclat grandiose. Car « l'avenir, a dit un vrai philosophe, est aux races celtiques. »

Revenons à nos costumes gaulois. Tous les vêtements dont nous venons de parler avaient été adoptés par les Romains, après la conquête brutale des nations transalpines. C'est grâce à cette circonstance que nous avons pu les décrire aussi complètement.

Nous avons vu que la *caracalle* était devenue de mode à Rome, grâce à l'assassin de Géta.

Le *bardocucule,* de même, s'était introduit dans cette cité souveraine par l'adoption qu'en firent les jeunes débauchés, amis des Calvine, des Catiene ou des Modie.

La *saie* elle-même faisait partie du commerce d'exportation de la Gaule avec Rome. Saintes et Langres, au dire de Martial, en inondaient les marchés des bords du Tibre, et Gallien, menacé de perdre l'Artois et tout le Nord de la France, s'écriait en riant : « Sans la saie des Atrébates, la république n'est-elle donc plus en sûreté? *Non sine atrebacis sagis tuta respublica est?* »

Les Latins, du reste, se fournissaient en Gaule de bien d'autres objets.

Il y avait d'abord les *toiles* du Rouergue, de Bourges et du pays de Caux, ou, si vous voulez, des Ruthènes, des Bituriges et des Calètes ;

Les *étains* d'Alise (Pline, XXXIV, 48);

Les *émaux* de Limoges, qui datent de loin, on le voit (Roget de Belloguet, p. 485);

Le *corail* de Marseille, etc.

Et, comme denrées comestibles :

Les *vins* de Bordeaux, dont Columelle, au Ier siècle avant notre ère, fait en plusieurs endroits le plus grand éloge ;

Ceux de Bourgogne, dont parle Eumène, le panégyriste des empereurs (*Pan.*, VIII);

Ceux de Vienne, que préférait Pline;

Les *fromages* de Nîmes, de la Lozère et du Gévaudan (Pline, XI, 97);

Les *jambons* des Ménapiens (Varron, II, 4 ; Martial, XIII, 54, et Athénée, XIV, p. 657);

Les salaisons d'Antibes (Pline XXXI, 43).

Pour les animaux, nous ne parlerons pas des *juments celtiques*, qui avaient laissé dans l'Orient une race si renommée. Mais les Italiens nous prenaient encore les *moutons* dont parle Horace :

> *Nec pinguia Gallicis*
> *Crescunt vellera pascuis.*
> (*Odes*, liv. III, XVI.)

Les grands *lévriers* des Morins et des Bretons, que cite Ovide dans ses métamorphoses (*Mét.*, IV).

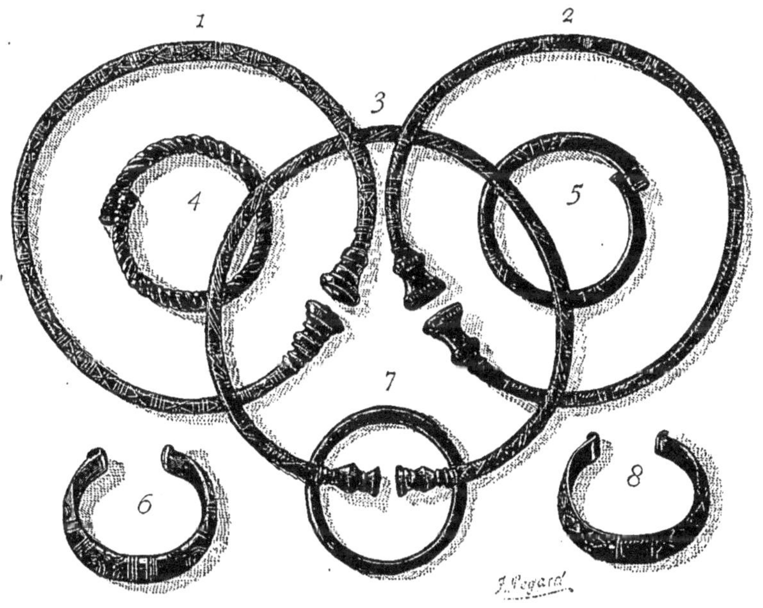

Fig. 134. — 1. 2. 3. Colliers du cimetière de *Crons* de Vertus (Marne). — 4. 5. Bracelets de la même provenance. — 6. 8. Bracelets de la *Revue archéologique*, 1867. — 7. Bracelet en bois trouvé à la Croix du Gros-Murger, à Saraz (Doubs). Musée de Besançon.

Et les *mules* du Poitou, que vante Claudien (*Épig.* I).

Pour des *barbares*, tout ce qui précède est déjà quelque chose et nous n'avons rien dit des *tapis brodés*, du *savon*, du *nard gaulois* (*valeriana Celtica*), des *étoffes à carreaux*, des *teintures écarlates*, des *escarboucles* de Théophraste, des *cottes de maille*, des *boucliers* couverts de brillantes peintures et d'ornements en ronde bosse, sculptés dans l'or et dans l'argent et figurant des bêtes et des oiseaux de toutes sortes.

L'or, l'argent, l'étain, le cuivre, le bronze, l'émail, les pierres précieuses, le corail, les parfums, les couleurs brillantes, les étoffes brodées, etc.; décidément, on a un peu trop calomnié ces *sau-*

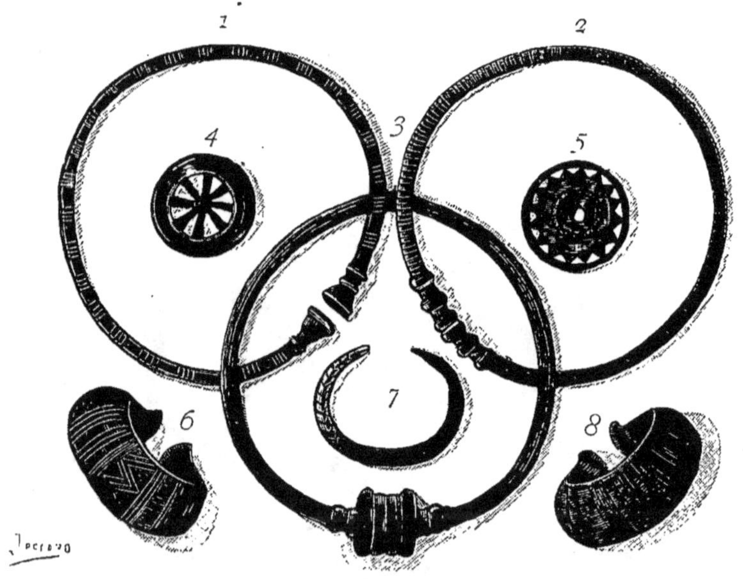

Fig. 135. — 1. 2. 3. Colliers des collections Duquenelle, de Reims, et Fourdrignier, de Châlons-sur-Marne. — 4. 5. Rondelles du Musée de Besançon. — 6. 7. 8. Bracelets de la collection Desor, de Neufchâtel.

vages. Rendons à César ce qui est à César, mais ne dénigrons pas systématiquement nos vieux pères.

« Est-ce que nos orgueilleux vainqueurs, dit M. Roget de Belloguet auquel nous empruntons en grande partie la nomenclature qui précède, pourraient se glorifier jamais d'un aussi grand nombre de découvertes pratiques et de perfectionnements? » (*Ethnogénie gauloise*, t. III, p. 485.)

Nous allions oublier les colliers, les bracelets et toute l'orfèvrerie gauloise.

Le bijou gaulois par excellence était le *torques*, collier d'or ou de bronze, dont se paraient les chefs (fig. 134). Polybe raconte qu'à la fameuse bataille de Télamon, tous les guerriers du premier rang étaient décorés de colliers d'or. (II, 29 et 31.) Diodore fait la description de ces colliers, qu'il indique comme massifs et d'un poids énorme. (V, 27.)

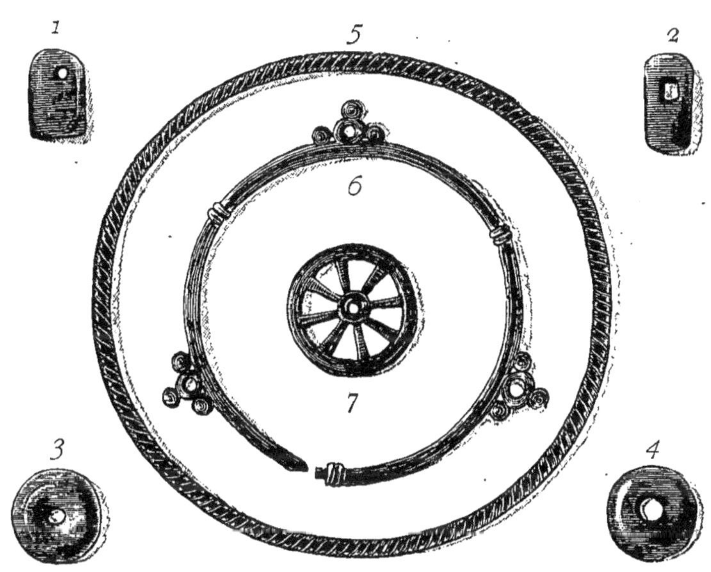

Fig. 136. — 1. 3. Amulettes de Caranda. Collection de M. F. Moreau père. — 2. 4. Amulettes du Musée de Besançon, fouilles de l'Arsenal. — 5. *Torques* du Musée de Châlons-sur-Marne. — 6. 7. Colliers et rondelles de la collection Duquenelle, de Reims.

On peut se rendre compte du poids de ces colliers par deux passages de Tite-Live, où le Sénat gratifie des princes gaulois, d'abord de deux *torques* d'or, pesant 5 livres romaines, ou près de 1,606 grammes de France; puis d'un autre, qui ne pesait que 2 livres ou environ 642 grammes et demi. La Gaule fit présent à Auguste, comme offrande nationale, d'un énorme *torques* de 100 livres, plus de 52 kilogrammes.

Les rivières, à cette époque, roulaient de l'or en Gaule; nous avions des mines excessivement riches, ce qui explique facilement la profusion incroyable de toutes ces luxueuses parures[1] (fig. 135, 136 et 137).

Les récentes explorations des cimetières de la Marne ont fourni une quantité considérable de *torques* de bronze. Nous en donnons ici quelques-uns (fig. 136 et suiv.), pour indiquer, par des exemples divers, la variété de leurs décorations.

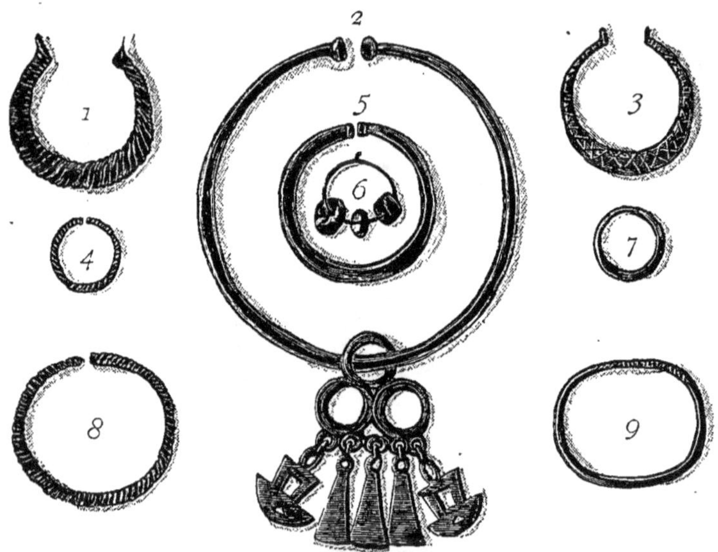

Fig. 137. — 1. 3. Bracelets de la *Revue archéologique*, 1867. — 2. Colliers avec pendeloques du Musée de Nevers. — 4. 5. 6. 7. 8. 9. Bracelets, bagues et pendeloques des fouilles de Caranda (Aisne). Collection de M. F. Moreau père.

Ils affectent presque tous une forme complètement grecque (fig. 138, 2); parfois ils sont tordus, comme ceux des figures 136, 138 et 139.

A propos de ces derniers, qu'on nous permette une simple réflexion :

On sait que l'on conteste la construction des dolmens à la race celtique. Nous ne reviendrons pas sur ce que nous avons dit dans le

1. Entre autres les mines de Tarbelles, au pays de Dax, dont parle Strabon, p. 160, et celles que Pline désigne sous le nom d'Albicrate, où l'on trouvait, sans avoir besoin de creuser, des pépites dont le volume remplissait la main. Ces dernières devaient se trouver dans les Cévennes, car les Gaulois vantaient l'or de ce pays comme le plus pur de toute la Gaule. (V. *Ethnogénie*, t. III, p. 486.)

COLLIERS, BRACELETS ET BIJOUX GAULOIS

(Pl. 4.)

1. Pendeloque du Musée de Rouen.
2 et 5. Ornements de bronze de la sépulture de Somme-Bionne (Marne) [Collection Morel].
3, 4, 6. Pendeloques du Musée de Besançon (Doubs).
7. Bracelet de la collection Duquenelle, de Reims.
8. Bracelet du Musée de Langres (Haute-Marne).
9. Torquès de la collection Caranda (F. Moreau).
10. Collier du Musée de Langres (Haute-Marne).
11. Rondelle du Musée du Louvre.
12. Ornement en bronze de la double sépulture de la Gorge-Meillet, à Somme-Tourbe (Marne [Collection Fourdrignier].
13 à 18. Clefs ou passes de la collection Charvet.
15. Id., au Musée de Nevers.
19 à 22. Grelots du Musée de Besançon (Doubs).
23. Collier de la croix du Gros-Murger (Musée de Besançon).
24. Collier de la collection Duquenelle, de Reims.
25 et 28. Ornement en bronze découpé de la sépulture de Somme-Bionne (Marne) [Collection Morel].
26. Torquès de Caranda (Aisne) [Collection Moreau père].
27. Collier trouvé à Pont-Faverger (Marne) [Collection Duquenelle, de Reims].
29. Ornement de la sépulture de la Gorge-Meillet, à Somme-Tourbe (Marne) [Collection Fourdrignier].
30, 39 et 40. Ferrets et ornements de la double sépulture de la gorge Meillet, territoire de Somme-Tourbe (Marne) [Collection Fourdrignier].
31. Ornement du Musée de Troyes (Aube).
32, 37, 48, 51 et 55. Rouelles et anneaux, histoire du travail. Exposition universelle de 1867, Paris.
38. Rondelle du Musée du Louvre.
33, 34, 35 et 36. Bronzes émaillés du Mont-Beuvray, de la Dordogne et de Néris (*De l'art de l'émailleur chez les Éduens*, J.-C. Bulliot).
41, 43, 44 et 46. Pendeloques émaillées de la collection Caranda (Aisne) [F. Moreau].
42 et 45. Bracelets du Musée de Troyes (Aube).
47, 49, 50 et 52. Clefs ou passes de la collection Charvet.
53. Torquès de Caranda (Collection F. Moreau).
54. Collier de la collection Fourdrignier.

PL. 4

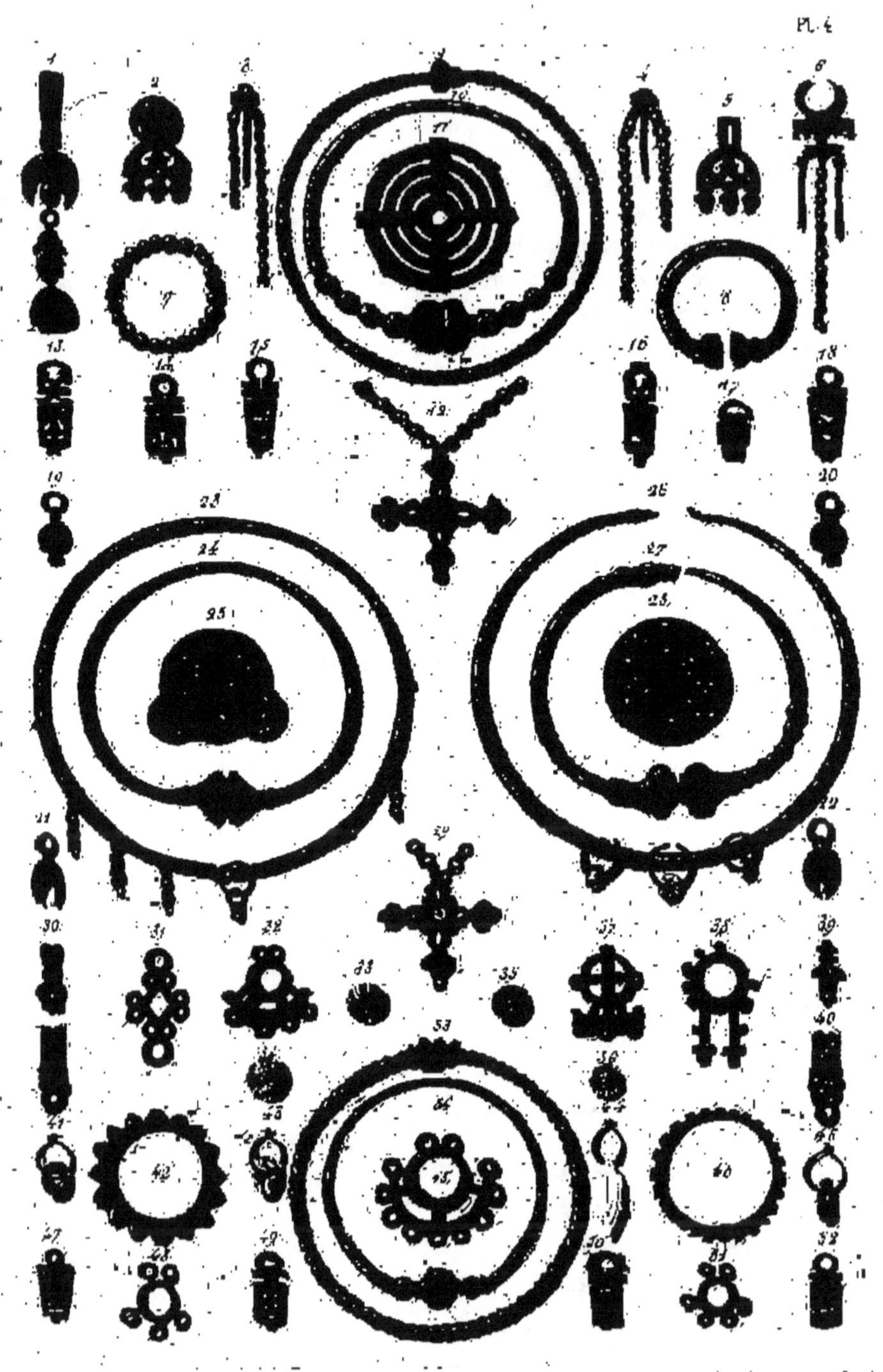

COLLIERS BRACELETS ET BIJOUX GAULOIS

chapitre précédent; mais la simple comparaison des colliers d'or que nous avons donnés (pl. 2), et qui proviennent positivement de dolmens armoricains, avec les colliers de bronze que nous donnons (pl. 4), ne prouve-t-elle pas la parenté évidente des guerriers qui se décoraient de ceux-ci avec les grands chefs qui portaient ceux-là? Cette façon

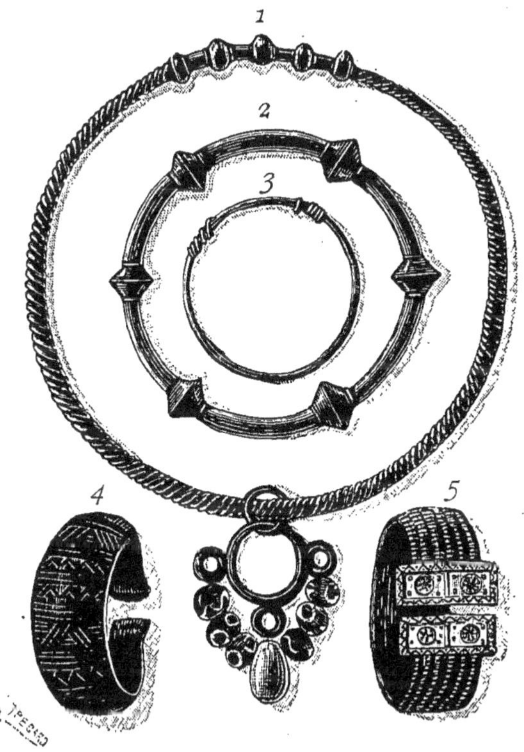

Fig. 138. — 1. Collier du cimetière de Crons de Vertus (Marne), fouilles de M. Le Bœuf. — 2. Collier trouvé à Reims (collection Duquenelle). — 3. Bracelet en or trouvé à Grenant (Haute-Marne), Musée de Besançon. — 4. Bracelet des habitations lacustres (collection du docteur Desor de Neufchâtel. — 5. Bracelet d'argent trouvé à Vinay (Isère). Musée de Lyon.

de tordre le métal, cet amour des petites perles de verre, ces bracelets ouverts de la même manière, tout fait sauter aux yeux ce que nous appellerons, si vous le voulez, les principes de l'art gaulois. Même procédé dans le travail, même recherche d'ornementation, même façon ; donc même race, même génie et même peuple.

Décidément, il faut avoir l'esprit bien aveuglé par les préjugés et le parti pris pour ne pas sentir du premier coup, à la vue de toutes ces choses, que les Gaulois sont les fils des Celtes, et que ceux-ci, tout en transmettant les traditions à leurs successeurs immédiats, ce que nous allons étudier tout à l'heure, leur ont inculqué leur *goût*, ce qui est tout pour qui sait comprendre, voir et sentir.

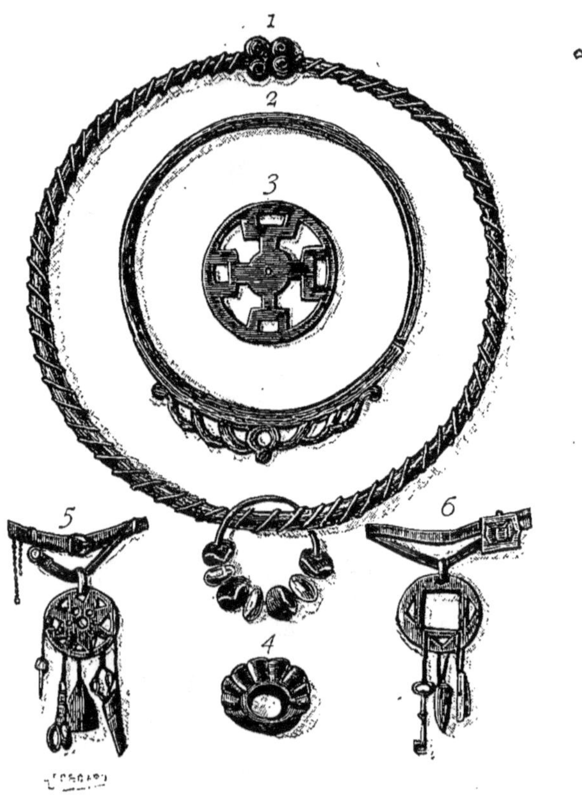

Fig. 139. — 1. *Torques* du cimetière de Crons de Vertus, fouilles de M. Le Bœuf. — 2. 3. Collier rondelles du cimetière de Saint-Loup, de Ruffigny (Musée de Troyes). — 4. Amulette en cristal de roche du Champ-des-Saints, fouilles de 1867 (Besançon). — 5. Application des anneaux de trousse (Musée de Troyes). — 6. Anneau de trousse d'un costume de Galicie (collection de M. le comte Drieduszychi; Trocadero, 1878).

Aux *torques*, dans les tombes, sont toujours joints les bracelets, que les auteurs anciens appellent *maniakê* ou *maniakou*. (Voir le *Glossaire gaulois*, p. 217.) C'est le cercle de métal ciselé que se passait à l'avant-bras le frère d'armes, le *breur* si dévoué, dont parle César. La variété de ces *maniakê* est indescriptible. On en peut juger par les exemples de nos figures 134, 135, 137 et 138.

Le bracelet était surtout porté par les hommes de guerre, par les chevaliers. Les femmes se réservaient alors d'autres parures.

Les fouilles récentes nous ont fourni nombre de spécimens

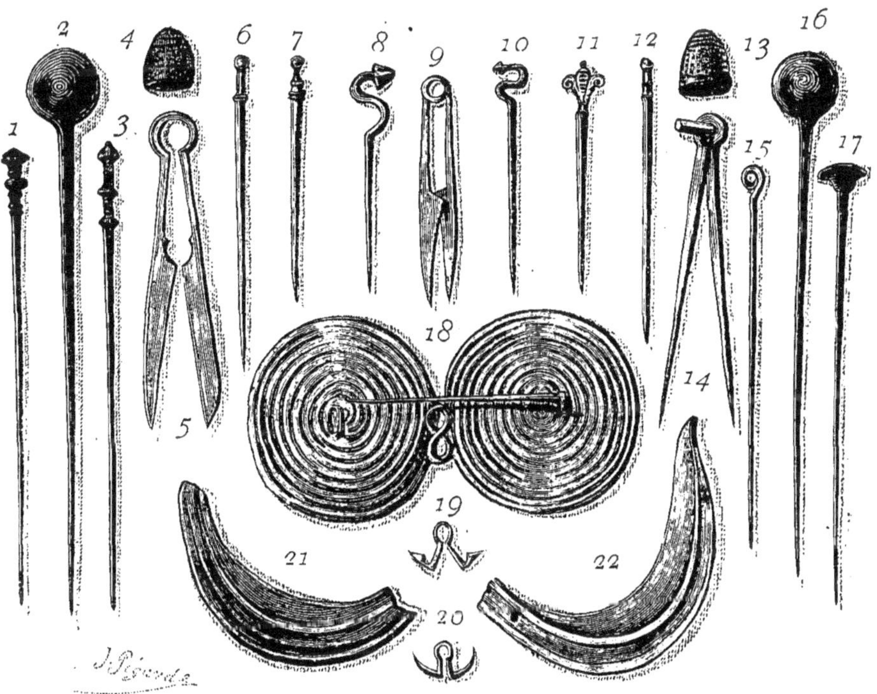

Fig. 140. — 1. 2. 3. Épinglettes de la collection lacustre de M. le professeur Desor, lacs de Neufchâtel et de Bienne. — 19. 20. Hameçons de la même provenance. — 21. 22. Faucilles de la même collection. — 6. 7. 11. 12. Épinglettes or et ivoire de la collection de M. Duquenelle, de Reims. — 14. Compas de la même collection. — 8. 10. Épinglette en bronze du Musée de Besançon. — 5. Ciseaux de Besançon. — 9. Ciseaux de la collection Boban. — 4. 13. Dés à coudre du Musée d'Avignon. — 18. Fibule du Musée du Louvre (salle des bronzes).

des fibules ou épinglettes qu'elles affectionnaient particulièrement (fig. 140).

Ciseaux, dés à coudre, épingles de coiffure, grains d'ambre ou de terres vernissées (fig. 141), petits coqs dorés, sangliers (symbole d'indépendance), cavaliers passants, dauphins, etc., émaillaient leurs robes simples et leurs gorges blanches (fig. 142).

Nous rapprochons ici des fibules anciennes quelques broches modernes, encore en usage dans nos provinces de l'Ouest (fig. 143), Poitou et Bretagne; elles nous font voir ce que nous ne cesserons jamais d'admirer, c'est qu'en grattant un peu le Français du XIXe siècle, on retrouve toujours le Gaulois du bon vieux temps. Il n'est

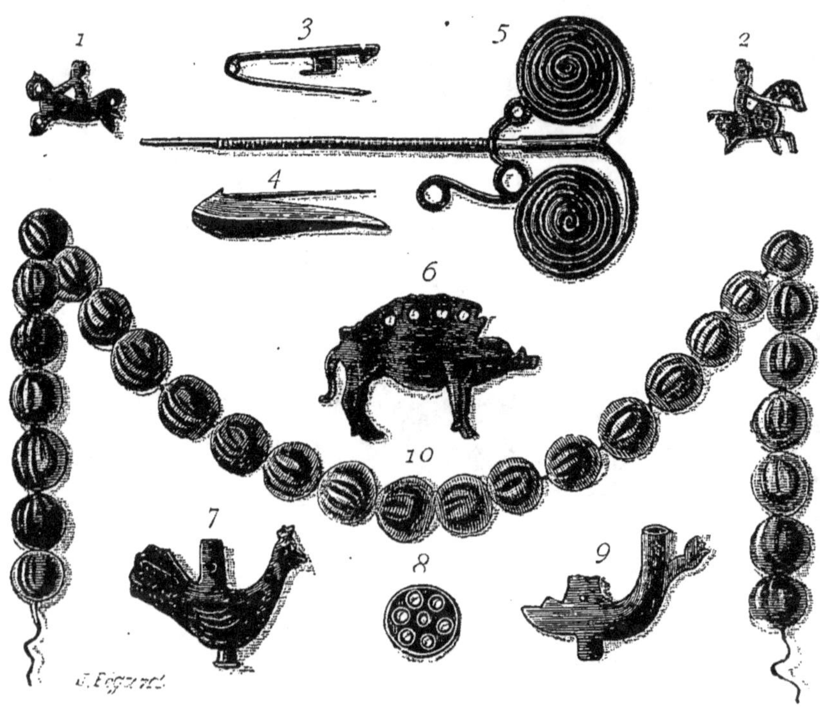

Fig. 141. — 1. Bijou en bronze du Musée de Rouen. — 2. Bijou en bronze, trouvé à Villers-Buzon (Musée de Besançon). — 3. Fibule de la collection Duquenelle, de Reims. — 4. Fibule du Musée de Besançon. Tumulus d'Amancey. — 5. Fibule du Louvre. — 6. Sanglier du Musée de Nevers. — 7. 9. Coq et dauphin de la collection Duquenelle, de Reims. — 8. Fibule du Musée de Rouen. — 10. Collier en terre émaillée, trouvé dans les fondations de l'Arsenal, à Besançon (Doubs).

jamais inutile de le montrer à nos dédaigneux savants. On voit que nous n'y manquons guère.

Avec de pareils costumes, il ne nous est plus possible de croire que nos aïeux couchaient sur de la paille, au milieu des fagots liés par des bois tordus, et vivaient dans des maisons d'argile, ayant pour tout plancher un sol boueux, piétiné par des bestiaux immondes.

Aussi, en cherchant bien, trouverons-nous mieux, si nous nous en donnous la peine.

Les fouilleurs modernes ont déjà découvert des pavés de briques admirablement cuites (à Sandaucourt), du temps de nos Gaulois.

Pline nous parle de leurs coussins (*culcitæ*) et des lits rembourrés

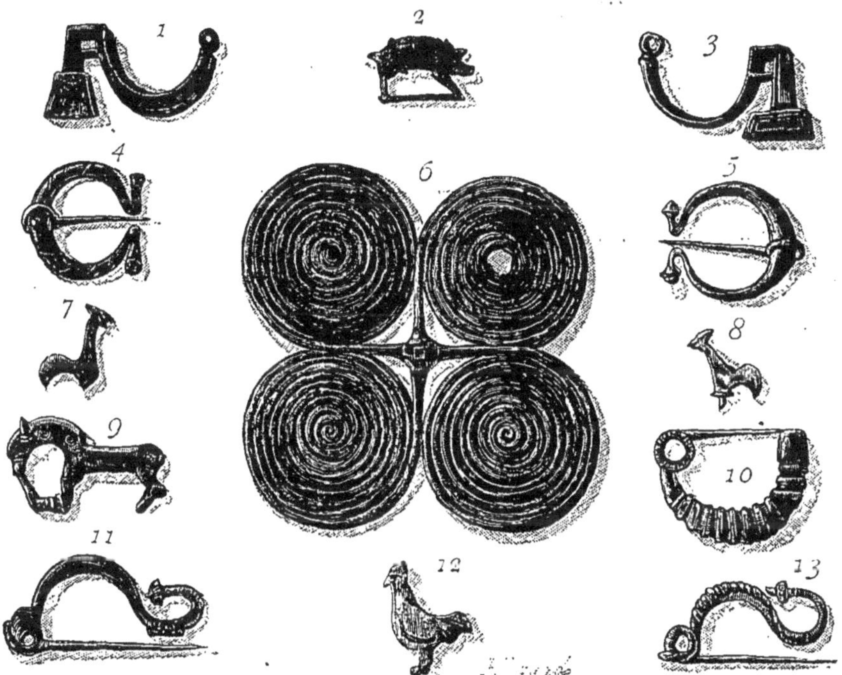

Fig. 142. — 1. 3. 4. 5. 9. Fibules de bronze de la collection Boban. — 2. 7. 8. Sangliers et coqs de bronze du Musée de Rouen. — 6. Fibule du Musée du Louvre. — 10. Fibule de la collection de M. Desor, de Neufchâtel. — 11. 13. Fibule de Marzabotto, cimetière gaulois (*Revue archéologique*, novembre 1871). — 12. Coq en bronze de la collection Duquenelle, de Reims.

(*tomenta*), qu'ils avaient inventés bien avant l'arrivée des Romains en Gaule.

Si, sur ces lits et ces coussins, vous jetez les tapis de laine dont parle le même auteur, vous aurez déjà un genre de siège un peu moins dur que les fameux branchages de nos savants; mais Ammien Marcellin nous affirme que, sur les lits des convives et sur les tables basses, se déployait encore un luxe bien plus confortable. Il ne parle pas moins que de couvertures de lin fin, ornées de larges bordures de pourpre. (XV, 12, et XVI, 8.)

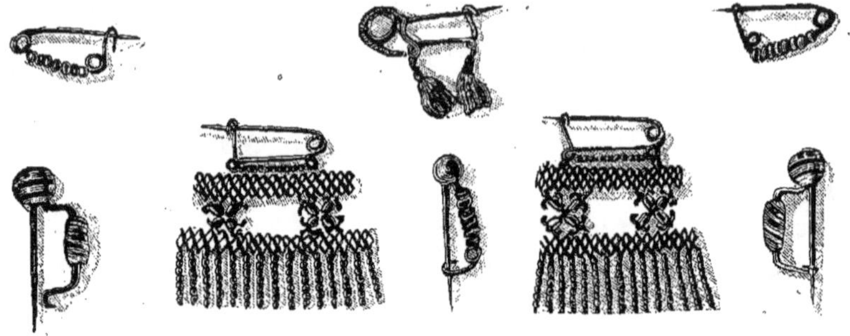

Fig. 143. — Épinglettes bretonnes et poitevines (modernes). Provenances : Sainte-Anne-d'Auray, Plounevez-du-Faou et Sainte-Radegonde.

Si vous chargez ces tables de ces vases de bronze et d'argent dont parle Tite-Live, auxquels il donne spécialement l'épithète de *gallica*

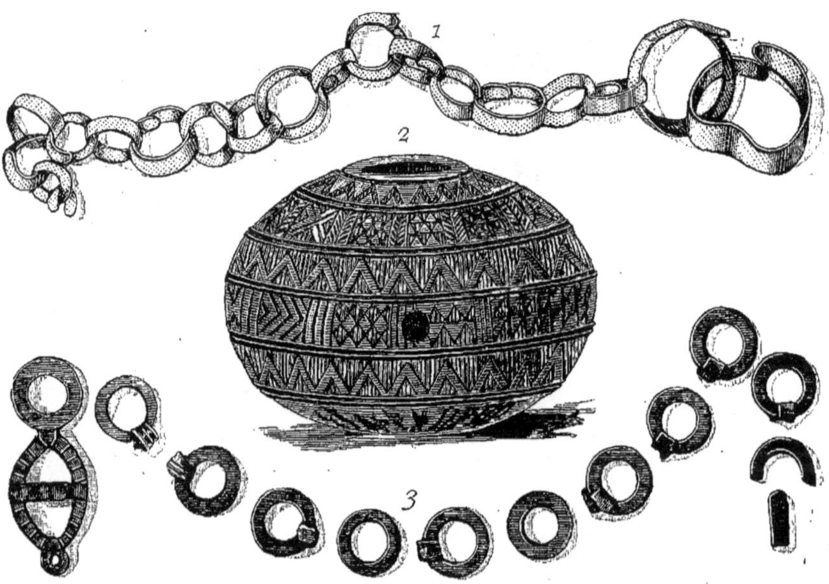

Fig. 144. — 1. Collier en or, trouvé sur l'antique estrade, route du Puy à Saugues (Haute-Loire), en 1876 (Musée de Lyon). — 2. Vase en bronze, trouvé à La Ferté-Haute-Rive (Musée de Moulins). — 3. Ceinture en bronze et en fer du cimetière des Crons (Marne).

(XXXVI, 40) [fig. 144 et 145]; si vous y ajoutez les riches coupes dans lesquelles Posidonius buvait le vin clair, les aiguières des échansons (fig. 145) et les plats d'argent où s'étalaient, d'après ce même auteur, les mets des festins (*Ethnogénie,* t. III, p. 69, *le Génie gaulois*), vous aurez déjà une idée plus nette de l'intérieur des féroces et voraces bandits dont nous parlions au commencement de ce chapitre, qui déchiraient avec leurs ongles les jambons et les porcs à peine grillés qu'on leur jetait en pâture, comme à des bêtes fauves.

Couvrez d'un enduit tellement brillant qu'il imitait la peinture,

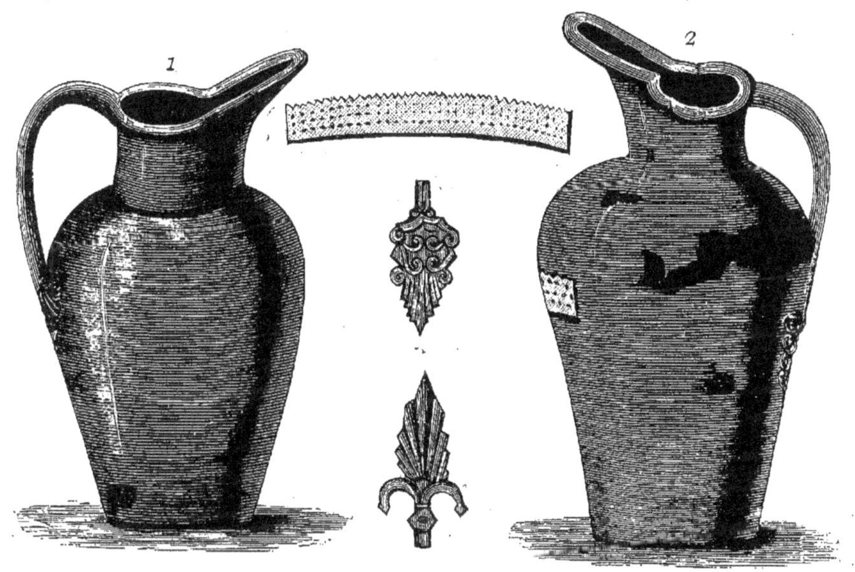

Fig. 145. — 1. Œnochoé, aiguière en bronze, trouvée dans la double sépulture de la Gorge-Meillet, territoire de Somme-Tourbe (Marne), collection Fourdrignier. — 2. Épichysis, aiguière trouvée à Somme-Bionne, par M. Morel.

espèce de *stuc* fait d'une terre que Tacite appelle *pura ac splendens* (Tac., *Germ.*, 16), les murailles de la maison ; accrochez çà et là les faisceaux d'armes et les trophées de chasse, accompagnements ordinaires d'une salle de réunion quelconque à cette époque ; fermez les ouvertures avec ces immenses tentures à larges raies, dont nous avons si souvent parlé précédemment, et vous comprendrez la joie du *Rhodien* que nous citions tout à l'heure, quand il lui fut donné de s'asseoir à ces tables rondes, dont il nous fait une description si magnifique.

Sur les lits, les grands chefs s'étendent paisiblement; des enfants des deux sexes leur passent en main les coupes pleines. Derrière eux, debout, s'appuyant sur les grands boucliers, qui forment un fond ruisselant de couleurs, les écuyers assistent au dîner. Près d'eux, un troisième rang tient toutes droites les grandes lances et les fins javelots emmanchés dans le bois dur. Le barde, près du maître, chante, en s'accompagnant sur la *rote,* la gloire des héros.

Au fond de l'Asie centrale, la *yourte* d'un Kirghiz offre aux yeux du voyageur qui parcourt ces steppes quelque chose d'analogue à ces fraternels banquets. Les *kalats* de soie rayée rappellent la saie des Atrébates : les *tapis de Bokhara,* nos tentures de laine ; et, là-bas aussi, chantant sur sa mandoline pendant tout le temps des festins, le barde complète l'illusion des repas antiques de ces pasteurs de peuples, comme les appelle M. Thomas Witlam-Atkinson, auquel nous empruntons ces détails si précis et si caractéristiques [1].

Lorsque Euxène le Phocéen eut jeté l'ancre sur la côte gauloise, à l'endroit où devait, plus tard, s'élever Marseille la superbe, Nann, le roi des Ségobriges, le conduisit jusqu'à sa demeure [2].

Un grand repas était préparé. Il mariait sa fille, la belle Gyptis, dont les yeux bleus comme le myosotis avaient ravi le cœur d'un grand nombre de jeunes chefs qui devaient, ce jour-là, se disputer sa main.

Euxène s'assit avec tous les guerriers autour de la table ronde. Vers le milieu du festin, suivant l'usage, parut Gyptis ; sa chevelure, blonde comme l'orge dorée par le soleil, tombait en longues tresses sur ses épaules blanches. C'était comme l'aurore d'un beau jour de printemps [3]. Elle tenait en main une coupe pleine ; après avoir jeté un

1. *Voyage sur les frontières russo-chinoises et dans les steppes de l'Asie centrale,* par Thomas Witlam-Atkinson. — *Le Tour du monde,* nouveau journal des voyages, 1863, p. 360. (Paris, librairie Hachette et Cie.)

2. César dit que nos ancêtres arrêtaient, même contre leur gré, les voyageurs qui traversaient leur territoire, pour les questionner sur tout ce qu'ils pouvaient avoir appris et entendu dire sur leur route. (César, IV, 5.) Et Diodore ajoute que, dès son arrivée, l'étranger était convié au repas de la famille et que personne ne s'informait de son nom ni du but de son voyage avant qu'il eût cessé de manger (v. 28).

3. Fréd. Mercey, Scotia, *Ethnogénie,* t. II, p. 276.

coup d'œil placide sur toutes ces têtes à cheveux fauves, elle fit un pas, approcha de ses lèvres douces la coupe d'or, but une gorgée du liquide et l'offrit ensuite à l'étranger. C'était le choisir solennellement pour époux légitime, à la face de tous.

Admirable scène, qui nous donne d'un seul coup l'idée du rôle que jouait en Gaule la femme, à cette époque.

Le tableau des filles de la Loire, s'égratignant et se déchirant mutuellement; celui des hurleuses de l'île de Sein, pâlissent devant cette hospitalité si naïve et si sublime. Tant pis pour ceux qui copient sans cesse Strabon, sans jamais s'occuper des autres. Nous aimons mieux écouter ici le dire d'Aristote et de Justin que de fouiller le géographe alexandrin pour y chercher des choses odieuses, qu'il avait pu entendre raconter par des voyageurs habitués aux exagérations (a beau mentir qui vient de loin), mais qu'il ne vit jamais de ses propres yeux.

La femme, chez nos aïeux, était partout l'égale de l'homme.

Ceux qui discutèrent un jour pour savoir si Dieu lui avait donné une âme sont les seuls que l'on doive accuser de ses décadences successives.

C'est à des femmes qu'Annibal dut de passer librement par la Gaule, pour tomber sur les Romains à la Trebbia. Plutarque nous les représente comme assistant aux conseils, pour la paix comme pour la guerre, et même comme apaisant les différends qui pouvaient s'élever entre les peuples alliés.

D'ailleurs, si nous voulons connaître plus amplement ces mères immortelles, les récits de leur admirable dévouement, de leur foi généreuse, de leur fidélité sans exemple, ne nous manqueront pas.

D'abord, c'est *Camma* la prêtresse, la femme du tétrarque *Sinat,* qui, pour ne pas survivre à son mari, lâchement assassiné par un rival auquel elle avait osé résister, et qui cherchait traîtreusement à l'épouser, lui tend la coupe du mariage, après l'avoir goûtée elle-même, et s'écrie au pied de l'autel : « Sois bénie, chaste déesse, de ce qu'ici même j'ai pu venger la mort de mon époux, assassiné à cause de moi; maintenant que tout est consommé, je suis prête à descendre vers lui.

Toi, traître, dis aux tiens qu'ils te préparent un linceul et une tombe; car voilà la couche nuptiale que je t'ai destinée. » (Amédée Thierry, *Histoire des Gaulois,* livre III, ch. IV, t. Ier, p. 414.)

La coupe était empoisonnée.

Après, c'est *Kiomara* la captive, qui, violée par un centurion débauché, se fait racheter par les siens, et, pendant que l'on paye sa rançon, appelle en langue celtique un de ceux qui viennent la querir, tire du fourreau son sabre nu, coupe la tête de son ennemi, la jette dans son manteau, et, rentrant au logis de son époux, au moment où celui-ci vient pour la serrer dans ses bras, jette à ses pieds cette sanglante dépouille en s'écriant : « Deux hommes vivants ne se vanteront jamais de m'avoir possédée. » (Id., livre III, ch. IV, p. 401.)

Puis, c'est *Peponilla,* l'épouse de *Sabinus,* qui, neuf ans, vécut avec lui dans un sépulcre, y devint deux fois mère, allaitant ses enfants comme une lionne au fond de sa tanière. Quand son mari fut enlevé par les sbires, elle traîna cette progéniture née dans la haine aux pieds de Vespasien, empereur; et, tendant vers lui toutes ces petites mains innocentes pour obtenir la grâce du fidèle compagnon de ses malheurs, elle s'écria : « Je les ai conçus et allaités dans les tombeaux pour que plus de suppliants vinssent embrasser tes genoux. »

L'inflexible César, d'un signe, ordonna le supplice de Sabinus. Alors *Éponine,* se relevant, réclama la mort avec lui.

« Fais-moi cette grâce, Vespasien; car ton aspect et tes lois me pèsent mille fois plus que la vie dans les ténèbres et sous la terre. » (Augustin Thierry, t. II, livre IX, ch. III, p. 549.)

C'est enfin *Boadicée,* qui, portant sur son char ses deux filles, victimes de la brutalité lascive des Romains, passe devant le front de bataille de ses troupes, en criant aux siens : « Vengeance! vengeance! »

« Ce n'est pas une nouveauté pour vous, disait-elle, de marcher au combat sous les ordres de vos reines. Du reste, ce n'est pas son royaume, ni ses États, ni ses dignités qu'elle réclame. C'est sa liberté ravie, c'est l'outrage fait à ses filles qu'elle veut punir. Aussi, fiers de la défense d'une pareille cause, doit-on s'apprêter à vaincre ou à mourir. Femme, telle est sa résolution irrévocable. Quant aux hommes, s'ils l'aiment mieux, ils peuvent accepter la vie et l'esclavage. » *Vincendum illa acie vel cadendum esse. Id mulieri destinatum. Viverent viri et servirent.* » (Tacite, *Annales*, livre XIV, xxxv.)

Boadicée fut vaincue ; elle s'empoisonna, le soir de la bataille, pour ne pas tomber vivante aux mains des conquérants.

Depuis, nous avons courbé la tête sous la stupide *loi salique* des mérovingiens de Germanie.

La race qui produisit de pareilles héroïnes était une grande race !

Pourquoi avons-nous renié tout ce passé ?

Un mouvement immense se fait aujourd'hui pour la revendication des droits de la femme en France. Nous en suivons les péripéties avec une admiration sans bornes ; car, là encore, nous retrouvons le vieux sang gaulois qui bout dans les veines du peuple que rien ne peut arrêter dans la voie du progrès ; car son cœur ne s'est jamais ouvert à la crainte, et maintenant il ne redoute même plus « la chute du ciel. »

Nous avons vu les Gaulois dans leurs villes, dans l'intérieur de leurs maisons, au festin comme à la bataille. Nous avons cherché à les étudier dans leurs mœurs, leurs habitudes, leurs noms, leurs costumes, leur commerce, leurs armes, etc., expressions diverses de leur caractère. Serrons de plus près les tendances très marquées de leur art dans sa manifestation la plus intime, l'*ornementation.*

Étudions avec soin les modestes contours qu'ils tracèrent sur leurs médailles, sur leurs bracelets, sur leurs cuirasses et même sur les vases dont ils se servaient journellement.

C'est par l'*ornementation* qu'on apprend à connaître véritablement un peuple.

César constate particulièrement le génie essentiellement assimilateur des Gaulois :

« Ut est summæ genus solertiæ atque ad omnia imitanda et efficienda, quæ ab quoque traduntur, aptissimum. » (Livre VII, xxii.)

Car c'est une race très adroite, et elle excelle à imiter et à faire ce qu'elle voit faire aux autres.

César dit, à propos de leur écriture, que : S'il n'est pas permis d'écrire les vers qu'enseignent les druides, dans les affaires publiques et dans les rapports avec les particuliers, ils se servent de lettres

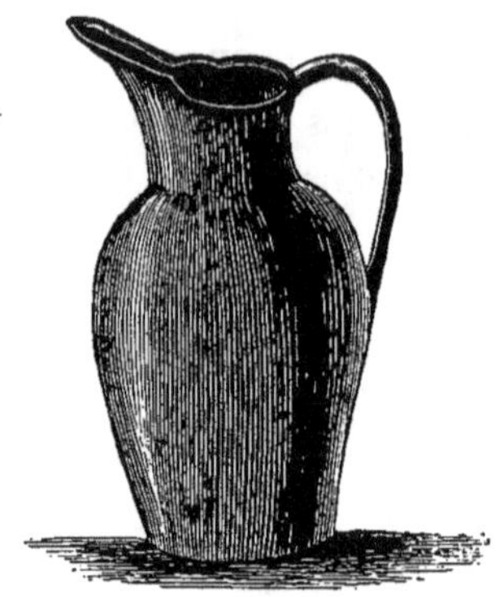

Fig. 146. — Œnochoé en bronze trouvée à Couar (Musée de Troyes).

grecques. « Quum in reliquis fere rebus, publicis privatisque rationibus, *Græcis utantur litteris.* » (Livre VI, XIV.) Il trouve même dans le

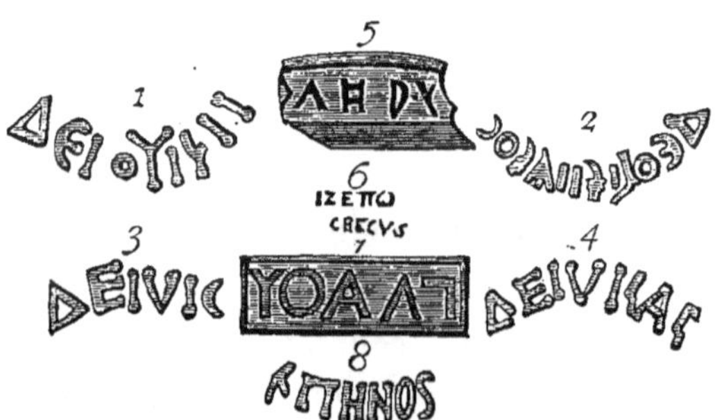

Fig. 147. — Lettres grecques prises sur des objets gaulois : 1. 3. Médaille de Divitiacus, vergobret des Éduens. DEIOYGH ΔEIVIG. (Hucher, 66.) — 2. 4. Médailles du même chef ΔEOYIGIIAGOG ΔEIVIGAG (pl. 12, Hucher). — 8. Médailles d'Epenos (id. pl. 16). — 5. Vases des Crons. — 6. 7. Vases de Tudot. (Moulins.)

camp des Helvètes des tablettes écrites en caractères grecs. « In castris Helvetiorum tabulæ repertæ sunt *litteris græcis* confectæ et ad Cæsarem relatæ. » (Livre Ier, XXIX.)

Un art ne se crée pas tout seul ; il procède toujours de traditions transmises ; il est le fruit d'une éducation quelconque. Nous fûmes donc, bien avant les Romains, de simples élèves des Grecs. On peut se faire gloire de tels maîtres !

L'archéologie, qui trouve aujourd'hui la preuve de presque tout, nous a, du reste, confirmé la chose très complètement.

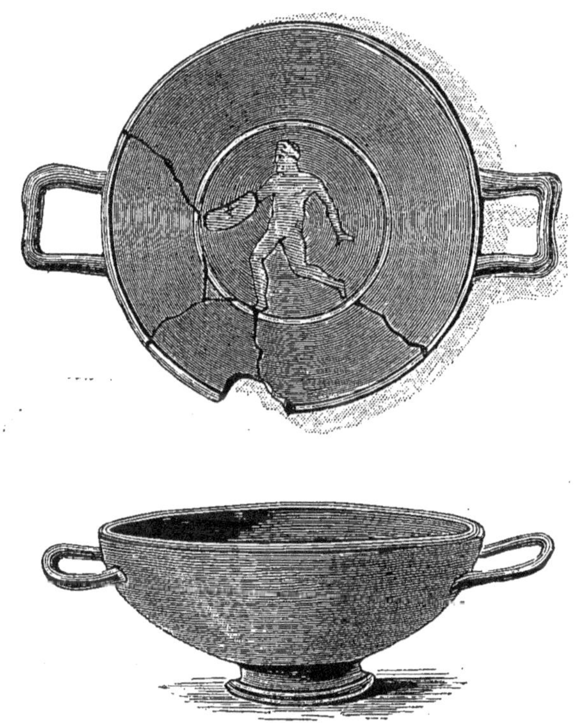

Fig. 148. — Coupe grecque (*kylix*), trouvée dans les sépultures de Somme-Bionne (Marne). Collection de M. Morel.

Nous avons déjà donné (fig. 145) deux *œnochoés,* deux aiguières, pour parler un langage chrétien, trouvées dans des tombes antérieures à toute invasion latine en Gaule, qui accentuent suffisamment nos rapports avec la nation initiatrice du beau par excellence. Le musée de Troyes, avant les découvertes de MM. Morel et Fourdrignier, possédait déjà un vase à libations, absolument semblable à ces derniers (fig. 146). Les médailles du temps de Divitiacus sont constamment écrites en lettres grecques (fig. 147), et nombre de nos poteries conservent des traces de ces mêmes lettres. Un *kylix* (coupe grecque) a encore été trouvé à Somme-Bionne, et cette découverte seule prou-

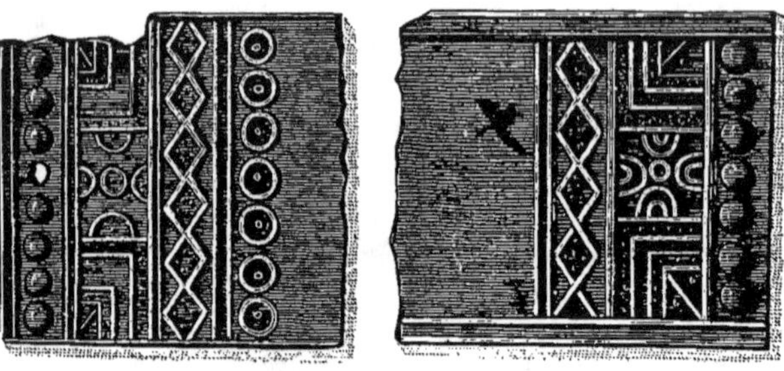

Fig. 149. — Ceinture de bronze repoussé du Musée de Besançon, trouvée à Chilly (Jura).

verait, si nous ne possédions les renseignements qui précèdent, l'influence hellénique en Gaule, dès l'arrivée de la seconde migration cel-

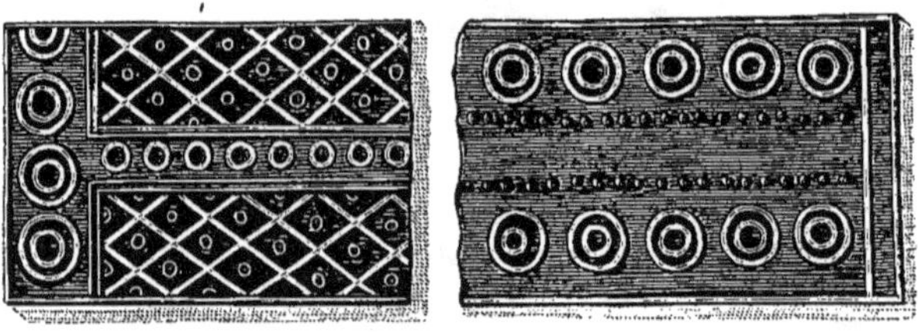

Fig. 150. — Ceintures du Musée de Besançon, trouvées à Chilly (Jura) et à Refranche (Doubs).

tique. Mais, Grecs de tradition, nos artistes gaulois ne se bornèrent pas, comme les Romains plus tard, à une imitation servile ; ils étaient bien

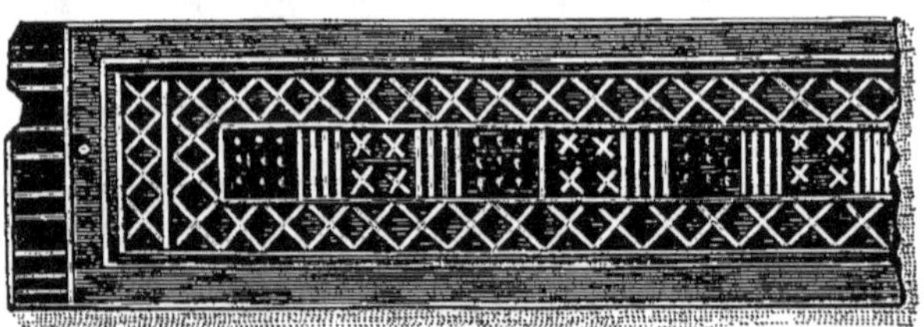

Fig. 151. — Ceinture trouvée dans le tumulus de Myon (Musée de Besançon).

trop personnels pour agir de la sorte. — Après l'école, comme le dit si bien le peintre David, il y a la nature. C'est à elle qu'ils demandèrent des conseils pour la décoration de leurs poteries, de leurs cuirasses, de leurs ceintures et probablement de leurs étoffes brillantes et de leurs tentures si variées.

Quand on examine les ceintures du musée de Besançon (fig. 149 et suivantes), on se rend compte de l'admiration des anciens pour les fleurs qui s'épanouissaient sur les tuniques des Bituriges et des Sé-

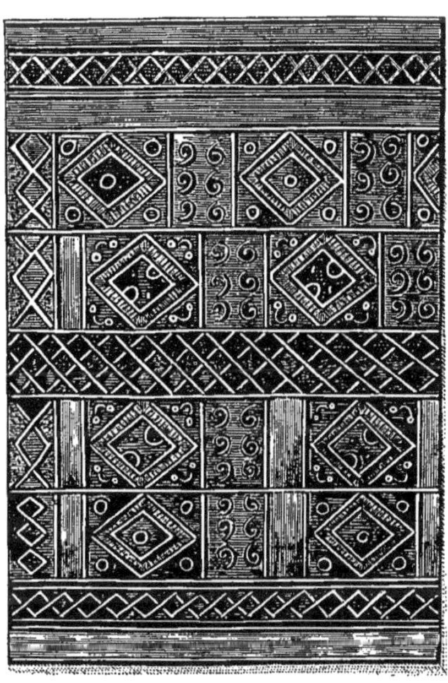

Fig. 152. — Ceinture de bronze repoussé, du Musée de Besançon, trouvée au château Murger, à Amancey (Doubs).

quanes. Elles nous donnent, sous ce rapport, un choix d'ornements sur lesquels nous ne saurions trop attirer l'attention des connaisseurs.

Celles des tumuli d'Amondans sont presque asiatiques (fig. 153 et 154).

Celles du château Murger sont plus gauloises (fig. 155).

Celles de Chilly et de Refranche (fig. 149 et 150) ressemblent de tout point aux décorations des vases trouvés dans les dolmens du Morbihan.

C'est surtout ici que l'on comprend l'amour de la fleur chez nos aïeux; c'est comme un ressouvenir du champ où l'on jouait enfant, de la verte prairie qu'émaillaient les marguerites blanches, les petits bluets et les coquelicots aux voyantes corolles. Le naturalisme déborde

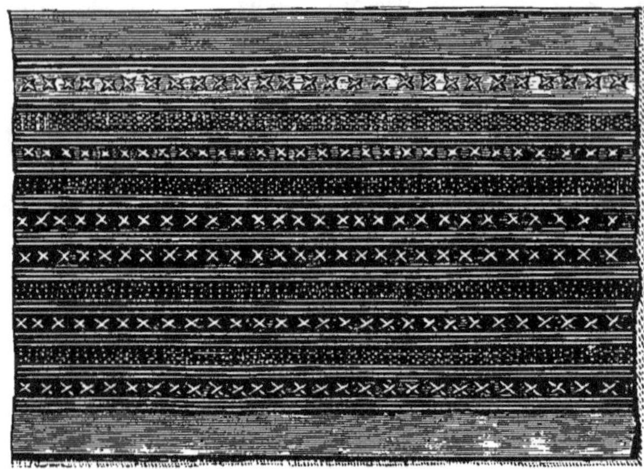

Fig. 153. — Ceinture de bronze repoussé, du Musée de Besançon, trouvée dans les tumuli d'Amondans.

dans toute cette ornementation purement végétale. Quand on analyse les bracelets des habitations lacustres, on trouve une telle analogie

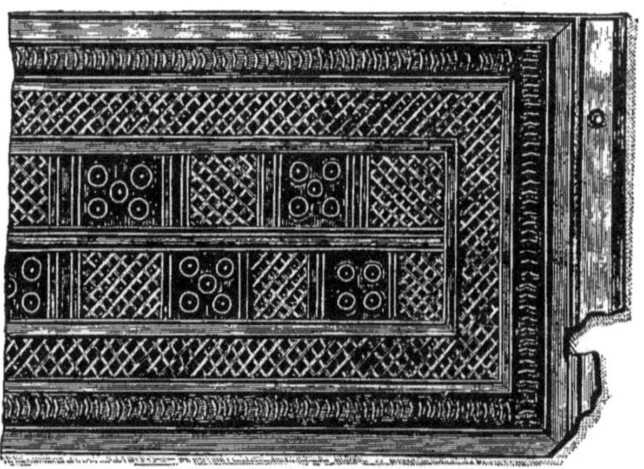

Fig. 154. — Ceinture de bronze repoussé, du Musée de Besançon, trouvée dans les tumuli d'Amondans.

avec les fines gravures des poteries champenoises, qu'on en reste tout surpris : mêmes cercles superposés, rompus par des lignes régulières ; mêmes losanges, mêmes chevrons, même zigzags (fig. 158 et suivantes).

C'est du celtique arrivant à l'harmonie par une étude plus sérieuse, par un choix mieux compris, par une adaptation plus régulière à la surface, sur laquelle sont profilés tous ces simples dessins si merveilleusement compris.

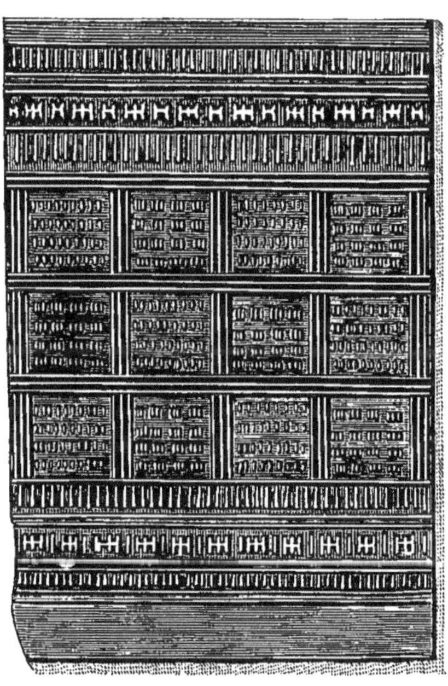

Fig. 155. — Ceinture de bronze repoussé, du Musée de Besançon, trouvée au château Murger, à Amancey (Doubs).

Mais ce sont surtout les médailles qui nous font sauter aux yeux l'impression de l'étude formelle de la nature végétale, qui sera toujours la préoccupation de l'École française dans toutes les illustrations possibles de sa poterie, de ses tentures, de ses broderies de toute espèce (fig. 160 et suivantes).

Ce ne sont partout que des plantes. Le blé, la vigne, l'aune, le lierre, jouent là déjà un rôle actif qui se développera plus tard, bien plus précis, vers le commencement du XIIIe siècle, dans les frises et les chapiteaux de nos cathédrales, dans les vêtements de nos prêtres, dans les orfèvreries de nos églises, quand la grande renaissance des communes affranchies ouvrira une voie nouvelle au peuple, rabaissé

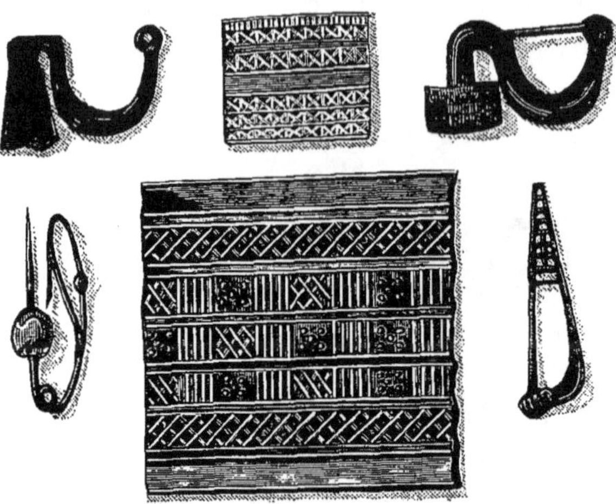

Fig. 156. — Fibules de bronze de la collection Boban, des Crons de Vertus et du Musée d'artillerie. Ceintures de bronze trouvées à Château-Sarrazin.

jusque-là par les invasions successives et par la domination byzantine.

Le feuillage et les fleurs, nous ne cesserons jamais de le dire et de

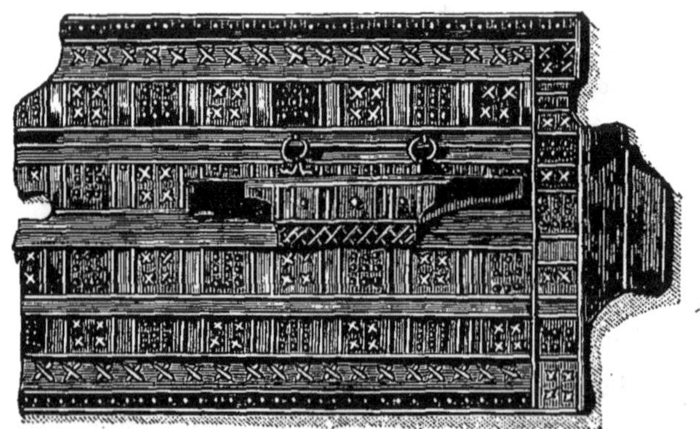

Fig. 157. — Ceinture de bronze du Musée de Besançon, trouvée au château Murger, à Amancey (Doubs).

le répéter, servent toujours de base et de loi à l'ornementation particulière à notre race. Nous sommes heureux d'en constater ici l'application formelle, visible à tous les yeux.

Lorsque, sur un objet quelconque, vous verrez des fleurs à profusion ; lorsqu'il affectera par sa forme l'apparence, même lointaine,

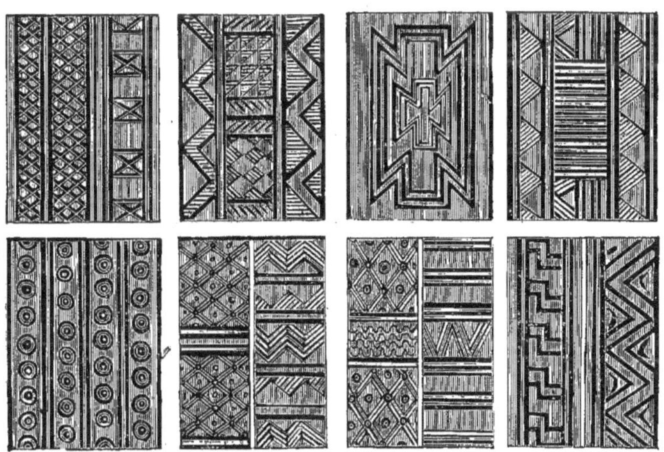

Fig. 158. — Principaux motifs d'ornementation gauloise, pris sur des poteries champenoises, des bracelets des habitations lacustres et des vases de bronze.

d'une fleur, vous pouvez dire sans crainte : Cet objet est français, à moins qu'il ne soit gaulois.

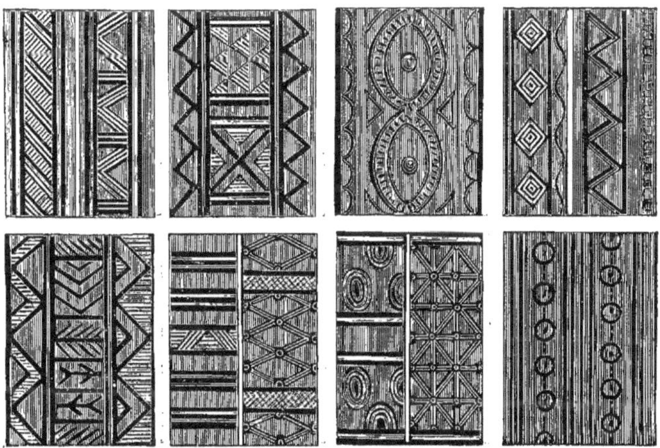

Fig. 159. — Principaux motifs d'ornementation gauloise, pris sur des poteries champenoises, des bracelets des habitations lacustres et des vases de bronze.

Pour les Romains et les mérovingiens, c'est tout autre chose ; nous le constaterons bientôt suffisamment.

Quant aux poteries, nous aurions tellement de choses à en dire, qu'il faudrait un volume pour en faire ici seulement l'analyse. Conten-

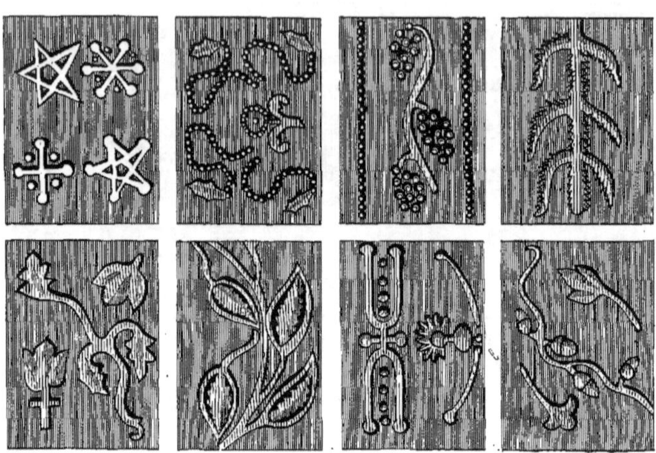

Fig. 160. — Principaux motifs d'ornementation gauloise, d'après les médailles de la collection Hucher. (*L'Art gaulois d'après les médailles*. Le Mans, 1868.)

tons-nous donc d'en esquisser sommairement la forme. Le croquis peut ici remplacer avantageusement le texte (fig. 162, 163 et suivantes).

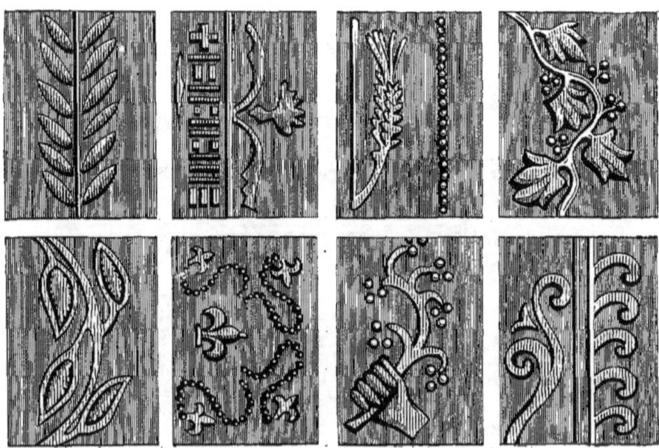

Fig. 161. — Principaux motifs d'ornementation gauloise, d'après les médailles de la collection Hucher. (*L'Art gaulois d'après les médailles*. Le Mans, 1868.)

Délicieuses coupes que celles-là, qui ne sont certes ni grecques ni romaines. On le voit, du reste, suffisamment par nos planches. Vases à boire délicats, minces, effilés, d'une légèreté incroyable; vases à conserver, plus solides, mais gardant toujours l'élégance prime-sautière dont on retrouve tant de traces en Égypte, dans les lotus entr'ouverts des figures pharaoniques. N'y aurait-il que les poteries pour caractériser l'art gaulois, que nous en aurions déjà bien assez. Comme notre

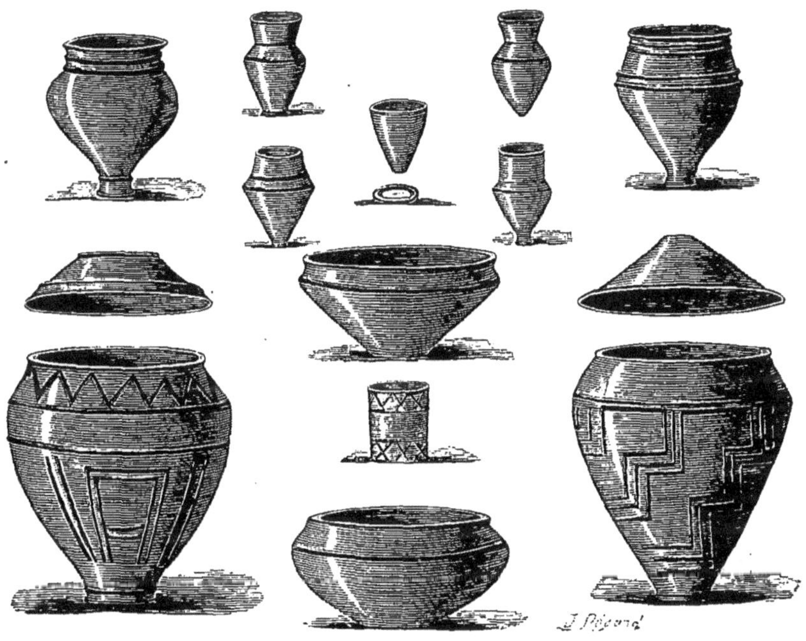

Fig. 162. — Vases du cimetière des Crons de Vertus (Marne), fouilles de M. Le Bœuf.

goût sur ce sujet nous entraînerait un peu trop loin, nous nous arrêtons. Tels étaient nos vases avant la conquête de César. Cher lecteur, jugez-en par vous-même, et pardonnez-nous de ne pas nous étendre sur un sujet dont nous avons déjà peut-être trop parlé jadis.

Il y a vingt ans, on n'osait écrire sur un catalogue, auprès d'un objet découvert en France, les mots *antiquité gauloise*. Lorsque Caylus mit, à la fin du XVIIIe siècle, ce glorieux titre à son livre, on haussa les épaules. Caylus n'eut pas de successeurs, et Napoléon Ier put nous replonger facilement jusqu'au cou dans le *romain* le plus pur.

Ces dernières années ont remis en honneur nos *antiquités na-*

tionales. La création du musée de Saint-Germain-en-Laye a fait faire à la science un grand pas, sous ce rapport ; mais les fouilles dues à l'initiative privée nous ont exhibé bien plus de richesses que celles que nous montrent, dans le vieux château restauré de François Ier et de Henri IV, les savants chargés de la classification de tous ces nouveaux objets d'art.

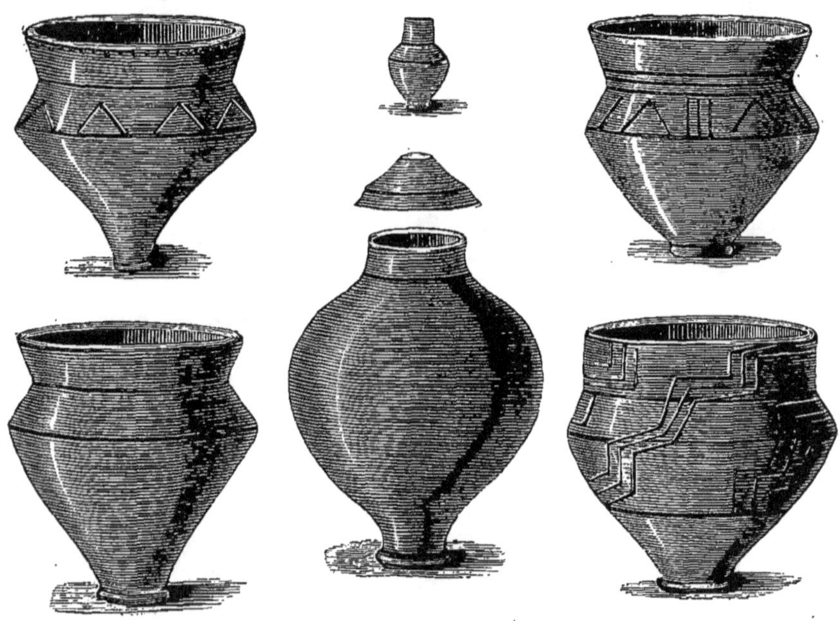

Fig. 163. — Vases du cimetière des Crons de Vertus (Marne), fouilles de M. Le Bœuf.

Nous ne pouvons citer ici tous les archéologues qui se sont occupés spécialement de l'art gaulois ; mais il en est que nous ne croyons pas devoir laisser en oubli.

En tête, nous nommerons donc un savant distingué qui ne réclame pas ce titre, mais le mérite mieux que bien d'autres. M. Frédéric Moreau père a, depuis dix ans, mis à jour plusieurs centaines de vases, de colliers, d'armes, de fibules, de broches, de plaques de bronze, de lances, d'épées, antérieures à la conquête.

C'est par *Caranda* que commença M. Moreau. Là, il trouva un *dolmen*, puis un cimetière gaulois, puis un autre plus récent. Depuis, il a fouillé La Sablonnière, Arcy, Saint-Restitut; il a fouillé Trugny; chaque saison, il fouille, il fouille; et sa collection, déjà si riche, s'augmente à mesure, dans des proportions colossales.

Nous y avons, on vient de le voir, largement puisé, grâce à la bienveillance de son propriétaire; nous aurons à y revenir encore pour les époques gallo-romaine et mérovingienne, et nous le ferons avec

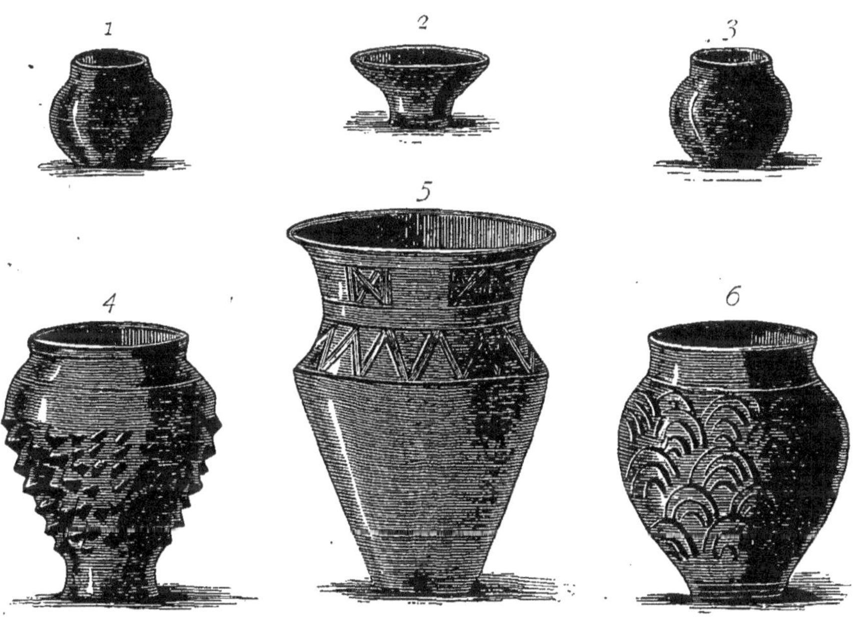

Fig. 164. — 1. Vase des Crons. — 2. 3. 4. Vases des sépultures gauloises de Caranda (Aisne), collection de M. Moreau père. — 5. Vases de La Sablonnière (Aisne), collection de M. Moreau. — 6. Vase de la collection de M. Fourdrignier.

joie; car, au rebours de ceux qui cachent leurs merveilles et les dérobent à tous les regards, M. Moreau ouvre sa porte toute grande aux travailleurs, et nous l'en remercions ici du fond du cœur.

La Champagne, de son côté, a livré à MM. Morel et Fourdrignier des documents d'une importance capitale, entre autres les fameux chars sur lesquels étaient inhumés les grands chefs.

Reims et Châlons sont aujourd'hui pleins d'objets gaulois de l'époque qui nous occupe.

Il nous a été donné, en 1868, de pouvoir dessiner, d'après nature, un de ces cimetières du pays des vieux *Catalauni*, et d'assister aux fouilles que l'on faisait aux *Crons* de Vertus.

Comme c'est grâce à ce genre de trouvailles que l'on peut maintenant reconstituer une civilisation parfaitement inconnue de nos devanciers, nous avons cru devoir donner ici quelques spécimens de ces tombes si anciennes, qui succédèrent immédiatement aux dolmens[1].

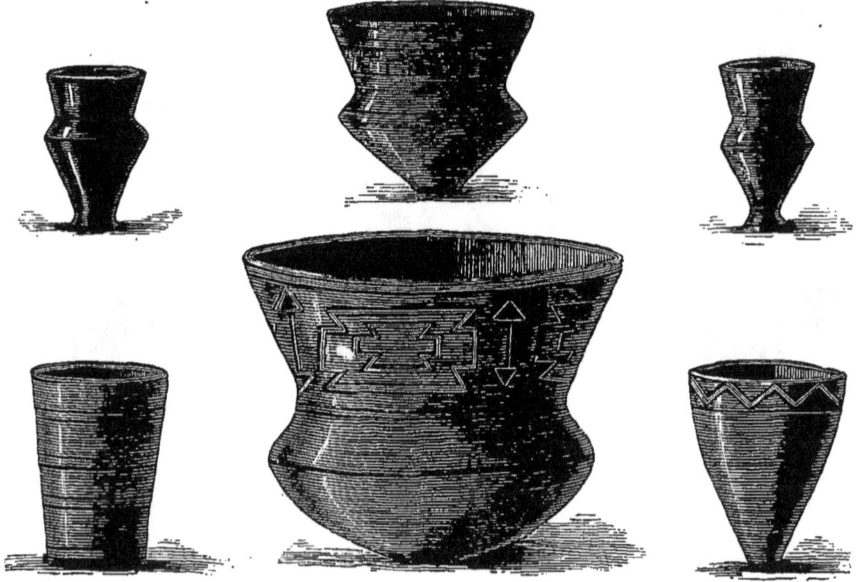

Fig. 165. — Vases des sépultures gauloises de Caranda (Aisne), collection de M. Frédéric Moreau père.

C'est le complément nécessaire d'un chapitre sur la Gaule indépendante. Après avoir vu les objets, il est bon de montrer comment et où ils ont été découverts.

Les guerriers des *Crons* sont inhumés d'une façon parfois très originale (fig. 168 et suiv).

1. On a vu qu'au cimetière de *Caranda*, M. Moreau trouva d'abord un *dolmen*. Quand on veut nier, il est facile de le faire; mais partout on peut, en France, constater la succession calme du dolmen, de la tombelle et du cimetière à ciel ouvert; près d'Erdeven, nous avons vu des *kist-vean* entourant un dolmen. Ce nom même des *Crons, Crom*, cercle, indique ici, nous le croyons du moins, l'origine et la généalogie, pour ainsi dire, du cimetière gaulois. La Gaule libre succéda immédiatement à la Gaule celtique et ne fit que la continuer.

M. Le Bœuf, qui fouilla presque toutes ces tombes, en trouva qui affectaient la forme d'un X (fig. 169).

D'autres avaient été creusées en façon d'Y (fig. 170).

Quelques-unes, plus petites, contenaient des enfants (fig. 171).

D'autres, disposées en demi-cercle, entouraient quatre tombes parallèles (fig. 172).

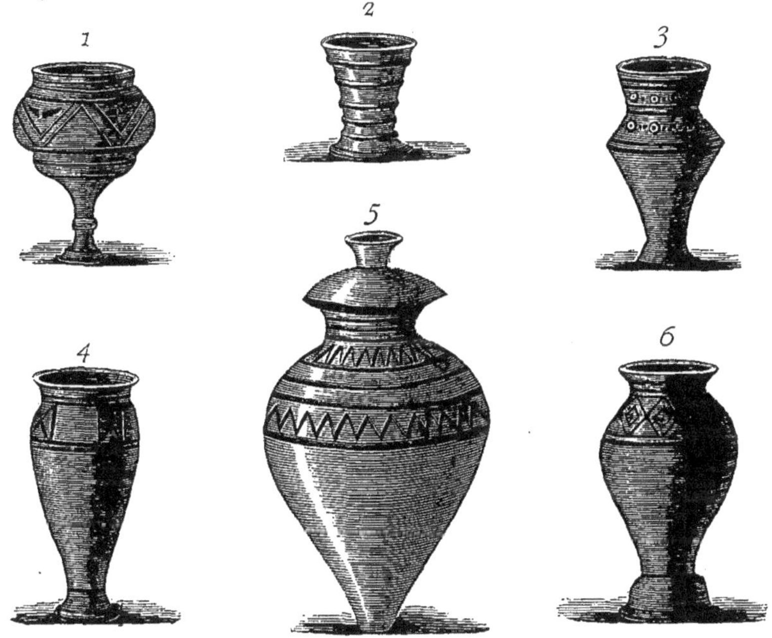

Fig. 166. — 1. 6. Vases de la collection Charvet, cimetières de la Marne. — 3. 4. Vases du département de la Marne. (*Revue archéologique*, 1868.) — 2. 5. Vases des tombes gallo-italiques de Sesto-Calende (*id.*, octobre 1867).

Parfois deux cadavres étaient superposés, faisant rêver à des inhumations simultanées d'époux et d'épouse (fig. 174 et 175), contenant, réunis pour toujours, le corps d'un homme et probablement celui de sa femme, décorée de son collier de perles ou de sa ceinture de bronze.

Parfois les corps sont liés par le même bracelet, verdissant de son oxydation les quatre os des deux avant-bras (fig. 176). Toujours des vases les accompagnent, tantôt aux pieds, tantôt à la tête. . . . . . .

Les grandes épées de fer sont placées à la droite du cadavre. On rencontre souvent des coupes, pieusement déposées sur la poitrine (fig. 178).

Des bracelets ornent presque partout les poignets des hommes.

Nous sommes évidemment là devant les restes des guerriers du temps de l'indépendance.

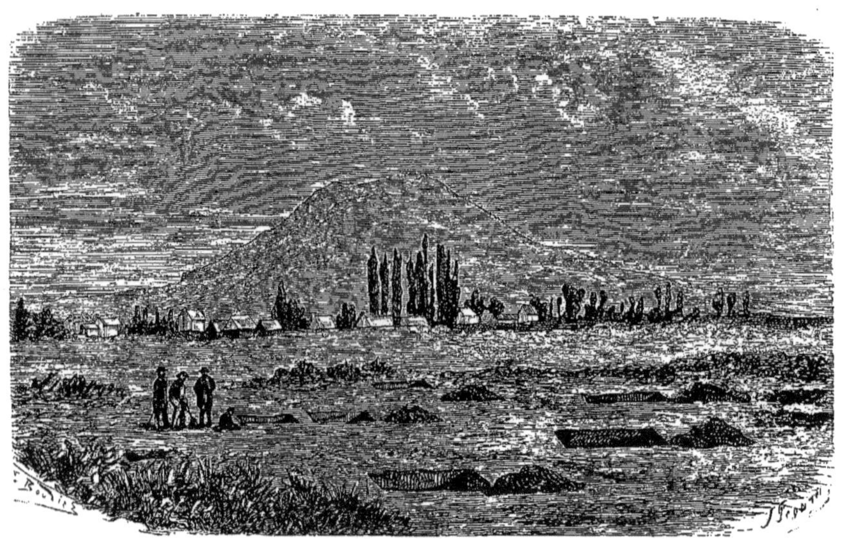

Fig. 167. — Le cimetière des Crons de Vertus (Marne). Vue prise pendant les fouilles, 1868.

Vous vous souvenez des impressions des premiers explorateurs des grands *dolmens* du Morbihan, et du langage imagé dans lequel ils écrivirent leurs rapports aux Sociétés savantes.

Lorsque nous vîmes, pour la première fois, ouvrir sous nos yeux ces sépultures, et que, à genoux dans la terre fraîchement remuée, nos mains dépouillèrent de leurs colliers ces squelettes, il se passa chez nous quelque chose de semblable à ce qu'éprouvèrent les fouilleurs de Saint-Michel et de Kercado.

C'est qu'ici, à la vue de ces deux têtes se touchant presque, de ces deux êtres unis dans la mort ; à la vue de ces frères d'armes liés après la vie par le même bracelet, tous les souvenirs des traditions celtiques nous revinrent à la fois, faisant battre notre cœur à tout rompre.

Ici, mieux que partout, apparaissait ce suprême mépris de la mort, qui fut le caractère de notre race.

Te, non paventes funera Galliæ,

comme dit Horace. (*Odes,* livre IV, ode XIII.) « Gaule, toi qui ne connais pas les terreurs de la mort. »

Longæ vitæ mors media est,

comme dit Lucain. « La mort n'est que le milieu d'une longue vie. »

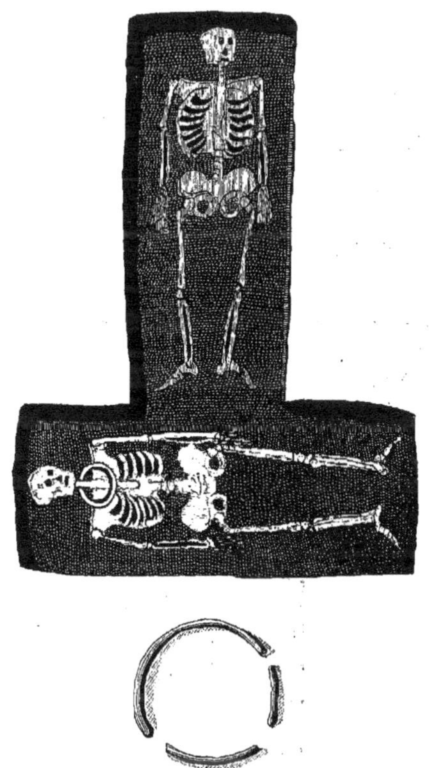

Fig. 168. — Double tombe du cimetière des Crons de Vertus (Marne), fouillé par M. Le Bœuf en 1868.

C'était encore la race des dolmens, avec ses festins funèbres, dont les vases étaient là, témoins sacrés, comme là-bas, dans les grottes de Carnac et de Locmaria.

C'étaient les mêmes colliers, les mêmes bracelets; et, ces colliers, nous les prenions dans nos mains.

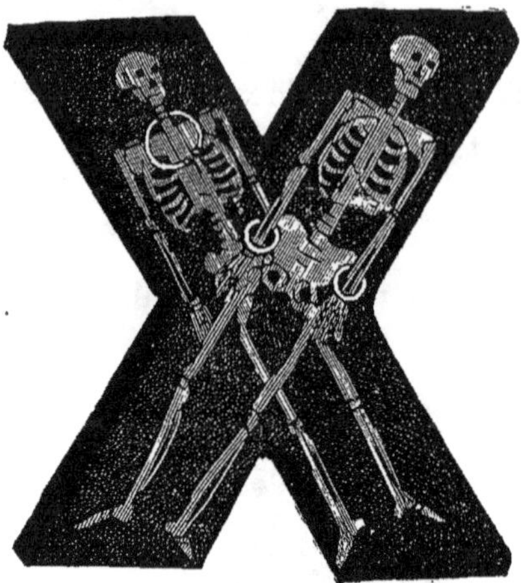

Fig. 169. — Tombe des Crons de Vertus, creusée en forme d'X.

« Tout ce qu'ils pensent avoir été aimé par leurs morts, ils l'ensevelissent avec eux, » disaient Pomponius et César.

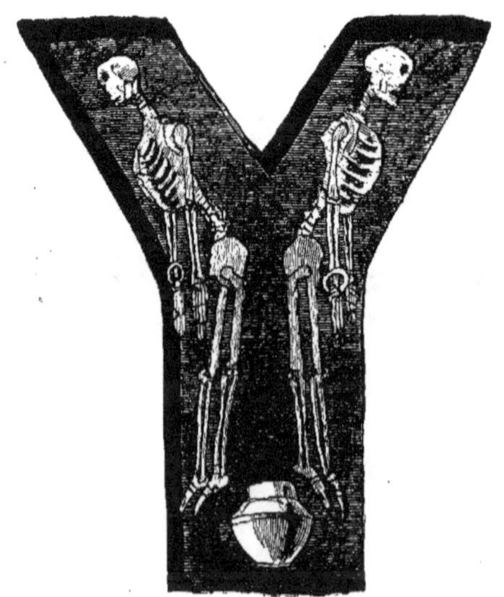

Fig. 170. — Tombe des Crons de Vertus, creusée en forme d'Y.

« Il n'est pas d'exemple que l'on ait rencontré un frère d'armes qui ait refusé de mourir quand était mort son ami, » ajoute le même César.

Et nous avions là sous nos yeux, conservés depuis des siècles dans leur immobilité primitive, les frères d'armes, les *breur* invincibles, unis pour l'immortalité !

« Ce sera toujours l'incontestable gloire des nôtres, dit M. Roget de Belloguet, de n'avoir jamais laissé s'obscurcir ou vaciller dans leur

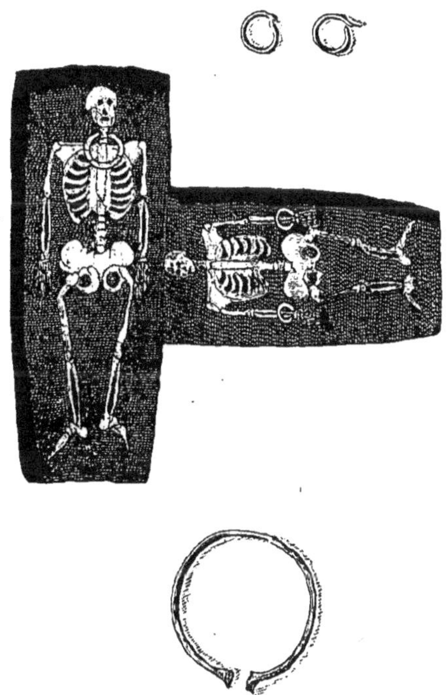

Fig. 171. — Tombes des Crons de Vertus.

esprit cet autre flambeau de la conscience humaine, dont les Hébreux n'aperçurent que des lueurs confuses, et qu'offusquèrent continuellement tant de nuages et d'incertitudes chez les Grecs et chez les Romains. » (*Ethnogénie,* t. III, p. 175.)

L'immortalité n'a jamais été pour eux, comme pour nous, que la marche en avant, non seulement d'un individu, d'une famille, d'une cité, d'une nation, mais encore d'un monde et d'un univers allant sans cesse, à travers tout, vers le MIEUX. Divine *étincelle* de Cyrano de Bergerac, *circonférence* sublime de Pascal et de Rabelais, auxquelles vous

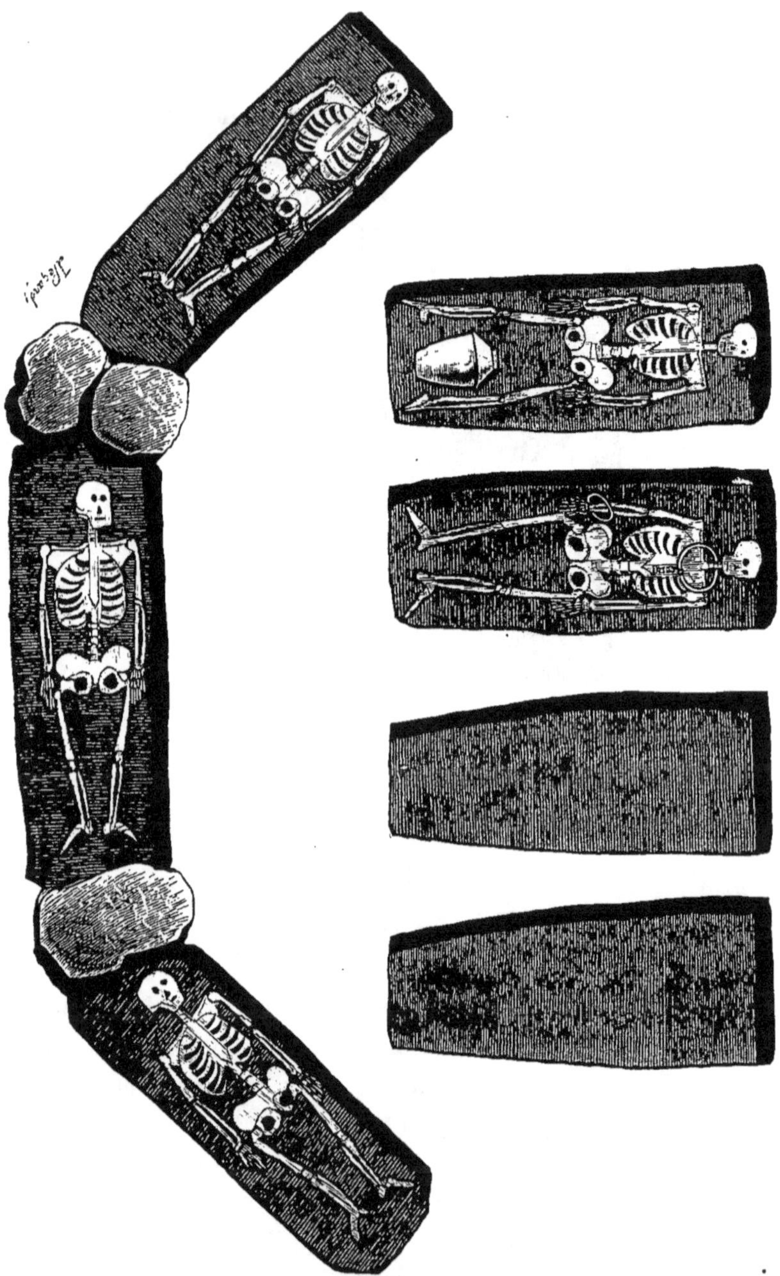

Fig. 172. — Tombes des Crons de Vertus.

donnerez le nom que vous voudrez, mais qui sera pour nous éternellement le *scopum,* le but de la véritable philosophie morale.

L'archéologie a parfois de ces impressions souveraines qui

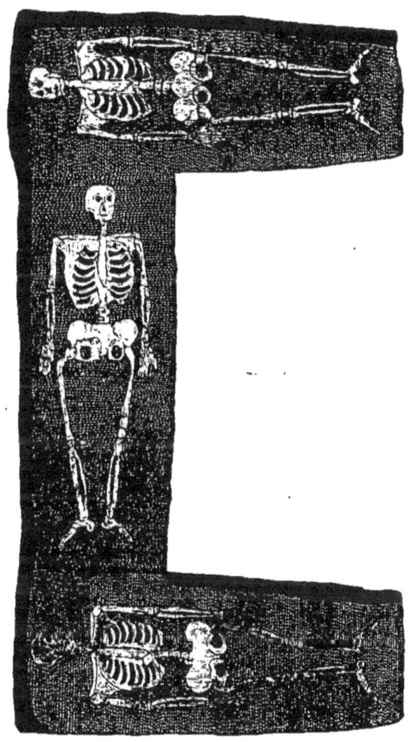

Fig. 173. — Tombes des Crons de Vertus.

font oublier bien des peines, bien des fatigues, bien des tourments.

Le soir, en rentrant à Vertus, nous vîmes se détacher à l'horizon une silhouette bien connue. Auprès des Crons se dressait un *menhir* (fig. 181). Encore la pierre du souvenir[1].

Cette religion des semnothées de la Gaule, comme les nommaient

1. Au-dessus même des *Crons,* au sommet de la falaise, en face du mont Aimé, il y avait un autre menhir. Sur le cadastre, la route qui contourne la colline se nomme encore *Chemin de la Haute-Borne.* A Voipreux, près de l'église, une longue pierre, aujourd'hui couchée, s'appelle la *Pierre de la justice,* tout comme à Lannion, sur la lande de Kerampont. Le sommet des *Crons* n'est connu dans le pays que sous le titre de la *Cour mottée;* la butte, hélas! n'existe plus, mais, tout le long de la

les Grecs, des druides, pour les appeler par leur vrai nom, était donc bien profondément humaine pour qu'elle se gardât pure si longtemps à

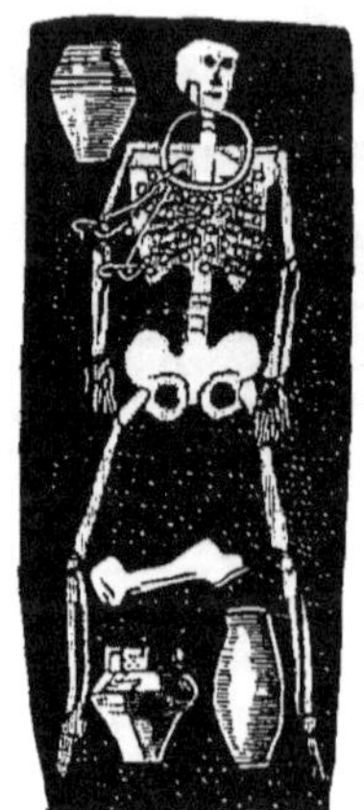
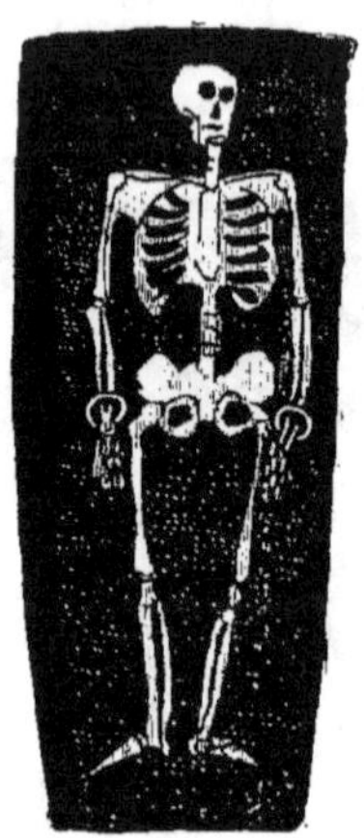

Fig. 174. — Doubles tombes des Crons de Vertus.

travers les âges, et n'eût qu'un pas à faire pour devenir immédiatement chrétienne. Ceux qu'on nous a représentés comme s'abreuvant de sang

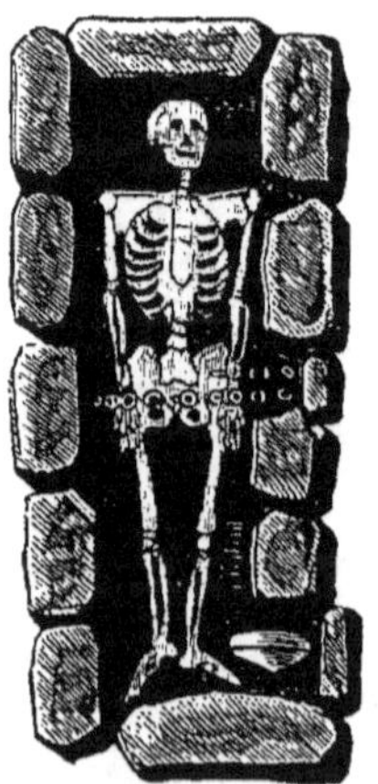
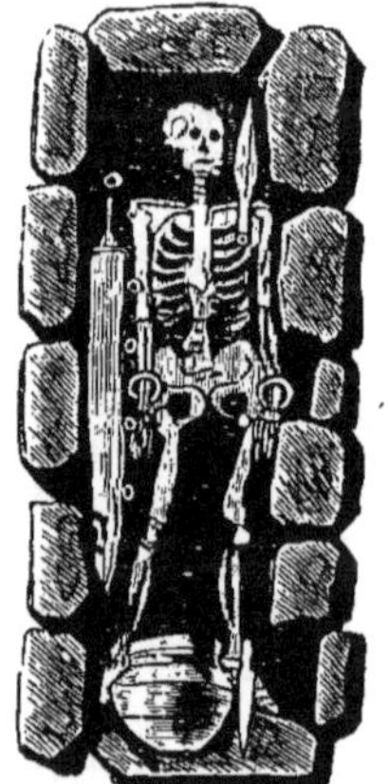

Fig. 175. — Doubles tombes des Crons de Vertus.

humain et dépeçant à toute heure les entrailles des cadavres égorgés

rivière de Bergères et de Vertus, nous retrouvons, à droite comme à gauche, des dénominations locales assez significatives : la *Motte des prés*, la *Motte rouge*, la *Motte noire*, la *Motte Conflans*, etc. Nous sommes, vous le voyez bien, toujours en pays celtique.

rêvaient de bien autre chose. Ils ne furent pas les barbares bouchers que l'on nous dépeint sous des couleurs si funestes ; car ils s'atti-

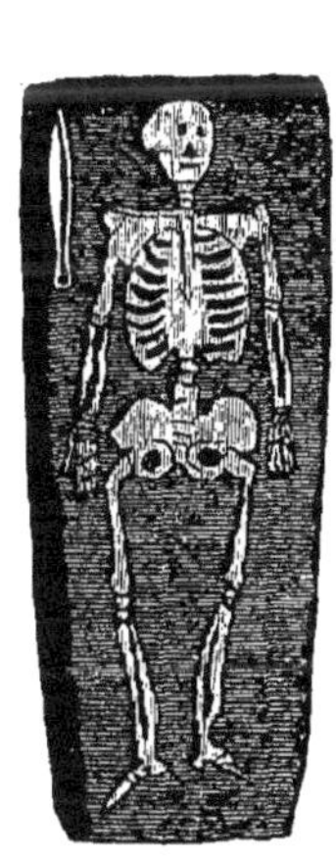
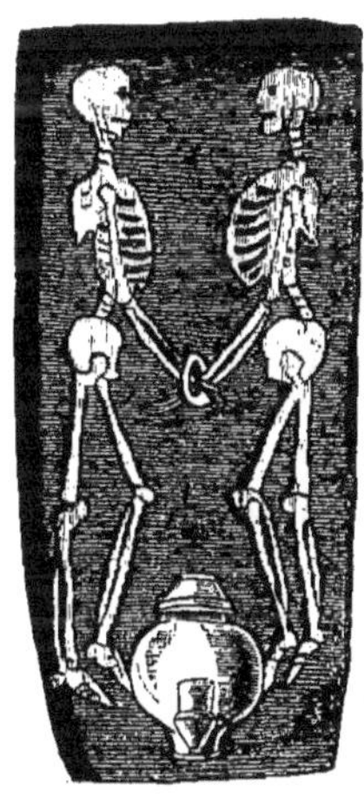

Fig. 176. — Tombes des Crons de Vertus.

rèrent l'admiration des philosophes grecs, et la méritèrent à bien des titres.

« La plus haute idée de leur justice, nous dit Strabon, était incul-

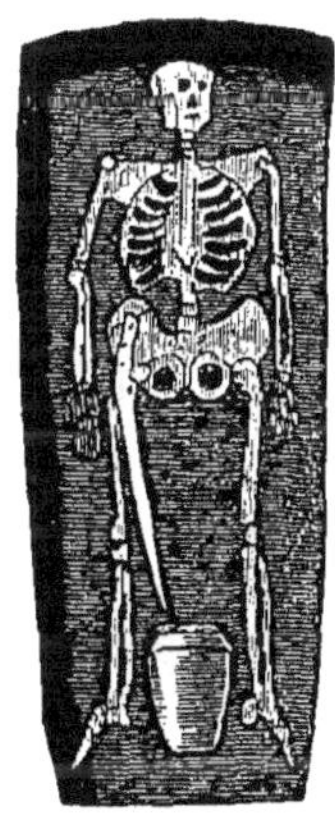
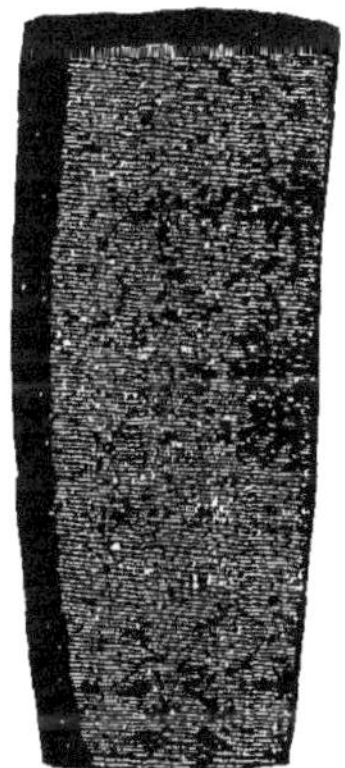

Fig. 177. — Tombes des Crons de Vertus.

quée dans tous les esprits. Aussi leur remettait-on volontiers le jugement des affaires politiques, aussi bien que des affaires privées ; et souvent, en donnant une solution convenable aux différends qui avaient suscité la guerre, ils ont ramené la paix entre les partis déjà rangés en bataille. »

« Comme les clercs du moyen âge, ajoute Jean Reynaud, ils avaient

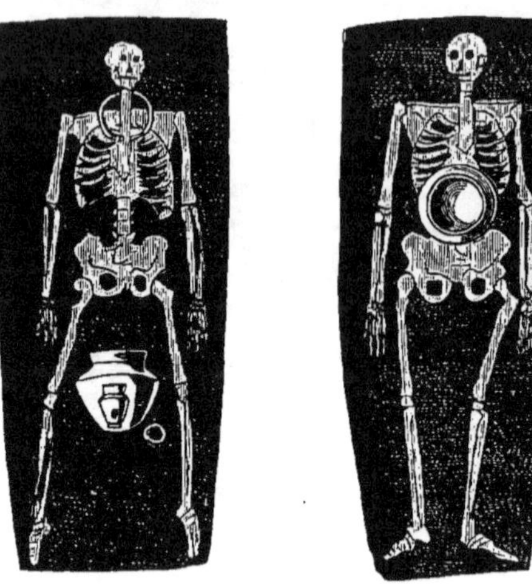

Fig. 178. — Tombes du cimetière des Crons de Vertus.

su se faire considérer comme élevés de plein droit, par la force de l'esprit, au-dessus de la force brutale. Ils planaient, en quelque sorte, sur

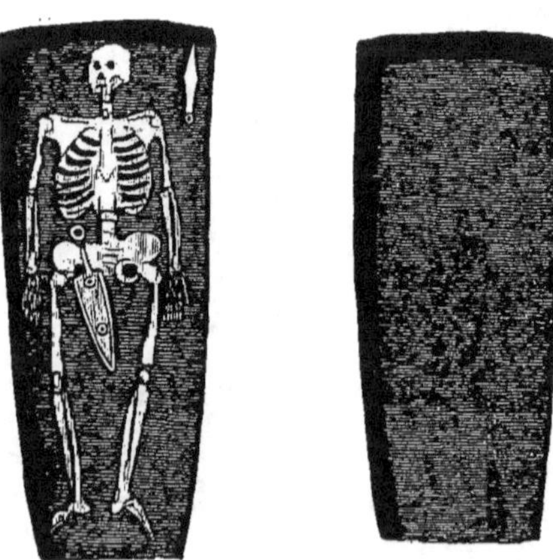

Fig. 179. — Tombes du cimetière des Crons de Vertus.

la société, après l'avoir formée. » (*L'Esprit de la Gaule,* p. 123.)

Dyon Chrysostome s'écrie, en parlant d'eux : « Les rois, tout assis qu'ils sont sur leurs sièges d'or, dans leurs maisons magnifiques, ne sont que les ministres et les serviteurs de ces druides. Ce sont eux qui règnent en réalité sur la nation. »

Ammien Marcellin en fait des savants et des poètes « qui chantent sur la lyre les grandes actions des hommes héroïques et scrutent la nature, s'efforçant d'en découvrir les enchaînements et les sublimités. » « Les druides, dit-il plus loin, les plus élevés par l'esprit,

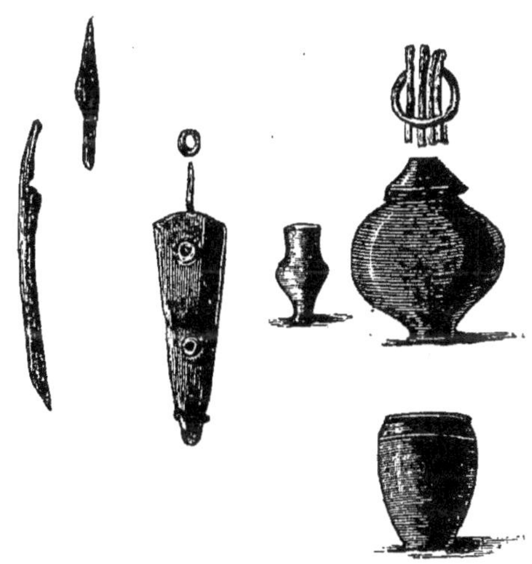

Fig. 180. — Objets trouvés dans les fouilles du cimetière des Crons de Vertus (Marne).

comme l'a déclaré l'autorité de Pythagore, se vouent à la seule étude des choses abstraites et profondes. »

César, enfin, les représente comme tellement puissants que, « si un particulier, même un homme revêtu de pouvoirs publics, ne se rend à leur jugement, ils le frappent d'interdiction. » « Cette peine, ajoute l'auteur des *Commentaires*, est chez eux de la dernière gravité. Ceux qui sont sous le coup de l'*interdit* sont rangés parmi les impies et les scélérats; tout le monde se retire d'eux; on fuit leur contact et leur parole, de peur de recevoir d'eux, par contagion, quelque mal. » On croirait lire une page du XIIe siècle. C'est lui qui parle de leurs *grands jours* au pays des Carnutes. C'est lui qui décrit leurs collèges, ces monastères situés loin des villes, comme nos abbayes du moyen âge, où accouraient de toutes parts, envoyés par leurs parents ou leurs proches, une multitude de disciples, venant chercher l'*écharpe bleue*, qui devait les créer professeurs (*Taliesin*, front qui rayonne).

Ce sont des savants, des législateurs, des médecins, *druidas et hoc genus vatum medicorumque,* écrit Pline, ne s'occupant que des

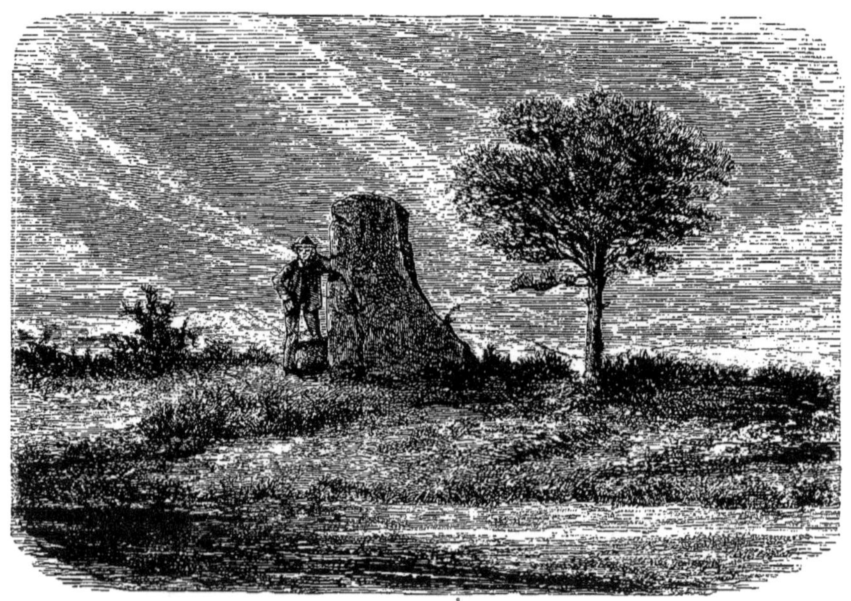

Fig. 181. — La Haute-Borne de Vertus (Marne).

recherches les plus élevées, approfondissant les questions les plus sublimes et les plus obscures que puisse embrasser l'esprit humain. (*Eth.*, 300.)

La première loi que Numa Pompilius imposa à la confrérie de brigands qui venait de fonder Rome, il la prit aux druides, comme le dit Plutarque. (J. Reynaud, p. 221.)

Aristote, dans son *Traité de la magie,* rapporte que les inventeurs de cette science, qui n'avait pas alors la signification burlesque qu'elle possède aujourd'hui, ont été les mages chez les Perses, les Chaldéens à Babylone, les gymnosophistes chez les Indiens, et, parmi les *Celtes* et les *Galates,* ceux qu'on nomme druides et semnothées.

Alexandre Polyhistor s'exprimait à peu près de la même manière, et les Pères de l'Église, Clément d'Alexandrie et saint Cyrille, citent avec empressement ses paroles, pour humilier la vanité des sophistes grecs, contre lesquels ils argumentaient. « La philosophie, *avant d'éclairer la Grèce,* dit Clément, fleurit d'abord chez les barbares, où elle eut pour apôtres, avec les prophètes égyptiens et les Chaldéens d'Assyrie, les *druides des Galates,* les Samanéens de la Bactriane et les *Celtes,* qui cultivèrent si profondément cette science. »

Au lieu de mépriser nos vieux *belcks,* aimons donc plutôt à nous figurer, avec Jean Reynaud, « ces maîtres vénérables, traînant sur les gazons diaprés les plis paisibles de leurs grandes robes blanches, au milieu de ces jardins magnifiques que donnent à l'homme, à si peu de frais, les vieux chênes, dans notre chère et splendide patrie. » (*L'Esprit de la Gaule,* p. 121.)

Et concluons, avec M. le baron Roget de Belloguet, « qu'il y a une bonne part de préjugé dans l'opinion que nous nous sommes faite de la barbarie gauloise avant la conquête romaine. »

Un peuple dont l'industrie, indépendamment d'un grand nombre d'inventions qui lui sont attribuées, sut travailler les métaux et généraliser dans ses vêtements et dans ses armes un luxe aussi varié qu'éclatant, devait certainement avoir atteint un degré de civilisation supérieur à celui que l'on s'est figuré jusqu'à présent. (*Génie gaulois,* p. 92.)

Dans les idées spéculatives, il parvint à planer au-dessus de toutes les nations contemporaines, grâce à sa croyance sublime dans l'immortalité de l'âme. Cette croyance, que M. Alfred Dumesnil appelle *la révélation* de la Gaule, ce *verbe d'espérance,* qu'il nomme l'*évangile* de la France, perfectibilité sans limites dans une individualité indestructible, fut la cause immédiate de la supériorité de notre race. « Le Celte s'éleva, de la sorte, à une hauteur où ne purent jamais atteindre ces Grecs et ces Romains, qui méprisaient les nôtres comme des barbares. » (*Génie gaulois*, p. 101.)

Décidément, terminons avec Jean Reynaud, en disant : « Il est incontestable que, jusqu'ici, nous ne nous sommes pas fait suffisamment honneur de nos pères » (p. 2).

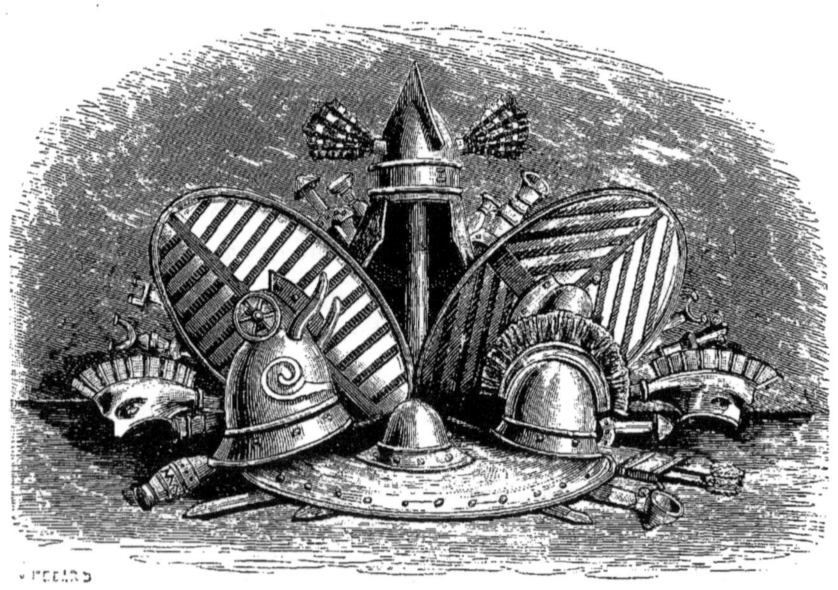

Fig. 132. — Faisceau d'armes gauloises, d'après les reconstitutions du Musée d'artillerie. Costumes de guerre.

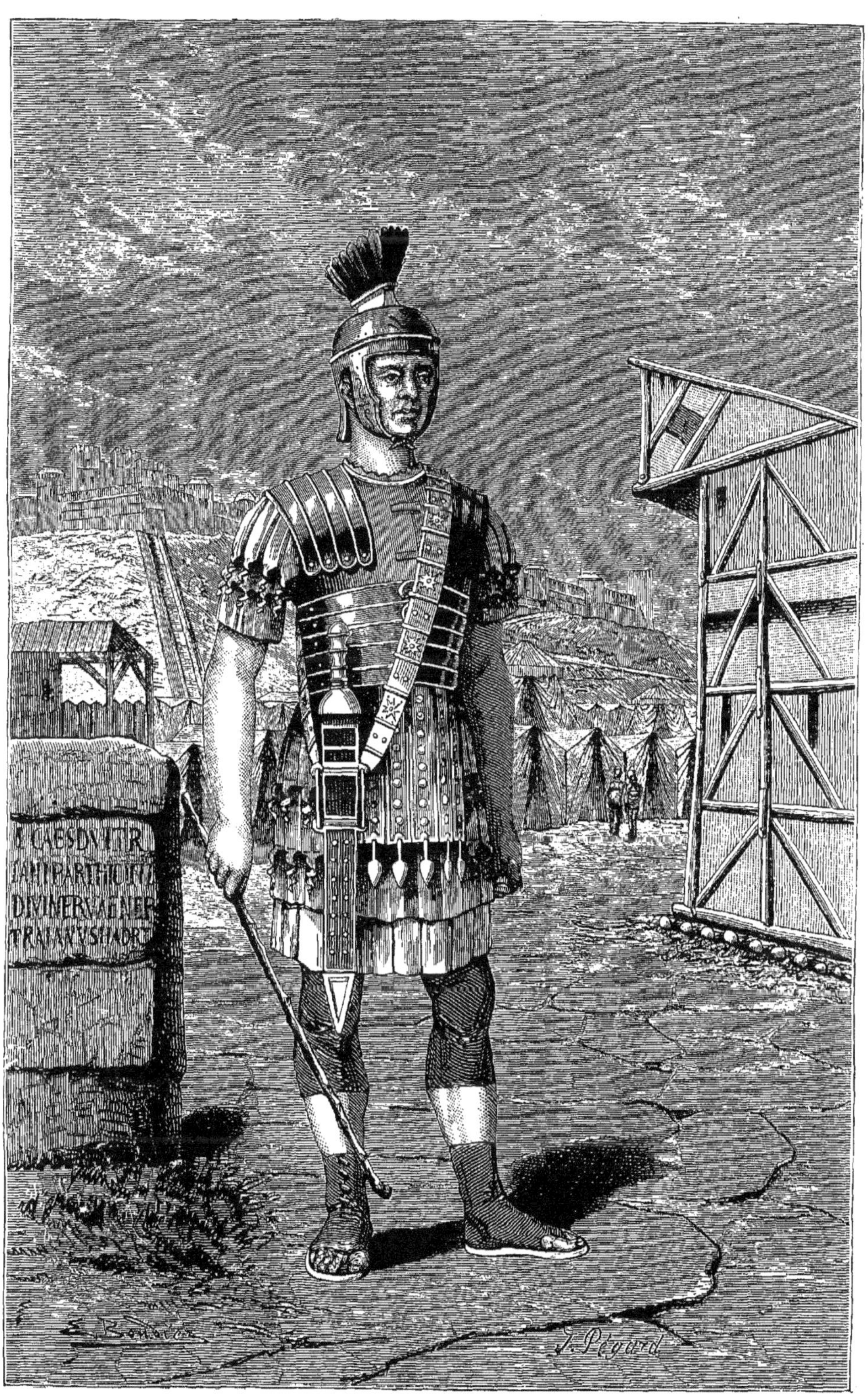

LA CONQUÊTE : UN CENTURION ROMAIN.

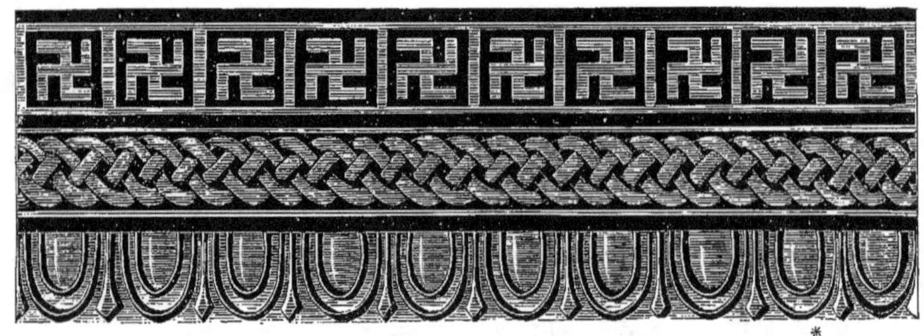

CHAPITRE QUATRIÈME

LA CONQUÊTE

Sommaire. — L'art romain, c'est l'art de la guerre. — Catapultes. — Balistes, camps et retranchements. — Armes des soldats romains. — Les douze Césars de Suétone. — Du sentiment des Romains sur la sculpture et la peinture. — Statues iconiques. Mosaïques. — La cité romaine en Gaule. — Citadelles. — Murailles. — Portes. — Arcs de triomphe. — Temples. — Palais. — Une villa romaine au IVe siècle. — La poterie romaine. — La verrerie romaine.

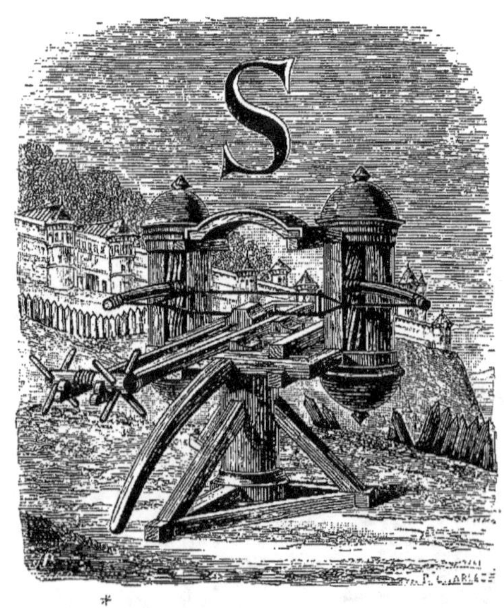

Si nous voulions traiter ici de ce que l'on doit véritablement appeler l'Art romain, nous commencerions par décrire, d'après Pline, Vitruve et Ammien Marcellin, la catapulte, la baliste, le bélier, le scorpion et l'onagre, formidable artillerie, que les auteurs dont nous parlons désignent, avec tant de raison, sous le titre général de *tormenta;* terribles engins de massacre et de destruction, dont on traînait les grosses poutres démontées et les charpentes colos-

* Le frontispice de ce chapitre est composé de deux motifs d'ornementation tirés de mosaïques romaines trouvées en Gaule, et d'une bande d'oves copiée sur des poteries rouges de la même

sales, à grand renfort de chevaux, dans des chars immenses, derrière l'armée romaine en marche[1]. Puis nous donnerions tous les détails des circonvallations et des contrevallations du *castrum* d'un consul, avec ses fossés, son *vallum* et ses palissades formées de pieux sans nombre, durcis au feu et régulièrement alignés tout le long du rempart de terre, que défendent en avant des chevaux de frise (*cervi*), des trous à loups (*scrobes* ou *lilia*), fleurs de lis, plantes malsaines dont les pistils, dissimulés sous des branchages, s'aiguisaient en fers aigus, si funestes à la cavalerie qui osait s'aventurer aux approches de ces stations militaires[2].

Nous parlerions ensuite, avec Polybe, de l'intérieur de ce camp, de la porte Prétorienne et de la porte Décumane ; des deux grandes rues qui le séparaient en deux parties : la *via Principalis* et la *via Quintana*. Nous entrerions dans les tentes de cuir (*sub pellibus*), où s'abritaient, dix par dix, surveillés par un doyen (*decanus*), ici, les triaires (*triarii*) ; là, les *principes*, et plus loin, les hastaires (*hastati*[3]).

provenance. — La lettre S surmonte une catapulte, machine à lancer des traits, dessinée d'après les reconstitutions du Musée d'artillerie.

1. *Catapulta* (καταπέλτης), machine construite principalement pour lancer des dards et des traits d'une grande pesanteur. On en trouve jusqu'à six exemples sur les bas-reliefs de la colonne Trajane. *Balista*, machine à lancer des pierres énormes ; les grandes balistes se nommaient *balistæ majores*, les petites, *balistæ minores*. Il y en avait qu'on pouvait facilement transporter sur tous les points d'un champ de bataille, qui étaient placées sur des voitures et traînées par des mulets. On les appelait *carobalistæ*. La colonne de Marc-Aurèle fournit un exemple très caractérisé de cette dernière. Voir le *Dictionnaire* de Rich, à ce mot.

Le bélier, *aries*, était composé d'une poutre de bois, munie à l'extrémité d'une masse de fer en forme de tête de bélier, qu'on poussait avec violence contre les portes et même contre les murailles. Il était ordinairement abrité, pour la facilité de son emploi, par une construction en planches que l'on appelait *testudo arietaria*.

Le scorpion, manié par un seul homme, était une sorte d'arbalète servant à lancer des balles de plomb. L'onagre jetait des pierres, comme l'âne sauvage, auquel cette machine devait son nom, qui, tout en ruant pour se défendre, envoie à ses ennemis force cailloux qui se rencontrent sous son sabot agile.

2. Toutes ces défenses extérieures des camps, *vallus, pinna, pluteus, cervus, scrobes, lilium, stimulus*, etc., sont décrites par César à propos du siège d'Alésia (*Commentaires*, l. VII, LXXIII). C'est dans ces pièges à loup que périt toute la brillante armée des confédérés venus au secours de Vercingétorix.

3. La légion se partageait en dix cohortes, une cohorte en trois manipules, et un manipule en deux centuries. Ainsi on comptait trente manipules et soixante centuries dans une légion. Si les centuries eussent toujours été composées de cent hommes, les légions eussent été de six mille hommes ; mais souvent les centuries n'avaient que soixante hommes, de sorte qu'au temps de Polybe les légions n'avaient en effectif que quatre mille deux cents fantassins. Dans chaque légion, on distinguait trois espèces de fantassins nommés : 1° hastaires, *hastati ;* 2° princes, *principes ;* 3° triaires, *triarii*. Les

Nous ferions assister le lecteur à la grande réunion du *forum*, devant la tente (*prætorium*) du général en chef[1], autour duquel se rangeaient les tribuns militaires, les préfets des légions auxiliaires et les porteurs d'aigles, la tête recouverte de mufles de bêtes fauves.

Mais tout cela a été décrit tant de fois dans les histoires romaines, *ad usum juventutis*, que nous préférons vous renvoyer au brave Rollin, ancien recteur de l'Université de Paris, qui a épuisé la matière. Nul n'a plus savamment discouru de toutes ces choses[2].

L'art de la guerre, le seul art, au dire de Montesquieu, qu'aient connu les Romains[3], n'est point de notre compétence. Pourtant, comme nous avons parlé quelque peu des armes des Gaulois, nous nous arrêterons, si vous le voulez bien, un instant aux cuirasses, aux casques, aux glaives, aux lances de leurs adversaires, pour en faire

premiers étaient ainsi appelés du nom de leur lance, *hasta*. C'étaient les plus jeunes soldats; ils formaient la première ligne aux jours de bataille. Les deuxièmes étaient des hommes dans la vigueur de l'âge; ils occupaient la seconde ligne. Enfin les troisièmes étaient de vieux soldats d'une valeur à toute épreuve. On les plaçait à la dernière ligne, et c'est de là que leur vint le nom par lequel on les désignait. Il y avait encore une quatrième classe de fantassins armés à la légère, et nommés *velites* en raison de leur adresse et de leur agilité. Ils ne faisaient pas partie de la légion et n'avaient aucun rang déterminé. On leur adjoignait des frondeurs, *funditores*, et des archers, *sagittarii*.

La légion était commandée par six tribuns militaires sous les ordres du consul. Les centuries avaient à leur tête des centurions, *centuriones*, qui portaient pour marque distinctive un cep de vigne avec lequel ils frappaient le dos des soldats retardataires. Chaque manipule avait deux centurions qui prenaient le nom, l'un de *prior centurio*, l'autre de *posterior centurio*. Un corps de cavalerie, appelé *justus equitatus ala*, renforçait chaque légion. On le divisait en dix escadrons, *turmæ*, et chaque escadron en trois décuries, *decuriæ*, ou réunion de dix hommes.

Les troupes des alliés occupaient, avec la cavalerie, les ailes de l'armée; elles avaient des préfets, *præfecti*, correspondant aux tribuns de la légion; elles se divisaient en cohortes comme l'infanterie romaine, et avaient à peu près les mêmes armes. — Deux légions, avec le nombre déterminé de cavalerie et les alliés, formaient une armée consulaire, *exercitus consularis*, environ vingt mille hommes.

1. Le consul commandant les armées était appelé, sous la République, *prætor*, d'où *cohors prætoriana*, la cohorte prétorienne, nom donné à sa garde particulière. Sous les empereurs, le nom disparut pour le chef, mais fut gardé pour les soldats. On sait le rôle que jouèrent les prétoriens dans les révolutions de palais qui eurent lieu à cette époque néfaste.

2. Voir pour les dispositions du camp romain : *Castra stativa, castra hiberna, castra æstiva*, et, pour l'organisation des troupes consulaires, l'*Histoire ancienne* de Rollin, t. XI, 2e partie, *De la science militaire*, p. 415 et suiv. — Consulter de même avec fruit : *Histoire monumentale* de Batissier, p. 255, et M. de Caumont, *Abécédaire ou Rudiment d'archéologie* (ère gallo-romaine), organisation des troupes romaines et castramétation, p. 608.

3. *Considérations sur les causes de la grandeur des Romains et de leur décadence*, ch. II, p. 6.

apprécier toute la forme pratique, tout le côté savant et utilitaire, au point de vue de l'égorgement facile.

Commençons tout d'abord par les enseignes. L'aigle, *aquila* (pl. V), était le *signum* général de la légion. Les ailes éployées, posé sur un foudre, il dominait la devise si connue : *S. P. Q. R.* (*senatus populusque romanus*). L'*aquilifer* qui, seul, avait le droit de le porter, était le centurion de la première centurie du premier manipule des triaires. On lui donnait le titre de primipilaire (*primipilarius*).

Le *vexillum* était l'enseigne de la cohorte ; il devint, par la suite, particulier à la cavalerie. Il se composait d'une pièce d'étoffe de soie attachée sur une branche transversale fixée sur la hampe. Celui que représente notre gravure est surmonté du chiffre X P, monogramme du Christ. C'est le *labarum* du temps de Constantin. La commission anthropologique de Valencia en avait envoyé, en 1878, à l'Exposition universelle, un magnifique exemplaire en bronze, trouvé en Espagne (pl. V).

Le *manipule* était le signe d'une compagnie. Outre les médailles des empereurs, il portait à son sommet une main humaine, en souvenir de la fameuse poignée de foin (*manipulus*) que les anciens avaient l'habitude de placer, pour tout emblème, au haut de leurs piques (pl. V).

Les casques étaient, chez les Romains, au revers des parures de têtes gauloises, d'une simplicité extraordinaire.

Dans les premiers temps de la République, ils affectent encore je ne sais quelle forme grecque, avec crinières éclatantes. Après, sous prétexte de légèreté et de commodité, n'ayant plus qu'un seul but, protéger la tête des guerriers, sans aucune prétention à l'élégance, ils se contentent d'être de simples *salades* de cuir, recouvertes de métal (*galea*), avec couvre-nuque et mentonnière (*buccula*), attachée au-dessus de l'oreille par de solides charnières. Pour cimier, ils ne portent plus qu'un anneau percé, servant à suspendre, pendant les marches, le casque sur l'épaule droite (fig. 184). Les centurions seuls ornaient le leur d'une aigrette formée de plumes sombres (*crista*), qu'on pouvait enlever à volonté.

Pl. V.

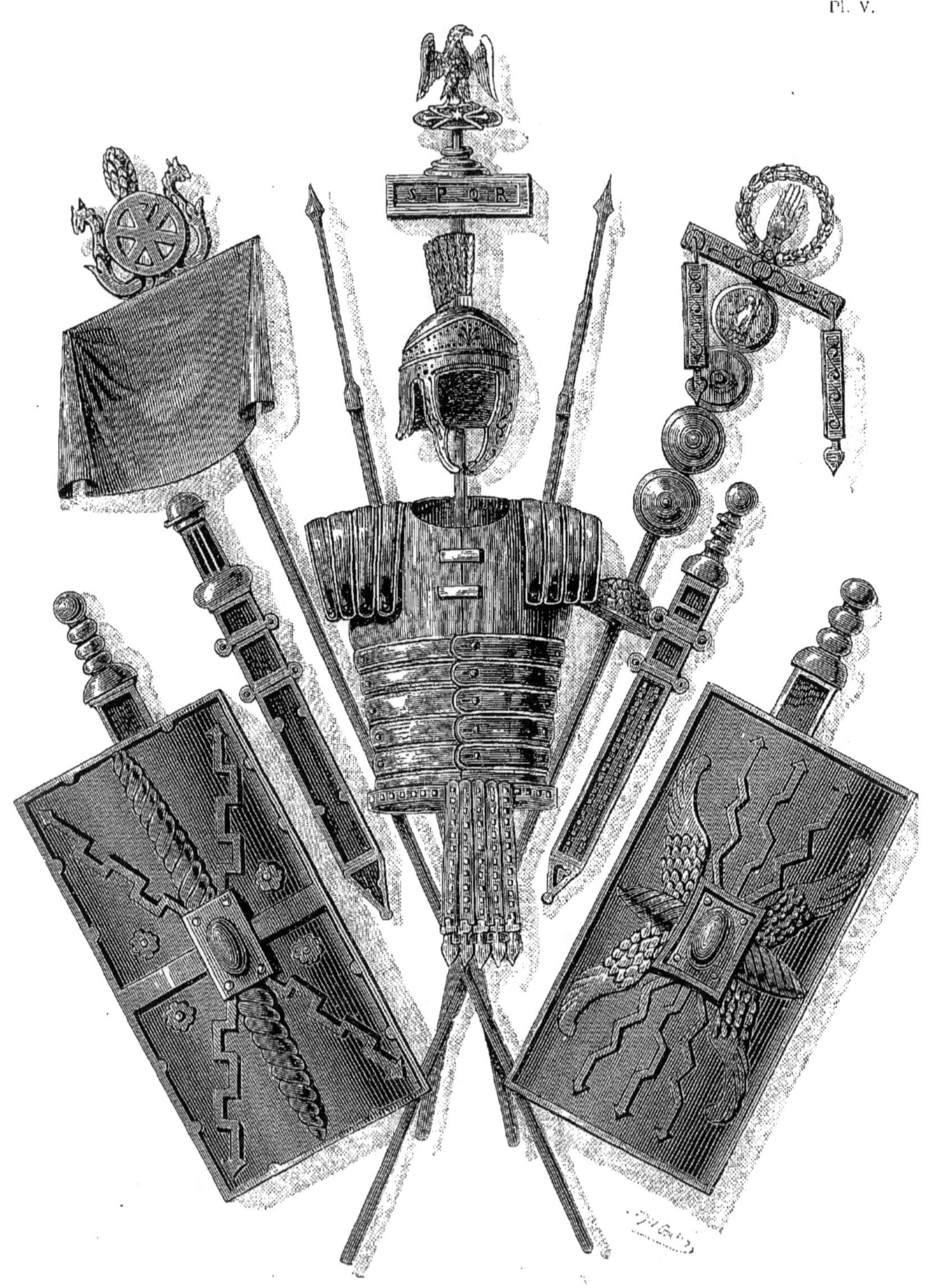

FAISCEAU D'ARMES ROMAINES.

D'après les reconstitutions du Musée d'Artillerie.

Nous avons vu la magnificence des cuirasses gauloises, qui avaient tant de rapports avec le *thorax* grec.

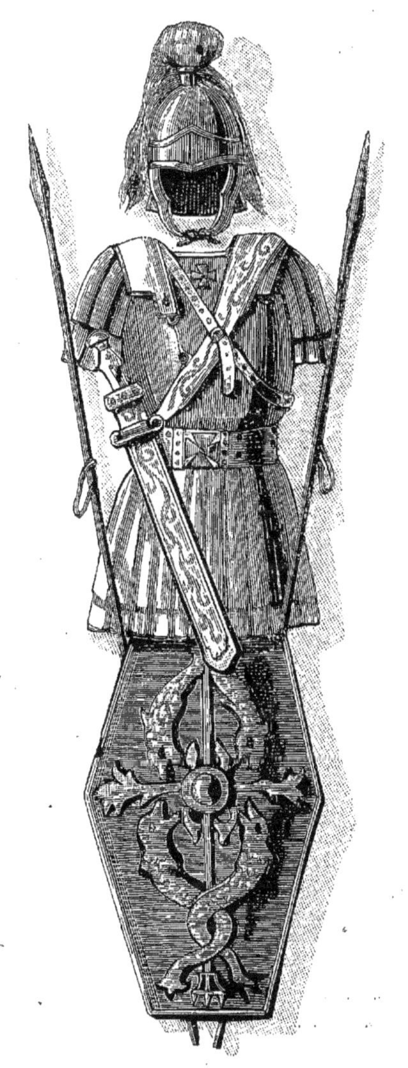

Fig. 183. — Casque et cuirasse de cuivre. Glaive, baudrier et lances des premiers temps de la République romaine, d'après les reconstitutions du Musée d'artillerie.

Les Romains, du temps de la République, en portèrent d'analogues (fig. 183); mais, à l'époque des grandes guerres, elles tombèrent bien vite en désuétude. Pour des hommes qui faisaient 50 milles

(74 kilomètres) en 24 heures [1], ces armes de parade étaient inutiles. Ils inventèrent la *lorica*.

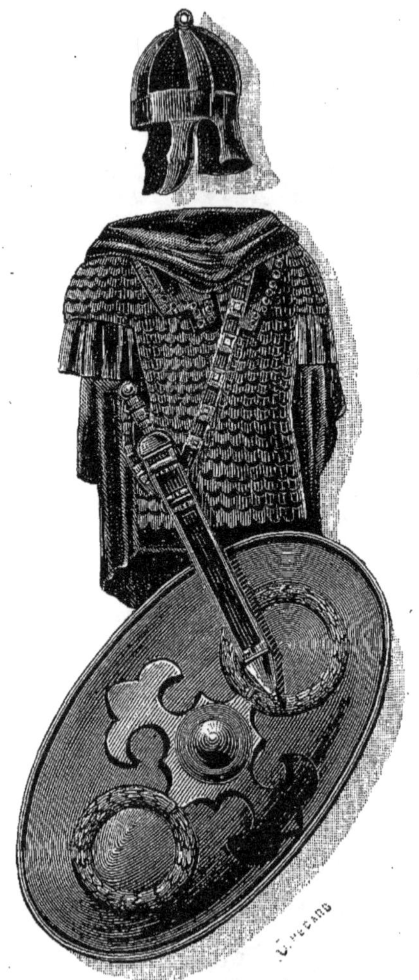

Fig. 184. — *Galea* (casque en cuir et métal). *Lorica plumata* (cuirasse couverte d'écailles). *Balteus* (baudrier). *Gladius in vagina* (glaive dans son fourreau). *Scutum* (bouclier).

La *lorica* (pl. V) consistait en un corselet de cuir couvert de lames

1. Voir la marche contre les Éduens pendant le siège de Gergovie (*Commentaires*, liv. VII, XLI). Les soldats romains, dit Montesquieu, faisaient d'habitude vingt milles et quelquefois vingt-quatre en cinq heures. Pendant les exercices, comme entraînement, ils ne se servaient que d'armes d'une pesanteur double des armes ordinaires. La charge du soldat était de soixante livres au moins (*Grandeur et décadence*, ch. II, p. 7).

d'acier (*laminæ*), pouvant glisser facilement les unes sur les autres, sans gêner aucunement les mouvements des bras et du corps. Deux

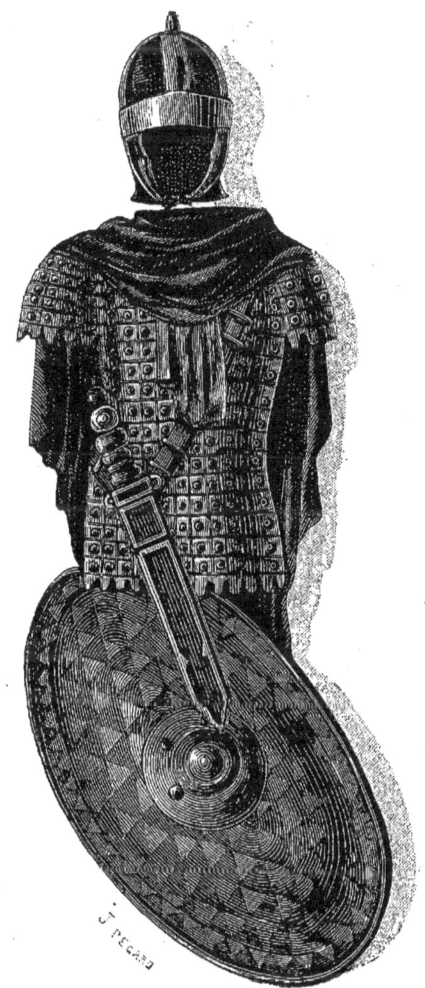

Fig. 185. — Brigandine. *Sagum* (manteau de guerre). *Focale* (cravate de laine). Bouclier avec umbo, d'après les reconstitutions du Musée d'artillerie.

grandes plaques de même métal protégeaient le haut de la poitrine; des bandes semblables à celles de la ceinture garantissaient les épaules.

Peu embarrassante, d'un entretien facile, c'était bien l'armure qui convenait à des hommes rompus par la discipline, auxquels, outre des combats journaliers, on imposait des travaux incessants. Les bas-reliefs nous représentent des soldats ainsi vêtus, coupant le bois, bâtissant des forts, remuant des terres, dressant des palissades, transportant des provisions, construisant des ponts, etc. La *lorica* était parfois composée d'une infinité de petites plaques, disposées comme les écailles d'un poisson ou comme les plumes d'un oiseau ; on l'appelait alors *lorica plumata, serta* ou *squamosa* (fig. 184).

Parfois, le simple corselet de cuir, qui servait de buffle, dans le sens moderne du mot, à la cuirasse, n'était orné que de simples anneaux de cuivre espacés régulièrement. C'était la *brigandine* des grandes compagnies du moyen âge (fig. 185). Sur ce harnois, suspendez, au moyen du *balteus* (baudrier), le fameux glaive espagnol (*gladius*), épée large, courte et pointue, tranchante des deux côtés, pouvant percer, tailler et couper tout à la fois, bien en main, avec poignée d'os ou d'ivoire, dépourvue de toute espèce d'ornementation, entrant et sortant sans effort de son fourreau de cuir (*vagina*), serti de métal ; jetez sur les épaules du soldat le *sagum*, servant de manteau par les temps pluvieux, de couverture pendant l'hiver ; entourez son cou du *focale*, simple cravate semblable à celle qui est encore en usage dans nos régiments actuels ; donnez-lui le bouclier de bois (*scutum*), décoré de foudres, de couronnes ou de dauphins ; chaussez-le de la *caliga*, qui valut à certain empereur élevé dans les camps son surnom caractéristique ; armez-le du *pilum* [1], lance nationale de l'infanterie romaine,

1. Le *pilum* était la vraie arme du légionnaire ; c'est au maniement savant de cette fameuse lance que les Romains durent la plupart de leurs victoires. Ce n'était pas une arme de jet proprement dite, il était surtout employé comme pique pour charger l'ennemi. Nous ferons plus tard la comparaison du *pilum* romain et de l'*angon* des Francs ; les races de proie ont entre elles bien plus d'analogie qu'on ne le croit d'ordinaire.

Le vrai javelot était l'*hasta*, lance munie de l'*amentum*, courroie de cuir placée vers le centre de gravité de l'arme (fig. 183), et qui servait à donner plus de force au mouvement du combattant qui savait s'en servir avec adresse. C'était au bout de cette lance que le guerrier romain portait ses vivres. Un petit sac de pain ou de blé, un autre rempli de morceaux de viande sèche ou salée, un cruchon de vin ou de vinaigre, une cuiller de fer et une petite plaque percée de trous, pour faire cuire ou griller les aliments. Les bas-reliefs de la colonne Trajane nous font comprendre parfaitement la tournure que pouvait avoir une cohorte ainsi équipée, pour la course rapide et la marche forcée (voir M. de Caumont, *A b c*, p. 605).

et vous aurez l'aspect complet de ce fameux guerrier latin qui servit d'instrument à toutes les ambitions des césars de la ville aux sept collines et leur donna pour un temps le sceptre du monde.

Avec une pareille suite, on pouvait conquérir l'univers, ce qui est détruire, incendier et piller. Quant à le civiliser, c'est autre chose.

Du reste, si l'on veut se rendre compte de la supériorité d'esprit de tout ce monde harnaché pour la tuerie, il suffit de s'en rapporter à Polybe, qui les vit à l'œuvre, au siège de Corinthe. Après avoir brûlé la ville, où le goût raffiné des Grecs avait, depuis des siècles, accumulé tant de magnificences; après avoir fabriqué, par le mélange d'or, d'argent et de bronze qui se fondit dans ce terrible feu, ce que l'on appela depuis « l'airain de Corinthe, » les Romains campèrent dans les ruines fumantes de la glorieuse cité des Achéens. Repus de sang, de femmes et de vin, n'ayant aucune besogne nouvelle à accomplir, comme tous les brigands qui ont fait un bon coup, ils se mirent à jouer. Le butin d'un premier pillage était là rassemblé sur les places : vases, bijoux, statues, tableaux, pêle-mêle entassés dans les coins préservés de l'incendie. Pour jouer, il leur fallait des tables. Ils prirent les chefs-d'œuvre d'Apelle et d'Aristide, et là, ces brutes, assises sur la poitrine d'une Vénus décapitée ou le chapiteau d'un temple détruit, firent rouler leurs dés grossiers sur la figure divine d'une Diane pudique ou le torse splendidement modelé d'un Hercule.

Survint Attale, le roi de Pergame; il venait essayer d'arracher à ces rapaces les merveilles dont ils faisaient si peu de cas. Le Bacchus, ce chef-d'œuvre incomparable, était là, sur la terre dure, sali par ces mains encore sanglantes. Il en offrit au consul six cent mille sesterces, c'est-à-dire soixante-quinze mille livres.

Mummius, en souriant, céda le tableau, si commode pourtant pour le maniement du cornet. Au milieu des décombres, Attale avait entrevu de nouveau quelque chose; c'était une autre peinture de maître. — « En voulez-vous cent talents, cent mille écus? » dit le prince au consul. — Étonné plus que de raison par une pareille offre, Mummius céda la peinture; mais, sous sa tente de cuir, il se prit à rêver.

Il y avait là-dessous quelque chose qu'il ne pouvait comprendre. Cent mille écus d'un morceau de bois peint, l'objet devait avoir une vertu cachée. C'était un talisman à miracles. Contre la foi des traités, malgré les plaintes d'Attale, il reprit le second tableau. On l'embarqua pour l'envoyer à Rome ; on embarqua bien d'autres choses : des statues, des sculptures de toutes sortes, des bronzes, des coupes, des aiguières, des plateaux ; que sais-je ? Puis, les galères chargées à couler bas, le grand capitaine dit aux siens cette mémorable phrase :

« Si vous ne rapportez pas fidèlement tout cela à la ville, rappelez-vous que vous serez forcés d'en fabriquer de semblables. »

Et que l'on ne vienne pas nous dire que nous n'avons affaire ici qu'à des soudards de bas étage. Lucius Mummius était un général, un consul ; et, plus tard, il fut, dans la censure, le collègue de Scipion l'Africain.

Du reste, voulez-vous connaître à fond les grands hommes de ce peuple, lisez la vie de ses empereurs. C'est le mélange le plus incohérent de merveilleux et d'ordurier, de céleste et de terre à terre, de fantastique et de rampant qui se puisse jamais voir.

Le divin Jules prétend descendre d'Ancus Martius par sa mère, et de Vénus elle-même par ses ancêtres paternels.

« Ainsi notre maison, s'écrie-t-il dans l'oraison funèbre de sa tante Julie, réunit à la sainteté des rois, qui sont les maîtres des hommes, la majesté des dieux, qui sont les maîtres des rois. » — « Est ergo in genere et sanctitas regum, qui plurimum inter homines pollent, et cærimonia deorum quorum ipsi in potestate sunt reges. » (Suétone, *Divus Julius Cæsar,* VI.)

Galba, le successeur de Néron, fera, plus tard, remonter son origine paternelle à Jupiter, et son origine maternelle à Pasiphaé, épouse de Minos. (Id., *Sergius Sulpicius Galba,* II.) Tous deviennent dieux en mourant. « Puto — Deus fio, » dit ironiquement Vespasien.

Caligula, dans le temple des Dioscures, montait vivant sur un piédestal, entre Castor et Pollux, respirait pieusement l'encens qu'on lui offrait, recevait les prières des mortels, invitait la lune à venir l'embrasser et partager sa couche, se faisait nommer Jupiter Latialis.

et choisissait pour victimes de ses sacrifices des flamants, des paons, des tétras, des poules d'Afrique, des pintades et des faisans. (Suétone, XXII.) Comme on en empoisonna un certain nombre pour les faire parvenir plus vite au céleste séjour, quelques-uns avec des morilles, comme Claude, les Romains n'appelaient plus les champignons que le mets divin : « Quasi deorum cibum. »

Mais tous, en revanche, ont une effroyable peur du tonnerre. « La foudre et les éclairs causaient à Auguste une crainte qui tenait de la faiblesse, et, pour s'en préserver, il portait toujours une peau de veau marin. » — « Et semper et ubique pellem vituli marini circumferret pro remedio. » — Aux approches d'un orage, il se retirait dans un endroit secret et voûté, parce que la foudre l'avait autrefois terriblement épouvanté dans une marche de nuit.

Tibère, qui, comme un félin qu'il était, voyait dans la nuit, « cum pergrandibus oculis et qui, quod mirum esset, noctu etiam et in tenebris viderent, » Tibère, quand le ciel était sombre, portait toujours sur le front une couronne de laurier, parce que les feuilles de cet arbre sont, dit-on, toujours à l'abri des effets de la foudre.

Caligula, enfin, s'enveloppait la tête au moindre éclair, et si le bruit redoublait il s'élançait de sa couche et se cachait sous son lit. « Sub lectumque condere solebat. (Suétone, LI.)

Une énorme quantité d'aigles voltige sans cesse autour de leurs personnes sacrées. — Pendant son premier consulat, au moment où il consultait les augures, Auguste, ainsi que Romulus jadis, aperçoit dans les nuages douze vautours qui lui prédisent l'empire ; et, dans le camp de Bologne, à l'époque où les troupes des triumvirs y séjournent, il montre à tous les siens un aigle posé sur sa tente, qui, de là, s'élance sur deux corbeaux qui le harcèlent, et les terrasse l'un et l'autre. — Tibère, à Rhodes, peu de jours avant son rappel, contemple un aigle qui se perche sur le faîte de sa maison. — Claude, la première fois qu'il paraît au Forum avec les faisceaux, sent un aigle qui doucement vient se poser sur son épaule. — Galba, de même, a son aigle aussi, qui, pendant un sacrifice, enlève les entrailles des victimes. — Et Vitellius, enfin, sur la tête duquel voltige un coq, lors de son passage à Vienne, suit, pour marcher au trône, un aigle qui précède les enseignes de ses cohortes, et semble marquer aux légions la route qu'elles doivent suivre vers l'Italie promise à son sceptre.

Tous, hommes vraiment providentiels, sont miraculeusement conduits au Capitole.

Mais, quand on fouille la vie privée de ces êtres divins, savez-vous ce que l'on y trouve?

César (fig. 186), le grand César, est qualifié par ses troupes elles-mêmes de paillard à front chauve. « Urbani, servate uxores; mœchum calvum adducimus. »

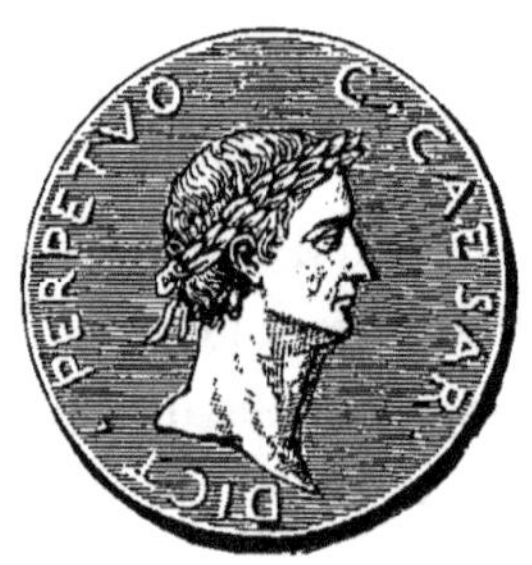

DICTATORI PERPETVO. CAIVS CÆSAR.

Fig. 186. — Jules César, d'après les médailles.

Ici, je demanderai au lecteur français la permission de ne citer les faits qu'en latin. On sait que cette langue possède la suprême qualité de braver l'honnêteté dans les mots. Ces histoires ne supportent pas d'être racontées en langage chrétien.

Curion l'appelait : « Omnium mulierum virum, et omnium virorum mulierem. » — On connaît son commerce avec Nicomède. « L'opprobre qui en rejaillit sur lui, dit Suétone, fut grave et durable, et l'exposa par la suite à une réprobation universelle. — Dolabella le surnommait « pellicem reginæ, spondam interiorem regiæ lecticæ ; » et Bibulus, son collègue, ne le désignait jamais qu'en l'appelant « Bithynicam reginam. » — Nous ne parlerons pas des adultères de cet homme à la ceinture lâche, comme disait Sylla ; ce ne sont que peccadilles.

PL. 3

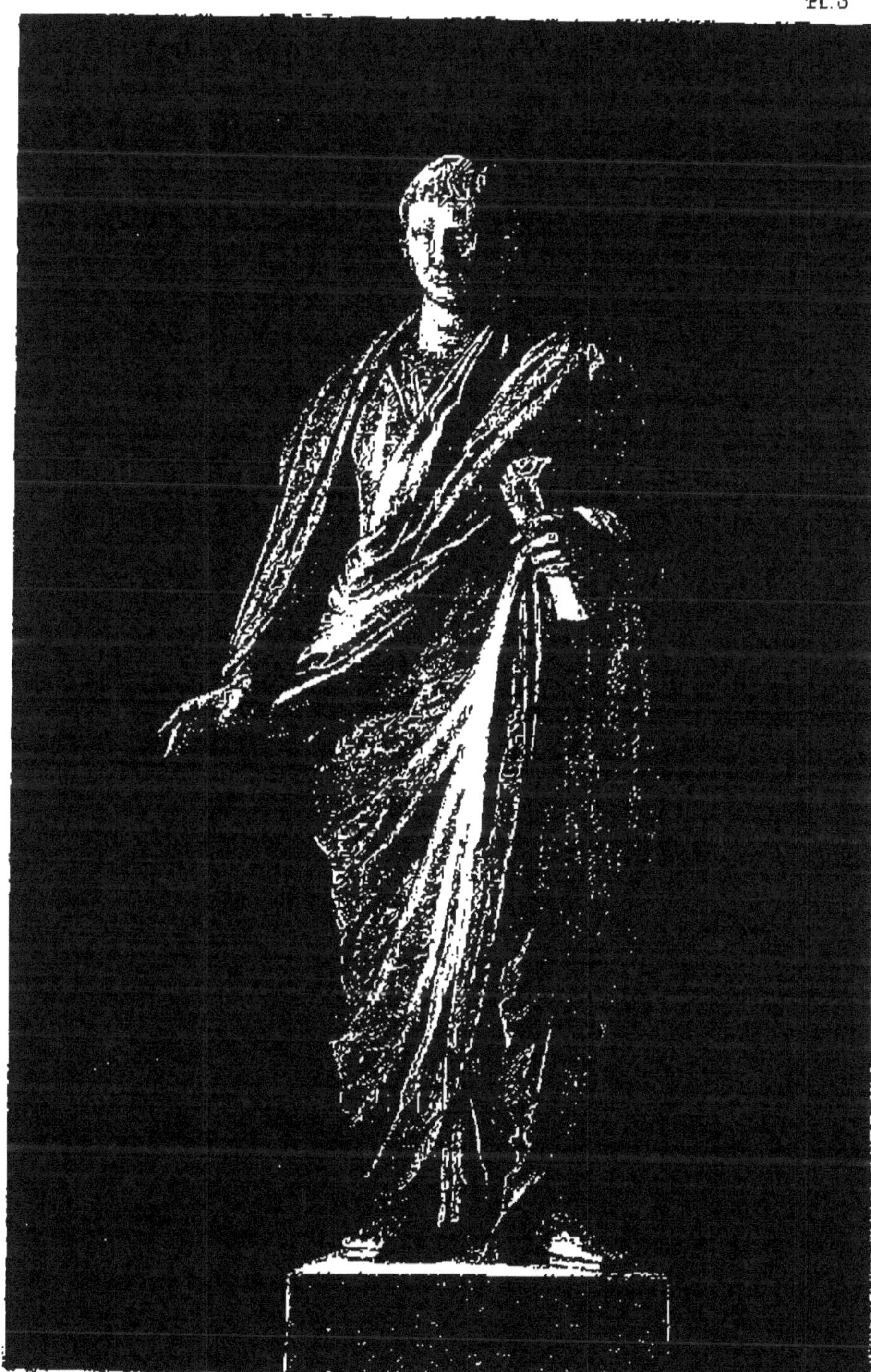

Imp. Lemercier & Cie Paris

E. Baudier Chromolith.

AUGUSTUS
MUSÉE DU LOUVRE

Quel illustre brigand que ce conquérant, qui pilla le trésor des Gaules, à Rome, une fois la guerre finie, sous prétexte que l'on n'en avait plus besoin, et vola trois mille livres pesant d'or au Capitole, en y substituant le même poids de cuivre doré. (Suétone, LIV.)

Du premier des Césars on vante les exploits;
Mais dans quel tribunal, jugé suivant les lois,
Eût-il pu disculper son injuste manie?
Qu'on livre son pareil en France à La Reynie,
Dans trois jours nous verrons le phénix des guerriers
Laisser sur l'échafaud sa tête et ses lauriers.

Vous ne vous douteriez jamais qui parle ainsi? C'est Nicolas

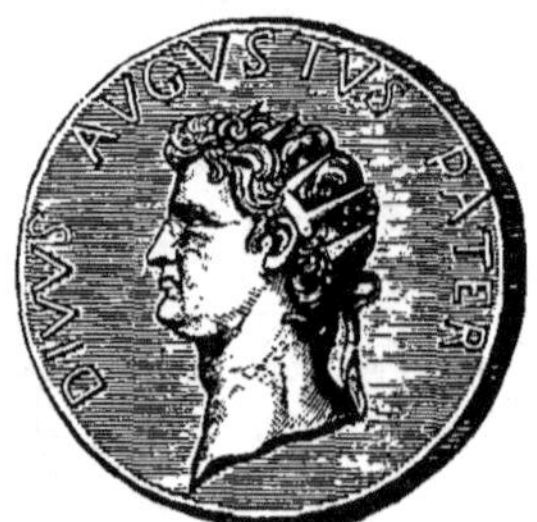

DIVUS AVGUSTVS. PATER PATRIÆ.

Fig. 187. — Auguste, d'après les médailles.

Boileau-Despréaux, et l'illustre auteur de l'*Art poétique* et de l'*Épître au roi* passe pour ami de César.

Auguste (fig. 187), le neveu, qui parvint « par méditation, à force de répéter son rôle et de s'en pénétrer, à se déformer en souverain; » ce César plaqué, comme l'appelle Sainte-Beuve, fut encore plus infâme, peut-être. Marc-Antoine lui reproche d'avoir acheté l'adoption de Jules César « stupro meritum, » et Lucius, le père de Marcus, ose écrire de lui qu'après avoir livré à César « delibatam pudicitiam, » il obtint, pour la même action, trois cent mille sesterces (trent-neuf mille cent cinquante-huit francs) d'Aulus Hirtius, en Espagne.

Malgré son vice, il adorait les jeunes filles; et Livia (c'est sa femme dont il est question) se faisait souvent, pour cet objet, sa complaisante. « Quæ sibi undique etiam ab uxore conquirerentur. » (Suétone, LXXI.)

Il faut avoir le cœur bien solide pour lire sans nausées les *Douze Césars*, de Suétone ; les *Annales* ou les *Histoires*, de Tacite.

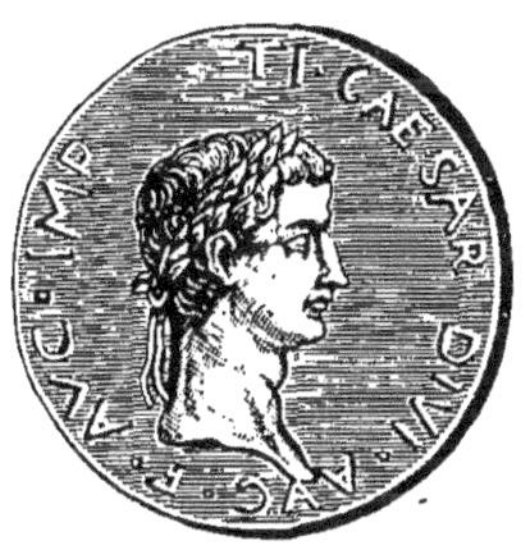

TIBERIVS CÆSAR. DIV. AVGUSTI FILIUS. AUGUSTUS IMPERATOR.

Fig. 188. — Tibère, d'après les médailles.

Tibère (fig. 188), qui institua un ministère des plaisirs secrets et le confia à un chevalier romain, Cesonius Priscus ; Tibère, avec ses

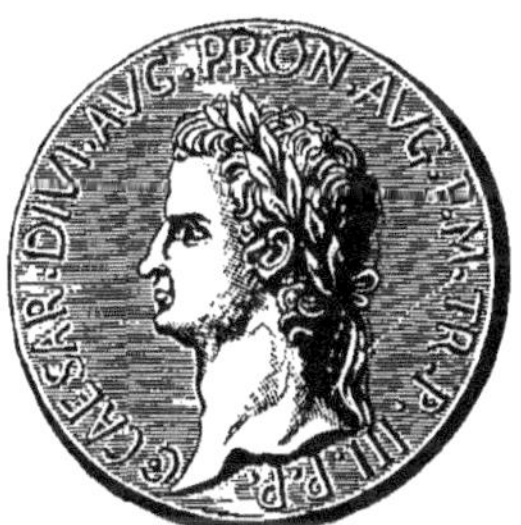

CAIVS CÆSAR. DIVI AUGUSTI PRONATUS. PONTIFEX MAXIMUS TRIBUNUS POPULI. III PATER PATRIÆ.

Fig. 189. — Caligula, d'après les médailles.

« pisciculi » de Caprée, ses voluptés monstrueuses, ses repas « nudis puellis ministrantibus, » est tellement ignoble que je vous demande de ne pas m'étendre ici sur son compte. « C'est de la boue trempée dans du sang, » disait de lui son précepteur de rhétorique, Theodorus Gadareus. Celui-là fut étouffé sous des coussins, dans la villa de Lucullus, et la joie fut telle à Rome, qu'on se mit à courir par les rues et les carrefours, en proclamant la délivrance du genre humain.

Caligula (fig. 189), comme le grand César, était épileptique. (Suétone, pour Caïus, L, p. 254; pour César, XLV, p. 33.) C'est une excuse. Il est doux de penser qu'un pareil monstre n'était sain ni de corps ni d'esprit. Pendant qu'il dînait, un soldat, habile à décapiter, coupait les têtes des prisonniers pour le distraire.

C'est lui qui fit brûler en plein amphithéâtre l'auteur d'une atellane, qui contenait un calembour qu'il ne pouvait parvenir à com-

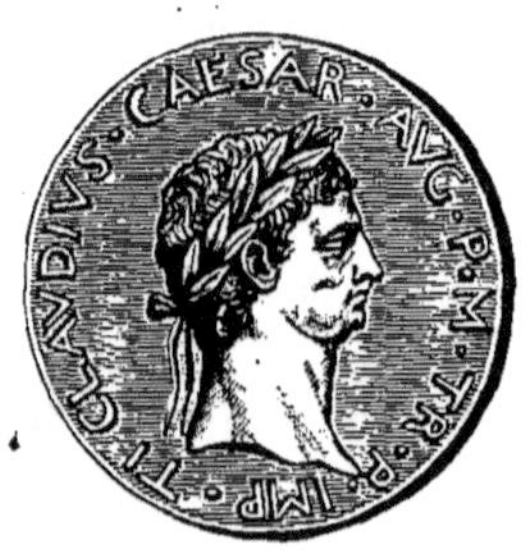

TIBERIVS CLAUDIVS CÆSAR AUGUSTUS. PONTIFEX MAXIMUS
TRIBUNUS POPULI. IMPERATOR.

Fig. 190. — Claude, d'après les médailles.

prendre. « Souvenez-vous que tout m'est permis, disait-il à son aïeule Antonia, et contre tous. » — « Memento omnia mihi et in omnes licere. » — Dans un splendide festin, il se mit tout à coup à rire. Ses convives lui demandant la cause de cette gaieté soudaine, il leur répondit : « C'est que je songe que, d'un signe de tête, je puis vous faire égorger tous. » — « Cum omnibus sororibus suis stupri consuetudinem fecit. » (Suétone, XXIV.)

Le pantomime Mnester sut seul trouver le chemin de son cœur; il l'affichait même au spectacle. « Etiam inter spectacula osculabatur. » Mais son dieu, son vrai dieu, fut Incitatus, son cheval. Il lui fit faire une écurie de marbre, une crèche d'ivoire, des housses de pourpre, des licous garnis de pierres précieuses ; il lui donna un palais, des esclaves et un mobilier ; il dînait dans son écurie, et voulut même, dit-on, le faire nommer consul... Le poignard de Cassius Chéréa, tribun de la cohorte prétorienne, en purgea l'humanité.

Claude (fig. 190), que sa propre mère Antonia appelait « une ombre d'homme, un avorton, une ébauche de la nature, » surpassa peut-être Caligula en imbécillité. C'était cette même Antonia qui disait, en parlant de lui : « Bête comme mon fils Claude ; » et elle avait raison.

Malheureusement cet imbécile fut, de par les soldats, revêtu de la pourpre. On l'avait trouvé, à la mort de Caïus, caché derrière une

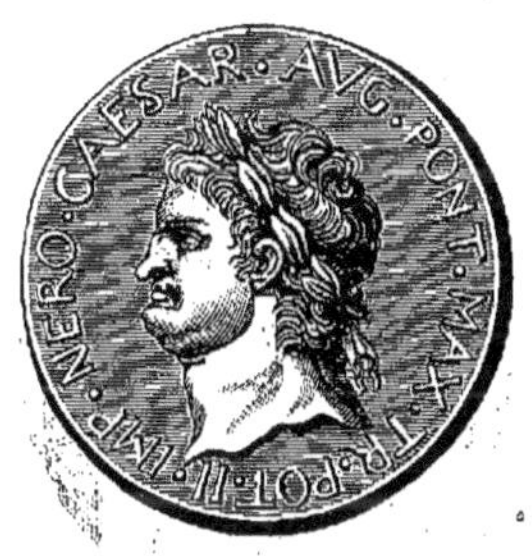

NERO CÆSAR. AUGUSTUS. PONTIFEX MAXIMUS.
TRIBUNITIA POTESTATE IMPERATOR.

Fig. 191. — Néron, d'après les médailles.

tapisserie ; on le mena au camp des prétoriens, tout tremblant et tout lâche, et, le lendemain, il commandait à la terre.

Ce qu'adorait le nouveau césar, c'était la société des hommes les plus abjects « sordissimorum hominum. » Avec eux, il s'enivrait à en mourir. Peureux, méfiant, lorsqu'il marchait, ses genoux chancelaient ; il écumait, la bouche ouverte, humectant jusqu'à ses narines. Il était atteint d'un bégayement continuel, et balbutiait plutôt qu'il ne parlait. Sa tête, couverte de cheveux blancs, tremblait, à la moindre émotion, sur ses épaules. Sa seule joie était de voir expirer les gens. Un jour qu'on devait exécuter des parricides à Tibure, comme le bourreau était absent, il attendit jusqu'au soir qu'on l'eût fait venir de Rome, pour ne pas manquer un aussi curieux spectacle. Néron lui fit avaler le mets divin que vous savez.

Quant à Néron (fig. 191), c'est le type de l'empereur romain dans toute sa sublimité. Il avait commencé ses meurtres et ses parricides par Claude ; il continua par Britannicus, son frère, dont il savoura l'agonie, penché sur le lit du triclinium, où se passait la scène de l'empoisonnement, sans broncher, en ayant l'air de ne rien savoir, dit Tacite. (*Annales*, livres XIII à XVI, t. II, p. 131.) Il tua Poppée, sa femme, d'un coup de pied dans le ventre, et, ayant manqué sa mère Agrippine, dans un naufrage à soupape admirablement combiné, il la fit massacrer à coups de poignard par Anicetus, son ouvrier ordinaire dans ce genre d'exécutions.

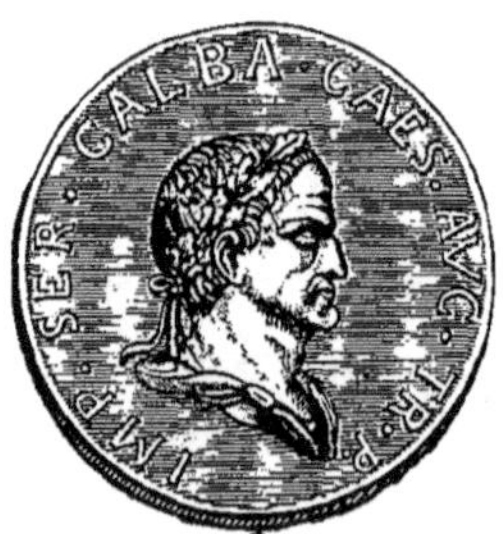

IMPERATOR. SERGIVS GALBA. CÆSAR. AUGUSTVS.
TRIBUNITIA POTESTATE.

Fig. 192. — Galba, d'après les médailles.

Néron est toujours et dans tout d'une monstruosité inénarrable, soit que, avec Pythagoras, il marche à l'autel, entouré de torches nuptiales et recouvert du voile des vierges ; soit que, avec Sporus, habillé en impératrice, il se promène en litière à travers les rues de sa capitale ; soit lorsque, après avoir incendié Rome, il chante, du haut de la tour de Mécène, revêtu d'un costume de comédien, la prise de Troie, de sa voix délicieuse ; soit quand il rêve d'empoisonner tout le sénat dans un festin ; soit, enfin, quand il erre la nuit dans les jardins de son palais d'or, éclairés par des corps vivants enduits de résine et de poix, que l'on vient d'allumer en son honneur. C'est le tyran dans la plus épouvantable acception du mot. Il eut le courage de s'enfoncer un couteau dans la gorge, et la bêtise de se faire cette dernière oraison funèbre : « Quel dommage qu'un si grand artiste vienne à mourir ! » « Qualis artifex pereo ! » (Suétone, XLIX, p. 354.)

Après Néron, il faut baisser la toile. Nous ne pouvons espérer mieux que cet histrion pour nous représenter au vrai l'impériale orgie romaine.

Galba (fig. 192) n'est qu'un vieil avare goutteux, despotique et ridicule, qui ne dut qu'à son indolence son renom de sagesse, paraissant supérieur à la condition privée tant qu'il y resta, et, au jugement de tous, digne de l'empire, s'il n'eût été empereur. « Major privato visus, dum privatus fuit; et omnium consensu, capax imperii nisi imperasset. » (Tacite, *Histoires,* livre Ier, XLIX.) Les soldats le tuèrent

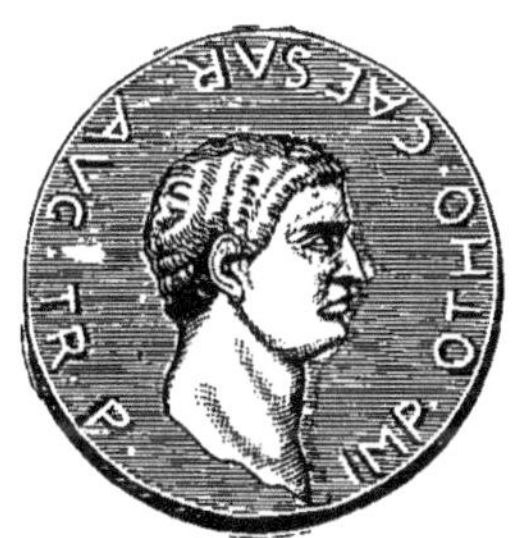

OTHO. CÆSAR. AVGVSTVS. TRIBVNITIA POTESTATE IMPERATOR.

Fig. 193. — Othon, d'après les médailles.

un jour sur le Forum, près du gouffre de Curtius, et l'on porta sa tête au haut d'une pique au milieu des enseignes des cohortes.

Othon (fig. 193), ami de Néron « consuetudine mutui stupri », coiffé d'une perruque, aussi recherché qu'une femme dans sa toilette, est un guerrier pommadé, à peine digne de remarque. Il n'accomplit, pendant son règne, qu'un acte à peu près digne, quand il se poignarda lui-même.

Quant à Vitellius, « Spintria », comme on disait de lui à Caprée, du temps de Tibère (fig. 194), c'est un goinfre qui ne songe jamais qu'à manger. « De solo victu cogitabat. »

Il prodiguait ses caresses aux muletiers, aux palefreniers des auberges, aux affranchis, aux conducteurs de chars, au bel Asiaticus, « adolescentulum mutua libidine constupratum. » (Suétone, XII.) Puis, sa passion assouvie, se mettait à table. On lui servait, dans un seul plat, qu'il appelait l'égide de Minerve, deux mille poissons et sept mille oiseaux, des foies de carlets, des cervelles de faisans et de paons, des langues de flamants, des laitances de lamproies.

Entre temps, il repaissait ses yeux, c'est son mot, du supplice de quelque ennemi. « Quin et audita est sævissima Vitellii vox, qua *se* (ipsa enim verba referam) *pavisse oculos spectata inimici morte* jactavit. » (Tacite, *Histoires,* livre III, XXXIX.)

C'est lui qui, sur le champ de bataille de Bédriac, trouvait que le corps d'un ennemi mort sent toujours bon.

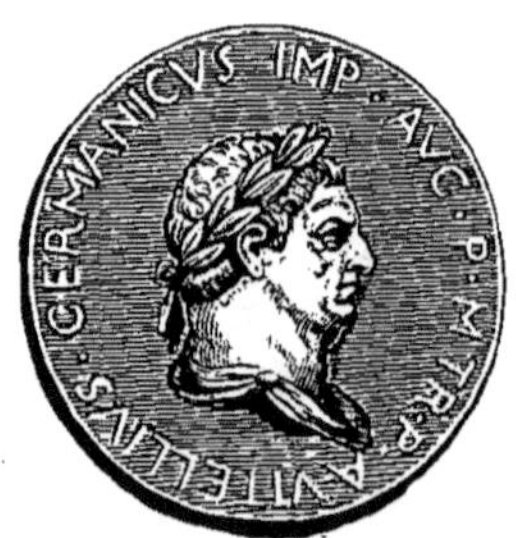

AVLVS VITELLIVS GERMANICVS. IMPERATOR AVGVSTVS PONTIFEX MAXIMVS TRIBUNITIA POTESTATE.

Fig. 194. — Vitellius, d'après les médailles.

Rome tombée au pouvoir des Flaviens, Vitellius s'enfuit avec son boulanger et son cuisinier, et se réfugia chez sa femme ; puis, inquiet, plein d'une incertitude naturelle à la peur, il retourna dans son palais désert. Tous le fuyaient ; ses esclaves eux-mêmes détournaient la tête à sa vue. Il entendit un grand tumulte ; c'étaient les prétoriens qui s'avançaient. Éperdu, il se cacha dans une niche à chiens. Les soldats l'en firent sortir ; on le traîna aux Gémonies ; un tribun l'acheva, et le peuple l'outragea mort, avec la même lâcheté qu'il l'avait encensé vivant. « Et vulgus eadem pravitate insectabatur interfectum, qua foverat viventem. » (Tacite, *Histoires,* livre III, LXXXV.)

Il y eut comme un arrêt à l'arrivée au trône de l'empereur Vespasien (fig. 195); mais celui-là ne descendait d'aucun dieu ; son grand-père, ancien centurion, était receveur des enchères. « Affable et clément, jamais il ne dissimula la médiocrité de son origine, et même il s'en glorifia souvent. » (Suétone, XII.)

Il n'eut qu'un défaut, qui était presque une qualité, après les prodigalités de ses prédécesseurs ; c'était une avarice sordide. Les Alexan-

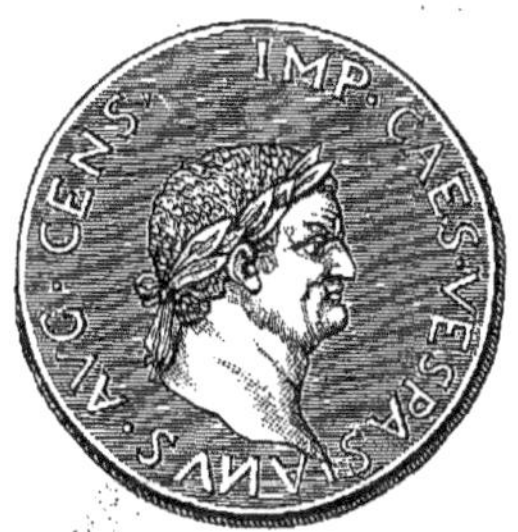

IMPERATOR. CÆSAR. VESPASIANVS AVGVSTVS. CENSOR.

Fig. 195. — Vespasien, d'après les médailles.

drins l'appelaient *Cybiosacte*, du nom d'un de leurs rois, qui était resté le type le plus complet du ladre. On sait sa réponse à des députés qui

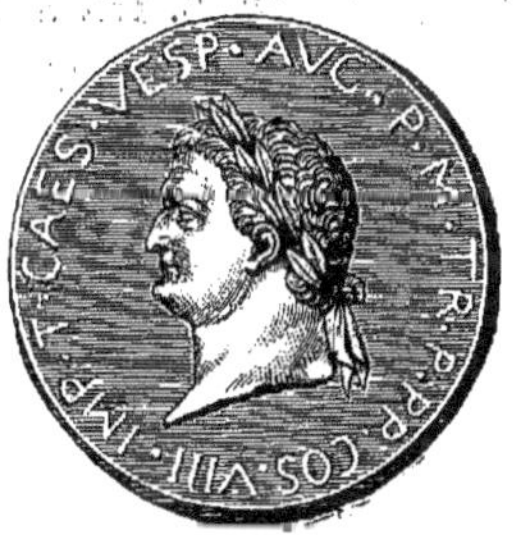

IMPERATOR TITVS CÆSAR VESPASIANVS AVGVSTVS. PONTIFEX MAXIMVS. TRIBUNITIA POTESTATE. PATER PATRIÆ.

Fig. 196. — Titus, d'après les médailles.

venaient lui annoncer qu'on lui avait décerné une statue colossale, d'un prix considérable : « Placez-la donc tout de suite, dit-il, en montrant le creux de sa main ; le piédestal est tout prêt. »

Il eut la gloire de donner Titus (fig. 196) comme empereur au monde romain, Titus que l'on appela les délices du genre humain. « Amor ac deliciæ generis humani. » Le plus grand éloge que fassent les historiens du vainqueur de Jérusalem, c'est qu'il respecta toujours le bien d'autrui. « Nulli civium quidquam ademit, abstinuit alieno. » (Suétone, VII.) Il fallait être descendu bien bas pour en arriver à exalter dans des empereurs des vertus ordinaires à tous les gens de bien.

Domitien (fig. 197), qui succéda à Titus, nous ramène aux traditions de la cour des anciens césars. Il s'enferme pour tuer des mouches avec une épingle d'or. Il fait périr un disciple du pantomime Paris, parce qu'il ressemblait trop à son maître par la figure et par le talent.

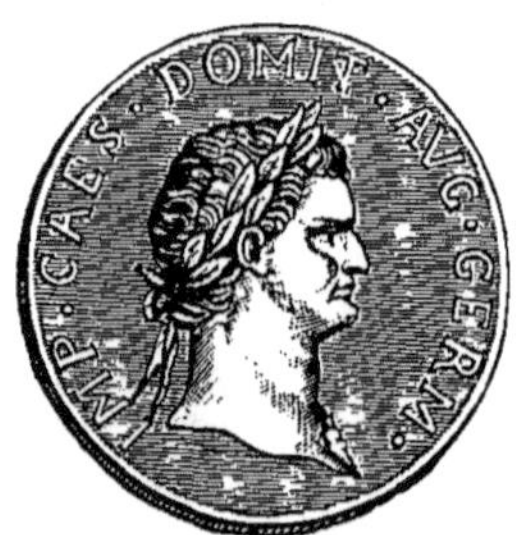

IMPERATOR. CÆSAR. DOMITIANVS AVGUSTVS. GERMANICVS.

Fig. 197. — Domitien, d'après les médailles.

Il met en croix les copistes d'Hermogène de Tarse, parce que leur patron a fait des allusions méchantes dans son histoire. Un père de famille fait, au théâtre, une réflexion sur des gladiateurs thraces ou mirmillons. Domitien l'entend ; sur un signe, on l'arrache de sa place, on le conduit au milieu de l'arène, et des chiens féroces le dévorent, à la grande joie de l'empereur.

Il faisait périr les gens sur le plus léger prétexte. — Ælius Lamia l'avait plaisanté autrefois ; à mort ! — Salvius Cocceianus avait cru devoir à la mémoire d'Othon, son oncle, de célébrer le jour de sa naissance ; à mort ! — Un horoscope prédisait l'empire à Metius Pomposianus ; à mort ! — Sallustius Lucullus avait inventé une nouvelle forme de lances, et leur avait donné le nom de luculléennes ; qu'on le tue ! — Junius Rusticus venait de publier l'éloge de Thraséas, qu'il appelait l'homme le plus vertueux du siècle ; qu'il aille le rejoindre ! —

Arrêtons-nous. Suétone en raconte encore ainsi pendant plusieurs pages. La barbarie de Domitien, dit-il en terminant la nomenclature de ces forfaits inouïs, était, non seulement extrême, mais encore soudaine et raffinée. « Erat autem non solum magnæ, sed et callidæ inopinatæque sævitiæ. » (Suétone, XI.)

On le tua simplement dans sa chambre à coucher.

Nous ne pousserons pas plus loin ce crayon des empereurs. Il faudrait vous parler de Commode, un gladiateur; de Caracalla, un fratricide ; d'Héliogabale, qui mourut où vous savez ; de Maximin, qui mangeait quarante livres de viande par jour; et vraiment nous ne nous sentons pas de force à continuer l'étude de ces règnes sauvages.

Et dire qu'il se rencontre des hommes qui ont cru se faire une gloire de descendre d'une race qui s'était laissé mener par de pareils chefs !

Latins, tant que vous voudrez; mais j'aime mieux rester, comme le sauvage du fabuliste, simple paysan du Danube.

Quant à avoir la prétention de voir un art quelconque, à pareille époque, avec de pareils monstres, la chose nous semblera toujours surprenante. Du reste, il suffit de creuser un peu au-dessous de l'histoire officielle et d'étudier les anecdotes, pour apprécier suffisamment le goût de ces artistes couronnés de lauriers, pères de la patrie et libérateurs du genre humain.

Caligula, qui méprisait Virgile, et trouvait Tite-Live fade et verbeux, conçut la pensée d'anéantir les poèmes d'Homère. « Cogitavit etiam de Homeri carminibus abolendis. » (Suétone, XXXIV, *C. Cal.*) Il faisait enlever, en Grèce, les merveilleuses statues de Praxitèle, couper les têtes des dieux de marbre et les remplaçait par la sienne. (Tacite, *Supplément,* 579.) — Le Jupiter Olympien de Phidias ne dut son salut qu'à un prodige qui effraya tant Memmius Régulus, chargé de le voler, qu'il en prit la fuite, n'osant regarder en arrière.

Néron imagina de faire dorer l'Alexandre en bronze de Lysippe, comme certain grand homme de notre époque, qui passait à l'eau de cuivre des statuettes antiques, couvertes d'une délicieuse patine déposée par des siècles, « pour les rendre plus *propres*[1]. » Cet illustre empereur se fit peindre lui-même dans un portrait de cent vingt pieds de haut (un portrait de cent vingt pieds ! — Quelque chose comme les réclames de nos magasins de nouveautés), Pompée avait exposé le sien, entièrement fabriqué en perles de toutes couleurs[2].

Des bourgeois enrichis, qui croient faire grand en faisant colossal, et se payent des extravagances pour avoir l'air de s'y connaître !

« Je ne parle pas des arts, dit Dureau de La Malle ; Rome les accueillit par air, mais les méprisa toujours par principe. Les artistes ne furent, à ses yeux, que des manœuvres et des esclaves[3], » comme chez les Anglais, au dire de M. Taine, où les peintres ne sont pas considérés comme *gentlemen,* parce qu'ils se servent de leurs mains pour travailler[4].

Il fallut à Quintus Pedius, fils d'un personnage consulaire, et muet de naissance, une autorisation expresse d'Auguste pour qu'on permît à sa famille de lui faire apprendre, comme passe-temps, la peinture.

Quant à Amulius, celui que l'on met toujours en avant quand on nous jette à la tête les noms des artistes romains, il peignait toujours revêtu de sa toge. « Pingebat semper togatus, » dit Pline, pour garder dans cet exercice la dignité de citoyen romain[5].

Un certain Fabius se permit de décorer lui-même le temple de *Salus;* le peuple le poursuivait dans les rues en l'appelant *pictor,* lui jetant ce mot comme une grossière injure.

Nous verrons plus tard comment les Romains pratiquaient l'art

1. Ce même grand homme, auquel on a élevé des statues et qui était vraiment un artiste à la romaine, imagina de compléter les chefs-d'œuvre de Michel-Ange. La vue d'un pied simplement ébauché, dans un groupe sculpté par le maître, le gênait outre mesure. Il rêva toute sa vie de faire achever la Vénus de Milo et corrigea les compositions de Raphaël pour en faire des pendants réguliers dans sa collection si vantée.

2. *Les merveilles de la peinture,* par Louis Viardot (Paris, Hachette, 1re série, p. 31).

3. *Vie de Tacite,* par Dureau de La Malle (Préliminaires de sa grande traduction de l'historien latin, p. 3, édition de Garnier frères, 1846. Paris).

4. *Notes sur l'Angleterre* (Promenades dans Londres. H. Taine).

5. Louis Viardot, *loc. cit.,* p. 31.

de terre ; comment ils traitaient la statuaire, avec leurs perruques de femmes, en marbre de différentes couleurs, fabriquées à la mode changeante du jour, que l'on remplaçait à chaque saison sur les bustes, et leurs statues *iconiques,* empereurs déshabillés en dieux, copiées sur des statues grecques.

A Rome, tous les honneurs étaient pour le glaive ; et les prétoriens, qui mirent, après la mort de Pertinax, l'empire à l'encan, et trouvèrent dans Didius un acquéreur au prix de vingt-cinq mille sesterces par tête, le prouvèrent bien au monde, plongé dans l'épouvante par le spectacle de tant de bassesses. Il faut lire dans Tacite la description du Forum, à l'époque de l'invasion de cette soldatesque effrénée.

Vitellius, entre deux repas, a essayé d'organiser une résistance aux Flaviens révoltés. Il vient de courir les provinces et d'y récolter un ramassis de brigands, avec lesquels il espère former une armée. Tout cela grouille dans la ville ; « soixante mille soldats perdus de licence, » dit l'historien latin. Avec eux marche une troupe de valets d'armée aussi nombreuse ; goujats (c'est toujours l'auteur des *Annales* qui parle), qui sont, de tous les esclaves, l'espèce la plus insolente. Légionnaires et alliés continuent leurs querelles séculaires. On se bat tout le jour dans les rues ; mais tout ce monde se trouve d'accord pour massacrer les habitants. « Manente legionum auxiliorumque discordia, ubi adversus paganos certandum foret, consensu. » — Tous courent à travers les places, de côté et d'autre, et s'accumulent surtout vers le Forum, pour y voir le lieu où Galba avait été tué.

Outre l'effroi qu'inspiraient leurs vêtements de peaux de bête et leurs piques énormes, toutes les fois que, par maladresse, ils ne pouvaient se démêler de la foule, ou bien qu'un faux pas sur un terrain glissant, ou le moindre choc, les faisaient tomber, ils s'emportaient, ils frappaient, ils massacraient. Il n'y eut pas jusqu'à des tribuns et des préfets même qui ne courussent par la ville avec un air de menace, et accompagnés de bandes armées. « Nec minus sævum spectaculum erant ipsi, tergis ferarum et ingentibus telis horrentes, quum turbam populi per inscitiam parum vitarent, aut ubi lubrico viæ vel occursu alicujus procidissent, ad jurgium, mox ad manus, et ferrum transirent. Quin et tribuni præfectique cum terrore et armatorum catervis volitabant. » (Tacite, *Histoires,* livre II, LXXXVIII.)

Lorsque l'empereur fut extrait de la niche à chiens où il s'était réfugié, ce fut bien pis encore : ses hommes s'unirent aux envahisseurs. Les mains liées derrière le dos, ses habits en pièces, recevant de tous des insultes, il fut traîné le long de la basilique de Jules, devant les monuments honorifiques. Là, on lui mettait sans cesse la pointe d'une épée sous le menton, pour le forcer à lever la tête et lui faire voir ses statues, que l'on traînait dans la boue. Au bout de la place, il fut achevé par Julius Placidus, comme nous l'avons vu plus haut. Les militaires étaient devenus féroces. — « Je suis pourtant ton empereur, » disait la malheureuse victime ; et, traîné par les pieds, on le jetait dans le Tibre, aux applaudissements de la populace.

Comment voulez-vous penser à l'art au milieu de tout ce tumulte? Quand on piétine sans cesse des cadavres et qu'on ne marche que dans le sang, on songe à tout autre chose qu'à dessiner une frise, à modeler un contour, à brosser une toile.

L'art est une fleur qui croît dans l'ombre et le silence ; elle se nourrit de calme et d'harmonie. Le soldat qui frappe, tranche et détruit peut rêver, lui, à des productions d'un autre genre ; il fait des empereurs, mais autre chose, jamais ! Et nous savons ce qu'étaient les créations sublimes de ces stupides guerriers.

Puisqu'il faut absolument trouver un *génie* au peuple romain, on peut dire qu'il eut le *génie militaire*. S'il ne fut pas artiste, il est incontestable qu'il fut ingénieur. Il entassa bien des pierres sur des pierres ; il construisit bien des remparts ; il bâtit bien des temples ; mais, en sa qualité même d'ingénieur, tout cela fut dressé sur un plan fabriqué d'avance et selon la formule.

Nous avons vu l'incroyable variété de son imagination dans la confection de ses camps. Cent pas et un fossé ; cent pas encore et un autre fossé ; celui-là avec des pieux tout autour. Au milieu, une porte ; en face, une autre porte. Deux rues se coupant à angle droit. Dans l'intersection des deux voies, une tente, celle du préteur ; à gauche, à droite, l'habitation des tribuns ; derrière, les préfets. Dans les carrés, l'infanterie ; sur les flancs, les alliés. Le tout rangé, aligné, avec une uniformité toujours invariable.

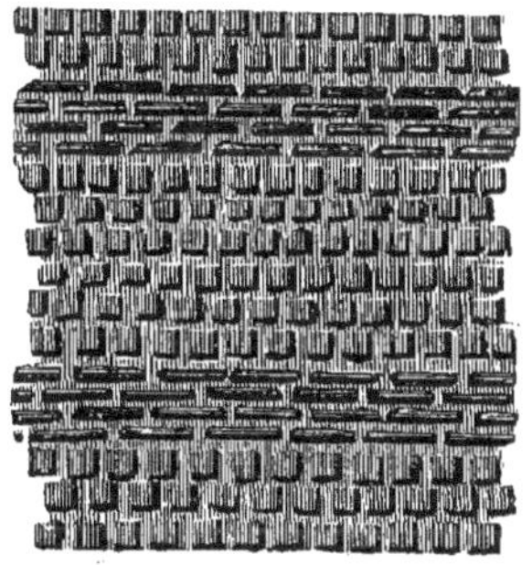

Fig. 198.

Petit appareil commun. Thermes de Julien, à Paris.

Petit appareil allongé. Temple d'Apollon, à Autun.

Ses constructions ont un caractère analogue. Six rangées de pierres cubiques, une bande de trois rangées de briques rouges, six

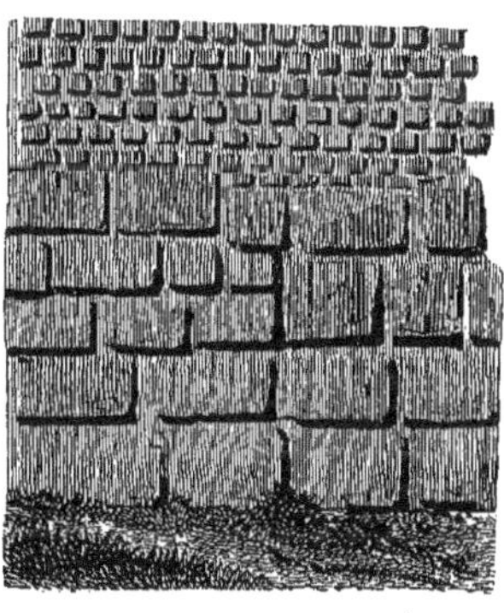

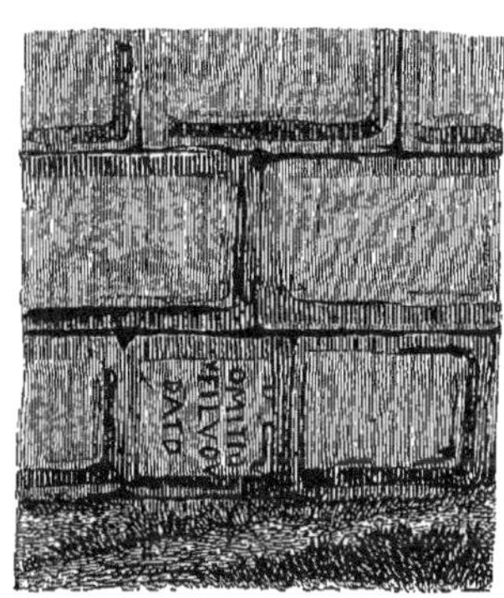

Fig. 199.

Revêtement de petit appareil avec soubassement de grand appareil, à Soissons.

Grand appareil. Cathédrale de Vienne (Dauphiné 1).

nouvelles rangées de pierres, une nouvelle bande de briques, et ainsi

1. Un très grand nombre de monuments religieux du midi de la France sont construits avec des fragments de temples romains brûlés ou détruits à l'époque du triomphe de la foi chrétienne. A Vienne, entre autres, sur les assises de la cathédrale, on aperçoit, placée à l'envers, une inscription latine qui avait dû faire partie de tout autre chose que d'une église. Nous l'avons copiée tex-

de suite. C'est ce que les savants appellent le petit appareil (*emplecton*) [fig. 198].

Parfois, la base de ce petit appareil est fabriquée avec des pierres de plus grande dimension, toujours régulièrement alignées, comme à Soissons ; parfois encore, tout le revêtement extérieur de l'édifice est construit en pierres semblables à cette base. C'est le grand appareil (fig. 199).

Puis vient l'*opus reticulatum*. Ici, les cubes se disposent en

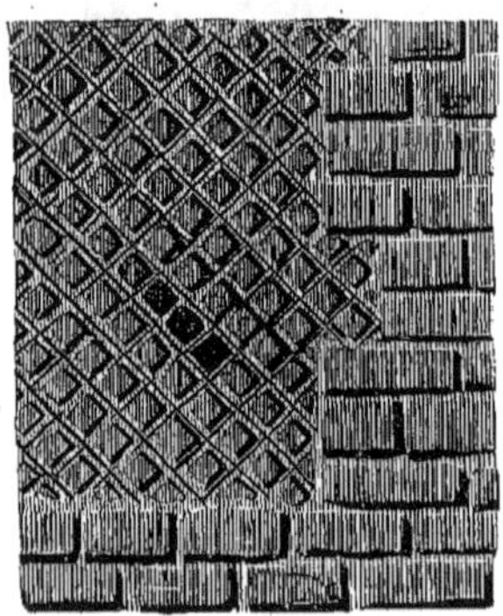

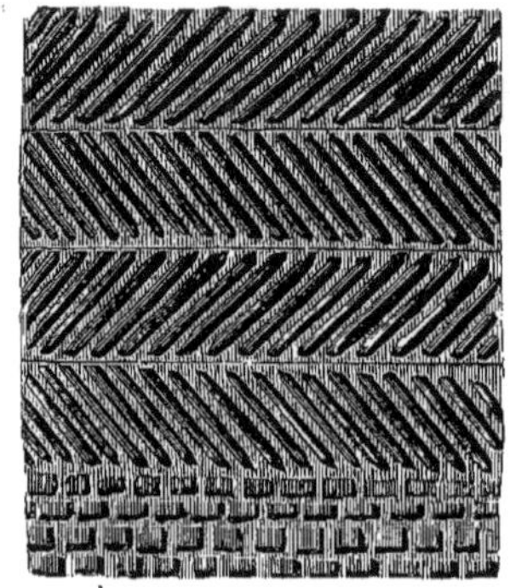

Fig. 200.

Appareil réticulé (*opus reticulatum*). Appareil en feuilles de fougères (*spicatum*).

losanges, à l'instar des filets d'un pêcheur, d'où le nom de *reticulus* (fig. 200).

Comme variété, il y a encore l'*opus spicatum*, en épi, en arête de poisson, en feuilles de fougères ; tantôt façonné avec des galets allongés, tantôt avec des briques. Cet appareil s'est conservé dans nos églises romanes ; on le retrouve à Savenières, à Langon (Ille-et-Vilaine), à Saint-Martin-de-Suèvres et dans bien d'autres temples païens, devenus depuis des églises chrétiennes [1].

tuellement et nous la reproduisons ici en sa place. Nous retrouverons plus tard, à Arles, des pierres païennes sur le revers desquelles ont été par la suite sculptés des ornements chrétiens, entre autres le monogramme du Christ XP (voir chapitre V).

1. L'église de Langon, à laquelle nous faisons allusion, est dédiée à saint *Vénère*. — On a découvert dernièrement dans l'abside, sous une épaisse couche d'enduit, une fresque représentant, au milieu de l'onde verte, où nagent des poissons innombrables, une *Vénus* très peu vêtue, fécondant le monde en tordant au vent sa crinière d'or. Une fenêtre malheureusement ouverte en cet endroit a

Les ouvertures de toutes ces constructions sont en général semi-circulaires. Les Romains inventèrent, dit-on, la voûte et le dôme, qui en est la conséquence. A force de porter sur la tête des casques ronds

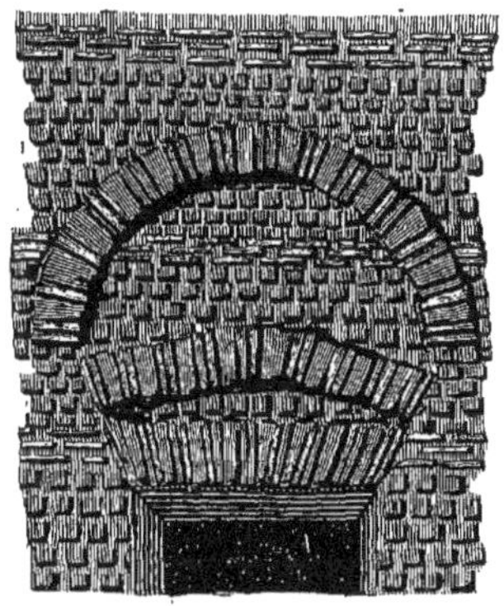

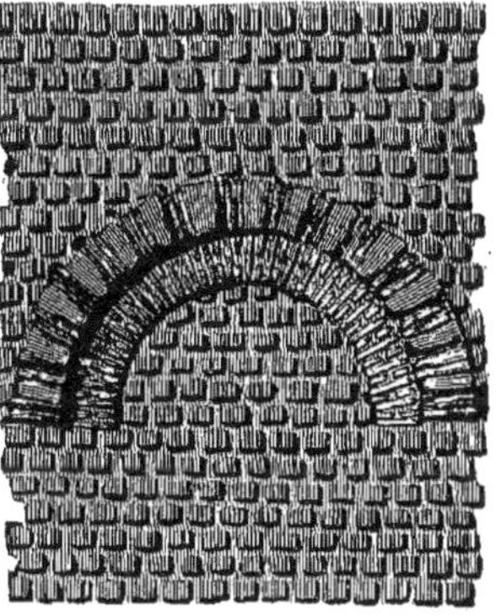

Fig. 201.

Appareil des fenêtres du palais des Thermes, à Paris.

Double voûte du palais des Thermes, à Paris.

ornés d'anneaux, ils songèrent à les planter en pierres sur le sommet de leurs édifices. C'était dans l'ordre. Inclinons-nous donc devant

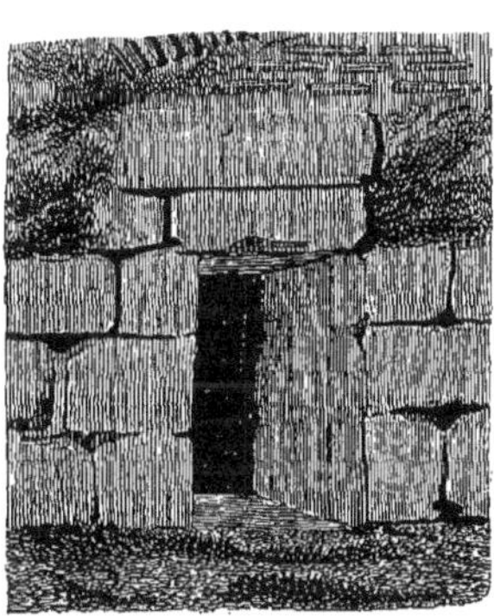

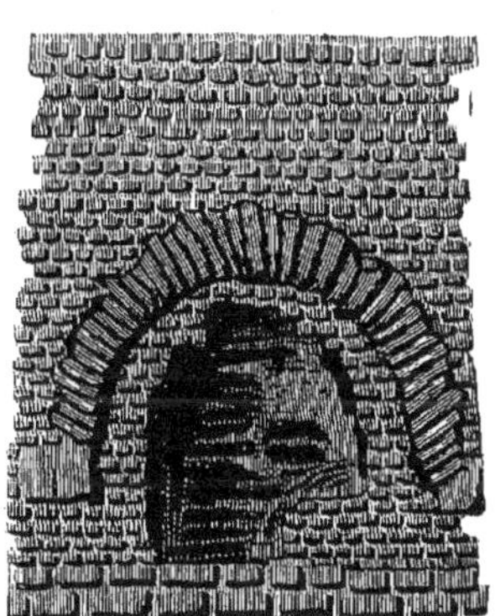

Fig. 202.

Porte du camp de Jublains.

Voûte à Autun.

cette architecture; elle est encore dans le génie militaire de ce peuple (fig. 201 et 202).

fait disparaître une partie du corps de la déesse; mais la figure est encore suffisamment reconnaissable pour indiquer la transformation du culte primitif et donner l'explication de ce nouveau saint qui, du reste, n'a jamais reçu de Rome ses lettres de naturalisation.

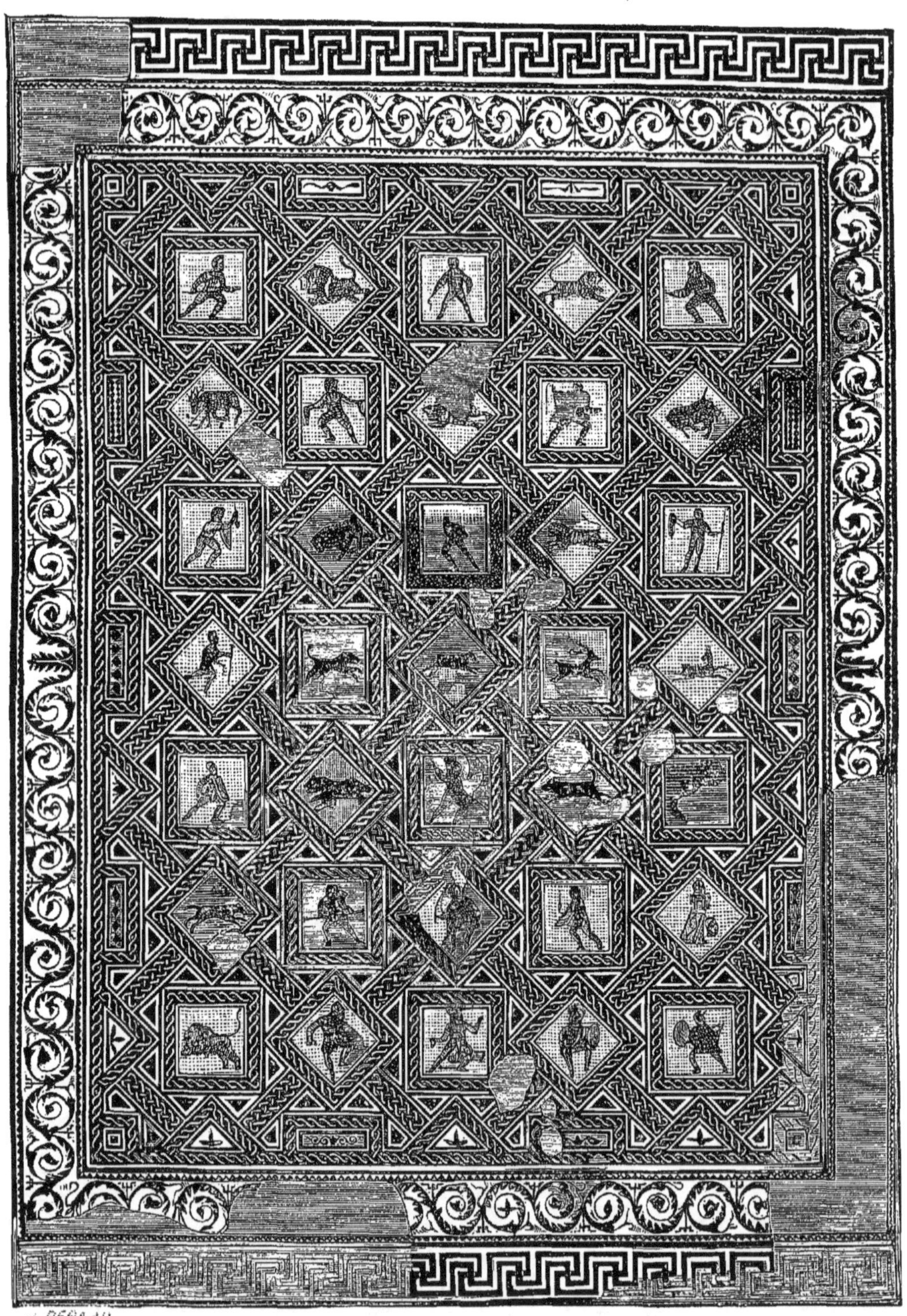

MOSAÏQUE DES PROMENADES.

Trouvée à Reims le 3 novembre 1860.

Parfois, l'ouvrier d'Italie s'essaye à des mosaïques de différentes couleurs ; il mêle des pierres noires et des pierres blanches, rehaussant le tout de ses éternelles briques rouges, et produit quelque chose de plus ou moins colorié, qui plaît, par sa monotonie régulière, aux esprits classiques, mais qui fatigue d'une façon épouvantable, à force de similitude, de rectitude et de combinaison purement géométrique (fig. 203).

Les Romains, après la voûte, inventèrent encore une chose : c'est

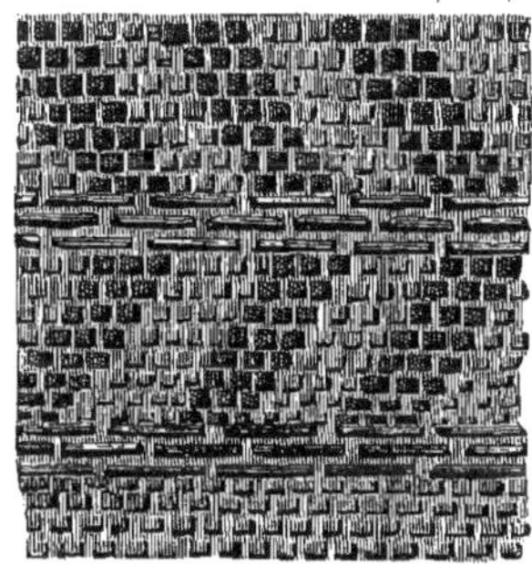

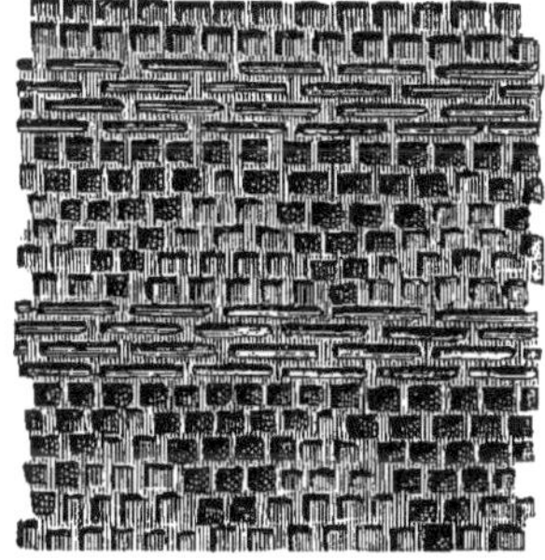

Fig. 203.

Petit appareil en feuilles de fougères, au Mans.

Appareil avec triangles de couleur (murailles du Mans).

la *mosaïque,* un art de prisonniers qui sculptent des noix de coco et fabriquent, avec ce qu'ils ont sous la main, des fantaisies de forçats, des rêveries d'esclaves et des ornementations d'affranchis.

Imiter la nature avec des carrés de pierre disposés régulièrement les uns auprès des autres !

Vous a-t-il été donné de dessiner sérieusement des mosaïques romaines ? Au bout d'une heure de travail, vous avez la tête horriblement fatiguée par cet enchevêtrement incroyable, se répétant à satiété. Toujours des damiers, toujours des losanges, des triangles superposés, des octogones cernant des carrés et des carrés emprisonnant des octogones. Ici, le chevron militaire domine sur toute la ligne ; là, c'est le cercle qui répète la même rosace centrale indéfiniment. Plus loin, c'est la torsade qui se déroule ou s'enroule toujours la même, à deux, à trois et même à quatre tresses. Des lignes droites coupées par des lignes droites, des courbes coupées par des courbes, des cercles tranchés par des cercles, des sections, des divisions, des subdivisions; des angles coupés, recoupés, surcoupés à contresens; et toujours la teinte plate de ces affreux cailloux, polis à frottement par des hommes qui passent des semaines à traîner la pierre ponce sur ces conceptions stupides de paveurs à principes, qui rééditent, pour la millième fois, ce qu'on est parvenu, à force de répétitions, à leur inculquer, malgré eux, dans la tête. (Nous avons retrouvé la même bordure dans plus de vingt mosaïques de l'époque de la conquête.)

Et voilà le plus bel épanouissement de ce que l'on appelle l'*art romain*.

Quand les archéologues ont prononcé le mot *mosaïque romaine,* ils se campent, le poing sur la hanche, et vous regardent avec tout le dédain qui caractérise leur caste. — Voulez-vous comprendre le génie de ceux qui fabriquèrent cette décoration fastidieuse? Copiez-en servilement pendant un mois. Si vous n'en avez pas des nausées, Dieu vous bénisse!

Et dire qu'il s'est trouvé des hommes qui ont parlé, dernièrement encore, d'établir en France une école de mosaïstes. Que l'on utilise des condamnés à mort à cette besogne, passe; mais des hommes libres!... Voyons; songez-y sérieusement, et laissez aux admirateurs des césars ce qui leur revient de droit. Foulez aux pieds ces soi-disant merveilles; du reste, elles n'ont jamais eu, dans l'esprit même de leurs auteurs, d'autre destination possible. Mais laissez-nous tranquilles avec cette industrie de déportés fainéants.

L'esprit systématique de la capitale des empereurs se manifesta en Gaule d'une façon bien plus imposante dans la construction des villes fortes romaines.

Rome avait un Capitole, forteresse à tours carrées, reliées par un mur crénelé, bâti près de la fameuse roche Tarpéienne. Au-dessous, le temple de la Concorde et le temple de Saturne, des colonnades régulières, surmontées de frontons grecs; puis le fameux escalier des Cent marches. A gauche, la basilique de Jules, avec des arcades, sous les-

MOSAÏQUES ROMAINES TROUVÉES EN GAULE

(Pl. 6.)

1. Mosaïque découverte dans une fouille à Chastellux (Yonne), d'après M. Émile Ami.

2. Fragment de la mosaïque de Pezicaudon (Aube).

3. Fragment d'une mosaïque de Lyon.

4. Mosaïque découverte près de Villars, commune de Biches (Nièvre), en 1836 (Musée lapidaire de la porte du Croux, à Nevers).

5 et 6. Bordure des mosaïques de Lyon, d'après M. F. Artaud.

7 et 11. Bordures des mosaïques de Lyon (*Mosaïques de Lyon et des départements méridionaux de la France*, expliquées et publiées par F. Artaud, 1806).

8. Fragment de la mosaïque des Promenades, à Reims.

9 et 13. Mosaïques du jardin des plantes, à Clermont-Ferrand.

10 et 14. Fragments des mosaïques du Musée de Lyon.

12. Mosaïque du Musée lapidaire d'Autun.

15. Mosaïque de Lyon, d'après F. Artaud.

16 et 17. Bordures de la mosaïque des jeux du cirque (Musée de Lyon).

18. Mosaïque déposée dans la cathédrale de Reims, d'après M. Émile Ami.

19. Mosaïque du Musée de Soissons.

20. Mosaïque trouvée à Lyon, rue Sainte-Catherine, maison du Cœur-Volant.

PL. 6.

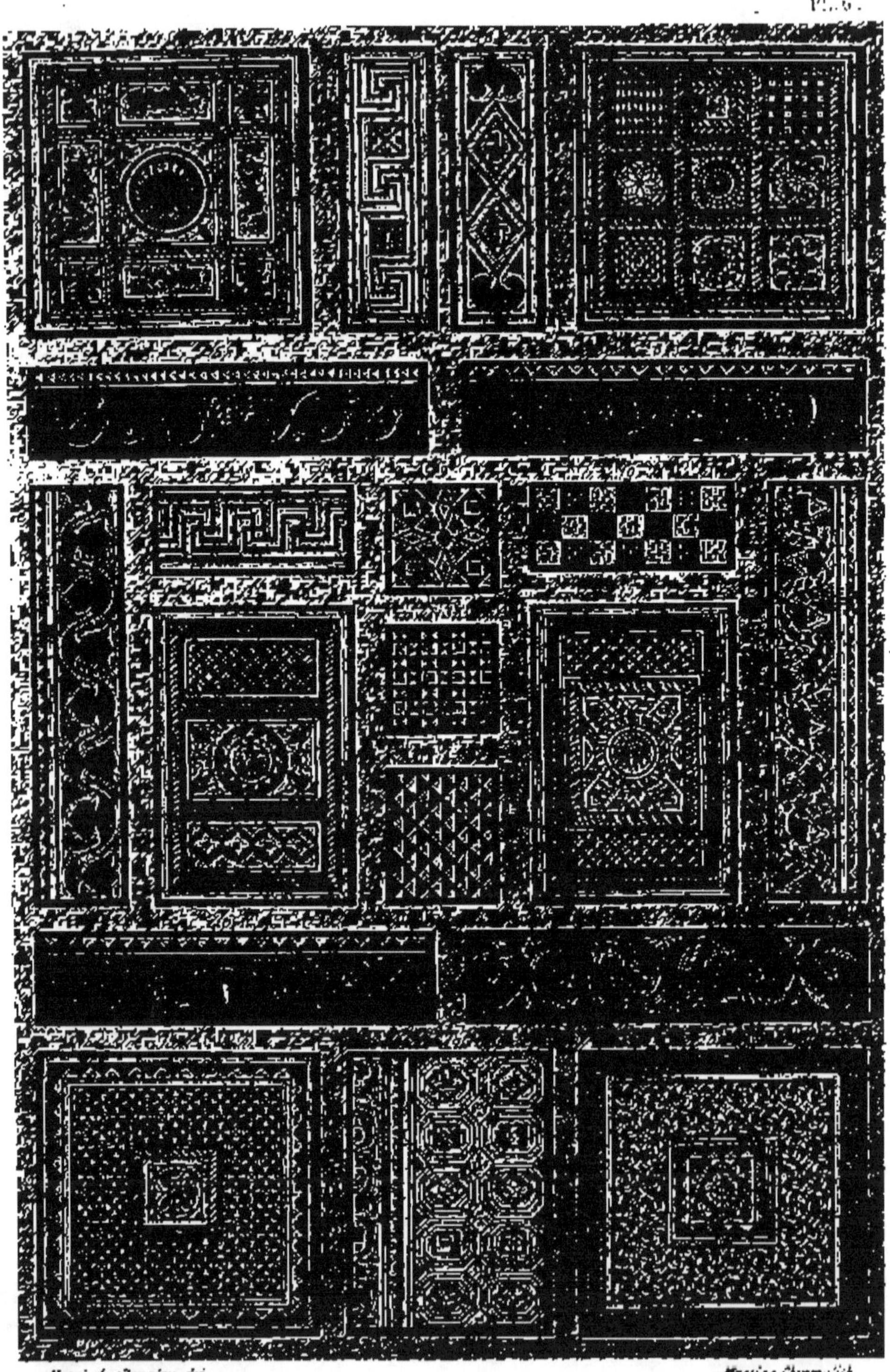

Henri du Cleuziou del. — Mucius Chromolith.

MOSAÏQUES ROMAINES TROUVÉES EN GAULE.

quelles se promenait le peuple. A droite, la Curie, que l'on brûla le jour de la mort de César. Au milieu, la tribune aux harangues; auprès, l'arc de triomphe de Tibère; et, plus loin, dans la direction de la prison Mamertine, celui de Septime-Sévère. Devant la basilique, sur une même ligne, se dressaient des groupes, des colonnes isolées, des statues, etc., désignés sous le nom de monuments honorifiques.

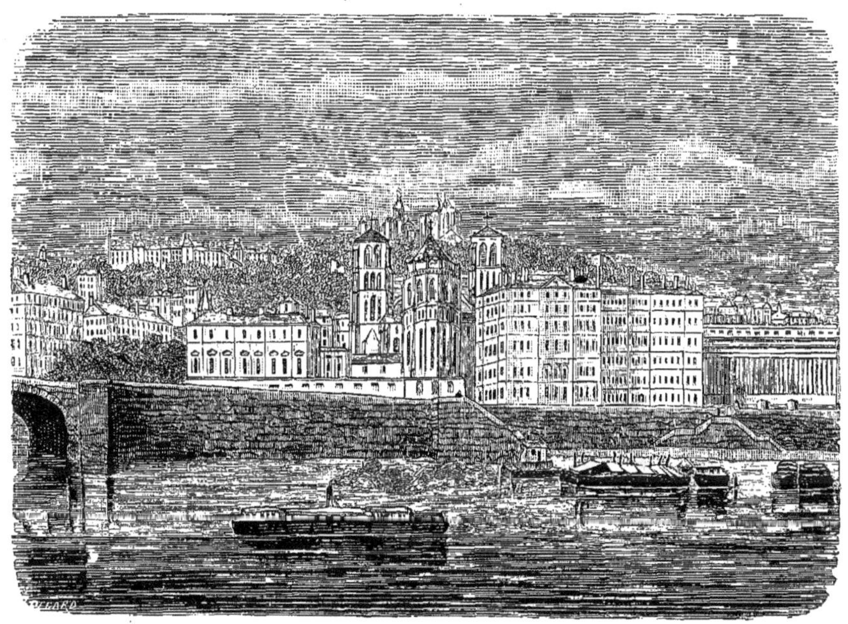

Fig. 204. — Vue de Lyon prise du quai des Célestins; au fond, Fourvières et l'Antiquaille.

A l'autre bout, enfin, en face des Cent marches, on voyait le temple des Dioscures, où Caligula se faisait adorer, et l'habitation des vestales.

Quand il s'agit de bâtir, à Lyon, un Capitole digne de recevoir Auguste, on laissa de côté la petite colonie grecque, qui s'était établie jadis à la Croix-Rousse, lorsque, chassés par les Massaliotes, ces Rhodiens trouvèrent une hospitalité facile au milieu des antiques clans des Ségusiaves.

Fourvières était là, avec son Capitole (fig. 204); Fourvières (*forum vetus*), le vieux forum; Munatius Plancus l'avait déjà fortifié, quand il était venu se mettre à la tête des colons italiens, chassés de Vienne par les Allobroges. On construisit des temples, le fameux autel d'Auguste, avec ses deux colonnes, et les soixante statues des villes gauloises du palais (l'Antiquaille) où naquirent Claude et Caracalla, des aqueducs, des maisons pour les prêtres, que sais-je? Et le prince daigna y séjourner trois ans, tout près du sanctuaire où ses flamines l'invoquaient, matin et soir, dans leurs ferventes prières.

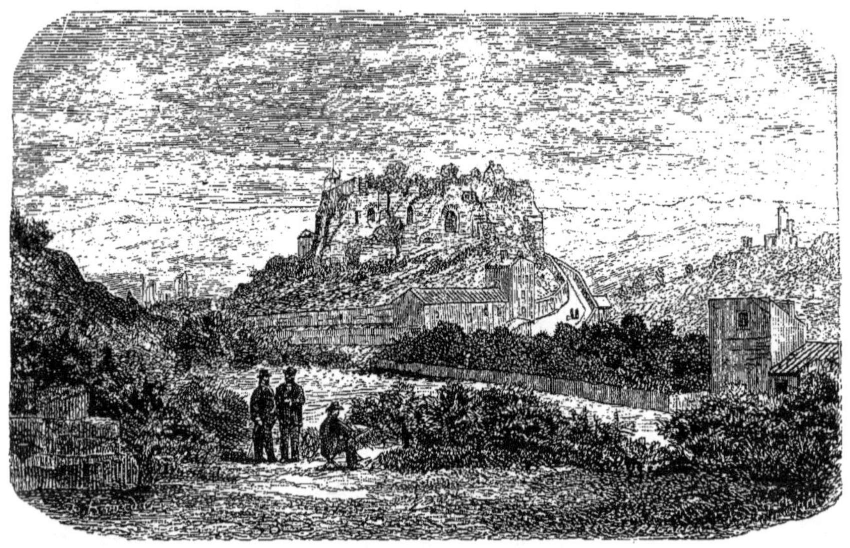

Fig. 205. — Citadelle de Vienne, mont Pipet. A droite, le château de La Bâtie, sur le mont Salomont.

Nous avons essayé de vous faire comprendre ce qu'était une cité gauloise avant la conquête. Ville libre, bien plantée sur sa longue colline ; refuge calme d'un puissant peuple, un tel *site* ne pouvait convenir à un légat chargé de pressurer une nation [1]. Il fallait d'abord à celui-ci ses citadelles pour se défendre en cas d'attaque ou de soulèvement populaire.

1. A cette époque, toutes ces cités gauloises furent détruites. Gergovie disparut pour faire place à *Augustonemetum*, Clermont. On délaissa Bibracte pour fonder *Augustodunum*, Autun. — Il fallait absolument donner un aspect romain aux lieux choisis pour dénationaliser le pays. C'est ce que ne manquèrent pas de faire les gouverneurs, expédiés de la capitale à cet effet. Tous les noms de lieux furent italianisés. Angers devint *Juliomagus;* Beauvais, *Cæsaromagus*. Valence se nomma *Julia Valentia;* Nîmes, *Nemausus Augusta*, et Carpentras enfin *Carpentoracte Julia*.

Vienne, sous ce rapport, nous donne un spécimen complet du mode d'occupation latine dans notre pays.

En haut, le mont Pipet (fig. 205), tout entouré de fortes murailles,

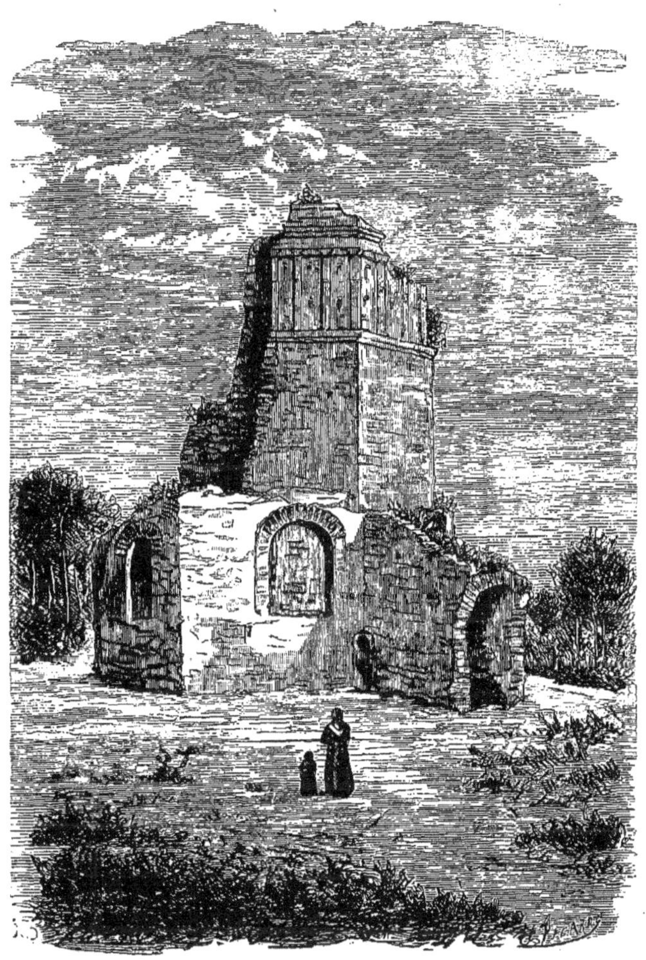

Fig. 206. — La tour Magne, à Nîmes.

surmontant un roc inaccessible. Du haut du parapet de sa terrasse, le préteur étranger pouvait, là, contempler impunément son troupeau, qu'il devait si bien tondre. « Vous êtes des éponges, leur disait Vespasien, que l'on trempe quand elles sont sèches, et que l'on presse lorsqu'elles sont humides. » (Suétone, XVI, *Vesp.*)

Au-dessous, la ville avec ses temples, celui d'Auguste et Livie, entre autres, dont nous reparlerons ; des théâtres, des arènes (le plan de l'Aiguille), et, descendant de la forteresse à la ville, un immense escalier, toujours comme à Rome, les cent marches du Capitole de la *Vienna Allobrogum.*

Nîmes, de même, avait son nid d'aigle : la tour Magne. Au sommet

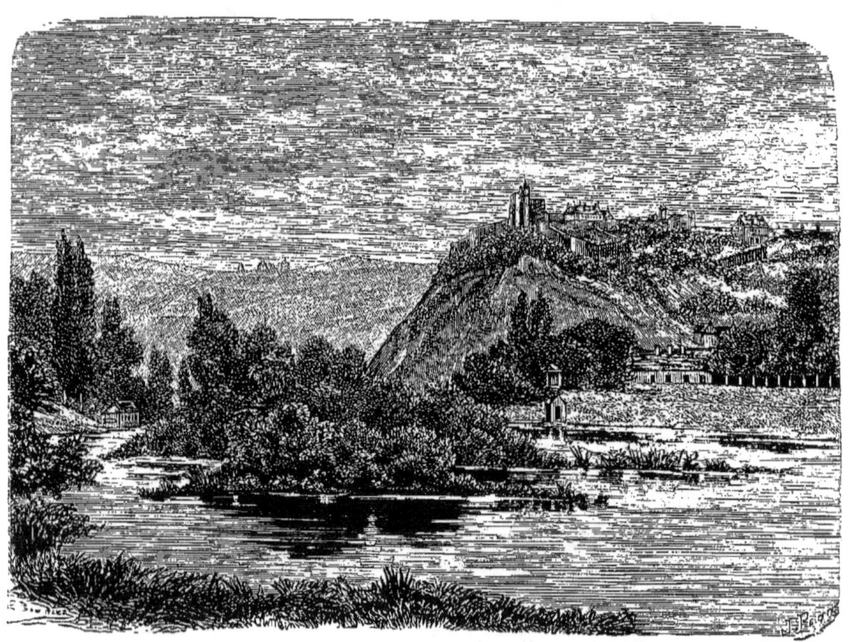

Fig. 207. — Citadelle de Besançon, prise de la promenade Micaud. Au fond, la chapelle des Buis.

du mont Cavalier (fig. 206), et, comme Rome, elle possédait sept collines.

Mais c'est surtout Besançon qui a gardé le cachet primitif que les envahisseurs surent donner à leurs constructions militaires (fig. 207).

Perchée sur sa haute montagne, la citadelle de l'antique *Vesontio,* comme du temps de César, qui l'admira du reste (*Commentaires,* livre Ier, xxxviii),[1] domine tout le cours de la rivière du Doubs. — Au-

1. *Vesontio* est la forteresse la plus importante des Séquanes. César pensait qu'il fallait à tout prix empêcher cette place d'être prise; car elle renfermait d'immenses ressources pour toutes les choses nécessaires à la guerre. Fortifiée par la nature même du terrain, elle offrait, pour la conduite des opérations, un point très important. Le Doubs l'enferme presque tout entière comme dans un

dessous s'étagent les maisons rouges de la ville espagnole. Quand on erre à travers les longues rues de cette cité, pleine encore d'inscriptions latines, à chaque détour, on aperçoit, au-dessus des toitures, à l'horizon, une tour quelconque, un pan de mur noirci de cette fameuse forteresse. — Supposez ce repaire occupé par un ennemi, et vous vous figurerez bien vite l'état d'esprit d'un peuple qui ne peut sortir de sa demeure sans se sentir dompté, dominé et vaincu.

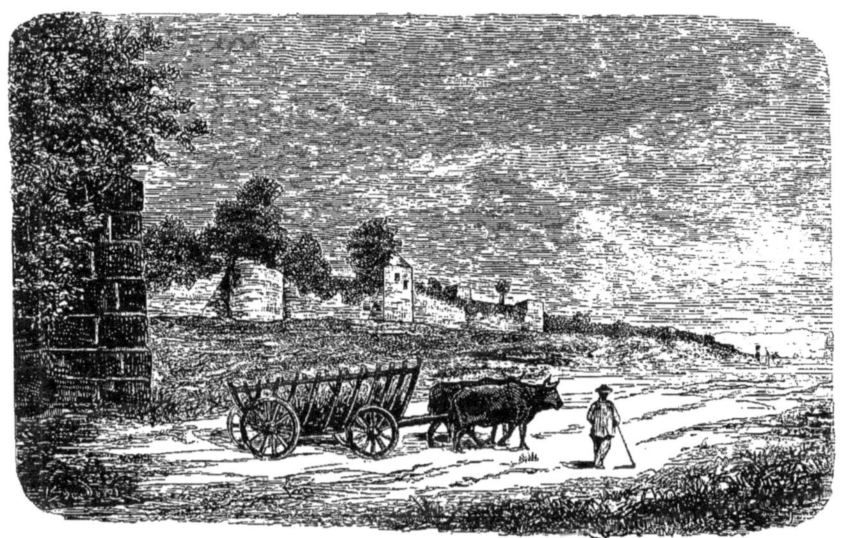

Fig. 208. — Les murailles romaines d'Autun. Jardins du séminaire.

Les ingénieurs romains savaient trouver leurs places ; ils avaient un système : il fut appliqué partout. Rome, du haut de ses remparts fortifiés, dominait véritablement la Gaule.

La citadelle construite, les ingénieurs traçaient aussitôt l'enceinte

cercle ; le terrain qui n'est point défendu par le fleuve, dans un espace de six cents pas au plus, est fermé par une montagne très élevée dont la base touche, à droite et à gauche, aux rives du fleuve. Cette montagne est entourée par un mur qui en fait une citadelle et l'unit à la ville.

« Namque omnium rerum quæ ad bellum usui erant, summa erat in eo oppido facultas, idque natura loci sic muniebatur ut magnam ad ducendum bellum daret facultatem ; propterea quod flumen Alduasdubis ut circino circumductum pæne totum oppidum cingit : reliquum spatium, quod est non amplius pedum sexcentorum, qua flumen intermittit mons continet magna altitudine, ita ut radices montis ex utraque parte ripæ fluminis contingant. Hunc murus circumdatus arcem efficit et cum oppido conjungit. »

de la ville. On l'entourait de fortes murailles. Nous avons pu en dessiner quelques-unes, qui donnent assez bien l'aspect de ce que pouvait être, sous la domination des empereurs, une cité portant le nom d'un Auguste ou d'un Jules quelconque.

A Autun (fig. 208), l'enceinte avait, dit-on, huit kilomètres. On en trouve encore des traces dans la campagne ; car l'*Augustodunum* actuel occupe, de nos jours, à peine le tiers des terrains que remplis-

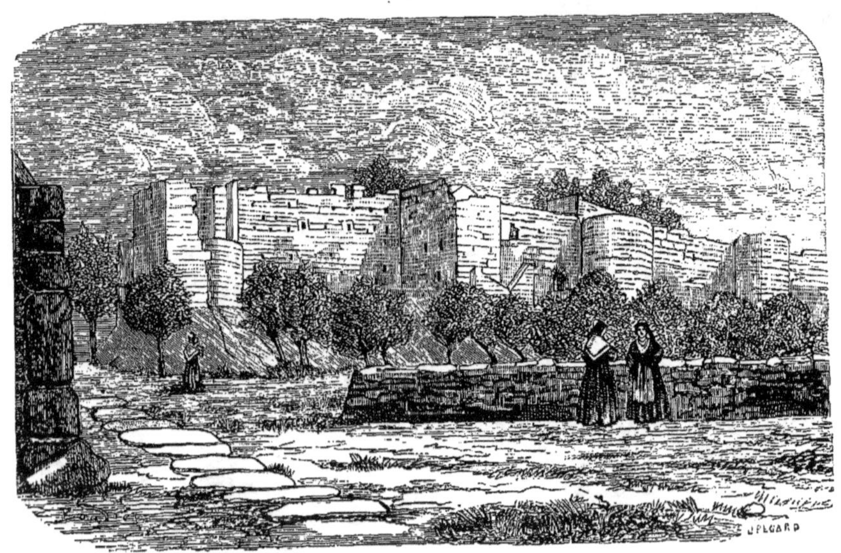

Fig. 209. — Les remparts d'Arles. Vue prise du faubourg des Aliscamps.

sait l'antique cité, que les auteurs du temps appellent *Soror* et *æmula Romæ,* la sœur et l'émule de Rome; mais, pour voir vraiment des murailles romaines, c'est à Arles et au Mans qu'il faut se rendre.

A Arles, quand on revient des Aliscamps (fig. 209), à l'angle des promenades plantées d'arbres qui font le tour de la ville, se dressent tout à coup devant vous des masses énormes de pierres plantées sur le roc même, tours carrées aux assises régulières, tours rondes massives (fig. 210). C'est bien là cette maçonnerie des hommes durs qui, ayant inventé la catapulte, la baliste et le bélier, savaient s'en préserver et pouvaient dormir en paix à l'abri de ces formidables remparts, sans crainte des engins les plus redoutables. Nous reparlerons plus tard des monuments d'Arles, qu'Ausone appela la petite Rome des Gaules, *Gallula Roma Arelas*. Contentons-nous ici de signaler ses murailles si caractéristiques.

Au Mans, c'est la brique qui domine. Toute l'enceinte de l'ancien oppidum est construite en petit appareil, pièces cubiques noyées dans un ciment d'une solidité incroyable, séparées à court intervalle par

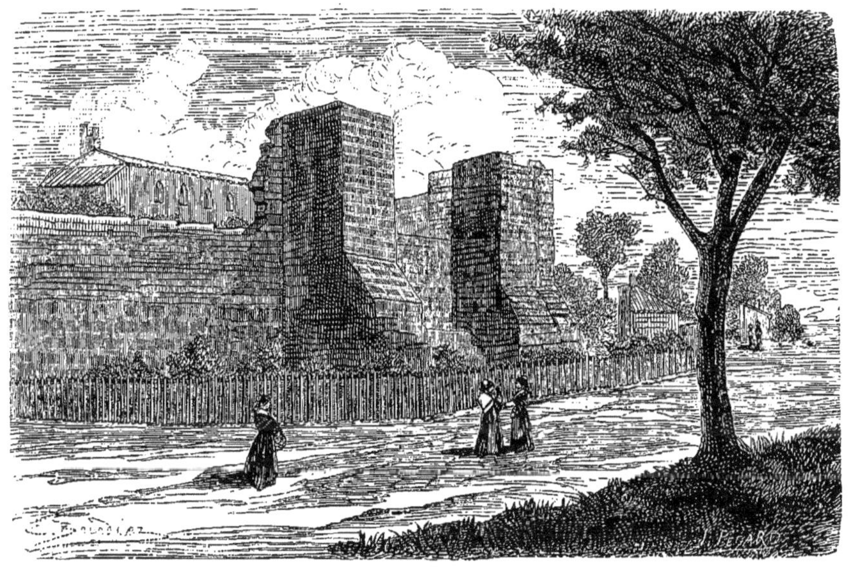

Fig. 210. — Les remparts d'Arles au-dessous de Saint-Césaire. Remparts des pénitents gris.

des rangées de briques régulières (fig. 211). La vue en est lugubre; aussi le moyen âge a-t-il appelé le Mans la ville rouge.

Bourges, Autun, Le Mans avec Limouges
Furent jadis les quatre villes rouges.

Malheureusement d'innombrables masures sont venues partout se coller aux flancs de ces remparts, et maintenant il est bien difficile de se rendre compte de ce qu'était *Subdinum* à l'époque des césars. C'est du haut d'un toit que nous avons fait le croquis de notre figure 211, et, pour suivre l'enceinte qui longe la Sarthe, il faut partout pénétrer dans des cours étroites d'où il devient impossible de saisir nulle part un ensemble. Dans ces épaisses murailles, les con-

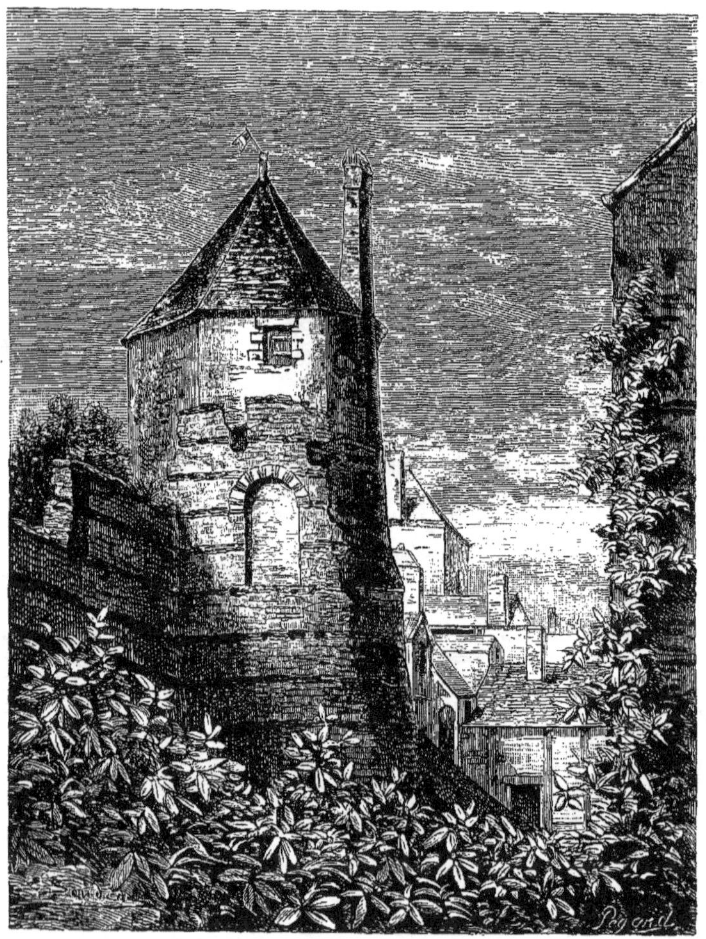

Fig. 211. — Une tour de l'enceinte romaine du Mans.

structeurs romains percèrent çà et là des portes et des poternes.

La grande poterne de l'enceinte du Mans (fig. 212), malgré l'ogive fabriquée sous la voûte romaine pendant le moyen âge, nous donnera un premier spécimen de l'architecture de l'entrée des villes à l'époque qui nous occupe. Là encore des maisons, du reste assez pittoresques, nous masquent les tours voisines qui protégeaient cette poterne; mais, dans son étroite rue, avec son cintre de briques et ses petites pierres noires, elle garde encore un cachet d'une incontestable originalité.

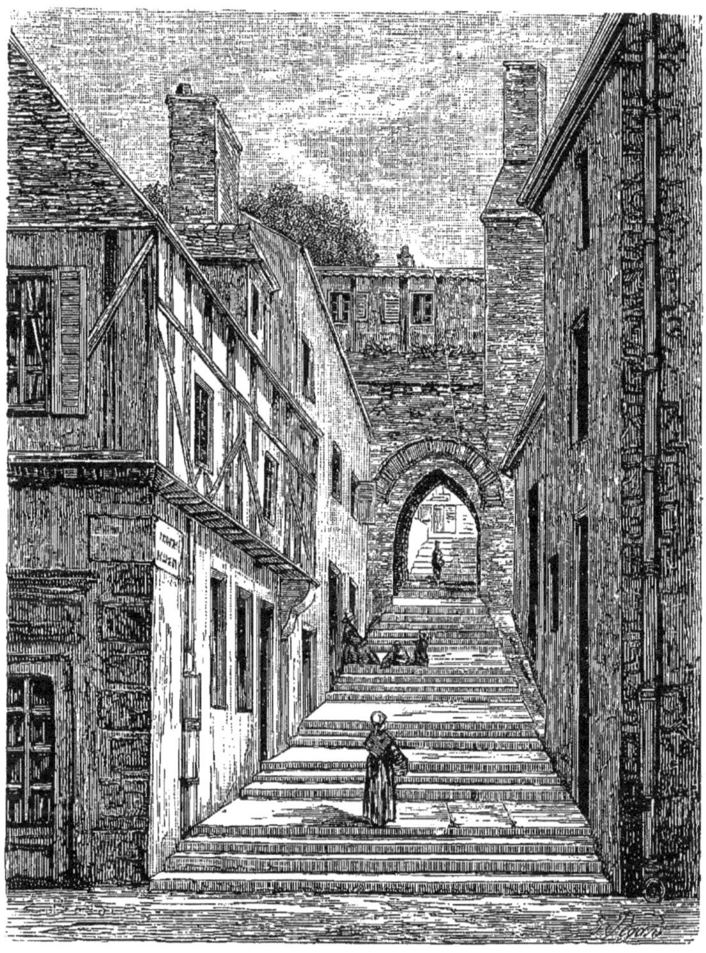

Fig. 212. — Porte de l'enceinte romaine du Mans, rue de la Grande-Poterne. Vue prise de la rue de la Tannerie.

L'escalier qui en descend mettait en communication la haute ville avec le quartier des tanneries. Charles de France, frère de saint Louis, comte du Maine, fit fortifier, en 1280, ce quartier pour protéger les nombreux industriels qui s'y étaient établis. C'est probablement à cette époque que fut construite la voûte ogivale qu'indique notre gravure.

A Nîmes, la porte de France (fig. 213) est un type parfait de l'en-

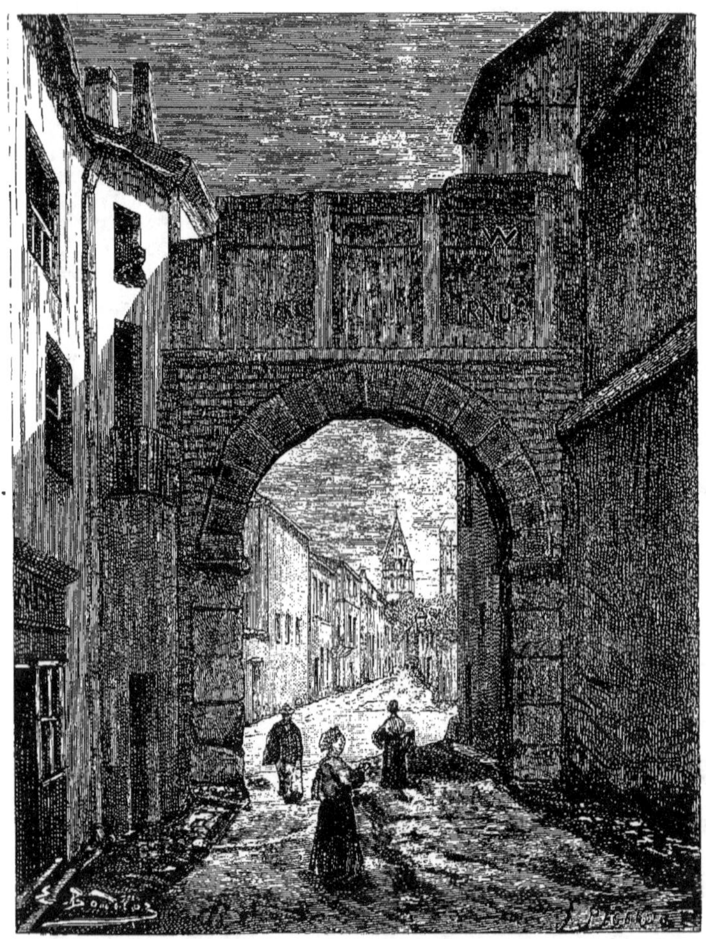

Fig. 213. — Porte de France, à Nîmes.

trée réelle sans apparat, sans forfanterie, sans triomphe, d'une cité romaine. Nous verrons tout à l'heure ces inutilités plus ou moins majestueuses.

Viollet-le-Duc a restauré problématiquement la porte de France; il la considérait comme le spécimen le plus complet de la véritable entrée d'une ville des premiers siècles de notre ère. — Deux grosses tours, dont il reste à gauche un fragment, en défendaient l'approche en cas d'attaque. Plus élevées que la porte elle-même, munies de créneaux percés de longues meurtrières, elles devaient avoir, d'après sa restauration savante et vraie, un aspect sévère parfaitement d'accord

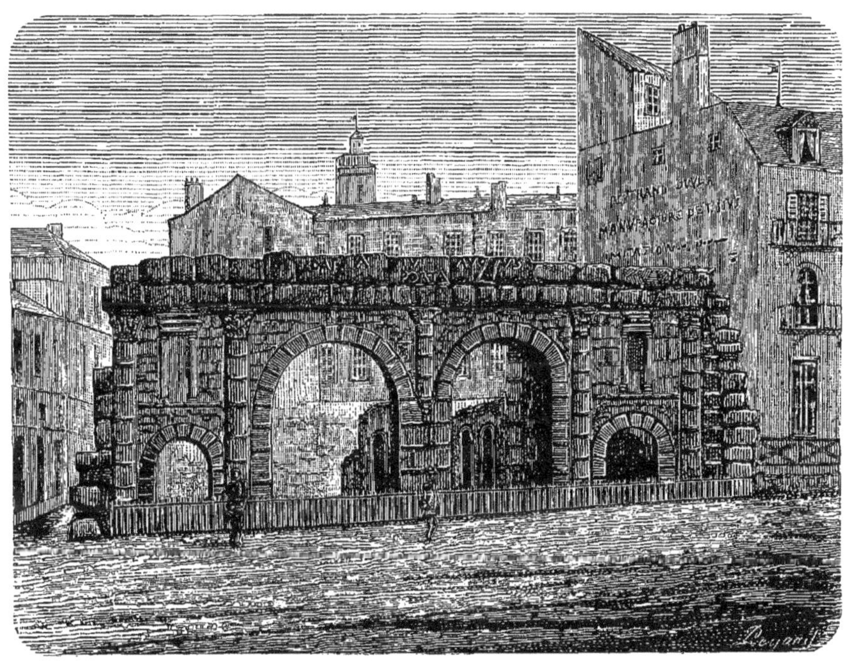

Fig. 214. — Porte d'Auguste, à Nîmes.

avec leur destination. Telle qu'elle existe actuellement, reléguée derrière l'Hôtel-Dieu, sur la route de Montpellier, elle est encore imposante.

Celle d'Auguste (fig. 214), qu'on découvrit quelques années avant la Révolution, enfouie dans les constructions d'un château féodal et qu'on a mise à jour depuis, est peut-être moins grandiose, quoique plus renommée.

Deux ouvertures ménagées pour les chars, deux autres réservées aux piétons, lui donnent une façon d'être particulière. Une inscription mutilée en assigne la date certaine, 759 de Rome, environ quinze ans avant Jésus-Christ.

IMP. CÆSAR DIVI F. AUGUSTVS COS XI TRIBV
POTEST VIII PORTAS. MVROS. COL DAT.

Quoique incomplète, elle est fort curieuse, car elle atteste formellement que cette construction a été parachevée par Auguste, fils du divin César.

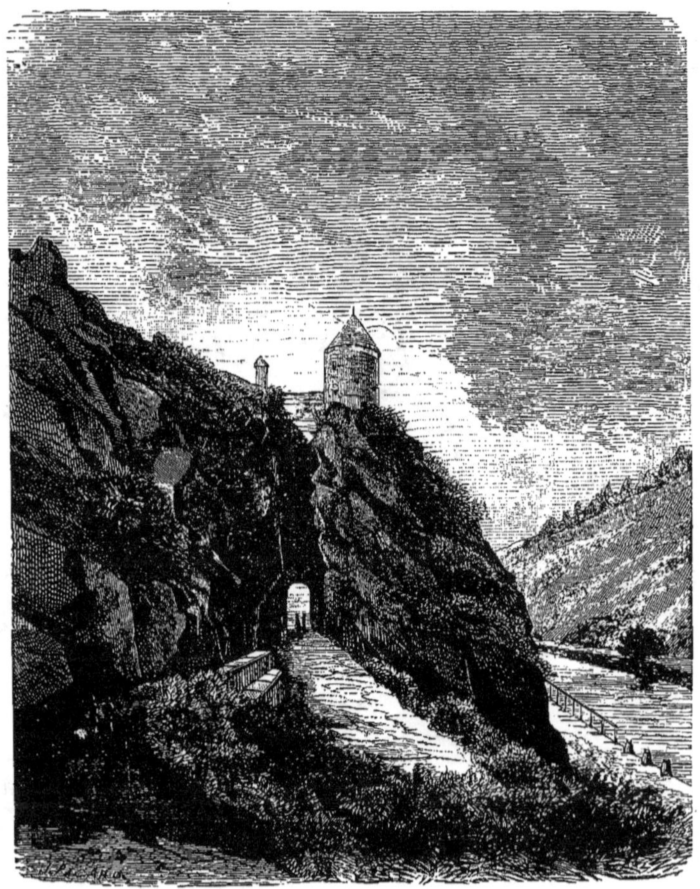

Fig. 215. — La Porte Taillée, à Besançon, route de Lausanne.

Nous en donnons une vue prise du milieu de la place, sur le boulevard des Calquières, en face de l'église Saint-Baudile.

A Besançon, les ingénieurs trouvant un roc qui descendait jusqu'au fleuve, le creusèrent directement. Tous les guides vous inviteront à visiter, à l'entrée du faubourg de Rivote, sur la route de Saint-Dizier à Lausanne, ce que l'on appelle la Porte Taillée (fig. 215 et 216).

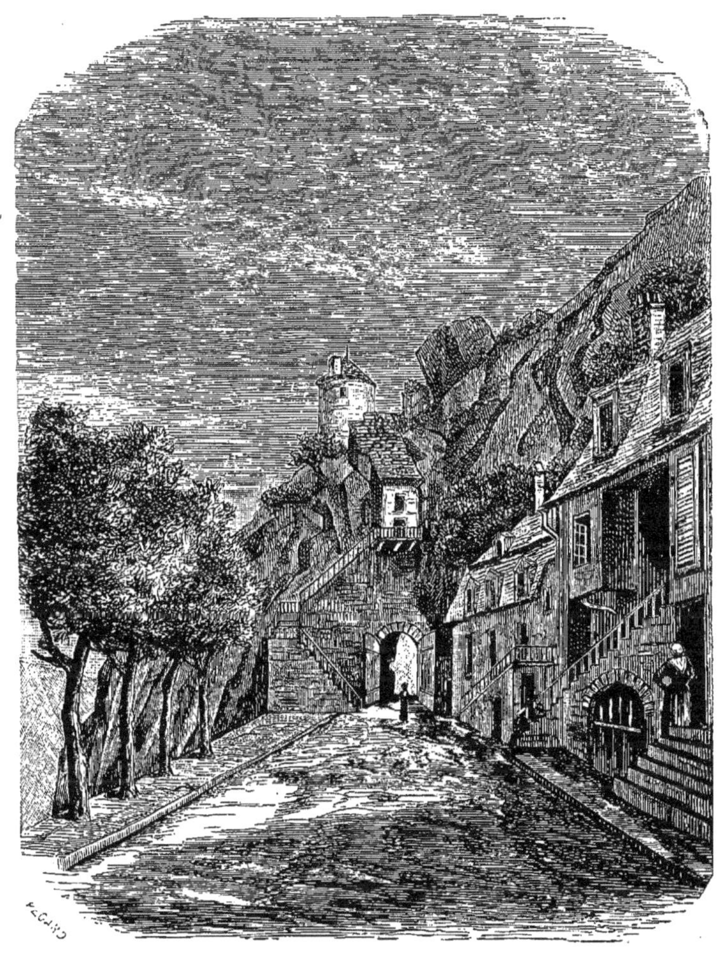

Fig. 216. — La Porte Taillée, à Besançon, faubourg de Rivote.

Inutile de vous dire qu'ils s'extasieront à l'envi sur ce *travail de Romain!*

En 1715, un intendant de la Franche-Comté fit écrire sur ces pierres, en lettres ultralatines, les noms de César, de Louis XIV et de Louis XV [1], qu'il associait dans la gloire d'avoir percé ce roc. — La Révolution a fait disparaître cette flatterie pompeuse et grotesque qui, du reste, était fausse de tout point; car c'est à la fin du règne de Marc-Aurèle que ce trou a été fait.

Il était d'usage, à l'époque où M. Le Guerchois commit cette naïveté, il est encore, hélas! d'usage à notre époque de préconiser outre mesure la moindre chose qui nous vient de ces détestables conquérants.

Il y a des conventions qui ont l'avantage d'horripiler terriblement certains esprits, et nous avouons humblement que nous sommes de ce nombre. *Travail de Romain!* et l'on pousse des cris d'admiration en levant les bras au ciel pour une malheureuse roche de cinquante mètres taillée à coups de pioche.

Quand on a vu Carnac et les blocs de pierre dressés par les Celtes sur la lande sauvage; quand on a vu les Pyramides et les *speos* taillés dans le roc par Thoutmosis Ier, mille huit cent vingt-deux ans avant Jésus-Christ; quand on a pu admirer les colosses assis à l'entrée des monstrueuses cavernes d'Ipsamboul; quand on a pénétré dans l'immense nécropole de Cyrène, une ville funèbre entièrement

1.

Hanc viam
excavata rupe
Julius Cæsar,
aperuit
Ludovicus Magnus
ampliavit et ornavit
Regnante Ludovico XV,
Camillo de Holstein prætore,
Petro Hect. Le Guerchois
Regio apud Sequanos præfecto
Anno M. D. CC. XV.

Les inscriptions franco-romaines des préteurs qui s'appellent Holstein et des préfets séquaniens qui se nomment Le Guerchois auront toujours le don de nous faire sourire. Nous en connaissons une en pleine Sorbonne où, près du nom d'*Armandus Joannes, dux de Richelieu,* se trouve M. Duruy qualifié de *clarissimus vir :*

Regnante gloriosissimo
Napoleone III,

accompagné de M. Maret et de Mgr Darboy qui ont, eux aussi, du révérendissime et de l'illustrissime à bouche que veux-tu; c'est ce que l'on appelle le style lapidaire. Comme une bonne phrase bien française ferait bien mieux notre affaire!

creusée dans une colline, la Porte Taillée vous semble bien mince et bien maigre. Et nous ne disons rien des tombes royales de Persépolis, des temples souterrains d'Ellora, des grottes de Carli, de Salsette et d'Éléphanta, et, dans un autre genre, de la chaussée des Géants d'Angkor-Wat, au Cambodge, ou de la façade du palais des Nonnes, à Chichen-Itza, au Mexique.

Avec d'autres moyens, il est vrai, mais sans cette forfanterie fati-

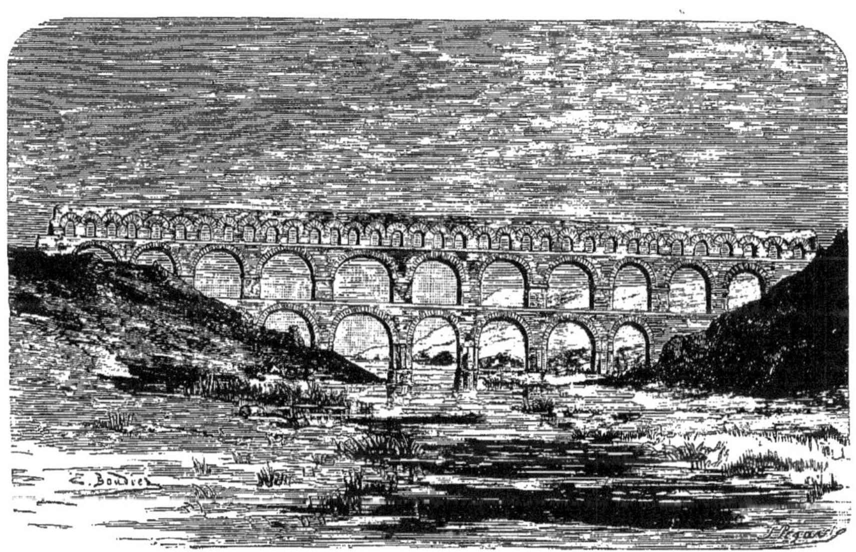

Fig. 217. — Le pont du Gard.

gante, nous en avons fait bien d'autres, nous-mêmes, depuis un siècle. Mais parler de tunnels, de viaducs, de chemins de fer ou de percement d'isthmes à des archéologues, c'est prêcher en hébreu à des Allemands antisémites. Rome règne toujours, Rome est encore *totius mundi civitas.*

Pour en finir avec cette prétention, il suffit pourtant d'ouvrir une bonne fois les yeux et de comparer mathématiquement les choses.

Voilà le pont du Gard (fig. 217), par exemple ; certes, avec Jean-Jacques nous l'admirerions de grand cœur. — Planté gracieusement dans cette admirable petite vallée du Gardon, flanqué de rochers gris d'une teinte merveilleuse, doré par la patine des siècles, il se présente là dans sa solitude sauvage, avec une allure véritablement belle dans la plus grande acception du mot. Mais, à quelques lieues de ce fameux pont, arrêtez-vous donc, si vous le pouvez, dans une autre vallée non moins pittoresque, celle de la petite rivière d'Arc, et contemplez l'aqueduc de Roquefavour, qui jette la Durance en plein Marseille. Si vous n'êtes pas trop latinisé par votre éducation scolaire, si vous osez laisser pour un instant de côté tout parti pris, le *travail de Romain* vous semblera bien mesquin devant cette œuvre, conception splendide d'un simple citoyen français, qui n'a aucun nom en *us*, et s'appelle tout bonnement M. de Mont-Richer.

Puisque nous y sommes, finissons-en avec ces fameux travaux romains, et, par un simple rapprochement, prouvons une bonne fois qu'ils n'ont pas tant de droits que l'on pense à l'admiration du genre humain. Choisissons, si vous le voulez bien, les aqueducs d'Arcueil. La preuve de ce que nous avançons est là, palpable, visible à tous les regards, et, par leur voisinage même, les trois constructions : romaine, Louis XIII et moderne, nous fourniront la comparaison qui nous est nécessaire pour prouver suffisamment notre dire.

Julien, le premier, pour son palais des Thermes, voulut avoir sous la main l'eau nécessaire à ses ablutions journalières ; il construisit le petit aqueduc dont on aperçoit un débris dans notre gravure (fig. 218), près de la petite tourelle de la villa qui a adossé ses rustiques bâtiments d'exploitation aux vieilles ruines du temps de César. Les voûtes romaines, lourdes, massives, solides et grossières s'élèvent à peine à la hauteur de la toiture des granges de la petite ferme. Marie de Médicis, la grosse banquière d'Henriette d'Entragues, désira à son tour embellir, par des jets d'eau, le séjour que lui construisait Jacques Debrosse sur le terrain acheté par elle au duc d'Épinay-Luxembourg. Auprès de l'aqueduc de Julien, elle en fit élever un autre, un peu plus grand. On en aperçoit la partie supérieure dans notre croquis. Paris s'augmente tous les jours. Il y a quelques années, le besoin d'eau se faisant déjà sentir de plus en plus, l'administration a jeté sur les contreforts de l'aqueduc de Marie de Médicis un nouveau pont, d'une hardiesse surprenante et d'une élégance incontestable. Faut-il nous étendre sur la comparaison de l'œuvre de Julien et de celle de nos ingénieurs modernes? Non, n'est-ce pas? notre gravure suffit, nous n'en dirons donc pas davantage.

Certes, ils n'avaient pas la vapeur ni les engins modernes; mais il nous semble fastidieux de les entendre toujours vanter outre mesure.

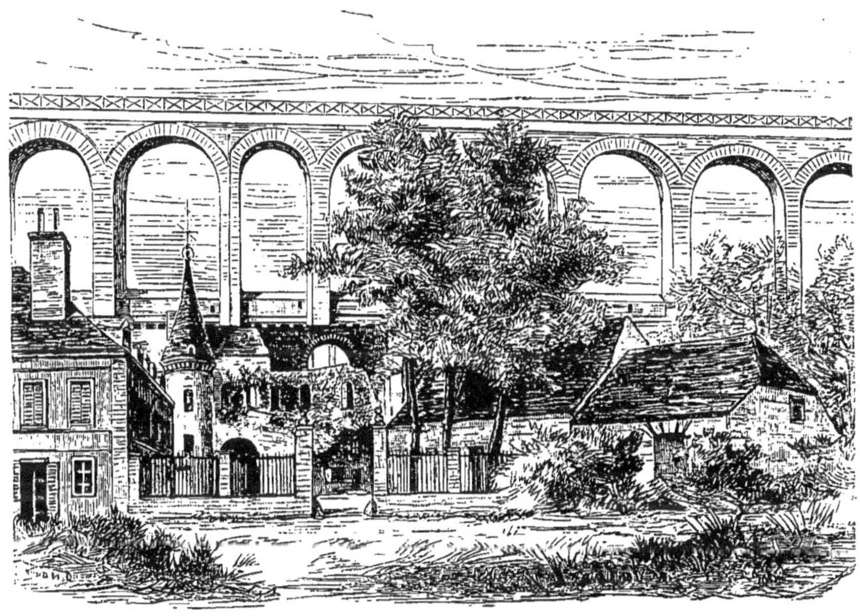

Fig. 218. — Les aqueducs d'Arcueil.

Un de nos grands défauts, c'est de mépriser tout ce qui naît chez nous, en France; au lieu de chercher continuellement à rehausser le talent des étrangers, nous ferions bien mieux de regarder autour de nous; nous verrions ainsi que notre patrie n'a rien à envier aux autres nations, et peut-être alors l'en aimerions-nous davantage. Mais il est un proverbe qui fut vrai jadis et qui l'est encore, hélas!

Nul n'est prophète en son pays.

N'importe; laissons aux césars ce qui leur revient, et, devant les merveilles qui parsèment le sol de nos provinces, ne vantons plus si haut le *travail des Romains*.

Revenons à nos portes. — Les empereurs triomphaient à Rome à qui mieux mieux.

César avait triomphé cinq fois : la première fois, pour la Gaule, le jour où Vercingétorix, depuis six années enfermé dans une crypte, revit le jour pour suivre le char de son vainqueur et fut enfin délivré de la vie par le glaive du bourreau; la seconde, pour Alexandrie; la troisième fois, pour le Pont; puis vinrent les triomphes d'Afrique et d'Espagne. — Dans ces processions splendides, l'Imperator montait au Capitole à la lueur de flambeaux, que portaient dans des candélabres quarante éléphants rangés à droite et à gauche de la rampe monumentale qui menait à la citadelle.

Néron, lui, revêtait pour ces solennités, un manteau de pourpre posé nonchalamment sur une chlamyde parsemée d'étoiles d'or. Il coiffait sa tête auguste de la couronne olympique, portait à la main la couronne pythique, et se promenait à travers les rues et les carrefours à son retour de la Grèce et de Naples, où il avait gagné des accessits de musique et des premiers prix de poésie lyrique. Tous les claqueurs, inventés par lui, et décorés du titre d'*augustans,* « cognomento Augustanorum » (Tacite, *Annales,* XV), le suivaient en accentuant leurs *bombi,* leurs *imbrices* et leurs *testæ*[1].

Caligula choisissait des Gaulois d'une taille triomphale, selon sa propre expression, ἀξιοθριάμβευτοι, leur rougissait la chevelure, leur donnait des noms barbares, leur apprenait à vociférer quelques jurons germains et s'en faisait suivre, ayant soi-disant conquis la Germanie, et imposant au peuple la représentation d'une comédie à laquelle personne ne croyait, mais qui flattait sa vanité grossière, et lui permettait de rêver qu'il avait dompté le monde (Suétone, XLVII).

Domitien se contentait d'esclaves qu'il déguisait et qu'il coiffait en captifs, et l'on faisait, comme dit Rabelais, « la monstre de la diablerie par la ville et le marché. »

1. Néron inventa des genres d'applaudissements particuliers. C'est lui qui fut le créateur de ce qu'on appelle *la claque;* les bourdonnements sympathiques s'appelaient *bombi;* le claquement à main concave, *imbrices;* et l'applaudissement ordinaire, *testa.* Quel *cabotin* extraordinaire que ce divin personnage!

Cette manie de procession était incroyable chez ces gens amoureux de fantastique et de surnaturel; ayant conquis la terre, ils l'ont empoisonnée de cette affreuse maladie du *paraître* (le mot est de d'Aubigné, l'auteur des *Aventures du baron de Fœneste*), dont nous ne sommes pas encore, hélas! bien guéris.

Comme, en Gaule, la colonie des fonctionnaires suivait en tout la mode romaine, les préteurs voulurent triompher à leur tour. Alors, toujours à l'instar de la métropole, on construisit partout des arcs sous lesquels on passait, la joie au cœur, tout heureux et tout fier d'avoir au-dessus de la tête une voûte immense, trop grande pour être utilement une porte, mais trop petite pour ces géants qui croyaient toucher du front les étoiles.

Alors Virginius Rufus, vainqueur de Vindex, triompha à Besançon, et fit passer son cortège sous la voûte appelée depuis la porte Noire. — Tibère, à Orange, triompha de Sacrovir et défila sous le grand arc qui se trouve à l'entrée de la ville. — Les deux Gordiens entrèrent à Langres, par les deux arcades de la grande porte romaine, triomphant de je ne sais qui, et Septime-Sévère enfin, à Carpentras, processionna de même sous le fameux arc du palais de justice. La plupart de ces voûtes *de province*, à part celle d'Orange, sont mesquines et bourgeoises; on comprend facilement qu'un triomphe à Carpentras ne pouvait être qu'une caricature plate d'une entrée solennelle dans la Ville par excellence.

Nous réunissons ici les quelques monuments de ce genre qui nous ont été conservés.

La porte Noire, à Besançon, sur laquelle les chanoines de Saint-Jean plaquèrent les quatre évangélistes, qui servit de grenier à blé et de logement aux clercs du chapitre, est à peine reconnaissable. On y aperçoit pourtant encore des Renommées assez élégantes. Les archéologues ont cru y découvrir une Hébé, dont le vent soulève le vêtement léger, un Jupiter, un dieu Mars appuyé sur une lance et des soldats coiffés à la gauloise. Tout cela est bien fruste; mais les savants ont des yeux de lynx quand il s'agit de l'histoire romaine. Nous donnons ici un croquis de cette porte (fig. 219) pris de l'angle du petit jardin de la place Saint-Jean, où se voient les restes d'un théâtre dont nous reparlerons plus tard.

A Langres, lorsque l'on gravit la colline qui mène du chemin de

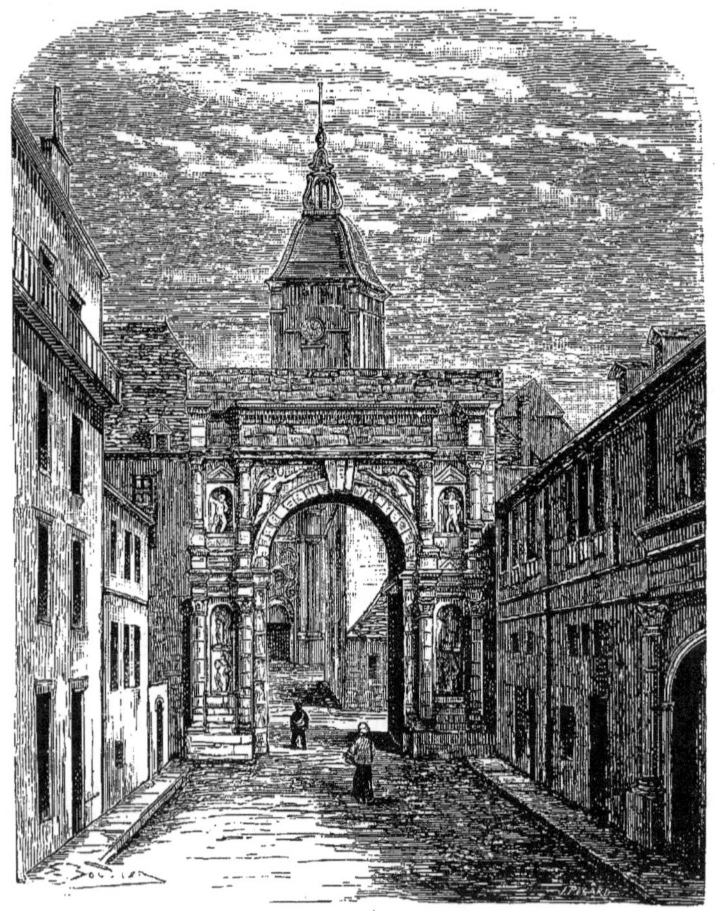

Fig. 219. — Porte Noire, à Besançon.

fer à la ville, on rencontre à mi-côte deux arcades, aujourd'hui fermées par une maçonnerie moderne, décorées de pilastres corinthiens surmontés d'un entablement, où se distinguent quelques boucliers ovales, groupés en façon de frise ; c'est la fameuse porte des Gordiens (fig. 220). — Les érudits de la capitale des Lingons n'acceptent plus ces Gordiens; ils veulent que leur arc ait servi à Marc-Aurèle; d'autres en font honneur à Probus : laissons-les se quereller sur ces destinations diverses. — Des archéologues qui ne se disputent pas ne sont plus des archéologues ; Dieu a livré le monde à leurs argumentations. *Tradidit mundum disputationibus eorum.*

La porte de Mars, à Reims (fig. 221), fut enfouie pendant quatre cents ans dans le massif des remparts de la ville. Elle n'a été découverte et déblayée en partie qu'en 1812. La municipalité rémoise l'a,

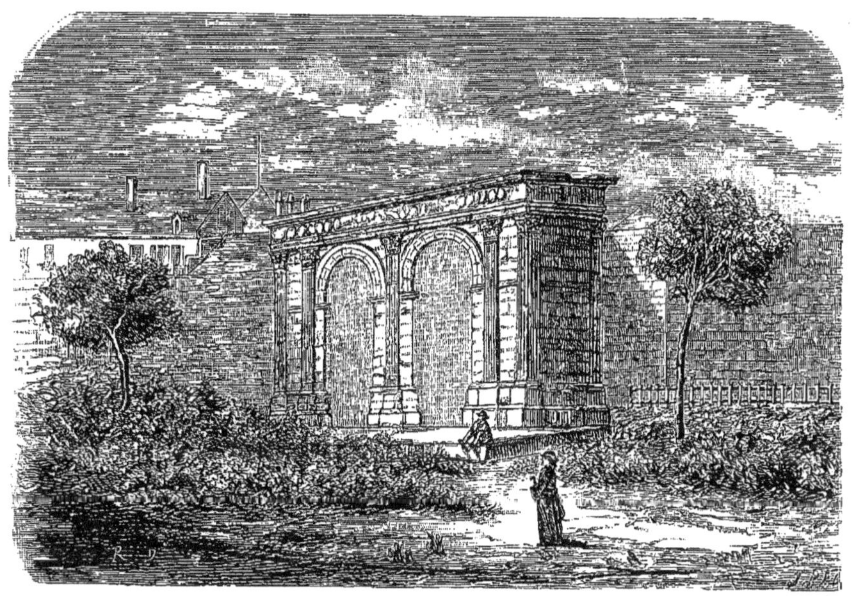

Fig. 220. — Porte Romaine, à Langres.

depuis, isolée et placée au milieu d'un square. Elle fut élevée, disent les uns, par Agrippa ; selon les autres, elle servit au triomphe de Julien, après sa victoire sur les Germains.

Les Rémois, ces habitués des pompes du sacre, sont encore de purs Romains. Ils décorent leur cathédrale de la fameuse inscription païenne D. O. M. (*Deo optumo maxumo*), et placent au fronton de leur maison commune la devise romaine S. P. Q. R., en l'appliquant à eux-mêmes. Ils se figurent être descendus de Rémus ; aussi la fameuse louve avec ses deux jumeaux, accostés de Faustulus et d'Acca Laurentia, brille-t-elle dans la voûte d'une des petites arcades de leur arc, et les Champenois modernes de la ville aux biscuits si fameux la montrent encore avec orgueil à leurs enfants. Si vous les écoutiez, ils vous en diraient de belles sur leur porte de Mars. Nous ne nous y arrêterons pas plus longtemps. La monotonie de ces médaillons, de ces niches, de ces draperies de pierre et de ces colonnes cannelées n'a rien de très intéressant.

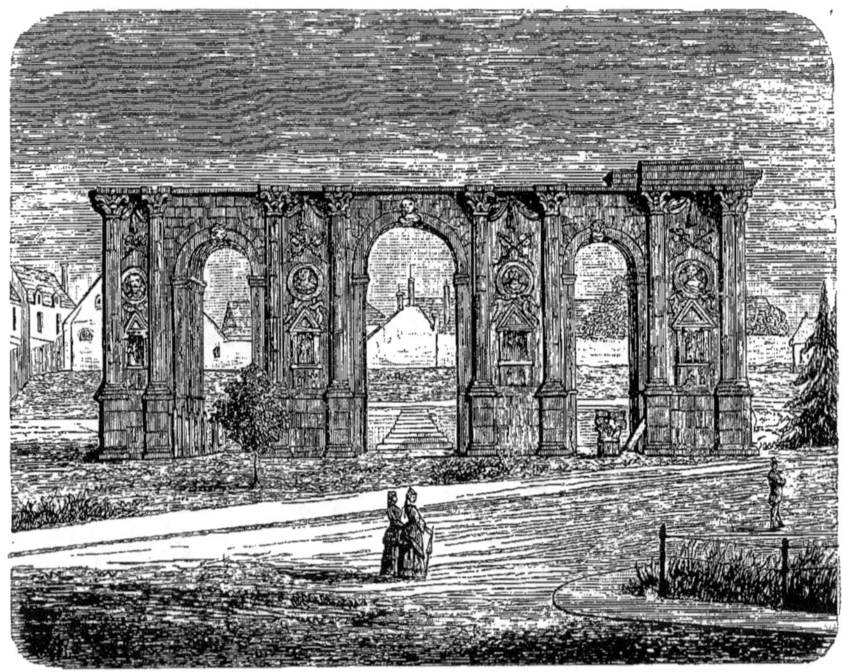

Fig. 221. — Porte de Mars, à Reims.

Orange possède incontestablement le plus beau monument que nous ayons en France dans ce genre triomphal (fig. 222). Au moyen âge, il servit de château fort à Raymond des Baux. Les princes d'Orange l'habitèrent, et l'on possède plusieurs actes d'eux datés du *château de l'Arc*[1]. M. de Saulcy, ce savant bienveillant dont nous regrettons tous la disparition si rapide, M. de Saulcy, à l'aide des

1. Ce château, qui enveloppait l'arc, a été détruit depuis. C'est l'architecte Caristie qui a rendu son aspect primitif au monument et placé, sur l'une de ses faces, l'inscription qui témoigne de l'époque de cette restauration : *Munificentia com. o Prov. Vauclusianæ. Sudsidiis rest.* MDCCCXXVIII.

trous laissés par les crampons qui fixaient les lettres de bronze dans la pierre, est parvenu à rétablir l'inscription qui décorait l'attique de ce monument. Il en donne la version suivante :

TI. CÆSARI. DIVI AVGVSTI. FIL. DIVI IVLI NEP. COS. IIII. IMP. VIII
TR. POT XXIII. PONT MAX.

l'attribuant ainsi à Tibère, fils du divin Auguste et petit-fils du

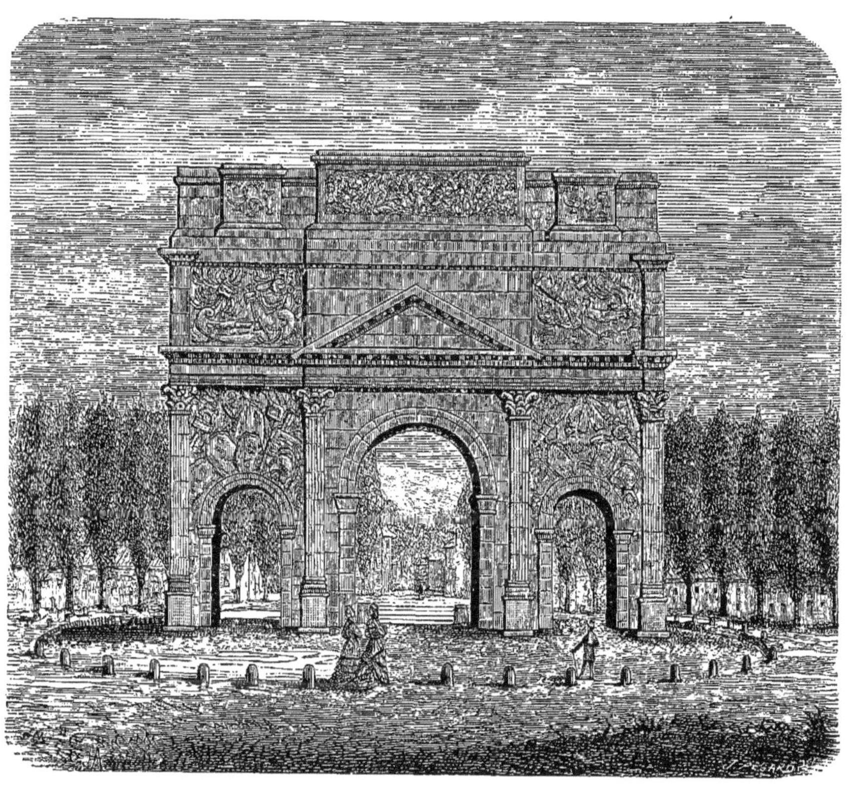

Fig. 222. — Arc de triomphe de Tibère, à Orange.

divin Jules. Les noms gravés sur les boucliers des admirables faisceaux qui décorent le dessus des petites arcades donnent une certitude complète à l'hypothèse du savant numismate gaulois. On y lit en effet, auprès de ceux de Mario Udilles et Dacuno, chefs inconnus, celui de Sacrovir, le promoteur de la grande révolte que vainquit Tibère.

Saint-Remy, près de Tarascon, sur le plateau dit des Antiques, possède un fragment d'arc très curieux, à cause des costumes des prisonniers gaulois enchaînés qui le décorent. Nous reviendrons sur ces costumes dans le chapitre suivant; car, si l'inspiration de toutes ces constructions fut romaine, leur exécution fut gauloise; et les détails donnés par nos premiers artistes nationaux sur la vie de leurs con-

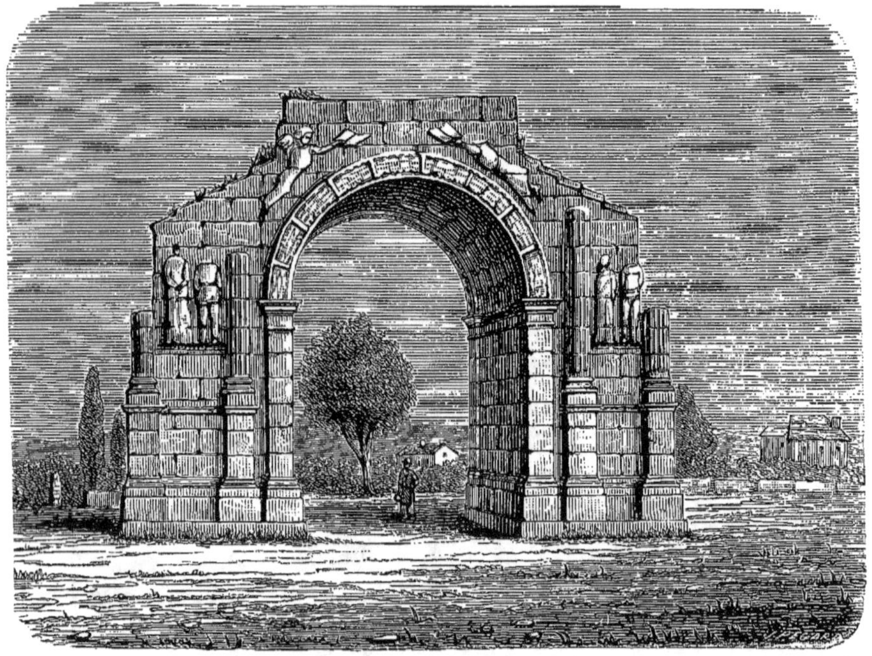

Fig. 223. — Arc de triomphe de Saint-Remy.

temporains sont pour nous d'un intérêt tout particulier. Les pierres de Saint-Remy constatent, dans l'art des sculpteurs de cette contrée, à ces âges déjà si reculés, une originalité puissante, un voulu, un rendu d'une élégance toute prime-sautière, et nous serons très heureux de le démontrer, quand nous étudierons avec l'arc le tombeau si fameux élevé par Sextus, Lucius et Marcus, fils de Julius Caïus, à leurs parents.

Carpentras, enfin, conserve, lui aussi, sa grande porte processionnelle; mais les illustres habitants de cette glorieuse cité ont tellement bien enfoui leur trésor derrière leur palais de justice, au fond d'une cour étroite, qu'il est bien difficile actuellement de juger ce que put être autrefois cette monumentale ouverture. Ici encore ce sont les

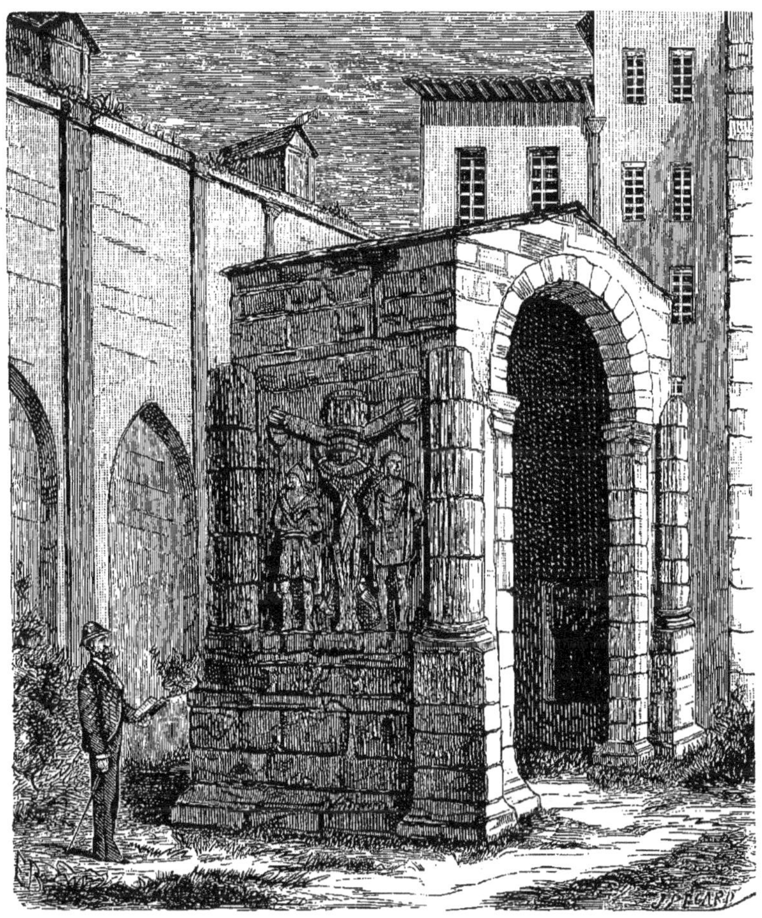

Fig. 224. — Arc de triomphe de Carpentras.

bas-reliefs qui sont surtout intéressants; comme nous en reparlerons plus tard, nous croyons inutile de décrire plus amplement l'arc dit de Septime-Sévère.

Les idées de parade étaient, à cette époque, tellement bien entrées dans tous les esprits, que les prêtres eux-mêmes s'offraient des portes triomphales. Le pont de Saint-Chamas (fig. 225) va nous en donner un exemple. Un flamine du temple de Rome et d'Auguste légua une somme considérable pour qu'on élevât en son honneur deux petits arcs triomphaux à chaque extrémité du pont dont il dotait le pays. Une inscription admirablement conservée fournit, encore aujourd'hui, le témoignage de l'exécution complète de la volonté du brave prêtre.

L. DONNIVS C. F. FLAVOS. FLAMEN ROMÆ ET AUGUSTI TESTAMENTO FIEREI IVSSIT. ARBITRATV C. DONNIEI VENÆ ET C. ATTIEI RVFEI.

« Ce pont fut élevé aux frais et sur l'ordre de Donnius Flavus,

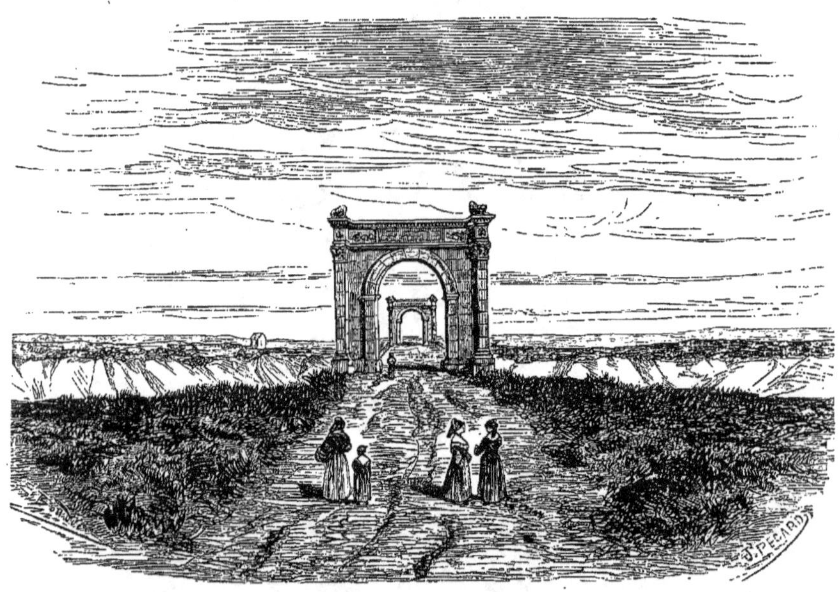

Fig. 225. — Arc de triomphe du pont Flavien, près de Saint-Chamas.

prêtre de Rome et d'Auguste, par les soins des ses exécuteurs testamentaires, Donnius Vena et Attius Rufus. »

On appelle encore ce monument le pont Flavien (fig. 226).

Quand cette manie de la pompe tient un peuple, elle s'enracine bien profondément dans tous les cœurs.

Rentrons dans notre étude d'une ville romaine du temps de la conquête. Après avoir examiné les citadelles, les murailles et les portes, passons aux édifices intérieurs de la cité et commençons par les temples.

Nous avons déjà vu qu'à Rome il y avait une énorme quantité de dieux. Outre ceux de l'Olympe, que l'on appelait les douze dieux, divinités grecques d'origine, que les Romains connaissaient sous les titres de Saturne, Cybèle, Cérès, Jupiter, Junon, Apollon, Diane, Bacchus, Mercure, Vénus, Neptune et Pluton, et qui avaient porté

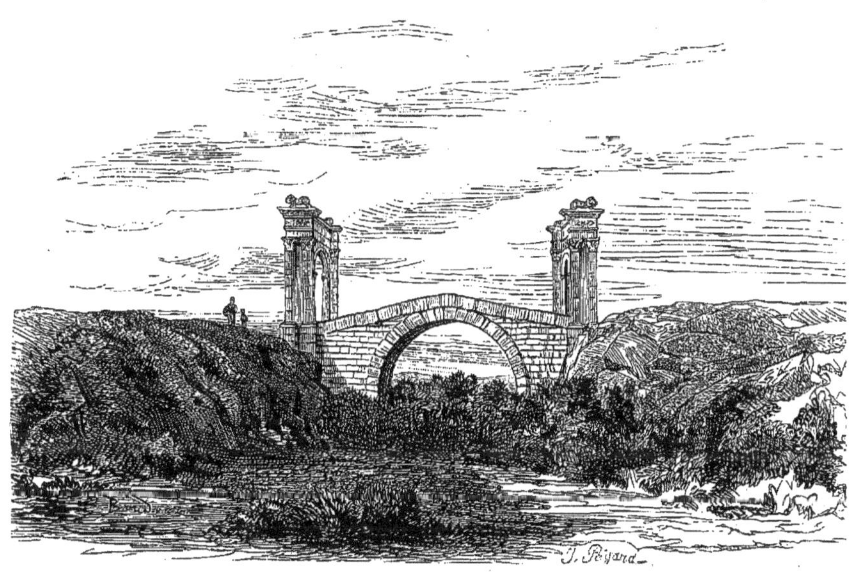

Fig. 226. — Pont Flavien, à Saint-Chamas.

là-bas les doux noms d'Athéna, Zeus, Héra, Chronos, Aphrodite, Phœbus, etc., on possédait d'abord tous les empereurs. César était dieu, Auguste était dieu, Caligula aussi, Claude, Néron, Vespasien de même, et tous avaient des temples. Mais l'imagination des Quirites alla bien plus loin encore : elle créa la Fortune qui eut bien des dévots ; la Jeunesse, *Juventa;* l'Hymen ; l'Égérie, qui veillait à la grossesse des femmes ; le *Vagitanus,* qui empêchait les enfants de crier ; la *Levana,* qui engageait le père à relever ses fils lorsqu'ils tombaient à terre ; la *Rumilia,* qui donnait du lait aux nourrices ; le *Stabilinus,* qui affermissait les pieds des nouveau-nés ; le *Fabulinus,* qui leur apprenait à parler, etc. Le dieu *Comus* protégeait les chevelures, et la déesse *Viriplaca* raccommodait les ménages. Pour les champs, il y avait *Runcina,* la déesse du sarclage ; *Messia*, celle des moissons; *Deverra,* qui nettoyait les granges; *Volutrina,* qui vannait le blé; *Mola,* qui le faisait moudre; *Tutelina,* qui le conservait; *Pomone,* qui veillait sur les fruits; *Mellona,* sur le miel; *Epona,* sur les chevaux, etc.; *Stata,* qui préservait des incendies, et *Strena,* qui distribuait les étrennes.

Nous passons les faunes, les satyres, les dryades et les hamadryades. Un vieil auteur du XVIIe sciècle, qui s'est beaucoup occupé de mythologie, prétend que l'on comptait à Rome plus de trente mille dieux.

Cette facilité de créer des êtres surnaturels, de leur dresser des autels et de leur donner des prêtres, explique facilement la conversion de la Gaule. Les Romains n'avaient pas de missionnaires; mais quand ils arrivèrent parmi nous, et qu'ils y trouvèrent le naturalisme le plus complet comme seul culte, ils se contentèrent de latiniser le nom du génie local et dirent aux naïfs habitants du pays : « Vous êtes des nôtres : vos dieux, nous les avons; seulement nous construisons des temples, et vous n'en avez pas, voilà toute la différence. » Et bientôt ils élevèrent des sanctuaires au génie des Arvernes, *Genio Arvernorum;* à celui des Berrichons, *Genio civitatis Biturigum*. Nous avons vu qu'à cette besogne ils n'y allaient pas de main morte; ils invoquèrent donc, avec une dévotion sans bornes, *Nemausus* à Nîmes, *Mars Vincius* à Vence, *Vasio* à Vaison. Narbonne leur rendit la politesse en dédiant un autel à la divinité d'Auguste, Lyon en dressa un autre au dieu César, et nous eûmes partout des chapelles : *Genio Tiberii Cæsaris, Genio Caii Cæsaris; Genio Vespasiani; Genio Domitiani; Genio Nervæ Trajani. Numini Augusti. Numini Deorum augustorum.*

Dans ce cahos, Jupiter tendit bien vite la main à Ésus; tout se confondit. Quand les druides désarmés, qui passaient vingt ans avant de revêtir leur Taliesin de l'écharpe bleue des initiés et de le proclamer *front rayonnant*, aperçurent cette invasion de grandes *læna* traînées par un tas de flamines, ces vêtements de pourpre, brodés d'or, se pavanant sous toutes ces colonnades; ces augures à bonnet rond, avec des houppettes de laine sur la tête, et tous ces aruspices d'une ignorance crasse, ils s'enfuirent vers les contrées sauvages de l'Armorique ou passèrent en Grande-Bretagne, et la *Déesse Rome* fut seule invoquée sur les rives du Rhône, de la Loire et de la Seine.

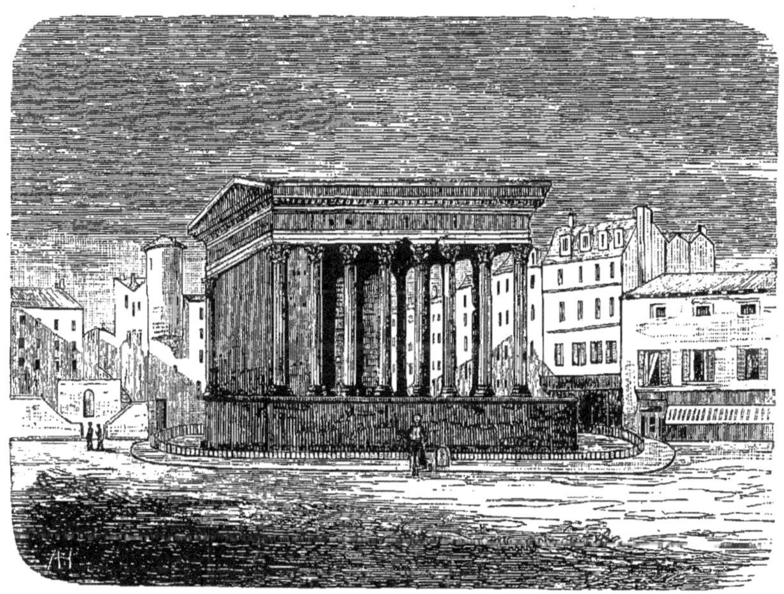

Fig. 227. — Temple d'Auguste et de Livie, à Vienne.

Dès qu'il s'agissait d'élever un temple, les ingénieurs romains, consultés, exhibaient le plan fait d'avance d'un Parthénon d'occasion qu'ils avaient apporté de la capitale. Les maçons se mettaient à l'œuvre, les colonnes s'élevaient; on les surmontait d'un fronton, on dressait la *Cella*, on plantait l'autel, et tout était dit.

A Rome, les monuments religieux affectent toujours des prétentions au gigantesque; le bon goût naturel à la race gauloise préféra, dès qu'il fut initié aux règles de l'architecture, les fines et délicates proportions grecques.

Le petit temple de Vienne (fig. 227) n'est pas romain, mais bien grec.

Il est d'ordre corinthien et de forme rectangulaire; sa façade forme un frontispice orné de six colonnes cannelées qui supportent un entablement surmonté d'un fronton. Autour du monument, sur trois de ses faces, régnait un péristyle ou galerie large de 2^{m},48. Des fouilles, pratiquées contre le socle qui lui sert de base, ont mis à jour les douze marches qui conduisaient au péristyle, les dalles qui

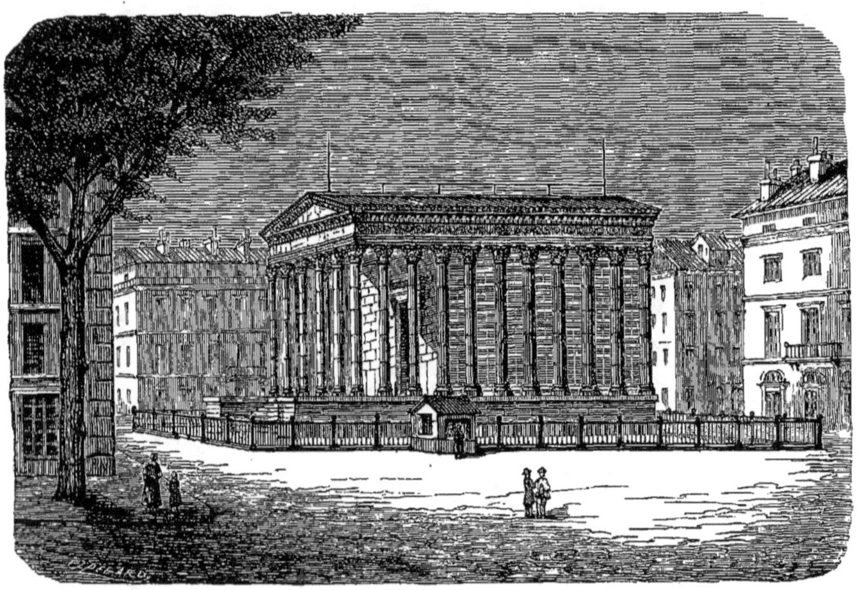

Fig. 228. — La Maison-Carrée, à Nîmes.

pavaient le forum et le soubassement d'un portique qui devait entourer cette place. Le culte de ce peuple étant tout extérieur, la présence de ce portique s'explique ainsi tout naturellement. Mutilé par le temps et les hommes, ayant servi d'église sous le vocable de *Notre-Dame-la-Vieille*, il vient d'être restauré splendidement. Isolé dans le milieu de sa petite place, cet édifice produit, de nos jours, un effet merveilleux. On a lu, sur sa frise, l'inscription qui en donne la date et la destination.

CON. SEN. DIVO AVGVSTO : OPTIMO MAXIMO ET DIVÆ AVGVSTÆ.

« Du consentement du sénat, au divin Auguste, très bon, très grand, et à la divine Augusta. »

Quant à la *Maison-Carrée* (fig. 228), ce bijou que Colbert voulait faire transporter pierre par pierre à Versailles, et pour lequel le cardinal Alberoni demandait une enveloppe d'or, elle est encore plus grecque, si faire se peut, que le temple de Vienne.

La Maison-Carrée forme un parallélogramme rectangle de 25^{m},13 de longueur sur 12^{m},29 de largeur. Le mur extérieur se termine par un riche entablement que supportent trente colonnes cannelées d'ordre corinthien. Vingt de ces colonnes sont engagées dans les murs de l'édifice; les dix autres soutiennent le péristyle auquel on monte par un perron de quinze marches. La grande porte carrée qui s'ouvre sous le péristyle est couronnée par une élégante corniche que supportent des consoles d'un fort beau travail. Autour se trouvait probablement une série de portiques comme au temple de Vienne. Le savant Séguier a cru lire, en 1738, l'inscription suivante :

C CÆSARI AVGVSTI F COS. L CÆSARI AUGVSTI. F COS.
DESIGNATO PRINCIPIBUS JVVENTVTIS.

Ce qui fait remonter l'érection du monument à l'an 754 de Rome et à l'an 1er de l'ère chrétienne.

Dans cette même ville de Nîmes se trouve un autre édifice connu vulgairement sous le nom de temple de Diane (fig. 229). Une inscription, sur laquelle on lisait : ISIS. SERAPIS. VESTÆ. DIANÆ. SOMNI., motiva jadis cette attribution. Quelques archéologues ont cru voir dans cette construction un temple dédié à Isis, à Sérapis, à Vesta, à Diane, aux dieux des plaisirs de la nuit et des songes. Des fouilles, dirigées avec soin, ont amené la découverte de thermes avoisinant ce séjour, et dès lors l'hypothèse du temple a été abandonnée. On ne considère plus aujourd'hui ce ravissant réduit, où le figuier sauvage et les plantes parasites tapissent partout les murailles, que comme une *nymphée,* lieu consacré aux nymphes, vaste chambre remplie jadis de tableaux et de statues, ayant au milieu une fontaine d'où jaillissait un courant d'eau pure, et qui formait une délicieuse retraite, pendant les chaleurs de l'été, pour tous ceux qui venaient aux bains se faire masser par les esclaves, et pouvaient, à la suite de cet exercice salutaire, se reposer doucement dans une conversation savante au milieu des merveilles de l'art qui renaissait en Gaule à cette époque.

Trois portiques forment la façade actuelle; par celui du milieu

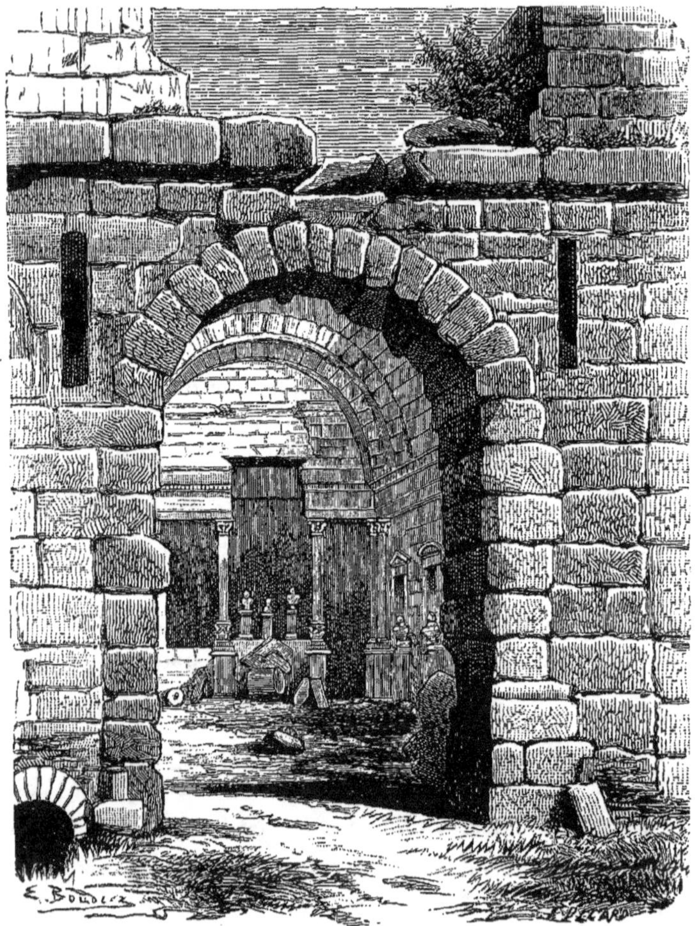

Fig. 229. — Nymphée, à Nîmes.

(fig. 229 et 230), on pénètre dans une vaste salle dont la voûte est en partie détruite, et qui contient douze niches destinées à recevoir pareil nombre de statues. On a formé, dans cet édicule, un petit musée lapidaire qui ne manque pas d'un certain intérêt.

Les compagnons du tour de France, qui croient avoir des accointances avec les sociétés secrètes des anciens Égyptiens, ne manquaient jamais de visiter ce reste isiaque quand ils passaient à Nîmes; on peut voir encore sur les murs et dans les couloirs de cette nymphée un très grand nombre de signatures gravées par les maîtres dans ce vieux sanctuaire.

Quant à la grande masse de pierres connue sous le nom de temple

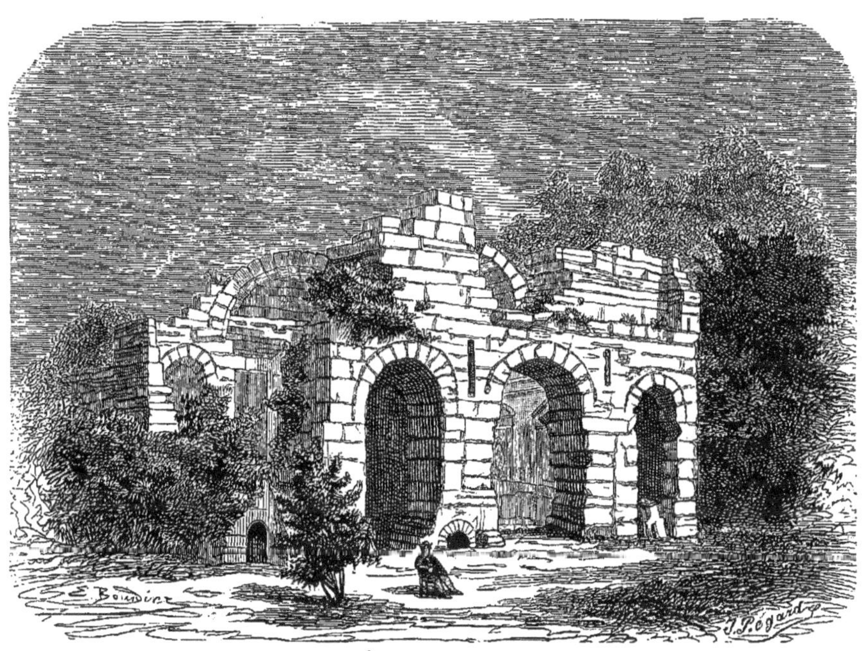

Fig. 230. — Temple de Diane, à Nîmes.

de Janus (fig. 231 et 232), qui se dresse non loin de la porte d'Arroux à Autun, quoiqu'elle possède deux espèces de niches, séjour ordinaire des dieux dans les temples, nous ne pouvons y reconnaître véritablement ce qui caractérise chez nous les édifices religieux de l'époque romaine. Du reste, la ruine, bien que pittoresquement jetée dans sa plaine verdoyante, avec le mont Beuvray pour horizon, est entièrement fruste. C'était probablement un poste avancé, destiné à défendre l'approche de la ville.

Pour les palais, nous ne nous arrêterons pas à vous décrire le palais d'or de Néron, sous prétexte de vous faire comprendre la

Trouille d'Arles ou les Thermes de l'hôtel de Cluny. Il ne nous reste pas grand'chose des habitations des empereurs dans les Gaules. Nous savons qu'Auguste a séjourné à Lyon pendant quelques années, que Claude, Marc-Aurèle, Caracalla et Géta sont nés dans l'*Antiquaille* (maintenant on y soigne des malades, ce qui est plus utile que d'y élever des souverains); nous savons que Constantin a habité Arles et

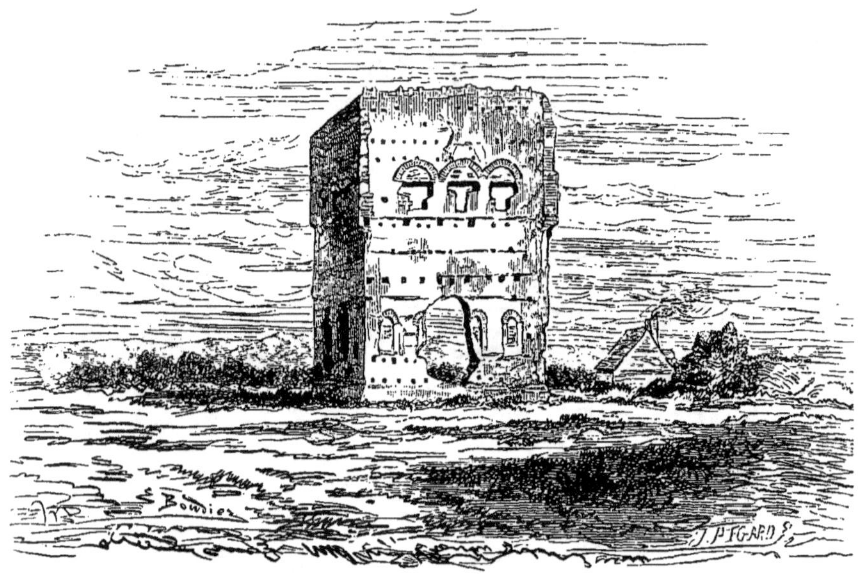

Fig. 231. — Temple de Janus, à Autun.

qu'une tour de son palais y subsiste encore sur les bords du Rhône; nous savons que Julien a vécu longtemps dans ce qu'il appelait « sa chère Lutèce, » et qu'il faillit y mourir de froid avec sa femme, la douce Hélène.

Les palais gallo-romains n'étaient que de simples maisons bourgeoises, et tous les recueils d'antiquités romaines vous donneront, par le menu, les détails les plus circonstanciés sur ces maisons séparées en habitations d'hiver, exposées au soleil du midi, en habitations d'été, situées en plein nord. Ils vous en présenteront le plan complet, avec leur *atrium*, cour entourée de colonnades, dans laquelle on pénétrait de la rue par un *vestibulum* où se lisaient sur la mosaïque les devises familières : *Salve, Cave canem*, etc. Nous ne les suivrons pas dans leurs descriptions savantes du *tablinum*, salle des ancêtres et des archives de la famille, placée juste en face de la porte du vestibule, ni dans celle des *triclinia*, salles à trois lits pour les repas, que bordaient les cuisines, les offices, les magasins et les remises.

La chose a été dite tant de fois qu'il nous semble inutile de la

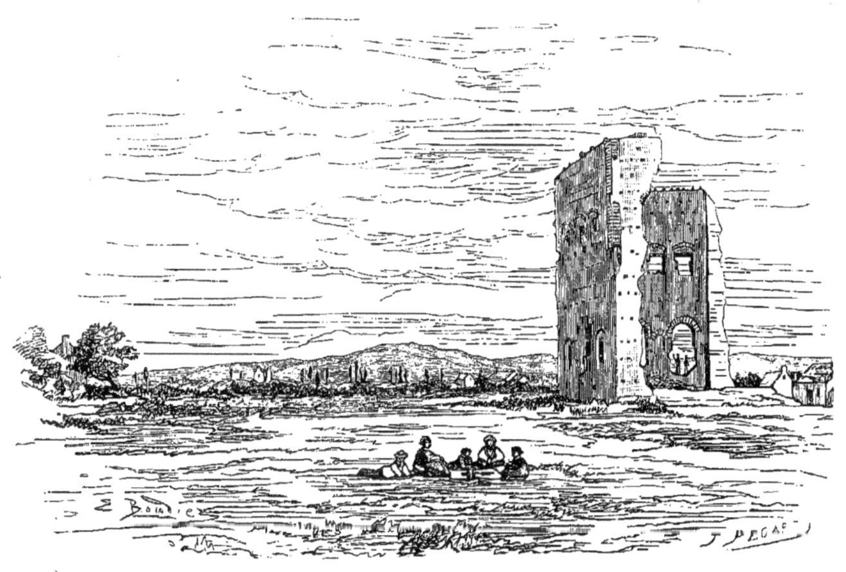

Fig. 232. — Temple de Janus, à Autun. Au fond, le mont Beuvray.

répéter ici. Le dernier élève de rhétorique connaît à fond ce que c'est qu'un *péristyle*, centre de la véritable habitation privée, où ne pénétraient jamais les étrangers, seconde cour ornée d'un petit jardin carré et bordée de colonnes comme l'*atrium;* — ce que c'est que la *bibliothèque* et la *pinacothèque*, galerie de tableaux qui flanquaient à gauche et à droite le péristyle, et tous les professeurs de lettres latines vous ont expliqué au collège la destination des *cubicula*, chambres à coucher des *gynécées*, où les femmes se reposaient en filant de la laine, comme la chaste Lucrèce, l'épouse de Tarquin Collatin ; des *exèdres* enfin, salons de conversation semblables aux nôtres. Que dirions-nous de plus qu'eux? Le sujet nous semble bien rebattu. N'osant donc vous fatiguer de détails mille et mille fois réédités, nous vous renverrons, si vous voulez connaître à fond la maison romaine, — je dis la maison romaine, car toutes sont copiées les unes sur les autres, à M. de Caumont, à Batissier, ou au *Dictionnaire* d'Antony Rich, pour les modernes, à Montfaucon pour les anciens; d'un seul coup d'œil vous serez initié aux détails les plus

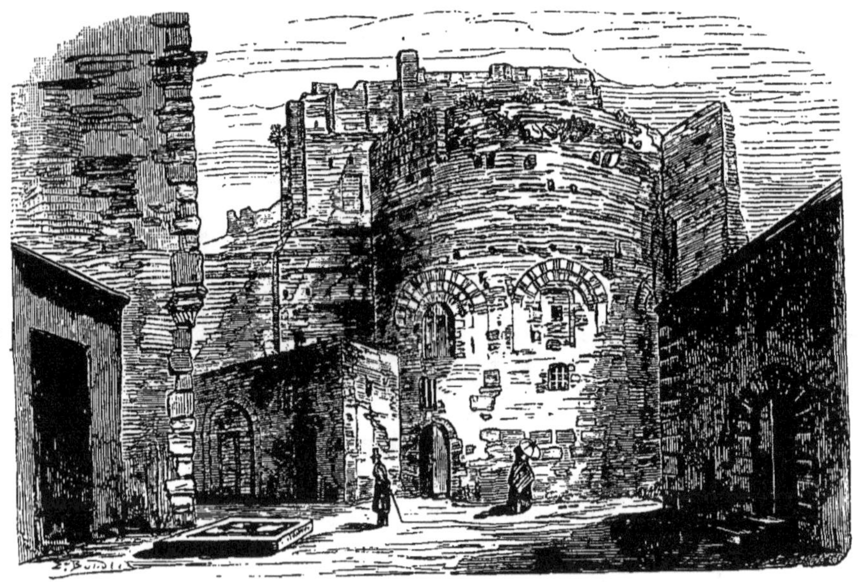

Fig. 233. — Palais de Constantin, dit Palais de la Trouille, à Arles.

intimes de la vie molle et fainéante de ce grand peuple. Ce qui nous reste du palais de Constantin à Arles (fig. 233) n'est pas assez considérable pour pouvoir en essayer une restauration problématique. Tour à tour habité par les rois wisigoths, ostrogoths et francs, par les empereurs d'Allemagne, les princes d'Arles et les comtes de Provence, il fut légèrement saccagé, et par les uns et par les autres. Aujourd'hui, la Trouille, c'est ainsi qu'on nomme la vieille tour qui en reste, est tellement entourée de masures et de constructions de toutes sortes, que c'est à peine si on entrevoit, sous cette croûte malsaine, ce que put être ce palais du grand converti, vainqueur de Maxence.

L'EMPEREUR JULIEN

(Pl. 7.)

STATUE DE L'EMPEREUR JULIEN

PROCLAMÉ EN L'AN 363 AU PALAIS DES THERMES

Figure antique en marbre grec, trouvée, il y a quelques années, à Paris

et cédée par M. le comte de La Riboisière, en 1859,

AU MUSÉE DE L'HOTEL DE CLUNY

PL. 7

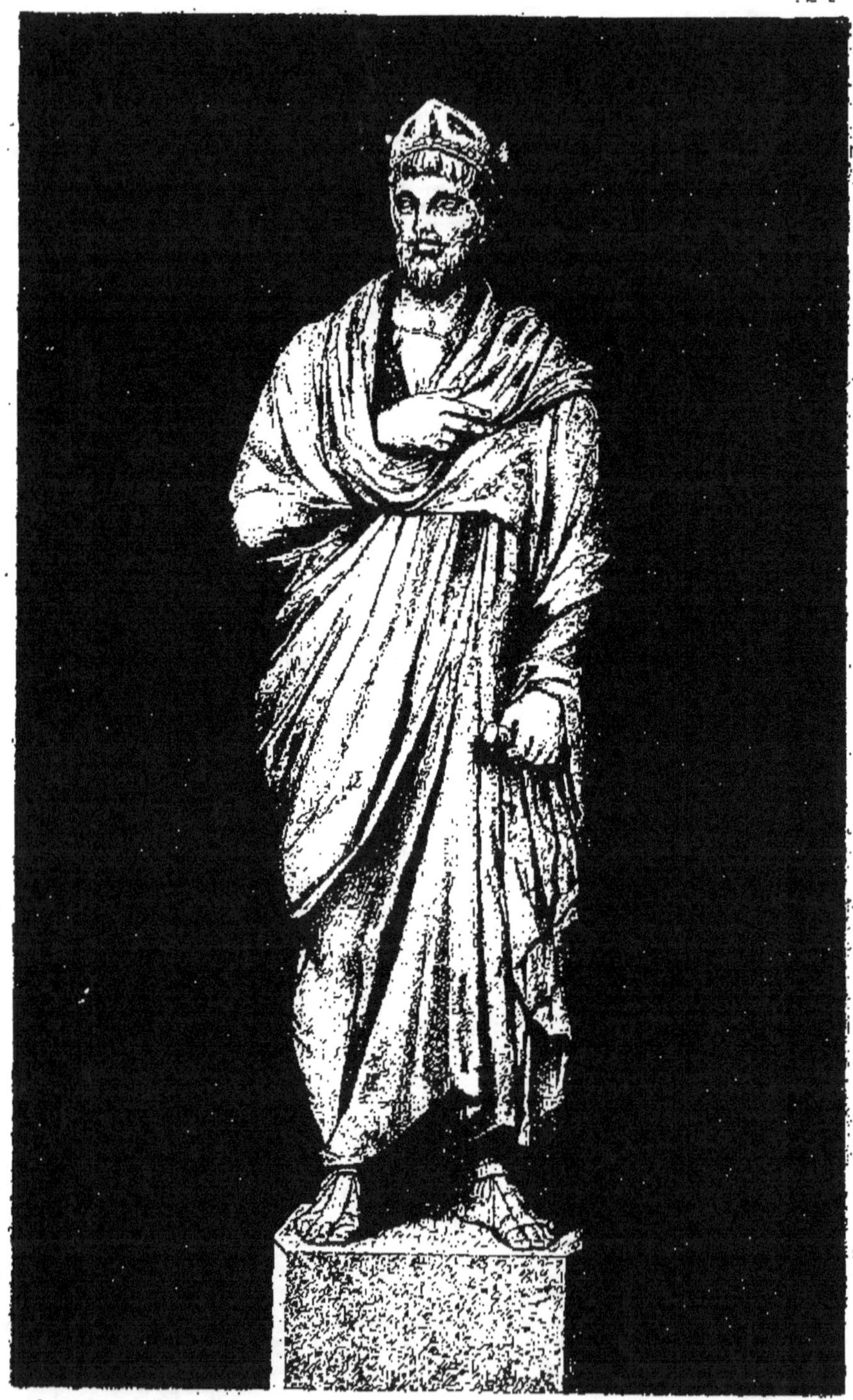

Imp. Lemercier & Cie Paris

P. Boucher Chromolith.

L'EMPEREUR JULIEN

MUSÉE DE CLUNY

Quant au palais des Thermes de Paris (fig. 234), construit par Constance-Chlore, qu'en reste-t-il? Des débris; nul ne pourrait aujourd'hui vous dire la place exacte où se trouvait le grand *consistorium* où Julien, après s'être caché pour échapper aux honneurs qu'on lui décernait, reçut la légion tumultueuse soulevée par le bruit de sa mort, qui venait malgré lui le proclamer empereur. Nul ne vous

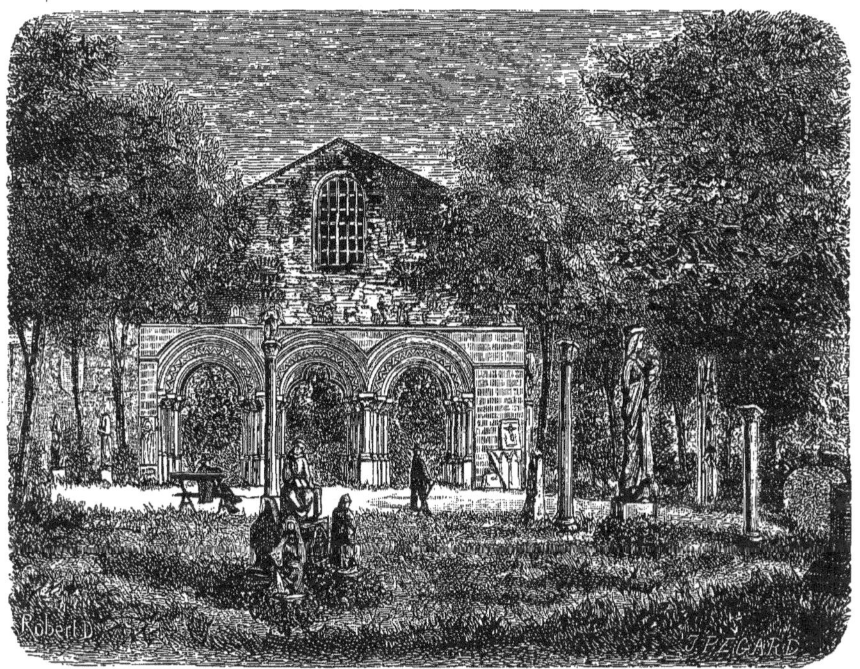

Fig. 234. — Vue du palais des Thermes de Paris, prise dans les jardins de l'hôtel de Cluny.

indiquera l'endroit du *cubiculum*, où des réchauds enflammés faillirent asphyxier la princesse Hélène, que rendaient si frileusel es brouillards de la Seine. Que reste-t-il maintenant debout de cette *aula regum*, comme l'appelaient les chroniqueurs du moyen âge? Une grande salle voûtée (fig. 235), le *frigidarium* des bains publics, une piscine assez vaste pour mériter l'épithète de *natatilis*, des fragments incomplets d'un *tepidarium*, que coupe en partie le boulevard Saint-Michel, et voilà tout. Les Thermes de Paris, à en juger pourtant par ces seuls restes, semblent avoir été presque un palais; mais les habitations que l'on décore de ce nom dans nos contrées ne furent guère autre chose que des hôtels suffisamment aménagés pour que les sybarites de la grande ville pussent y passer commodément quelques mois, sucer leurs sujets jusqu'au sang, et retourner aussitôt à

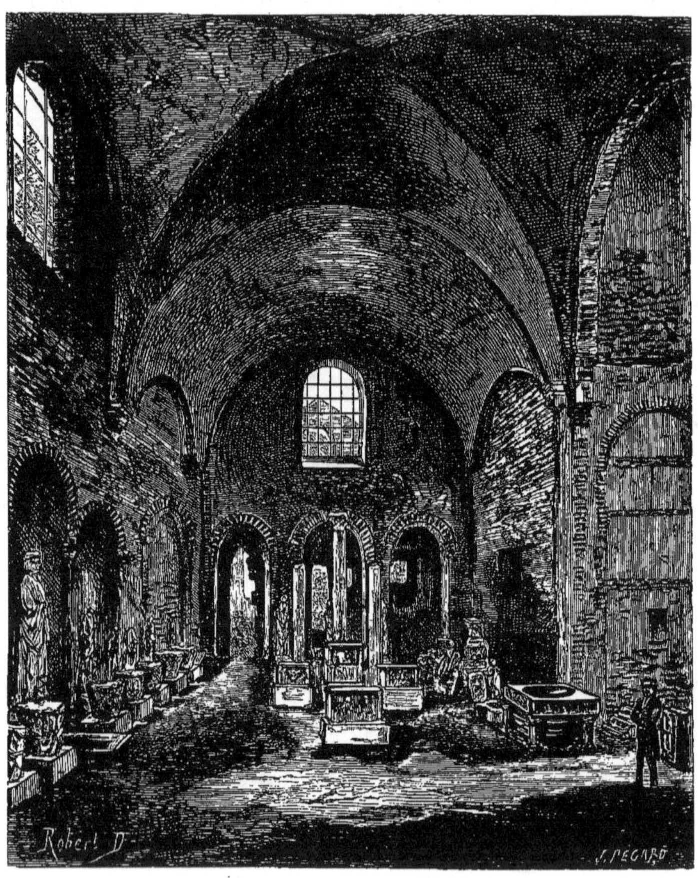

Fig. 235. — Frigidarium du palais des Thermes de Julien.

Rome rendre aux empereurs les comptes où ils trouvaient toujours assez à récolter pour ne pas être forcés de retourner, par la suite, s'ennuyer de nouveau dans la province.

Pourtant il existe dans nos campagnes un très grand nombre d'habitations romaines, ou gallo-romaines si vous voulez, sur lesquelles nous croyons devoir nous étendre un peu plus que sur les soi-disant palais des capitales. Ce sont les *villæ rusticæ*, dont nous allons essayer d'entretenir le lecteur.

Comme exemple d'une de ces villas nous avons choisi de préférence celle des Bocennos de Carnac, qu'il nous a été donné de voir fouiller nous-même. Les impressions prises sur le fait nous sembleront toujours bien meilleures que toutes les descriptions déterrées dans des livres.

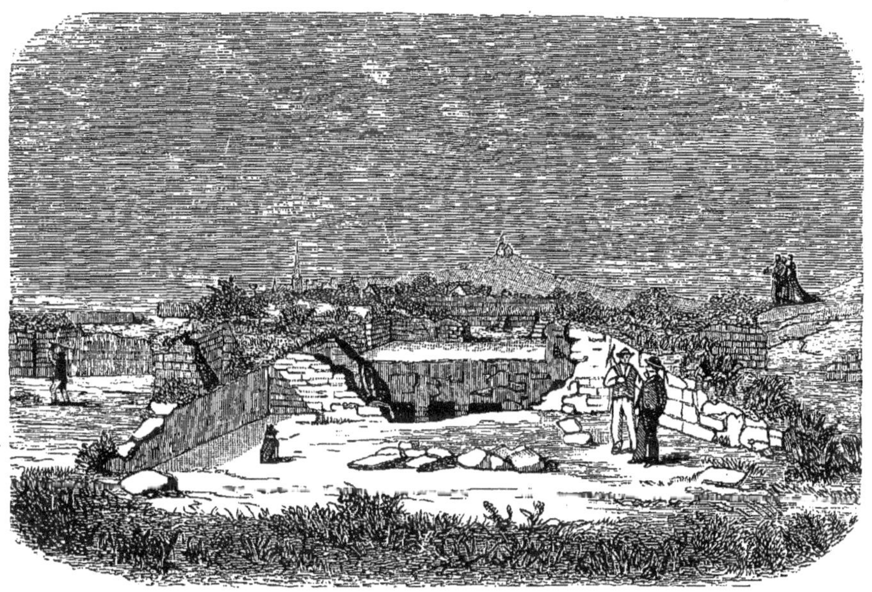

Fig. 236. — Fouilles des Bocennos de Carnac. Vue prise pendant les fouilles.

Nous aurions pu en trouver de plus luxueuses et de plus considérables; celle de Jurançon, par exemple, celles de Lillebonne, du Perennou (Finistère), d'Aradon (Morbihan), de Villemurt (Eure-et-Loir), de Vaton, près de Falaise, ou du manè Bourgerel; mais, pour les raisons que nous venons de signaler, nous ne parlerons que de nos Bocennos.

Il y a quelques années, à Carnac, on découvrit, à deux pas du mont Saint-Michel, que des tertres qui avaient passé jusque-là pour un camp de César recouvraient tout simplement une série d'habitations formant comme une petite cité campagnarde à peu près complète (fig. 236). Le nom, du reste, l'indiquait; ces champs s'appelaient

Kèricgoh', ce qui veut dire, en bas breton, vieille petite ville. Il y avait là un *sacellum*, chapelle séparée, isolée au milieu des ruines, où furent mises à jour des quantités de petites statuettes de Vénus et de déesses mères. Auprès, on déterra un petit bœuf en bronze qui prenait une valeur et un caractère tout particuliers par sa présence, au IVe siècle, dans un pays où saint Corneille, patron des bestiaux malades, est

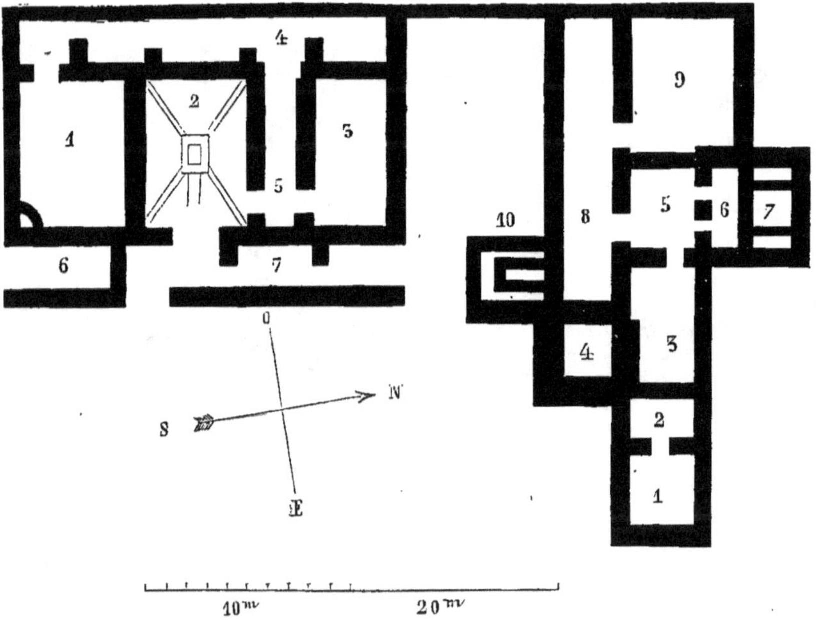

Fig. 237. — Plan d'une maison gallo-romaine avec thermes, trouvée aux Bocennos, près de Carnac (Morbihan).

encore en très grande vénération de nos jours. Auprès de la chapelle, on trouva une forge avec son fourneau et sa ferraille toute rouillée par l'humidité de la terre. Près de la forge, en face, il y avait des granges, des étables, que sais-je? Enfin, au milieu, la maison du maître, couverte d'enduits où les peintures les plus variées se distinguaient encore presque éclatantes, à l'époque où furent donnés les premiers coups de pioche.

C'est cette habitation dont nous donnons ici un plan très détaillé avec les bains y attenant, que nous appelons la maison du maître. Un grand couloir, n° 4 (voir la figure 237), du côté de la mer, la protégeait des vents d'ouest si violents dans cette contrée. Deux chambres assez vastes, n° 1 et n° 3, *cubicula,* si vous voulez, dressèrent sur la lande, quand on eut enlevé les débris qui les encombraient, leurs petites murailles décorées de marbres factices et de bordures dessinées à l'ocre. Au milieu, une vaste pièce que les savants appelleraient *exèdre*, n° 2, et que nous nommons salon ou salle à manger, dont le sous-sol

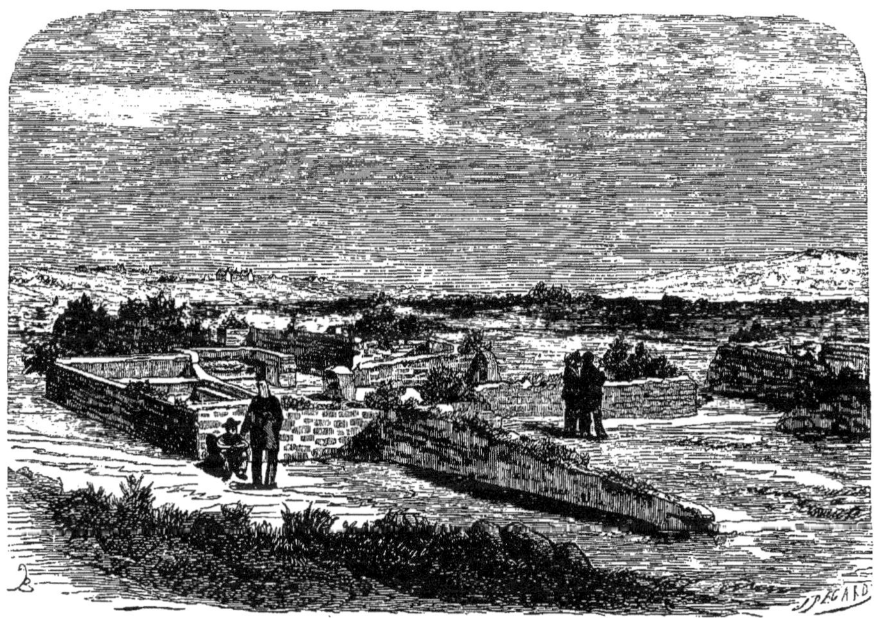

Fig. 238. — Les thermes des Bocennos de Carnac. Vue prise pendant la fouille.

était drainé avec un soin tout particulier, se présentait, d'un accès facile pour les chambres, et donnant sur une nouvelle galerie extérieure d'où l'on apercevait toute la campagne voisine. — Les poteries trouvées dans cette habitation attestent toutes un certain luxe raffiné, un goût d'une délicatesse exquise. Mais comme cette salle, ainsi que bien d'autres, hélas! non encore explorées, fut incendiée par des nouveaux venus qui arrivaient probablement d'Hibernie, ce n'est que par fragments que nous avons trouvé ces vases; leur reconstitution lente nous a pourtant permis de tirer de leurs allures des conclusions qui ne sont pas seulement hypothétiques, mais qui ont, ce nous semble, un degré très appréciable de certitude.

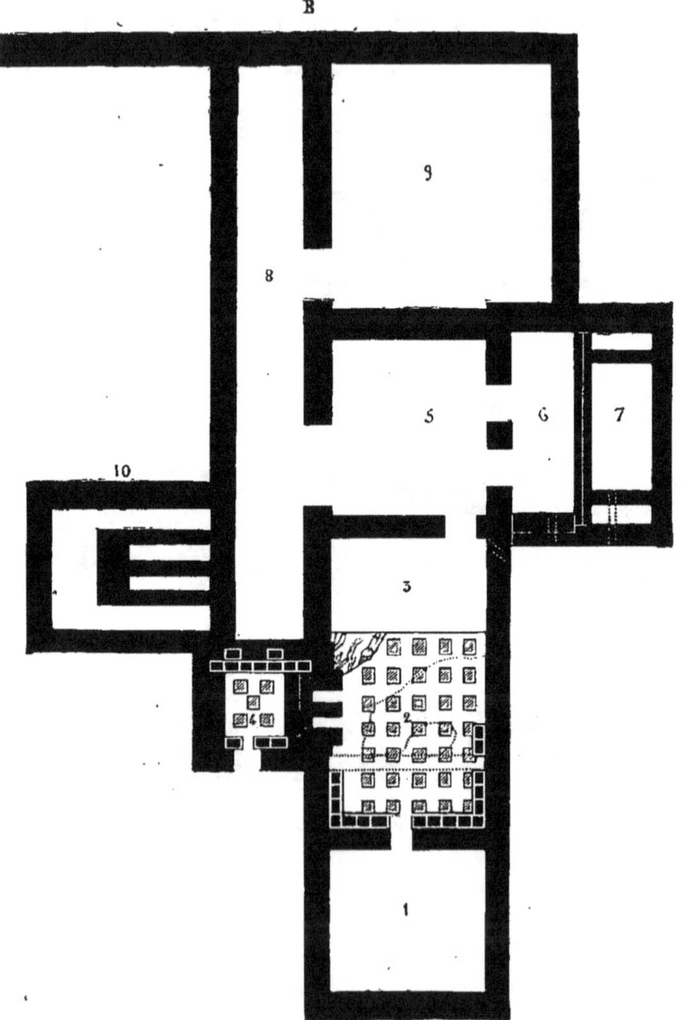

Fig. 239. — Plan des thermes des Bocennos de Carnac.

Auprès de cette maison, de modeste apparence, mais confortable de tout point, une butte immense, qu'on mit plusieurs semaines à renverser, découvrit le complément nécessaire de toute *villa* bien tenue, des thermes parfaitement aménagés.

Ici nous passerons à notre second plan, qui rend plus complète-

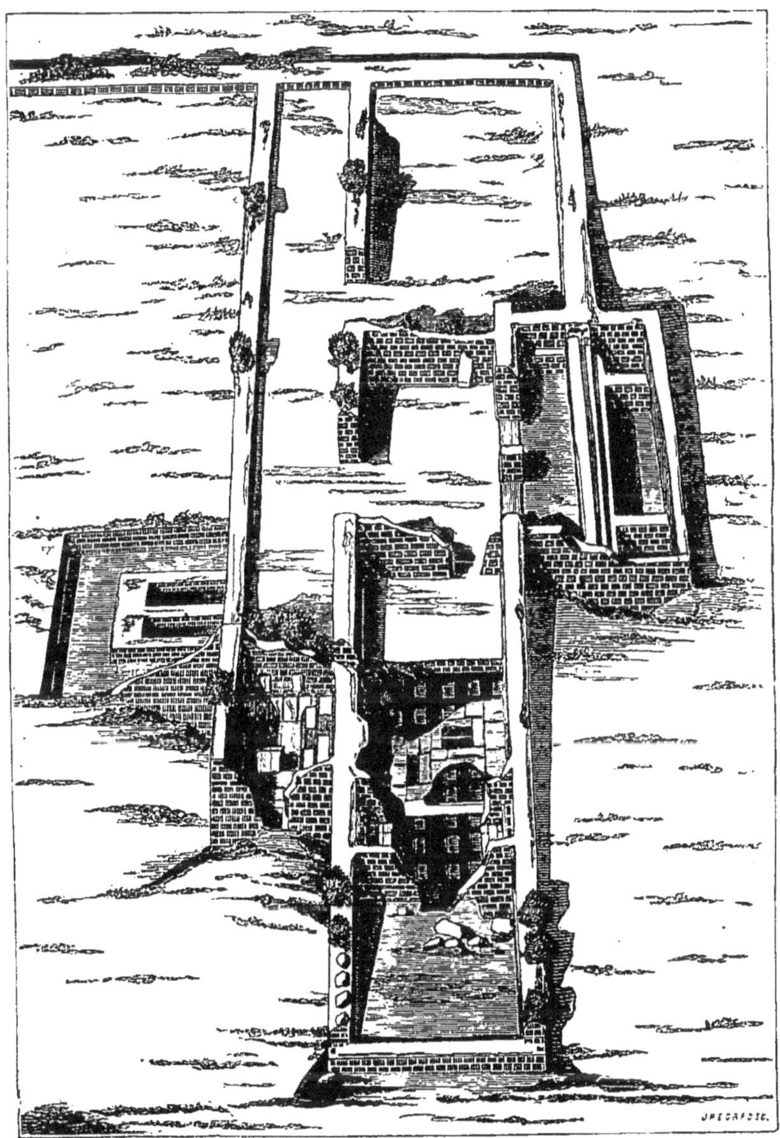

Fig. 240. — Vue cavalière des thermes des Bocennos.

ment que celui de la figure 237 les dispositions des différentes pièces.

Un grand couloir, n° 8, servait de vestibule à l'édifice; en 9 se trouvaient (pardon de tous les termes latins que nous allons citer, mais ils sont ici nécessaires), en 9 se trouvaient donc l'*apodyterium*, littéralement le vestiaire, les chambres où l'on se déshabillait; des sièges étaient placés aux quatre côtés de la pièce. En entrant, on se débarrassait de tous ses manteaux, de toutes ses toges, des sagums et du reste. Dans l'atmosphère tempérée du couloir on n'avait à craindre aucun courant d'air, et, simplement revêtu d'une couverture de fin lin, on se rendait, à travers le *frigidarium*, auquel nous allons revenir tout à l'heure, au *tepidarium*, n° 3, vaste salle chauffée en dessous par un *hypocauste*, n° 2, dont nous avons figuré les nombreux piliers de brique dans notre vue cavalière (fig. 240). Des tuyaux encastrés dans la muraille, que l'on découvrit encore en place au moment de la fouille, indiquent le moyen par lequel on tiédissait facilement cette pièce. Un séjour de quelques minutes dans ce *tepidarium* prédisposait le corps à des traitements plus pénibles. Les membres assouplis par ce premier repos, le patient bien amenuisé, comme diraient les auteurs du XVIe siècle, se dirigeait alors bravement vers le *sudatorium*, n° 4, l'étuve. — L'étuve de la petite villa des Bocennos était construite avec un soin charmant. De grandes plaques de schiste bleu, admirablement polies, en couvraient partout les murailles, et dissimulaient les deux rangées de tuyaux qui prenaient leur calorique, continuellement renouvelé, d'un dessous disposé comme celui du *tepidarium*, calorique d'autant plus facile à distribuer qu'il provenait d'un four construit en dehors des thermes, tout proche de l'étuve, et dont on a reconnu les débris au n° 10 du plan B.

Le *sudatorium* donnait une vapeur sèche qui, rapidement, amenait sur le corps une transpiration violente. Une ouverture pratiquée au sommet et garnie d'une sorte de bouclier, *clypeus*, plaque de cuivre formant fermeture, manœuvrée par une corde, à la portée de la main, permettait de tempérer ou d'activer à son gré, cette opération.

C'est là que des esclaves, munis du *strigile* (racloir), ou mieux encore, se servant de leurs mains elles-mêmes pour vous masser, faisaient disparaître le moindre grain de sable ou de poussière qui avait pu pénétrer les chairs.

On sortait de l'étuve par où l'on était entré, en gravissant quelques marches. La tiédeur de la salle voisine vous ménageait alors une transition qui, sans ces soins, aurait pu paraître trop brusque. Après un séjour plus ou moins prolongé dans le *tepidarium*, on se rendait alors dans la première salle du *frigidarium*, n° 6, où l'on revenait peu à peu à la température normale. La piscine, n° 7, froide, pleine d'eau courante, s'ouvrait alors devant vous claire et limpide. Les tuyaux de plomb découverts dans la muraille prouvaient que l'onde régénératrice n'était pas ménagée dans cette piscine. On s'y plongeait avec délices. Des esclaves vous enveloppaient, au sortir de ce nouveau bain, dans de grands linges destinés à vous sécher rapidement, et, après un repos nécessaire dans l'*unguintorium*, n° 5, où l'on vous parfumait d'essences, vous retrouviez au vestiaire, n° 9, vos vêtements tout prêts pour regagner, parfaitement rafraîchi, le grand air.

Les Romains tenaient des Grecs cet usage des bains; leurs thermes n'étaient que des copies diminuées des grands gymnases antiques de l'immortelle presqu'île. Ils importèrent ces habitudes en Gaule, où bientôt elles devinrent à peu près générales.

Nous pourrions ici, à propos de ces fouilles, nous livrer à bien des réflexions, et faire même certaines revendications formelles; nous nous en dispenserons, nous contentant, à propos des Anglais, auxquels on a fait l'honneur de cette découverte, de citer Leibniz, qui traite ces insulaires d'hommes pleins d'astuce et de rapine, prétendant que, si les nations leur réclamaient tout ce qu'ils leur ont volé, il pourrait bien leur arriver une aventure semblable à celle du geai de la fable.

Après avoir esquissé l'art militaire des Romains, nous avons vu leurs villes avec leurs citadelles, et leurs murailles immenses, leurs arcs triomphaux. Puis, entrant plus intimement dans les mœurs de ces puissants soudards, nous avons décrit leurs temples, leurs palais, leurs maisons de ville et même leurs villas rustiques.

Pénétrons maintenant plus avant dans notre sujet même et traitons de leur goût dans les arts? Nous savons déjà le mépris souverain qu'ils affichaient pour les peintres. Voyons comment ils jugeaient les sculpteurs, et, pour terminer, apprécions à leur juste valeur toute la beauté de leurs poteries et de leurs verreries si vantées. Là encore, nous espérons démontrer qu'on a fait trop d'honneur à ces grands hommes en les prenant pour les initiateurs de nos pères.

Nous savons comment Caligula se confectionnait des statues, en coupant les têtes des dieux grecs pour les remplacer par la sienne; tous en usèrent de même sorte, et traitèrent plus cavalièrement peut-

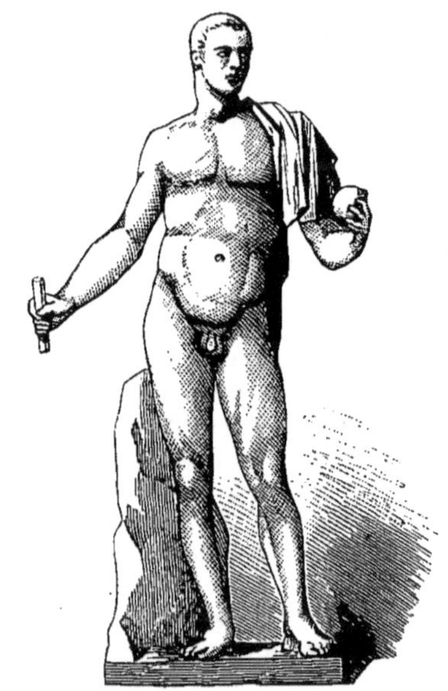

MARS VAINQVEVR

Fig. 241. — Mars vainqueur. Statue en marbre du Musée du Louvre.

être encore les chefs-d'œuvre d'Athènes et de Corinthe dont les hasards de la guerre avaient rempli la cité éternelle.

Il y avait à Rome une série de jeunes Hellènes qui, n'ayant rien de mieux à faire, fabriquaient des empereurs à peu près comme nos imagiers de la rue Bonaparte et des environs de la place Saint-Sulpice façonnent des vierges, des christs, des enfants Jésus, des apôtres et des saints de toute espèce. On prenait, par exemple, un Mars vainqueur; il était nu, la tête rasée, rejetant sur l'épaule gauche son petit manteau de guerre (fig. 241) et tenant en main un rouleau symbolique.

On modelait un homme nu avec une tête plus ou moins ressemblante, absolument dans la même pose; on lui mettait en main le même rouleau ou quelque glaive banal; en bas, on écrivait Sextus Pompée, Hadrien, Jules César, ou n'importe qui, et l'on avait ce que, dans la pratique, on appelait *statuæ iconicæ*, des statues iconiques; simples surmoulages mis au point (fig. 242).

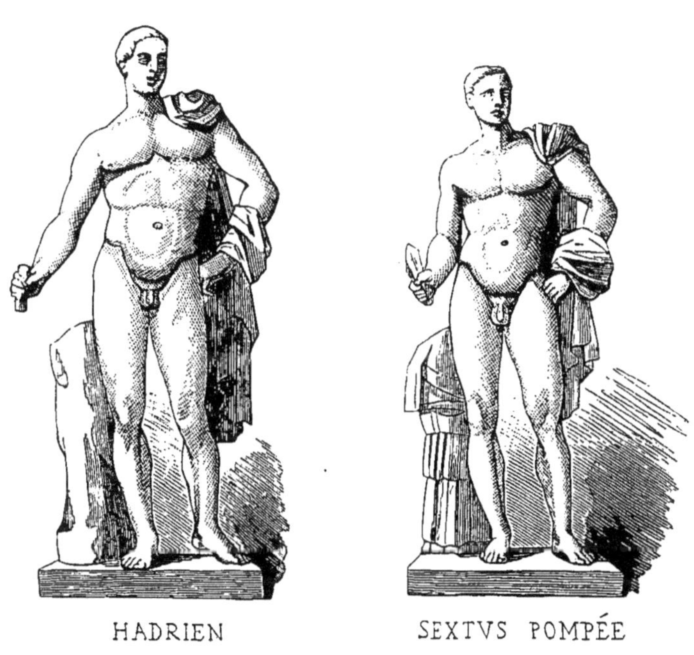

Fig. 242. — Statues romaines du Musée du Louvre.

On dressait sur son piédestal, dans l'atelier, un Jupiter tonitruant rapporté d'Athènes, le bras levé, agitant sa foudre, la tête haute, bien campé sur ses jambes, plein de la majesté d'un dieu (fig. 243).

Le modèle à peu près copié, on l'habillait d'un *thorax* triomphal, avec des lanières de cuir tombantes sur les cuisses; le *paludamentum* remplaçait le manteau gracieusement drapé du maître du tonnerre; la tête, fabriquée d'avance, de Trajan ou d'un autre, venait se planter sur ces épaules puissantes, et l'on avait, pour l'exportation, un Marc-Aurèle à envoyer à Langres; un Claude, pour la cité de Lyon;

un Caligula, pour *Avaricum;* un Néron, pour Gien, ou un Domitien pour Narbonne (fig. 244). Ce n'était pas plus difficile que cela. — Comme les règnes étaient assez courts, et qu'il faut un certain temps pour fabriquer un marbre, on ne faisait, la plupart du temps, que le torse, les bras et les jambes; il y avait des têtes de rechange. Le musée du Louvre possède plusieurs de ces statues où les têtes ont été rappor-

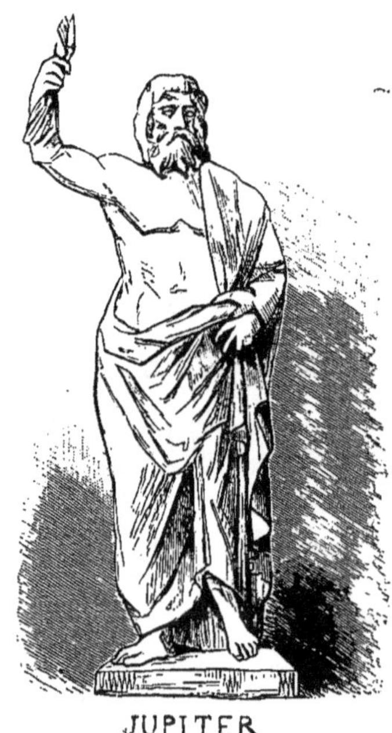

Fig. 243. — Jupiter, statue en marbre du Musée du Louvre.

tées. Nous avons connu un sculpteur qui, avec des glaives, des clefs, des équerres, des coutelas, des calices et des coquilles, fabriquait, avec la même statue, tour à tour des Saint Paul, des Saint Pierre, des Saint Thomas, des Saint Barthélemy, des Saint Jean et des Saint Jacques Ce sculpteur devait être Romain d'origine. Les Italiens, les Génois, qui nous inondent de leurs produits : Vénus, Minerves et Dianes de plâtre, sont bien encore les descendants de ceux qui se contentaient, pour décorer leurs palais et leurs temples, de banales statues iconiques.

Quant aux bustes des matrones, ils vont nous donner une note encore plus précise sur le sentiment de l'art chez ce peuple. — On sait que les dames romaines se coiffaient d'immenses perruques, lourdes et sans grâce (il suffit, pour s'en convaincre, de parcourir un instant les galeries du Louvre), fabriquées avec les cheveux rouges des femmes de la Germanie. — Cette massive parure était appelée par

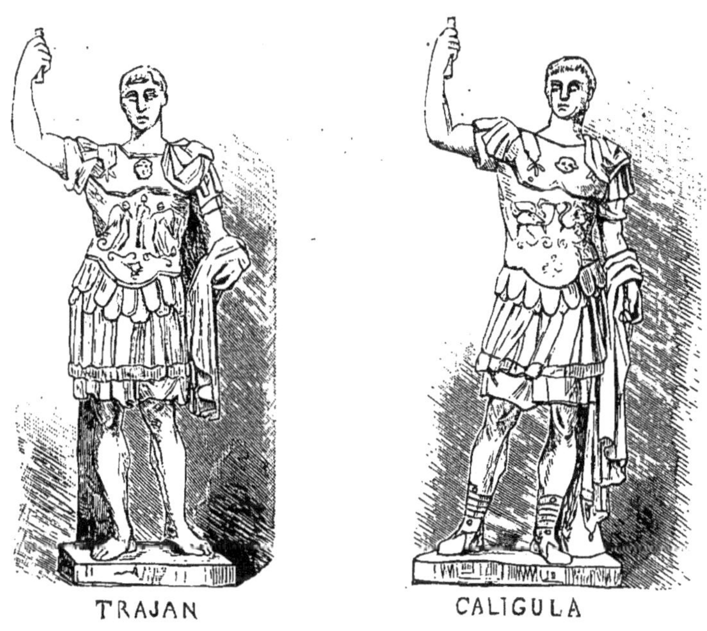

Fig. 244. — Statues d'empereurs romains du Musée du Louvre.

le peuple *galera,* le casque. La mode, déjà à cette époque, changeait à chaque saison, et s'inspirait tantôt d'un Bathylle ou d'un Euryale, tantôt d'un Urbicus ou d'un Pollion, mimes, danseurs et musiciens, qui donnaient le ton au grand monde et à l'autre.

Or, si telle illustre patricienne qui avait fait faire son buste pour qu'il figurât glorieusement dans la galerie de ses ancêtres venait, au bout de quelques mois, contempler sa figure de marbre, elle ne trouvait plus sa coiffure au goût du jour et se sentait quelque peu ridicule sous cette frisure du temps passé. — Un chapeau de 1830 sur un visage encore digne de plaire, fi donc ! On allait chercher le sculpteur, et le Grec rusé emportait le marbre, sciait la perruque et remplaçait les tresses contournées par des bandeaux ondulés, et les hautes pyramides élevées avec tant de peine par des frisettes plus modernes; la matrone souriait, se retrouvait encore jeune, et, l'année suivante, on recommençait l'opération. De là ces marbres de différentes couleurs, qui donnent aux bustes romains des temps de l'empire un cachet si bizarre. Faire de la sculpture un prétexte à poupée de coiffeur, est-ce vraiment du grand art? — Non; mais c'est de l'art romain, tout simplement.

Un mot maintenant de leurs poteries. Il y a quelques années à peine, on attribuait encore aux Romains toutes ces urnes char-

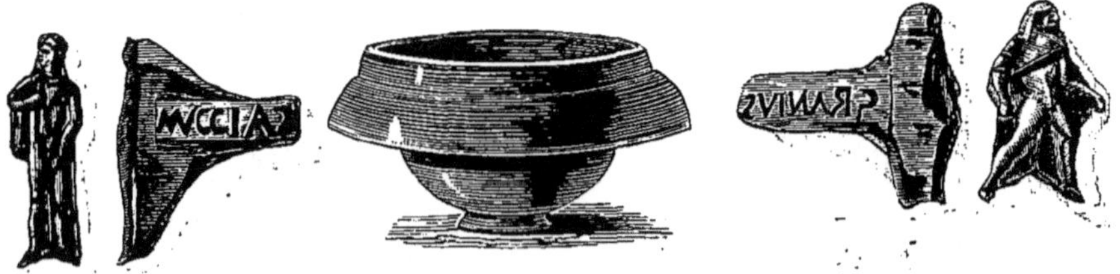

Fig. 215. — Poinçons de potiers romains de la collection Tudot (Musée de Moulins). Terrine en terre rouge, d'après M. de Caumont.

mantes sur la panse desquelles se détachent, en silhouettes blanches, des personnages aux contours fins, cernés d'un trait noir. La moindre coupe rouge décorée de nymphes ou de cavaliers, le plus petit calice muni d'anses élégantes, tous ces vases à parfums, si délicats de galbe et si riches d'ornementation, s'appelaient officiellement vases antiques. Or l'antique, pour tout le monde, c'était toujours et avant tout le romain.

Une étude plus sérieuse et plus approfondie a fait rendre aux Grecs d'abord, aux Étrusques ensuite, la propriété de toute cette merveilleuse céramique. Chez nous, comme jusqu'en ces derniers temps on n'avait pas trouvé d'œuvres toscanes ou athéniennes de provenance positivement gauloise[1], c'étaient tous les vases rouges, fabriqués

1. Nous avons vu, dans le chapitre précédent, que dans les fouilles de Champagne on avait depuis découvert des coupes de terre et des aiguières de bronze qui prouvent maintenant, d'une façon irréfutable, nos relations certaines avec les Étrusques et les Grecs avant l'invasion romaine.

en terre dite de Samos, que l'on faisait indistinctement romains: Le *catinum rubrum* de Perse (sat. V, 187), disaient les savants,

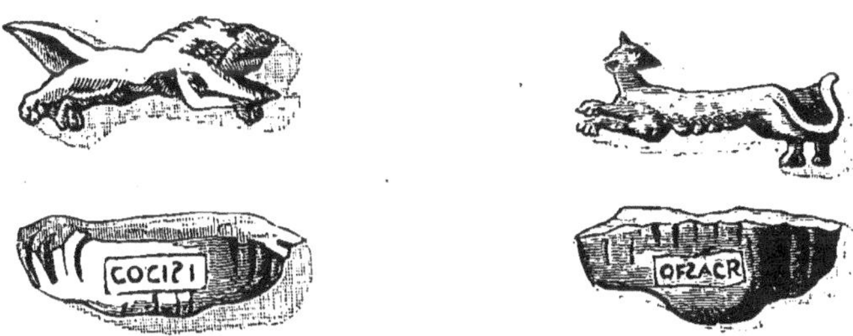

Fig. 246. — Sceaux et poinçons de potiers romains de la collection Tudot (Musée de Moulins).

et tout ce qui dans ce genre était déterré dans les tombes ou ailleurs, figuraient aux catalogues de nos musées sous l'étiquette : *Poteries*

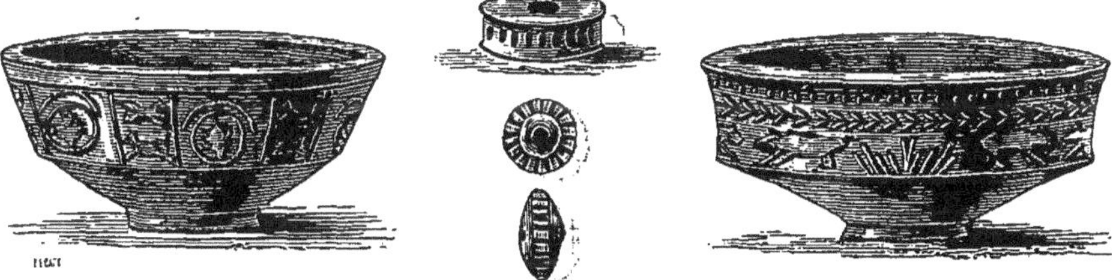

Fig. 247. — Coupes du Musée de Moulins et de la collection Charvet. Roulettes de la collection Tudot (Musée de Moulins).

romaines. Des observations judicieuses ont depuis prouvé que, même dans cette argile rouge vernissée, s'il se trouve véritablement des

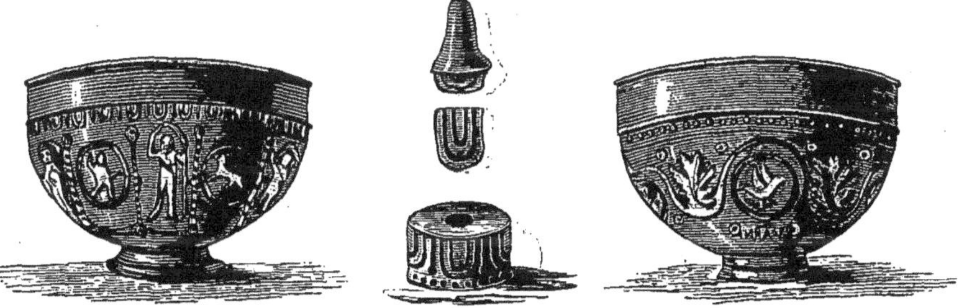

Fig. 248. — Coupes romaines, d'après de Bast et d'après Tudot. Poinçons et roulettes du Musée de Moulins.

objets d'origine romaine, il en est, en plus grand nombre, qui sont positivement gaulois. — C'est l'étude de leur fabrication spéciale qui a mené les connaisseurs à ces distinctions, qui paraissent subtiles au premier abord et qui ne sont que justes. Il existe des différences capitales entre la poterie italienne pure et la poterie gallo-romaine; nous les ferons ressortir plus amplement dans la suite de cette étude. Ces différences s'aperçoivent, du reste, du premier coup, quand on compare et que l'on analyse les procédés d'exécution de ces fameux

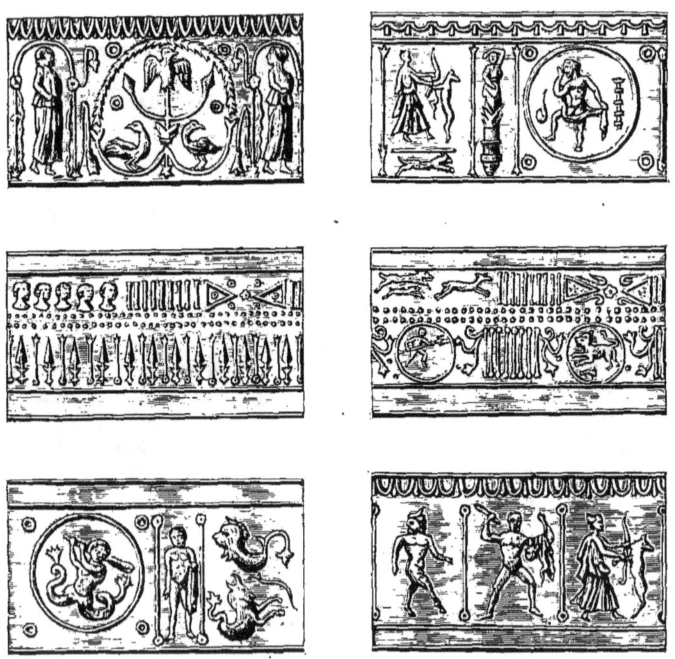

Fig. 249. — Motifs de décorations de poteries sigillées, d'après M. de Caumont et d'après la collection Charvet.

céramistes, aussi barbares en poterie que leurs compatriotes l'étaient en sculpture et en peinture.

Passons en revue ces procédés ; ils accentueront ce jugement qui, pour quelques-uns, semble encore quelque peu paradoxal.

Les potiers romains arrivaient en Gaule avec un mode de fabrication tout spécial; nous ne parlerons pas de leurs fours ; ceci n'est pas de notre compétence. Brongniart, du reste, les a décrits, et nous renvoyons le lecteur aux savantes études de ce maître[1]. Mais leur

1. *Traité des arts céramiques et des poteries considérés dans leur histoire, leur pratique et leur théorie,* par Alex. Brongniart (Paris, Béchet jeune, 1854).

outillage a quelque chose de tellement caractéristique, que nous nous arrêterons un instant pour l'étudier avec tout le soin qu'il mérite.

Les potiers romains donc étaient munis d'un bagage complet de petits poinçons de terre (fig. 245 et 246) moulés probablement sur des objets grecs, camées ou pierres gravées, dont on retrouverait, en cherchant bien, les modèles dans les collections italiennes. Ils fabriquaient en terre cuite très dure ces petits cachets qui ont fait donner

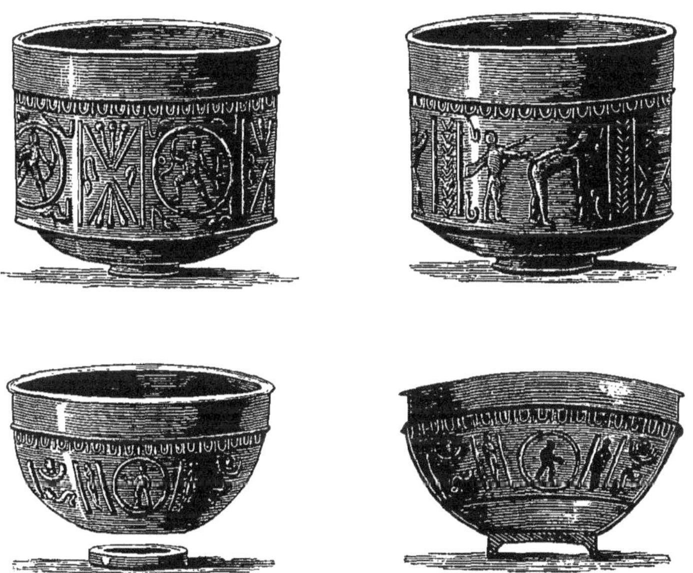

Fig. 250. — Vases en terre rouge, dits de Samos, de la collection Charvet. Moule en creux (coupe) de la collection Tudot, et vase sigillé qui en provient.

à ce genre de poterie le nom de *poterie sigillée;* cachets représentant en relief des hommes, des femmes, des guerriers, des danseuses, des boucs, des chèvres, des lions, des chiens, des dauphins, des aigles, etc.

Nous en donnons ici des aspects de profil et de face (fig. 245 et 246). Tous ces poinçons portent toujours le nom du fabricant, ordinairement accompagné des lettres O. F. ou M. : *Officina Cocisi* ou *Manu Sabini;* de la boutique de Cocisus ou de la main de Sabinus. Quand le nom est au nominatif, il est suivi d'un F. : *Secundus. fecit.* A ces poinçons, il faut ajouter des roulettes (fig. 247 et 248) qui servaient à façonner les ornements cent fois répétés qui devaient décorer les vases. M. Ed. Tudot donne une quantité énorme de ces poinçons dans son magnifique ouvrage sur la poterie des premiers siècles de notre ère [1]. On en trouve partout en France; car ces méthodes romaines s'implantèrent vite, mais durèrent peu, comme nous le verrons plus tard.

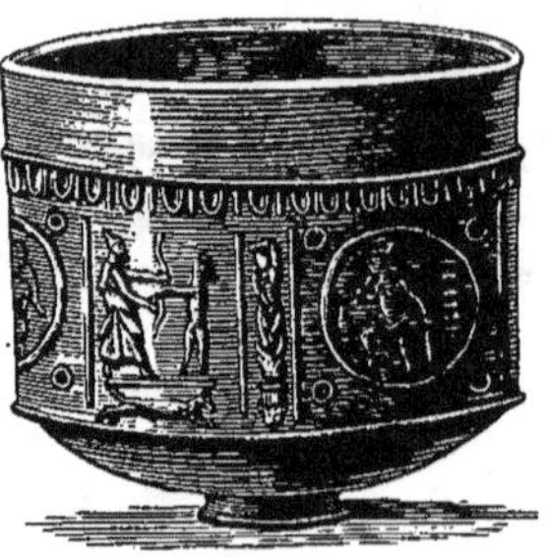

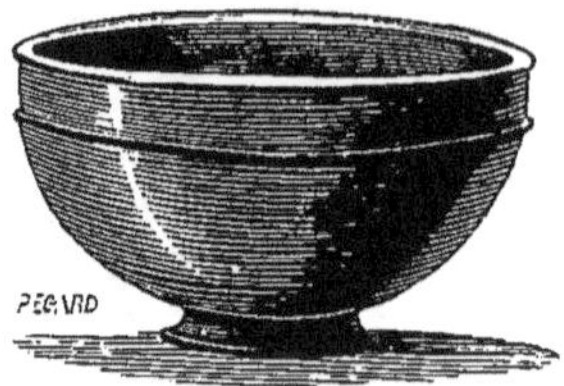

Fig. 251. — Poteries romaines en terre de Samos de la collection Tudot (Musée de Moulins).

Muni de ces outils pouvant produire facilement une décoration d'une certaine apparence, voici comment s'en servait l'ouvrier de terre pour la confection de ses différents vases. — Voulait-il fabriquer une coupe, une terrine ou un pot quelconque, il tournait sur la roue la forme du vase demandé; s'occupait surtout à bien polir l'intérieur de la coupe ou du pot destiné à servir de moule; sur cette terre soigneusement dressée, il imprimait, de distance en distance, ses petits poinçons, qui formaient ainsi des creux dans la terre molle. Il enca-

1. *Collection de figurines en argile, œuvres premières de l'art gaulois*, avec les noms des céramistes qui les ont exécutées, recueillies, dessinées et décrites, par Edmond Tudot (Paris, Rollin, éditeur, MDCCCLX).

drait ensuite ces creux, et c'est dans ces encadrements qu'apparaît toute la naïveté du sens artistique de ces surmouleurs si peu fantaisistes. On peut juger de la banalité de ces conceptions par les quelques spécimens que nous en donnons ici.

Tantôt c'est une femme qui se promène, toujours la même, sous des arcades, en se tenant le menton dans la main, réfléchissant à je ne sais quoi; peut-être à l'idée curieuse qu'a euc l'auteur du vase de percher des aigles lourds sur des fleurs flexibles, et de terminer ces

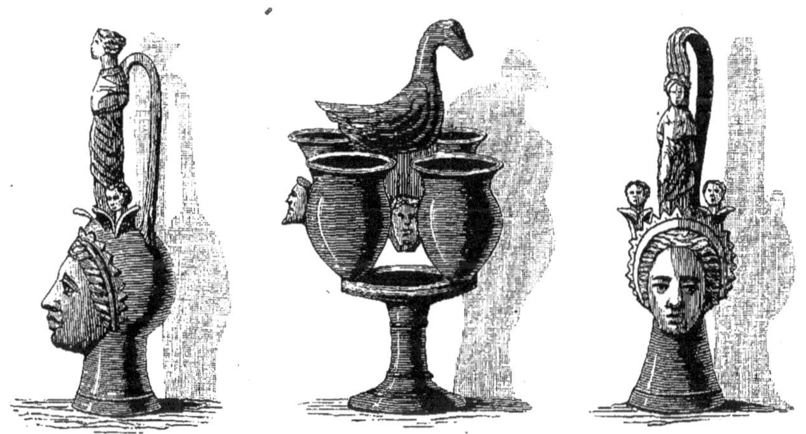

Fig. 252. — Vases à figurines en relief de la Grande-Grèce (Musée du Louvre, collection Campana). Style romain.

fleurs par des fers de lance. — Ailleurs, une autre femme fait danser un bouc au-dessus d'un chien qui court, et je ne sais quel Hercule, planté dans un cadre, examine la scène d'un œil quelque peu indiscret (fig. 249).

Ici, ce sont des bustes qui font les frais du décor, ou des lions, ou des chiens qui se poursuivent, ou des gladiateurs qui combattent le vide; des triangles, espacés de distance en distance, coupent les lignes que remplissent de petits bâtons comme en font les enfants sur leurs cahiers d'écriture. Plus loin, l'auteur ne se met plus même en frais d'imagination; il pose sa figure moulée, trace un cercle, une ligne, encore une ligne, pique un point au haut de sa ligne et tout est dit.

C'est de l'art de l'homme des cavernes de Laugerie-Basse et de La Madeleine.

Ce moule ainsi fabriqué, on le faisait cuire à grand feu; puis, quand on voulait en tirer un, deux, trois exemplaires ou plus,

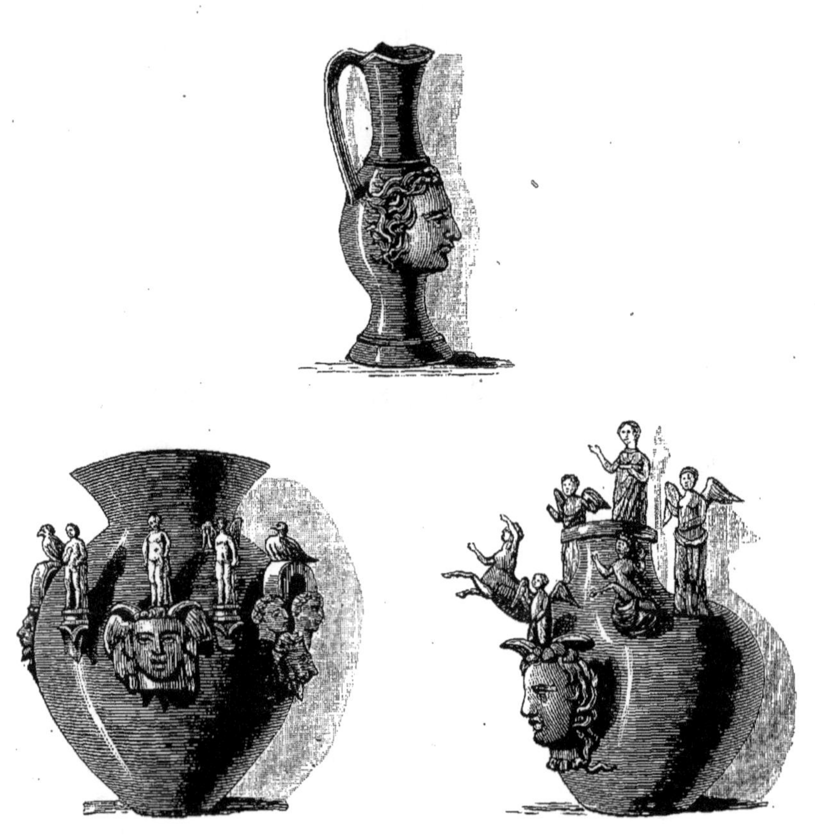

Fig. 253. — Vases de l'Apulie (collection Campana).

on tamponnait de la glaise à grand renfort de pouce dans tous ces creux, donnant, par un simple tour de roue, un peu d'égalité à ce qui allait devenir plus tard l'intérieur du vase; on faisait sécher l'objet dans le moule même, au soleil, ou près d'un feu léger; le retrait de la terre obtenu d'un coup sec, on détachait le vase de ce même moule; l'ouvrier ajoutait une base et un rebord supérieur (fig. 250), et le produit, toujours identique, mathématiquement semblable au précédent, sans aucune variété de décor, d'ornement ou de forme, signé par l'auteur, *Officina Modesti Montani* ou *Crispini*, était livré au commerce.

Les médiocrités ont une soif extraordinaire de toujours graver leur nom sur toutes choses. Les potiers romains n'y manquèrent

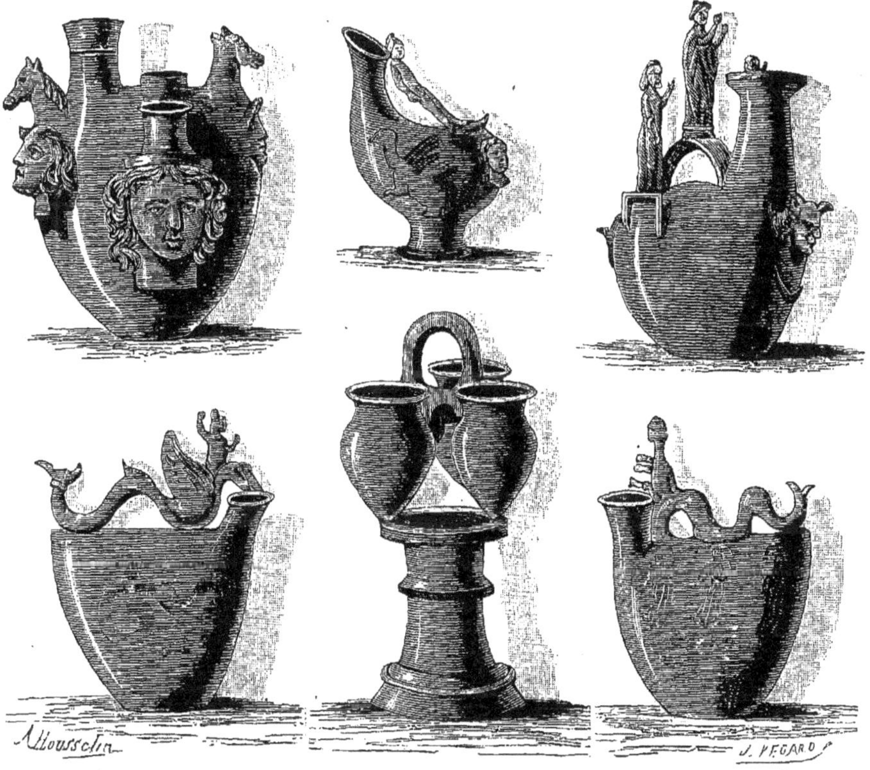

Fig. 254. — Vases du Musée Campana (Louvre).

jamais. Nous donnons ici, pour mieux faire comprendre le travail indiqué plus haut, la coupe d'un de ces moules et le dessin de l'objet qui en est sorti (fig. 250). Tout cela, comme on le voit par l'ensemble de nos gravures (fig. 251 et précédentes), est d'une écœurante monotonie. Ce luxe d'ornements peut parfois tromper l'œil peu clairvoyant d'un collectionneur atteint de la manie des vieux pots; mais, pour un simple connaisseur, ces estampages n'auront jamais aucune espèce de rapport avec ce que l'on appelle un objet d'art.

Les céramistes romains importèrent encore en France un autre genre d'ornementation qui, pour être plus voyante, n'en est peut-être que plus banale encore. Nous voulons parler des vases dits vases de l'Apulie, que nous révéla, il y a quelques années, la collection Campana.

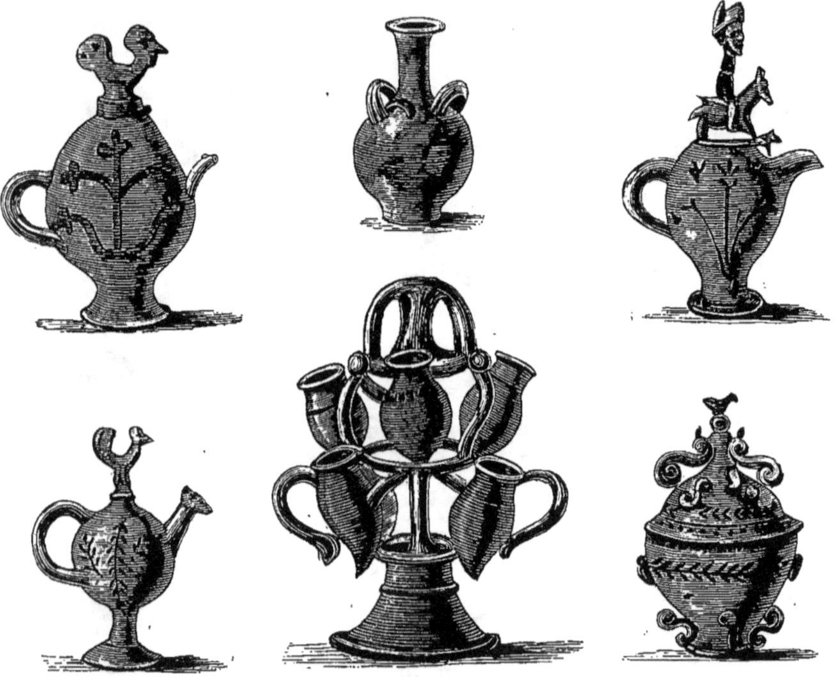

Fig. 255. — Poteries françaises de Cerans, Malicorne et Ligron (Musée du Mans).

Si nous nous arrêtons ici à la description de ces produits étranges, c'est que l'on a dernièrement découvert à Cerans, à Malicorne et à Ligron, non loin de Laval et du Mans, une curieuse fabrique de vases absolument semblables à ceux de la Grande-Grèce. Comme Cerans, Malicorne et Ligron ne sont pas très éloignés du fameux camp de Jublains, nous avons cru y voir des traces d'une influence certainement latine, et la comparaison nous a semblé bonne à noter (fig. 255).

Voyons maintenant le fond même de cet art qui, cette fois, est bien positivement romain. Son principal caractère consiste dans la superposition de têtes d'oiseaux, de petites statuettes de personnages ailés, de dragons, etc., collés sur la panse des urnes à tort et à travers. Quant à vous dire ce à quoi peut servir un pareil vase, nous ne l'essayerons pas, avouant simplement que là-dessus nous n'avons aucune hypothèse à émettre, et que nous ne savons absolument rien

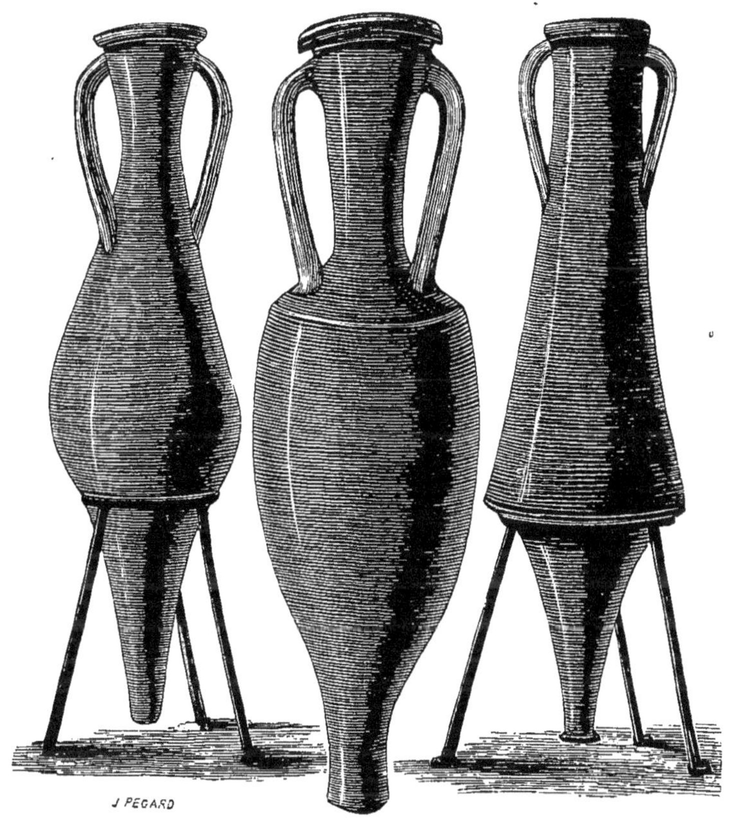

Fig. 256. — Amphores des Musées de Lyon et d'Autun, et de la collection Duquenelle, de Reims.

de leur destination probable. Vases votifs, dit-on. Va pour vases votifs; mais poteries artistiques, c'est bien différent. On ne nous fera jamais croire qu'il y ait un art quelconque dans cette invention grotesque qui consiste à plaquer une petite base carrée sur une urne ronde pour la surmonter de figurines peinturlurées en rouge, en jaune ou en vert; à poser, sur un piédestal plus ou moins circulaire, des petits pots pointus par la base, dans un équilibre entièrement instable (fig. 252

et 254). On ne nous fera jamais croire que le coup d'œil de ces grosses têtes surmontées de petites femmes drapées, qui ont une anse plantée dans le dos, soit agréable et gracieux; que ces goulots étroits

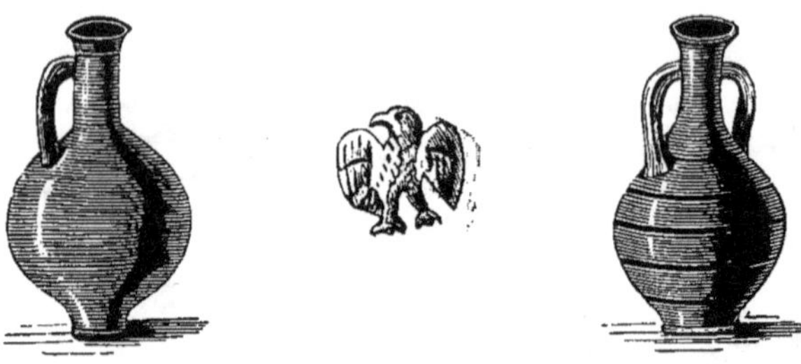

Fig. 257. — Vases en terre jaune, trouvés dans les Flandres, d'après de Bast. Sceau de potier romain.

sortant de chevelures ailées, que ces serpents grossiers se terminant par des bustes, que ces centaures aux allures fantastiques, galopant

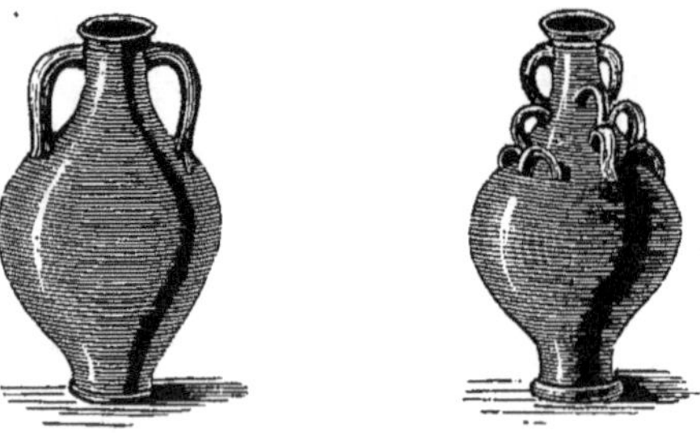

Fig. 258. — Cruches en terre jaune trouvées en Flandre.

sur des pots, soient des décorations normales, adaptées avec convenance à des urnes d'une forme possible (fig. 253 et 254).

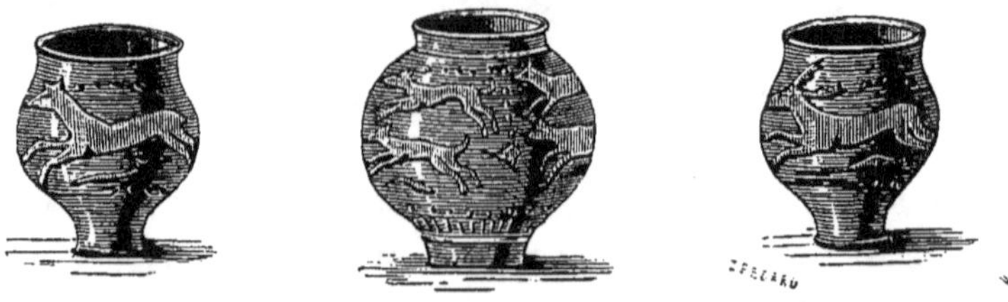

Fig. 259. — Vases en terre rouge, d'après de Bast (*Recueil d'antiquités trouvées en Flandre*, 1808).

C'est un dévergondage sans goût, qui n'a jamais eu et n'aura jamais de raison d'être. Et, s'il nous était permis de faire un choix dans ces productions extraordinaires, nous pencherions encore pour les imitateurs de Malicorne qui, eux, du moins, ont su garder à leurs biberons, à leurs terrines, une allure à peu près raisonnable.

Ah ! nous sommes loin du *lèchytos* grec, des vases des Panathé-

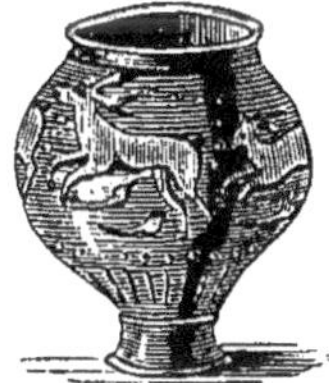
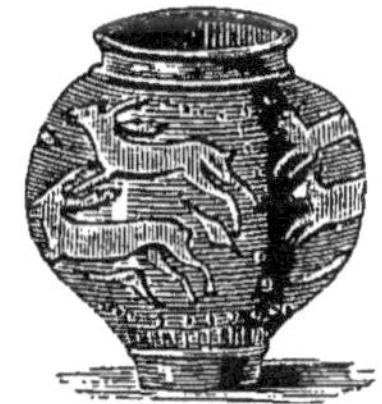
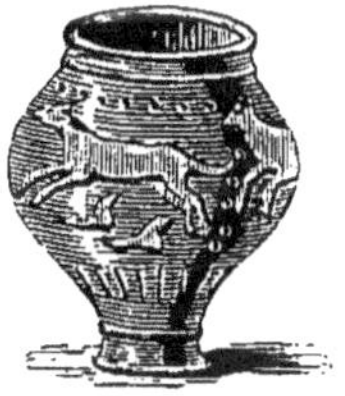

Fig. 260. — Vases en terre rouge, décorés d'animaux en relief d'après de Bast.

nées, du *kantharos* de Bacchus, et même des *rythomes* des rois de Pæonie. L'idée de l'harmonie des lignes, qui doit toujours conduire

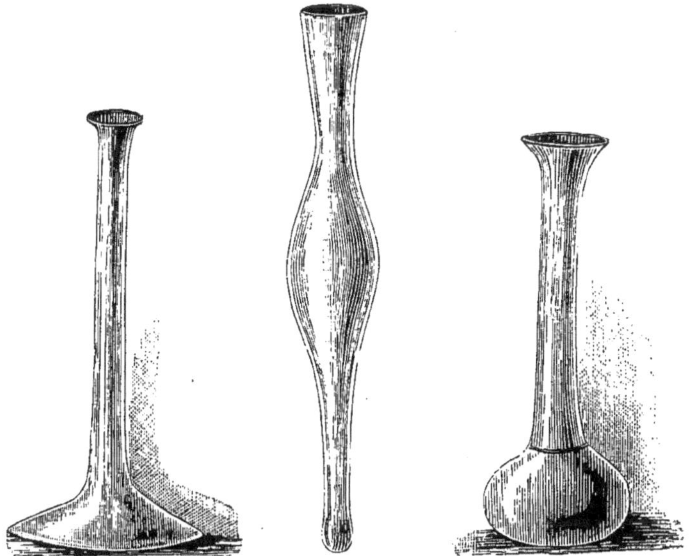

Fig. 261. — Ampoules en verre blanc du Musée de Lyon. Lacrymatoire du Musée d'Arles.

l'ouvrier de terre dans son art si délicat, n'a jamais pu entrer dans la tête des hommes qui fabriquaient ces *choses* dont nous vous donnons ici quelques spécimens.

Cela ne ressemble à rien, si ce n'est à ces petites chapelles que les enfants pieux dressent ou plutôt dressaient sur des chaises de

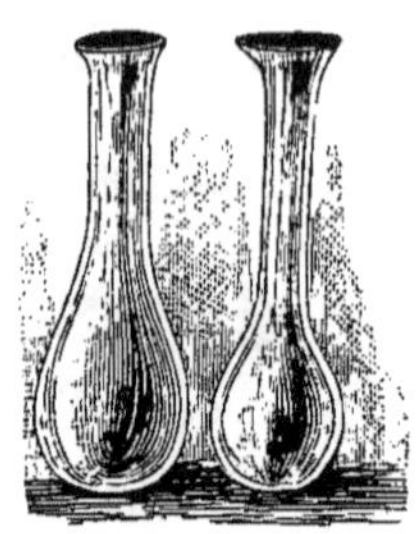

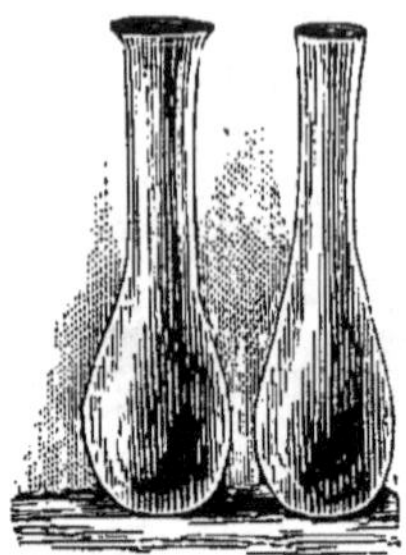

Fig. 262. — Ampoules de verre du Musée de Lyon. Ampoules de verre du Musée Calvet, à Avignon.

paille, à l'entrée de leur logis, le jour des processions de la Fête-Dieu.

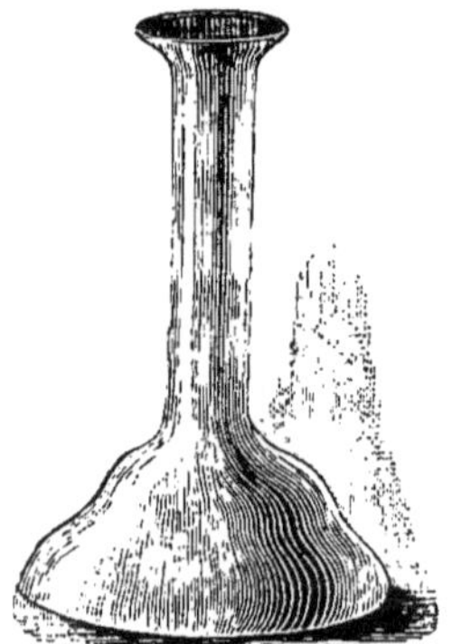

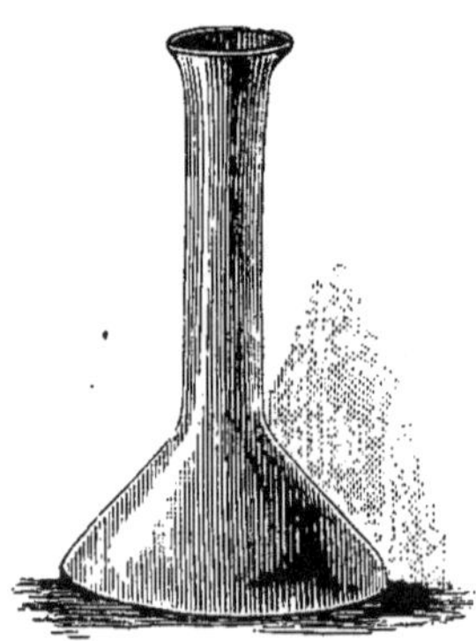

Fig. 263. — Ampoules de verre des Musées de Lyon et d'Avignon.

Le goût de la convenance et de la proportion manque totalement aux Romains.

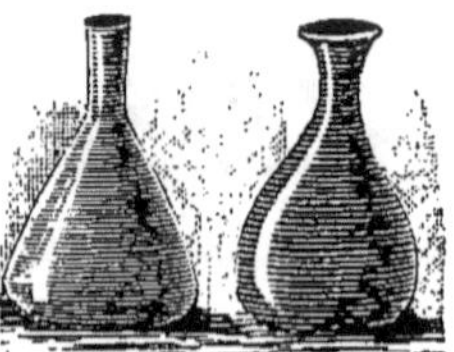

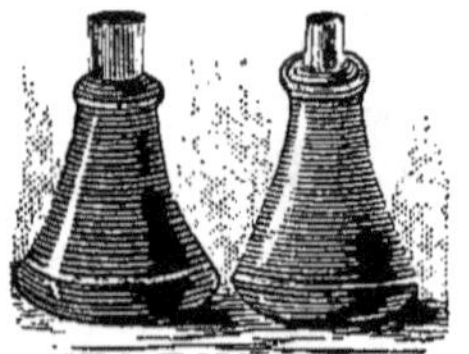

Fig. 264. — Vases en verre bleu et en verre jaune du Musée de Lyon.

Voyez leurs amphores; rien n'est disgracieux comme ces grandes machines impossibles à transporter, qu'on est obligé d'enfoncer dans des trépieds, qu'on ne peut pas pencher naturellement, qui n'ont rien enfin d'élégant ni de commode (fig. 256)[1].

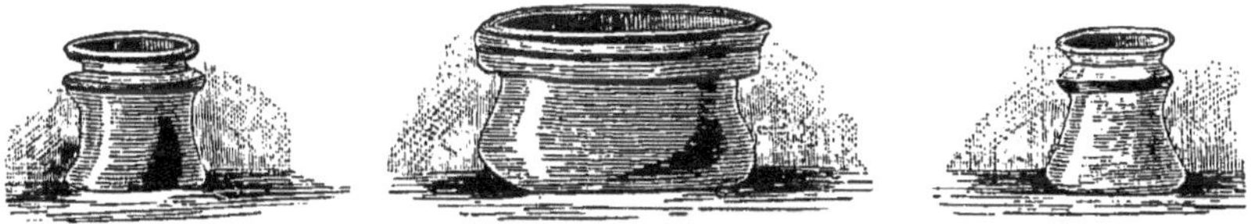

Fig. 265. — Vases à onguents des Musées de Lyon et d'Avignon.

Leurs moindres cruches ont l'air de ne pas pouvoir se tenir debout. Elles sont couvertes d'anses inutiles (fig. 257 et 258) ou déco-

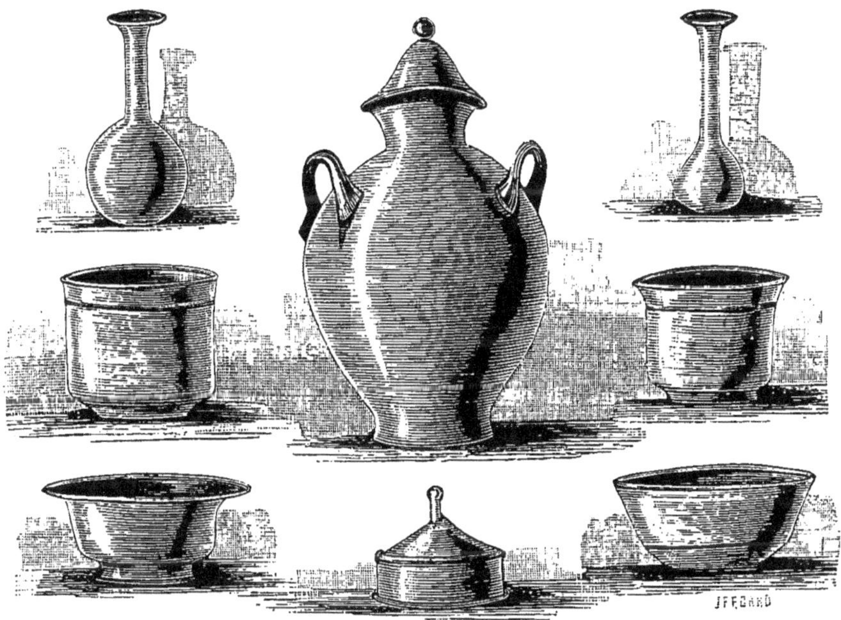

Fig. 266. — Urne cinéraire du Musée Calvet, à Avignon. Ampoules et vases divers de Langres, de Moulins, de Lyon, etc.

rées de chasses extravagantes : toujours l'art des cavernes (fig. 259 et 260).

1. Amphore vient de ἀμφιφερεῖν, porter des deux côtés, parce que d'ordinaire deux esclaves remuaient, avec les précautions qu'on devait avoir pour le massique ou le falerne, ces grands vases horriblement lourds. On plaçait l'amphore dans le cellier, pièce particulière située, au contraire de nous, à l'endroit le plus élevé de la maison, exposé au nord, parfumé de myrrhe, où l'on entrete-

On ne s'attendait guère à trouver des chasses sur des pots à beurre ou même sur des vases à boire ; mais tout leur était bon [1]. Et voilà les raffinements d'art qu'importèrent en France les céramistes de Rome la grande.

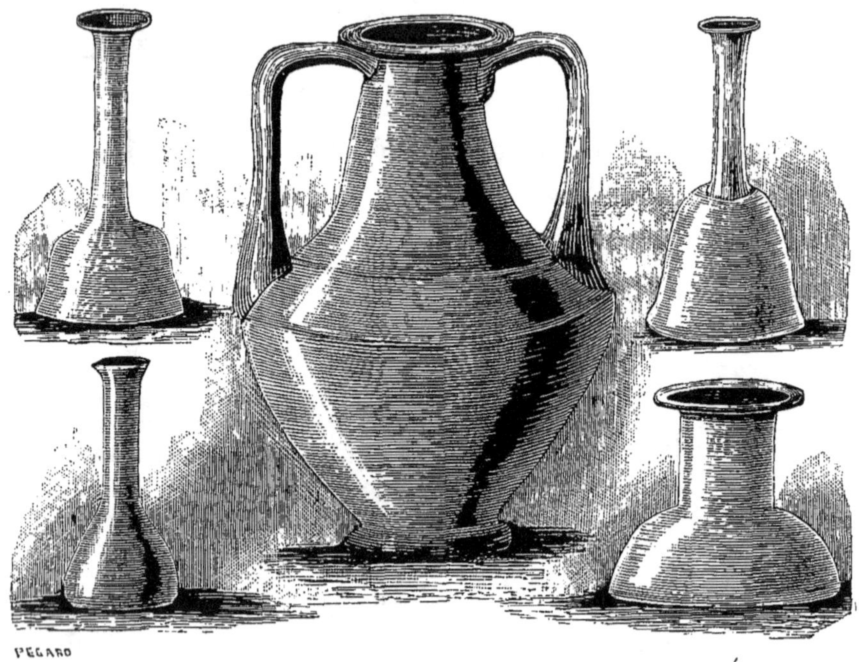

Fig. 267. — Vases en verre du Musée de Clermont-Ferrand. Lacrymatoires de Langres et de Moulins.

On nous accusera peut-être, devant la sévérité d'un tel jugement, de parti pris à notre tour? Nous n'avons rien à répondre.

Nous luttons seul contre une foule.

nait, par des courants d'air, une éternelle fraîcheur. C'est pour cela qu'Horace dit à l'amphore qu'il chérit : « Descends, c'est Corvinus qui l'ordonne. »

Descende Corvino jubente.

La plus grande de nos amphores vient du Musée d'Autun. Les autres ont été trouvées à Lyon et à Reims.

1. A propos de ces chasses qui couvrent les vases romains trouvés en Gaule, un archéologue très perspicace a découvert toute une histoire. Le docteur Eugène Robert, dans une brochure intitulée : *Sur les figures d'hommes et d'animaux des poteries rougeâtres antiques,* démontre que tout cela, ce sont des martyrs chrétiens livrés aux bêtes, et il fait de tous ces pots des *ex-voto* dus à la dévotion des premiers catéchumènes (voir ses *Recherches sur les Celtes,* Paris, Giraud, 1865).

Nous réagissons seul contre un courant funeste. Qu'on nous pardonne nos enthousiasmes et nos haines. — Il y a des milliers d'années qu'on méprise les Gaulois, qu'on exalte les Romains ; nous avons entrepris de rabaisser les uns à leur juste valeur, et de relever

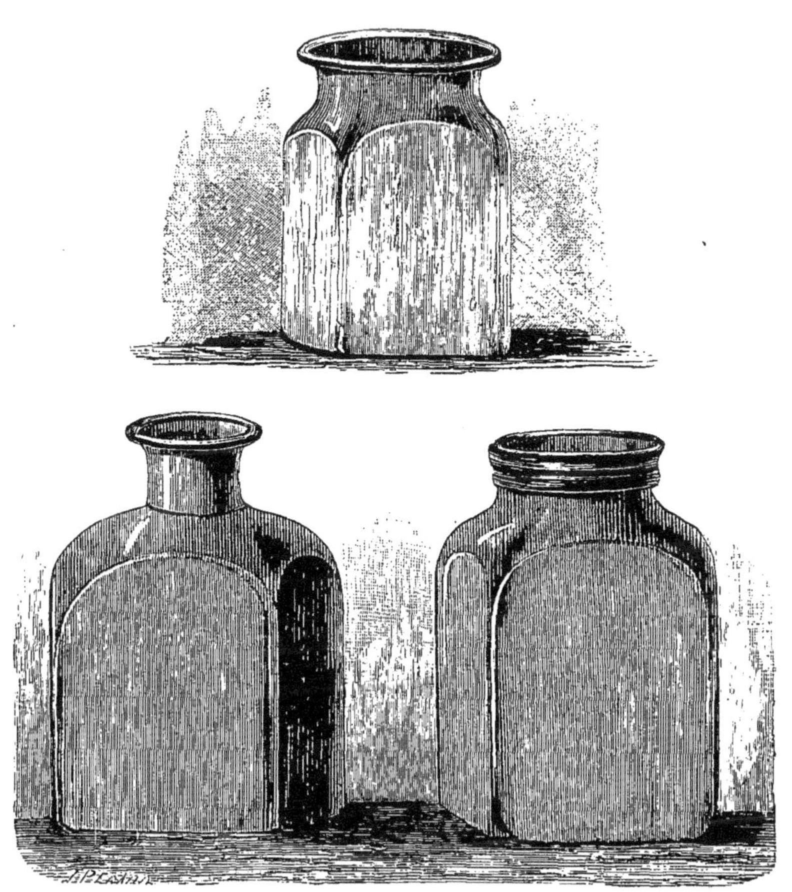

Fig. 268 et 269. — Vases en verre des Musées de Besançon, de Clermont et d'Avignon.

un tant soit peu les autres. — On pourra nous accuser d'exagération ; nous ne croyons pas mériter ce reproche. L'immense foi que nous avons dans l'honneur de nos ancêtres, si par hasard notre passion nous entraîne trop loin, sera notre seule excuse.

Nous ne dirons que très peu de chose de la verrerie romaine.

Ce n'est que sous Tibère, suivant Pline, que l'industrie du verre commença à être cultivée dans la ville des césars. C'étaient l'Égypte et la Grèce qui fournissaient Rome avant cette époque, et tout l'arsenal des petits vases à parfums que les dames romaines étalaient

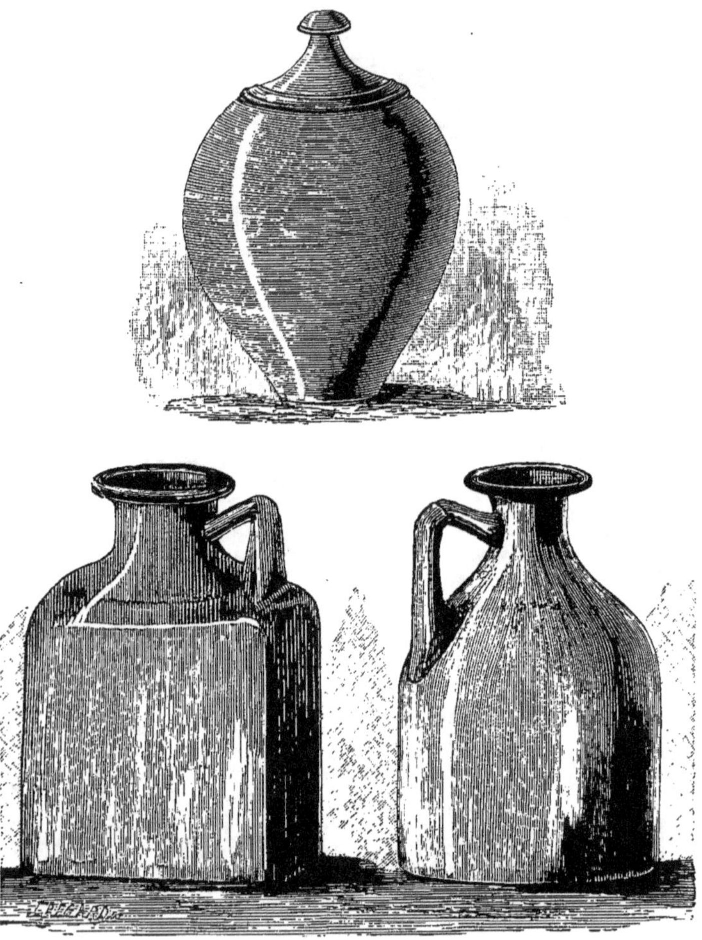

Fig. 270 et 271. — Urnes du Musée de Clermont-Ferrand. Vases en verre du Musée Calvet, à Avignon.

sur leurs tables de toilette venait de l'étranger[1] (fig. 261 et suivantes).

1. Cette provenance, éminemment grecque des vases romains, explique les noms que leur donnent tous les auteurs latins.

Les aiguières s'appelaient *epichysis* (ἐπί χέω, verser sur). C'était, dans le sacrifice, le vase à libation, dans l'usage ordinaire le simple pot à eau. Pour les festins, on avait ensuite l'*ydria* (ὕδωρ, eau), qui était une simple cruche, l'*œnochoé* (οἶνος, et χέω, verser), qui remplaçait nos bouteilles. Le *cratère*, où l'on mélangeait le vin (κρατήρ), était souvent fabriqué en terre cuite aromatisée. Thé-

Les vases trouvés en Gaule proviennent presque tous des tombeaux. Ce sont des urnes, des lacrymatoires, des vases à onguents de

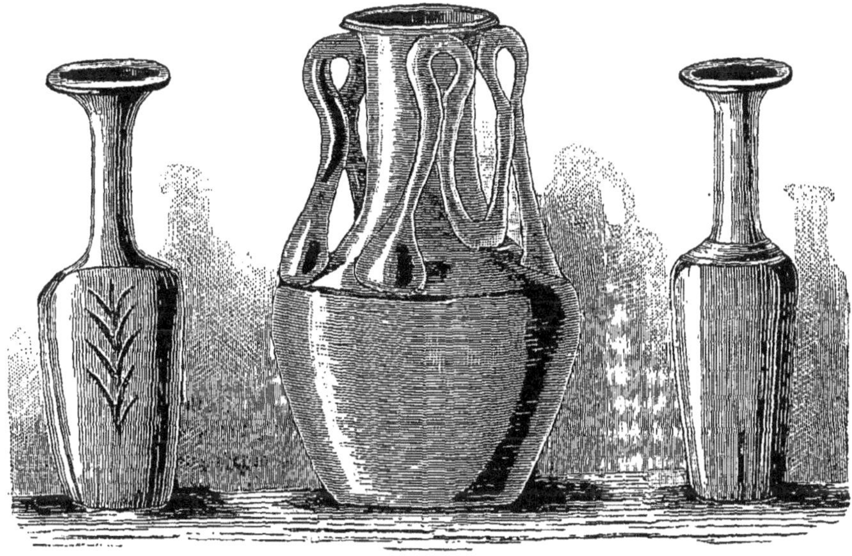

Fig. 272. — Vase en verre trouvé à Ruffieux (Isère), en 1868. Bouteilles des Musées de Lyon et d'Avignon.

toute forme (fig. 266), des bouteilles d'huiles ou d'essences parfumées,

riclée de Corinthe en faisait de spécialement remarquables qu'on a désignés par son nom, vases Thériclées. Ils avaient la propriété d'enlever au vin son âcreté, sa verdeur et même, dit-on, une partie de ses qualités enivrantes.

L'esclave qui puisait le vin dans les cratères se servait d'un *cyathus*, petite tasse qui faisait donner à celui qui l'employait le nom de *servus a cyatho*. On destinait encore à cet usage le *simpulum*, très petit vase orné d'un manche recourbé assez semblable à celui que font si bien manœuvrer les laitières parisiennes. En France, on dit une tempête dans un verre d'eau, à Rome on parlait, à cause de la petitesse de cet ustensile, d'*excitare fluctum in simpulo*.

Les différentes coupes portaient le nom de kylix (κύλιξ, calice). Leur origine et l'explication de leur forme est dans leur nom même. Les vases à boire se nommaient *karchesion* ou *kantharos*. Au milieu de la table du triclinium, on plaçait d'ordinaire une grande coupe à bords larges et ronds qu'on appelait le *kottabe*. Lorsque le *karchesion* ou le *kantharos* étaient à peu près vides, on lançait sans se déplacer, avec une adresse particulière, adresse à laquelle on reconnaissait les gens de bonne compagnie, le fond du verre dans le *kottabe*. Les vases à parfum portaient tous des noms très significatifs; les uns, tirés de la matière dans laquelle on les fabriquait, comme l'*alabastron* (albâtre); les autres de leur configuration particulière, *bombylios* ou *cotyliscos*. L'*ampulla*, la *lekitha*, le *lacrymatoire* puisaient leur dénomination dans les termes (λήκυθος, enflure; *ampula*, de même, boursouflure ampoule, ou *lacryma*, larme), qui indiquaient assez le dessin allongé de ces petites fioles d'un usage si commun dans tout le monde romain à cette époque. L'*olpa* était de même un vase à parfum particulièrement funèbre : ὀλ voulant dire tout; et πᾶς ayant à peu près la même signification, on reconnaît que les Grecs avaient été heureux dans le choix de ce mot pour désigner un vase funèbre; la mort étant de nécessité générale, même pour les immortels.

qu'on avait l'habitude de placer à côté des corps, dans les coffres de pierre où on les déposait; car l'incinération fut peu pratiquée dans nos contrées, comme le prouvent suffisamment les innombrables cimetières gallo-romains de Champagne et les Aliscamps d'Arles, qui montrent encore en place tous les monuments funéraires de cette époque si reculée.

Nous verrons plus tard comment les Gallo-Romains, à peine initiés à la fabrication du verre, parvinrent rapidement à une élégance de forme délicieuse dans leurs coupes, leurs hanaps, leurs bouteilles et leurs tonnelets. Le vase de Strasbourg, les grappes du musée d'Arles et les charmantes fioles de la collection Duquenelle, de Reims, incontestablement de fabrication nationale, nous fourniront des preuves de cette tendance artistique particulière à notre nation, qui fit abandonner bien vite les modèles italiens.

L'art du verre, chez les Romains, resta toujours à l'état rudimentaire. Ce que nous avons dit de leur poterie, nous pourrions le répéter de tous leurs flacons. Ils manquent absolument de proportions.

M. Lelewel déterminait le caractère d'une race en décomposant les profils de ses produits céramiques. Qu'aurait-il dit des *canthares* de nos conquérants, s'il avait analysé toute cette verrerie épaisse, aux moulures baveuses? C'est grossier, rustique, sans aucun goût de la forme, sans aucune recherche du galbe. Tous ces vases ont des fonds d'une largeur démesurée avec des cols d'une étroitesse incroyable. Les uns sont aplatis, les autres carrés. Presque tous sont disgracieux d'aspect, incommodes à l'usage, lourds et maigres tout à la fois. Ils manquent absolument de ce qui est la qualité première d'un objet léger de matière, la délicatesse.

On ne pourrait leur trouver d'analogie dans la verrerie moderne qu'avec les vases enluminés des bords du Rhin, ces grands *vidrecomes* allemands, les *coppa magistra* germaniques, lourds vases à boire qui, débarrassés du luxe d'ornements blasonnés qui les décorent orgueilleusement, restent, quand on en examine simplement le contour, des objets plats, massifs et disproportionnés, vraiment dignes des rudes mains qui les élèvent dans l'orgie silencieuse et les vident d'un seul trait sans mot dire. Ce n'est pas, du reste, les seules ressemblances que nous rencontrerons entre les grands guerriers d'aujourd'hui et les sauvages envahisseurs d'autrefois.

Nous ne décrirons pas techniquement les vases romains, n'osant nous lancer dans les termes : pomiformes, bursiformes, lagéniformes, cylindroïdes, conoïdes, pyriformes et même infundibuliformes. Les mots ne font rien à la chose, et vous savez, du reste, l'horreur que nous avons pour ce langage pharmaceutique. Nous préférons vous renvoyer à nos gravures; toutes simples qu'elles sont, elles expliquent suffisamment notre pensée.

Pas beaucoup d'art et le manque de goût le plus complet.

Décidément, si l'on veut trouver de la grandeur dans la race romaine, c'est encore aux machines de guerre qu'il faut revenir; et si les césars ont dominé le monde, c'est au pilum des légionnaires, à la baliste, à la catapulte, à l'onagre, qu'ils durent vraiment tous leurs succès.

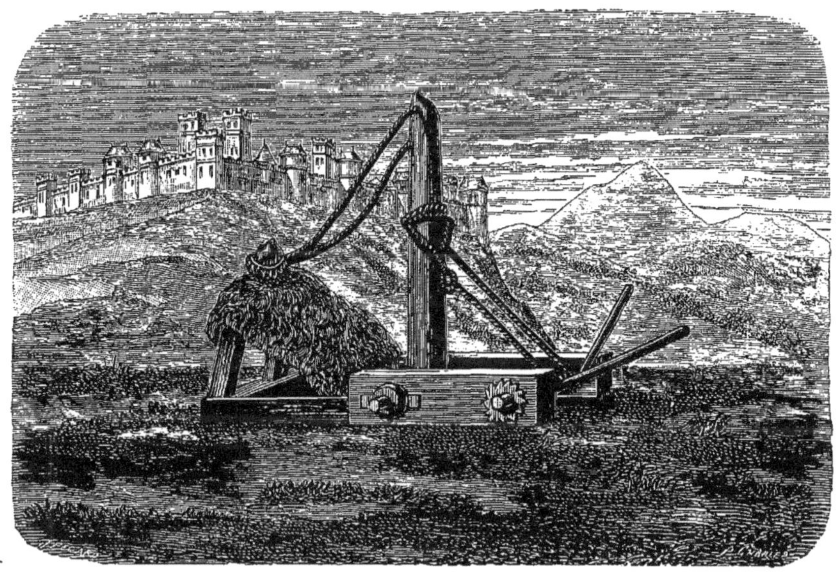

Fig. 273. — Onagre, machine à lancer des pierres, d'après la reconstitution du Musée d'artillerie.

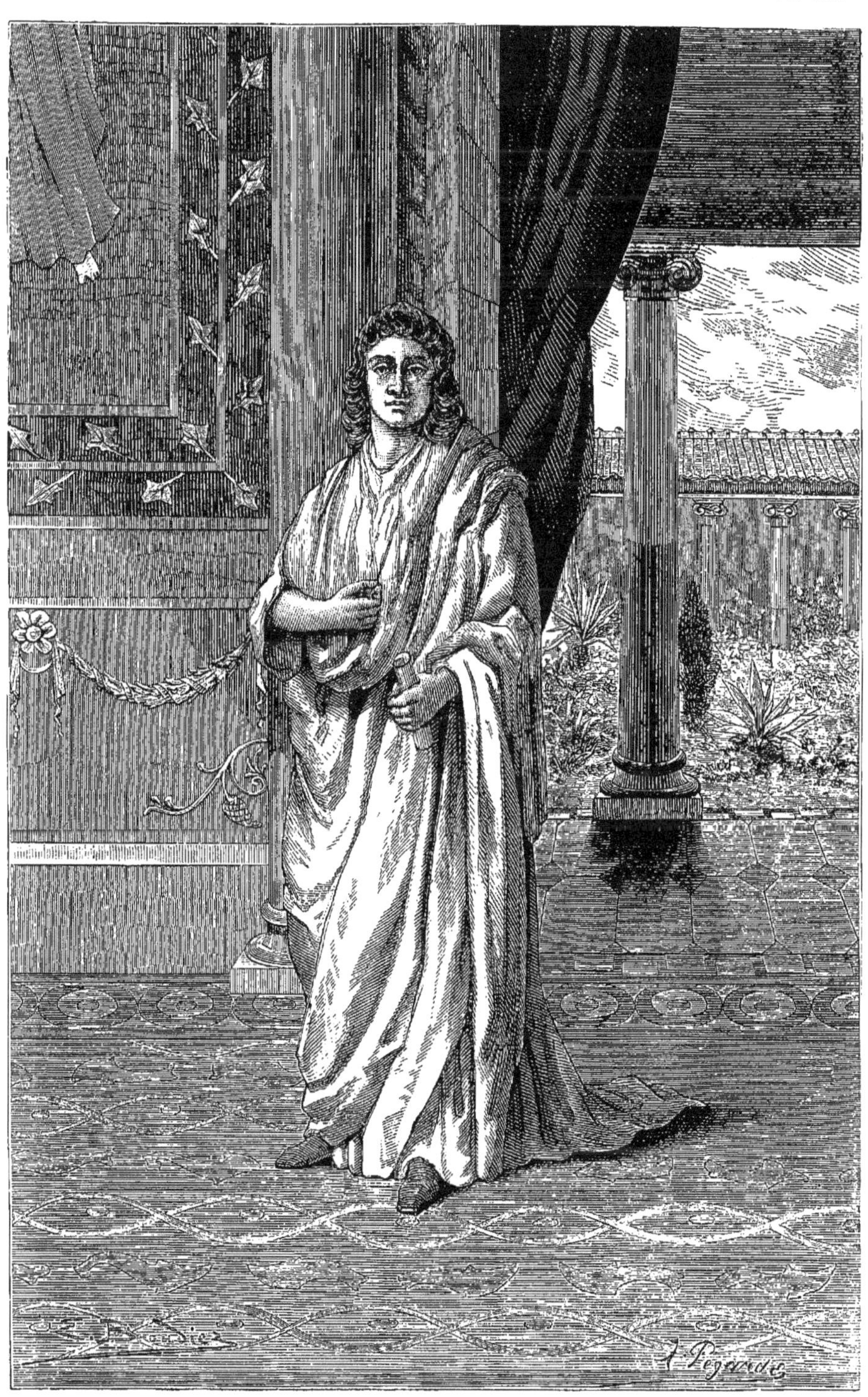

LES GALLO-ROMAINS.

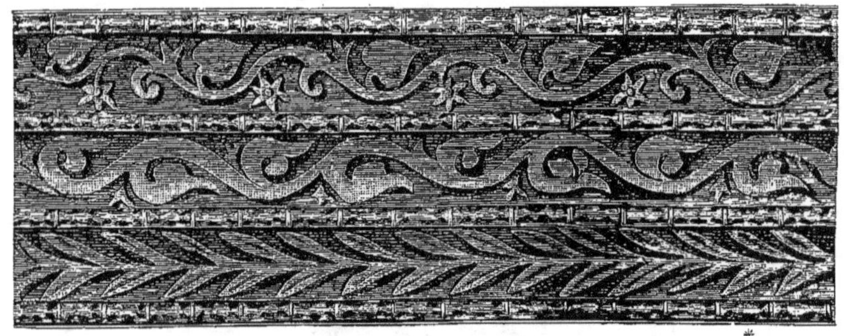

*

CHAPITRE CINQUIÈME

LES GALLO-ROMAINS

SOMMAIRE. — L'administration romaine en Gaule. — Révoltes. — Ère des Antonins. — Première Renaissance des arts. — Une ville gallo-romaine au IVe siècle. — Les portes d'Autun. — Le forum de Vienne. — Les Arènes de Nîmes et d'Arles. — Courses de chars et gladiateurs. — Les théâtres d'Arles et d'Orange. — Costumes et armes des Gallo-Romains. — Bijoux, verreries, poteries et ornementation. — Les tombeaux. — Les dieux. — Le Rire.

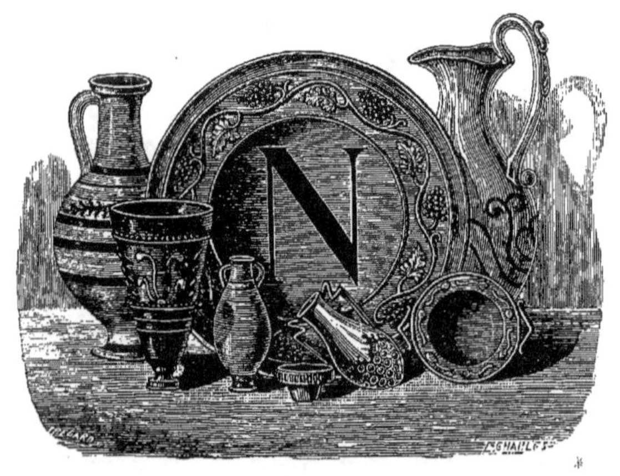

*

Nous avons déjà dit que la Gaule, antérieurement à la conquête, possédait un art tout personnel, procédant directement de l'imitation constante de la nature, et s'inspirant pour son ornementation particulièrement de la fleur. Cet art, puissant dès l'origine, ne pouvant s'accentuer dans la représentation humaine, que défendaient formellement les prêtres, se montra surtout dans les

* Le frontispice de ce chapitre est formé d'une ornementation copiée sur un fût de colonne trouvé à Périgueux. — La lettre N se détache sur un plat du musée de Moulins, entouré de poteries et de verreries du musée d'Arles et de la collection Charvet.

bijoux, les corselets, les poteries, les médailles, œuvres presque aussi délicates que celles de la Grèce, avec laquelle, du reste, nos pères avaient eu un contact immédiat et salutaire.

La conquête romaine arrêta net son développement. Après le passage de cette formidable invasion, il ne resta plus sur le sol de la patrie que ruines fumantes, maisons ravagées, villes détruites, vieillards égorgés, enfants écrasés, femmes éventrées, guerriers traînés en esclavage, et pour derniers témoins des luttes de l'indépendance, seuls quelques soldats errant dans les campagnes et montrant à tous ceux qui les approchaient leur droite mutilée par César, pour servir d'exemple à ceux qui oseraient encore tenter de rêver à la délivrance du pays, subjugué par les armes du proconsul. Une nuit profonde s'appesantit sur toutes ces contrées si brillantes. L'aigle avait étranglé le coq et la funeste louve venait de faire au flanc du sanglier libre une blessure mortelle.

La Gaule vaincue, il restait à l'exploiter selon les règles; car, on le sait, « le fond du caractère romain n'était pas seulement l'amour de la guerre, mais surtout l'amour de l'argent. » C'est M. Fustel de Coulanges qui l'affirme, et on peut le croire quand il blâme ces avides pillards qu'il porte aux nues si souvent, hélas! « Rome (c'est toujours l'auteur des *Institutions politiques de l'ancienne France* que nous citons), Rome ne faisait pas des conquêtes par un vain désir de gloire, mais pour s'enrichir » (ch. XVII, p. 308); et la Gaule, malgré sa défaite, possédait, comme le disait si bien Cerialis, un de ses généraux, l'or et la richesse qui attirent les voleurs cuirassés. « Sed vobis maximum discrimen, penes quos aurum et opes, præcipuæ bellorum causæ. » (Tacite, *Hist.*, livre IV, LXXIV.)

Une autre armée bien plus funeste que celle des légionnaires s'abattit sur le vieux sol celtique : l'armée des légats, des propréteurs, des procurateurs, des questeurs, des censeurs et des huissiers, traînant à sa suite une cohorte de percepteurs, de collecteurs, d'inspecteurs, de contrôleurs, d'employés et de secrétaires, l'*administration!* — cette plaie qui, lorsqu'elle tient une nation, la dévore et ne lui laisse que la vie nécessaire à sa propre subsistance.

La Gaule, sous Auguste, payait à la ville de Rome soixante-quinze millions d'impôts. Toute cette tourbe de rapaces organisés n'était pas de trop pour sucer le sang et la vie des nôtres et remplacer le cœur de la nation par le *mécanisme*, cette centralisation administrative qui, comme le dit M. Henri Martin, abâtardit si facilement une race.

Salvien, Lactance nous font un récit navrant de la façon dont se passaient les choses.

Le propréteur entrait dans une ville ; on convoquait aussitôt le ban et l'arrière-ban des propriétaires ; les registres étaient là tout ouverts, avec le nombre des ceps de vigne, les pieds d'arbre, les animaux de toute espèce, comptés, numérotés et classés. Le malheureux colon entrait dans la cité, laissant en dehors des murs ses troupeaux d'esclaves, qui campaient dans la plaine. On le faisait comparaître ; s'il ne répondait pas suivant le goût du magistrat, « *la torture et le fouet retentissaient de tous côtés* (ici nous citons textuellement Lucius Cœlius). Les fils, appelés à déposer contre leurs pères, étaient *appliqués au chevalet ;* les serviteurs les plus fidèles étaient contraints par les tourments de témoigner contre leurs maîtres, les femmes contre leurs maris. S'ils n'avaient ni domestiques ni proches, ils étaient eux-mêmes *torturés* contre eux-mêmes, et, lorsqu'ils étaient enfin vaincus par la douleur, on les inscrivait *pour des biens qu'ils ne possédaient pas*, mais qu'ils déclaraient posséder; nulle excuse pour l'âge, nulle pour les infirmités. Les malades et les infirmes n'en étaient pas moins portés sur les registres. L'âge de chacun était soigneusement supputé; *on ajoutait des années* à celui des petits enfants, *on en ôtait* aux vieillards, pour leur faire payer une taxe dont ils étaient *exempts*. Tout était plein de deuil et de tristesse. »

« Le propréteur parti, arrivait le censeur, qui avait charge de trouver une *nouvelle matière imposable*. Chaque fois, l'impôt était augmenté, non parce qu'on avait trouvé quelque chose qui n'avait pas encore été relevé, mais parce que les nouveaux délégués ajoutaient toujours, pour qu'on *ne pût pas dire qu'on les avait envoyés inutilement*. Cependant les animaux diminuaient, les hommes venaient à mourir; mais on n'en payait pas moins le *tribut pour le mort*, de telle sorte qu'on ne pouvait plus ni vivre ni mourir sans payer. Il n'y avait plus que des mendiants dont on ne pouvait rien exiger, parce que leur misère et leur dénuement les mettait à l'abri de toute injure. Un de ces infâmes lieutenants de César fut un jour ému de leur détresse et ne voulut pas qu'ils fussent malheureux plus longtemps. Il donna l'ordre de les *rassembler tous, de les entasser sur des navires et de les précipiter au fond de la mer*. Cette âme compatissante tenait à se vanter de ce fait, qu'il n'y avait plus un seul misérable dans son gouvernement. » (Lactance, XXIII.)

« Après le censeur survenait un questeur quelconque, qui exhibait, lui, des ordres terribles, appuyés sur de nombreux décrets; il présentait un *fatras de menus calculs embrouillés, confus, d'une obscurité impénétrable*, qui produisaient d'autant plus d'effet sur des hommes étrangers aux supercheries qu'ils n'y comprenaient absolument rien. Il demandait des quittances que le temps avait fait disparaître, ou que la confiance, la simplicité de celui qui s'était libéré avait négligé de conserver. Étaient-elles détruites, c'était pour lui une occasion de pillage. *Existaient-elles, il fallait payer pour qu'elles fussent valables*. De là des maux innombrables, un dur emprisonnement, une cruelle torture et tous les tourments préparés par la cruauté obstinée de l'exacteur. Le palatin, complice de ces vols, exhortait; les huissiers turbulents pressaient; l'impitoyable exécution militaire menaçait, et rien, ni le témoignage des faits ni la compassion ne pouvaient mettre un terme à ces friponneries dont les citoyens n'étaient pas plus exempts que les ennemis. » (*Rome ancienne,* par Dauban, p. 648.) « *Autant de curiales,* dit Salvien, *autant de tyrans*. »

Un certain Licinius, un affranchi, inventa une année de quatorze mois (les contributions étaient mensuellement soldées), prétendant que *décembre,* à cause de son nom, ne devait compter que pour le *dixième*. C'était à son profit que cet ancien esclave pillait la Gaule, et non à celui de l'empereur. Les populations se levèrent indignées, et réclamèrent hautement près d'Auguste, lui apportant des preuves flagrantes des malversations de son procurateur. Licinius conduisit le prince dans sa maison et, lui montrant d'immenses trésors d'or et d'argent, des monceaux d'objets précieux de tout genre, il lui dit : « Voilà ce que j'ai amassé pour toi et les Romains, de peur que les gens de ce pays ne tournassent contre vous d'aussi grandes richesses. C'est pour toi que j'ai conservé le tout... Prends-le, c'est ton bien. » — Un tel argument, dit M. Henri Martin (*Hist. de France,* t. Ier, p. 198), désarma le divin Octave, et les Gaulois perdirent leurs paroles.

Du reste, les empereurs eux-mêmes donnaient l'exemple à leurs subordonnés. Un jour que Caligula jouait aux dés, et qu'il perdait, il demanda le rôle des recensements de la Gaule, ordonna la mort d'un certain nombre des plus riches contribuables et, revenant vers ses compagnons de jeu, il s'écria : « Vous vous donnez bien de la peine pour gagner quelques drachmes. Moi, d'un seul coup, je viens de gagner cent cinquante millions. » (Henri Martin, *Hist. de France*, t. Ier, p. 227.)

La patience humaine a des limites ; trois fois la Gaule se souleva.

Sous Tibère, « deux hommes de courage et d'intelligence, issus d'anciennes familles gauloises, le Trévire Julius Florus et l'Éduen Julius Sacrovir, se mirent à la tête d'une conjuration qui n'aspirait à rien moins qu'à rétablir l'indépendance de la Gaule. » (Henri Martin, t. Ier, p. 223.)

Florus tenta de pénétrer dans les grandes forêts des Cévennes. Il fut arrêté en chemin par les légions de la haute et de la basse Germanie. Poursuivi par un traître, Julius Indus, et sur le point d'être pris, il se tua de ses propres mains.

Sacrovir s'était emparé d'Autun ; il avait enrôlé les étudiants, fleur de la jeunesse aristocratique de la Gaule, armé la garde bourgeoise et pris jusqu'aux gladiateurs, les *Crupellaires*, revêtus de grosses cuirasses de fer et la tête armée de casques à visière qui les rendaient presque invulnérables. Le lieutenant qui commandait l'armée du haut Rhin, C. Silius, livra bataille à ces masses profondes (quarante mille hommes), dans les plaines d'*Augustodunum*. Les deux ailes de l'armée gauloise furent enfoncées rapidement par la cavalerie romaine ; on abattit à coup de haches, de fourches et d'épieux les *Crupellaires* qui, tous, moururent bravement en place, et Sacrovir, traversant la cité, s'enfuit avec ses *breudeur* dans une ville voisine, y mit le feu et, dans ce bûcher funèbre, se tua avec tous les siens, offrant ainsi, selon les anciens rites, sa vie en holocauste pour la liberté de sa patrie.

Sous Néron, C. Julius Vindex, navré de voir le monde gouverné par un tel monstre, appela de nouveau la Gaule à l'insurrection. Néron avait promis dix millions de sesterces à l'assassin de Vindex; le chef gaulois lui répondit en offrant sa propre tête à celui qui lui apporterait celle de Néron. Il avait derrière lui cent mille hommes. Vaincu près de Besançon par les cohortes latines, renforcées des contingents belges, désespéré de la lutte, il se poignarda pour ne pas assister à l'asservissement et à l'avilissement du genre humain.

Je passe sous silence le Boïen Maric, cet illuminé qui se donnait pour un héros redescendu du cercle céleste, et annonçait dans les campagnes éduennes qu'il venait délivrer la Gaule du joug de l'étranger. Quelques cohortes vitelliennes dispersèrent le ramas de paysans que le prétendu génie céleste traînait à sa suite, et Maric fut exposé aux bêtes en présence de Vitellius, dans le cirque même d'Autun. Les animaux féroces le respectèrent; Vitellius le fit massacrer par ses soldats, pour prouver au peuple déjà ému que ce visionnaire était moins dieu que lui-même.

La révolte de Civilis fut un peu plus sérieuse. — Le Batave Civilis avait pour inspiratrice la grande Velléda, l'Elfe des Bructères, qui rendait ses oracles au fond d'une tour des anciens âges. — Civilis, dont on avait massacré le frère, avait juré de ne couper sa chevelure qu'après s'être vengé des Romains. Il s'allia à trois chefs gaulois, Classicus, Tutor et Sabinus, qui rêvaient l'établissement d'un empire des Gaules, que du reste, ils proclamèrent solennellement. Civilis, qui avait du sang germain dans les veines, était plus ambitieux encore. Les idées de domination universelle ont toujours hanté les cervelles des bords du Rhin. Ayant une première fois battu les légions, il fit attacher à des poteaux ses prisonniers et les donna comme but aux flèches de son jeune fils. Mais les soldats de Vespasien accoururent bientôt de toutes parts. La défense du Batave fut féroce. Il rompit les digues qui retenaient le fleuve, près de Cologne. Il inonda toute la contrée et tint tête à des généraux consommés dans l'art de la guerre. On se battit sur la terre et sur les flots. La grande trirème du préteur tomba même aux mains des insurgés et fut envoyée comme présent à Velléda, la prêtresse. Enfin la discipline l'emporta une dernière fois; il fallut se soumettre, mais ce ne fut qu'après avoir vu tomber son dernier rempart que Civilis se rendit. On le laissa vivre. Il n'y eut pas de merci pour les rebelles gaulois; vaincus de même, Classicus et Tutor se tuèrent le soir de leur défaite. On sait l'histoire de Sabinus. — Cent treize sénateurs tréviriens se donnèrent la mort après la disparition de leur chef. L'empire gaulois avait vécu quelques jours[1].

Après l'avortement successif de toutes ces tentatives, la patrie fatiguée se soumit. Elle avait perdu toute espérance et « la Gaule entière, qui n'était pourtant ni amollie ni dégénérée, obéit tranquillement *à douze cents soldats romains.* » (Josèphe, *De bello judaïco*, II, 16.)

Au milieu des plus violents orages, il se produit parfois des instants de calme d'autant plus parfaits qu'ils furent précédés par les tourmentes; dans le sable brûlant du désert, on rencontre de fraîches oasis pleines d'ombre et de verdure mouillée; au milieu des glaces de l'hiver, un doux rayon de soleil luit sur la terre désolée et fait oublier la bise et le vent du nord; dans l'histoire de l'humanité, aux règnes les plus exécrables, aux guerres sanglantes succèdent des jours de paix et des périodes de tranquillité pleines de charme.

L'ère des Antonins fut pour la Gaule une de ces périodes.

Trajan commença cette série d'empereurs philosophes qui fait

1. Il y eut bien encore, sous Gallien, un essai de reconstitution nationale, quand Posthumus fut proclamé *Restitutor Galliæ*, et quand la grande Victorine, la mère des camps, lui donna pour successeur, d'abord son fils, Victorinus, puis, successivement, Victorin II, son petit-fils; Marius, l'armurier, et enfin Tetricus, le gouverneur d'Aquitaine. Mais l'énergie nécessaire aux grandes entreprises, si elle vivait encore dans le cœur des femmes gauloises, avait disparu depuis longtemps de celui des hommes. Tetricus, vaincu par Aurélien, qu'il appela en lui envoyant cette citation de Virgile : *Eripe me his, invicte, malis* (Délivre-moi, guerrier invincible), Tetricus s'en fut mourir en Italie, dans une province dont l'empereur lui avait donné le gouvernement. Il y avait plus d'honneur, disait-il, à commander dans une portion de l'Italie, qu'à régner au delà des monts. (H. Martin. t. Ier, p. 275.)

dire à l'un de nos historiens qu'alors fut presque réalisée cette utopie de Platon : « Le gouvernement aux plus sages. »

Trajan était un Espagnol d'une antique famille des environs de Séville. Il fut adopté par Nerva, qui eut la gloire de le comprendre et d'en faire son digne successeur. Avec lui, la bonté monta enfin sur le trône ; le peuple lui décerna le nom d'*Optimus*. Saint Grégoire le Grand, un pape s'il vous plaît, ne pouvait penser à lui sans pleurer. Il obtint de Dieu, dit la légende, de le retirer des enfers, ce qui n'est pas un mince honneur pour un persécuteur des chrétiens.

Trajan fut un *roi citoyen,* familier avec tous les siens, ennemi du faste et de la représentation, qui ne souffrit dans son palais aucune porte gardée ni fermée, qui détruisit l'étiquette néronienne, fut chéri de ses sujets, mérita véritablement le titre de « Père de la patrie » qu'on lui décerna et ne vécut qu'avec des amis : « *Habes amicos*, lui disait Pline le Jeune, *quia amicus ipse es.* » Son règne inaugura dans l'histoire ce que les écrivains latins ont appelé la paix romaine, *Pax romana.* Il choisit pour son successeur Adrien, dont la famille était, comme la sienne, originaire d'Italica en Espagne, et, sans secousse aucune, à la mort du grand empereur, Adrien prit la pourpre et ceignit son front du laurier d'or.

Adrien était un artiste. Pendant treize ans, il parcourut les provinces de son empire, de l'Euphrate à la Tamise et du Nil au Rhin, accompagné d'un brillant cortège de littérateurs, d'érudits, d'architectes, de peintres et de statuaires, semant partout les monuments sous ses pas. C'est à lui que nous devons le pont du Gard et les arènes de Nîmes. Il aimait tant les Grecs, que les Romains lui donnèrent le nom de *Græculus*. Son amour du beau le poussa jusqu'au culte du jeune Antinoüs de Bithynie. Pour un empereur, une telle passion n'était que péché véniel. — A son noble goût pour les arts il joignait une bienveillance constante pour les classes opprimées, et les esclaves lui durent de pouvoir supporter doucement la domination de leurs maîtres, jusqu'alors féroces et barbares. — Poète, il fit jusqu'à sa mort des vers qui, pour être d'un prince, ne manquent pourtant pas d'une certaine allure, entre autres cette fameuse strophe qu'il écrivit quelques heures avant son trépas, et que M. de Fontenelle a traduite dans le style parfumé que vous lui connaissez :

Ma petite âme, ma mignonne,
Tu t'en vas donc, ma fille, et Dieu sache où tu vas?
Tu pars seulette et tremblotante, hélas!
Que deviendra ton humeur folichonne?
Que deviendront tant de jolis ébats [1]?

Adrien, continuant les traditions de son père adoptif, avait choisi comme successeur Antonin le Pieux, quand il mourut à Baïes, à l'âge de soixante-deux ans. Son fils, désigné, prit le sceptre sans coup férir.

Titus Aurelius Fulvius Antoninus Pius était issu d'une famille originaire de Nîmes.

Le Nimois est à demi-Romain,
Sa ville fut aussi la ville aux sept collines :
Un beau soleil y luit sur de grandes ruines,
Et l'un de ses enfants se nommait Antonin [2].

Nul ne mérita mieux son surnom que cet homme doux entre tous, qui aimait mieux « conserver les jours d'un seul citoyen que de faire périr mille ennemis ». L'histoire est à peu près muette sur le règne de ce prince. Heureux les peuples gouvernés par des hommes dont la vie offre peu de commentaires aux écrivains! Quelques heures avant sa mort, il présenta à tous les grands officiers de l'empire, réunis dans sa villa de Lori, son gendre Marc-Aurèle, qui devait lui succéder. La

1. *Œuvres de M. de Fontenelle*, t. Ier, à Amsterdam, MDCCLXIV. (*Dialogue des morts*, dialogue IV. *L'Empereur Adrien* et *Marguerite d'Autriche*, p. 37.)

Voici les vers mêmes d'Adrien :

Animula vagula, blandula,
Hospes comesque corporis,
Quæ nunc abibis in loca
Pallidula, rigida, nudula,
Nec, ut soles, dabis jocos.

2. Vers de Jean Reboul, le boulanger de Nîmes, gravés sur la base d'une statue d'Antonin, érigée le VIII octobre MDCCCLXXIV, par le sénat et le peuple de Nîmes, SENATVS POPVLVS QVE NEMAVSENSIS, M. A. BLANCHARD étant maire de la cité.

transmission du pouvoir se fit encore, cette fois, sans aucune espèce de révolution.

Marcus Aurelius Antoninus Augustus, qui couchait stoïquement sur son manteau et passait ses nuits, pendant la guerre, enfermé dans sa tente à lire les ouvrages des philosophes anciens, est un des types les plus beaux de l'histoire. — Montesquieu dit de lui « qu'on sent en soi-même un plaisir secret lorsqu'on parle de cet empereur. « On ne peut lire sa vie, ajoute l'auteur des *Considérations sur les causes de la grandeur et de la décadence des Romains*, sans une espèce d'attendrissement : tel est l'effet qu'elle produit qu'on a meilleure opinion de soi-même parce qu'on a meilleure opinion des hommes. »

Adrien, faisant allusion à l'aïeul de Marc-Aurèle, Annius Verus, ne nommait celui-ci que *Verissimus*, à cause de l'amour qu'il montra toujours pour la vérité. Marc-Aurèle appelait la philosophie sa mère et répétait souvent cette parole de Platon, qu'il mit en action du reste pendant sa vie entière : « Que les peuples seraient heureux si les philosophes étaient rois et si les rois étaient philosophes ! » Il éleva, à Rome, un temple à la *Bonté*. C'était une divinité qui manquait complètement à l'Olympe des citoyens du bord du Tibre. — Le dernier mot d'ordre qu'il donna à ses troupes, quand le tribun de service se présenta, la veille de sa mort, à son chevet, fut celui-ci : « Marchez vers la lumière. » L'adoption, on le voit, avait fait des merveilles.

Avec Marc-Aurèle finit le beau règne des Antonins. Commode, son fils, lui succéda. Mais Commode était aussi et surtout l'enfant de l'infâme Faustine.

Sous Aurelius, la Gaule, ne sentant plus ses chaînes, se retrouva vivante encore. Un immense souffle de *Renaissance* passa comme un vent bienfaisant sur notre chère patrie. La petite fleur d'espérance n'était pas morte, elle reparut vivace et se mit à briller de nouveau. Ce fut alors que la Gaule se couvrit « d'une splendeur monumentale que notre imagination a peine à reconstruire dans ses rêves les plus brillants. » (H. Martin, *Hist. de France,* t. Ier, p. 203.)

Forums, curies, basiliques, temples, thermes, cirques, amphithéâtres s'élevèrent partout comme par enchantement. Partout aussi s'ouvrirent des écoles vers lesquelles se précipita, avide de connaître, toute cette jeunesse que les prêtres avaient, hélas! tenue à l'écart par leurs formules cachées et les initiations trop longues empreintes d'un mysticisme dont les adeptes seuls connaissaient toute la portée savante.

« La sirène du midi fascina ces vives imaginations gauloises, auxquelles les druides avaient si longtemps fermé les beaux-arts et toutes ces élégances de la vie qui leur font cortège. »

Autun, Vienne, Arles, Toulouse, Reims, Bordeaux, Lyon, Poitiers rivalisèrent de zèle et d'entrain. Un monde nouveau allait se créer lui-même. Débarrassé des liens religieux qui l'avaient retenu jusqu'alors, il reprit avec une sorte de *furia* bien compréhensible son vrai culte, celui de la nature[1].

Et notez bien que, dans toute cette révolution intellectuelle, Rome ne joua qu'un rôle tout à fait secondaire. « Ce qu'il vint de Romains en Gaule, dit M. Fustel de Coulanges, fut *imperceptible*, et ce n'est pas l'infusion du sang latin qui transforma la Gaule (p. 63). » Retenons bien cette affirmation du maître. Nous n'aurions jamais osé, nous, simple chercheur de menus détails artistiques, émettre une opinion aussi subversive.

« Tous ces monuments furent élevés, *non par des hommes de race romaine, mais par les Gaulois eux-mêmes*, à leurs frais, d'après les décrets de leurs villes, par un effet de leur pure volonté.

1. Les religions, à l'époque de leur décadence, gardent la lettre sans voir l'esprit des choses. Primitivement, le druidisme n'était que l'expression la plus parfaite du culte de la nature. A cette époque, à cause même de la lutte ou de l'arrivée des nouveaux prêtres, et de la persécution qui s'ensuivit, il dut cacher son enseignement sous un luxe de formules de plus en plus indéchiffrables; les triades, conservées par les bardes de l'île de Bretagne, le témoignent assez. De là, nécessairement, dégoût du peuple, abandon des rites, et conversion vers un idéal plus simple et moins quintessencié. Les derniers représentants de la religion des aïeux devinrent des docteurs d'une subtilité incroyable, et leurs cérémonies ne furent plus que terribles et farouches. La magie et la divination s'emparèrent de ces esprits surmenés; le druidisme dès lors fut déserté « par tout ce qui faisait partie des classes élevées et fut réduit à être la religion des plus ignorants et des plus grossiers; il tomba dès lors au rang d'une superstition insignifiante. » Voir une brochure de M. Fustel de Coulanges : *Comment le druidisme disparut* (Paris, Ernest Thorin, 1879), et surtout le chapitre de la transformation intellectuelle des Gaulois dans l'*Histoire des institutions politiques de l'ancienne France*. (Paris, Hachette, 1877, p. 66.)

« L'éducation de la jeunesse fut transformée: à la place des anciens séminaires druidiques, d'où l'écriture même était proscrite, il y eut des écoles où l'on enseigna la poésie, la rhétorique, les mathématiques, tout cet ensemble harmonieux d'études que les Romains[1] appelaient *humanitas*. Ces écoles ne furent pas fondées par les Romains; elles le furent par les Gaulois eux-mêmes. Les villes et les familles riches du pays en firent tous les frais. Les esprits entrèrent alors dans une nouvelle voie. On voulut lire, et, comme il n'y avait pas de livres en langue gauloise, on lut les livres latins et grecs. On conçut la notion de l'art. On visa au beau, tout au moins à l'élégant. On se plut à construire, et, comme il n'y avait pas de modèles gaulois (les druides n'avaient ni temples ni statues), on prit naturellement les modèles et les types de la Grèce et de Rome. La Gaule enfanta des écrivains, des avocats, des poètes, des architectes et des sculpteurs (p. 68). »

L'auteur des *Institutions politiques de l'ancienne France* accentue plus loin cette nuance, déjà si bien déterminée, de la personnalité gauloise :

« Une chose frappe d'abord les yeux, écrit-il dans son chapitre *De l'état moral des populations de la Gaule sous la domination romaine,* c'est que, durant cette période de leur histoire, les Gaulois ont beaucoup travaillé. Leur pays est encore couvert, après quinze siècles, des preuves visibles de ce travail ; on rencontre partout des restes de routes presque indestructibles. Cette œuvre immense, qui eut alors presque la même valeur que les chemins de fer ont de nos jours, fut exécutée sous l'empire romain *par des Gaulois, aux frais de la Gaule,* et pour le profit commun de la Gaule et de l'empire. A cette même époque, les anciennes bourgades se transformèrent en villes; les *oppida* devinrent des cités populeuses. Le nombre de villes qui existèrent sous l'empire romain égale le nombre de celles qui existent

1. Inutile de dire que, dans ces citations de M. Fustel de Coulanges, nous faisons une distinction profonde entre les *Grecs* et les *Romains,* que nous ne confondrons jamais comme lui. Mais M. Fustel est un des adorateurs les plus passionnés et les plus fervents qui aient jamais existé de la déesse *Rome;* nous citons donc textuellement, tout en faisant nos réserves. Il y a une différence énorme entre l'influence du génie grec en Gaule et celle du soi-disant génie romain.

aujourd'hui; s'il en a été fondé quelques-unes depuis lors, elles n'ont fait que remplacer celles que le temps ou quelques accidents de guerre avaient détruites. Ces villes étaient couvertes de monuments publics; partout s'élevaient des temples, des palais, des basiliques, des théâtres, des thermes, des aqueducs. Ce ne sont pas des Italiens qui sont venus construire tout cela. *Tout ce grand travail a été accompli par l'esprit et la main des Gaulois* (p. 307). »

« L'un des traits saillants de cette société était son goût pour les travaux et les jouissances de l'esprit. Jamais l'instruction littéraire ne fut appréciée plus haut, jamais on n'estima tant l'art de bien parler et de bien écrire. Les écoles de Trèves, d'Autun, d'Arles, de Bordeaux, de Toulouse, de Clermont, de Marseille restèrent très florissantes jusqu'au ve siècle. On enseignait la grammaire, les mathématiques, la poésie et l'éloquence. Ausone cite un professeur de philosophie aux leçons duquel on se pressait. Il y avait des écoles de droit et l'on y enseignait non seulement la pratique, mais la science. Le professeur était entouré de considération; on arrivait par l'enseignement à l'illustration et aux plus grands honneurs. Les hommes qui avaient rempli les plus hautes fonctions de l'État, comme Ausone, comme Rutilius, comme Sidoine, comme Protadius (nous ne citons que des Gaulois), croyaient s'honorer encore par la littérature... C'est une chose de grande valeur dans une société que le souci des travaux intellectuels (p. 315). »

Mais ici encore, comme toujours, les premiers maîtres que les Gaulois régénérés appelèrent pour les initier à l'organisation de leurs gymnases, à la culture des beaux-arts, n'étaient pas du tout *Romains*, mais essentiellement *Grecs*.

Lisez plutôt Juvénal :

Nunc totus Graias nostrasque habet orbis Athenas,
Gallia causidicos docuit facunda Britannos,
De conducendo loquitur jam rhetore Thule.

« Aujourd'hui, le flambeau de la philosophie grecque éclaire l'univers; déjà le Breton a reçu du Gaulois des leçons d'éloquence, et l'on parle, dans Thulé, d'y gager un rhéteur » (*Sat.* XV, 110).

Adrien, le constructeur des arènes de Nîmes, était qualifié par les siens mêmes, nous l'avons vu plus haut, de *Græculus*, petit Grec. On éleva à Bourbon-Lancy (Saône-et-Loire), une stèle funéraire à un peintre grec :

DM. DIOGENI ALBINI PICTORIS,

et l'auteur du *Mercure* de Clermont-Ferrand était un sculpteur grec du nom de Zénodore.

On ne saurait trop le répéter, les Romains proprement dits n'ont jamais rien eu à voir avec la civilisation en Gaule.

Les anciens « enfants blancs » des druides, quand ils entendirent les paroles de Socrate et de Platon, retrouvant les doctrines de leurs maîtres, tendirent à ces nouveaux venus leurs mains loyales.

C'était la philosophie grecque qui retrouvait sa sœur aînée, la philosophie gauloise ; n'étaient-ils pas les fils de ces sages, les *Semnothées* et les *Saronides*, ces vieux auteurs chez lesquels les Grecs étaient venus à l'école [1]?

Aristote et Pythagore n'avaient parlé qu'avec admiration de ces maîtres. Diodore de Sicile les jugeait dignes des plus grands honneurs. Suidas, Polyhistor, Diogène Laerce et Lucain les avaient admirés tour à tour. N'était-ce pas la NATURE, et la seule nature, qu'adoraient ces pères de deux races séparées depuis des siècles? Diane, Cérès, Vénus, Proserpine étaient pour eux une seule personne divine (*Rerum naturæ parens*), la mère de toute la nature. Ensemble alors ils adressèrent à toutes ces divinités défigurées par les Italiens la vraie prière, l'oraison de l'*Ane d'or* d'Apulée : « Regina cœli, sive tu, Ceres, alma frugum parens originalis ;... seu tu, cœlestis Venus, quæ primis rerum exordiis sexuum diversitatem generato amore sociasti ;... seu Phœbi soror, quæ partu fœtarum medelis lenientibus recreato populos tantos educasti ; seu Proserpina, quæ lucos diversos inerrans vario cultu propitiaris et udis ignibus nutriens læta semina et solis ambagibus dispensans incerta

1. Voir le chapitre de M. Jean Reynaud sur le nom de philosophes donné aux druides dans son livre sur l'*Esprit de la Gaule*, p. 13 et suiv.

lumina : quoquo nomine, quaqua facie, quoquo ritu te fas est invocare, tu, meis jam nunc extremis ærumnis subsiste... » (*Lusus Asini,* liv. XI, p. 361.)

« Reine du ciel, toi que je nommerai soit la bienfaisante Cérès, mère primitive des moissons, soit la céleste Vénus, unissant dès l'origine du monde et propageant éternellement les deux sexes par l'amour;... soit la sœur de Phœbus, qui, soulageant les femmes dans leurs couches, donna l'être à tant de peuples; soit Prosepine, la triple Proserpine, qui reçoit, selon les forêts où elle porte ses pas, un culte différent : ô toi dont l'équivoque flambeau parcourt l'univers et, dispensant une lumière incertaine, nourris par l'humidité de tes feux les richesses végétales; quels que soient le nom, la forme ou le rit sous lequel on puisse t'invoquer, Isis, daigne enfin nous secourir. »

Union sublime de deux cultes qui, ayant même origine, se fondirent mutuellement sans secousse et préparèrent ainsi la transformation qui s'opéra quelques années plus tard[1].

« C'est de la société gallo-romaine, écrit encore M. Fustel de Coulanges, qu'est sortie l'Église chrétienne qui, dans les siècles suivants, en dépit du désordre social, a sauvé tout ce qui était conscience, élévation d'âme et culture intellectuelle. (*Histoire des Institutions politiques de l'ancienne France,* p. 317.)

Dans les arts, les choses se passèrent d'une façon complètement identique. Les Romains avaient hiératisé la statuaire avec leurs figures iconiques et leurs bons dieux de pacotille. La Gaule changea bien vite tous ces affreux surmoulages et se tailla, dans ces défroques, une personnalité à sa convenance. Ici, c'est sur l'autorité de M. Viollet-le-Duc, dont on ne contestera pas la compétence, que nous allons nous appuyer pour démontrer cette affirmation qu'on ne traitera plus désormais, confirmée par un tel témoignage, d'utopie paradoxale.

« Les Grecs avaient reçu de l'Asie Mineure les formes hiératiques; peu à peu, ils arrivèrent à les *naturaliser.* Ils procédèrent pour les arts comme ils avaient fait pour la mythologie. Des grands mythes asia-

1. *De la Poterie gauloise,* p. 196, *passim.*

tiques, ils firent des héros, des personnalités. L'homme, l'individu, se substitua à la caste. L'*esprit moderne* se faisant jour en même temps, la philosophie se dégagea du cerveau humain, jusqu'alors enserré dans le dogmatisme : car, observez bien ceci, l'art, mais l'art affranchi de l'hiératisme, l'art à la recherche de l'idéal du principe vrai, marche toujours à côté de la philosophie. Lorsque celle-ci s'élance hardiment à la recherche du problème humain, l'art se développe avec énergie et ses produits sont merveilleux ; lorsque la philosophie haletante, ballottée au milieu des systèmes opposés, se jette, comme pour se fixer sur quelques points, dans la scolastique, l'art à son tour se formule et arrive, par une autre pente, à cet hiératisme dont il avait si bien su s'affranchir. »

« L'art hiératique est stérile, l'autre est progressiste. » (*Dictionnaire raisonné de l'Architecture,* art. *Sculpture,* t. VIII, p. 102, passim.)

« Qu'était devenue la sculpture dans la Gaule à l'époque romaine, chacun le sait. Des types antiques perfectionnés par les Grecs, répandus sur tout le continent occidental de l'Europe par les Romains, reproduits par une population d'artistes qui ne s'élevaient pas au-dessus de l'ouvrier vulgaire, il nous reste des fragments nombreux. Laissant de côté l'intérêt archéologique qui s'attache à ces débris considérés comme œuvres d'art, ils ne causent qu'un ennui et un dégoût profonds. — Nulle apparence d'individualité, d'originalité. Les auteurs de ces œuvres monotones travaillent à la tâche pour gagner leur salaire, reproduisant des modèles de ces copies, ne recourant jamais à la source vivifiante de la nature ; traînant partout, de Marseille à Coutances, de Lyon à Bordeaux, leurs *poncifs*, ils couvrent la Gaule romanisée de monuments tous revêtus de la même ornementation banale, des mêmes bas-reliefs, mous et grossiers d'exécution, comme ces joueurs d'orgue de nos jours qui vont porter les airs d'opéras jusque dans nos plus petits villages.

» Tout à coup, sous les Antonins, apparaît une sorte de liberté, d'originalité qui n'existe plus dans les tristes monuments élevés en Italie à cette époque. C'est l'esprit gaulois qui laisse percer quelque chose qui lui est particulier et qui s'affranchit du classicisme romain en pleine décadence. Les fûts des colonnes se couvrent d'ornements variés ; les types admis par les ordres se modifient. Il y a tentative d'affranchissement, et ces symptômes nous font connaître que la Gaule alors ne resta pas absolument sous l'influence étroite de la tradition des arts romains ; qu'elle eut des tendances originales et une variété remarquable dans un temps où la sculpture n'était qu'un travail d'ouvriers assez grossier ; ce qui permettrait de supposer que ces Gaulois romanisés, fatigués de ces reproductions abâtardies des mêmes types, cherchèrent bien vite à les abandonner. » (Id., p. 104.)

« Faire sortir un art libre, poursuivant le progrès par l'étude de la nature, en prenant un art hiératique comme point de départ, c'est ce que firent, avec un incomparable succès, les Athéniens de l'antiquité (p. 127). »

Créer avec les statues iconiques pour modèles et les mosaïques comme base d'ornementation un art nouveau, en prenant les fleurs comme type de décorations, c'est ce que firent, de leur côté, avec non moins de bonheur, les Gaulois du IVe siècle. Ah ! c'est qu'il y avait là « un génie local à l'état latent » qui fut revivifié par l'introduction subite d'un courant de même origine, le courant grec, et qui, loin de se laisser dominer par le style officiel d'alors, s'en affranchit bien vite en revenant à la nature. « Les traditions d'un peuple laissent des traces presque indélébiles à travers les conquêtes, les invasions, les délimitations territoriales, comme pour donner un démenti perpétuel à l'histoire telle qu'on l'a écrite jusqu'à ce jour..., et le *principe des nationalités* reparaît à certaines époques, pour déconcerter les combinaisons de la politique qui semblent le plus solidement conçues. Dans l'histoire de ce monde, les peuples, leurs goûts, leurs affections, leurs aptitudes jouent certainement un rôle bien autrement important qu'on ne se l'imaginait il y a encore un demi-siècle. Nous pensons donc qu'on a donné une place trop large à l'influence de la civilisation romaine sur la Gaule, et que cette influence, toute gouvernementale et administrative, malgré trois siècles de domination, n'a jamais fait pénétrer dans le sol national que des racines peu profondes. » (Viollet-le-Duc. *Dictionnaire,* t. VIII, p. 208.)

Avant la conquête, nous avions déjà un art très caractérisé. Après la conquête, dès que cela nous fut possible, nous reprîmes les traditions de cet art, marchant en avant avec un entrain nouveau et une verve incomparable. Sous Adrien, sous Marc-Aurèle, il se produisit en Gaule une véritable RENAISSANCE.

Qu'était-ce donc que ces nouvelles villes qui s'élevèrent alors de

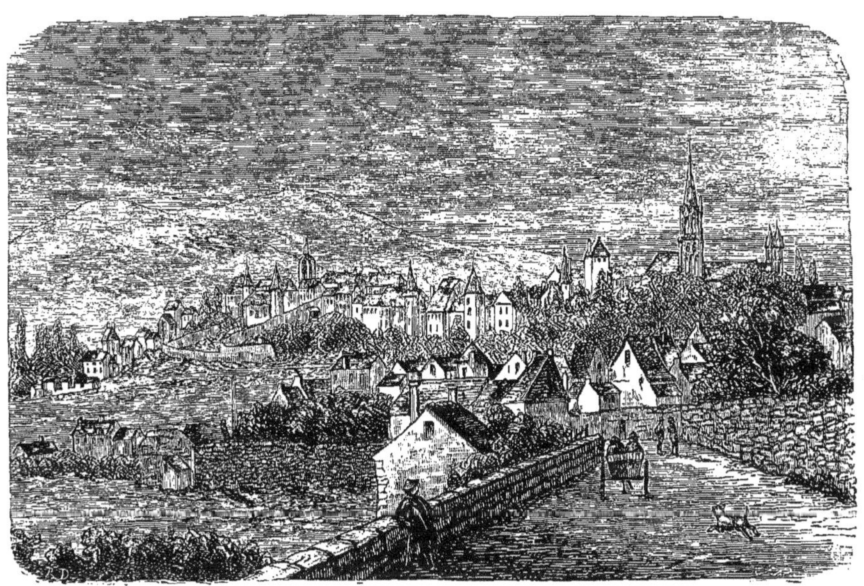

Fig. 274. — Autun. Vue prise de la ruelle Sainte-Anne.

tous côtés, dans le Midi d'abord, et dans le Nord ensuite? Nous en reste-t-il assez de débris pour pouvoir les restaurer presque complètement, pour en refaire l'aspect vrai, pour en rétablir le caractère? Essayons cette reconstitution avec les quelques documents qu'il nous a été donné de recueillir.

Nous choisirons, si vous le voulez bien, Autun comme type d'une de ces villes.

Autun, nous l'avons vu plus haut, joua un très grand rôle dans l'histoire de la Gaule, sous la domination romaine.

Doucement assise sur une verte colline, abritée des vents rigoureux par une chaîne de montagnes, couverte de grands bois silencieux, Autun est la ville du repos et de l'étude (fig. 274).

Lorsque, fatigué d'errer à travers les ruines et de marcher sur des chemins rouges de briques à moitié détruites, le touriste qui visite Autun vient se reposer un instant dans les vastes allées de la promenade des marbres, dont tous les bancs sont faits avec des gradins d'amphithéâtre, devant ses yeux se déroule un immense horizon, terminé par des collines bleuâtres, d'une pureté de ligne admirable. C'est là que se trouvaient ces grandes écoles dont nous parlions plus haut, les *écoles mœniennes*, où le rhéteur Eumène entraînait à sa suite toute une foule enthousiaste et pleine de foi qui buvait ses paroles et s'initiait petit à petit aux splendeurs de la philosophie grecque, aux beautés sublimes de la langue de Sophocle et de Démosthène.

Les lieux ont une influence certaine sur l'éducation de l'esprit. Tel homme qui naîtra dans le fond d'une arrière-boutique et ne jouira de la lumière du ciel que par le soupirail étroit d'une cour noire et malsaine mettra de longues années à comprendre les beautés des campagnes verdoyantes, comme aussi la grandeur des idées qui remuent de temps en temps les nations. Son éducation se ressentira toujours du milieu dans lequel il est né. Son enfance aura été chétive, sa jeunesse triste et monotone. Parvenu à l'âge mûr, si vous lui confiez de vastes projets, il vous regardera comme un visionnaire. Si vous lui parlez d'art, il fermera les yeux. Né droguiste ou épicier, si vous voulez, il restera toute sa vie épicier ou droguiste.

Jetez, au contraire, dans cette même cour, à vingt ans, un être qui, dès l'aurore de sa vie, a respiré les brises des grèves immenses et plongé son œil dans la ligne pure des flots bleus, vous aurez beau le martyriser de calculs, toujours il restera rêveur et sa pensée s'égarera sans cesse au delà de la cage fermée dans laquelle il étouffe. Celui-là, vous en ferez quand vous voudrez un apôtre.

Les premiers moines, qui furent des penseurs, le savaient bien, du reste. Il vous est sans doute arrivé de visiter ces vastes abbayes où se réfugièrent primitivement ces grands chercheurs : Cluny, Landevenec, le Mont-Saint-Michel ou Beauport.

A Cluny, c'est le calme immense qu'on respire à pleins poumons. Bien caché dans sa vallée discrète, le monastère de Guillaume d'Aquitaine semble chercher à se dissimuler à tous les regards ; on sent que là vécurent des savants, ennemis de la guerre et des tueries, adversaires-nés du donjon.

A Landevenec, près de la mer sauvage et houleuse, c'est l'abri complet qu'on rencontre encore.

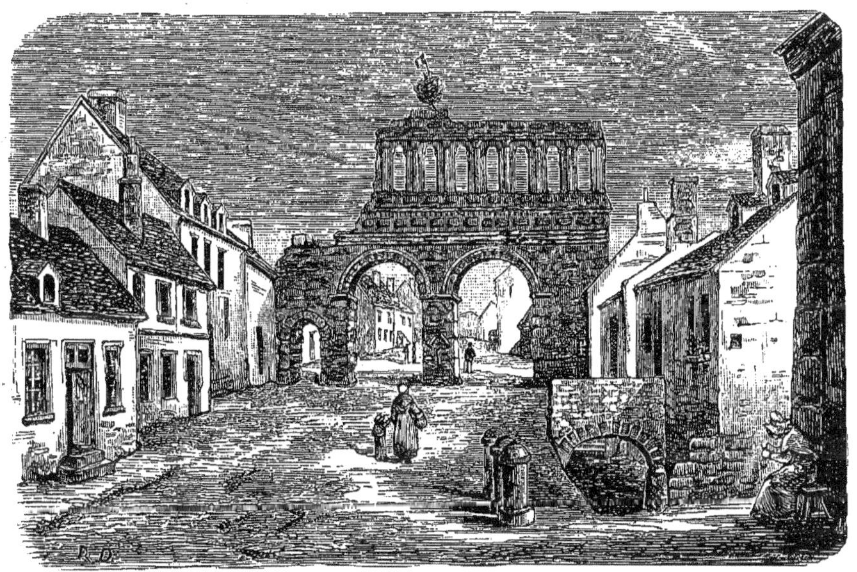

Fig. 275. — Autun. Porte d'Arroux ; vue extérieure.

« *Tevenec*, comme le dit si bien dom Le Pelletier, l'auteur du *Dictionnaire de la langue bretonne*, est un lieu bien exposé et à couvert des tempêtes ; aussi est-il bien nommé de la sorte ce monastère où je travaille, continue le savant bénédictin que nous citons, préservé qu'il est de tous les vents, situé au pied des hauteurs et exposé au soleil d'orient et du midi. »

Il en est de même à Beauport, dont le nom explique le site. Au Mont-Saint-Michel, le paysage est sublime ; c'est la mer dans toute sa splendeur, avec de vieux arbres comme premier plan et la *Merveille* comme salle d'étude.

A Autun, on se sent préparé à tout apprendre. On voit grand, suivant la belle expression d'un de nos amis. — Aussi les écoles de cette magnifique cité furent-elles florissantes entre toutes depuis leur fondation jusqu'à la fin du ve siècle, époque où le Franc vint de nouveau tout anéantir dans les Gaules.

L'impression qu'on ressent en parcourant ces ruines est immense.

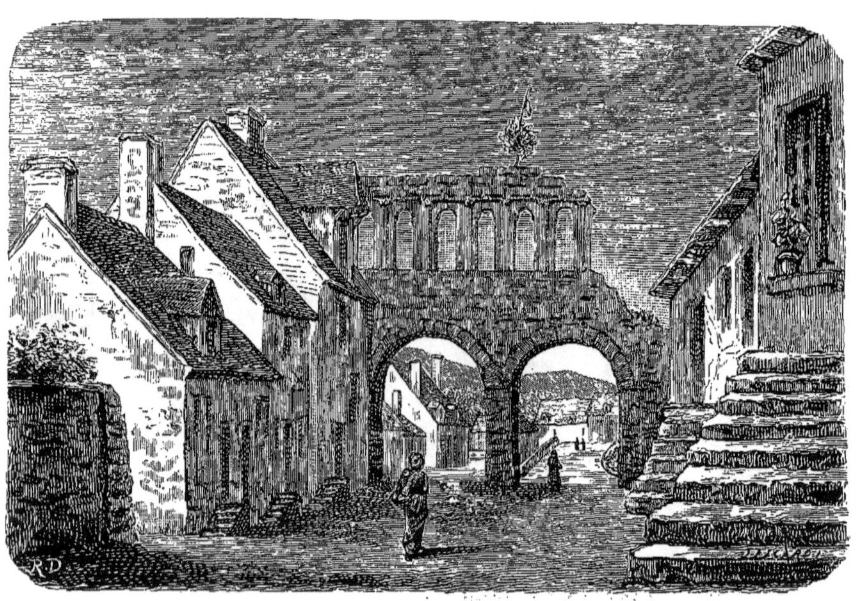

Fig. 276. — Autun. Porte d'Arroux; vue intérieure.

A chaque pas, ce sont des pans de murs, des fragments de temples, des restes de maisons, çà et là de grandes murailles, partout des poteries rouges brisées ou des fragments de terres noires lustrées de ce vernis incomparable qu'inventèrent les céramistes de la Gaule redevenue pays libre. Deux portes subsistent encore, jalons isolés qui nous donnent pourtant une idée du plan primitif de l'immense cité d'*Augustodunum*, aujourd'hui si réduite. C'est la porte d'Arroux, *Porta Senonica*, qui s'ouvrait sur la voie qui menait à Sens (fig. 275 et 276), et la porte Saint-André, *Porta Lingonensis*, qui était située à l'entrée de la route qui conduisait à Langres (fig. 277).

La porte d'Arroux a deux voûtes, flanquées de petites ouvertures pour les piétons, comme celle d'Auguste à Nîmes; une galerie, formée d'arcades ornées de pilastres corinthiens, la surmonte. Le peuple d'Autun la vénère et vient tous les ans y planter un arbuste décoré de rubans et surmonté d'un drapeau qui y reste pendant toute l'année.

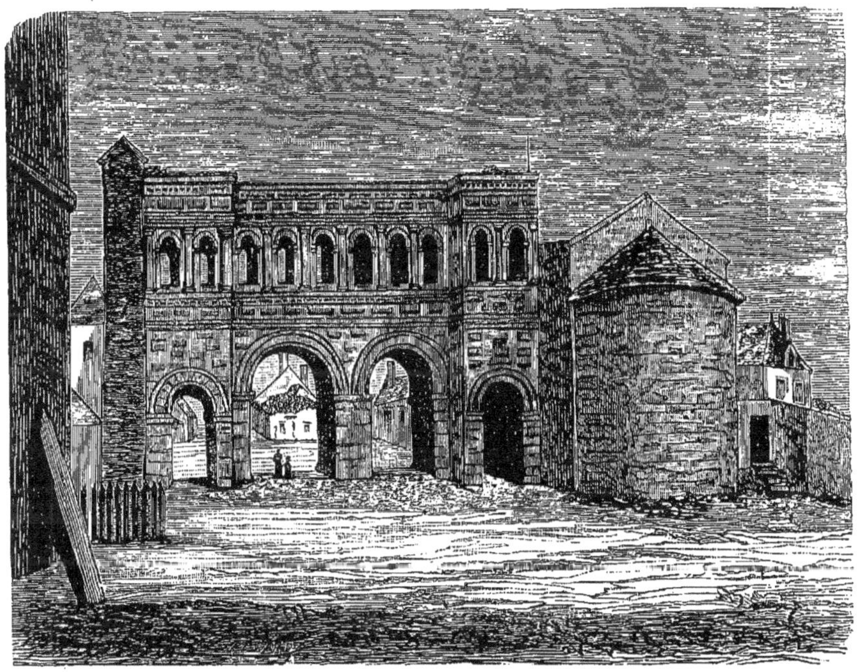

Fig. 277. — Porte Saint-André, à Autun.

Ce jour-là, on y danse, on y boit, on y chante, on y rit comme aux beaux jours d'autrefois[1].

La porte Saint-André est plus majestueuse; l'ordre ionique remplace ici le corinthien dans le chapiteau des pilastres qui décorent la

1. Comme il fallait un saint pour prétexte à cette fête, le Gaulois railleur du Morvan en a trouvé un qui ne doit pas avoir reçu d'en haut ses lettres de canonisation; il se nomme saint *Dig Dog*. C'est lui qui est le patron de la porte d'Arroux; il préside tous les ans aux nombreuses rasades qu'on boit en son honneur, choquant les verres et les tasses, *dig dog*, et humant le piot en s'esbaudissant à qui mieux mieux. Inutile d'ajouter que cette fête, à l'encontre de celle de saint Ladre, est exclusivement laïque.

petite galerie de son attique. Un reste d'une des vieilles tours qui la défendaient s'aperçoit encore à droite, convertie en église à une époque postérieure; elle dut à la protection de saint André de n'être pas démolie par les Vandales qui dévastèrent la noble cité des philosophes.

L'aspect de ces deux débris grandioses donne une idée pompeuse

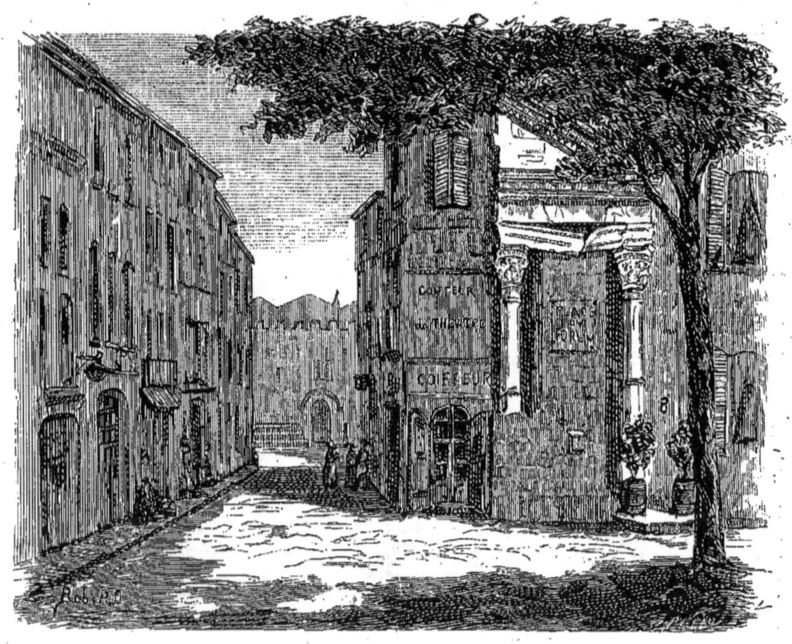

Fig. 278. — Le forum d'Arles (place des Hommes).

de ce que pouvait être, à cette époque, l'entrée d'une ville en Gaule.

Ce ne sont plus les arcs de triomphe d'Orange, de Langres ou de Reims. Ici, tout en étant utile et de bonne construction, la porte a je ne sais quelle allure puissante qui étonne. Ce n'est plus la conception d'un soldat légionnaire; c'est déjà l'œuvre d'un bourgeois d'une cité libre qui saura faire respecter ses droits et défendre les demeures de sa famille et de ses proches.

Ce furent bien des Gaulois, comme le dit si bien M. Fustel de Coulanges, qui construisirent à leurs frais, d'après les décrets du grand conseil de la cité, ces monuments empreints déjà d'un cachet si personnel.

A part ces deux restes, à part le temple de Janus et les merveilles dont nous avons parlé plus haut, c'est tout ce qui reste, à Autun, de l'époque gallo-romaine. On voit encore, il est vrai, l'emplacement du théâtre, la tour d'Apollon, celle de Minerve ; mais des écoles, des gymnases, des grands cirques, des temples de Proserpine et de Pluton, des aqueducs enfin, il n'existe plus rien ; et pourtant lorsque, assis sur ces pierres amoncelées, on parcourt d'un œil triste ces monticules aujourd'hui couverts d'herbes folles, comme dans un rêve tout le passé se dresse à nouveau dans votre esprit. Grandes rues larges, maisons basses à toitures de briques, colonnades de marbre autour du champ de Mars, frontons élevés des péristyles, salles voûtées où s'entassait la foule des étudiants, gradins innombrables où stationnait le peuple; tout est là, presque visible. Jamais cité française ne donna mieux le concept d'une ville gauloise du temps des Antonins.

Nous avons vu que, dans l'*oppidum* de la Gaule indépendante, on ménageait au centre un grand espace, *Marchallac'h*, la place du marché, destinée aux grandes réunions du clan. Sous les Romains, dans les nouvelles villes, cette place s'appela le *forum*. Mais ce nom ne dut pas rester longtemps en usage ; car, dans Arles même, qui a conservé tant de traditions et de dénominations latines, ce lieu se nommait jadis, comme encore aujourd'hui du reste, la *place des Hommes* (fig. 278).

C'est là que, devant quelques débris de colonnes soudées dans la façade d'une auberge, se rassemblent le dimanche, avant les offices, les citoyens de Trinquetaille et les bergers de la Crau, laissant aux belles Arlésiennes, toutes pimpantes de leurs rubans de velours brodés et des ornements délicieux de leur petite chapelle [1], le boulevard de la

1. Les Arlésiennes nomment le petit fichu de cou qu'elles arrangent avec tant de grâce leur *petite chapelle*, sans doute à cause du Saint-Esprit d'or ou d'argent qui brille au centre de cette parure.

A Avignon, la coiffe sans passe, sans rubans, sans bandeau, s'appelle *la grecque*, et les savants n'ont dans la bouche que le mot *Romain* quand ils parlent de ces régions et même de ces femmes d'un goût si raffiné ; mais les savants planent dans des régions supérieures et ne regardent jamais autour d'eux.

Lice et les promenades du Vieux-Théâtre. Le *forum* gaulois était entouré d'arcades ; celles d'Arles ont été partout détruites. Mais à chaque coin de rue, dans cette cité si pittoresque, on rencontre des

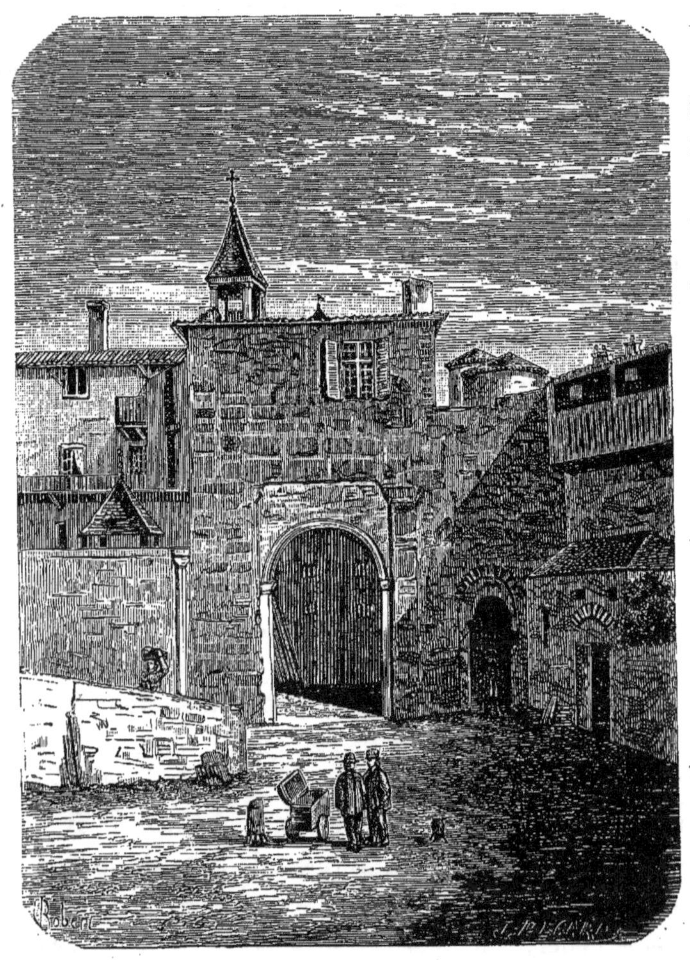

Fig. 279. — Le forum de Vienne; cour du Théâtre.

fûts de marbre, des chapiteaux, des bases de colonnes qui témoignent, par leur présence, de la grandeur passée de cette fameuse *place des Hommes*, aujourd'hui si déchue de son antique splendeur.

Vienne nous montre, au contraire, un fragment complet d'une de ces arcades ; les archéologues signalent d'habitude ce fragment (fig. 279, 280 et 281) comme ayant appartenu à un théâtre problématique, et, sous toutes les gravures qui le représentent, vous verrez toujours écrit :

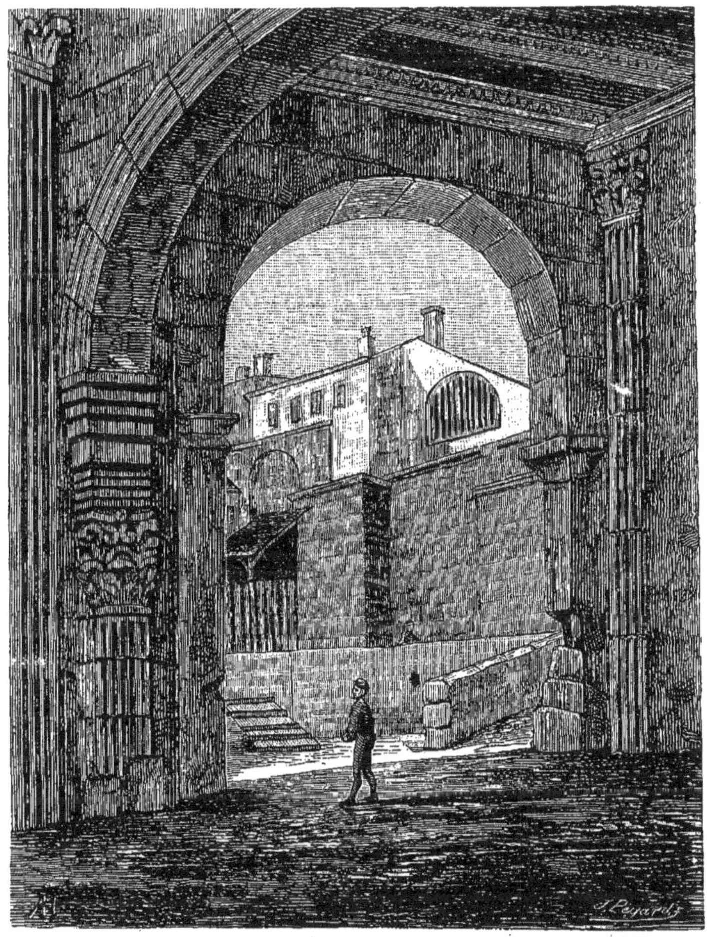

Fig. 280. — Intérieur de l'arcade du forum, à Vienne (Isère).

« Portique d'un théâtre antique à Vienne. » Mais M. de Caumont, à la science duquel on peut se rapporter sans crainte, lui rend sa véritable attribution de forum. Il constate même de plus, dans son ouvrage sur l'ère gallo-romaine, que de nombreux restes de ces somptueuses constructions ont été découverts dans les fouilles de la rue des Serruriers, qui n'est que le prolongement de notre voûte. » (*Abécédaire,* p. 18.) Le forum gaulois était donc ordinairement entouré d'arcades.

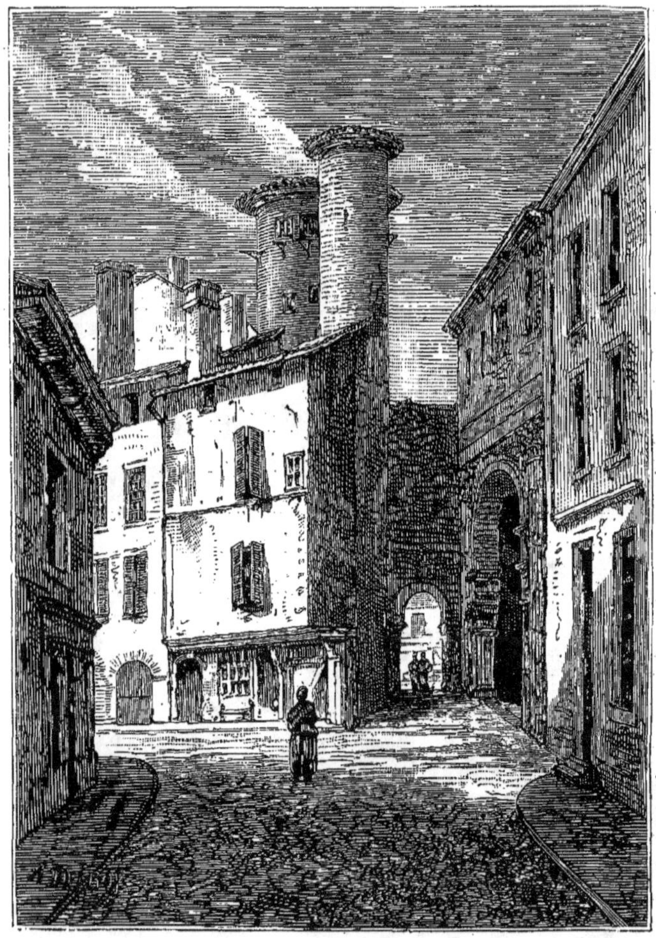

Fig. 281. — L'arcade du forum de Vienne; vue prise de la rue de l'Hôpital.

Ces arcades donnaient à ce lieu un cachet tout à fait original; c'était quelque chose comme la place Drouet-d'Erlon à Reims, comme les *lances* de Tréguier à Morlaix, ou les boutiques à galerie couverte de Dôle, de Vitré, de Dinan et d'ailleurs; un Palais-Royal de province, où les paysans des environs de la ville, abrités du soleil pendant l'été, de la pluie pendant l'hiver, étalaient leur marchandise et faisaient leurs transactions.

Les marchés passés, les denrées enlevées, on y causait librement des affaires de la cité. A certaines dates, on y élisait ses *capitouls*, ses *consuls*, ses *échevins*, ses *défenseurs,* les conseillers municipaux de l'époque; car la Gaule, après la conquête, conserva ses anciennes magistratures locales, instituées bien avant l'invasion romaine et dont l'origine et la tradition, dit M. Fustel de Coulanges, remontaient à un passé bien lointain (p. 133).

La commune est de fondation celtique. Là s'élevait d'ordinaire la *curie*, édifice municipal qui devait plus tard devenir le *parloir aux bourgeois*, la *maison commune* et l'*hôtel de ville;* puis, les temples dédiés aux dieux protecteurs de la cité: *Genio civitatis Biturigum; — Genio Arvernorum; — Genio pagi Tigorinorum; Deæ Aventiæ et Genio incolarum. — Deæ Nariæ regionis Arvrensis; — Deo Sornausi,* etc. (*Institutions politiques de l'ancienne France,* p. 140.)

Nous n'avons pas ici à entreprendre une dissertation économique sur l'organisation même de la cité en Gaule, et nous nous contenterons des simples indications qui précèdent, nous réservant plus tard de parler plus amplement, si faire se peut, de ces institutions nationales.

On voit, par ce léger croquis, que les villes gallo-romaines, sous le règne de Trajan ou de Julien, avaient déjà un aspect presque monumental. Mais ce qui les caractérise tout à fait, ce sont les arènes et les théâtres. Ici, qu'on nous permette d'entrer dans de plus amples détails[1].

1. Nous avons vu que M. Fustel de Çoulanges affirme positivement que tous les monuments désignés jusqu'ici comme parfaitement romains ont été construits par des Gaulois, « à leurs frais, et par un effet de leur pure volonté. » Aussi n'hésitons-nous pas à classer les arènes, les théâtres, les forums mêmes dans la catégorie que nous appelons *monuments gallo-romains.* On pourra trouver notre distinction subtile; nous la croyons simplement juste.

Dans le chapitre précédent, nous avons traité de tout ce qui était purement *militaire* : construction de citadelles pour les propréteurs, de murailles pour la défense des garnisons; de temples, pour les prêtres et le culte, d'abord importé d'Italie, et qui se transforma bientôt comme nous le verrons plus tard. Ici, nous ne parlerons que de ce qui est purement *civil :* hôtels de ville, spectacles, et même tombeaux; considérant comme d'origine vraiment latine les premiers monuments; considérant les seconds comme d'origine gauloise.

Si nous avons précédemment décrit, parmi nos œuvres romaines, une maison du IVe siècle,

Toutes les grandes cités gallo-romaines possédaient des arènes. — Bordeaux avait un amphithéâtre dont les ruines portent aujourd'hui le nom de *palais Gallien*. — A Périgueux (*Vesunna Petrocoriorum*) on en construisit un autre qui devint plus tard le *château de la Rolphie* et fut rasé en 1399. — A Tours, il y avait des arènes qu'on utilisa pour la défense de la place quand on la ceignit de fortes murailles, à la fin du IVe siècle. — A Limoges, à Poitiers, à Saintes, on rencontre des restes très apparents d'arcades, de gradins et de couloirs qui appartenaient à des édifices analogues à ceux de Bordeaux et de Périgueux. — A Fréjus, d'immenses débris témoignent encore de l'importance que dut avoir l'amphithéâtre du *Forum Julii*. — A Paris, dans la rue Monge, on a découvert, il y a quelques années, les fragments d'un *podium* surmonté de gradins situés dans un lieu qui porta longtemps le nom de *Clos des Arènes*. Ils ont été détruits avec un sans-gêne qu'on est en droit de blâmer dans une capitale aussi intelligente et qui devrait être un peu plus curieuse de ses monuments historiques.

D'autres constructions semblables, enfin, existèrent à Metz, à Besançon, à Reims, à Beauvais, au Mans, à Angers, etc.

Quelques vestiges à Béziers, à Rodez, à Avranches, à Agen, à Narbonne, à Bourges, à Senlis, confirment ce que nous disions plus haut. — Partout en France, sous les Antonins et avant, on éleva des enceintes pour les jeux sanglants des gladiateurs, et le goût funeste de ce genre de spectacles se répandit malheureusement avec une étonnante rapidité dans la Gaule, sous la domination des empereurs.

Mais, de tous ces monuments, les plus curieux sont certainement les arènes de Nîmes et l'amphithéâtre d'Arles.

Les arènes de Nîmes ont été attribuées tour à tour à Antonin, à Trajan, à Vespasien, à Titus, à Domitien; nous avons vu que M. Henri

bâtie en basse Bretagne, c'est que, par son appareil, et surtout par ses bains, elle était plus romaine que gauloise; ce genre d'exploitation, exportation grecque, si vous voulez, ayant été incontestablement introduit en Gaule par les conquérents. Ceci soit dit pour expliquer une anomalie qui n'en est pas une, à notre sens.

Martin leur donne comme fondateur l'empereur Adrien. L'inscription trouvée en 1866, dans le sous-sol de cet édifice, ne portant aucune date et ne citant qu'un nom parfaitement inconnu :

T CRISPIVS
REBVRVS
FECIT

probablement l'architecte, n'éclaire nullement la question. Nous ne voyons donc pas les raisons qui pourraient donner tort à notre savant historien, et nous nous rangeons, jusqu'à plus ample informé, complètement à son avis.

Jusqu'en 1809, les arènes de Nîmes, comme celles d'Arles du reste, formèrent une espèce de cité à part dans la grande ville moderne, cité bâtie sur les gradins, sous les arcades, ayant ses rues, ses places, ses carrefours et ses églises. A Nîmes, la chapelle était dédiée à *Saint-Martin-des-Arènes*. On en a conservé une belle colonnette et deux fenêtres romanes percées dans les grandes voûtes. A Arles, trois tours, que l'on appelle tours Sarrasines et qui ont été bâties, dit-on, au VIIIe siècle, lors du siège de cette ville par les barbares africains, subsistent encore comme témoins du fameux château des Arènes, *castrum Arenarum*.

A Arles, comme à Nîmes, les maisons des pauvres gens se collèrent aux murailles, donnant au monument la tournure d'un de ces rochers noirs de nos côtes sur lequel s'attachent d'innombrables coquillages qui en dénaturent la forme et le rendent méconnaissable à première vue [1].

Ce fut en 1825 que l'on commença la restauration et le déblayement de l'amphithéâtre d'Arles, et en 1858 qu'on entreprit la restauration des arènes de Nîmes. Deux noms resteront attachés à cette œuvre méritoire, ceux de MM. Questel et Revoil; il nous semble bon de les signaler ici, et c'est avec joie que nous le faisons, car jamais reconsti-

1. Une gravure de 1666, faite d'après une ancienne estampe, nous a conservé l'aspect étrange des arènes d'Arles à cette époque. Le *Magasin pittoresque* l'a publiée dans son XXIIIe volume, 1855, p. 225.

tution ne fut poussée avec plus de conscience et de savoir-faire. Il est bien difficile de consolider un édifice sans en détruire le caractère, et ces savants architectes ont tellement bien réussi dans ces deux cas, qu'on ne leur doit que des éloges.

L'amphithéâtre de Nîmes (fig. 282) est de forme ovale, comme la

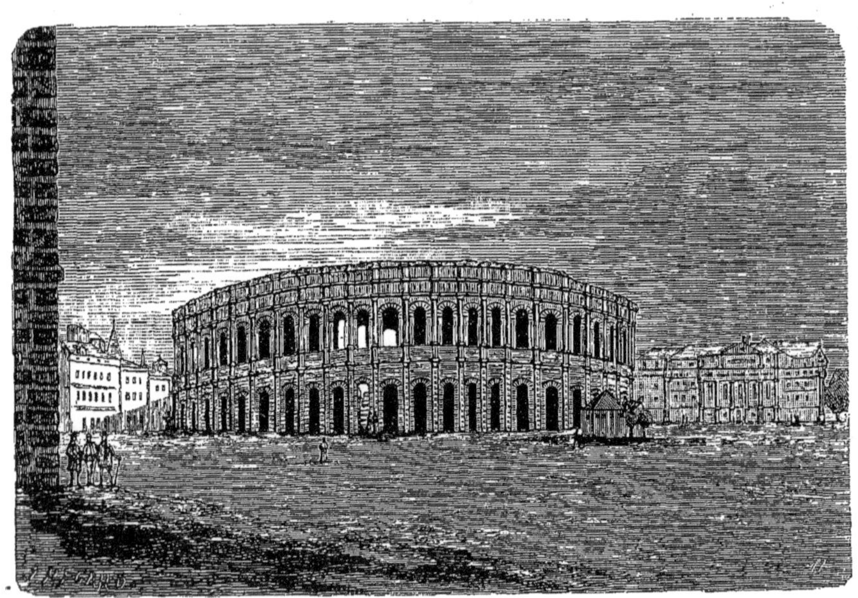

Fig. 282. — Les arènes de Nîmes ; vue générale.

plupart des monuments de ce genre ; le grand axe de son ellipse mesure 133^{m},38 et le petit 101^{m},40.

A l'extérieur, il se compose d'un rez-de-chaussée, d'un étage au-dessus et d'un attique. Le rez-de-chaussée et l'étage supérieur offrent chacun un portique ouvert composé de soixante arcades, séparées en bas par des pilastres saillants formant contrefort, en haut, par autant de colonnes engagées se rapprochant par leur caractère de l'ordre dorique, mais en différant essentiellement sous plus d'un rapport (Viollet-le-Duc), nous prouvant ainsi que, dès que les Gallo-Romains se mirent à bâtir, ils méprisèrent les règles fixes et varièrent leurs formes architecturales selon l'effet qu'ils voulurent produire. —

L'attique est orné de cent vingt consoles, placées deux à deux, à égale distance entre les colonnes. Au milieu de ces consoles se voit un trou large destiné à l'insertion des poteaux de bois qui soutenaient le *vela-*

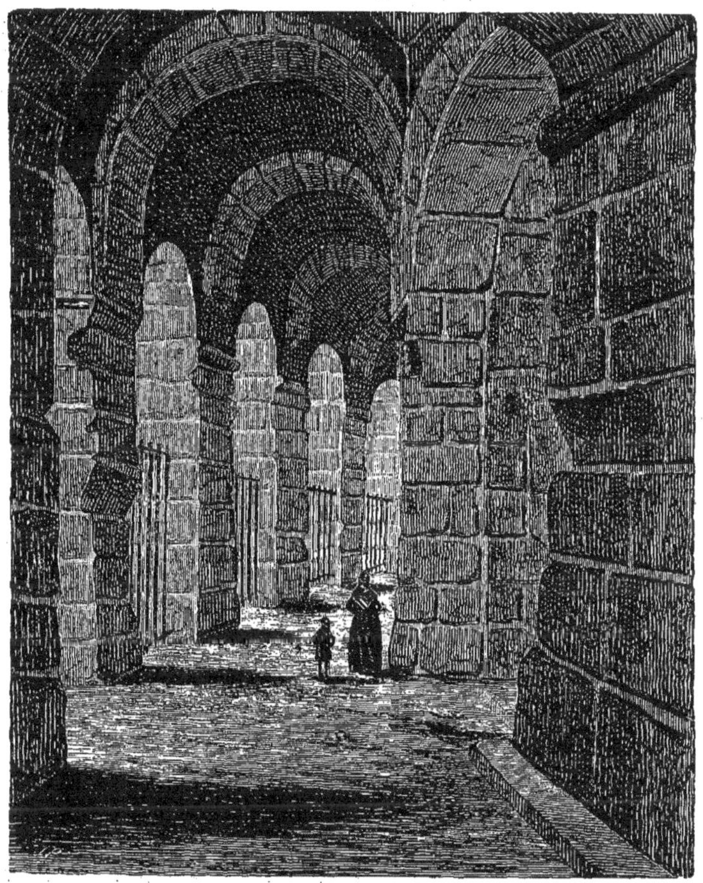

Fig. 283. — Les arènes de Nîmes; galerie inférieure.

rium, vaste tente qui servait à préserver les spectateurs des ardeurs du soleil et que l'on imprégnait d'eaux de senteur les jours de grandes représentations.

Quand on pénètre dans l'intérieur de l'édifice, ce que l'on rencontre d'abord, ce sont les portiques dont nous parlions plus haut; celui du rez-de-chaussée est étonnant de grandeur (fig. 283); nous en donnons ici le dessin. Celui du premier étage, moins élevé, mais d'une architecture tout à fait originale, est garni d'un parapet qui permettait aux spectateurs, pendant les jeux, de se promener sans danger dans toute son étendue. On voit, dans notre gravure (fig. 284), l'amorce des escaliers qui conduisaient aux galeries supérieures et descendaient

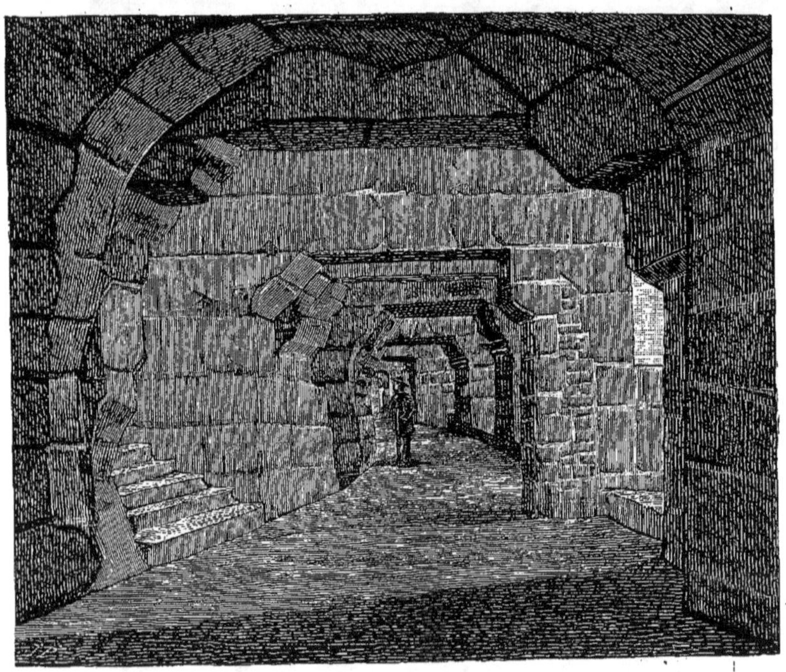

Fig. 284. — Les arènes de Nîmes; galerie de l'étage supérieur.

aux *précinctions* médiales. Grâce à cette disposition si bien combinée, on comprend facilement que vingt-quatre mille spectateurs pouvaient, en quelques minutes, sortir sans embarras de l'édifice [1].

Quatre entrées principales, placées à l'extrémité de chaque axe, donnent accès dans l'intérieur de l'amphithéâtre; deux seulement mènent à l'arène proprement dite. — Notre figure 285 donne la vue d'une de ces portes. Dans le fond, on distingue d'abord l'*arena*,

1. L'amphithéâtre de Nîmes avait jusqu'à 24,200 places; celui d'Arles pouvait contenir 26,000 personnes.

ainsi nommée du sable qu'on répandait à sa surface pour empêcher les combattants de glisser. Caligula fit un jour couvrir l'arène de terre rouge pour dissimuler aux spectateurs la vue du sang ré-

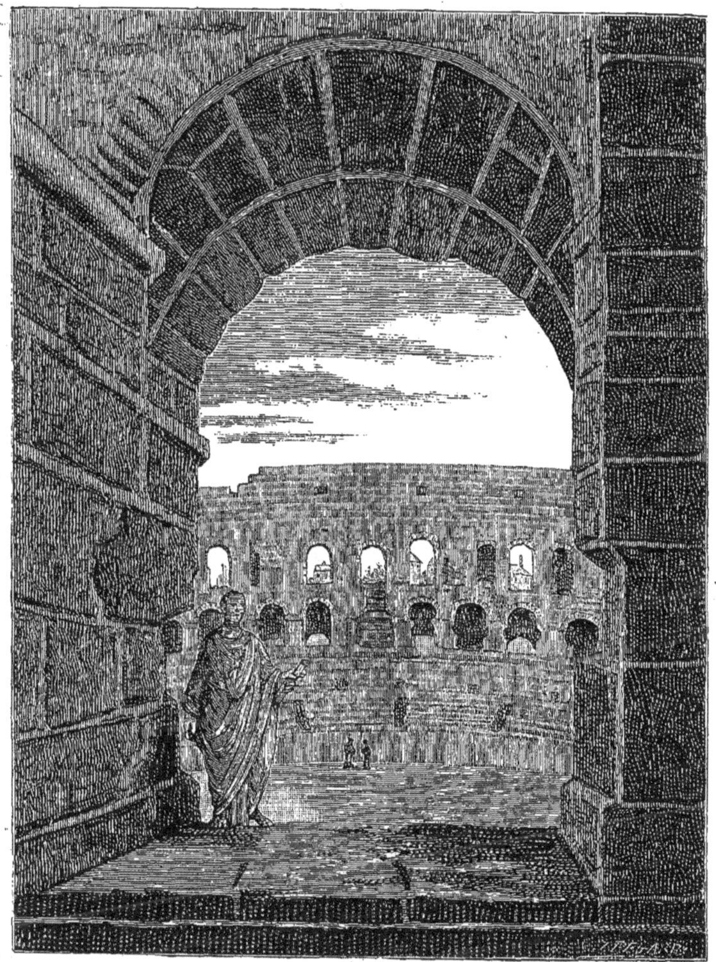

Fig. 285. — Les arènes de Nîmes. — Intérieur; vue d'ensemble.

pandu. Héliogabale la parsema une autre fois de paillettes d'or. Elle est entourée directement par le *podium*, galerie élevée, supportée par de grandes assises de pierres posées de champ, sur lesquelles on dressait le siège de l'empereur ou celui des grands magistrats de la cité, sièges garnis de coussins de pourpre et de grands tapis brodés [1].

Derrière, on aperçoit le premier rang des gradins, *gradationes spectaculorum,* auxquels conduisaient les vomitoires, *vomitoria,* de la galerie inférieure.

Ce premier *mœnianum,* ceint par un mur appelé *balteus,* au pied duquel courait une galerie libre, *præcinctio,* où se tenaient les *designa-*

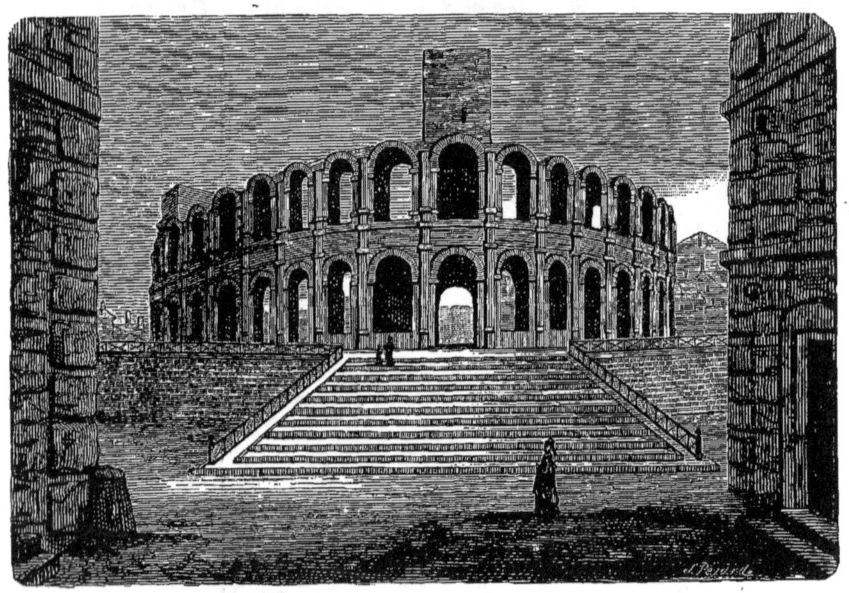

Fig. 286. — Les arènes d'Arles; vue prise de la rue de l'Amphithéâtre.

tores, les contrôleurs [2], était réservé aux consuls, aux sénateurs, aux ambassadeurs, aux vestales. Au second rang siégeaient les chevaliers, au troisième le peuple, au-dessus les esclaves; c'est là qu'on reléguait

1. Le *podium* était toujours garni d'un parapet, souvent même de grilles de fer, destinées à protéger les nobles personnages, auxquels il était réservé, des atteintes des bêtes féroces.

2. Les spectateurs se présentaient aux *designatores,* qui jouaient le rôle de nos ouvreuses de loges, leurs billets à la main. Ces billets consistaient dans des plaques de bronze, *tessera amphitheatri,* sur lesquelles étaient indiqués les numéros des places. On en a trouvé une à Arles, qui portait écrit sur une de ses faces : CAV. II. CVN. V. GRAD. X. GLADIATORES VELA. ERVNT, c'est-à-dire : deuxième cavée, coin cinq, gradin dix. Spectacle de gladiateurs; le velarium sera tendu. Nous verrons, à propos des théâtres, ce que c'est qu'une cavée et qu'un coin. La même disposition se présente là bien plus accentuée que dans les arènes; nous renvoyons le lecteur à l'explication que nous en donnons à cet endroit.

aussi les femmes pour les éloigner de la vue des scènes de carnage qui ensanglantaient si souvent l'arène.

L'amphithéâtre d'Arles (fig. 286 et 287), quoique plus dégradé, est d'un aspect encore plus grandiose que celui de Nîmes. A l'extérieur, deux rangées de colonnes engagées, les unes doriques, les autres corinthiennes, occupent l'espace compris entre les arcades des gale-

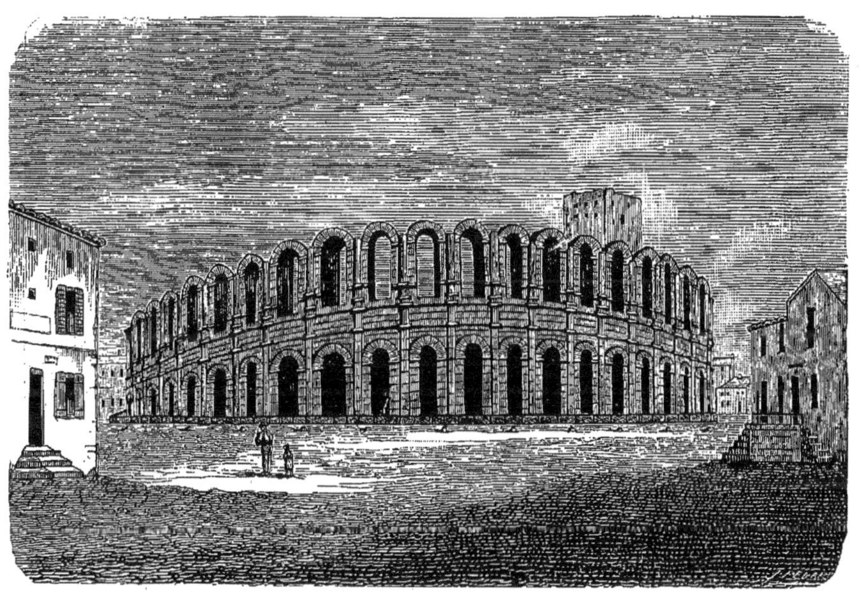

Fig. 287. — Les arènes d'Arles ; vue prise de la place de Mayeure.

ries intérieures. L'entablement du second ordre et l'attique qui le surmonte sont aujourd'hui détruits, et les voûtes rondes sur lesquelles se dressent les trois grandes tours carrées dont nous avons parlé plus haut profilent seules sur le ciel leur silhouette fantastique.

Le *podium* est immense, bien plus élevé que celui de Nîmes ; des traces d'inscriptions s'y voient encore. M. Henry a cru les lire. Selon lui, elles indiqueraient qu'un certain C. JVNIVS PRISCVS DVUMVIR et un autre personnage dont le prénom est QUINTVS consacrèrent ou inaugurèrent ce monument en invoquant la divinité d'Arles. (Caumont, p. 339.)

Une rouille sanglante, répandue sur toutes ces pierres, donne aux arènes d'Arles je ne sais quoi de sauvage qui surprend et épouvante.

Errez tout un jour dans ces ruines fauves, visitez ces galeries

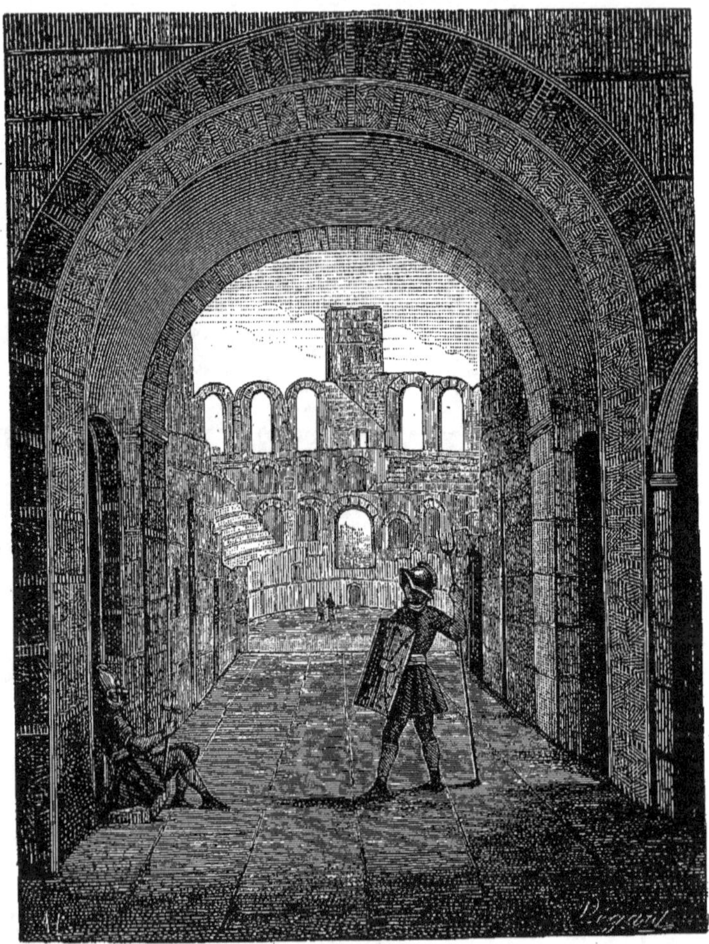

Fig. 288. — Les arènes d'Arles ; porte principale.

sombres, courez sur tous ces gradins vides, pénétrez dans ces cages de pierre où hurlèrent jadis les bêtes féroces, puis asseyez-vous triste à la place où trônaient les césars ; lorsque arrivera le soir, vous aurez là comme une hallucination terrible. Le vent du nord passe rapide en sifflant à travers ces trous béants, et l'on entend comme un cliquetis d'armes qu'accompagnent les murmures sourds de la foule ardente, les plaintes des victimes et le bruit de la grande tente qu'agite le souffle du mistral. La terre se marbre de grandes plaques noires ; sous les voûtes passent des ombres blêmes, drapées dans de sinistres toges, ou des troupes de gens, la figure dissimulée sous des visières rabattues (fig. 288); des monceaux de cadavres s'entassent sur le sol gluant ou remplissent les caves profondes. Le cœur se serre à tous ces souvenirs qui vous assaillent malgré vous. La voix gracieuse d'une artisane, qui vient de chercher à l'école une troupe d'enfants joyeux et passe, curieuse, près de la grille d'entrée vous réveille ; mais vous sortez l'esprit navré ; et, jetant un dernier regard sur ces ruines, vous vous dites, en descendant les petites rues de l'amphithéâtre : Que de sang, grands dieux, que de sang !...

Par les indications précises que nous donnent les historiens sur les combats de la ville de Rome, on peut juger à peu près du nombre de victimes que dévorèrent tous ces amphithéâtres.

Jamais spectacle n'avait lieu sans vingt-cinq, trente ou quarante paires de gladiateurs. Gordien, pendant son édilité, donna douze jeux (*ludi gladiatorii*), dans chacun desquels il fit paraître jusqu'à cinq cents couples de combattants. Dans le triomphe d'Aurélien, on en vit figurer huit cents. Trajan enfin, après la guerre des Daces, donna des fêtes qui durèrent cent vingt jours ; il y eut dix mille gladiateurs qui s'entre-tuèrent pour le plaisir du peuple.

Quant aux animaux, la tuerie en était formidable. Auguste offrit aux glaives des bestiaires quatre cent vingt panthères. — Caligula fit massacrer, le jour de l'anniversaire de sa naissance, quatre cents ours, et Claude, par les cavaliers de sa garde, trois cents lions. — Titus, en un seul jour, fit tuer cinq mille bêtes ; il y avait des rhinocéros, des taureaux, des éléphants et des tigres. — Trajan, pendant la grande fête dont nous parlions tout à l'heure, fit égorger dix mille bêtes tant sauvages que domestiques. On vit cette fois des loups-cerviers, des chevreuils, des crocodiles et des hippopotames.

Et nous ne parlons pas des gens qui, ne pensant pas comme

l'empereur et ne sacrifiant pas aux dieux immortels, étaient jetés en pâture à tous ces animaux féroces, et dont les membres pantelants traînaient sur le sable, tour à tour enlevés ou rejetés par ces gueules farouches. — Un fonctionnaire, habillé en Mercure, touchait avec un fer rouge les corps étendus sur le sable pour s'assurer qu'ils étaient bien morts. Un autre, déguisé en Pluton, les traînait avec des crochets de fer dans le *spoliaire*. On jetait un peu de sable rouge ou de poudre sur la terre encore tiède et, l'entr'acte fini, on recommençait le spectacle.

Grâce à la mosaïque des Promenades, trouvée à Reims, et dont nous avons publié un ensemble dans le chapitre précédent, nous pouvons nous rendre compte, très complètement, de tous ces combats et de toutes ces chasses, dans les amphithéâtres de la Gaule. Nous emprunterons ici au savant bibliothécaire de la ville de Reims, M. Ch. Loriquet, les explications qu'il donne de toutes ces choses, qu'il a comprises mieux que personne [1].

M. Loriquet, après une longue dissertation sur les familles des gladiateurs et des bestiaires, *familiæ gladiatoriæ* et *familiæ venatoriæ*, enrégimentées par un patron, *lanista*, qui avait sur eux droit de vie et de mort, indique les lois qui réglaient ces associations, parfois honorées du titre de collège. Il s'étend ensuite très longuement sur le programme des jeux du matin et des jeux du soir, *ludus matutinus* et *ludus meridianus*, puis il entre dans nombre de détails très circonstanciés sur les habitudes, les mœurs et le dressage de toutes ces troupes; il nous semble inutile de consigner ici toutes ces remarques. Arrivant enfin à la description de sa mosaïque, il en analyse aussi minutieusement que possible tous les sujets. C'est cette partie de son travail que nous allons résumer succinctement; elle jette un jour tout nouveau sur la question. Il nous décrit d'abord un type, celui du gladiateur gaulois proprement dit (fig. 289), coiffé d'un casque de cuivre

1. La *Mosaïque des Promenades* et autres, trouvées à Reims. Étude sur les mosaïques et sur les jeux de l'amphithéâtre, par M. Ch. Loriquet, bibliothécaire et archiviste de la ville de Reims, secrétaire général de l'Académie. (Reims, P. Dubois, imprimeur de l'Académie) [Brissart-Binet, éditeur, MDCCCLXII]. Se trouve également à Paris, chez Didron et chez Dumoulin.

en forme de chapeau rond, assez semblable à celui que nous avons vu figurer dans les médailles de Commius, chef des Atrébates. Ce casque est orné de plumes brunes, *pinnæ;* l'homme, vêtu d'une tunique bouffante, serrée à la taille, avec bandes noires tracées dans la longueur du vêtement, est chaussé de *caliges* gris pâle avec lanières ; il porte à la main droite une épée courte, à la gauche, un bouclier rond. C'est le gladiateur ordinaire particulier au pays. On sait combien le mépris de la mort était commun en Gaule; c'est ce qui explique

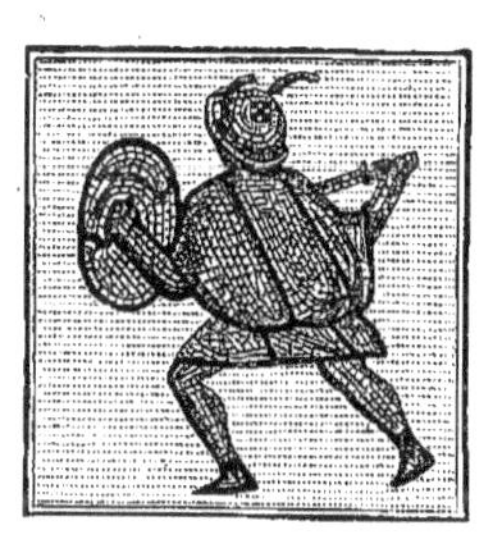

Fig. 289. — Gladiateur gaulois.

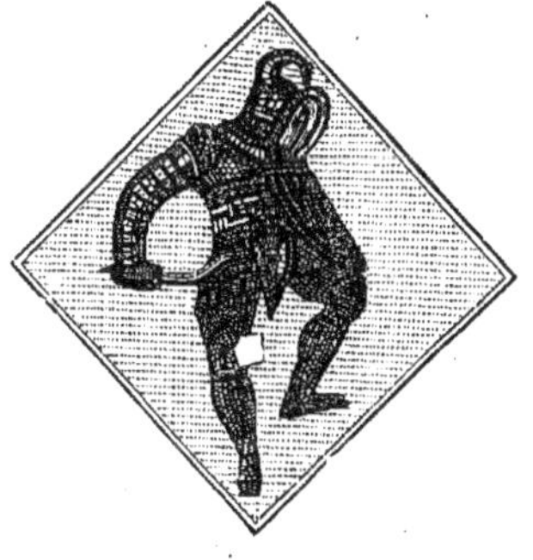

Fig. 290. — Thrace.

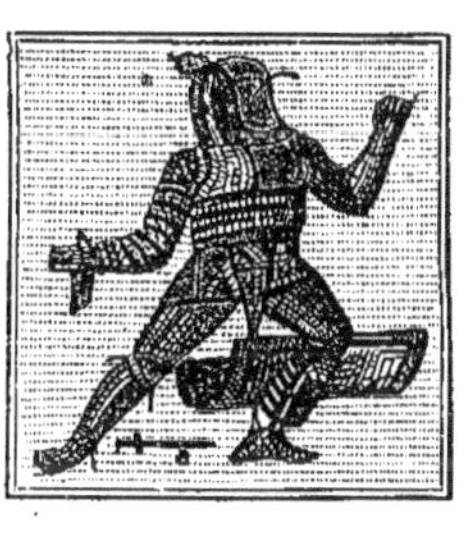

Fig. 291. — Mirmillon.

D'après la mosaïque des Promenades.

l'énorme quantité de victimes que notre contrée fournissait à Rome, et par conséquent aux amphithéâtres des provinces. *Non te peto, piscem peto; quid me fugis, Galle?* « Ce n'est point toi, c'est le poisson qui décore ton casque que je demande : pourquoi fuis-tu, Gaulois? » disait la chanson populaire des *mirmillons,* qui portaient un poisson comme cimier.

M. Loriquet passe ensuite à ces *mirmillons* eux-mêmes, dont il décrit le costume avec une clarté remarquable.

Les figures 290 et 291 sont liées entre elles et forment pour ainsi dire une scène. Le losange représente un *Thrace;* il est armé de la fameuse *falx supina* dont nous donnons un spécimen dans les faisceaux copiés sur les armures du musée d'artillerie (*v.* fig. 315), espèce de cimeterre recourbé, avec garde de fer pour protéger les mains. Sa tête est couverte d'un casque à reflets rougeâtres, dont le fond, recourbé en trompe sur le haut de la tête, revient en avant et se termine par une sorte de tête d'oiseau. Une visière avec trous pour les yeux protège la figure ; il est chaussé de cnémides jaunâtres. Une large cein-

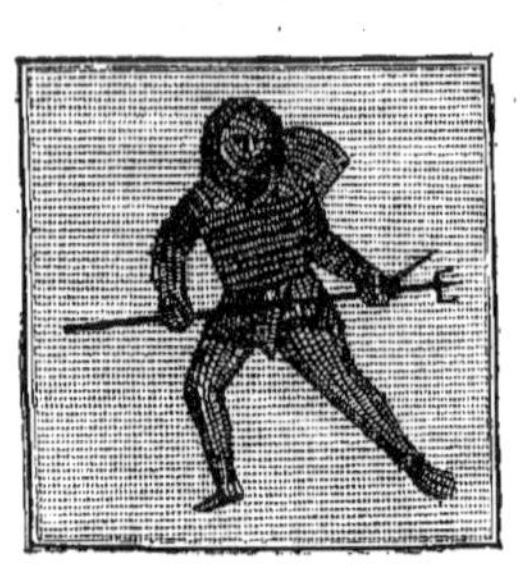

Fig. 292. — Rétiaire.

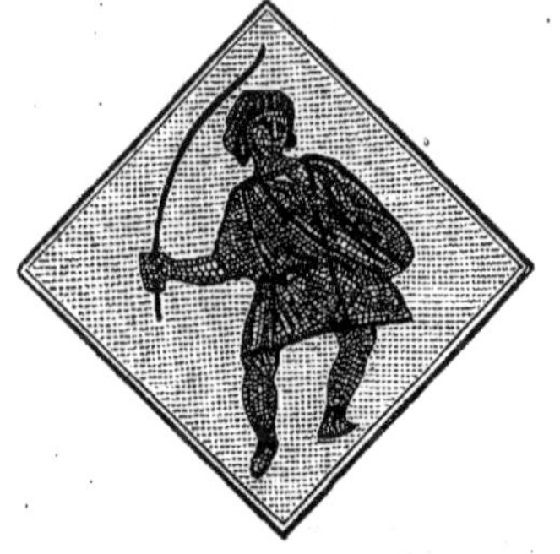

Fig. 293. — Rabdophore.

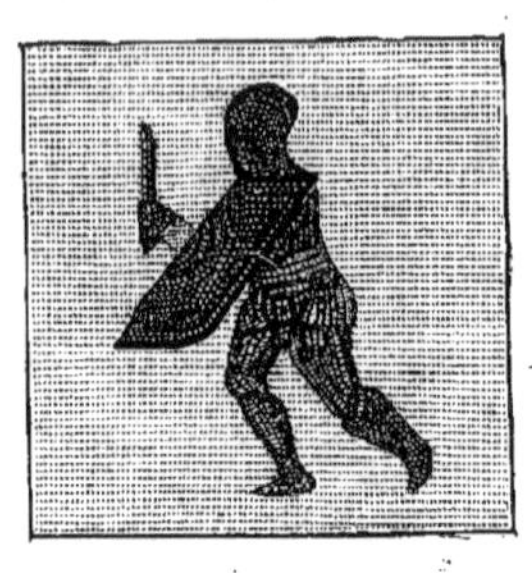

Fig. 294. — Secutor.

D'après la mosaïque de Reims.

ture rouge, décorée d'une grecque, lui entoure la taille, et sa main gauche se dissimule sous un bouclier recourbé. Il vient de frapper

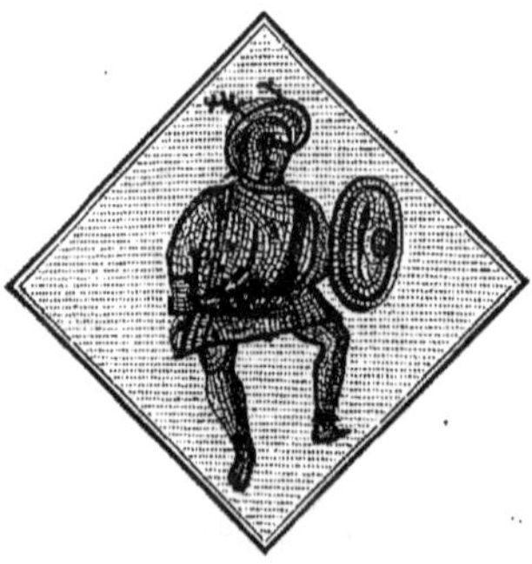

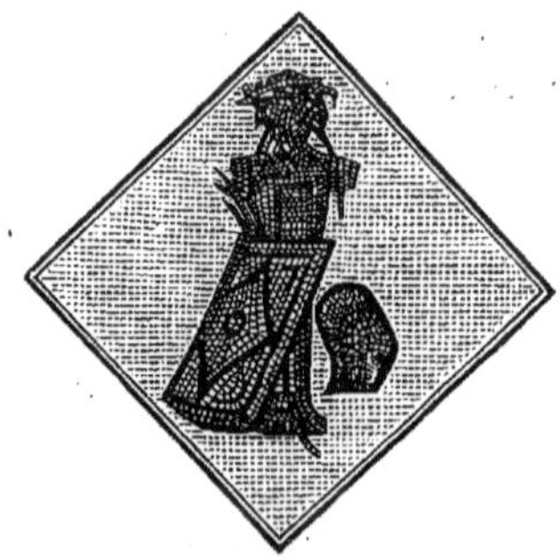

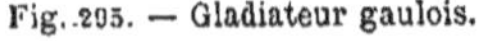

Fig. 295. — Gladiateur gaulois.

Fig. 296. — Hermès et faisceau d'armes.

D'après la mosaïque des Promenades.

son adversaire et se tient prêt à recommencer au signal donné par les spectateurs.

Le *mirmillon* désarmé (fig. 291) porte, sur le casque également à visière fermée, le fameux cimier dont nous parlions plus haut. La jambe gauche est protégée par une pièce de défense en métal, retenue par de nombreuses courroies. Il a les reins ceints du *subligaculum,* large ceinture montant presque sous les bras et retombant sur le ventre. Son bras droit blessé tient, en le laissant pendre, un débris de sa brassière entièrement rouge de sang. Son épée courte et son bouclier long, en forme de tuile creuse, gisent à terre. Il lève le bras gauche en montrant le petit doigt, sollicitant ainsi du peuple la permission de vivre [1].

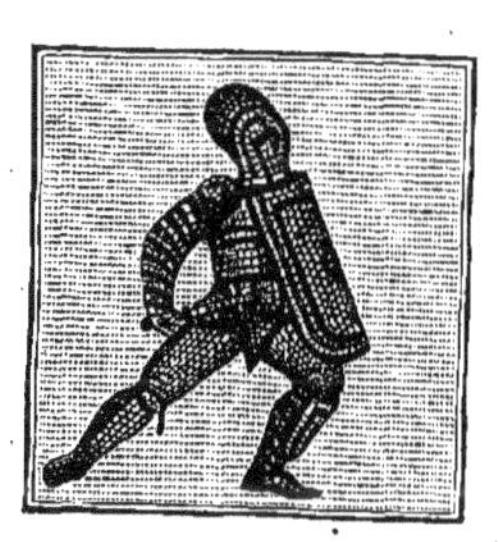

Fig. 297. — Mirmillon.

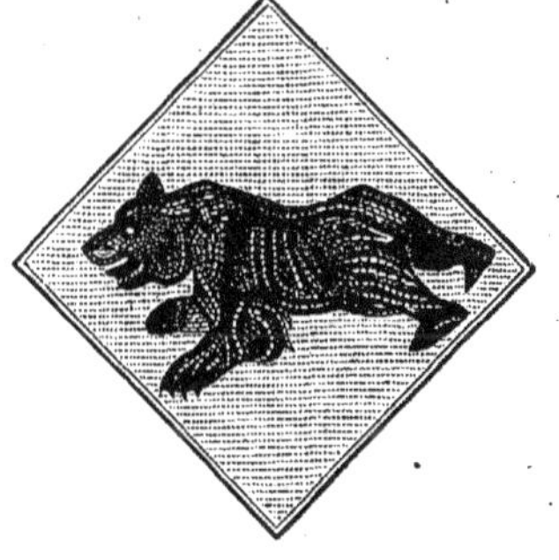

Fig. 298. — Ours.

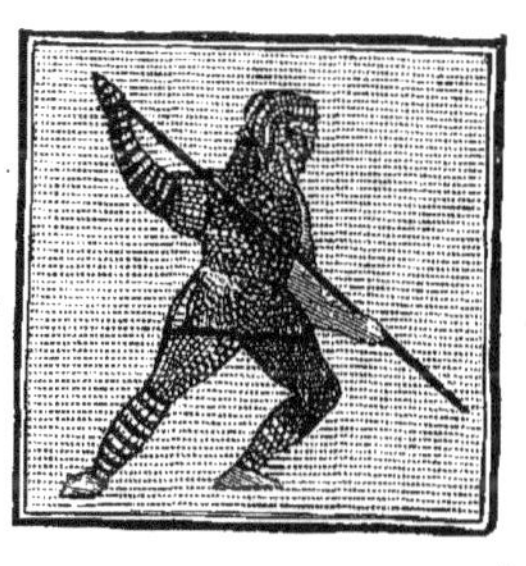

Fig. 299. — Piquier.

D'après la mosaïque des Promenades.

Il faut avoir des yeux d'archéologue pour saisir sur le vif d'aussi précieux détails ; mais comme on sent qu'ils sont justes et comme on remercie ces savants sans prétention qui vous les retracent d'une manière aussi simple, aussi rigoureusement vraie !

Les trois figures suivantes forment encore un ensemble. La figure 292 représente un *rétiaire* ayant jeté son filet et manqué son adversaire ; il fuit vers la gauche, attendant le choc avec son trident, *fuscina,* et son poignard, espèce de *miséricorde,* qu'il tient de la main gauche ; sa tête nue est recouverte d'une chevelure abondante ; il porte un petit bouclier courbe rejeté sur l'épaule, et son corselet (*subligaculum*) de cuir lui enveloppe les reins et la poitrine ; son bras gauche est revêtu d'une brassière à bandes jaunes et rouges.

1. On sait que les spectateurs répondaient en abaissant le pouce pour leur faire grâce ; s'ils le levaient, le vaincu n'avait plus qu'à recevoir la mort.

Le *secutor* qui le poursuit, casqué luxueusement et le corps protégé par un bouclier long, *scutum*, semblable à ceux de nos faisceaux d'armes, s'avance menaçant, la main armée d'une épée droite à large lame. Sa ceinture est richement décorée de pendeloques ; il a la jambe gauche protégée par une jambière métallique retenue par des courroies, *ocrea*. Il charge à fond de train sur le rétiaire ; mais le *rabdophore*, qui maintient le bon ordre dans les exercices publics, s'avance entre eux ; il porte une mince baguette d'osier, *virga, ferula*, et, sur le signal

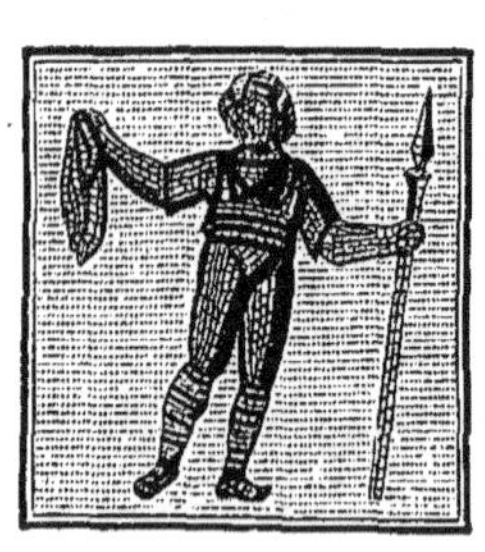

Fig. 300. — Picador.

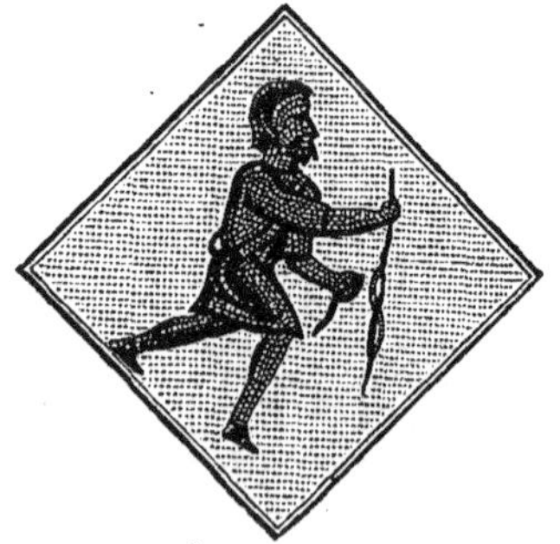

Fig. 301. — Chasseur.

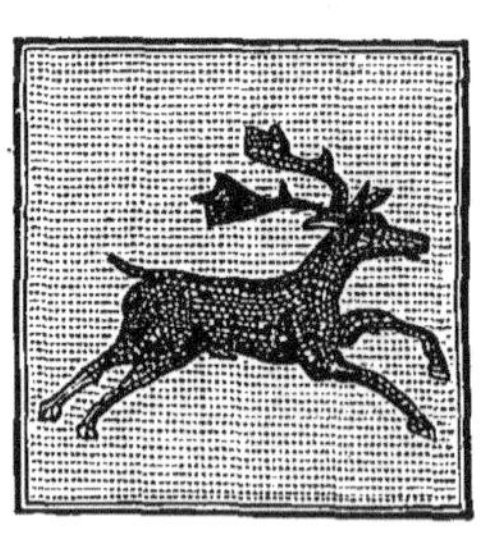

Fig. 302. — Daim.

D'après la mosaïque de Reims.

du *munerarius*[1] pour qui se fait la fête, il ordonne de cesser la lutte.

Le costume de ce personnage est excessivement simple ; il porte la saie, *saga virgata ;* les bras et les jambes sont nus, et ses pieds sont chaussés de simples *caliges* à bandes noires.

La figure 295 nous donne un nouveau gladiateur gaulois avec casque de métal, plumes en aigrettes, saie large rayée de bandes noires et bouclier rond, en tout semblable à celui que nous avons décrit plus haut (fig. 289) ; comme il est vu de face, il complète l'idée que l'on peut se faire de ce genre de combattants, peu remarqués jusqu'ici ; mais, comme il nous offre un spécimen très accentué de

1. Le jeu des gladiateurs s'appelait primitivement *munus gladiatorium*, comme qui dirait, devoir rendu aux morts ; on disait *supremum munus solvere*, rendre les suprêmes devoirs, d'où *munerarius*, nom attribué à celui qui donnait les jeux. On voit que les noms mêmes gardaient le caractère sacré de l'origine de ces coutumes.

notre costume national au IVe siècle, nous avons cru devoir le dessiner ici et le placer au milieu de nos scènes.

La figure 296 représente un trophée composé d'un bouclier, orné d'un casque et d'une palme, flanquant un *hermès* couronné de feuillage ; c'est la *statua palmaris* de Cicéron, une des nombreuses images qui décoraient les *spinas* des grands cirques[1].

Des gladiateurs proprement dits, suivant toujours pas à pas notre auteur, nous allons passer aux bestiaires.

Le guerrier de la figure 297, armé de toutes pièces, porte un casque à visière du genre communément appelé thrace. Sa main gauche soutient un grand bouclier qui descend jusqu'aux genoux. Une pièce de défense protège la jambe qu'il porte en avant, et son bras droit de même est cerclé de métal; il tient le poignard court dont on se servait toujours dans ce genre de lutte. L'ours de la figure 298 se précipite sur lui avec fureur; il peut s'élancer sur son adversaire, il ne trouvera pas où donner un coup de dent; tout est protégé par le fer ou le cuivre. M. Loriquet classe ce combattant dans la catégorie des gladiateurs *mirmillons*.

Auprès, nous avons figuré un *piquier* (fig. 299), qui, de même dans la mosaïque, attaque un jaguar tellement dégradé par le feu, que nous avons cru pouvoir nous dispenser de le reproduire à cet endroit. Ce *piquier* porte une coiffure très caractéristique, d'une forme presque égyptienne ; il est revêtu d'un justaucorps à manches courtes ; ses jambes et son bras droit sont protégés par des bandelettes de diverses couleurs. C'est la *fascia cruralis* d'Antonin Rich.

Les figures 300, 301 et 302 représentent une chasse comme il s'en faisait tant dans l'intérieur des arènes, surtout lorsque les jeux étaient donnés par une famille illustre, comme complément de la pompe des funérailles d'un parent défunt.

Il était d'un usage constant, chez les Romains, d'honorer ainsi la mémoire des morts, ce qui explique peut-être pourquoi nous trouvons si souvent des chasses figurées sur les cercueils de pierre, comme

1. Nous verrons tout à l'heure ce qu'était la *spina* dans les courses des grands cirques. (Voir pl. IX.)

à Reims, au tombeau de Jovin (fig. 303 et 304)[1], ou à Arles, dans les grandes tombes enlevées au cimetière des Alyscamps, et déposées aujourd'hui dans le musée de la ville (fig. 305).

Par ces simulacres sculptés, on constatait que toutes les formes de respect avaient été remplies dans la cérémonie funèbre. Il n'y a, croyons-nous, pas d'autre manière d'interpréter ces bas-reliefs que

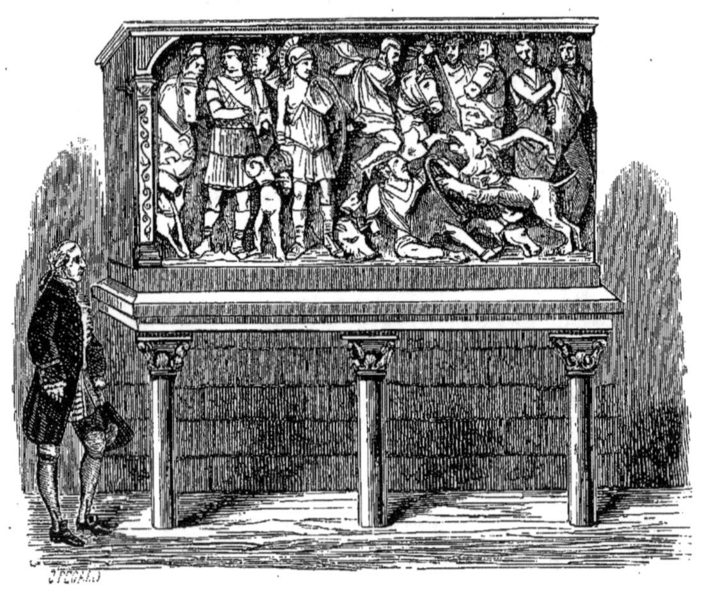

Fig. 303. — Tombeau dit de Jovin, d'après une estampe du cartulaire de la ville de Reims.

l'on rencontre si souvent sur les sarcophages de la période gallo-romaine.

Revenons aux personnages de nos carrés et de nos losanges. La figure 300 représente un *piquier*, revêtu d'un justaucorps gris, d'une braie collante et d'une ceinture à sept bandes vertes et blanches, la

1. Ce tombeau contenait, dit-on, les restes de Jovinus, maître de la cavalerie des Gaules sous l'empereur Valentinien Ier. On a cru reconnaître son nom dans l'inscription qui le décore :

FL. VAL. IOVINO. REM. COS. AB. VC. A CIϽCXX.

Il se trouve aujourd'hui relégué dans le sous-sol de la chapelle de l'archevêché qui sert de musée lapidaire à la ville de Reims. Le dessin que nous en donnons est reconstitué d'après une vieille estampe du cartulaire de Reims.

tête nue est ornée d'une chevelure toute gauloise ; il s'appuie d'une main sur une longue lance armée de la *mora* (arrêt) et de l'autre il agite un morceau d'étoffe. C'est le *picador* des combats de taureaux modernes ; la bête chassée vient de passer devant lui. C'est un daim (fig. 302) que poursuit en courant l'homme de la figure 301, vêtu d'une saie longue, portant toute sa barbe et tenant à la main droite un arc débandé ; une lanière flottante, qui lui pend sur l'épaule, semble faire supposer qu'il porte un carquois sur le flanc gauche.

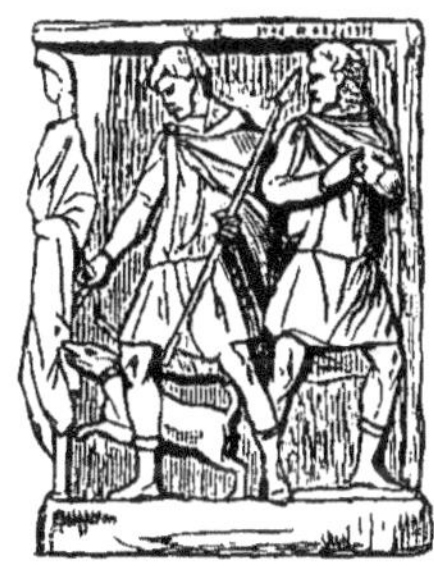

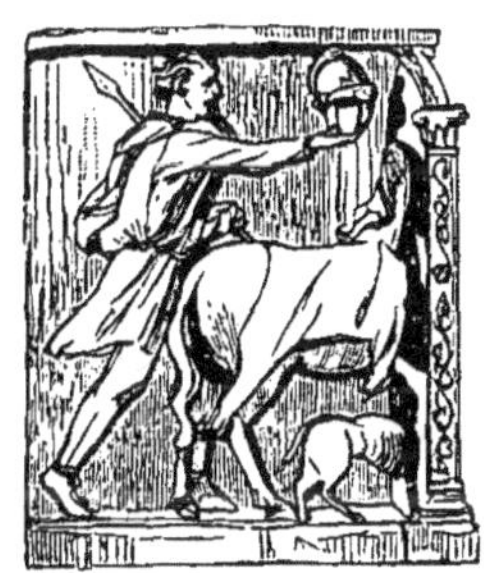

Fig. 301. — Bas-relief de côté de la chasse du tombeau de Jovin, à Reims.

Le *toréador* de la figure 306, presque entièrement revêtu de cuir fauve, les jambes et les bras serrés par des lanières, est armé d'un bouclier ovale : la main droite, ornée d'un gantelet, brandit un *scalprum*, petite lance à courte hampe, avec laquelle il s'apprête à frapper à la nuque le taureau furieux qui s'élance sur lui tête baissée (fig. 307).

La série suivante nous montre un lion furieux, la crinière au vent, la queue battant l'air, qui se précipite sur un *piquier* qui l'attend de pied ferme.

Le costume de ce *piquier* (fig. 308) est des plus simples ; justaucorps à manches courtes, culotte collante, jambières et *caliges* grises, avec lanières, barbe brune et longs cheveux maintenus par une résille. Le bras gauche est muni d'un gantelet montant ; la lance est armée de la *mora* dont nous avons parlé plus haut. Cette *mora* était destinée à empêcher les blessures profondes.

La tête et le corps du lion (fig. 309) ont été légèrement mutilés.

Un *agitator* (fig. 310), le fouet en main, complète la scène. — Jeune, imberbe, la chevelure abondante retenue par un filet, il est fièrement campé, le bras droit tendu, les jambes écartées, dans la position très juste d'un homme qui ose fouailler hardiment des bêtes fauves. Son costume est décoré d'ornementations rouges qui contournent les cuisses, les jambes et les bras, et dessinent sur la poitrine une sorte de plastron d'un effet assez élégant. Son rôle consistait à stimuler les animaux trop calmes et trop tranquilles.

M. Loriquet enfin, outre quelques animaux dont il ne reste que

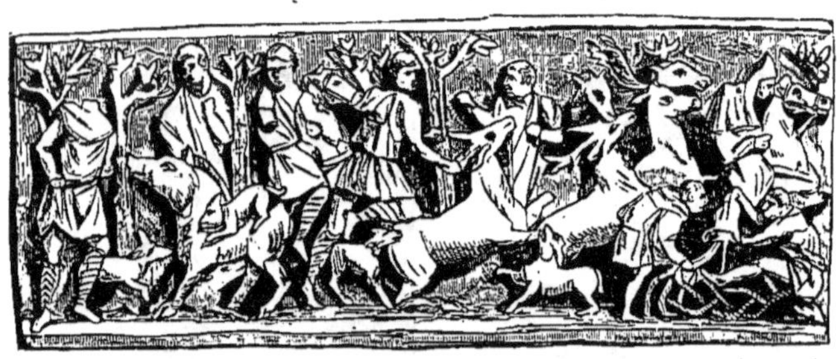

Fig. 305. — Chasse. Bas-relief d'un tombeau du musée d'Arles.

des fragments (la mosaïque, ayant été brûlée à l'époque de son enfouissement, est dégradée dans tout son centre), complète sa description par la représentation de deux personnages qui terminent cette série si curieuse de gladiateurs gaulois. Il donne à celui de la figure 311 le titre de *mansuetarius*. — Le *mansuetarius*, selon lui, était une sorte de dompteur. Le sien tient en mains un cercle, dont il jouait assez habilement pour exciter, tourmenter et fatiguer la bête qu'il livrait ensuite au fer du piquier, son voisin, qui l'achevait d'un seul coup. Le costume de ce *mansuetarius* ressemble beaucoup à celui de l'*agitator* de la figure 310. Celui du *piquier* est absolument analogue à l'habillement de la figure 308.

Après avoir décrit les faits et gestes, les costumes, les armes de nos gladiateurs, nous maintenant toujours strictement dans la reproduction de monuments essentiellement gaulois et trouvés sur notre sol, — ce qui est la règle, le lecteur a dû déjà s'en apercevoir, qui nous guide dans tout ce travail, national avant tout, — nous allons pouvoir, toujours en copiant des objets de provenance française, donner jusqu'aux noms de ces combattants eux-mêmes.

Dans la collection Charvet figure un vase de verre où quelques

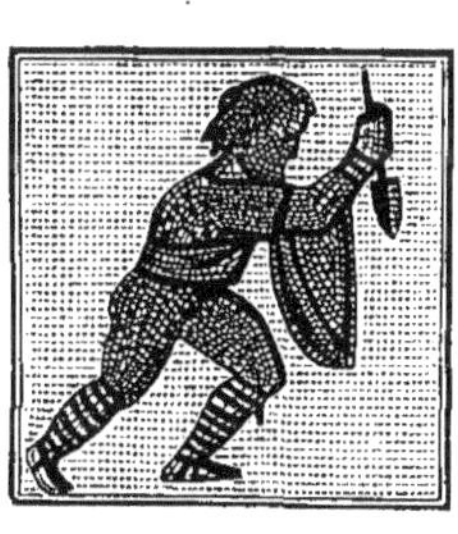

Fig. 306 — Toréador.

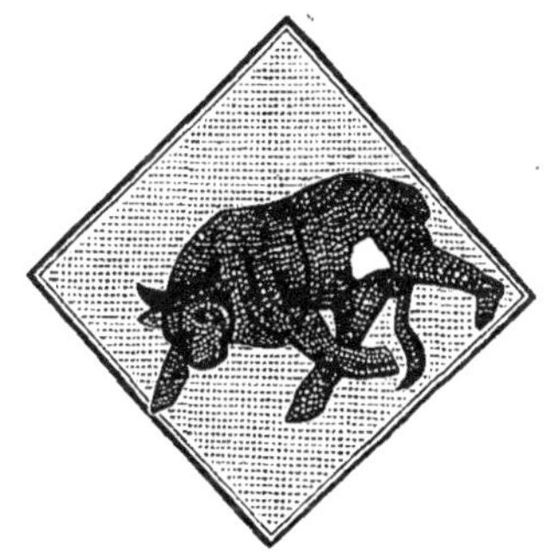

Fig. 307. — Taureau de combat.

D'après la mosaïque des Promenades.

paires de gladiateurs se sont fait portraicturer au naturel, dans l'exercice de leurs fonctions. La figure 313 représente le vase, et la figure 314

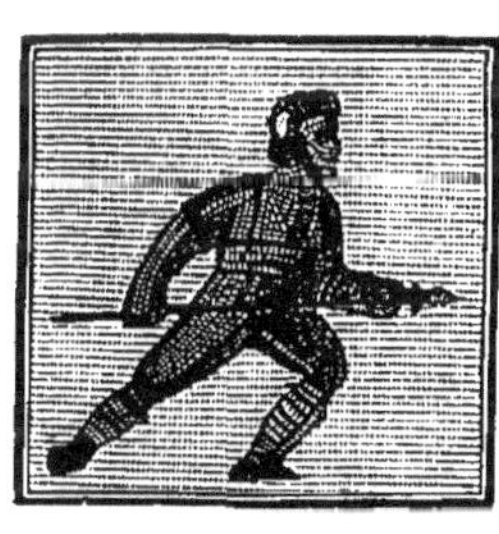

Fig. 308. — Piquier.

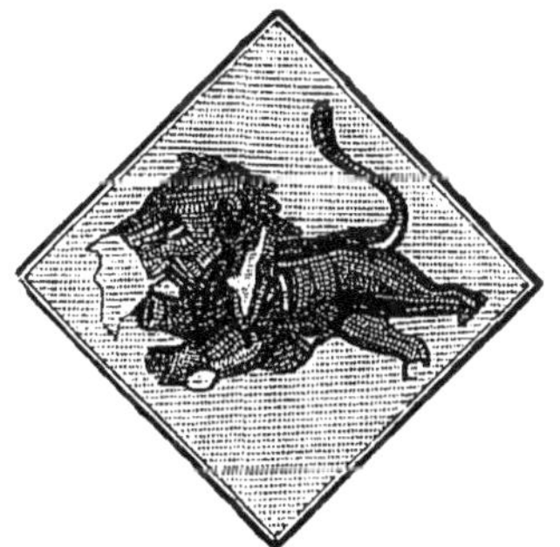

Fig. 309. — Lion.

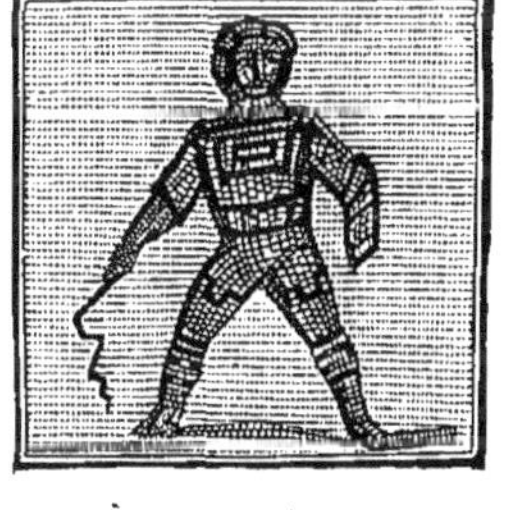

Fig. 310. — Agitator.

D'après la mosaïque de Reims.

le développement de son contour. Les noms, quoique un peu frustes, sont encore assez lisibles; ce sont les suivants :

SPICVLVS. COLVMBVS. CALAMVS. HOLES. PETRANES.
PRVDES. PROCVLVS. COCVMBVS.

Tout porte à croire que ces gens, comme les acteurs de tous les temps du reste, prenaient des surnoms, *cognomina*, des sobriquets particuliers à leur profession et désignant peut-être un peu le caractère de chacun : *Columbus* est un nom d'oiseau, *Calamus* un nom de plante, *Spiculus* un terme d'armurier ; *Holes*, en grec ὄλλυμι, est plus terrible, *Petranes* est bien pierreux, *Proculus* un peu gouailleur, et *Prades* assez habile. Mais ne nous lançons pas dans la philologie, nous y perdrions le peu de latin que nous savons.

Le vase qui nous fournit ces détails était probablement un vase

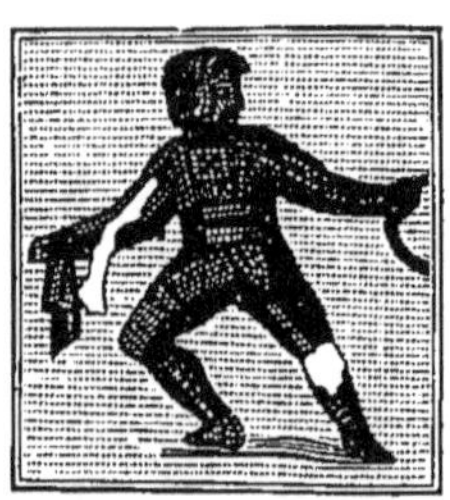

Fig. 311. — Mansuetarius.

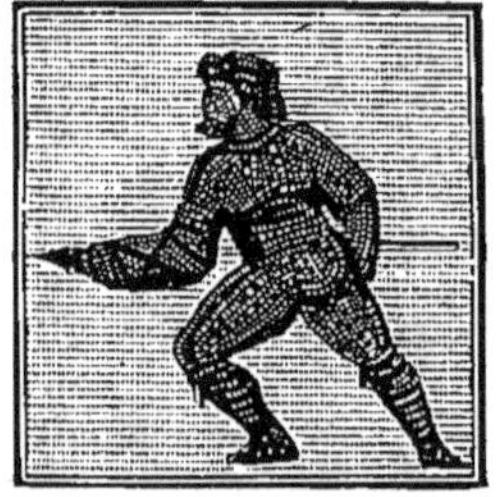

Fig. 312. — Piquier.

D'après la mosaïque des Promenades.

votif, offert par reconnaissance à une divinité protectrice quelconque, par une *famille* illustrée dans les jeux ; l'un de nos guerriers porte une palme, signe de victoires nombreuses. Ce vase est d'une délicatesse incroyable, et la transparence même de l'objet donne à toutes ces figures un charme tout particulier. Nous avons eu la joie de le palper à notre aise et de l'examiner dans tous les sens avant de le dessiner. M. Charvet n'est pas de ces collectionneurs jaloux qui, comme des avares, dissimulent leurs richesses à tous les yeux. Il montre les siennes avec une complaisance rare, et nous l'en remercions ici de grand cœur.

A la suite de notre nomenclature, que le lecteur a peut-être trouvée un peu longue, et pour accentuer davantage l'idée qu'on peut se faire des acteurs qui ensanglantèrent si souvent les arènes d'Arles, de Nîmes et de Reims, nous donnons ici (fig. 315) deux faisceaux d'armes formés d'après les magnifiques reconstitutions du musée d'artillerie dans les salles des costumes de guerre. Notre gravure complète tout ce que nous avons dit plus haut. Nous y avons fait figurer, outre les boucliers peints de couleurs vives, *scuta,* le trident des rétiaires, *fuscina;* le glaive droit du secutor, *culter;* l'épée du guerrier thrace, *falx supina;* la fameuse *projectura,* casque à visière des *mirmillons,* et le heaume enfin qui servit plus tard de modèle à tous les casques de chevaliers du moyen âge. En voilà, je le crois, assez pour se faire un concept complet des amphithéâtres et du rôle qu'y

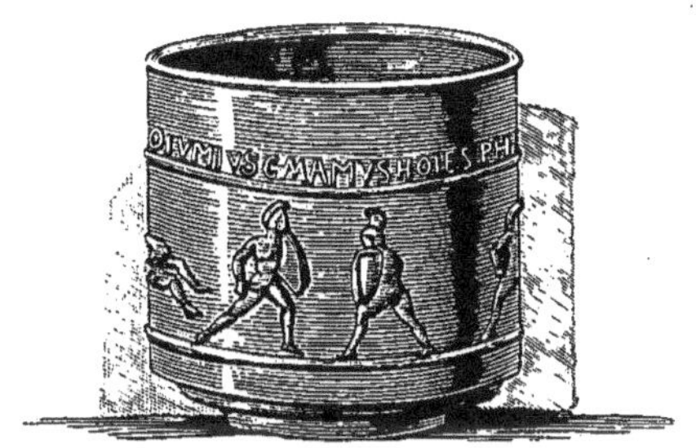

Fig. 313. — Coupe de verre jaune trouvée au Cormier, commune de Chavagnes-en-Paillers (Vendée).

jouèrent ces sanglants acteurs, qui allaient à la mort comme on court au plaisir : *Ave, Cæsar, morituri te salutant.*

Passons maintenant aux cirques. Les cirques étaient bien plus considérables que les amphithéâtres. Le *Circus maximus* de Tarquin l'Ancien contenait, d'après Denys d'Halicarnasse, cent cinquante mille spectateurs; Pline porte même ce nombre à deux cent soixante mille, et Publius Victor à trois cent quatre-vingt mille.

La forme de l'édifice était celle d'un parallélogramme excessivement allongé, arrondi à l'un des bouts, et carré ou presque carré à l'autre.

Extérieurement il était, comme l'amphithéâtre, formé de deux rangées de portiques superposés que surmontait un attique. La première rangée, celle du rez-de-chaussée, servait de galerie desservant les vomitoires qui conduisaient aux gradins de l'intérieur. Elle était, les jours de course, envahie par une foule de marchands qui la remplissaient de leurs innombrables boutiques. On y criait les programmes et le nom des acteurs ; on y faisait des paris; on s'y disputait

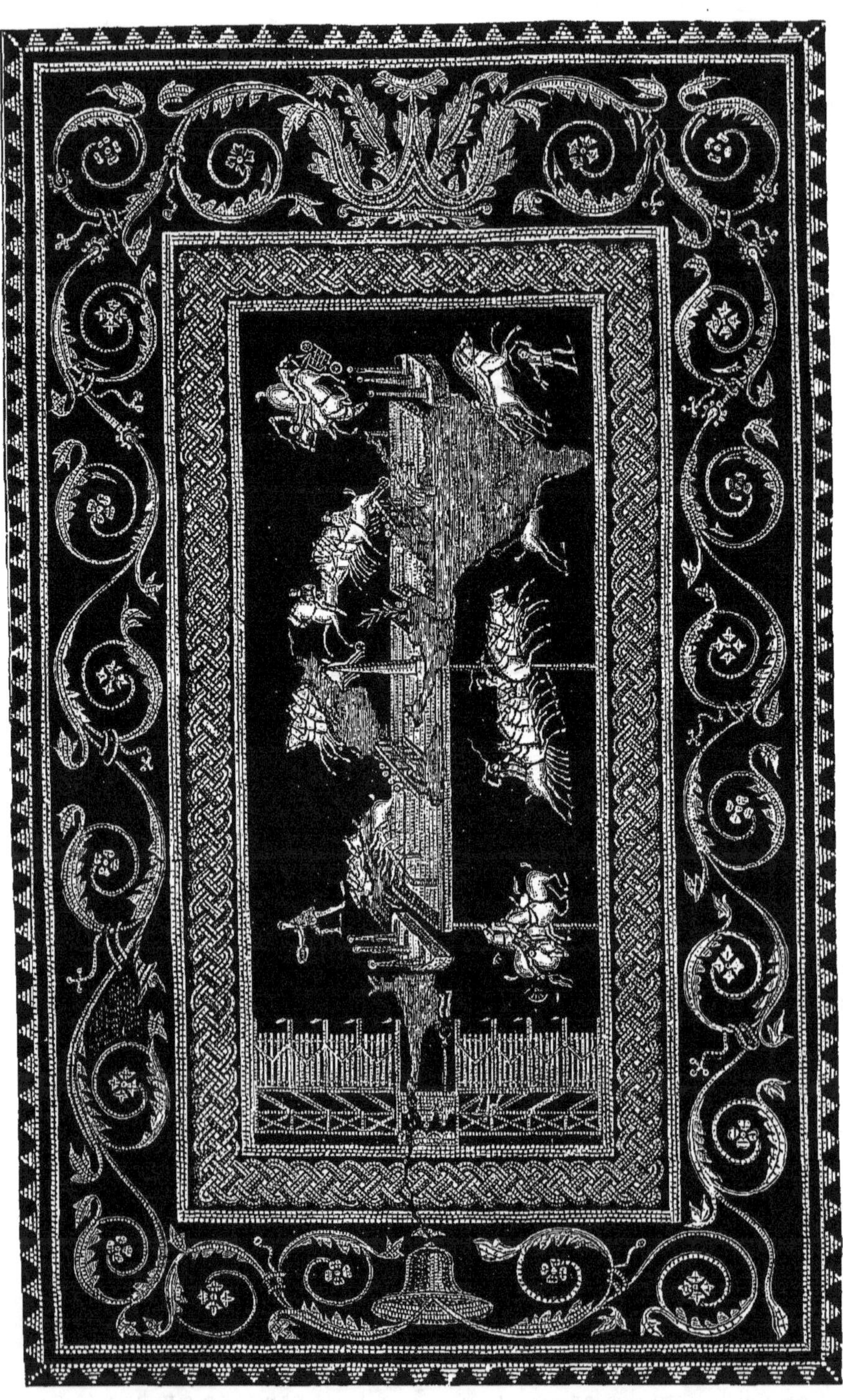

MOSAÏQUE REPRÉSENTANT LES JEUX DU CIRQUE.

Découverte à Lyon le 18 février 1806.

à propos des factions rouge ou blanche. Cette folie romaine en arriva, sous Justinien, jusqu'au massacre de quarante mille furieux qui s'entre-tuèrent à propos des cochers verts et des cochers bleus.

Le second rang d'arcades, placé au-dessus des gradins et complètement à jour, était utilisé comme un simple promenoir pendant la représentation.

Plusieurs tours carrées, surmontées de quadriges et de groupes

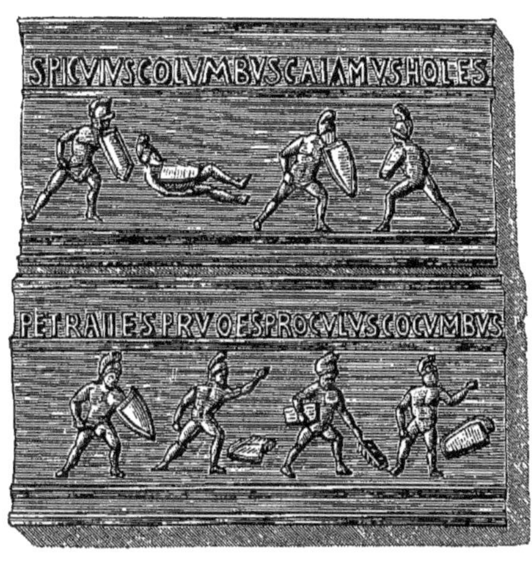

Fig. 314. — Développement de la coupe de la collection Charvet.

divers, s'élevaient à côté des portes. Les places réservées dans ces tours appartenaient aux sénateurs et aux magistrats de la cité, qui avaient droit à des sièges distincts des autres. Plus tard même, on se transmit ces places par droit de succession.

Au-dessus de la loge de l'empereur ou du président des jeux, dans la partie carrée du monument, il y avait une tour. En face, à l'autre extrémité du cirque, on en dressait d'ordinaire une autre. L'entrée qui se trouvait au-dessous de la première portait le titre de *porta Pompæ*. C'était par là que passait la procession, qui, toujours dans les fêtes romaines, précédait les spectacles. La seconde s'appelait *porta Triomphalis;* c'était par elle que sortaient les vainqueurs à la fin de la lutte.

Une autre entrée latérale était connue sous le nom de *porta*

Libitinensis. C'était par cette issue qu'on enlevait les conducteurs tués ou blessés, qu'on traînait les chevaux écrasés ou fourbus.

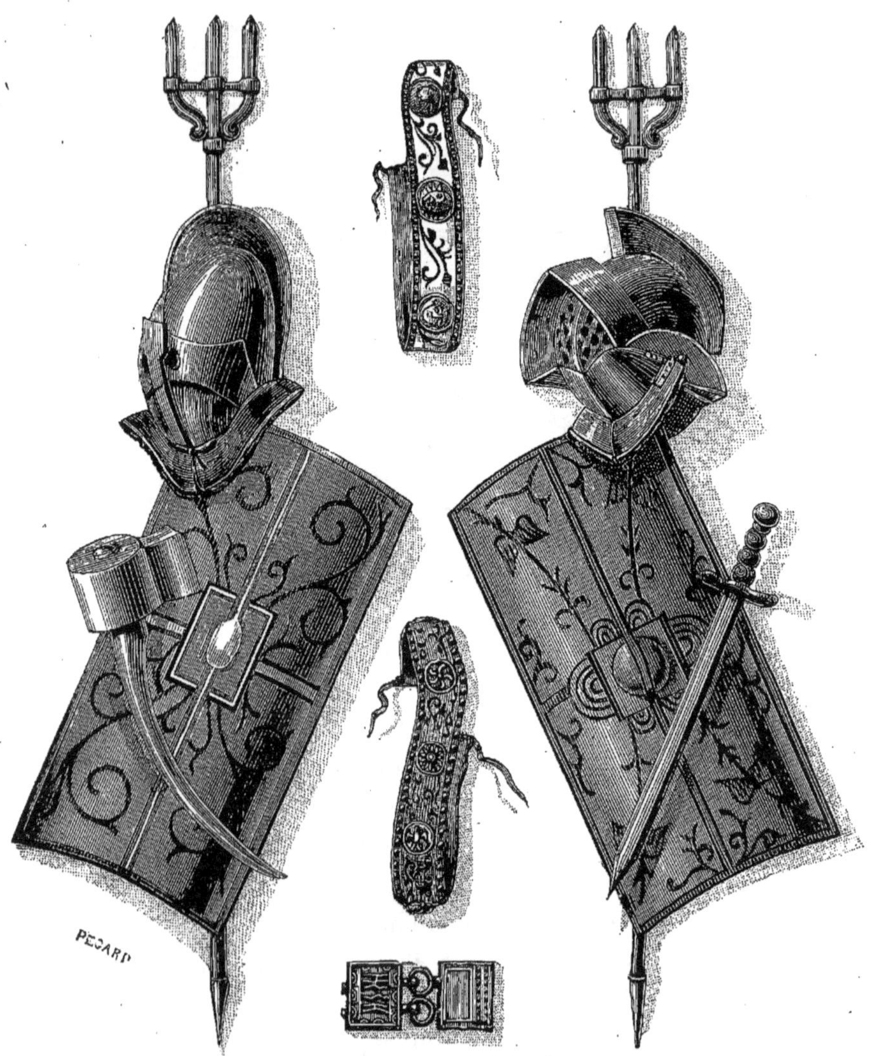

Fig. 315. — Armes des gladiateurs dits Thraces et Mirmillons.
D'après les reconstitutions du musée d'artillerie.

Il ne nous reste, comme débris de cirque ancien en France, qu'un fragment de celui d'Orange, situé près du théâtre si connu dont nous parlerons plus tard. Il laisse apercevoir, dans le flanc de la montagne à laquelle il est adossé, nombre de degrés construits sur le roc même et les ruines d'une porte donnant sur le forum. D'innombrables petites maisons parsèment ce qui fut autrefois l'*area* de ce cirque. Il faut toute la bonne volonté d'un véritable antiquaire pour retrouver, sous ces superfétations malsaines, l'aspect ancien de ce monument.

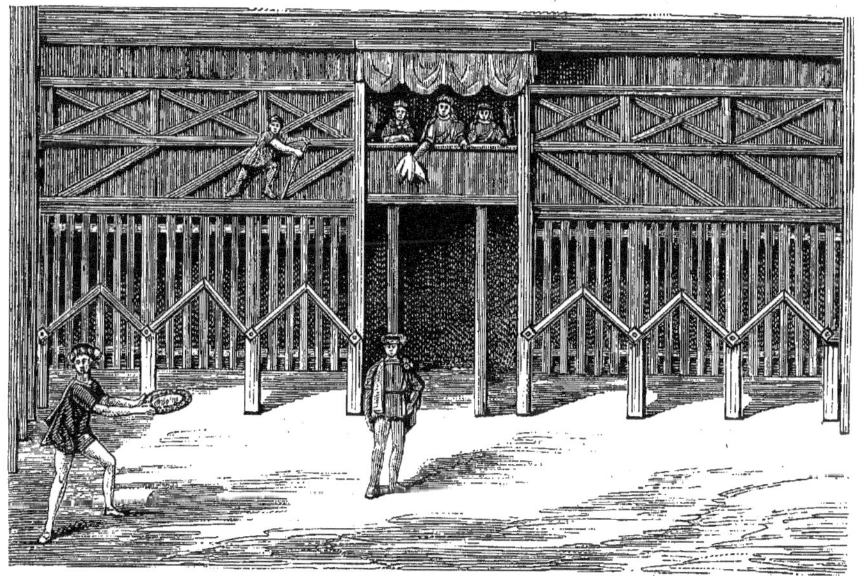

Fig. 316. — Tribune de la mosaïque des courses de chars.

Malgré tout, en gravissant les collines qui le surmontent, on en saisit encore assez bien le contour. Il devait être énorme. Dans l'intérieur de la ville, on en trouve, dit-on, des traces nombreuses. Il est regrettable que les architectes qui ont dégagé le théâtre n'aient pas poussé plus loin leurs investigations du côté de ce cirque. Un monument unique en Gaule méritait une exploration plus complète.

Mais si les édifices nous manquent, nous avons une mosaïque qui nous donne, sur les courses de chars, principal amusement des cirques gallo-romains, les détails les plus précis et les plus circonstanciés; c'est le fameux pavé trouvé, le 18 février 1806, dans le jardin de

M. Macors, « pharmacien distingué et ami éclairé des arts, » près de l'ancienne abbaye d'Ainay, à deux pas des ruines du temple d'Auguste, dans la ville de Lyon (planche VIII).

Le savant F. Artaud l'a décrit avec un soin si pieux, que nous ne pouvons mieux faire que de le suivre dans son étude sur ce sujet peu connu.

Le cirque de Lyon, en admettant que cette mosaïque en soit une reproduction très exacte, était construit en bois. Tout porte à croire, du reste, qu'à cause même de leur étendue, la plupart de ces immenses enceintes étaient élevées en charpentes légères sur des soubassements de pierres dures. C'est ce qui explique la rareté des débris qui nous restent de tous ces monuments en Gaule et même en Italie.

A l'extrémité gauche de notre mosaïque, sur la partie carrée qui termine de ce côté l'*area,* s'élève une tribune (fig. 316) où trônait le préteur, le consul ou l'empereur, qui se trouvait être ce jour-là l'*editor spectaculorum*. On appelait sa loge *pulvinar*, à cause des nombreux coussins sur lesquels il daignait s'asseoir. Le personnage de la mosaïque qui joue ce rôle tient en main un mouchoir dont nous allons parler tout à l'heure. Immédiatement au-dessous de lui, sur le sol même du cirque, on aperçoit un homme coiffé d'une toque à plumes blanches, que M. Artaud désigne sous le nom de héraut d'armes ou d'inspecteur des jeux. A gauche, nous avons figuré le *sparsor,* dont l'office était d'arroser les roues échauffées des chars avec une sorte de bassin auquel les savants donnent le nom de *nasiterna.*

Des deux côtés de la loge impériale ou prétorienne se voient les *carceres,* où stationnaient, avant les courses, les quadriges tout harnachés et prêts à la lutte. Au signal donné, un esclave, dont on aperçoit la grossière silhouette sur la galerie de bois, levait les trappes à claire-voie de ces prisons momentanées. Sur une ligne de craie blanche, *calx, creta* ou *alba linea,* tracée sur le sol, s'alignaient les concurrents ; le président jetait son mouchoir brodé de palmes [1], *mappa*, dont

1. On raconte qu'un jour, Néron, dînant dans sa maison dorée, qui avait vue sur le *Circus maximus,* entendant les clameurs de la multitude qui attendait le commencement des jeux, prit sur la table une serviette qu'il jeta par la fenêtre, et les jeux commencèrent. Ce fut l'origine de l'usage de cette *mappa* que le président jetait dans l'arène comme signal du départ des coursiers.

Pl. IX.

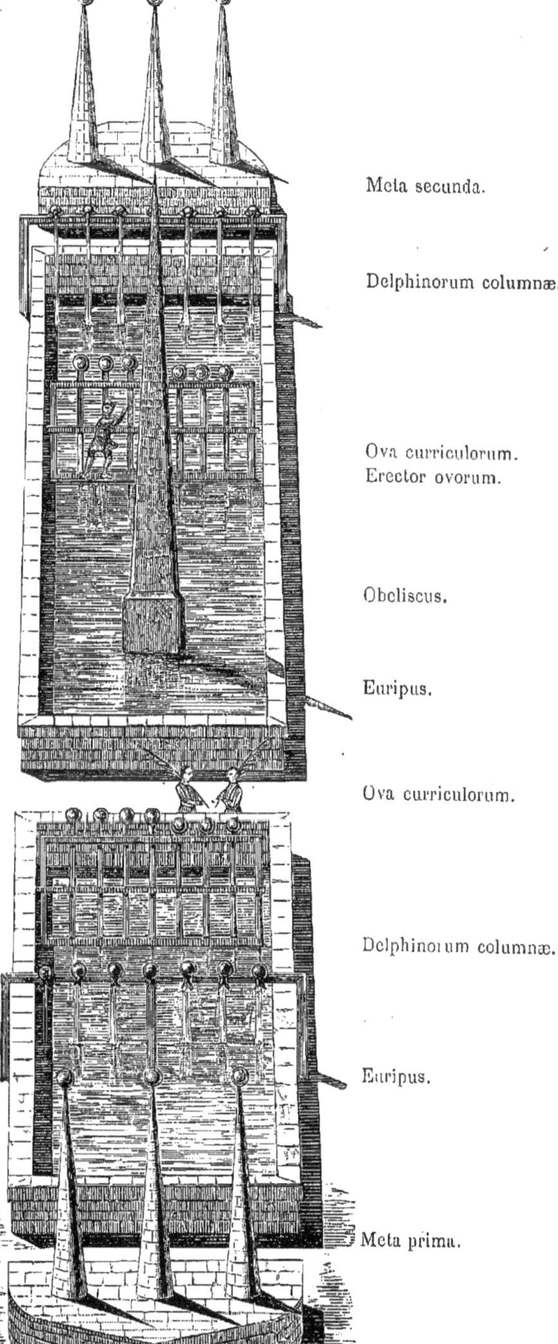

SPINA DE LA MOSAÏQUE DE LYON

devait s'emparer triomphalement le vainqueur à la fin de la course, et les chevaux défilaient ventre à terre en longeant la *spina* que nous allons décrire. La *spina* (arête, épine) était une construction de pierre qui occupait tout le milieu de l'arène ; d'ordinaire, elle était surmontée d'une série d'édicules sur lesquels les historiens anciens et dom Bernard de Montfaucon, d'après eux, nous ont transmis de nombreux détails. Elle contenait d'abord, aux deux extrémités, les trois bornes réglementaires, puis des autels pour tous les dieux de la création ; celui des *dieux lares,* celui des dieux puissants, *ara potentium ;* celui de *Tuteline,* la divinité protectrice des coureurs ; puis la statue de la *Victoire,* puis les Dauphins dédiés à Neptune ; puis le temple de Cybèle, mère des dieux ; puis l'obélisque du Soleil qui était toujours placé au centre ; puis les œufs, *ova curriculorum,* qui marquaient aux yeux de tous le nombre des courses parachevées ; puis les statues des grands dieux, et je ne sais quoi encore.

Notre *spina* de Lyon (*voyez* planche IX) est bien plus simple ; les dieux de Rome ne firent jamais grande figure chez nous, quoi qu'on en dise.

En tête de cette construction typique, nous avons d'abord les *tribornes,* dont nous venons de parler, plantées sur un massif triangulaire. C'est la *meta prima,* à laquelle correspondait, à l'autre extrémité, ce que l'on appelait la *meta secunda,* deuxième groupe que devaient frôler le plus légèrement possible les écuyers, funeste lieu où se passaient souvent, notre mosaïque elle-même en donne la preuve, des accidents terribles. Les bornes de Lyon affectent la forme allongée d'un cyprès (*metas imitata cupressus*) ; elles sont surmontées de petites boules, qu'il ne faut pas confondre avec les œufs dont nous allons préciser l'usage.

Après vient un bassin, qu'on appelle *euripus,* doux souvenir de la Grèce[1], à laquelle les Romains empruntèrent les hippodromes, comme bien d'autres choses du reste ; car il est extrêmement facile

1. L'Euripus était l'étroit canal qui séparait l'île d'Eubée de la terre ferme ; l'impétuosité de son courant était proverbiale. On prétend que la mer y montait et y descendait sept fois par jour.

de prendre ces glorieux partout et toujours en flagrant délit de plagiat.

Dans certains cirques, l'*euripus* séparait l'arène du gradin des spectateurs en faisant tout le tour intérieur de l'édifice, laissant libre seulement l'entrée des *carceres*. On a voulu voir, dans cet *euripus*, l'image de la mer immense qui, selon les Romains, entourait le monde. Pour les savants qui veulent expliquer tout, l'*area* était le ciel visible que parcourt le char d'Apollon, les œufs des symboles de purification, les dauphins les conducteurs d'âmes nageant vers les îles Fortunées, les obélisques des images du soleil et de la lune, et les factions enfin, par la couleur de leurs vêtements, signifiaient : la blanche, l'hiver; la rouge, l'été; la verte, le printemps, et la bleue l'automne. Tout cela nous semble bien spécieux, et, pour nous, l'*euripe* n'était qu'un simple bassin destiné à contenir l'eau nécessaire dans toutes les courses, pour abattre la poussière que soulevaient les passages multipliés de tous ces chevaux et de tous ces chars, et le *sparsor*, au lieu de représenter un dieu inutile, rendait des services énormes aux écuyers en abreuvant leurs montures ; aux cochers, en humectant les roues de leurs voitures ; au public enfin, en arrosant sans cesse le sable de l'arène.

Dans notre mosaïque, l'*euripus* est donc au milieu de la *spina*, séparée en deux bassins entre lesquels l'architecte a ménagé un passage où pouvaient circuler les divers employés des jeux, sans être forcés de faire tout le tour de l'arête centrale.

Continuons la description de cette curieuse arête : sept dauphins, posés sur une barre de bois qui traverse la *spina* dans toute sa largeur, versent de l'eau dans ces petits lacs; ils ne sont pas, comme à Rome, élevés sur des colonnes, *Delphinorum columnæ*, car on ne peut donner à la charpente qui les supporte une dénomination aussi pompeuse; mais nous sommes dans un cirque de province, et leur emploi n'en est pas moins utile.

Deux barrières se profilent ensuite très distinctement sur l'onde bleuâtre du bassin. Elles sont surmontées des fameux œufs de bois doré que nous avons signalés plus haut, *ova curriculorum;* un petit pont permet à l'employé chargé de les lever de passer facilement au-dessus de l'*euripe;* notre mosaïque nous donne même la figure de cet *erector ovorum,* dans l'exercice de ses fonctions. Pour une seule course, il fallait faire sept fois le tour de la *spina*. Chaque fois que, le premier en tête, un cocher repassait devant la *meta prima,* l'*erector*

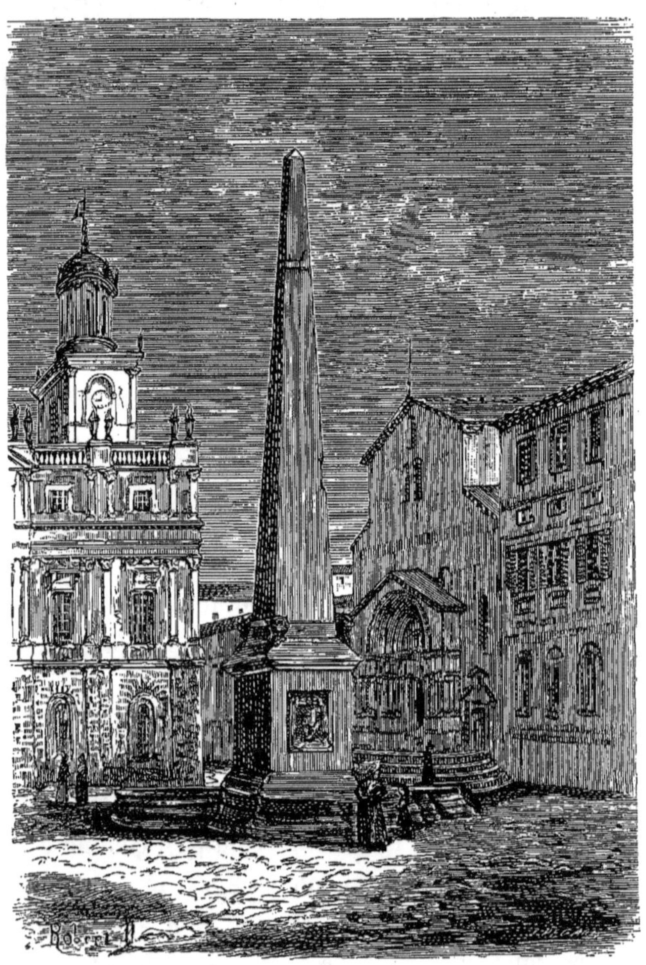

Fig. 317. — Obélisque de la *spina* de l'ancien cirque, place Royale, à Arles.

levait la tige de bois qui soutenait l'œuf d'or, et toute la salle pouvait ainsi compter ce qu'il restait de tours à faire pour gagner le prix de la course. On voit qu'ici les coureurs ont déjà passé quatre fois devant les bornes.

Enfin, au centre de la *spina*, se dresse l'obélisque, hommage public à Phœbus, le divin cocher, ornement nécessaire de tous les champs de course[1].

Au milieu de la place Royale, à Arles, se voit un obélisque de granit rose, tiré des carrières de l'Esterel, qui fut trouvé en 1389, à l'extrémité de la Roquette, tout près du Rhône, sur l'emplacement de l'ancien cirque; il a été dressé sur une base monumentale en 1675,

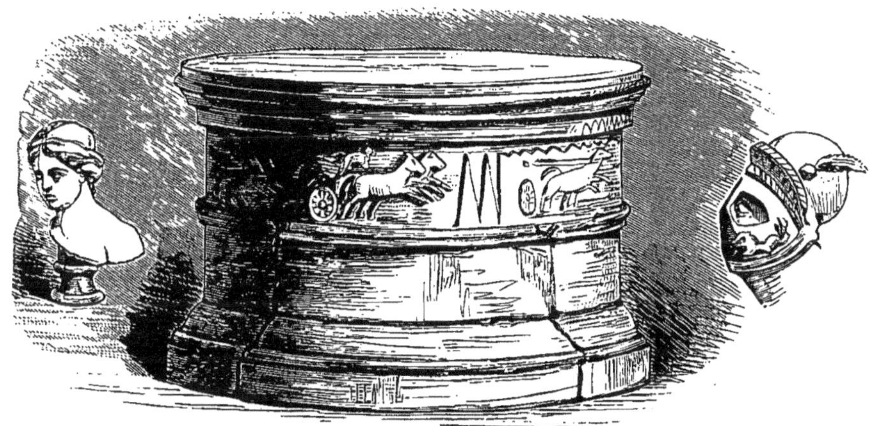

Fig. 318. — Base de l'obélisque de la place Royale. — Tête de Vénus trouvée à Arles. — Tête de gladiateur de Châlon-sur-Saône.

par un ingénieur du pays nommé Peytret (fig. 317). On peut voir, au musée, l'ancienne base de cet obélisque sur laquelle s'aperçoivent encore des coursiers attelés à des chars qui passent devant les bornes de la *spina* (fig. 318).

Ce sont les seuls débris qui nous restent de ce fameux cirque, jadis l'une des gloires de la *colonia Constantina* des bords du Rhône.

A Vienne, une pyramide élevée sur un portique carré, percé de quatre arcades, subsiste encore (fig. 319), au delà du Champ de Mars,

1. Outre les courses de chars, on faisait encore dans le cirque des luttes, des concours de paume, de balle, des combats athlétiques et des pugilats. Caligula y exhiba souvent son fameux cheval *Incitatus*, et l'histoire a conservé le nom d'un autre coursier auquel le public offrait des boisseaux de pièces d'or, le grand *Volucris*. Héliogabale s'y fit traîner par des chameaux, par des éléphants, et même, dit-on, par des femmes.

sur la route de Valence ; on la nomme le *plan de l'Aiguille;* elle a passé longtemps pour un tombeau. Des fouilles récentes ayant mis au jour, dans le voisinage, les contours d'un grand cirque, on lui a

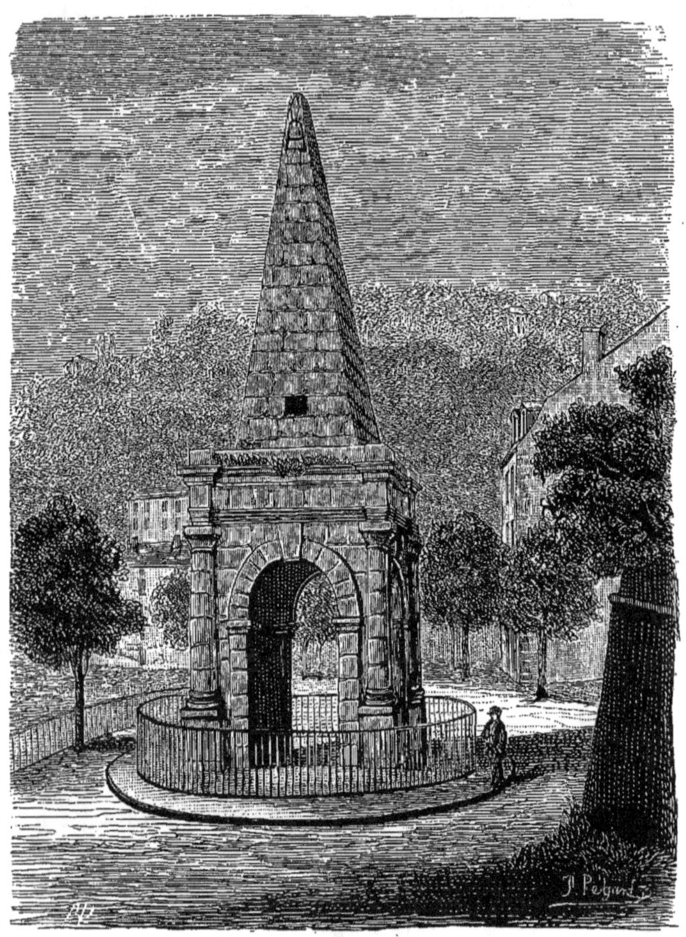

Fig. 319. — Le plan de l'aiguille, à Vienne.

rendu sa véritable attribution. C'était l'obélisque qui décorait, comme à Lyon, comme à Arles, la *spina* d'un monument aujourd'hui disparu.

Quatre factions, nous l'avons vu plus haut, se disputaient dans le cirque la faveur du public : la blanche, *factio alba* ou *albata;* la rouge, *factio russata;* la bleue, *factio veneta,* et la verte, *factio prasina.*

Domitien en ajouta deux autres : *aurata,* la dorée, et *purpurata,* la pourprée. Ces deux livrées nouvelles ne durèrent pas longtemps. Notre mosaïque, du reste, n'en fait aucune mention. Nous les passerons donc, si vous le voulez bien, sous silence. La première des quatre factions ordinaires était consacrée à l'époux de Flore, au dieu Zéphire ; la seconde avait Mars pour patron ; la troisième se mettait sous la protection de Neptune, et la quatrième enfin offrait

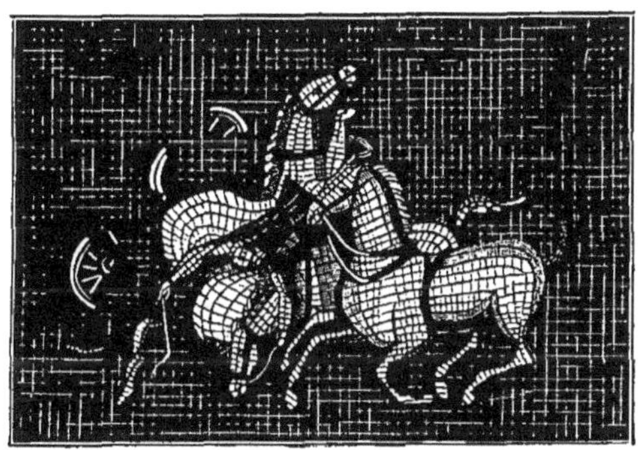

Fig. 320. — Quadrige de la faction verte.
D'après la mosaïque découverte à Lyon.

des présents à Cybèle avant de livrer bataille à ses adversaires.

Le premier char que représente notre mosaïque est monté par un cocher appartenant à la faction verte (fig. 320). Son *aurige* ou son *agitator* n'a pas été très heureux pour ses débuts : en passant la borne, il a brisé les roues de sa légère voiture ; elles volent en éclats dans le tableau, reproduction naïve de nos courses populaires. Ses chevaux, désormais sans guide, se retournent, dans une inexprimable confusion, et lui, renversé, abandonnant son fouet, tombe à terre sans pouvoir désormais penser à autre chose qu'à passer modestement par la *porta Libitinensis,* enlevé par les mains des esclaves destinés à débarrasser le cirque.

Les seconds quadriges (fig. 321) marchent en bon ordre. Le cocher du premier, celui qui est le plus près des spectateurs, porte la livrée brillante de la faction rouge ; sa saie, *sagum* (car tous nos acteurs sont revêtus du costume gaulois), est rayée longitudinalement de bandes brunes, comme dans les fragments de statuettes du musée de Moulins. Il porte, dit M. F. Artaud, comme presque tous les personnages du cirque lyonnais, une sorte de casque de peau avec visière tournée sur la nuque, *galerus cum margine,* et fouaille de toutes ses forces ses coursiers agiles.

Derrière lui, mieux placé pour la victoire, défile un *aurige* de la

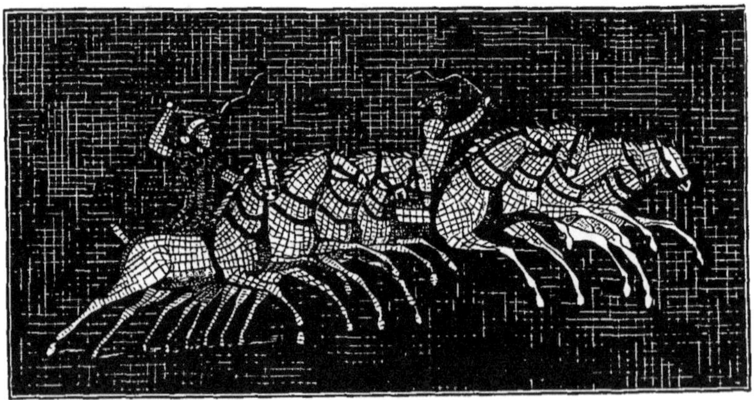

Fig. 321. — Quadriges des factions rouge et blanche.
D'après la mosaïque de Lyon.

faction blanche qui anime de même son attelage de la voix et du geste.

Une large crevasse nous empêche de nous rendre compte du rôle que devait jouer un cavalier isolé, dont nous allons tout à l'heure retrouver un nouvel exemple, qui précède les deux champions si bien lancés dans la carrière. A l'angle du tableau, excité par un piéton armé de cisailles destinées sans doute à couper les traits des chevaux tombés, file un cocher (fig. 322) de la faction bleue qui se penche sur le corps de ses bêtes et semble ne faire qu'un avec son quadrige, lequel va tourner le rude passage de la *meta secunda;* la route n'est pas très sûre, si l'on en juge par le sort du cinquième combattant, le second champion de la faction rouge, renversé comme le premier cocher de la faction verte. Il s'efforce en vain de relever son petit véhicule ; la palme, désormais, n'est plus destinée à ses mains inhabiles. Devant lui, dans un bel ordre, se présente le nouveau tenant de la faction bleue (fig. 323). Sans fouet, maintenant bien en main ses coursiers, il marche soutenu (c'est l'opinion du savant interprétateur dont nous suivons toujours la dissertation si lumineuse) par un « gentilhomme amateur » qui, n'ayant rien du costume des *desultores* (acrobates), semble suivre la course en simple connaisseur.

La désagrégation des petits cubes de pierre formant la mosaïque

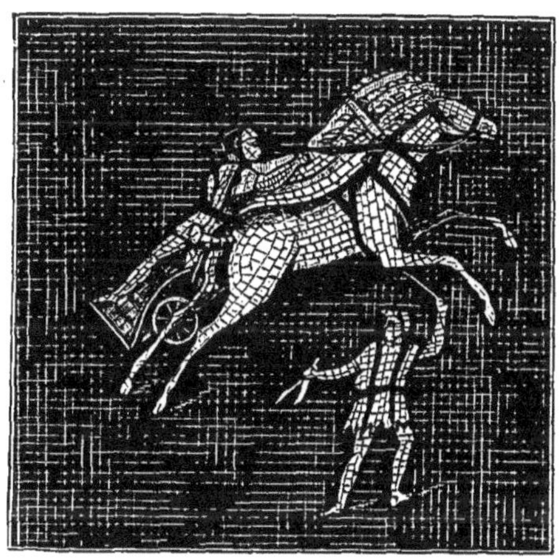

Fig. 322. — Char et cocher de la faction bleue.
D'après la mosaïque du musée de Lyon.

ne nous permet pas de donner la couleur des cochers des deux autres quadriges; ils doivent appartenir l'un à la faction verte, l'autre à la faction blanche; mais la scène étant prise en plein milieu de la course (quatre œufs seuls sont levés), nous ne pouvons présumer quel sera le futur vainqueur ni prendre parti pour les rouges ou pour les blancs, pour les bleus ou pour les verts.

Contentons-nous donc de nous être rendu compte, grâce à cette reproduction si fidèle et à sa traduction si lucide par un antiquaire aimable, comme on en trouvait encore au commencement de ce siècle, de ce que pouvaient être les jeux gallo-romains de Lyon à l'époque des empereurs, et disons, avec l'auteur de la brochure où nous puisons ces renseignements [1], que, si nos monuments nationaux ne sont plus que des ruines, on peut, en les regardant avec soin, y apercevoir encore bien des choses. « Ce sont des vieillards, écrit avec sa bienveillance accoutumée notre savant, dont nous devons même respecter les imperfections. »

Pour les théâtres, nous sommes bien plus riches en monuments que pour les cirques.

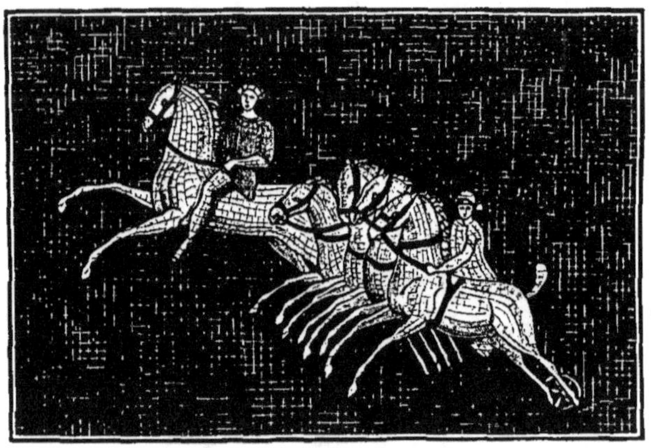

Fig. 323. — Quadrige de la faction bleue et écuyer de la faction verte. D'après la mosaïque de Lyon.

Presque toutes les villes un peu importantes de la Gaule possédaient des théâtres. On attribue généralement l'érection de la plupart de ces édifices à l'empereur Adrien, ou à son successeur Antonin le Pieux. Une médaille, trouvée dans le théâtre d'Orange, sur laquelle se lisait l'inscription : HADRIANVS AVGVSTVS GRÆCVLVS, donnerait un certain poids à cette affirmation, que nous croyons pourtant un peu trop générale.

M. de Caumont donne successivement, dans son *Abécédaire d'archéologie*, époque gallo-romaine, les plans des théâtres de

1. *Description d'une mosaïque représentant les jeux du cirque, découverte à Lyon le 18 février 1806*, par P. Artaud. (A Lyon, de l'imprimerie de Ballanche père et fils, aux halles de la Grenette).

Champlieu, dans l'Oise ; de Soissons ; d'Araines, près de Vendôme ; de Lillebonne, en Normandie ; de Valognes, de Vieux, de Néris[1].

Puis il cite Lyon, Autun, Vienne, Fréjus, Vaison, Bourges, Évreux, Langres, Périgueux, Châteaubleau en Seine-et-Marne, Dre-

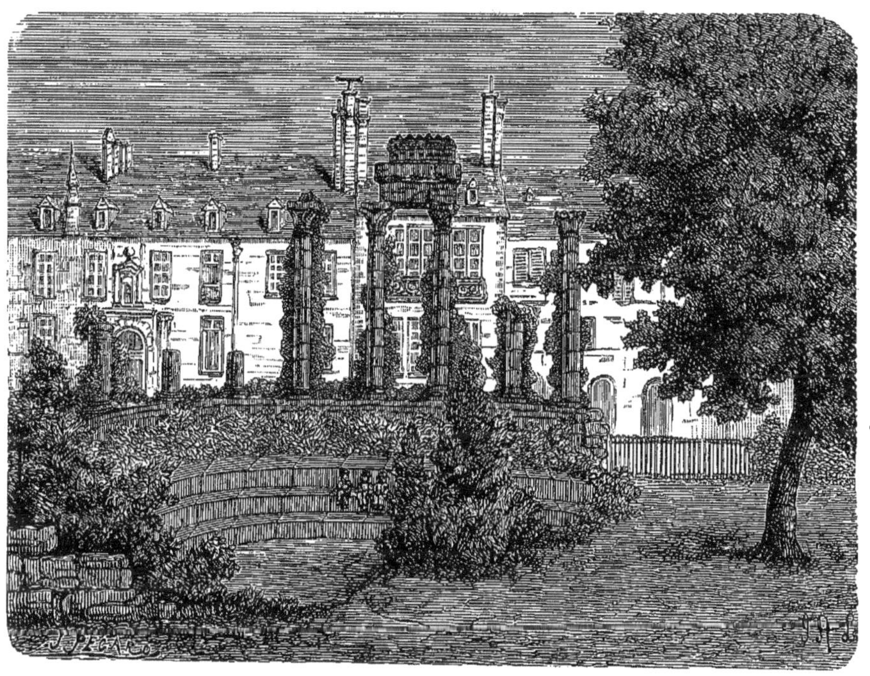

Fig. 324. — Ruines du théâtre de Besançon.

vant dans le Cher, Besançon dans le Doubs (fig. 324), comme fournissant encore aux explorateurs des traces nombreuses d'édifices ayant jadis servi de salles de spectacles.

Nous nous contenterons de décrire, à notre tour, les deux magnifiques ruines d'Arles et d'Orange ; elles nous suffiront amplement pour élucider la question et nous rendre compte de ce qu'était un théâtre chez nous, avant l'invasion des barbares.

Lorsque Eschyle fit construire à Athènes, par les architectes

1. *Abécédaire ou rudiments d'archéologie*, par M. A. de Caumont, ère gallo-romaine. (Caen, P. Le Blanc-Hardel, MDCCCLXX, p. 300 et suiv.)

Démocratès et Anaxagore, le premier théâtre que vit se dresser la Grèce, il choisit le flanc même de l'Acropole pour y creuser les gradins des spectateurs. Presque tous nos théâtres gallo-romains sont adossés à des collines et taillés dans le roc, d'une façon analogue, peut-être en souvenir de cette première scène qui entendit les vers sublimes de l'auteur de *Promèthée.*

Dans les théâtres romains, on appelait la partie réservée au public, peut-être à cause de ce creusage, *cavea;* elle se divisait en *cavea prima, cavea media* et *cavea maxima* ou *ultima,* séparées l'une de l'autre par deux précinctions, comme dans les amphithéâtres. En plan, à cause même du peu de largeur à la base et de leur grande étendue à la circonférence, ces *caveæ* formaient un triangle qu'on nommait *cuneus* (coin); de là l'explication de la tessère indiquée dans notre note de la page 401, *cavea secunda, cuneus quintus, gradus decimus.*

Devant les sièges de la *prima cavea,* où se pavanaient glorieusement les chevaliers que surmontait le *populus,* les bourgeois, comme on dirait aujourd'hui, ayant derrière eux la *plebs,* la populace, se dressait un hémicycle de plain-pied avec les premiers bancs des gradins. C'était l'orchestre, ὀρχήστρα des Grecs (d'ὄρχησις, danse), le parterre de nos scènes modernes. A Athènes, les chœurs y descendaient pendant les entr'actes[1]; on y voyait un autel (θυμέλη), où jadis, à l'époque où le théâtre était une succursale des temples, on faisait, avant la représentation, le sacrifice d'un bouc au divin Bacchus[2]. C'était là que les mimes prenaient leurs ébats et que les danseuses lydiennes exécutaient leurs pas voluptueux et lascifs.

1. A la fin de chaque acte, les chœurs, en procession, allaient de gauche à droite en chantant la *strophe,* puis retournaient de droite à gauche en modulant l'*antistrophe* (στροφή, conversion, retour); arrivés au milieu, les choristes s'arrêtaient pour dire ensemble l'*épode* (clôture), et retournaient chacun à sa place.

On sait que les chœurs des tragédies grecques ne sont pour ainsi dire que les impressions des assistants traduites en petits vers, tour à tour dolents ou joyeux, selon la situation triste ou gaie des personnages en scène.

2. Le mot *tragédie* vient de τράγος, bouc, et ᾠδή, chant; littéralement, chant du bouc; en l'honneur du bouc qu'Icarius, le premier vigneron de l'Hellade, trouva dans sa vigne et donna à ses ouvriers. Ceux-ci, pleins d'ivresse, fêtèrent le présent par des divertissements et des chants, qui furent, dit-on, l'origine de ces spectacles, devenus depuis si populaires.

A Rome, l'orchestre était réservé au trône majestueux de l'empereur; aux chaises curules des graves sénateurs, aux orgueilleux édiles, aux pâles vestales, au faste enfin des patriciens de pure lignée. Dans la province, on y plaçait les gros bonnets de la localité. — La joueuse de flûte, qui devait accompagner de son chant plaintif les vers déclamés par les comédiens, s'asseyait modestement auprès du théâtre. A cette *aulète* unique, Pylade de Cilicie ajouta d'abord « des syringues[1] et le concert des voix humaines, » puis des instruments garnis d'airain dont les notes sonores semblaient plus éclatantes que celles de la trompette. Quelques harpes syriennes (*psalterion*), des cithares et des lyres, se mêlèrent bientôt à ces nouveaux musiciens; les danseuses, aux sons éclatants de tous ces instruments, ajoutèrent les *notes aigres* de leurs cymbales et de leurs crotales, et Carinus, dans ses jeux, osa faire paraître cent trompettes toscanes et autant de *tibicins* d'Étrurie. Quand on entr'ouvre sa porte à un musicien, il amène bientôt avec lui toute sa bande, sous prétexte de se faire accompagner, et la troupe prend pied chez vous pour ne plus en sortir. Tout cela bien assis, pour ne pas gêner le regard des spectateurs, se tenait sous le *pulpitum*[2], à l'endroit même où se trouvent aujourd'hui les violons de nos théâtres.

Si l'on voulait, du reste, traduire en langage vulgaire ces mots latins avec lesquels on se plaît à désigner des choses antiques qui sont encore très modernes, tout deviendrait compréhensible pour le commun des mortels. Le pupitre du chef d'orchestre s'élèverait à la place même où se dressait le *pulpitum* des Romains; le *proscenium* s'appellerait tout simplement l'avant-scène ; le *postcenium* ou le *parascenium*, le derrière du théâtre ou les coulisses; l'*hyposcenium*, le deuxième dessous. La porte de l'*agora* serait le côté cour, et celle qui était

1. Flûte à plusieurs tuyaux, vulgairement appelée flûte de Pan.

2. Le *pulpitum*, d'après M. Charles Magnin, était une sorte de plate-forme, de tribune, de *jubé* (c'est le terme dont il se sert), en avant du *proscenium*. Cette interprétation jette une clarté nouvelle sur bien des textes anciens, qui resteraient sans elle presque incompréhensibles. Toutes les petites scènes des pantomimes, chez les Romains, les farces, les bouffonneries, les *saturæ*, se jouaient sur ce *pulpitum* ou devant l'orchestre, pendant que l'on préparait le théâtre pour une nouvelle pièce. — *Les Origines du théâtre antique et du théâtre moderne*, par Charles Magnin, membre de l'Institut. (Paris, Auguste Eudes, libraire, 1868.)

censée donner sur la campagne le côté jardin, et l'on verrait ainsi très clair dans cette obscure latinité qui plaît tant à nos savants de tous les âges et de tous les pays.

Les Romains baissaient la toile au lieu de la lever, comme nous faisons à la fin de chaque acte. — Les théâtres d'Orange et d'Arles conservent encore les rainures de pierre dans lesquelles s'enfermaient, pendant la durée du spectacle, ces grandes tapisseries qu'on appelait *aulæa,* et qui représentaient des scènes variées peintes avec un luxe remarquable[1].

Le décor permanent du *proscenium* consistait dans trois portes monumentales, flanquées de colonnes majestueuses, que l'on appelait : celle du milieu, *porta regia,* porte royale, par laquelle entrait le principal acteur, *rex,* le maître du palais ; celles de gauche et de droite se nommaient *portæ hospitaliæ,* parce que les personnages qui les traversaient étaient censés les hôtes et les clients de ce roi de théâtre. Les deux colonnes que l'on voit dans notre dessin d'Arles (fig. 327) formaient la décoration de la porte royale. A droite, on aperçoit les restes des deux autres colonnes qui leur faisaient pendant ; elles indiquent, par leur emplacement, la largeur de cette immense ouverture. Ces deux colonnes, encore surmontées de leur entablement, qui donnent à ces ruines un aspect si monumental, sont, l'une en marbre blanc, l'autre en brèche africaine.

Dans les fouilles d'Orange, on a déterré nombre de fûts de marbre et même de granit poli qui durent de même servir à la décoration splendide de cette scène magnifique.

Une famille de marbriers a, durant plusieurs générations, exploité

1. Notre figure 325 représente une vue du *proscenium* d'Arles, prise de profil. Dans le fond du dessin se distingue une tour que les gens du pays appellent la *Dominante.* On l'a prise longtemps pour une construction sarrasine ; mais, depuis la démolition des maisons qui l'environnaient et la mise en lumière des arcades qui formaient la décoration extérieure des promenoirs dans les trois étages de l'édifice, il est facile de s'apercevoir que cette soi-disant tour a été prise tout simplement dans le massif de maçonnerie du théâtre lui-même, composé de trois rangs de voûtes superposées surmontées d'un attique. Le petit cintre du haut de la tour appartenait à la construction primitive. Qu'au moyen âge on s'en soit servi comme d'une défense militaire, peut-être ; mais sa forme n'a rien de sarrasin ni d'arabe, ni même de gothique ; c'est une tranche coupée dans le mur gallo-romain, qui nous donne et la hauteur et le mode d'architecture, et la disposition formelle de l'ancien théâtre, tel qu'il fut construit à son origine (fig. 325 et 326).

dans cette ville avec un succès permanent les marbres antiques exhumés dans cet endroit, et toutes ces merveilles sont devenues des cheminées banales, des couvercles de table de nuit, des bénitiers,

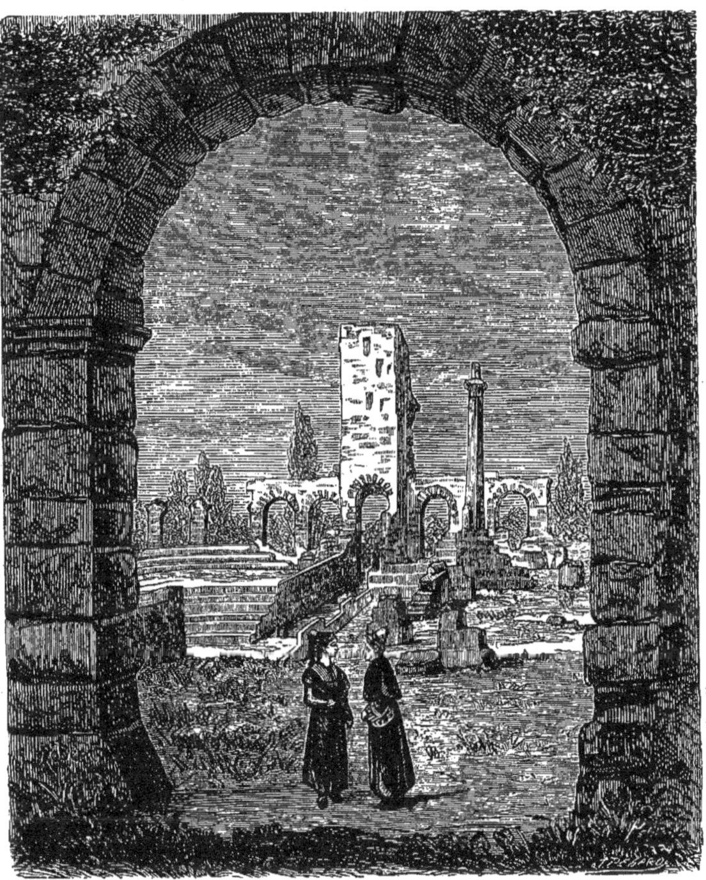

Fig. 325. — Arles. — Le théâtre ; vue prise de la rue de la Calade.

des pierres tombales et des dessous de pendules à sujets baroques.

Au-dessus des trois portes s'ouvraient des niches remplies d'innombrables statues. C'est à Arles que fut découverte, en 1651, la fameuse Vénus que représente notre planche 10. Cette œuvre splendide, que les savants conservateurs de nos collections classent parmi les marbres grecs, fut envoyée par le premier consul de la ville, Gaspard de La Grille, au roi Louis XIV et restaurée, hélas! par Girardon, dans le goût du XVIIe siècle.

Plus tard, on a trouvé, à cette même place, deux fragments de statuettes de danseuses (fig. 328) d'un faire admirable, et une autre

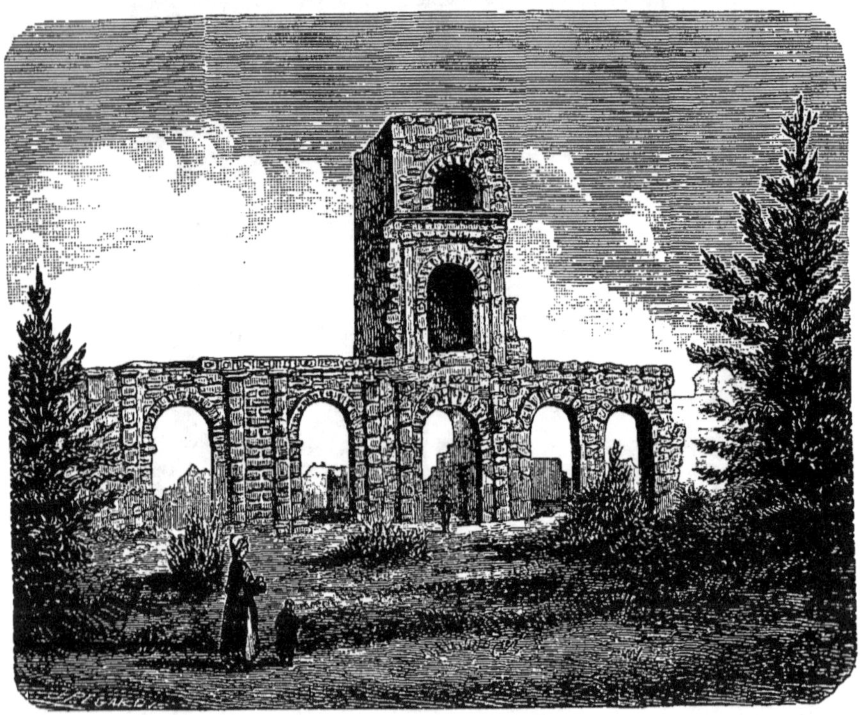

Fig. 326. — La Dominante et le théâtre d'Arles ; vue prise du jardin.

petite tête bien supérieure à celle de la statue du musée du Louvre (fig. 318)[1].

Outre cette façade fixe entièrement bâtie en pierre ou en marbre, les Romains se servaient encore de décors mobiles. Il y avait les *ductiles*, qu'on faisait glisser comme les nôtres dans des rainures préparées pour la circonstance, et les *versatiles*, simples paravents trian-

1. On peut la voir aujourd'hui dans une place d'honneur, ainsi que les fragments des danseuses, dans le curieux musée lapidaire de l'ancienne église Sainte-Anne, près de l'hôtel de ville, à Arles.

gulaires qui représentaient, sur chacune de leurs faces, tantôt un temple ou un palais, pour les pièces tragiques, tantôt une maison ou une rue pour les pièces comiques, tantôt une forêt ou un paysage pour les pièces satiriques.

A cette époque, tout n'était au théâtre que pure convention,

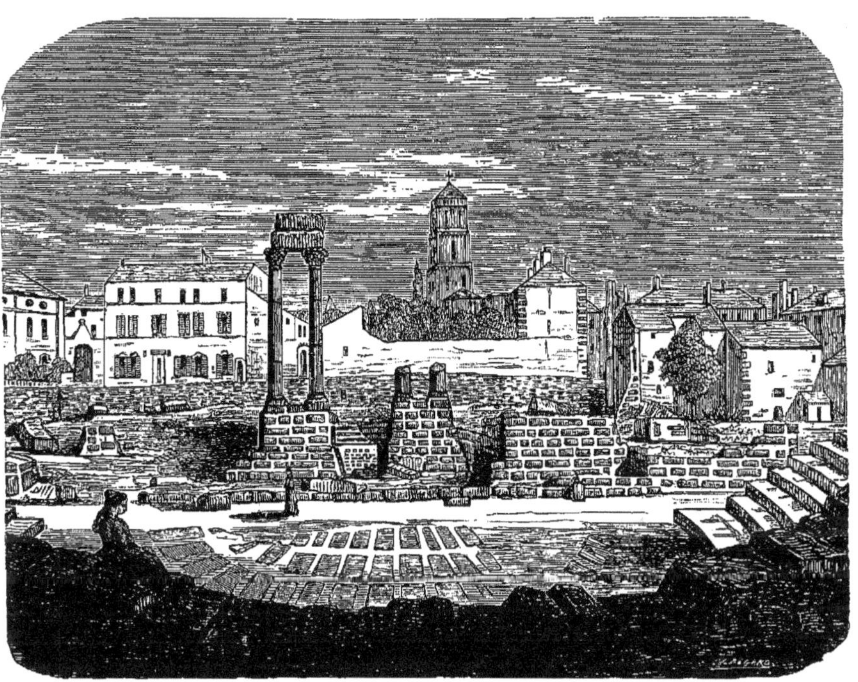

Fig. 327. — Le théâtre d'Arles ; vue générale de la scène, prise des derniers gradins de l'*ultima cavea*.

idéal rêvé de nos jours par d'illustres professeurs et de plus illustres critiques; il suffisait de tourner la face du paravent, *siparium*, et d'y montrer, comme nous le disions tout à l'heure, sur un petit tableau, une place, une maison, une campagne, pour faire comprendre au spectateur que l'action allait se passer dans tel ou tel endroit. Quand on devait représenter des batailles, on élevait une tour de bois dans un coin, on y plantait une sentinelle, et le public comprenait à demi mot que l'auteur voulait ainsi désigner une ville assiégée ou le camp des légionnaires et des prétoriens.

Une splendide reproduction du théâtre d'Orange, exécutée par M. Darvant, sous la direction de MM. Ch. Garnier et Heuzey, exposé au Champ-de-Mars en 1878, rendait admirablement compte des dispositions de cette scène, au temps où vint s'y asseoir son fondateur lui-même, Adrien le Græculus [1].

Ce remarquable édifice a conservé les vestiges les plus complets qu'on puisse trouver d'un vrai théâtre gallo-romain de l'époque des Antonins. Ce qu'il y a de remarquablement intact à Orange, au

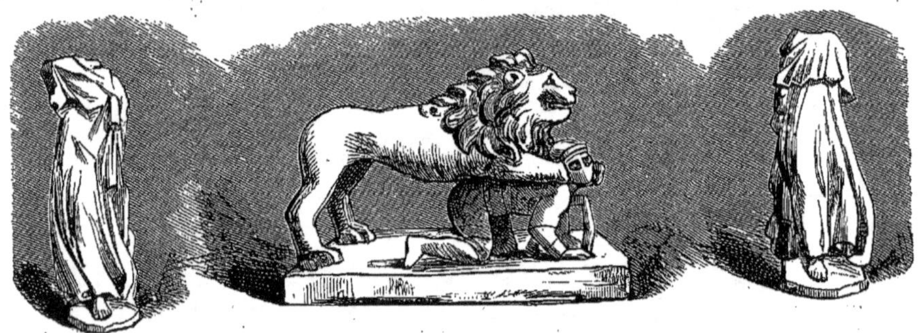

Fig. 328. — Statuettes de danseuses trouvées à Arles. — Groupe du Gladiateur de Châlon-sur-Saône.

contraire des autres théâtres antiques, c'est la scène elle-même.

Un mur immense, haut de 36 mètres, sur une longueur de 103 mètres, avec une épaisseur de 4 mètres, forme la façade (fig. 329) qui donnait sur l'ancien forum ; c'était le fond du théâtre.

Ce mur est percé, au rez-de-chaussée, de grandes ouvertures donnant accès aux acteurs qui se rendaient à leurs loges. Au-dessus d'un massif plein, sans aucune décoration apparente, s'élève une galerie d'arcades aveugles, surmontées d'une corniche. Deux lignes de corbeaux massifs formant large saillie se profilent ensuite, indiquant par leurs dispositions régulières, et les trous qui les traversent, la place des mâts de bois qui supportaient le grand *velarium* qui couvrait la salle pendant les représentations [2].

1. Voir la savante notice de M. Heuzey. (Catalogue du ministère de l'instruction publique, des cultes et des beaux-arts, t. II, 2e fascicule. Exposition théâtrale, maquettes, théâtre antique d'Orange, p. 73.)

2. Si l'on veut s'expliquer le maniement de ce *velarium*, il n'y a qu'à regarder, à Orange

A l'intérieur (fig. 330), d'innombrables débris, encore en place, ont permis les savantes reconstitutions dont nous avons parlé plus haut; il paraît qu'un toit fixe couvrait cette partie de la construction et protégeait en tout temps les comédiens des ardeurs du sóleil et même de la pluie pendant la saison froide. On a trouvé les cavités qui soutenaient la charpente de bois de cette toiture. Tout l'édifice est construit en blocs énormes, tirés du calcaire grossier qui se trouve dans le bassin du Rhône.

Un violent incendie (les traces en sont partout visibles) a brûlé à une certaine époque cette masse gigantesque de pierres, qui n'a dû sa conservation jusqu'à nos jours qu'à la solidité incroyable de sa formidable maçonnerie [1].

Les Romains n'eurent jamais grand goût pour ce que le bon Rollin appelle *les combats d'esprit.* En fait d'art dramatique, ils reçurent les premières notions des représentations scéniques de l'Étrurie, si bien ravagée par eux; ce furent des ouvriers étrusques (Tite-Live, livre Ier, ch. XXXV et XXXVI) qui construisirent même le grand cirque de Tarquin l'Ancien. Longtemps ils se contentèrent, pour toute distraction intellectuelle, des *atellanes,* petites paysanneries grotesques, ainsi appelées d'*Atella,* ville des Osques, en Campanie, où elles prirent naissance. Lorsque Marcellus, le premier, « promena les merveilles de l'art grec devant les rustiques cabanes des descendants de Romulus », lorsque Mummius eut transporté à Rome les tableaux et les statues

même, les grandes tentures de toile que les habitants font circuler au moyen d'anneaux de verre de différentes couleurs sur des cordes tendues au-dessus de toutes les rues de la ville pendant la belle saison. On ne marche qu'à l'ombre, dans Orange; il faut avouer que les traditions sont bien puissantes dans ces contrées; mais les savants s'aviseront-ils jamais d'aller chercher l'explication d'un *velarium* antique dans une devanture de boutique moderne? Elle y est pourtant; il suffit d'ouvrir les yeux pour la constater et s'en convaincre.

1. Le théâtre d'Orange, comme celui d'Arles, fut brûlé par le fanatisme ignorant des premiers chrétiens. A Arles, ce fut en 446, sous l'épiscopat de saint Hilaire, que la population, électrisée par les prédications du saint évêque, marcha avec une exaltation toute méridionale, ayant à sa tête le prêtre Cyrille, vers le monument qui contenait son théâtre et le ravagea totalement. La date de l'incendie du théâtre d'Orange ne nous est pas aussi nettement connue, mais elle doit sans doute remonter à cette même époque. — « Les martyrs de la veille, dit M. Henri Martin, devinrent alors les persécuteurs du lendemain. La révolution chrétienne, hélas! comme toutes les révolutions, fut accompagnée de destructions violentes et d'une guerre acharnée à tout ce qui rappelait le paganisme et son passé. » (*Histoire de France,* t. Ier, p. 297.)

de Corinthe dévastée, grâce aux prisonniers grecs qui remplissaient la ville et s'utilisaient de leur mieux, le goût des représentations d'Eschyle, de Sophocle et d'Euripide fut quelque temps à la mode ; mais ces spoliateurs, qui s'intitulaient les rois du monde, n'étaient pas faits pour comprendre les beautés de ces divins poètes. Il faut lire, dans Horace, l'impression d'une salle de spectacle où des acteurs étrangers faisaient briller devant ces grossiers personnages ces perles athéniennes, pour comprendre vraiment le goût raffiné de ces êtres, qui osaient traiter le reste de la terre de sauvage et de *barbare*.

« Une multitude imposante et stupide, sans mérite et sans honneur, mais fière de l'avantage du nombre, est là, prête à fermer le poing si les chevaliers la contrarient, et demande, au milieu de la pièce, un ours et des lutteurs. »

. . . . *Media inter carmina poscunt*
Aut ursum aut pugiles.

(HORACE, *Épîtres*, liv. II, I, *ad Augustum*.)

« Les chevaliers eux-mêmes oublient le plaisir de l'oreille pour les vaines et capricieuses jouissances des yeux[1]. La toile reste baissée pendant quatre heures et plus pour nous montrer des escadrons, des légions en déroute, puis des rois traînés en triomphe, les mains liées derrière le dos, des chars, des chariots chargés de femmes, de bagages et d'esclaves, emportés d'une course rapide, et l'image en ivoire de Corinthe captive. . . .

1. Scipion Émilien, dans la harangue qu'il prononça contre une une loi de Tib. Gracchus, s'écrie, à propos de la musique : « On enseigne à la jeunesse des arts prestigieux et déshonnêtes, au milieu de petits baladins, de joueurs de guimbarde et de flûte. Les jeunes Romains vont dans une école d'histrions apprendre à chanter, chose que nos ancêtres voulaient que l'on regardât comme honteuse pour les personnes de condition libre. » ... « Quelqu'un m'ayant rapporté ce fait, je ne pouvais me persuader que des patriciens donnassent une semblable instruction à leurs enfants; mais, m'étant fait conduire dans ce lieu, j'ai vu plus de cinq cents jeunes garçons et jeunes filles, et, dans ce nombre (ce qui me fit pitié pour la République), un enfant portant la bulle, le fils d'un candidat, qui n'avait pas moins de douze ans, et qui dansait au son des crotales, exercice auquel un esclave libertin ne pourrait se livrer sans déshonneur. »

Nous avons vu leur goût pour la peinture; que dites-vous de leur amour pour la musique? Décidément, la gloire d'avoir initié le monde aux beaux-arts leur appartient moins qu'à tout autre peuple.

» Si Démocrite était encore sur terre, il observerait d'un œil plus attentif le peuple que les jeux, car il y trouverait un spectacle plus curieux que dans les bouffonneries des mimes; mais il croirait que les auteurs récitent leurs pièces à *un âne sourd.* Quelle voix, en effet, pourrait couvrir les tumultes dont retentissent nos théâtres? On

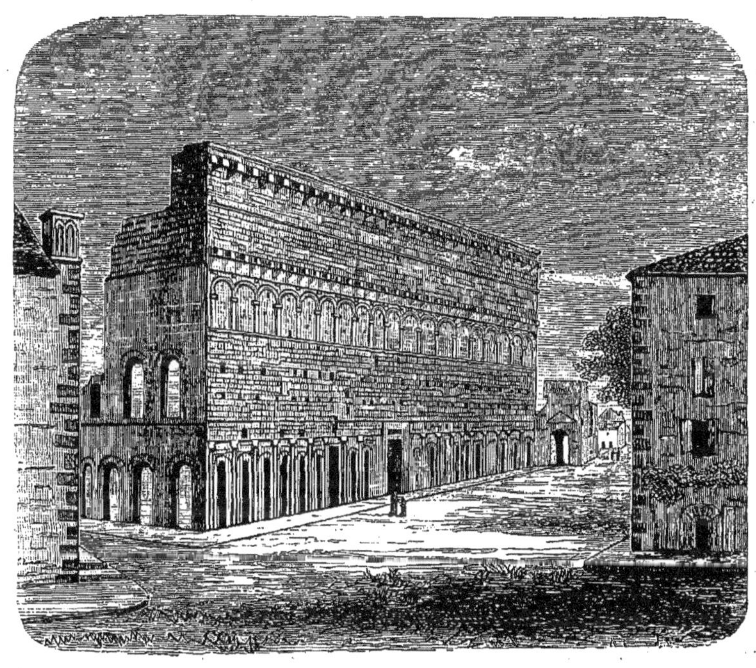

Fig. 329. — Théâtre d'Orange; vue extérieure.

croirait entendre mugir les forêts du Gorgon ou la mer en fureur, tant sont bruyants les transports qu'excite l'acteur affublé d'un riche et bizarre costume. Dès son entrée en scène, les applaudissements éclatent. « A-t-il dit quelque chose? — Non. — Eh! qu'admirez-vous donc? — Cette étoffe où la pourpre de Tarente imite les teintes de la violette. »

Dixit adhuc aliquid? Nil sane. — Quid placet ergo? —
Lana Tarentino violas imitata veneno.

(HORACE, *Épîtres,* liv. II, I, *ad Augustum.*)

Toujours l'amour effréné du défilé et de la procession!

Du reste, tous les auteurs dramatiques romains dont on nous parle n'étaient pas plus Romains que vous ni moi. Livius Andronicus, qui le premier fit des tragédies à Rome, était Grec d'origine. — Nævius naquit en Campanie, et Ennius dans les environs de Tarente. — Cæcilius, auquel Horace trouve une certaine vigueur, était un fils

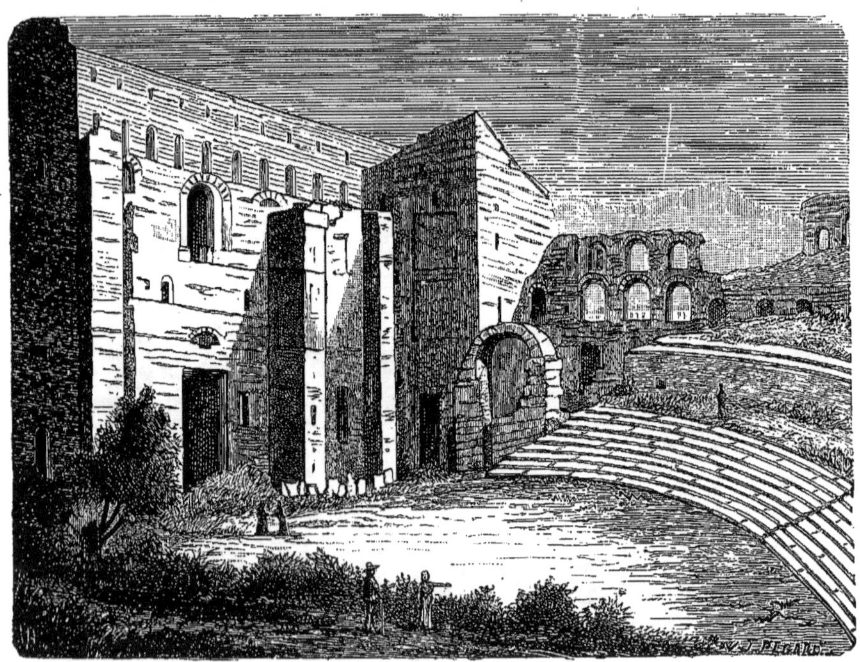

Fig. 330. — Théâtre d'Orange ; vue intérieure.

de la Gaule. Enfin Plaute, le grand Plaute, vit le jour dans l'Ombrie, et Térence dans le pays de Carthage. Tous d'ailleurs (c'est M. Magnin qui l'affirme, et nous pouvons nous appuyer sans crainte sur une autorité pareille), « tous ne firent que traduire des pièces grecques tirées la plupart de la *comédie nouvelle,* celle du temps de Ménandre. »

Pacuvius et Accius essayèrent bien des tragédies plus ou moins latines que l'on appela *togatæ,* quand les acteurs y paraissaient revêtus de la toge; *prætextæ,* quand ils prenaient la robe prétexte; et *trabeatæ,* quand ils se drapaient dans des vêtements de pourpre.

« Mais ces tentatives de littérature nationale (c'est toujours M. Magnin que nous citons) ne produisirent que d'assez faibles résultats. » Savez-vous, en fait d'art dramatique, où se trouvait le vrai génie romain? C'est dans la pantomime. Les Italiens sont nés paillasses, et l'on retrouve facilement dans le *maccus* ancien le type du Polichinelle de Naples; dans le *manducus,* un Croquemitaine très complet; dans le *bucco* ou le *pappus*, un Pantalon très réussi, et dans le *casnar,* enfin, le ridicule Cassandre des farces dont gardèrent si bien la tradition tous les pitres à fraises qui formèrent la troupe des *gelosi* sous Henri III et Catherine de Médicis, tous les Scaramouches à plume de l'époque de Louis XIII et du grand Callot, tous les Pierrots et les Arlequins de l'ancien théâtre de l'Opéra-Comique.

Auguste trouvait sublimes ces hommes aux mains savantes, qui, dans une langue universelle, celle du geste, se faisaient comprendre des peuples divers qui fréquentaient Rome. — Ils servaient de lien entre toutes les nations qui remplissaient la ville, et leur donnaient, sinon des idées communes, du moins des sensations et des plaisirs identiques.

Or, comme il s'agissait de travailler à établir la grande unité romaine, leur concours fut très apprécié du neveu de César, qui allait devenir maître de l'univers.

Pourquoi redire et répéter toujours ces vers sublimes des anciens Grecs? Il y avait là, chose dangereuse, un souffle libre capable de soulever les masses. Comment laisser un peuple, destiné à la servitude, applaudir aux magnifiques sentences de ces tragédies qui toutes respirent l'indépendance et la haine de la tyrannie?

Des bouffonneries immondes, voilà véritablement avec quoi on civilise un peuple. « De grandeur, de poésie, d'idéal, il n'en restait plus la moindre trace; le grand art des Sophocle et des Ménandre, un instant montré aux Romains par Plaute et Térence, disparaissait chaque jour pour faire place aux ignobles réalités de la débauche. » (Ch. Magnin, *les Origines du théâtre,* p. 361.)

Les hommes, les femmes, les enfants, les jeunes filles mêmes, couraient à ces spectacles stupides. Les nobles chevaliers, les sénateurs ne leur donnaient-ils pas l'exemple? — Et toute cette foule riait à se tordre.

Habituer les oreilles, c'est Ovide qui le dit, à des paroles incestueuses, c'était quelque chose; mais forcer les yeux à admirer des tableaux lascifs et des farces obscènes, ce fut mieux, et les mimes ne s'en privaient pas. — Voyez les figures du gentilhomme lorrain, qui met en lumière, avec Israël son ami, leurs dignes successeurs, et par ceux-ci vous pourrez suffisamment juger de ceux-là. Mais il s'agissait bien d'art sous Auguste; il fallait établir un empereur.

Tu regere imperio populos, Romane, memento;
Hæ tibi erunt artes. . . . .
(VIRGILE, *Énéide*, l. VI, v. 850.)

« Romain, souviens-toi que ton seul art, c'est celui de soumettre les peuples à ton empire. »

Nous est-il permis de penser qu'à Arles, à Orange, à Autun, on ne se contenta pas simplement de l'importation malsaine de ces chanteurs de *cantica*, de ces *saunions* et de ces *gesticulateurs?* Certes, oui. — La civilisation gauloise fut bien bien plus grecque que romaine, nous ne cesserons de le répéter; et le peuple qui vint, dernièrement encore, écouter avec tant d'admiration, sur cette même scène d'Orange, le *Joseph* de Méhul[1], et plus tard les splendides opéras de *Norma* et de *Galatée,* avait trop de goût déjà, sous les Antonins, pour ne pas demander à ses acteurs bien plutôt les *Terreurs d'Œdipe,* les *Fureurs d'Oreste* ou l'immortelle plainte du grand vaincu d'Eschyle, que les grossières plaisanteries du *Premier jour des Noces,* du *Peintre en bâtiments,* ou du *Nouveau Marié,* de Philémon.

Quand on courait, avec une avidité si grande, aux leçons d'Eumène et de Favorinus, on devait dédaigner les parades.

Lorsque, assis sur les derniers degrés de l'*ultima cavea* du théâtre

1. En 1869, une représentation de l'opéra de *Joseph*, de Méhul, et plus tard, en 1874, celles de *Norma* et de *Galatée*, dont le sujet et les personnages s'harmonisaient si bien avec le caractère du monument, ont été données successivement sur le théâtre d'Orange. Une foule immense, venue de tous les départements du Midi, assistait chaque fois à cette fête.

d'Arles, nous dessinions cette scène magnifique, nous nous sentîmes poussés, par je ne sais quelle passion archéologique, à essayer de la reconstituer à notre tour. La *Dominante* était là, nous donnant la hauteur vraie du monument; les colonnes indiquaient suffisamment la place de la *porta Regia*. Achever le décor, en prolongeant les bases tronquées qui restaient en place, n'était guère difficile; prolonger l'entablement le fut moins encore. Les deux portes des hôtes vinrent se ranger symétriquement à droite et à gauche de l'entrée majestueuse. Au-dessus, nous disposâmes la niche où figura bientôt la belle Vénus du Louvre, accompagnée des danseuses légères que nous venions d'admirer auparavant dans le petit musée de la ville. Un coup de crayon refit les gradins, qui se couvrirent de monde; dans l'orchestre, devant les joueurs de flûte, de cithare et de lyre, se dressa le trône d'Adrien, le *petit Grec,* entouré de son cortège de poètes, de philosophes, de savants et d'artistes, et le grand *velarium* parfumé d'essences, glissa sur le haut des mâts qui s'appuyaient au fond de la scène. Pendant que nous nous laissions aller à cette débauche d'imagination rétrospective, une fillette qui, déjà, depuis quelques heures, errait au travers de ces débris en cueillant des fleurs, s'avança près de la porte royale. Elle avait autour de sa tête brune une guirlande fraîche de petites roses sauvages, et là, toute droite sur les dernières marches du *proscenium,* elle se mit à chanter. Sa voix légère parvenait à peine jusqu'à nous; elle disait des vers provençaux. Était-ce la *Vénus d'Arles* d'Aubanel, le *Lion* de Mistral ou la *Perle des Baux?* Je ne sais. Mais cette langue si mâle, cet accent si musical achevèrent de nous emporter dans notre rêve.

Sa petite tête était coiffée de cette *cravate* nouée que les femmes d'Avignon, nous l'avons dit plus haut, appellent *la grecque*. Près d'elle gisaient les restes d'un chapiteau *corinthien*. Plus loin, des frises de marbre de Paros laissaient entrevoir les enroulements délicieux qui les couvraient.

Les vers d'Horace, sur la rusticité latine, nous revinrent en mémoire, et devant cette élégance prime-sautière, nous ne pûmes nous empêcher de nous écrier : Certes, oui, nous sommes des Grecs, et c'est d'eux seuls que nous tenons ce goût inné qui ne nous fit jamais défaut, cet accent pur qui fait de notre langue un véritable chant, cette délicatesse que nous reprochent les guerriers des bords du Rhin, et cet amour de la liberté que rien, même la domination des empereurs, n'a pu effacer chez nous. — Grecs nous avons été, Grecs nous serons ; amants de la nature avant tout. Les Romains n'ont pu nous communiquer ce qu'ils n'avaient pas.

Nous avons vu que les Gaulois, dès l'époque de l'invasion de César, possédaient déjà comme armures des casques, des cuirasses, des ceintures et même des harnachements de chevaux décorés d'innombrables ornements d'un goût entièrement personnel. Leurs lances, leurs javelots, leurs épées, leurs poignards, auxquels nous avons rendu leurs vrais noms : *gais, saunion, sparus, materis, cateia, spatha,* etc., armes de jet formidables, larges couteaux de bronze et de fer, s'ils n'étaient pas si pratiques, étaient certes plus brillants et plus chevaleresques que le simple *pilum* ou le glaive à deux tranchants des légionnaires.

Le pot en tête, coiffé de sa grossière *galea,* les reins protégés par des lames d'acier noir, le Romain marchait régulièrement et sûrement à la conquête. La tête ornée d'un casque à crinière fauve, agrémenté de panaches et de plumes éclatantes, laissant flotter au vent son petit manteau rouge, le Gaulois, paré pour la bataille comme plus tard les mousquetaires qui nouaient gracieusement leurs cravates de dentelle à la Steinkerque ou les grenadiers du temps de l'Empire qui revêtaient leur grande tenue au matin des jours de combat, le Gaulois volait à la gloire, poussé par sa seule bravoure, cherchant surtout le danger sans se préoccuper autrement des résultats.

Après la défaite, il conserva ce goût, inné chez lui, de la parade et de la variété dans ses accoutrements ; ne subissant aucunement, en cela comme en bien d'autres choses, l'influence de l'uniformité italienne. — De là la permanence des costumes nationaux en Gaule, malgré l'introduction forcée des modes romaines.

Les bas-reliefs de Carpentras, d'Orange et de Saint-Remi nous donnent sur ce sujet des preuves irréfutables.

Ces bas-reliefs, sculptés par des mains gauloises, au dire de M. Fustel de Coulanges, sont pleins de détails curieux sur les armures de nos aïeux, à l'époque de la domination étrangère. — Leurs costumes de guerre étaient presque identiquement les mêmes que ceux

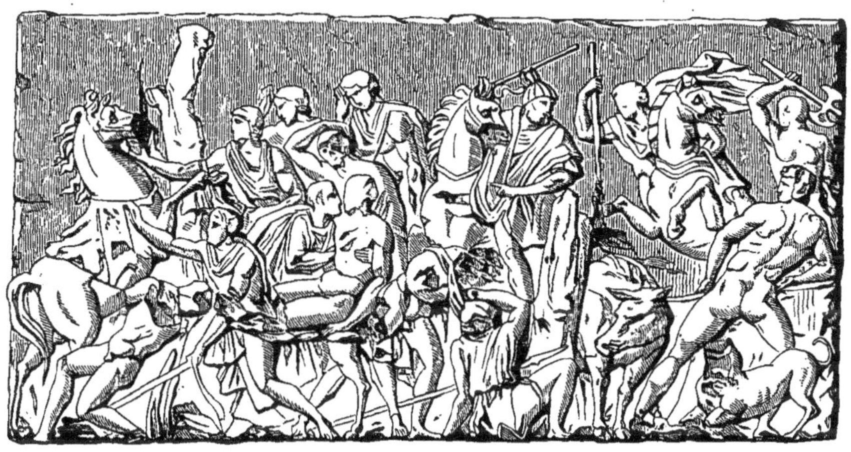

Fig. 331. — Bas-reliefs du tombeau de Saint-Remi-les-Baux, en Provence.

que portaient, quelques siècles auparavant, les grands défenseurs de la patrie au temps de Vercingétorix et de Camulogène.

Les sculptures du tombeau de Saint-Remi[1], tombeau élevé par les fils de Julius Caïus à leurs ancêtres, représentent des chasses et des batailles (fig. 331). Et dans toutes ces scènes, on ne voit que chevaux splendidement harnachés, que casques ornés de cornes, d'ai-

1. Le nom du grand apôtre champenois, ainsi rencontré au fond de la Provence, sera peut-être pour le lecteur, comme il le fut pour nous, un sujet d'étonnement; mais cet étonnement cessera lorsqu'il se souviendra que c'est bien à l'évêque de Reims que l'antique *Glanum* dut de changer de dénomination. A cette époque, saint Remi avait accompagné Clovis dans une expédition que fit le roi chevelu contre Gondebaud, quand il vint assiéger Avignon. Pendant la campagne, saint Remi habita *Glanum* et protégea cette ville illustre et glorieuse alors contre les dévastations ordinaires aux guerres mérovingiennes. C'est en souvenir de cette protection que la nouvelle cité qui s'éleva plus tard à cet endroit prit le nom vénérable du saint qui l'avait sauvée jadis du pillage et de la dévastation.

grettes rayonnantes ou de cimiers étranges ; c'est la fougue celtique dans tout son entrain (fig. 332).

Hélas ! les mutilations du temps et des hommes ont rendu presque méconnaissables ces groupes si pleins de mouvement et de belliqueuse ardeur ; mais, malgré les dégradations successives de toutes ces figures si correctement dessinées, on peut y retrouver encore la vie réelle des

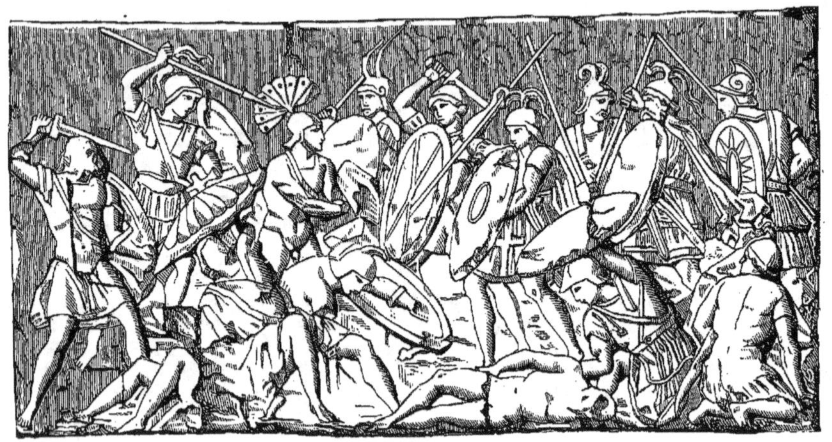

Fig. 332. — Bas-reliefs du tombeau de Saint-Remi.

guerriers gaulois sous les empereurs. C'est toujours la passion de *férir* un beau coup qui les anime (fig. 333). Les grandes lances, qui ont gardé la forme des feuillages d'autrefois, brillent de tout leur éclat au milieu de la mêlée sauvage. Les larges glaives frappent sur les boucliers de cuivre ; au-dessus de toutes les têtes se dressent, ici les fronts de taureaux ; là, les plumes des oiseaux des grands bois ; plus loin, les ailes bizarres, et partout les immenses crinières que soulève et qu'agite l'ardeur de la lutte acharnée (fig. 334).

Ah ! nous sommes loin des soldats alignés et calmes et des processions régulières, des spirales romaines, se profilant à des hauteurs inaccessibles à la vue, sur les colonnes monumentales.

A ses débuts, l'art national s'affirme déjà par un sans-gêne en sculpture, un mépris des règles qui vous remplit de joie quand on a, comme nous, dans l'âme, la sainte horreur du convenu.

A Orange, sur l'arc de triomphe, dans un désordre d'une habileté rare, c'est une véritable orgie de boucliers jetés çà et là, d'épées dans leurs fourreaux, avec des baudriers pendants, de sangliers d'or au haut des piques élevées, de casques de toutes formes, de faisceaux, de lances, de trompettes (*karnyx*), dressant dans tous les coins le mufle de cuivre de leurs gueules de bêtes fauves. Les petits étendards flottent au-

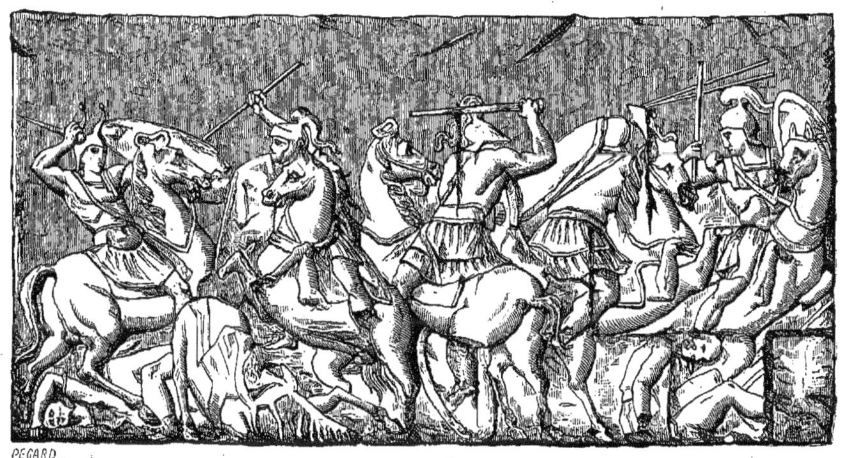

Fig. 333. — Bas-reliefs du tombeau de Saint-Remi.

dessus des panoplies ; les saies rayées s'accrochent aux troncs d'arbres, près des prisonniers enchaînés. Puis, ce sont les proues des galères du Rhône qui se détachent au milieu des tridents, des ancres et des rames ; puis des combats dans les frises de l'attique ; puis des néréides ; puis, sur les stylobates qui surmontent les portes latérales, les instruments des sacrifices, le *lituus*, le *præfericulum*, le *simpulum* et la *patera*.

Il faudrait un livre entier pour décrire par le menu toutes les richesses des bas-reliefs d'Orange ; et, lorsque l'on quitte ce monument si romain dans sa forme, si gaulois dans sa décoration, tout un passé, celui des premières révoltes contre l'empire, vous revient en mémoire, dans un éclat qu'on n'aurait osé rêver, imbus que nous sommes jusqu'aux moelles de souvenirs classiques et d'éducation latine.

Les Romains décoraient leurs boucliers courbés en forme de tuile,

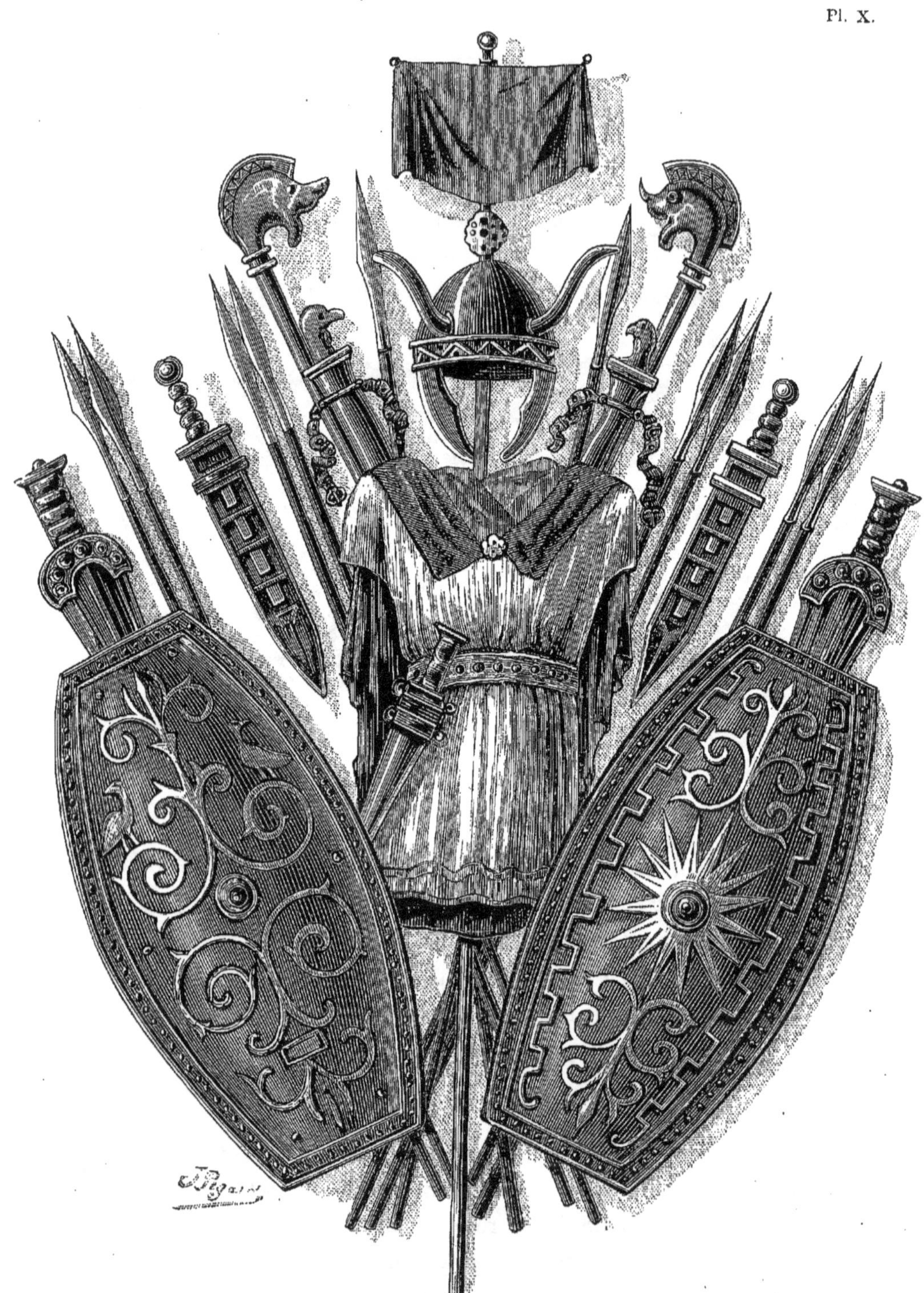

FAISCEAU D'ARMES GALLO-ROMAINES.

D'après les bas-reliefs de l'arc de triomphe d'Orange.

scuta, de l'inévitable foudre réglementaire, de dauphins entrelacés ou de couronnes de laurier prétentieuses. Les Gaulois du temps de la conquête sculptèrent sur les leurs des oiseaux étranges, des enroulements harmonieux, des bordures à la grecque, des soleils rayonnants, des feuillages ou des emblèmes encore plus caractéristiques. Le luxe des guerriers de Virgile était encore à la mode. On peut en juger par les

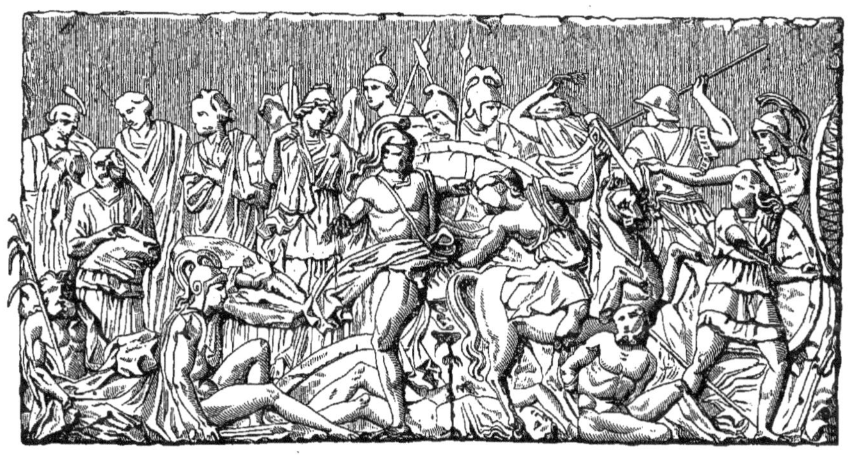

Fig. 334. — Bas-reliefs du tombeau de Saint-Remi.

reconstitutions mathématiques que nous donnons (fig. 335) de deux fragments de marbre du musée de Besançon, par le bouclier de Reims du tombeau de Jovinus et par les restaurations des bas-reliefs d'Orange, dont nous avons réuni quelques objets dans notre planche X.

La tradition grecque perce encore ici malgré tout. Pour faciliter au lecteur une comparaison nécessaire (car à force de parler de l'influence grecque parmi nous, on finirait par traiter notre affirmation de paradoxale), nous plaçons ici (fig. 336) une reproduction des armes de l'antique Hellade, d'après les savantes reconstitutions du musée d'artillerie de Paris. Le casque est presque semblable à ceux des sculptures mutilées de Saint-Remi et d'Orange. Le bouclier ressemble en tout point à ceux que nous avons décrits au chapitre III; les glaives et les poignards sont d'une forme si gauloise, qu'on les confondrait facilement avec ceux de nos gravures de ce même chapitre (*voir* fig. 101-

104 et 110). Rien n'y manque enfin, pas même les larges bracelets des lacs de Suisse et des tombes champenoises. On aura beau dire, la chose devient de plus en plus évidente: nous sommes fils des Grecs, en

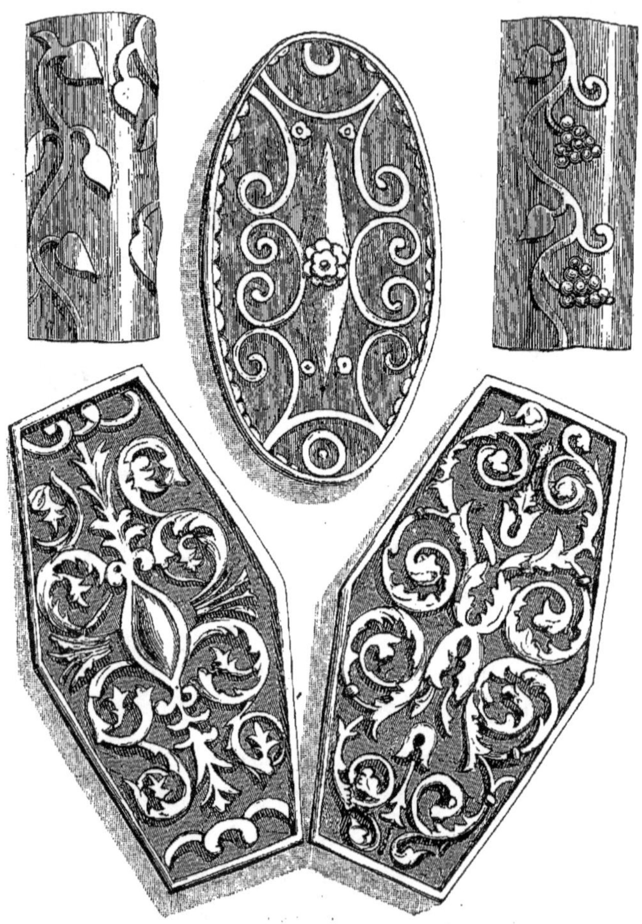

Fig. 335. — Ornementations des Musées de Clermont et d'Autun. — Bouclier sculpté du tombeau de Jovin. — Boucliers sculptés du Musée de Besançon.

dépit des savants. On ne saurait, du reste, le proclamer trop haut, car il est plus que temps de remettre à leur véritable place ces Italiens orgueilleux, de tout temps grands tambourineurs de réputations usurpées, comme le dit si bien M. Viollet-le-Duc (*Sculpture*, p. 173), qui, revêtus de la peau du lion, s'en vont de par le monde, se carrant dans leur majesté d'emprunt, encensés d'âge en âge par tous les robins crottés de la création. Anes sourds ils sont, pour tout potage, ainsi que le dit Horace, leur compatriote ; que Martin-Bâton les renvoie donc au moulin d'Aricie, d'où sortit leur Auguste, et qu'ils nous laissent en

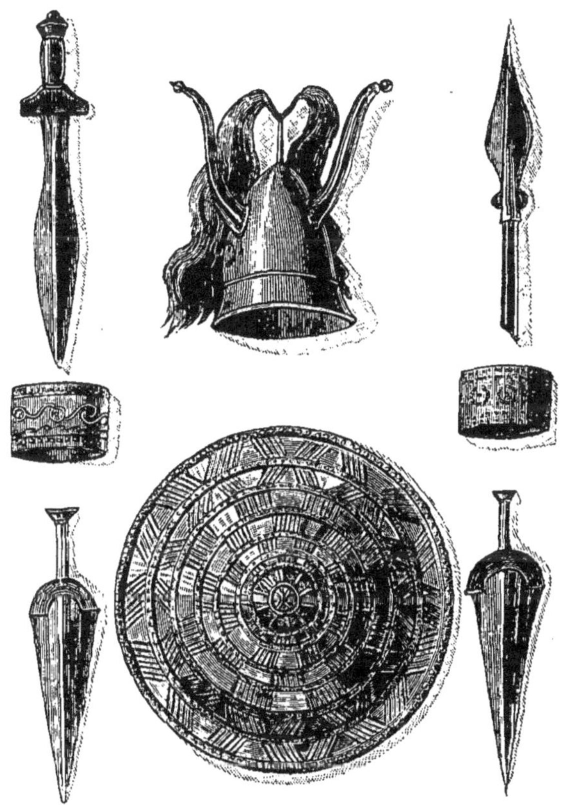

Fig. 336. — Armes grecques : casque, bouclier, épée d'hoplite, lance, poignard et bracelets. D'après les reconstitutions du musée d'artillerie.

repos. On a commencé à voir percer le bout de l'oreille sous cette défroque si terrible ; qu'on en fasse une bonne fois justice.

On nous accusera sans doute, à propos de ces sorties violentes et souvent renouvelées, d'une partialité haineuse contre les nobles Quirites. Que voulez-vous? nous commençons une réaction que nous croyons plus que nécessaire, et toutes les réactions ont le droit d'être un tant soit peu violentes.

Tout en acceptant avec joie les conseils et les leçons des Grecs, les artistes nationaux des premiers siècles de notre ère surent rester avant tout Gaulois quand même; nous le verrons pour les bijoux tout à l'heure. Il est facile de s'en convaincre pour les sculptures, en examinant avec soin les groupes de l'arc de triomphe de Carpentras.

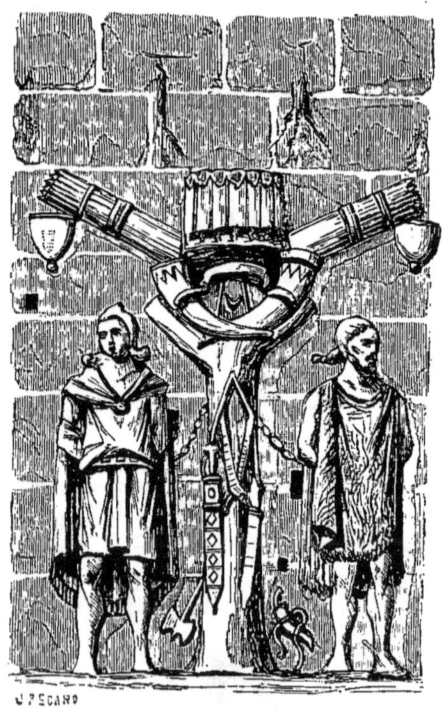

Fig. 337. — Prisonniers gaulois. — Bas-reliefs de l'arc de triomphe de Carpentras.

Le contour des figures est ici *cerné*, qu'on nous passe cette expression technique, comme dans les fresques de la Renaissance et les vitraux du XIIIe siècle. Un trait creusé profondément entoure partout les reliefs. Ce procédé nouveau, croyons-nous, et qui a quelque analogie avec les gravures de l'âge des dolmens, ne manque pas d'une certaine vigueur et donne aux objets et aux personnages ainsi représentés un accent tout particulier.

Carpentras, du reste, nous prouve encore que les costumes

anciens étaient en usage, chez nous, aux plus beaux temps de la domination romaine. Un des *Prisonniers* de la figure 337 porte la saie (*sagum*), retenue à la taille par une ceinture décorée d'ornements de métal. Sur ses épaules tombe la *lacerna* ou l'*endromis*, large manteau orné de franges, et sa tête est coiffée du fameux bonnet

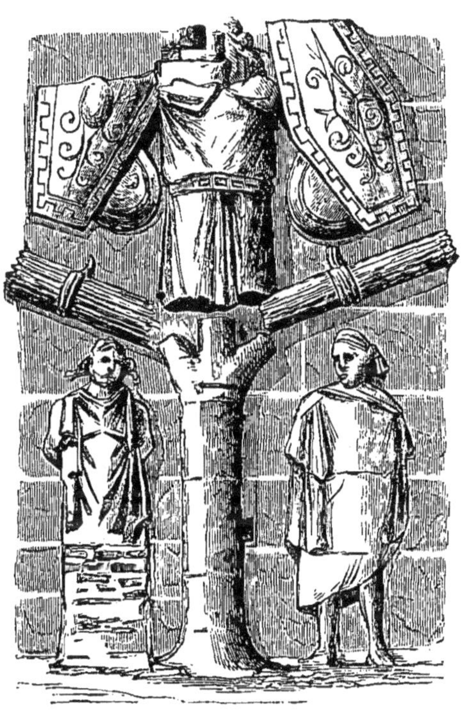

Fig. 338. — Prisonniers gaulois de l'arc de triomphe de Carpentras.

phrygien, dont nous avons parlé plus haut. Le captif de droite est revêtu de la *bigerra,* la peau de bique des pâtres des Pyrénées ou des faux sauniers du Maine et de l'Anjou.

L'état de dégradation du second groupe ne nous permet pas de décrire avec autant de précision le costume des figures sculptées dans la pierre ; mais leur aspect est bien plus gaulois que romain et ne fait que confirmer notre observation première. A Saint-Remi, sur l'arc de triomphe, se voient de même des groupes malheureusement moins bien conservés encore. Ici, la braie, chez les hommes, est très nettement accusée. Ils portent tous le sarrau ou la saie courte, comme à Carpentras, et de longs manteaux sont rejetés en arrière avec une allure tout à fait celtique (fig. 339 et 340).

Le costume des femmes a je ne sais quoi d'ample et d'harmonieux, qui fait encore malgré tout rêver aux compagnes des défenseurs de Thèbes et de Corinthe, plutôt qu'aux matrones, amies

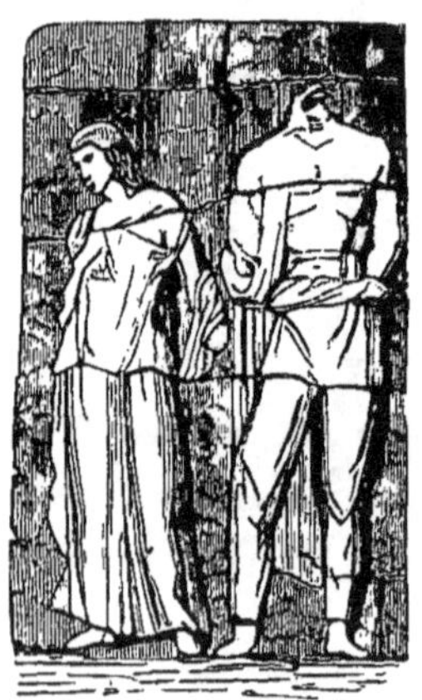

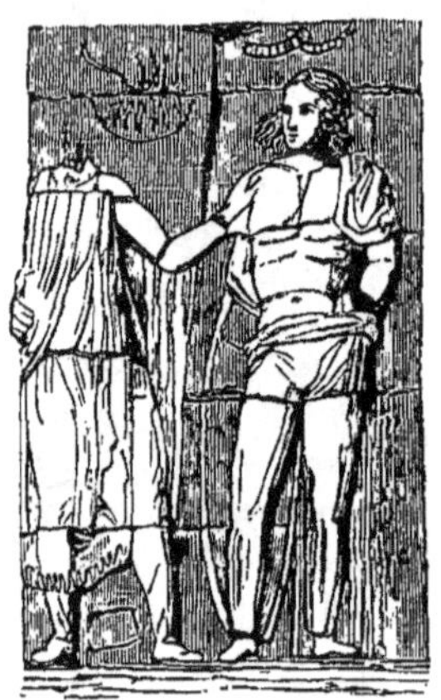

Fig. 339. — Captifs et captives gaulois des bas-reliefs de l'arc de triomphe de Saint-Remi-les-Baux.

trop complaisantes des mimes et des gladiateurs de la cité des césars.

Nous ne pouvons entrer dans tous les détails de vêtements indiqués sur ces bas-reliefs; mais il est clair que si quelques bourgeois adoptèrent, à *Nemausus Augusta,* à *Julia Valentia,* à *Lugdunum* ou ailleurs, la tunique à longs plis et les robes traînantes de l'impérial Forum, les vrais fils de la nation gardèrent partout la blouse, le pantalon, la limousine et le capuchon court des vieux pères.

La race des imitateurs serviles est aussi vieille que le monde. Il existe toujours des gens dont l'unique préoccupation dans la vie sera de se faire une tête à l'instar d'un personnage célèbre quelconque. — Rien d'extraordinaire donc de voir, au IVe siècle, en Gaule, des Paulinus[1] jouer avec des ballons dorés achetés à grand prix dans la capitale et se parfumer d'essences provenant des seules boutiques du Colisée de Vespasien. — Mais il est doux de constater que, si quelques-uns se déguisèrent en citoyens romains, bon nombre d'autres restèrent ce qu'ils étaient jadis et demeurèrent entièrement réfractaires aux importations étrangères.

Nous allons trouver une preuve encore plus flagrante de cette persistance gauloise dans l'admirable collection de figurines du musée de Moulins.

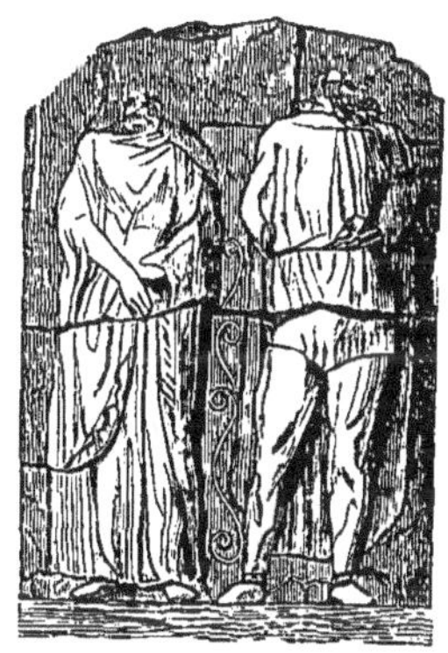

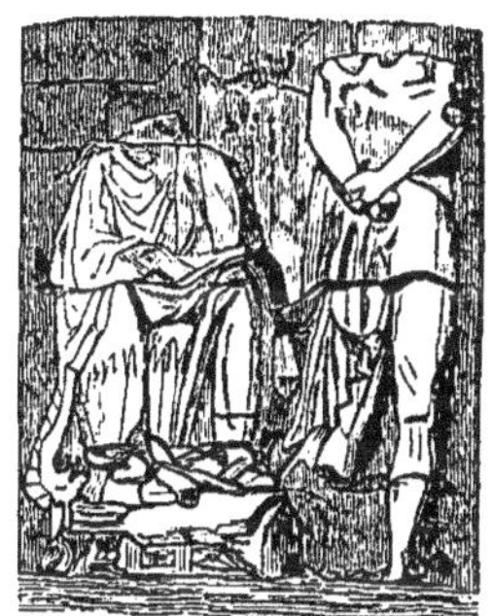

Fig. 340. — Captifs et captives gaulois des bas-reliefs de l'arc de triomphe de Saint-Remi-les-Baux.

Un patriote obscur, d'une incontestable valeur, simple professeur de dessin au lycée de cette ville, M. Edmond Tudot, a formé cette collection.

Il découvrit, il y a quelques années, des ruines de fours à potiers gallo-romains dans le département où il résidait, et parvint, par des fouilles savantes, à récolter là d'innombrables fragments, des vases, des ustensiles, des assiettes, des plats, etc.; il déterra même quelques statuettes complètes, avec les moules qui avaient servi à les fabriquer. Le tout fut réuni par lui avec un soin pieux; il le classa méthodique-

1. Paulin de Bordeaux, le petit-fils d'Ausone, écrivait à cette époque : « Il fallait qu'on me fît venir de Rome le ballon doré qui volait dans mes jeux, que mes habits fussent élégants, parfumés et souvent neufs. » Et pourtant il avait été élevé en Grèce, comme beaucoup de jeunes Gaulois de cette époque. (*Histoire de France*, de Henri Bordier et Édouard Charton, t. Ier, p. 103.)

ment, et, plus tard, en fit une publication complète sous le titre d'*Œuvres premières de l'Art gaulois*[1]. — Les savants haussèrent les épaules et dédaignèrent cet illuminé. Grâce à eux, il est presque tombé dans l'oubli ; c'est pour cela que nous tenons à le citer spécialement.

Nous reproduisons ici (fig. 341) quelques-unes de ces petites statuettes, celles qui ont rapport au fameux *bardocuculle* dont nous avons

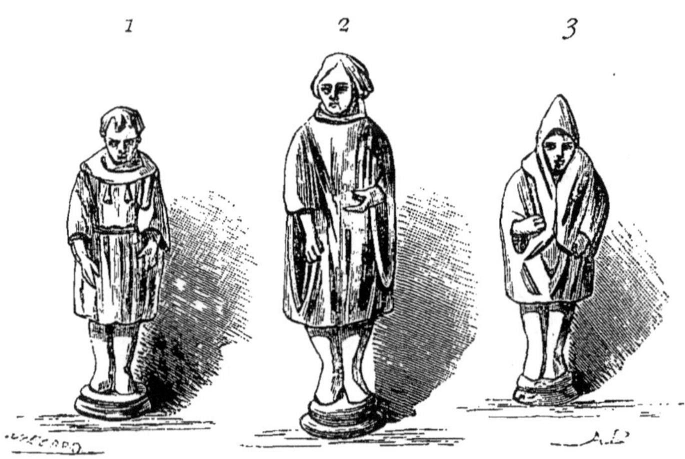

Fig. 341. — 1-3. Statuette revêtue du bardocuculle, trouvée dans l'île de Fargue, près d'Uchisy (Ain.)
2. Statuette identique, d'après Grimaud de La Vincelle.

parlé dans un chapitre précédent. Ce vêtement si original, et si bien fait pour nos contrées brumeuses et froides, était en usage bien avant l'arrivée de César en Gaule ; il resta tout à fait à la mode après la conquête romaine[2] : les statuettes de Moulins en témoignent suffisamment (fig. 342).

1. *Collection de figurines en argile, œuvres premières de l'art gaulois, avec les noms des céramistes qui les ont exécutées ;* recueillies, dessinées et décrites par Edmond Tudot, peintre, directeur de l'école de dessin de Moulins et professeur au lycée, conservateur du musée d'antiquités, membre de l'Institut des provinces et de celui de Rome, des Académies de Rouen, Dijon et Clermont-Ferrand, de la Société d'émulation de l'Allier, de la Société française d'archéologie, de celles de Belgique, de Genève, etc. (Paris, C. Rollin, éditeur, rue Vivienne, 12, MDCCCLX.)

2. Il y aurait toute une histoire à faire sur les transformations du bardocuculle en France. On sait qu'il était essentiellement gaulois. Il survécut à l'invasion ; nous en donnons ici des preuves suffisantes. Au moyen âge, on l'appela tour à tour *mélote* et *gonelle*. Viollet-le-Duc en donne différents exemples dans son *Dictionnaire du mobilier* (t. IV, p. 132). Il ne fut plus alors porté que par

La collection Tudot en possède de toutes les formes, avec pèlerines brodées, ornées de garnitures de laine, agrémentées de glands, taillés en pointe, décorés de plastrons carrés; — simples camails, munis de capuchons serrés autour de la face, longs rochets auxquels se rattache une coiffure ample et large, dégageant la tête comme au moyen âge. On n'a là-bas que l'embarras du choix (fig. 343).

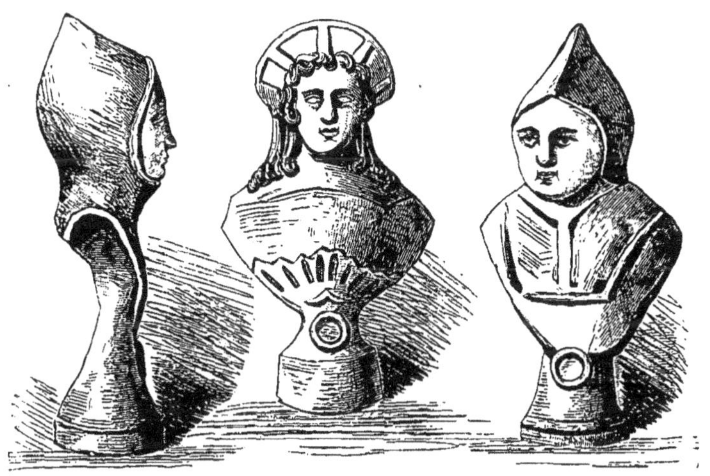

Fig. 342. — Bustes coiffés du bardocucullo (Collection Tudot, Musée de Moulins). Buste d'Apollon Bélénus, trouvé à Vichy.

Dans les modestes salles de ce petit musée, lorsque l'on étudie, que l'on prend en main, que l'on dessine tout ce petit monde d'argile blanche, la Gaule romaine vous apparaît tout à coup vivante, animée, toujours personnelle, et défile pour ainsi dire sous vos yeux, avec ses paysans, ses guerriers, ses vignerons, ses femmes, ses lutteurs, même ses dieux et ses vierges mères, divinités protectrices de le famille et du foyer.

les gens du bas peuple. — Les moines, qui sortirent du reste presque tous de cette caste méprisée, mais si fidèle dans ses traditions, le remirent en honneur; il devint la *cuculla* ou la *cagoule* des clercs séculiers et réguliers (*Id.* t. III, p. 86). Enfin, nous l'avons dit plus haut, il est encore en usage de nos jours, chez les pâtres du Midi de la France et parmi les pêcheurs des côtes de l'Ouest. — Vous voyez bien que rien n'y fait. On aura beau vouloir nous romaniser ou nous germaniser d'office, on n'y parviendra jamais; le Gaulois, chez nous, reparaîtra toujours.

Tout est là presque complet. En ajoutant les têtes, en remplaçant les bras qui manquent, les pieds cassés, les roues détruites, on revoit, comme en rêve, toute l'époque des Antonins et de leurs successeurs.

Voulez-vous un honnête campagnard qui se rend dans sa voiture, avec sa femme, au marché de la ville voisine; prenez ce groupe : le harnais est intact; le costume se reconstitue facilement; les crinières des chevaux sont tressées avec art. La *cuirie* se complète d'elle-même

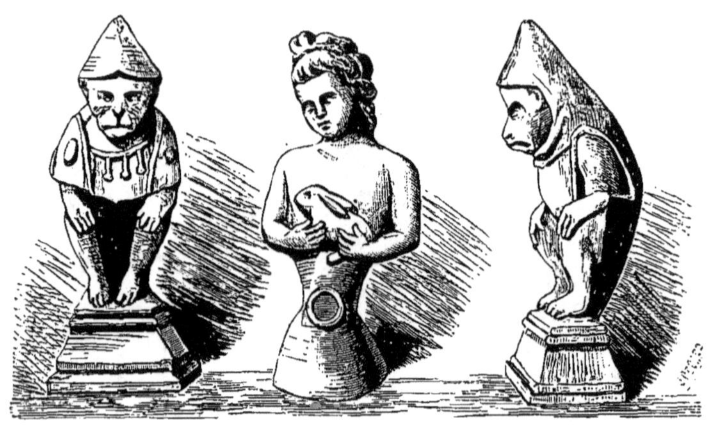

Fig. 343. — Singes coiffés du bardocuculle; provenance bourguignonne.
Buste d'enfant de la collection Tudot (Musée de Moulins).

d'un seul trait de crayon. Ajoutez tranquillement ce qui manque, et la silhouette franche d'un chef de famille du temps de Constance ou de Julien vous apparaîtra toute simple, sur sa petite voiture un peu lourde et massive, mais d'une forme encore gracieuse, dans sa naïveté primitive. (Voir l'*Album de Tudot,* cité plus haut, *passim.*) Cherchez-vous un vigneron qui regagne sa chaumière, heureux de son abondante récolte; regardez ce modeste coursier, qui porte attachés sur ses flancs deux grands vases pleins du jus divin de la vigne. Sur la page blanche où vous avez indiqué la bête, dessinez une petite figurine ornée du capuchon traditionnel; armez son bras du fouet que vous rencontrerez plus tard sur les stèles de Dijon ou d'Autun, et vous verrez bientôt le laboureur indépendant de l'époque de Trajan ou de Marc-Aurèle, non tel que le représente la classique tradition de l'école, mais tel qu'il fut réellement, chaussé de lourdes galoches, bien protégé du vent par sa grosse couverture, la tête abritée par son bonnet fourré sur lequel s'applique, attachée sous le menton, l'étroite coiffure de sa cagoule de laine (voir Tudot, *loc. cit.*).

S'il vous faut des guerriers, vous en trouverez de même dans ces vitrines, perchés sur leurs selles élevées, comme les Touaregs de

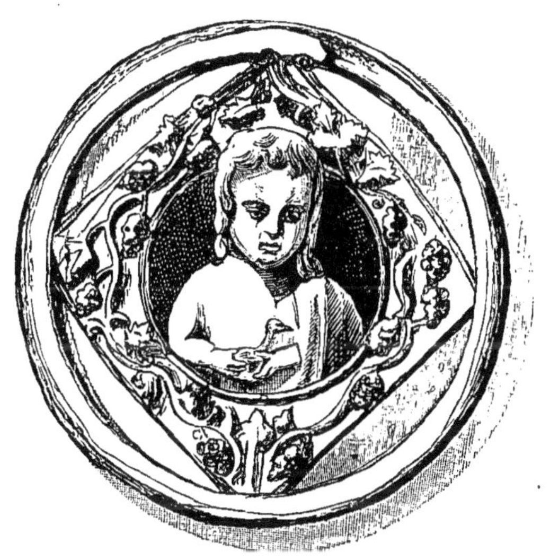

Fig. 344. — Médaillon d'enfant tenant un oiseau (Musée de Moulins).

l'Afrique centrale, tête nue, brandissant au-dessus d'eux leurs petits boucliers ronds et pressant du talon le cou de leur destrier sauvage.

Il y a de tout dans la collection Tudot : des lutteurs, vêtus de la saie à mille plis, rayée longitudinalement, serrée à la taille par une simple courroie de cuir; des vieillards barbus, qui se drapent dans le grand manteau de laine à franges pendantes; des jeunes gens, à peine couverts d'une mince étoffe, qui portent légèrement sur l'épaule de pesants fardeaux; des femmes, assises dans des fauteuils de paille élégamment tressée, qui allaitent leurs nourrissons; des fiancés, qui se tiennent tendrement enlacés; des enfants, enfin, qui caressent, ici des oiseaux (fig. 344), là des lapins aux longues oreilles (fig. 343) ; puis, fantaisie charmante, bien digne du caractère aimable de ce peuple rieur, une incroyable quantité de jouets destinés à ces mêmes enfants, immense joie de ces maisons patriarcales (fig. 345) : petits coqs à la crête aiguë, chats pleins de méditation philosophique, singes grimaçants, colombes murmurantes[1], sangliers, souvenirs des vieilles tra-

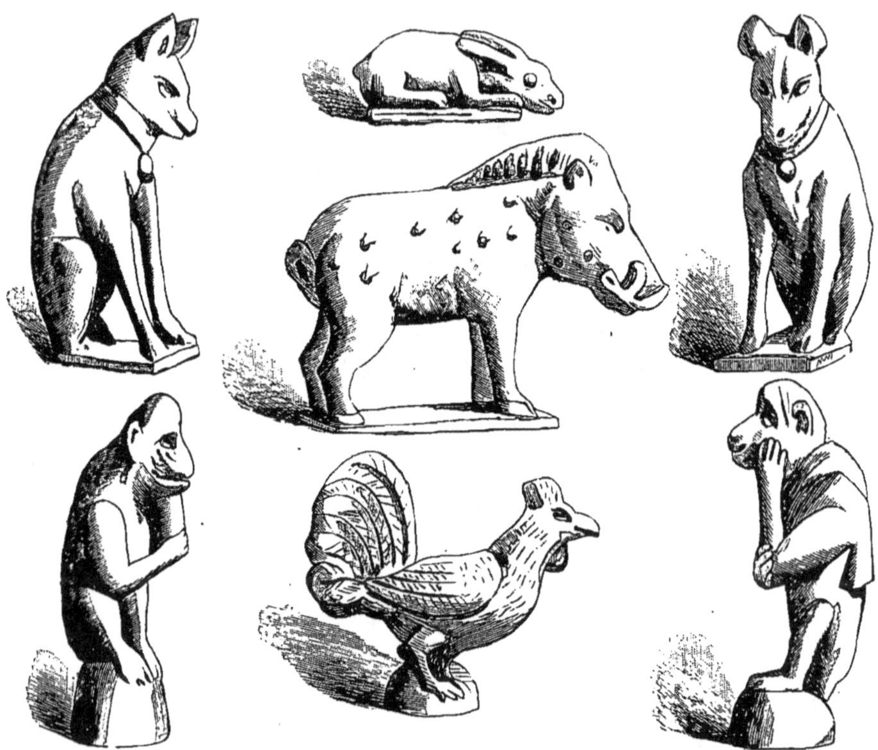

Fig. 345. — Petits animaux en terre cuite, chiens, sanglier, singes, coq, lapin, découverts au Champ-Larry (Musée de Moulins).

ditions de la liberté (fig. 346), poupées grotesques aux bras articulés, qu'habillaient les marmots auvergnats sous le règne de Constantin le Grand, comme leurs petits frères le font encore de nos jours; caricatures enfin, provoquant partout le rire qui, nous le verrons tout à

1. On vend encore dans nos foires de province des jouets analogues; en introduisant dans l'intérieur un peu d'eau, et en soufflant dans le bec de ces oiseaux, on obtient un son étrange, qui ressemble assez au gloussement d'un pigeon ou d'une tourterelle.

l'heure, fut élevé au rang des grands dieux, *Risus,* comme l'appellent les savants qui latinisent tout, même cette chose si gauloise.

Quand on sort du musée de Moulins, il vous reste comme une joie au cœur. On sent qu'après les tueries de César, il y eut en Gaule, sous

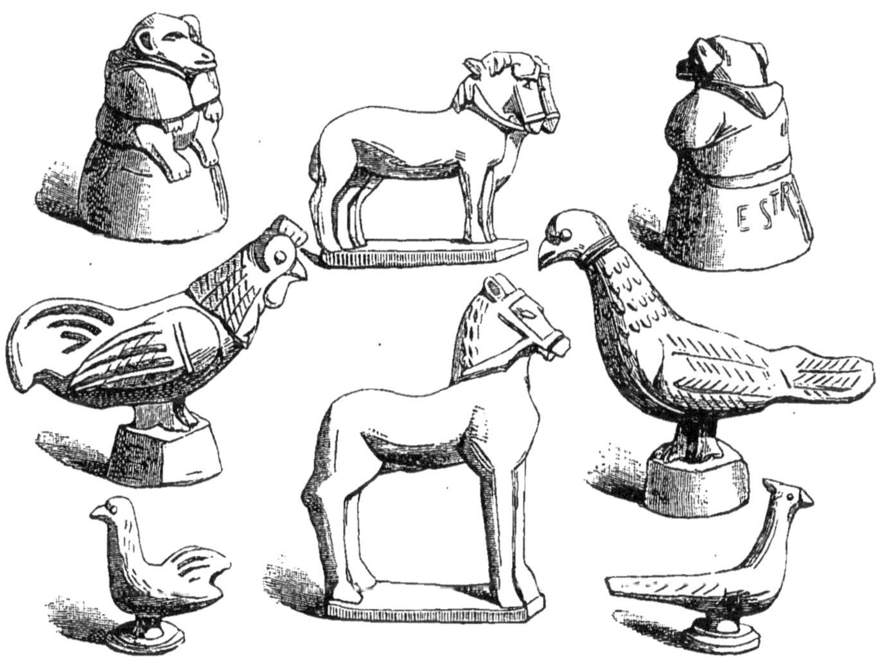

Fig. 346. — Singes en terre cuite blanche, trouvés dans le Lyonnais. — Chevaux du Musée de Troyes et du Champ-Larry. — Oiseaux du Musée de Moulins (Collection Tudot).

les Antonins, un épanouissement grandiose, une vraie Renaissance naturaliste, un retour vers la source de l'art, favorisé par cette sublime tradition que nous n'avons jamais pu perdre, celle de la fameuse triade des bardes, placée par nous en tête de notre livre, tradition qui nous porte toujours, quand nous voulons produire vraiment quelque chose de notre cru, à nous tourner aussitôt vers ce qui frappe tous les jours nos yeux, vers LA NATURE.

C'est surtout dans les poteries que se remarque cette tendance, qui fait le caractère particulier des œuvres gauloises proprement dites, à toutes les époques. La fleur reparaît aussitôt partout dans l'ornementation des vases.

Nous avons vu précédemment tout le système de fabrication des poteries *sigillées* dont nous gratifièrent les marchands de terres *samiennes*, impressions régulières de personnages et d'animaux disposés symétriquement, sur la panse des urnes, — surmoulage et

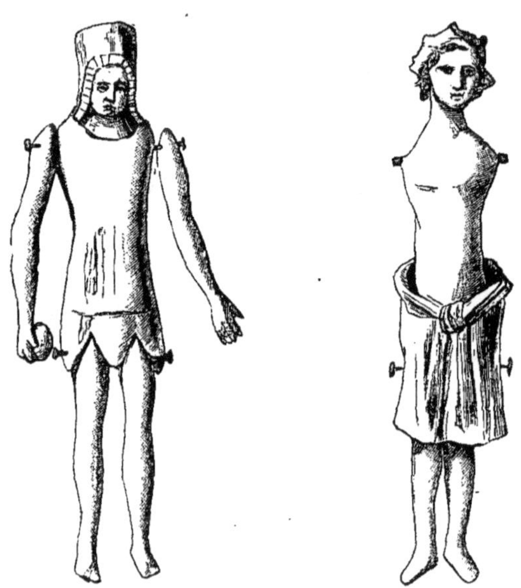

Fig. 347. — Poupées en terre cuite, avec bras et jambes articulés (Musée de Moulins).

monotonie d'ornements indéfiniment répétés, — statues ailées, centaures, dragons, têtes de cheval et petits oiseaux, objets disparates collés sans ordre et sans goût sur des goulots et sur des anses. Quand le Gaulois revint à lui-même, après la grande secousse, il rejeta bien vite au panier tous ces modèles difformes et se ressouvint des profils délicieux des vieux hanaps d'autrefois (fig. 348). Rien ne ressemble plus en principe à l'ancienne céramique champenoise des cimetières de la Marne, que les nouvelles productions des ouvriers de terre de Vichy, de Moulins, de Reims et de Nevers (fig. 349). Il y a bien encore un certain parfum grec dans le galbe des coupes d'Arles et de

Dijon (fig. 350) ; mais le décor même de tous ces vases est plutôt gaulois qu'autre chose. Alors s'introduisit dans l'art de terre en France (c'est M. Alexandre Brongniart qui l'affirme[1], et l'on peut aveuglément suivre ce savant auteur pour tout ce qui regarde la poterie), alors s'introduisit un procédé tout nouveau, celui de la *barbotine*. Le Romain estampait, moulait, surmoulait tous ses produits ; de là, dans

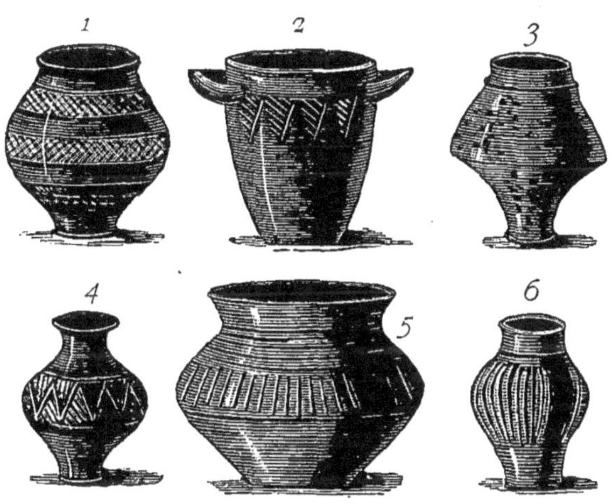

Fig. 348. — 1. 3. 4. 6. Poteries brunes et grises trouvées en Flandre, d'après de Bast. — 2. Vase de la collection de M. Duquenelle, de Reims. — 5. Vase trouvé à Pougues (Musée de Nevers).

les objets laissés par lui, une banalité fatigante, une uniformité complète, donc un ennui souverain ; le Gaulois travaillait toujours à main levée, d'où le cachet essentiellement artistique de tous ces petits pots si brillamment illustrés. La *barbotine* est une terre délayée conservée à l'état presque liquide, que l'on peut employer soit au pinceau, soit à la spatule, soit au moyen de la *pipette,* petit vase assez semblable au biberon, muni d'un appendice dont on règle l'écoulement en appliquant adroitement le pouce sur le goulot toujours ouvert. Vous n'êtes pas sans avoir vu travailler les confiseurs, qui décorent, au moyen de

1. *Traité des arts céramiques ou Des poteries considérées dans leur histoire, leur pratique et leur théorie,* par Alex. Brongniart, membre de l'Institut, directeur de la manufacture de porcelaine de Sèvres. (Paris, Bechet jeune, libraire-éditeur, janvier 1854, t. Ier, p. 425.)

sucre teint, les pièces montées destinées aux festins d'apparat. Ils procèdent d'une façon absolument analogue à celle qu'employaient, pour agrémenter leurs vases, les potiers gallo-romains du IVe siècle. Toutes les urnes, toutes les tasses de la figure 351 sont décorées par ce procédé. L'aspect en est étonnamment varié : feuillages gris sombre sur fond clair, guirlandes rouge pâle se détachant brillantes sur une teinte

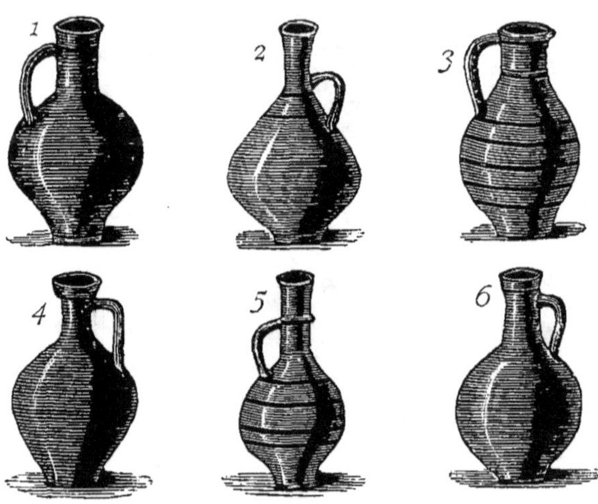

Fig. 349. — Aiguières diverses de la collection Charvet et des modèles flamands de de Bast.

plus sombre, blanc sur noir, jaune sur brun, etc. ; c'est partout l'éclat, la fantaisie, la coloration vive qui charment l'œil, le reposent et ne l'ennuient jamais. Les formes changent partout avec les provinces (fig. 352). Le vin blanc des coteaux de Champagne ne pouvant se boire dans une coupe qui sert à déguster le sérieux bordeaux des bords de la Garonne, brocs, tasses, écuelles, bols, buires, humbles *piots* et riches gobelets se contournent de mille façons différentes, et, tout en gardant une même manière d'être nécessaire à leur destination, ne se ressemblent jamais (fig. 353).

L'originalité gauloise est surtout parfaitement déterminée par les vases *à compression,* si nombreux dans nos gravures (V. fig. 351, 352 et 353), objets d'un maniement toujours commode, que l'on saisit facilement, que l'on retient de même. Parfois, pour faciliter cette préhension, les potiers de ce temps semaient de sable fin, avant la cuisson, ces petites tasses; parfois, ils les striaient de raies nombreuses; ils étaient même arrivés à obtenir, par des moyens à eux, des craquelés comme ceux des Chinois. (V. *De la Poterie gauloise,* étude

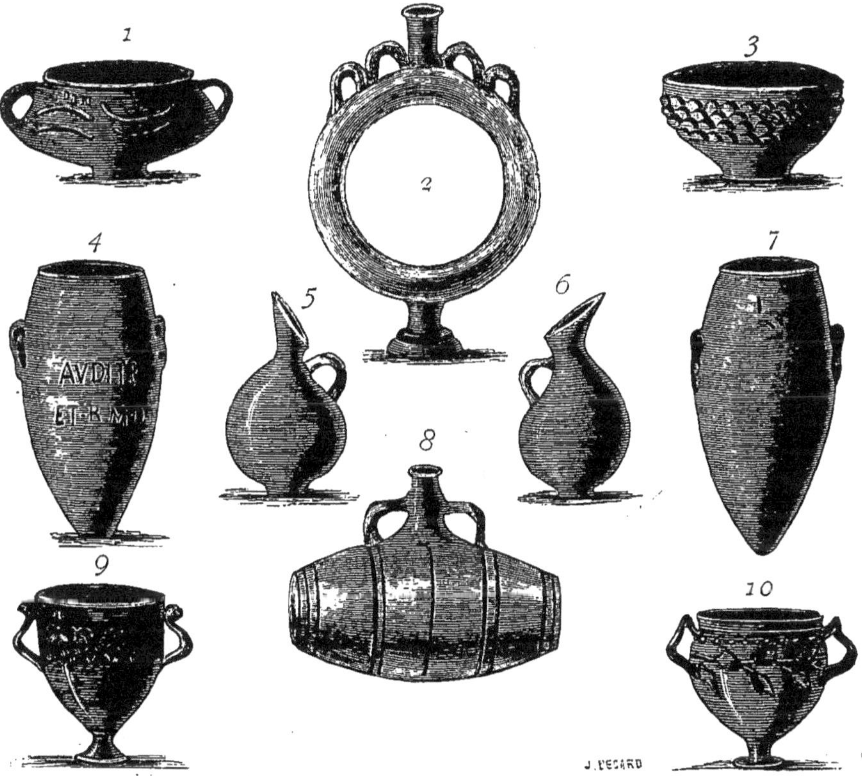

Fig. 350. — 1. 3. Coupes du Musée de Moulins. — 2. *Lagona* de la collection Tudot. — 4. Vase de même provenance. — 7. Vase du Muséum Calvet, d'Avignon[1]. — 5. 6. Buires du Musée d'Avignon. — 8. Tonnelet de Moulins. — 9. 10. Vases à couverte de plomb, d'Arles et de Dijon (Collection Charvet).

sur la collection Charvet, p. 217.) — L'art de terre sous les Antonins, quand on veut bien l'examiner de près, est toute une révélation de la civilisation raffinée qui régnait parmi nous à cette époque.

1. Ces vases, munis d'oreilles, sur lesquels on lit une inscription dont on a dit bien des choses, étaient, paraît-il, destinés à renforcer le son dans les théâtres. On les plaçait dans les murs et la voix des acteurs prenait, grâce à ce procédé, un éclat qui la faisait parvenir facilement jusqu'aux gradins les plus élevés de la *cavea* des amphithéâtres.

Mais le triomphe de la céramique gauloise, c'est la poterie parlante. Nous avons vu que les Romains gravaient au fond de leurs assiettes, sur leurs jattes, leurs gourdes ou leurs cruches, l'enseigne du fabricant : *Quintillianus fecit; — Calvi manu; — Œterni officina.*

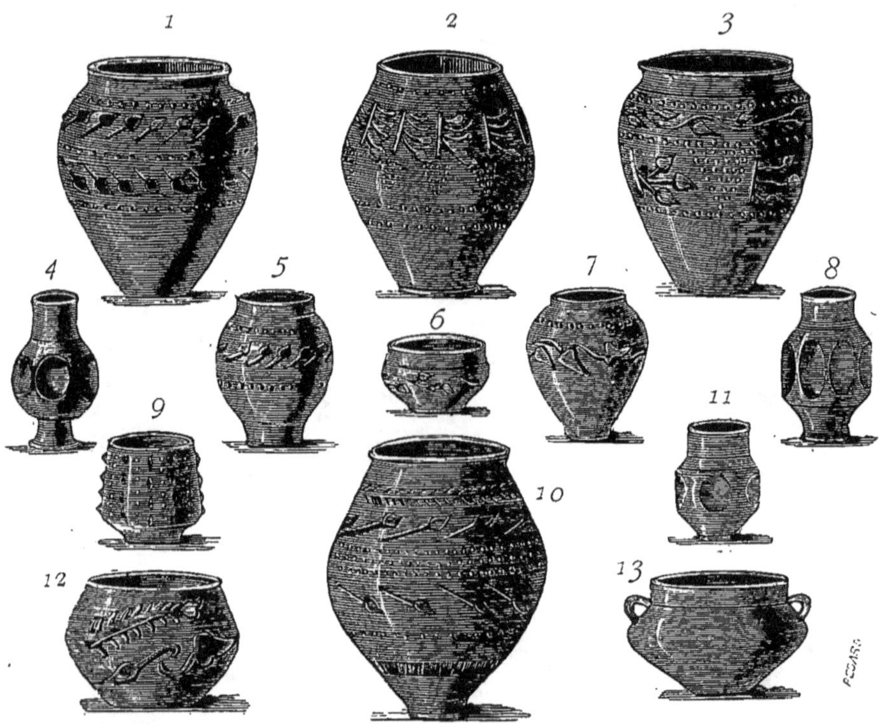

Fig. 351. — 1. 3. 7. 10. 11. Vases, avec ornementations de barbotine en relief (Collection Charvet). — 2. 4. 5. 6. 8. Vases, d'après de Bast, antiquités romaines et gauloises, 1808. — 9. 12. 13. Poteries du Muséum Calvet, à Avignon, trouvées à Apt en 1848.

— Quintillianus a fait; — de la main de Calvus; — de la boutique d'Œternus, comme les Italiens du XVIe siècle, qui ne manquaient jamais d'écrire sur leurs faïences : *Fata in Siena da M° Benedetto — Dipinta Giovinale Tereni da Montelupo — Fata in Forli — In Botega de M° Guido Durantino in Urbino;* de la boutique du sieur Guido. La publicité commerciale et utile avant tout.

Les Grecs, sur leurs délicieux *kylix,* traçaient d'autres devises. *Réjouis-toi et vide-moi, par les dieux :* XAIPE, KAI ΓIEI NAIXI. *Salut, et bois-moi :* ΧΑΙΡΕ, ΚΑΙ ΠΙΟΜΕ. *Bois et ne repose pas la coupe :* ΓΡΟΓΙΝΕΜΕ ΚΑΤΘΗΙΣ. Quelquefois ils peignaient le nom d'une femme, la *belle Heras,* ΗΕΡΑΣ ΚΑΛΕ; la *belle Calipe,* ΚΑΛΙΓΕ ΚΑΛΕ, ou simplement la *belle fille,* ΗΕΓΑΙΣ ΚΑΛΕ. Rien que l'art et l'amour.

Chez nous de même, il n'est pas rare de rencontrer, dans le fin fond des auberges de nos provinces, de simples bols à fond jaune, agrémentés de rouge, sur lesquels on lit encore de nos jours : *Louise-Périne-Marie-Jeanne,* et, si dans ces modestes tavernes, vous demandez à l'accorte servante qui glisse rapide au milieu des buveurs, un broc de vin, un pichet de cidre, c'est dans un vase décoré d'inscriptions

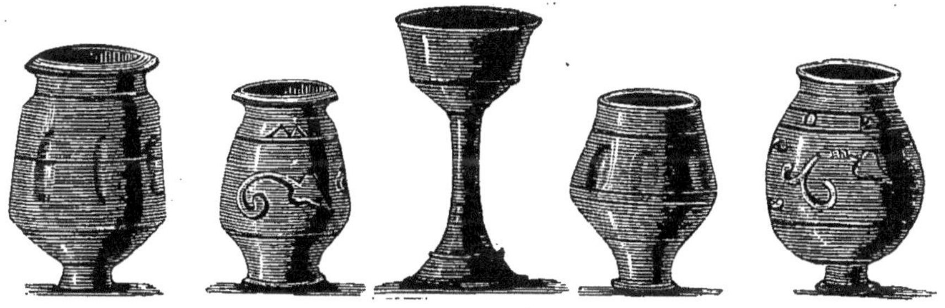

Fig. 352. — Vases, avec ornementations, des collections Charvet et Duquenelle, de Reims.

qu'elle vous servira le petit bleu clairet, ou le liquide cher aux fils de la Bretagne et de la Neustrie, et vous pourrez lire sur la panse de ces *œnochoés* toutes modernes : *Le vin est bon, — A la cave, Marie, — Vive la joie ! — Bois tout, — A toi, à moi, — Je t'aime,* etc.

Au moyen âge, on y écrivait : *Tant que je vive, aultre nauré, — Je cuis planter pour raverdir, — Vive Truppet ! — Le vôtre cuis* (suis), *— Buvons avec joye, — Tout mon plesir et de boire,* etc.

Sous Louis XIV, on y faisait chanter des vers :

Que la terre
Soit en guerre
Mon âme est toujours en paix ;
Et je brave,
Dans ma cave,
La fortune et tous ses traits.

Ou bien :

> Pour passer doucement ma vie,
> Avec mon petit revenu,
> Amis, je fonde une abbaye.
> Et je la consacre à Bacchus.

Ceci est du Rouen tout pur, ainsi que le quatrain suivant :

> Quel plaisir de voguer
> A la rade d'amour ;
> L'amour est une mer
> Qu'on vogue nuit et jour.

Nous en passons, renvoyant le lecteur à la brochure de M. Gustave Gouellain, qui a traité de main de maître la *Céramique musicale*[1].

Nous ne nous arrêterons pas davantage à la Révolution française, où les devises sur les plats, les assiettes, pullulent, éclatant partout avec une joie toute gauloise. M. Champfleury a écrit sur ce sujet un gros volume où vous trouverez tous les cris du peuple qui se sent vivre à nouveau, depuis celui de *Vive la liberté !* jusqu'à l'hommage à la charrue des vieux Celtes, avec ces mots : *Veneranda nutrix*[2].

Or, savez-vous à quand remonte cet usage? A l'époque gallo-romaine.

Il y a quelques années, on découvrit un nombre assez considérable de petits vases noirs lustrés, sur lesquels se détachaient en relief des inscriptions joyeuses. Les classer parmi les œuvres romaines était assez difficile. Le Latin, qui plaçait au milieu des tables de ses festins un squelette ou une tête de mort, ne riait que du bout des dents en ingurgitant ses victuailles, en sablant silencieusement son cécube et son falerne. Il lui fallait des spectacles, des danseurs lascifs, des musiciens et des mimes pour le dérider pendant ses orgies moroses.

On toléra la classification qui fut faite à cette époque de tous ces vases dans les productions probables de la céramique gauloise (fig. 355).

1. *La céramique musicale au Trocadéro et ailleurs en 1878*, par Gustave Gouellain. (Paris, librairie de Raphaël Simon, 1878.)

2. *Histoire des faïences patriotiques sous la Révolution*. (Champfleury, Paris, Dentu, libraire-éditeur, janvier, 1867).

Ces inscriptions avaient, en effet, une allure tellement nationale, qu'il était impossible de les considérer comme provenant d'une cervelle ultramontaine.

Reple me copo meri. Boute à moi sans eau ; — *Fero vinum tibi dulcis.* Tiens, il est plein de jus, compaing. — *Bibe, bibite.* Fouette-moi

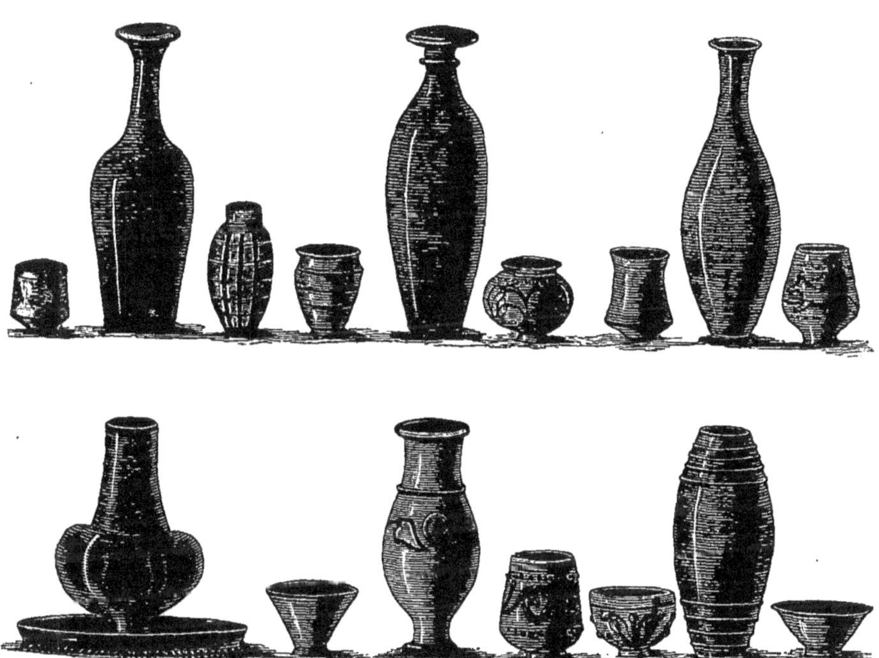

Fig. 353. — Bouteilles et verres à boire des collections Duquenelle et Charvet.

ce verre galantement. — *Imple, reple fluere. Da mi.* Produis-moi du clairet, verre pleurant. — *Sitio.* O gentil vin blanc, j'ai soif ! — *Disce.* Science, sapience sont en toi. — *Vires.* Tu es la force, tu es le courage, ô vin ! — *Felix.* Tu es le vrai bonheur. — *Vive, vivas, vivamus.* A toi, par ma fi, commère. Ta bouche est pleine de promesses. — *Amote.* Viens çà, mignonne. — *Lude.* Hostellier du diable, ta cruche est vide. — *Ospita, reple lagona cervesia.* Elle est pleine à nouveau. — Décampe et laisse-nous, nous avons à causer. — *Copo gnodi tu abes est repleda.* « En sec jamais l'âme n'habite, cornons ici à son de flacons et bouteilles. Que quiconque aura perdu sa soif n'ait à la chercher céans[1]. »

Du Rabelais du temps d'Adrien ! il fallait bien se rendre à l'évidence. La céramique gauloise prit rang dans les collections savantes. Il s'agissait bien de sauvagerie devant cette exubérance. On finit par sourire en disant avec le maître : « Ah ! nos pères burent bien, car ils vidèrent les pots. » (*Gargantua*, ch. v.)

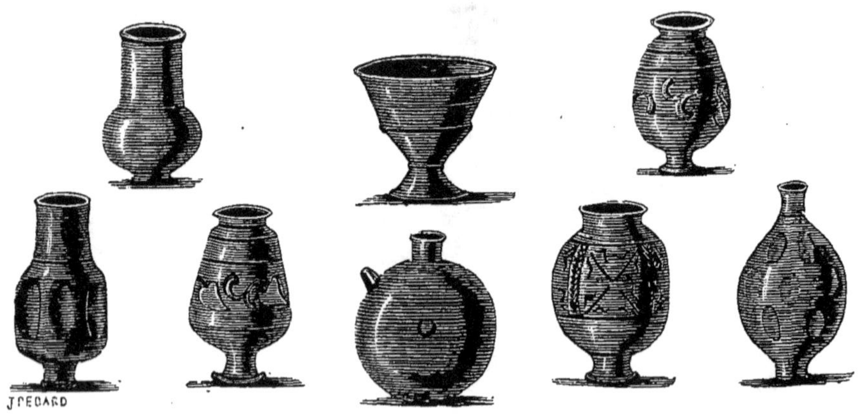

Fig. 354. — Vases, avec compressions et ornementations diverses, des collections Duquenelle et Charvet.

L'ornementation de ces vases (fig. 356 et suiv.) était, du reste, une preuve certaine de leur nationalité. Rien que des fleurs, partout des fleurs, avec des ressouvenirs, des stries sans nombre, des chevrons et des zigzags, des urnes, des dolmens. Ici, la vigne chargée de ses grappes pendantes et de ses vrilles délicates; là, le lierre rampant; plus loin, les plantes des ruisseaux et des prés, partout la nature ambiante, la végétation du pays, selon la mode antique des aïeux.

Les monuments gallo-romains sont pleins de ces imitations locales (fig. 359). Les archivoltes de l'arc de Saint-Remi, dit Viollet-le-Duc,

1. Pour tout ce qui regarde les poteries parlantes, voir les *Merveilles de la céramique ou l'Art de façonner et de décorer les vases en terre cuite, faïence, grès et porcelaines depuis les temps antiques jusqu'à nos jours*, par A. Jacquemart, auteur de l'*Histoire de la porcelaine*. Deuxième partie, Occident. (Paris, Hachette et Cie, 1868.) Et *passim* : l'*Étude sur la Collection Charvet*. (Paris, Baudry, 1872, ch. vi, *De la poterie parlante*, p. 239 et suiv.)

sont couvertes de feuillages sculptés, empruntés aux plantes de la Provence. Les colonnes de Clermont et d'Autun (fig. 335) sont chargées de plantes grimpantes qui n'ont rien à voir avec les productions transalpines. Les frises sculptées d'Arles, les encoignures du tombeau de

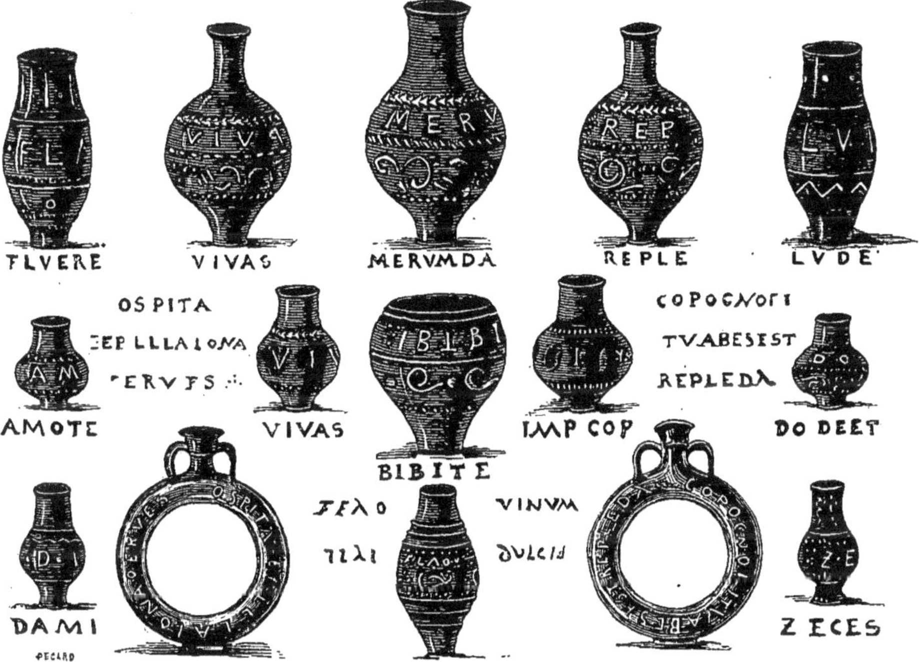

Fig. 355. — Poteries parlantes noires, avec ornementations en barbotine blanche et jaune, des collections Duquenelle et Charvet. — Gourde trouvée dans la Cité, à Paris, 1868.

Jovin, les chapiteaux de Vienne ou du Puy-en-Velay (fig. 360) dédaignent les moulures froides des ordres latins ou toscans, et ne recherchent, dans leurs motifs de décoration, que la courbure savante des acanthes corinthiennes ou les volutes délicates des anciens architectes de l'Hellade, corrigées par une sorte de goût personnel.

La renaissance dont nous parlions plus haut se dessine de plus en plus, et répand sur tout, avec profusion, ses fleurs, ses rinceaux merveilleux et son ornementation végétale[1].

1. Parmi les bas-reliefs d'Arles, nous donnons ici deux pierres sculptées sur les deux faces; elles proviennent de tombeaux détruits sous la domination mérovingienne. On sait que les chrétiens,

Nous ne dirons que peu de chose de la verrerie gallo-romaine; les verres, étant destinés, la plupart du temps, à remplacer avantageusement les vases en terre cuite, affectent des formes analogues à celles

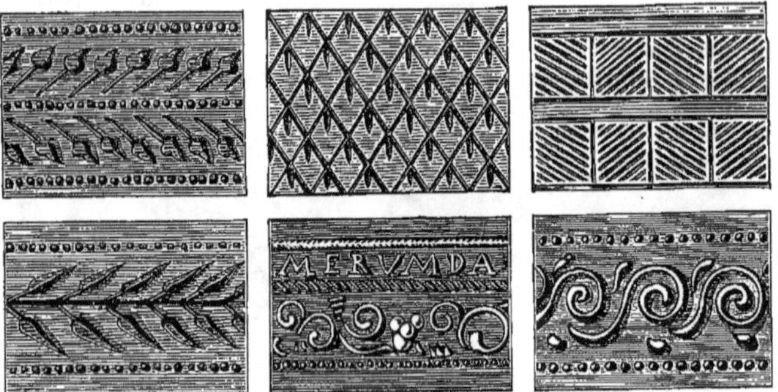

Fig. 356. — Principaux motifs d'ornementation des poteries gallo-romaines.

des poteries (fig. 363). Ayant déjà décrit ces dernières, nous n'avons pas à revenir sur ce sujet, si ce n'est peut-être pour indiquer encore

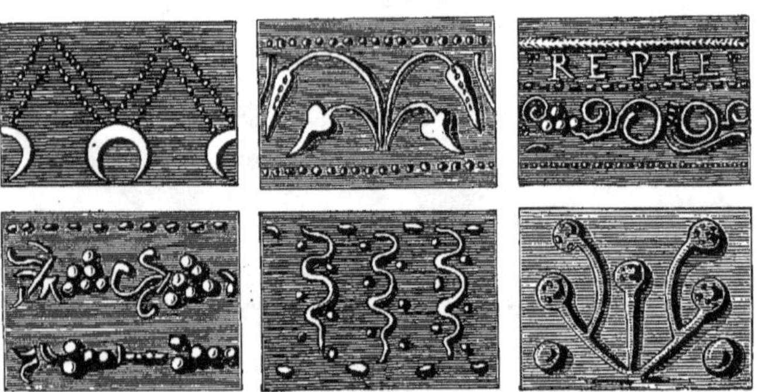

Fig. 357. — Motifs d'ornementation des poteries gallo-romaines.

plus formellement, le goût si fin des nôtres dans tout ce qui concernait leurs productions, même les plus vulgaires (fig. 364).

Le verre ne fit son apparition à Rome qu'après la conquête de

après avoir dévasté les temples des faux dieux, employèrent les pierres de ces constructions réprouvées pour bâtir leurs églises; nous avons déjà signalé le fait à propos d'une inscription de Vienne, mise à l'envers, dans l'appareil du bas de la cathédrale. Ici, derrière le lion d'Arles, on aperçoit une croix pattée sur les bras de laquelle se reposent des colombes mystiques, et, sur la face opposée à une inscription funéraire, une rosace entièrement mérovingienne. Ces constatations nous ont semblé utiles à faire en cet endroit; nous y reviendrons du reste plus tard.

l'Égypte (26 ans av. J.-C.), sous Auguste, qui exigea que cette matière fît partie du tribut imposé aux vaincus.

On connaît la légende racontée par Pline sur l'origine du verre.

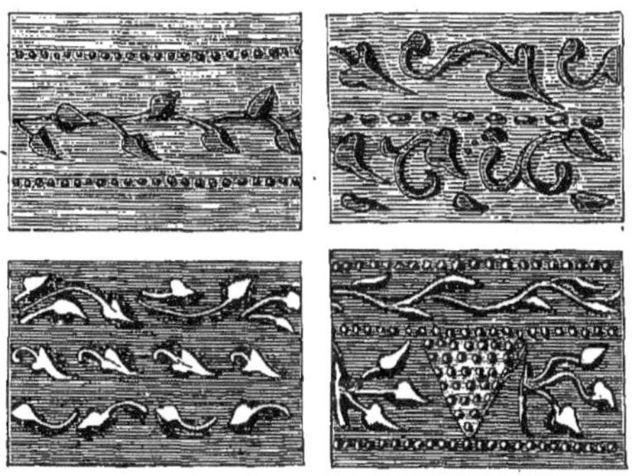

Fig. 358. — Motifs d'ornementation des poteries gallo-romaines.

Des marchands phéniciens ayant pris terre non loin d'Acre, près de l'embouchure de la rivière de Bélus, voulurent faire leur cuisine sur

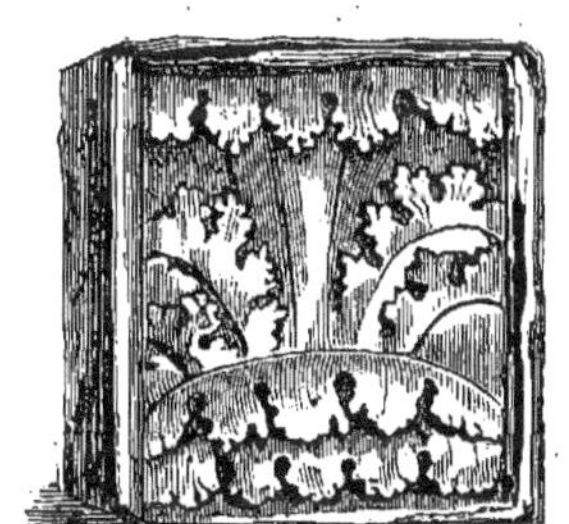

Fig. 359. — Bas-reliefs provenant d'une porte de Clermont-Ferrand.

la grève. Leur navire était chargé de nitre. Ne trouvant sur cette plage abandonnée ni pierres ni cailloux pour servir de trépied à leur marmite, ils s'avisèrent d'y mettre des quartiers de natron[1], pris dans leur cargaison même, qu'ils déposèrent sur le sable. « Mais il advint qu'ayant mis le feu sous leur marmite et que le nitre eut commencé

1. Les anciens désignaient par ce mot une espèce de carbonate de soude. (Voir : Bibliothèque des merveilles : la *Verrerie*, par A. Sauzay. Paris, librairie Hachette, 1866, p. 3, et les *Chefs-d'œuvre des arts industriels*, par Philippe Burty. Paris, Paul Ducrocq, p. 262.)

à prendre le feu à bon escient, pesle-mesle à travers le gravier de ladite plage, ils s'apperçurent d'une humeur claire qui coulait en grand brandon, et tient-on que de là vint la première invention de faire le verre. »

Les Gaulois durent recevoir des Phéniciens et des Égyptiens, bien

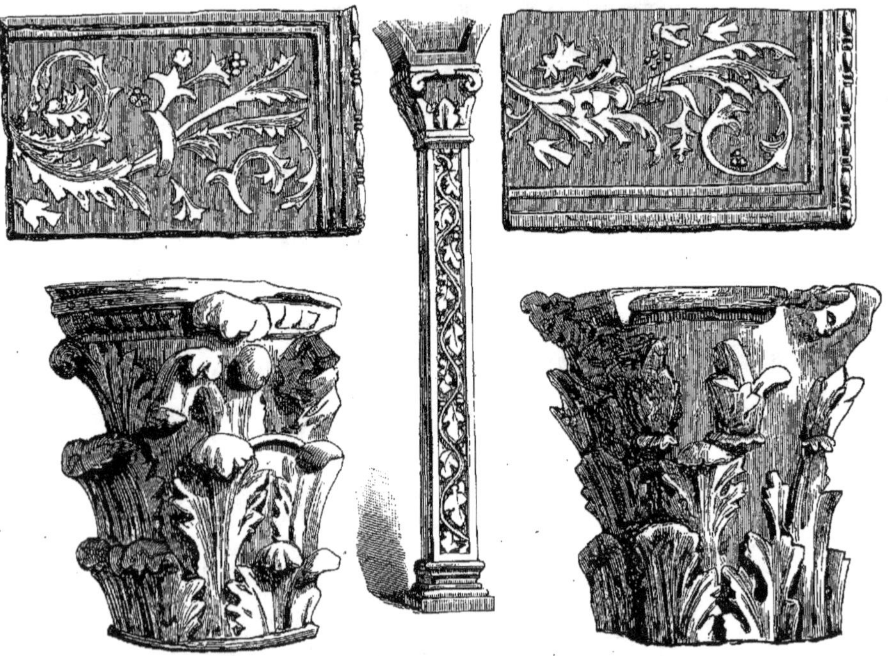

Fig. 360. — Frises sculptées du Musée d'Arles. — Colonne du tombeau de Jovin (Musée de Reims). — Chapiteau du temple des Génies, au Puy-en-Velay. — Chapiteau du Musée de Vienne.

avant l'invasion romaine, la recette de la fabrication des verroteries.

Nous avons vu que, dans les dolmens, il n'est pas rare de rencontrer des grains de colliers qui ont une analogie frappante avec les parures des momies (planche II). Il paraît même que, dans le Manè er Groez, à Kercado, on aurait aperçu, si l'on en croit le docteur Fouquet, des fragments de verre qui furent dédaignés par les fouilleurs comme ayant une apparence trop moderne.

En tout cas, les Gaulois pratiquaient l'application de l'émail sur les harnachements de leurs chevaux; or l'émail n'est que du verre plus ou moins coloré par des oxydes métalliques. — Pline, qui nous donne tant de détails sur ces cloisonnés primitifs, cite les verriers gaulois comme des artistes hors ligne. Donc, rien ne nous empêche

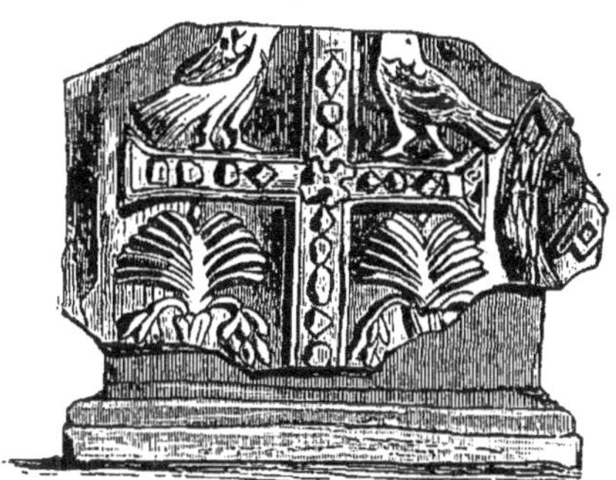
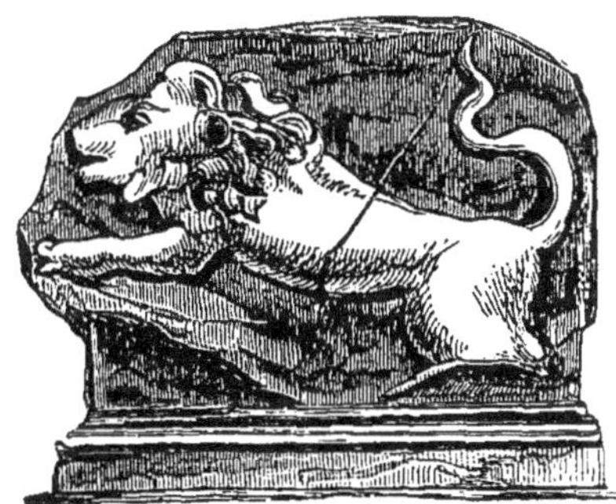

Fig. 361. — Bas-relief double du Musée d'Arles. — Le lion, face gallo-romaine ; la croix, face mérovingienne.

de croire que ce n'est pas des Romains qu'ils apprirent les procédés de fabrication de ces charmantes fioles, de ces délicates burettes, de

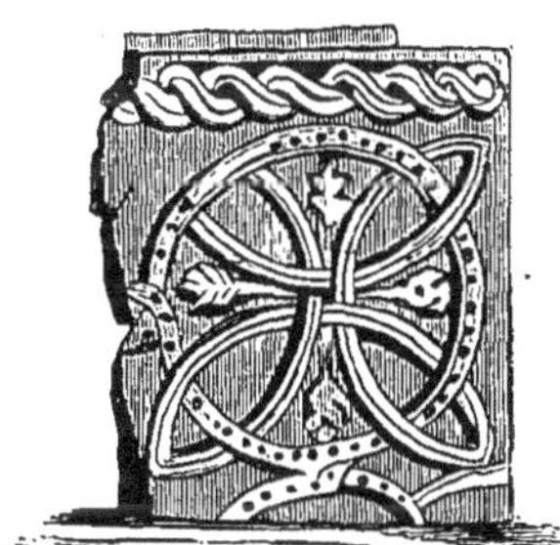
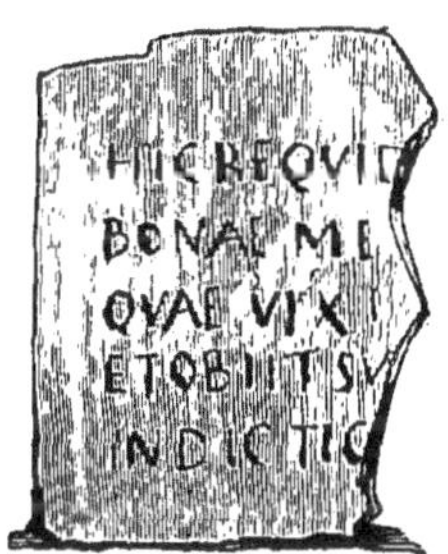

Fig. 362. — Bas-relief double du Musée d'Arles. — L'inscription face païenne ; la rosace, face chrétienne.

ces calices, de ces flacons qu'on trouve sans cesse chez nous dans les tombes de l'époque des Antonins.

D'ailleurs, en admettant que les conquérants leur aient communiqué quelques renseignements sur cette industrie si récente chez eux, nous venons de le voir, cette race, *ad omnia imitandum aptissima,* dépassa bien vite ses soi-disant maîtres, dans l'ornementation de ses coupes, de ses bols et de ses bouteilles.

Lorsque l'on jette un coup d'œil sur les produits vraiment latins, et qu'on voit la disproportion de leurs formes, ces panses trop larges pour leurs étroits goulots, ces lacrymatoires à fond plat munis d'un col long et fluet; quand on examine ces urnes carrées, qui se terminent par des ouvertures rondes, ces enchevêtrements d'anses inutiles et mal commodes, toutes ces ampoules, enfin, mal assises, replètes sans goût, sans recherche de la ligne ou de la silhouette (voir nos planches

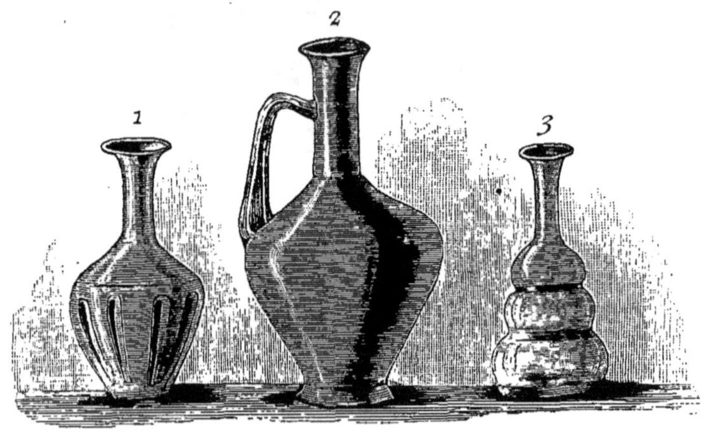

Fig. 363. — Verreries. — 1. Vase du Musée d'Arles. — 2. Vase en verre bleu du Muséum Calvet, à Avignon. — 3. Verre blanc du Musée de Moulins.

de verreries au chapitre précédent), on comprend facilement que les gens qui se servaient journellement des poteries parlantes ne se soient pas contentés, pour leur usage particulier, d'œuvres aussi plates, aussi grossières, aussi malséantes.

Dans les nombreux vases qui nous restent des nôtres, nous trouvons, en effet, une bien autre recherche, une tout autre élégance; qu'on en juge par les huiliers d'Arles et d'Avignon (fig. 366), par les coupes ornées d'émail de Lyon et du Puy, par l'aiguière de Besançon et le vase à anses avec anneau mobile, trouvé à Trept en 1877 (fig. 365), et surtout par la délicieuse burette de la collection Duquenelle, de Reims (fig. 367), où les ornements appliqués à chaud sont parsemés avec un goût si parfait.

Et qu'on ne vienne pas nous dire que nous prenons ici pour gauloises des choses entièrement romaines. M. Sauzay, qui a traité à fond la matière, écrit, page 18, que « les découvertes d'un nombre infini de verreries gauloises, exploitées par des indigènes, a permis de constater que nos ancêtres firent de très bonne heure une grande concurrence aux verreries romaines, non seulement dans les objets

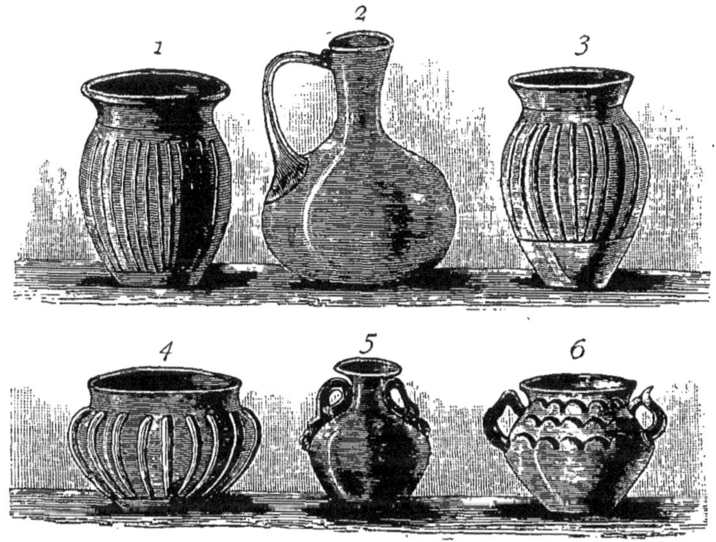

Fig. 364. — Verreries. — 1. 2. Vases du Musée de Lyon. — 3. 6. Vases du Musée d'Arles. — 4. 5. Vases du Musée d'Avignon.

vulgaires, mais encore dans l'art. » (*La Verrerie, depuis les temps les plus reculés jusqu'à nos jours.*)

On peut, je le crois, s'en rapporter sur ce sujet au savant conservateur du musée du Louvre.

Quand nous n'aurions enfin que le vase de Strasbourg pour prouver la supériorité de nos ouvriers, ce serait déjà bien assez.

En 1825, dans un cercueil de pierre déterré par hasard, un jardinier trouva le hanap que représente notre figure 368 ; sa maladroite curiosité lui fit briser à moité ce vase; une partie de l'inscription a disparu par ce fait. M. Schweighauser, bibliothécaire de la ville de

Strasbourg, a cru y lire le nom de MAXIMIANVS AUGVSTVS. — Une sorte de réseau en verre colorié rouge l'entoure tout entier; il est d'une élégance et d'une originalité complètes. M. Sauzay n'hésite pas à le classer parmi les productions purement gauloises. Antony Rich, dans son *Grand Dictionnaire,* en a publié un autre à peu près semblable,

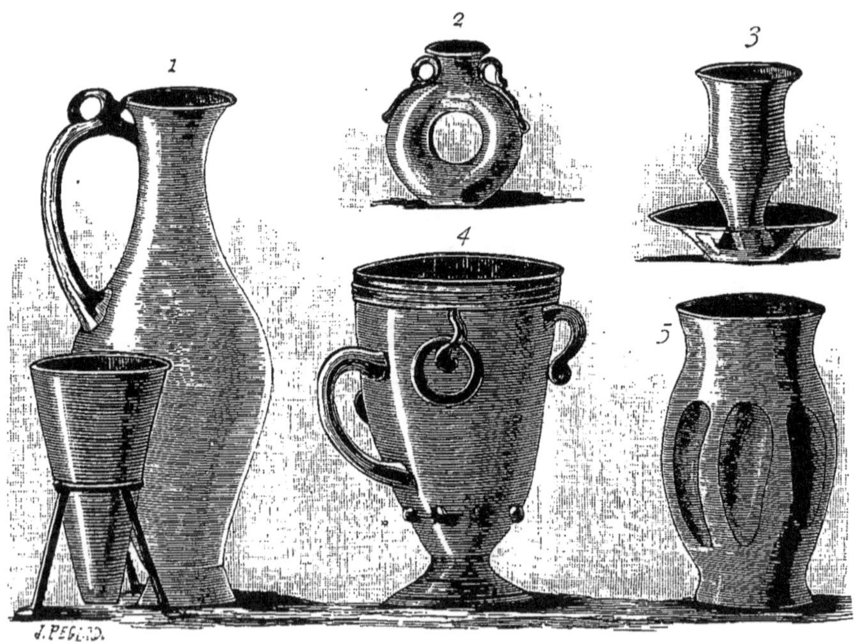

Fig. 365. — 1. Aiguière et verre à boire trouvés à Plombières et à Andelongue (Musée de Besançon). — 2. Gourde en verre blanc du Musée de Lyon. — 3. Vase et coupe de Méry-sur-Seine (Musée de Troyes). — 4. Vase avec anses et anneau mobile, trouvé à Trept (Isère) en 1877. — 5. Vase blanc du Musée de Lyon.

également travaillé à jour, en verre de différentes couleurs ; il l'appelle *Diatreta.* Au-dessus du filet se lit une inscription complètement nationale : BIBE, VIVAS MVLTOS ANNOS. C'est le cri de nos vases noirs, barbotinés de blanc ; c'est le souhait de nos faïences françaises. C'est toujours l'esprit de notre race joyeuse. Partout le Celte a su imprimer sa marque. Sur la grande pierre levée comme sur le plus petit objet qui sort des mains savantes de ce peuple, on aperçoit son cachet personnel et sa griffe puissante.

Le bronze avait été importé de l'Inde directement en Gaule, bien des siècles avant l'apparition des légionnaires d'Italie. Après l'occupation, il continua à rester une industrie toute locale. Tite-Live, nous l'avons déjà dit, parle de certains ustensiles particuliers aux porteurs

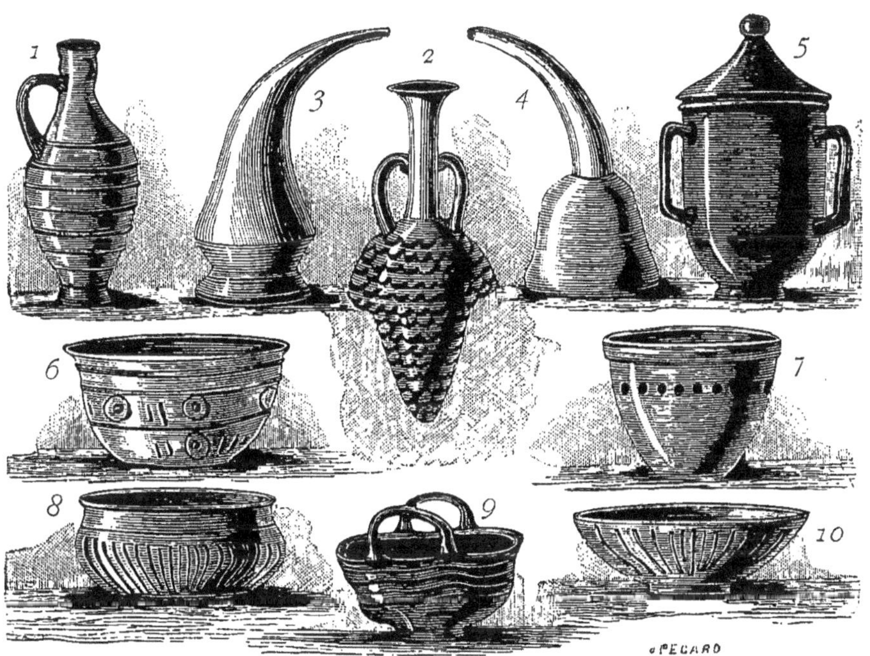

Fig. 366. — 1. Vase en verre blanc du Musée de Lyon. — 2. Vase en verre blanc du Musée d'Arles. — 3. Vase en verre du Muséum Calvet, à Avignon. — 4. Vase semblable du Musée d'Arles. — 5. Vase en verre brun avec couvercle, du Musée d'Avignon. — 6. Coupe en verre du Musée de Lyon. — 7. Vase en verre blanc avec points bleus (Musée du Puy-en-Velay). — 8. 9. 10. Vases striés de blanc et de bleu du Muséum Calvet, à Avignon.

de braies, urnes, hydries, œnochoés, buires, cuvettes auxquelles il donne l'épithète spéciale de *gallicæ* (fig. 369).

Ces ustensiles n'étaient que des objets d'un métal particulier, très à la mode dans la cité de Romulus, et que fabriquaient spécialement les habitants de ces pays, considérés comme essentiellement sauvages par MM. les pédants.

Les cuirasses, les casques, les boucliers, les épées, les poignards gaulois primitifs étaient tous du bronze le plus pur. Quand les Romains eurent fait prédominer le fer dans l'équipement des hommes, les Gaulois, pour cela, n'abandonnèrent pas leurs armures brillantes et continuèrent à préférer le bronze éclatant au noir et dur acier, pour

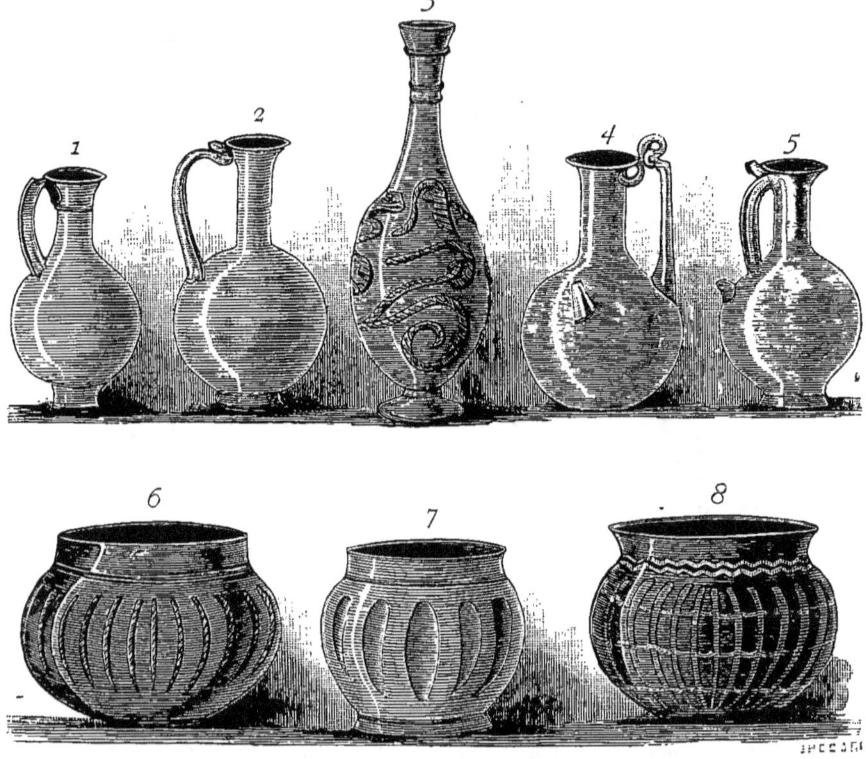

Fig. 36 — Aiguières en verre blanc. — 1. Trouvée à Méry-sur-Seine (Musée de Troyes). — 2. Musée de Besançon. — 3. Collection Duquenelle, de Reims. — 4. Idem, trouvée à Reims, au faubourg de Cérès. — 5. Musée de Moulins. — 6. Vase en verre noir strié de blanc (Musée de Lyon). — 7. Vase en verre blanc, avec dépressions (Musée de Langres). — 8. Vase en verre brun strié de blanc (Musée Calvet, à Avignon).

tout ce qui était d'un usage général dans la vie ordinaire. Les vainqueurs utilisèrent leur savoir-faire et encouragèrent de leur mieux la fabrication des vases d'abord, ensuite celle des trépieds, des chandeliers, des boucles de ceinturon, des gardes d'épée, des médailles et même des statues, qu'ils surent fort bien utiliser par la suite pour leur propre compte.

On trouve en France une quantité considérable de ces objets, qui n'ont de romain que l'apparence.

Nous ne pouvons ici entrer dans des détails plus circonstanciés sur tous ces produits. Qu'il nous suffise de constater, par les quelques gravures (fig. 369, 370 et 371) que nous donnons ici, que cette industrie nationale survécut à l'envahissement et se développa quand

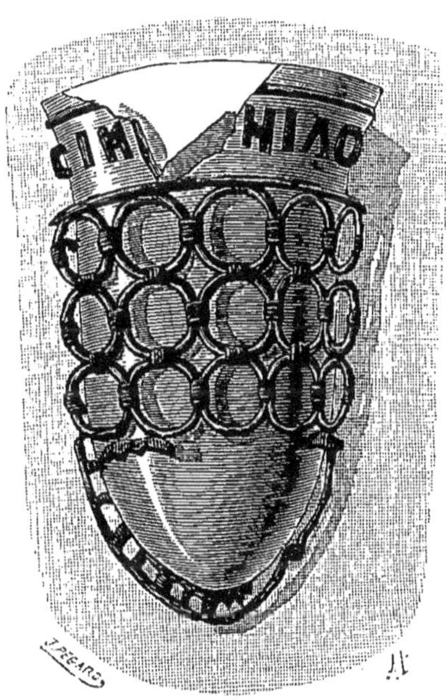

Fig. 368. — Vase trouvé à Strasbourg en 1825.

même, avec ses procédés spéciaux, jusqu'à l'invasion des barbares.

Le bronze gaulois eut toujours à Rome une renommée complètement justifiée par le fini parfait de sa fabrication.

Pour les bijoux, il est bien délicat d'en vouloir déterminer exactement la provenance. C'est aux femmes que sont d'ordinaire destinées ces élégantes parures, et les femmes sont, dit-on, aussi changeantes que les flots azurés de la mer. — Ne médisons pas des modernes et ne calomnions pas les anciennes; mais, comme celles-ci seulement nous préoccupent, essayons d'indiquer pourquoi nous n'osons pas classer méthodiquement les pierres précieuses dont elles se paraient d'habitude. — Supposez une Peponilla, une Victorina de ce temps : un collier de pierres vertes serties d'or lui a causé certain jour une joie indicible ; il a brillé sur sa gorge fraîche, et, le lendemain, elle l'a jeté là pour *s'attorner* d'améthystes ou de rubis. Passant à Vienne, à Clermont, à Saintes, à Bordeaux ou ailleurs, qu'elle ait recontré un beau

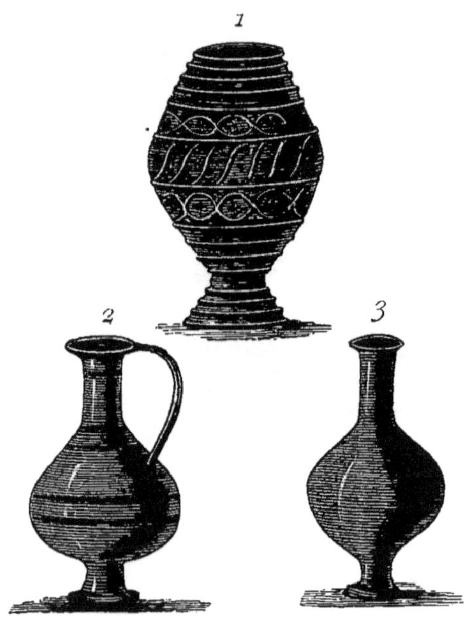

Fig. 369. — Vase et aiguières en bronze du Musée de Clermont-Ferrand.

matin, dans la montre d'un joaillier, des boucles d'oreilles sonnantes du genre appelé *crotalium* (fig. 372). Tourmentée du désir d'en agrémenter son visage, elle a fait tout aussitôt l'acquisition du merveilleux objet de son soudain caprice. Le sort l'a conduite à Rome même, une autre fois. Là, elle a pu voir, sur les gradins d'un théâtre ou les marches d'un temple, briller au cou d'une de ses rivales une gouttelette d'eau, *stalagmium*, une perle fine, *eleuchus*, qui lui ont causé des tristesses navrantes ; une main charitable lui a bientôt rendu la vie en en ornant son écrin. La femme n'aime pas à rester en place. Plus tard, elle s'est retrouvée à Nîmes, et quelques mois après à Autun ;

sans aucun doute, ses bijoux l'ont suivie. Comment ne pas transporter avec elle l'arsenal de ses coquetteries nécessaires? Aussi, dire d'un collier ou d'un bracelet, parce qu'il a été trouvé à Lyon, qu'il est particulièrement romain ou spécialement gaulois nous semblera toujours chose bien hasardeuse. Pourtant comme, dans le nombre vraiment

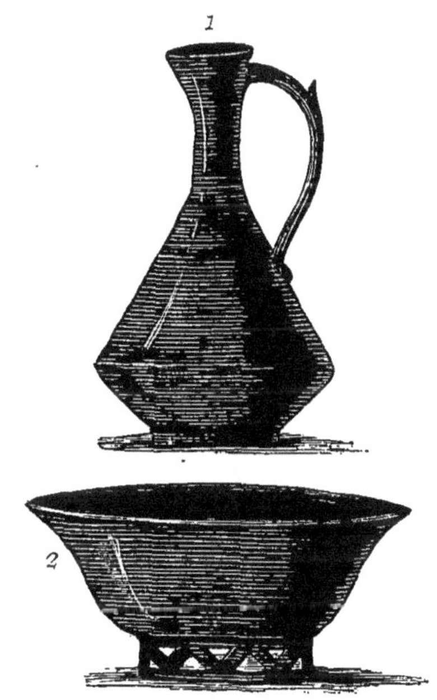

Fig. 370. — 1. Buire en bronze trouvée à Decize, près du vieux château (Musée de Nevers). — 2. Coupe trouvée à Bar-sur-Seine (Musée de Troyes).

incroyable d'objets divers déterrés à l'ancien clos des Lazaristes, sur le coteau de Fourvières, et figurant actuellement au musée de la place des Terreaux (fig. 372, 373 et 374), se rencontre une magnifique série évidemment de l'époque gallo-romaine, nous croyons devoir faire, à propos de tous ces charmants ornements, une simple réflexion qui nous semble ressortir de l'examen sérieux de ces élégantes pièces d'orfèvrerie rencontrées sur notre sol.

On est forcé de reconnaître, dans toutes ces brillantes ciselures, un certain goût plutôt *grec* que romain. Les *peltæ* arrondies qui s'entremêlent si gracieusement aux pierres précieuses dans quelques-uns de nos colliers sont des ornements *grecs;* les grandes fibules de bronze, dont nous donnons quelques spécimens, sont des agrafes entièrement *grecques*. Nous nous permettrons ici un rapprochement direct (fig. 372

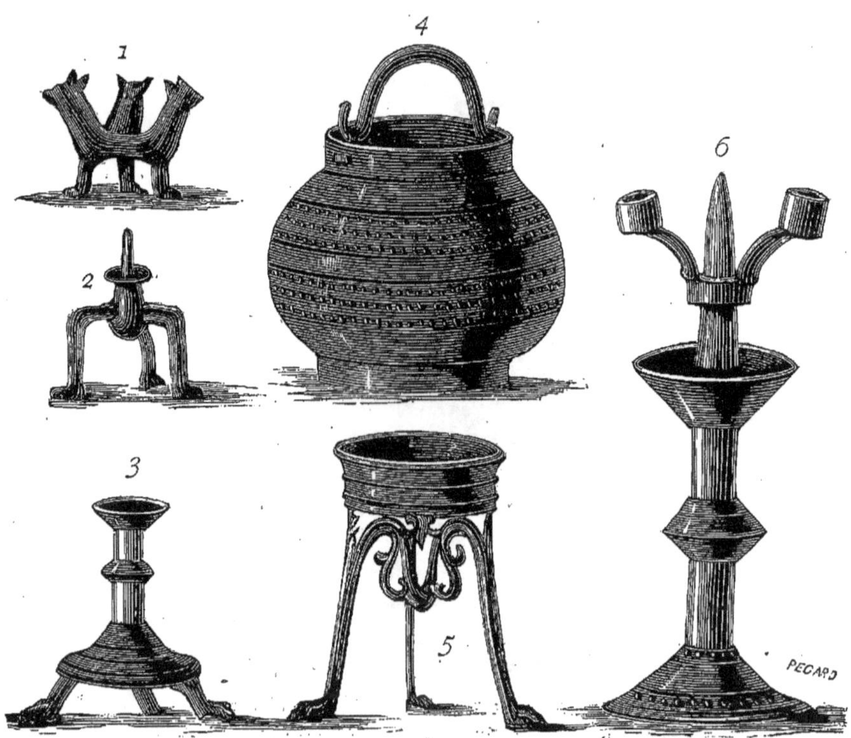

Fig. 371. — 1. 2. 3. 6. Chandeliers en bronze, trouvés à Reims. — 4. Vase à anse en bronze de la même provenance. — 5. Trépied en bronze. (Collection Duquenelle.)

et 374) pour le faire comprendre plus facilement au lecteur. La comparaison en est, ce nous semble, assez concluante. — Donc, même pour les bijoux, nous sommes forcés de reconnaître encore une influence hellénique prédominante en Gaule, en pleine occupation romaine.

Décidément, il nous paraît bien difficile de nier désormais notre parenté certaine avec les vaincus de Mummius le Grand et de Metellus le Terrible.

Malgré cette indéniable tendance, il resta encore chez nous des ciseleurs d'or qui gardèrent comme un ressouvenir de l'ancienne civilisation nationale. Le musée de Troyes possède un vrai *torques* en or, trouvé près d'un bracelet poli de même matière, qui n'ont rien du goût

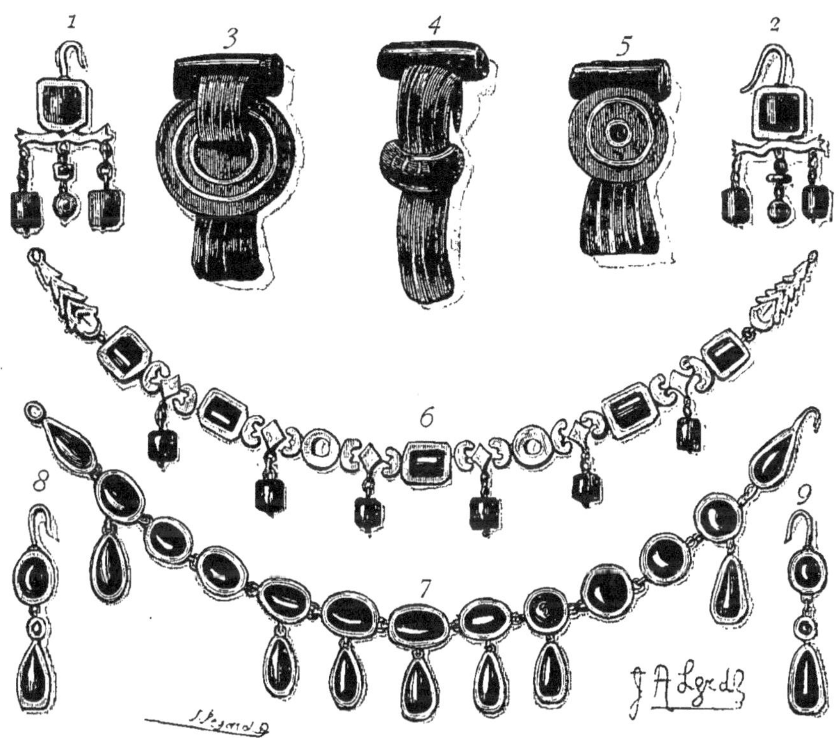

Fig. 372. — 1. 2. Boucles d'oreilles or et pierres vertes et blanches (*crotalium*). — 6. Collier or et pierres vertes. — 7. Collier pierres brunes cernées d'or. — 8. 9. Boucles d'oreilles, pierres brunes et vertes serties d'or (*stalagmium*); bijoux trouvés à Lyon, en 1841, sur le versant occidental du coteau de Fourvières, ancien clos des Lazaristes. — 3. 4. 5. Fibules de bronze du Musée du Louvre.

nouveau, et rappellent à s'y méprendre les colliers et les armilles des tombes de Champagne (fig. 375). Nombre de fibules, de bronzes, enfin, de provenance gallo-romaine positive, affectent de même des allures antiques (fig. 376).

Et quand on les compare à celles que nous avons données précédemment (ch. III), quand on les rapproche de nos épinglettes bretonnes, on retrouve chez elles ce parfum celtique qui sut résister même à l'introduction des modes corinthiennes chez nos aïeux (fig. 377).

Mais, là où le génie personnel des nôtres apparaît dans tout son relief, c'est dans les fameux *cloisonnés* ou *champlevés*[1] que nous allons

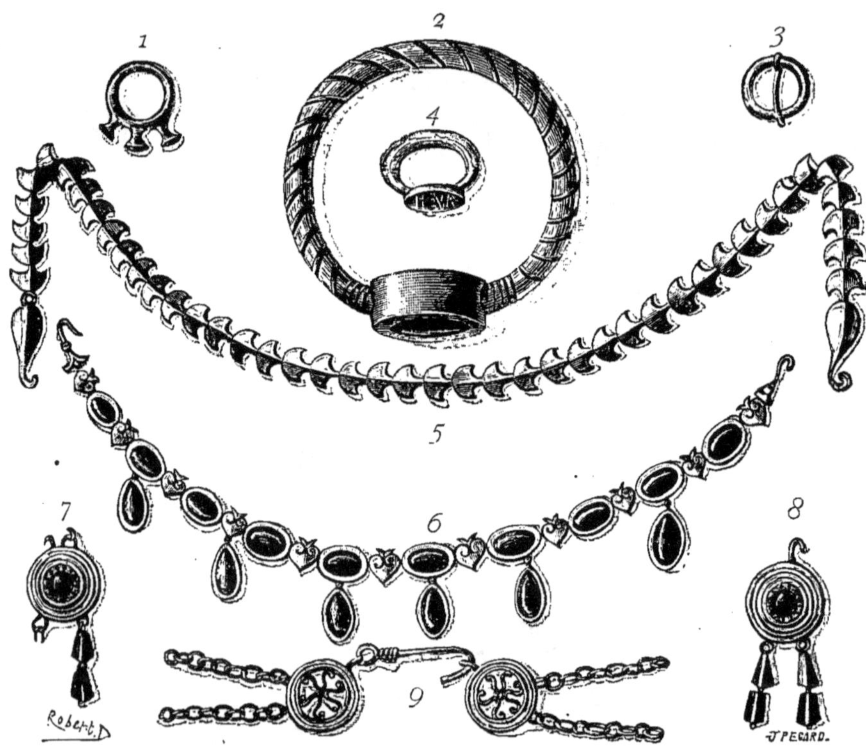

Fig. 373. — 1. 2. 3. Bijoux en or, fibule, bague et bracelet du trésor de l'ancien clos des Lazaristes. — 4. Bague du Musée de Troyes. — 5. Collier en or trouvé, en 1843, à La Celle, près d'Autun. — 6. Collier en or et pierres violettes, trésor des Lazaristes. — 7. 8. Boucles d'oreilles, or et pierres vertes et noires (Musée de Lyon). — 9. Agrafe en or trouvée à Vinay (Isère) [Musée de Lyon[2]].

étudier un instant pour signaler, si faire se peut, tout le caractère que nous croyons y entrevoir.

1. Le *champlevé* se distingue du *cloisonné* en ce que, dans le premier, on creuse le métal même en réservant les saillies dessinées d'avance; dans le *cloisonné*, on dispose les arêtes après coup en les contournant autour de la pâte de verre et en les soudant simplement sur le fond.

2. Le bracelet du trésor de l'ancien clos des Lazaristes porte au centre de son médaillon une figure de Commode. Sur le chaton de la bague du musée de Troyes, appartenant au trésor dit de Théodoric, on lit gravé le mot *Heva*.

BIJOUX ET ÉMAUX GALLO-ROMAINS

(Pl. 8.)

1 et 3. Fibules du Musée de Lyon (*Fibula encausta*).

2 et 8. Fibules du cabinet de M. Habert, à Troyes.

6. Broche du Musée de Rouen.

7. Fibule du Musée de Cluny, trouvée en 1836, dans le département de l'Aube, près d'Arcis, n° 3,380 du catalogue.

9. Fibule du cimetière de Flavion.

10. Fibule du Musée du Louvre.

4 et 5. Développement de la fibule du cabinet Duquenelle, de Reims, voir n° 12.

11. Fibule du Muséum Calvet, à Avignon.

12. Fibule de la collection Duquenelle, à Reims.

13. Fibule du Musée du Louvre, salle des bronzes.

14 et 15. Fibules de Flavion.

16 et 17. Broches de la collection Duquenelle, de Reims.

18. Fibule du cimetière de Flavion.

19. Épinglette du Musée de Rouen.

20. Fibule du Musée de Langres.

21. Fibule du Louvre.

22. Fibule de Flavion.

23, 27 et 29. Fibules du Louvre.

24, 25, 26 et 28. Fibules du cimetière de Flavion.

30. Boucle de la collection Duquenelle, de Reims.

31. Fibule du Louvre.

32. Fibule trouvée à Vaison (Collection de M. Récamier).

33 et 34. Fibules de la collection Récamier.

35 et 36. Développement de la fibule du Muséum Calvet à Avignon, voir le n° 11.

37. Fibule du Musée de Rouen.

38. Fibule du Musée du Louvre, salle des bronzes.

39. Fibule du cabinet de M. Habert, à Troyes.

PL. 8

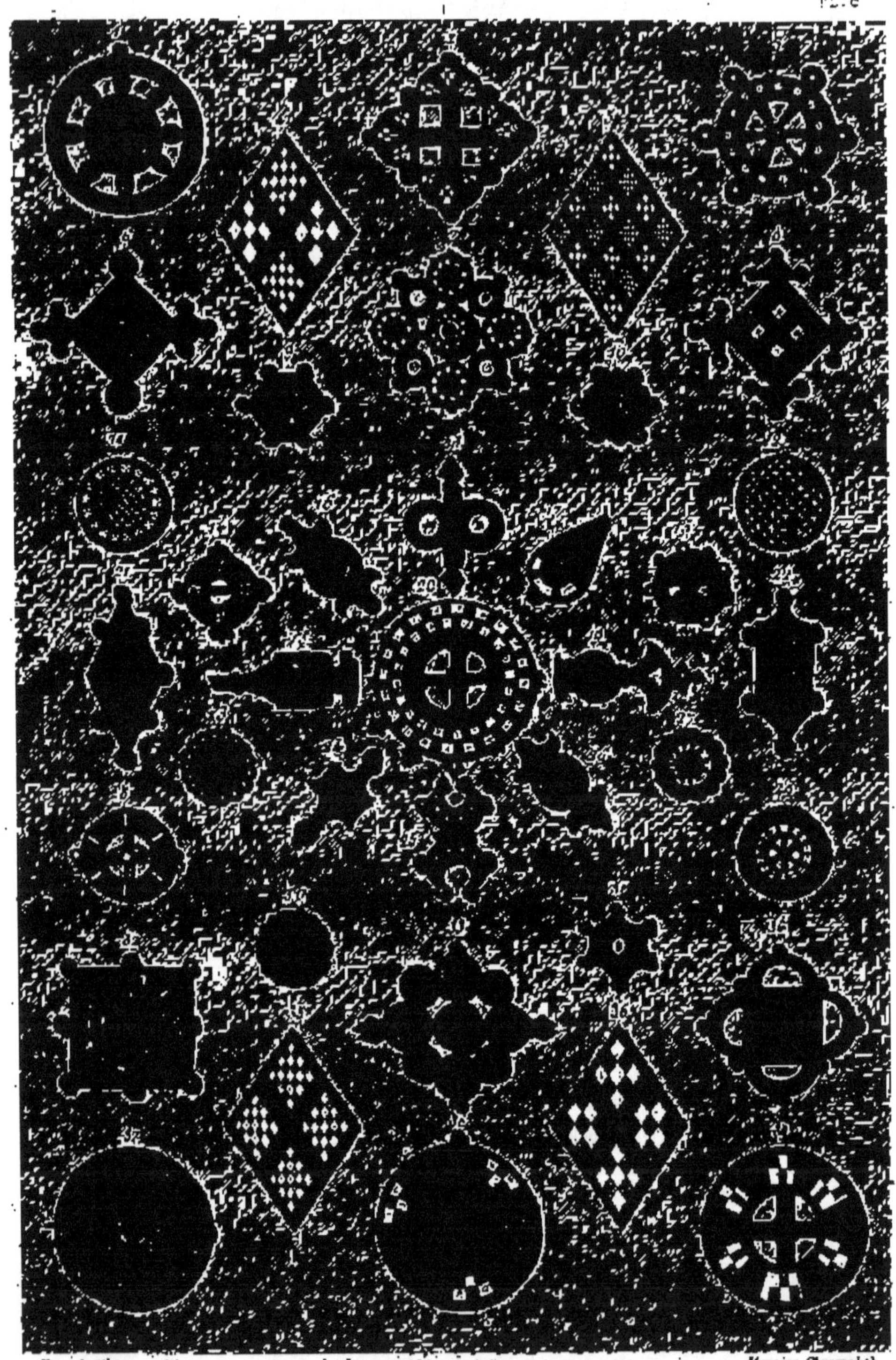

BIJOUX ET EMAUX GALLO-ROMAINS

Quelques-uns proviennent du cimetière de Flavion. Nous en avons récolté un très grand nombre dans les musées de province. Le Louvre et Cluny en possèdent une dizaine d'exemplaires, et nous avons complété notre collection en puisant à pleines mains dans les vitrines

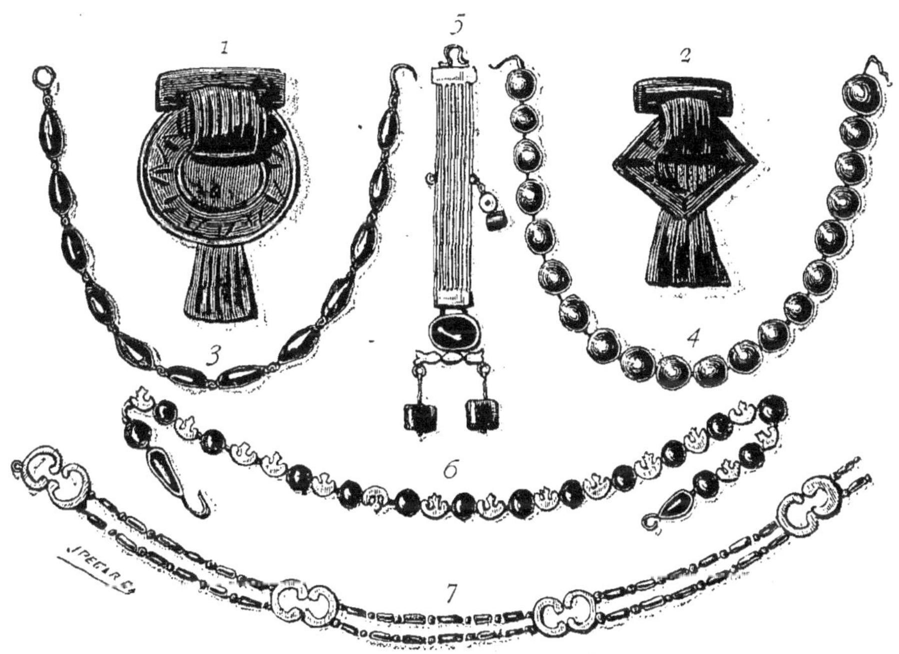

Fig. 374. — 1. 2. Fibules *grecques* du Musée du Louvre. — 3. Collier or et pierre bleue trouvé dans l'ancien clos des Lazaristes, à Lyon. — 4. Collier or creux, de même provenance. — 5. Pendeloque avec pierres rouges et vertes. — 6. Collier or (*peltæ*) et pierres bleues. — 7. Collier avec pierres vertes et rouges (Musée de Lyon). — Trésor du coteau de Fourvières.

du cabinet de M. Récamier, qui a bien voulu mettre ses richesses à notre disposition avec une bienveillance dont nous nous plaisons ici à le remercier publiquement[1].

Rien de plus véritablement gaulois que ces magnifiques émaux (pl. 8).

1. M. Récamier prépare un grand travail sur l'art gaulois dans le pays des Éduens; cette intéressante publication jettera sans doute un jour tout nouveau sur l'industrie du bronze émaillé dans la première Lyonnaise, et nous en attendons l'apparition avec une grande impatience.

L'application des pâtes de verre coloriées dans l'or, l'argent ou le bronze, est un art français de naissance.

M. Bulliot nous a déjà donné des renseignements très précis sur

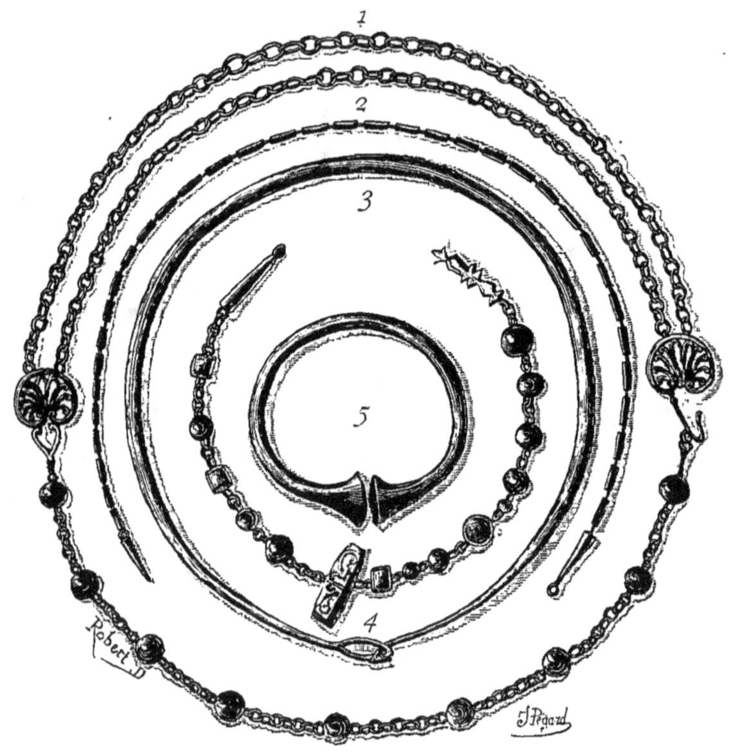

Fig. 375. — 1. Collier en or et pierres rouges, trouvé à Mailly, Arcis-sur-Aube (Musée de Troyes). — 2. Collier or et pierres vertes (Musée de Lyon). — 4. Collier or, pierres veetes et noires (Musée de Lyon). — 3. 5. Collier (*torques*) et bracelet or, trouvés à Pouan (Aube) [Musée de Troyes]. — Trésor dit de Théodoric.

les émailleurs du mont Beuvray[1], qui pratiquaient cette industrie à Bibracte, bien avant l'apparition de César en Gaule. Nous avons publié quelques spécimens de ses fouilles dans notre planche 4 (voir chapitre III). Les Gallo-Romains gardèrent intacts tous les procédés de

1. *L'Art de l'émaillerie chez les Éduens avant l'ère chrétienne,* par S.-C. Bulliot et Henry de Fontenay. (Paris, Honoré Champion, libraire, 1875.)

leurs devanciers et firent bien vite d'immenses progrès dans cette fabrication toute nationale.

Certes, il faudrait être farci de latin des pieds à la tête pour dire de ces rosaces délicates, de ces rondelles agrémentées de boutons

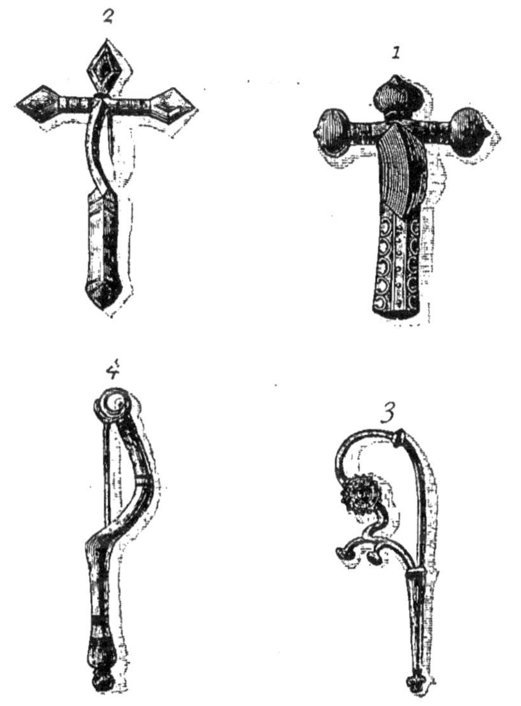

Fig. 376. — 1. Fibule de bronze incrustée d'or, collection de M. E. Boban. — 2. 4. Fibules de bronze du Musée de Cluny. — 3. Fibule de bronze du Musée du Louvre[1].

de fleurs, de ces croissants, de ces feuillages lancéolés, de ces trèfles et de ces corolles que tout cela est romain, grec, égyptien ou même étrusque. Rien de semblable ne se rencontre dans les orfèvreries

1. Pour tous les objets du Louvre (salle des bronzes antiques, ancien fonds Napoléon III), il est impossible d'indiquer les provenances exactes; on les suppose gauloises, mais, hélas! là-dessus les inventaires ne possèdent aucun document explicatif. — Quel dommage que M. Adrien de Longpérier n'ait pas publié la seconde partie de son travail sur les bronzes antiques de cette galerie si riche au point de vue national. Lui seul était capable de jeter quelque lumière dans ces obscurités séculaires.

de ces peuples. Comme on n'a plus sous la main des Hyperboréens fantastiques à nous offrir, on est bien forcé de convenir, devant cette incroyable production incontestablement à eux, que ces épouvantables Gaulois, que l'on voudrait à tout prix faire disparaître de l'histoire humaine, avaient pourtant un certain goût et n'étaient pas aussi dépourvus d'idées qu'on le croit généralement dans les hautes sphères de la science officielle.

Ici, c'est décidément le véritable art national que nous tenons en

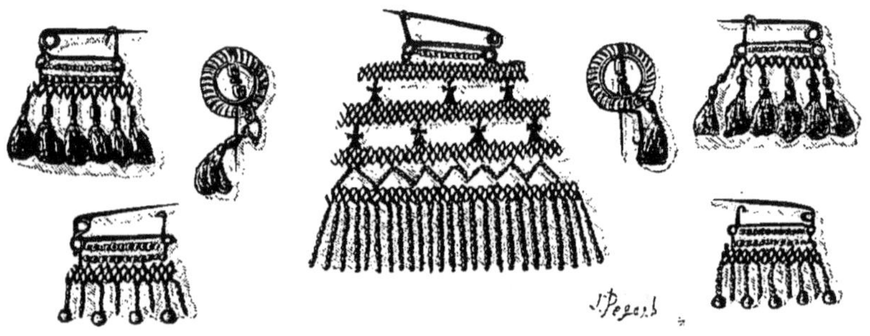

Fig. 377. — Épinglettes bretonnes modernes des pardons de Sainte-Anne et du Folgoat[1].

main, et nos ouvriers ne sont plus des novices, mais bien des maîtres.

Ce qui frappe tout d'abord dans les champlevés gallo-romains (pl. 8), c'est un goût très caractérisé de l'alliance des trois couleurs qui devaient devenir plus tard les couleurs nationales.

Les fibules rondes du musée d'Avignon et de la collection Duquenelle sont positivement tricolores, comme les bijoux des dolmens de notre planche 2. Nos vieux pères semblent avoir eu, dès l'enfance de leur race, un goût particulier pour ce bleu, ce blanc et ce rouge qui font maintenant palpiter si fort tous les cœurs français. — N'était-ce pas comme un reflet des fleurs délicieuses qui émaillaient partout les douces prairies de leurs vallées silencieuses, les riches moissons de

1. On s'obstine à appeler de nos jours ce genre de fibules *épingles anglaises;* nous publions une nouvelle série de ces épingles positivement armoricaines, dans le seul but de prouver, une fois de plus, que les Anglais, en ceci comme en bien autre chose, n'ont rien inventé du tout. Mais, en France, on ne peut admirer un objet bien authentiquement français que quand il nous vient de l'étranger plus ou moins contrefait.

leurs plaines fertiles, coquelicot rutilant, bluet des blés verts et marguerite des champs?

Puis viennent des colorations plus savantes, pleines d'humour, de fantaisie et d'éclat, boutons dentelés émaillés de jaune fauve, roues

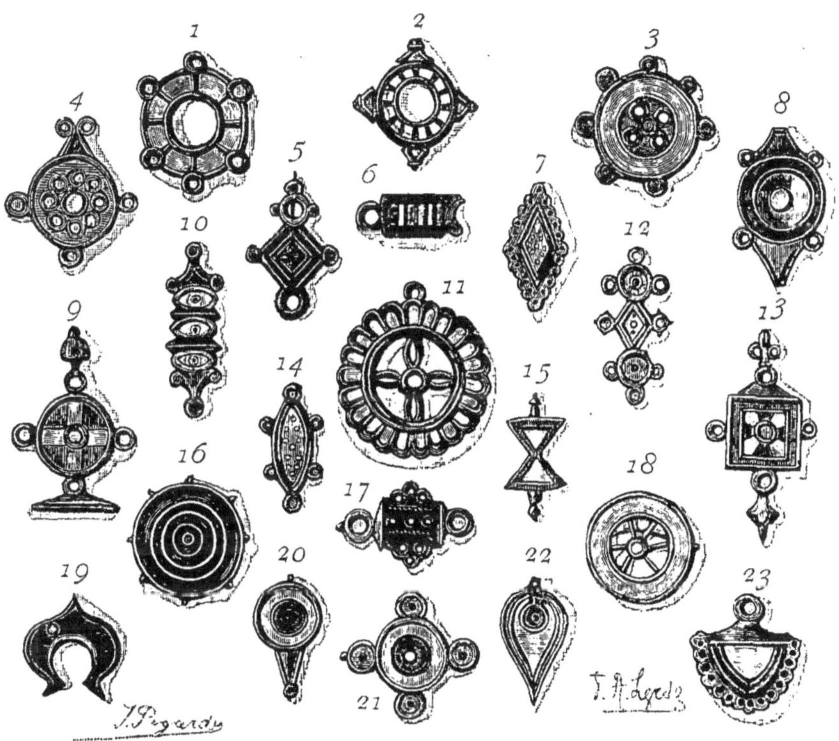

Fig. 378. — Fibules en bronze champlevées et ornées d'émaux. — 1. 3. 6. 21. Fibules du cabinet de M. Récamier. — 2. 5. 7. 10. 11. 12. 14. 15. 16. 17. 18. Fibules du cimetière de Flavion. — 4. 8. 9. 13. 23. Fibules du Musée du Louvre, salle des bronzes. — 19. 20. 22. Fibules du Musée de Cluny.

d'or découpées à jour, cercles accouplés, damiers alternés jetés un peu partout, carrés inscrits qu'accompagnent des petites fleurs dissimulant avec une habileté charmante la rigidité des contours, losanges chargés de stries délicates, liserons allongés harmonieusement en pointe. C'est l'amour de la fleur dans son expression la plus vive ; c'est toujours, comme autrefois, l'étude de la seule nature avant tout et partout (fig. 378).

Ces fibules, d'une variété sans égale, ressemblent à des bouquets que l'artiste a façonnés pour briller au corsage des femmes, qui s'avancent glorieuses dans la foule, montrant à tous le souvenir aimable donné par une main chérie ou le présent d'un époux respecté.

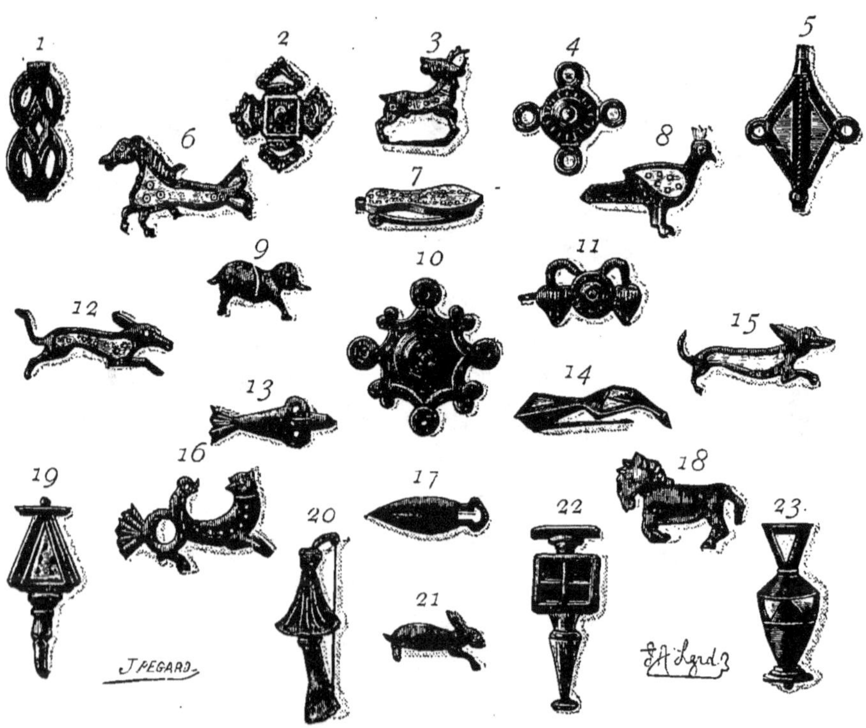

Fig. 379. — Fibules de bronze émaillé. — 1. 7. 9. 11. 13. 15. 17. 18. 20. 21. Fibules du Musée de Cluny. — 10. Fibules du Musée du Louvre. — 2. 3. 4. 6. 8. 12. 16. 19. 22. Fibules du cimetière de Flavion. — 5. 14. 23. Fibules de la collection Récamier.

Il y a, dans tout cela, comme une révélation du caractère gaulois dans son épanouissement grandiose.

Les fers de lance enchaînés des colliers romains, les camées froids où se profilaient sèchement les césars couronnés, les Minerves casquées, les quadriges lancés à fond de train, les griffons fantastiques et les boucs lascifs entourés de cabochons rugueux, n'ont rien à voir avec tout cela.

Nous constaterons plus tard ce culte de la pierre en relief dans toutes les parures franques. Ici, l'enfant peut toujours jeter tranquillement ses petits bras au cou de sa mère sans jamais blesser sa chair délicate. Chez les Romaines, comme chez les épouses des rois chevelus,

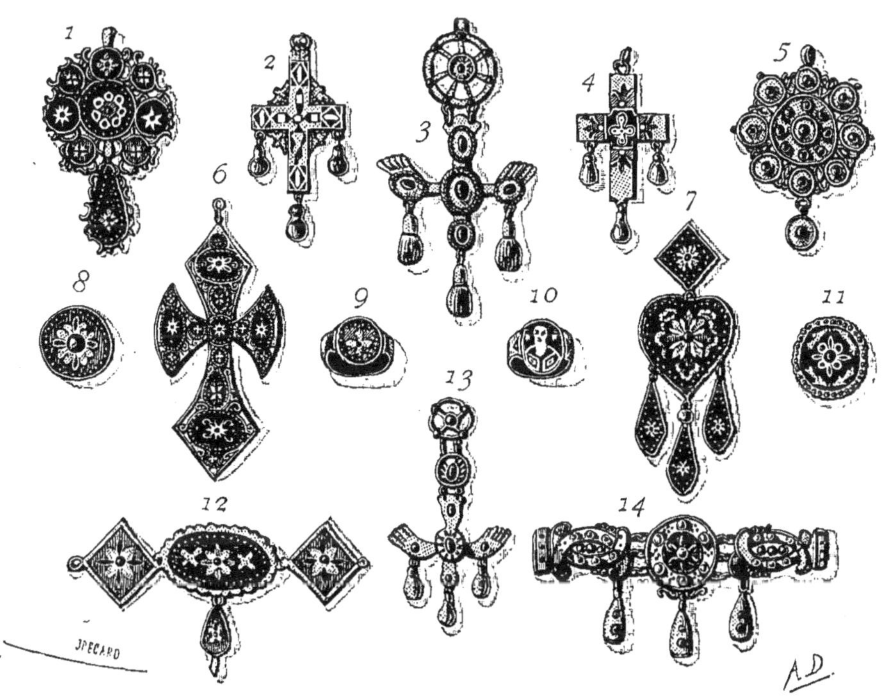

Fig. 380. — Bijoux modernes de Bourg-en-Bresse et du Puy-en-Velay. — 1. 7. Papillons bressans; bijoux émaillés. — 6. Croix de Bourg-en-Bresse. — 8. 11. Développement des médaillons. — 9. Bagues de Bourg-en-Bresse. — 12. Collier de Bourg. — 2. 4. Croix émaillées du Puy-en-Velay. — 3. 13. Saints-esprits d'Auvergne. — 10. Bague émaillée du Puy. — 14. Rivière du Puy. — 5. Rose du Puy.

il ne serait sorti de cette étreinte qu'écorché, ensanglanté et meurtri par les saillies prétentieuses de l'orfèvrerie de mauvais goût dont ces femmes avaient l'habitude de couvrir leur vaste poitrine. Une simple broche est parfois la constatation merveilleuse des qualités et des défauts de toute une race.

On sait notre goût pour l'explication des usages anciens par les coutumes modernes; qu'on nous tolère encore un rapprochement qui, pour nous, serait une preuve flagrante, si nous n'en avions d'autres, de l'attribution que nous venons de faire à nos vieux pères de tous les bijoux émaillés quiprécèdent[1].

On fabrique encore de nos jours, au Puy-en-Velay, des *roses* et des croix champlevées identiques, comme faire, aux fibules du IVe siècle de notre ère, que nous venons de faire passer sous les yeux du lecteur.

On vend à Bourg-en-Bresse des *papillons*, des bagues, des boutons et des cœurs émaillés qui ont avec ces mêmes bijoux une ressemblance extraordinaire (fig. 380).

Les traditions sont tenaces en France.

Grand fut notre étonnement quand nous vîmes, dans les petites rues en pente de l'ancien oppidum des Vellaves, des dentellières assises près de leur porte, maniant avec la dextérité que vous leur connaissez sur leur petit carreau leurs innombrables bobines. Beaucoup portaient au cou des croix émaillées de bleu, de vert, de blanc et de rouge. Quelques-unes laissaient apercevoir des colliers ornés de pendeloques, auxquels était suspendu le petit saint-esprit, qu'on appelle dans la région le saint-esprit d'Auvergne[2].

A Bourg, un peu plus tard, c'était un jour de fête, nous aperçûmes

1. Nous faisons deux catégories très distinctes dans ce que nous appelons les champlevés gaulois; la première est entièrement nationale, c'est le bijou de la race primitive savamment reconstitué par des mains devenues plus habiles; la seconde est un compromis avec la joaillerie mérovingienne. Lorque survinrent les Francs, l'éclat de ces parures les tenta; ils avaient une sorte de cloisonné analogue, fabriqué avec des pierres plus ou moins polies; ils se servirent de nos ouvriers (saint Éloi, on le sait, était un orfèvre gaulois) et se firent faire sur commande des objets dans leur goût grossier et sauvage. C'est alors qu'apparurent de nouvelles fibules où se profilent les silhouettes bizarres de quadrupèdes se terminant en queue de poisson, de lièvres fuyants, des oiseaux à ventre d'émail pointillé, des lions rampants, etc. La barbarie revient avec les guerriers des bords du Rhin; la bête de l'homme des cavernes reprend son rang dans l'ornementation. Nous reviendrons plus tard sur ce caractère particulier aux nouveaux conquérants; notre figure 379 n'est qu'un premier spécimen de cette transition; toute cette orfèvrerie, gauloise de fabrication, est déjà mérovingienne de tendance; pour de plus amples détails, nous renverrons donc le lecteur au chapitre où nous traiterons de la bijouterie des fils de Clovis.

2. Il y aurait beaucoup à dire sur ce saint-esprit, nous ne pouvons ici en entreprendre l'histoire : mais qu'on le rapproche des croix d'un tout autre genre que recèle dans un coin fort obscur le Muséum Calvet, d'Avignon, et l'on comprendra bien vite la transformation de ce bijou, qui n'est devenu chrétien que par la force de l'habitude. Ah! certes, les jeunes filles qui le suspendent au chaste velours noir qu'elles attachent maintenant à leur cou ne se doutent pas du symbole qu'elles affichent naïvement sur leur poitrine. Ici, nous croyons ne pas devoir insister sur ce fait, et nous renvoyons le lecteur curieux aux nombreuses reproductions du soi-disant saint-esprit publiées par un auteur allemand dans une étude sur les bijoux des *castra vetera* de Cologne. L'allemand, plus fort que le latin, brave l'honnêteté dans les gravures.

de même ces paysannes à la coiffure si pittoresque qui étalaient au grand jour toute une orfèvrerie coloriée d'innombrables fleurettes tricolores, appliquées sur le métal brillant. C'était pour nous un véritable rêve. Ces femmes se paraient, en plein XIXe siècle, des émailleries des aïeux. Et nous nous sommes dit, avec une joie profonde : « Si les tradi-

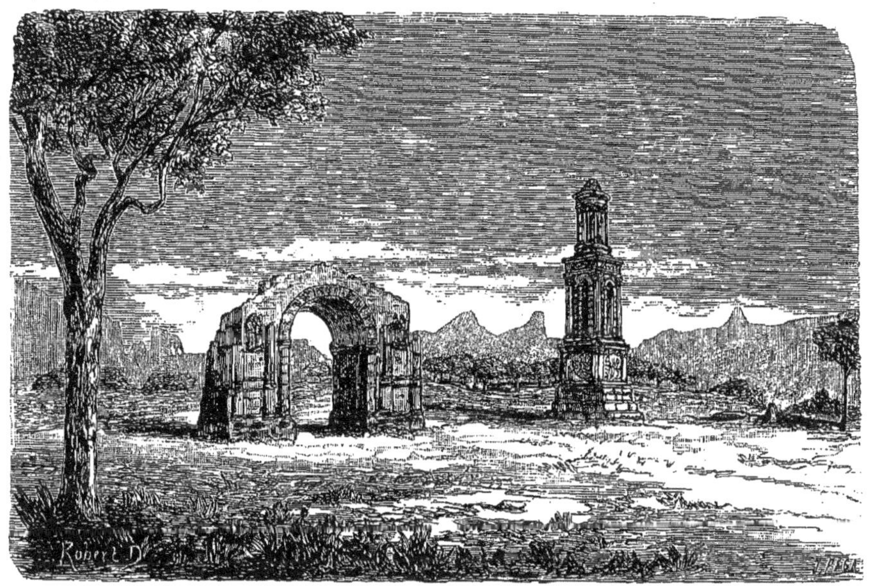

Fig. 381. — Les Antiques de Saint-Remi ; vue générale.

tions de la patrie, ce qu'à Dieu ne plaise, s'effaçaient jamais dans la mémoire des citoyens en France, on les retrouverait vivaces au fond du cœur des femmes, — Gauloises quand même, Gauloises toujours. »

Si le cachet de la race celtique se conserve jusque dans les moindres petits objets de toilette, on doit comprendre que nous le retrouverons, bien plus accentué, dans les monuments funéraires et dans les monuments religieux, les deux sujets qui nous restent à traiter pour compléter notre étude sur les transformations de l'art à l'époque gallo-romaine.

Le Gaulois, qui sut garder intacte, à travers toutes les révolutions diverses qui agitèrent sa patrie, la sublime tradition de l'immortalité de l'âme, avait plus qu'un culte pour ses chers morts. On a vu, par les dolmens et les menhirs, comment il sut les honorer jadis. — Sous César, ses enterrements étaient encore somptueux et magnifiques. « Funera sunt pro cultu Gallorum magnifica ac sumptuosa. » (*Commentaires*, liv. VI, XIX.) Les Crons de Champagne nous en ont donné la preuve. Quand survinrent les Romains, ils apportèrent d'autres rites : les bûchers, l'incinération, les libations de vin, les sacrifices d'animaux, les parfums répandus, les lacrymatoires, les urnes, les pleureuses et tout leur cortège d'histrions, de bouffons et d'archimimes.

La tolérance est une vertu éminemment française ; il faut des surexcitations quotidiennes et acharnées pour nous forcer à persécuter un voisin qui ne pense pas comme nous. Le Gaulois se croisa les bras, laissa défiler les processions romaines, regardant d'un œil indifférent ces cérémonies officielles.

A l'instar des Grecs, les Italiens élevaient, sur les tombes des leurs, des édicules ornés de colonnes, comme les mausolées d'Aix et de Saint-Remi[1] (fig. 381 et 382).

Le campagnard des environs de *Glanum* salua de loin ces symboles nouveaux pour lui, sans songer aucunement à les détruire ; vénérer d'une façon quelconque les cendres des aïeux étant chose honorable, même chez un ennemi.

Ailleurs, quelques soldats des cohortes auxiliaires, des Égyptiens, sans doute[2], ayant perdu leur chef, se souvinrent de la patrie absente

1. Nous ne reviendrons pas sur ce splendide tombeau dont nous avons déjà décrit les bas-reliefs ; il s'élève près de l'arc de triomphe dont nous avons également parlé plus haut, sur le plateau dit des *Antiques*, non loin de Tarascon, à Saint-Remi-les-Baux, détachant ses petites colonnes élégantes sur la bizarre silhouette de la chaîne des Alpines. Rien de plus pittoresque que la vue de ces ruines ; nous avons déjà cité l'inscription qui les décore, elle est ainsi conçue :

SEX. L. M. IVLIEI C. F. PARENTIBVS SVEIS.
Sextus, Lucius, Marcus, Julii, curaverunt fieri parentibus suis.

« Sextus, Lucius, Marcus, fils de Julius Caius, ont pris soin d'élever à leurs parents cet édifice. »

2. On a voulu faire de la *Pierre de Couhard* la *spina* d'un cirque problématique, au-revers de celle de Vienne, qu'on avait classée jusqu'ici parmi les monuments funèbres, et désignée sous le nom de tombeau de Pilate. La pyramide d'Autun, recouvre évidemment un sépulcre ; le champ dans

et dressèrent sur son cadavre une pyramide quadrangulaire (fig. 383), semblable à celles qui profilaient chez eux, sur le sable blanc du

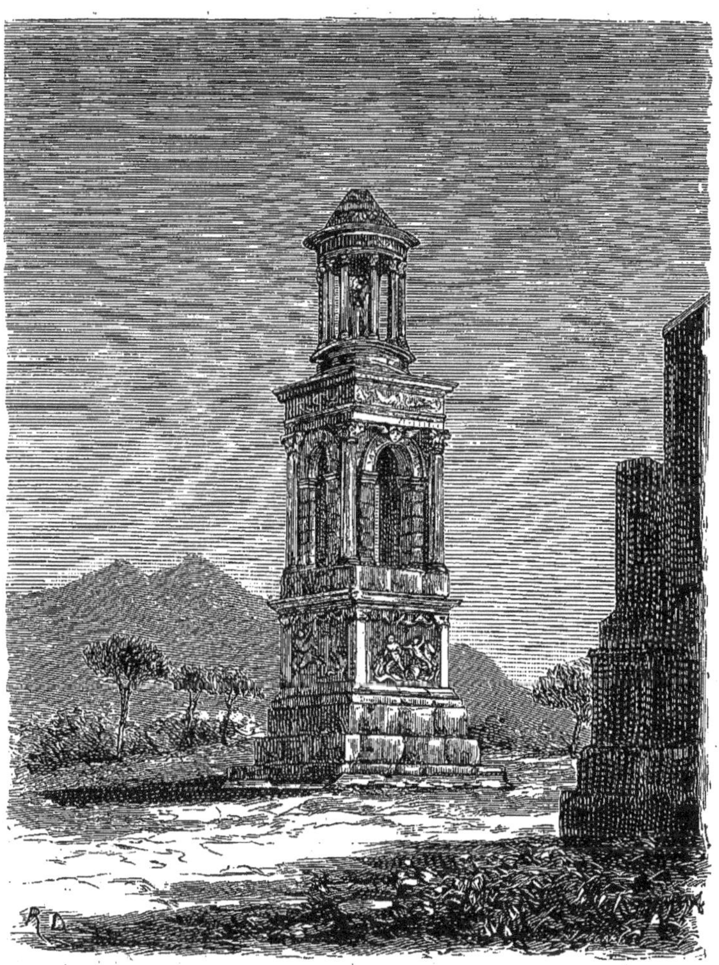

Fig. 382. — Les Antiques de Saint-Remi; le tombeau.

désert, leurs lignes majestueuses. Les descendants des planteurs de pierres et des constructeurs de *Mané*, étonnés de cette similitude

lequel elle s'élève s'appelle encore le *Champ des urnes*. Est-elle égyptienne? Nous n'oserions l'affirmer; mais la présence à Autun de sculptures d'un style absolument analogue à celles des bords du Nil, les trouvailles de M. Bulliot, qui nous a montré dans sa galerie des figurines de momies en d'usages, crurent chez ceux-ci rencontrer des frères, et respectèrent encore plus leurs rites sacrés.

L'invasion romaine avait modifié chez eux bien des croyances. Ils avaient oublié leurs dieux et délaissé les sanctuaires cachés au fond des grands bois sombres et mystérieux. — Le patriotisme n'est pas le fait

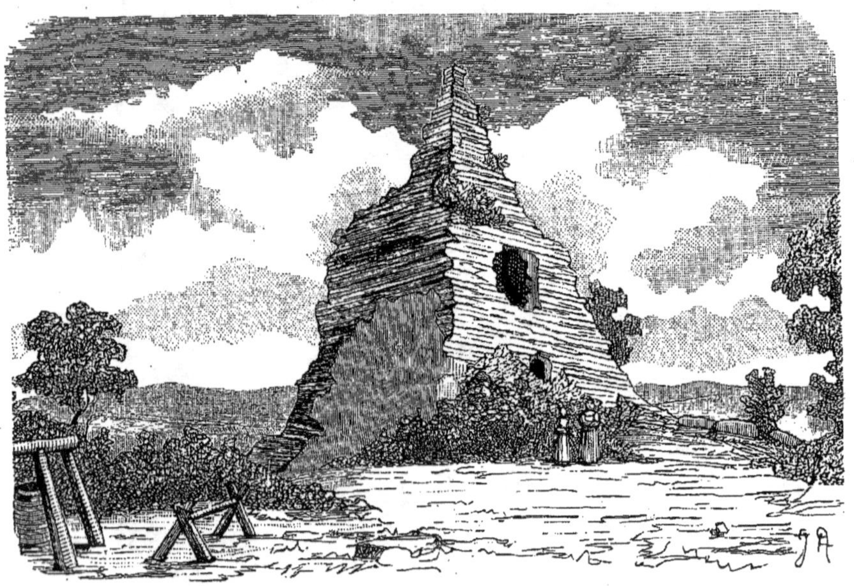

Fig. 383. — La pyramide de Couhard, près d'Autun.

des âmes simplement religieuses. Pendant les grandes luttes de l'indépendance, les prêtres n'aidèrent en rien les guerriers ; le peuple leur en garda rancune, et, quand arrivèrent les persécutions de Claude, il les laissa chasser par un simple édit sans mot dire. (Fustel de Coulanges, p. 66.) Si l'on avait attaqué ses morts, il les aurait défendus

terre verte trouvées dans le pays, prouvent, jusqu'à un certain point, la réalité de cette hypothèse. Qu'a-t-elle du reste d'extraordinaire : les légions romaines se composaient très souvent de soldats étrangers ; les *Mauri Ocismiaci* du Finistère en sont la preuve. Il a donc pu se trouver là une légion thébaine qui a suivi, dans la sépulture des siens, les usages de sa religion, les coutumes de ses pères. Enterrait-on selon le rite chrétien les turcos ou les spahis qui sont morts à Paris, lors du séjour de ces Arabes dans les casernes françaises ?

au prix même de son sang. Nous n'en donnerons pour preuve que la superbe légende des Alyscamps d'Arles (fig. 384 et 385).

Les destructions chrétiennes furent, on le sait, dans cette province si riche à cette époque, passablement radicales. Dans cette

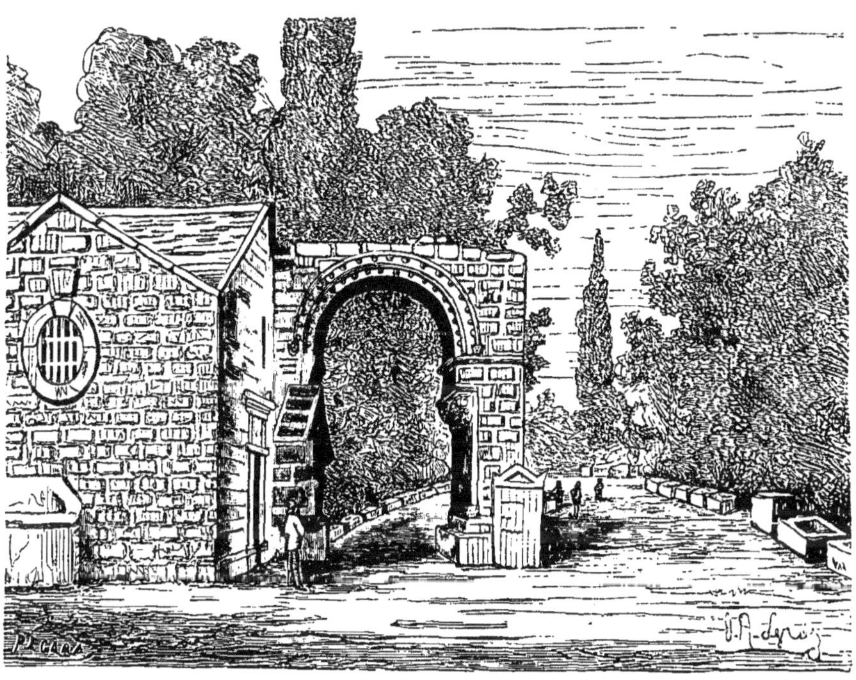

Fig. 384. — Les Alyscamps d'Arles; la chapelle de Saint-Césaire-le-Vieux et l'ancienne porte du cimetière.

seule cité d'Arles, on brûla le théâtre, on profana le temple, on détruisit les arènes, on pilla les palais, on démolit les statues, on jeta dans le Rhône tous les dieux et toutes les déesses de pierre, de marbre, de bois ou de bronze. Mais la fureur sainte des croyants s'arrêta devant les sépulcres des trépassés. Personne n'osa toucher aux autels consacrés aux dieux Mânes. Saint Trophime, frappé de tant de piété, invoqua, dit-on, le Seigneur, et Jésus-Christ descendit lui-même du haut des cieux, quittant la droite de son Père, pour venir s'agenouiller sur les pierres tumulaires de ce champ, devenu saint par sa présence.

Le sanctuaire de *la Genouillade* fut élevé par la suite à cette place. Là, prosterné, le Fils de Dieu, de ses mains divines bénit toutes ces tombes, et depuis, sans aucune crainte du démon qui n'avait plus droit en ce lieu, les chrétiens déposèrent les corps de leurs parents dé-

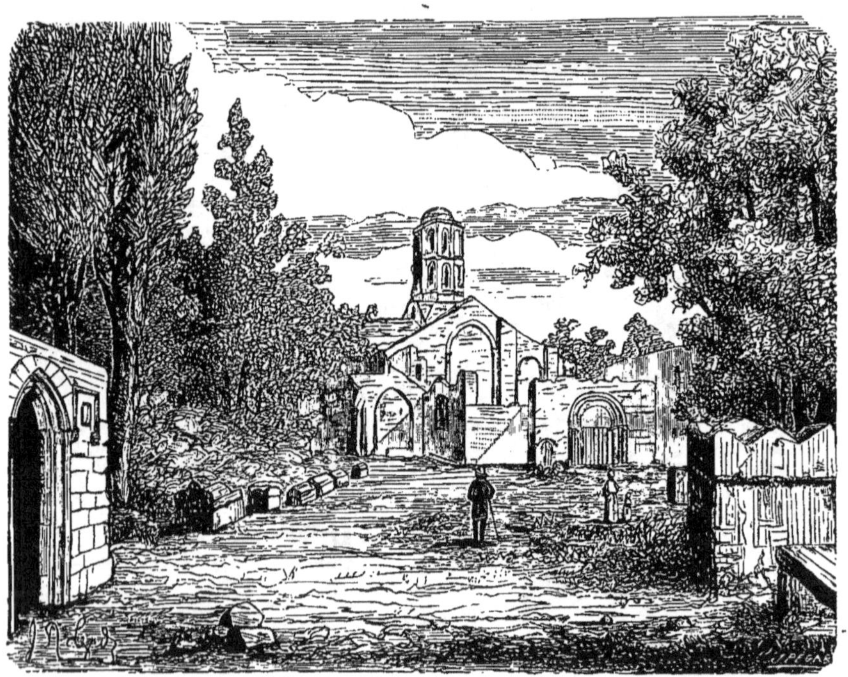

Fig. 385. — Les Alyscamps d'Arles; l'église Saint-Honorat et la chapelle des Porcelets.

funts, côte à côte avec ceux des adorateurs de Vénus et de Jupiter[1].

On peut, sans sortir d'Arles et des Alyscamps, suivre toutes les

1. Les Alyscamps (Champs élyséens), au XIIe siècle, ne renfermaient pas moins de dix-neuf églises ou chapelles. Celle que représente notre figure 384 porte le nom de Saint-Césaire-le-Vieux. Auprès s'élève une arcade romane, qui servit jadis d'entrée au cimetière; à deux pas, on rencontre les tombes des consuls d'Arles, morts de la peste en 1721. Dans notre figure 385, on aperçoit au fond l'église de Saint-Honorat, qui remplaça, dit-on, celle que saint Trophime avait fait bâtir en l'honneur de la Vierge encore vivante :

SACELLVM DEDICATVM DEIPARÆ ADHUC VIVENTI.

A gauche de notre dessin se distingue le tombeau des Porcelets, où se voit encore le fameux écusson transformations diverses des monuments funéraires en Gaule, depuis les premiers temps de l'invasion romaine jusqu'à l'établissement définitif du christianisme.

Le premier monument romain élevé chez nous sur une tombe du temps de l'incinération fut le *cippe* (fig. 386), petit autel décoré de

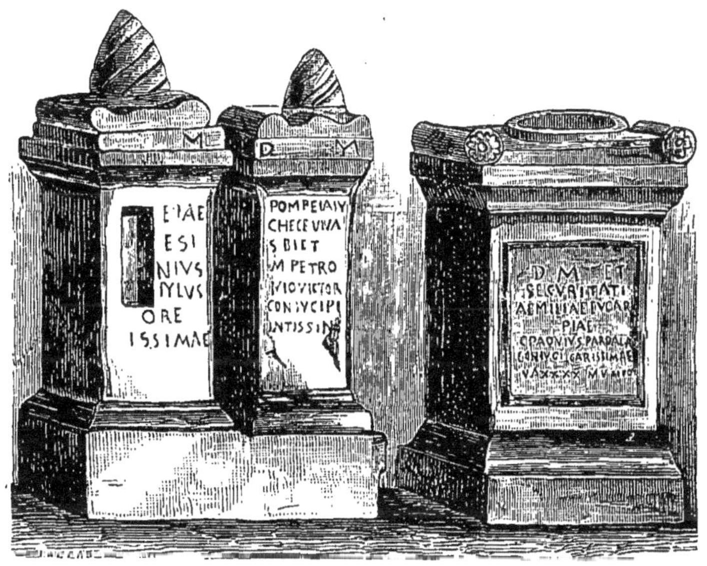

Fig. 386. — Double tombeau, avec cratère et couvercle, cippe simple, du Musée d'Arles.

simples filets, avec l'inscription réglementaire D. M. *Diis Manibus*, suivie des noms et des qualités du défunt.

Au-dessous de cette pierre, quelquefois même dans une cavité ménagée à l'intérieur, se plaçaient les urnes de terre et de verre con-

d'or à la truie de sable, qui servait de blason à cette famille. On connaît l'origine de cet emblème dont Nostradamus, dans son *Histoire de Provence*, a donné la signification : Une jeune châtelaine de cette famille, au sortir de l'église, où un prêtre venait de l'unir à un beau et brave chevalier, repoussa avec dédain une mendiante qui sollicitait sa charité. La pauvre femme, si rudement traitée de vagabonde et d'impudique par l'orgueilleuse mariée, leva les yeux au ciel et lui répliqua à haute voix : « Je prie Dieu, madame, pour la défense de mon honneur, qu'il vous donne autant d'enfants que cette truie qui passe là a de petits. » On assure qu'un an après la dame eut neuf enfants mâles, qui était le nombre des petits de la truie; qu'ils vécurent tous et furent de grands guerriers. En considération de ce prodige, on les nomma *Porcelets*, et ils prirent pour armes : *une truie de sable en champ d'or*. (*Histoire du blason*, par Eysenbach, p. 378.)

tenant les cendres pieusement recueillies sur le bûcher par les proches parents du mort.

La partie supérieure des *cippes* était percée d'un trou recouvert d'un couvercle mobile qui servait à le préserver de la poussière et des injures du temps et des hommes. C'était dans ce *cratère*, comme

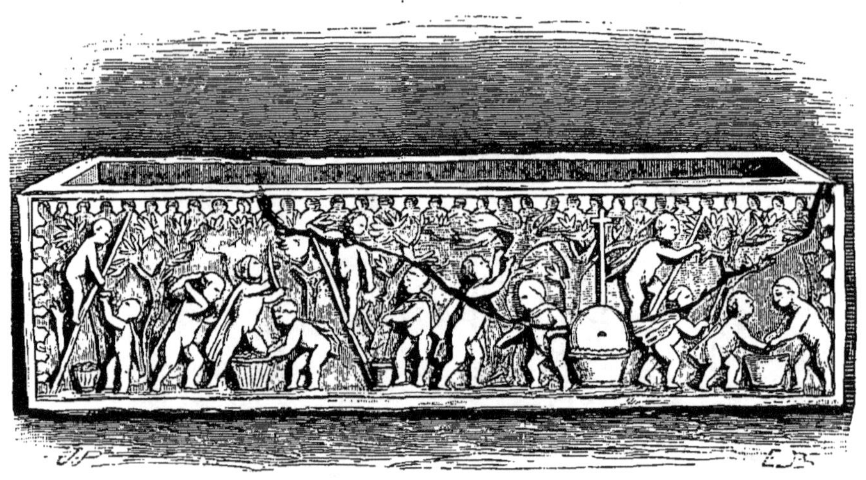

Fig. 387. — Cercueil de pierre du Musée d'Arles (la cueillette des olives), reconstitué d'après une ancienne gravure.

l'appellent les savants, muni d'un conduit vertical, que l'on versait la libation destinée à tomber jusque sur les urnes.

La soif des morts, on le sait de reste, était une tradition commune à tous les peuples de l'antiquité.

On trouve la trace de cette tradition dans le *Ramayâna*, où Bharata rassasie l'âme de son père avec de l'eau pure puisée dans le fleuve et versée de ses deux mains réunies en coupe. On la rencontre dans Homère, où Ulysse repousse de son épée les âmes qui accourent en foule, sortant altérées des profondeurs des enfers, pour venir boire à la fosse creusée par lui. « Laisse-moi boire, dit Tirésias le devin, et je t'apprendrai des choses véritables. » Elle est commune en France, au moyen âge, où les chevaliers se font enterrer sous l'égout du toit des églises, pour s'abreuver directement de l'eau du ciel. En Bretagne enfin, nous la voyons vivante encore dans une suite d'usages qu'il serait trop long de rapporter ici[1].

L'incinération ne fut jamais générale en Gaule et ne dépassa pas le milieu du IIIe siècle. (Caumont, p. 449.) Cette coutume abandonnée, les *cippes* tombèrent en désuétude. A ces autels succédèrent les coffres de pierre. Arles en est remplie. Ce sont d'abord les grands cercueils,

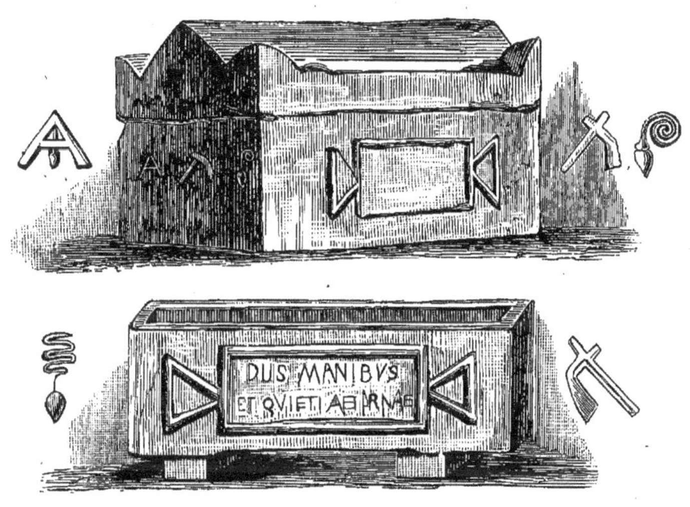

Fig. 388. — Tombeau du cimetière des Alyscamps, à Arles; triangle, *ascia*, niveau. — Tombeau du Musée de Lyon (*Diis manibus et quieti æternæ*); symboles, triangles, *ascia*, fil à plomb.

ornés de scènes de chasses comme ceux que nous avons publiés plus haut (voir le tombeau de Jovin), ou décorés de simples bas-reliefs, la cueillette des olives (fig. 387).

Puis vient toute la série chargée d'inscriptions, d'emblèmes, de guirlandes, de triangles, de niveaux et d'*ascias* (fig. 388 et suiv.). Les inscriptions sont, la plupart du temps, d'une éloquence toute particulière.

« D. M. et memoriæ æternæ. Pisonius Asclepiodotus, unguenta-

1. Une des pierres tombales que nous publions figure 398 est ornée d'un trou semblable à ceux des cippes d'Arles, et destinée au même usage. Nous avons vu nous-même pratiquer des libations de lait sur des tombes au cimetière de Châteauneuf-du-Faou. (Voir la *Poterie gauloise*, ch. Ier, § 2, *la soif des morts*, p. 61.)

rius, Sevir Aug. CCC. Lug., vivus sibi posuit et Severiæ Severæ, conjugi carissimæ, cum qua vixit annis XXXV, sine ulla animi læsione. Victuri quamdiu Deus dederit ponendum curaverunt et sub ascia dedicaverunt. »

« Aux dieux Mânes et à la mémoire éternelle. Pisonius Asclepiodotus, parfumeur, Sevir[1] Augustal, de la colonie Claudia Copia de

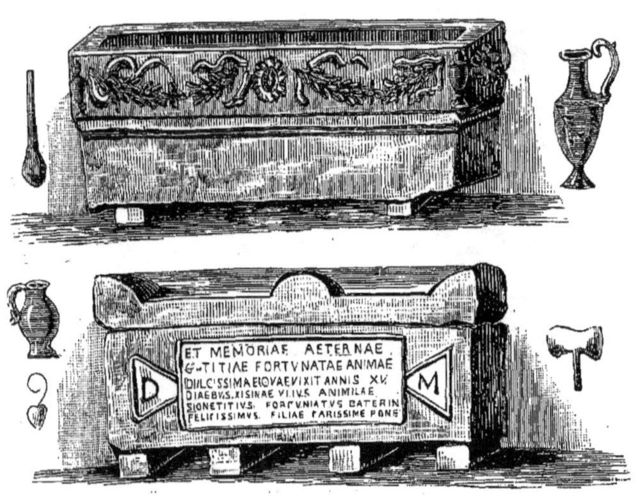

Fig. 389. — Tombeau gallo-romain du IIIe siècle, utilisé au Ve pour la sépulture de saint Scutaire (Musée du Puy). — Tombeau du Musée de Lyon ; symboles, marteau, niveau, vases à libations.

Lyon, a érigé ce tombeau de son vivant, pour lui et pour son épouse Severia Severa, avec laquelle il a vécu trente-cinq ans, sans aucun trouble d'âme. Devant vivre autant que Dieu le permettra, ils ont préparé ce tombeau et l'ont dédié sous l'*ascia.* » (Saint-Loup-de-Varennes, Châlon-sur-Saône). Les mots *vivus sibi,* lui vivant, se retrouvent très souvent dans ces épitaphes; on peut les voir à Nîmes, à Arles, à Vienne, et partout; le sarcophage de Lucius Gratius indique le pourquoi de cet usage.

1. Le sevirat était une noblesse municipale qui se payait quelquefois en argent; les sevirs étaient moitié magistrats par leur concours dans le payement des jeux, moitié prêtres par leur association au culte de Rome et d'Auguste : des conseillers de fabrique municipaux; ils avaient le droit de porter la robe prétexte.

« Lucius Gratius Eutyches domum æternam vivus sibi curavit, ne hæredem rogaret tanta. »

« Lucius Gratius Eutychès s'est construit vivant cette maison éternelle, pour ne pas prier son héritier de lui rendre ce service. » (Saint-Gilles, à quelques lieues d'Arles.)

Notre sarcophage de la figure 389 est plus mélancolique. C'est

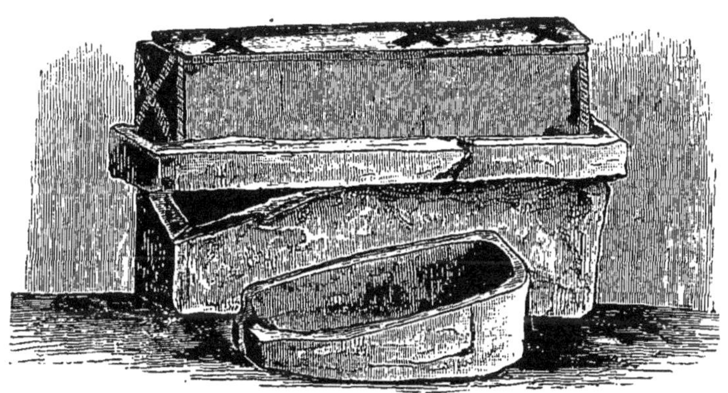

Fig. 390. — Cercueil de plomb et coffre de pierre qui le contenait (Musée d'Autun). — Cercueil d'enfant (Musée d'Autun) [1].

celui d'une jeune fille de quinze ans, à laquelle son père, plein de tristesse, l'a dédié en y plaçant le signe de la charrue sacrée.

« D. M. et memoriæ æternæ G. Titiæ fortunatæ animæ dulcissimæ, quæ vixit annis XV, diebus XI, sine ullius animi læsione, Titus Fortunatus, pater infelicissimus filiæ karissimæ, ponendum curavit et sub ascia dedicavit. »

« Aux dieux Mânes et à la mémoire éternelle de Titia Fortunata, âme d'une infinie douceur, qui vécut quinze ans et onze jours, sans aucun trouble de cœur, Titus Fortunatus, le malheureux père d'une

1. L'inhumation dans les coffres de pierre n'étant pas ordinairement directe, on enfermait d'abord les corps dans des cercueils de plomb, parfaitement soudés, puis on les plaçait dans les sarcophages destinés à les recevoir; on a trouvé à Arles un très grand nombre de châsses de métal, et l'église Saint-Honorat en possède encore quelques-unes à peu près intactes. Le cercueil que nous donnons figure 390 provient du musée d'Autun; il a contenu, dit-on, le corps de Brunehaut, *cineres Brunechildi*. Les premiers mérovingiens gardèrent longtemps les usages des peuplades conquises.

aussi chère enfant, a pris soin d'élever ce tombeau et l'a dédié sous l'*ascia.* »

Nous en passons, car elles sont innombrables : quelquefois brèves;

Fui, non sum; estis, non eritis :
Nemo immortalis.

Je fus, je ne suis plus; vous êtes, vous ne serez plus;
Personne n'est immortel.

quelquefois pompeuses :

« O douleur! que de larmes amères ont arrosé ce sépulcre dans lequel gît Lucine, Lucine, la douce joie de sa mère. — Oui, elle est là, sous ce marbre glacé; plût aux dieux que l'esprit l'animât de nouveau, elle saurait combien grande est mon affliction. Elle a vécu 27 ans 10 mois et 25 jours; Parthénoque, mère infortunée, lui a élevé ce monument. »

L'ostentation, au delà de la vie, a quelque chose de gênant et de pénible; mais peut-on la reprocher seulement aux Gallo-Romains du IIIe siècle; qu'on aille errer quelques heures à Montmartre, au cimetière Montparnasse ou au Père-Lachaise, et que celui qui nous trouvera sans défaut leur jette la première pierre.

Les chrétiens, après avoir bénit les Alyscamps, ainsi que nous venons de le voir, et traduit le D. M. des païens par *Deo maximo,* adoptèrent, en les sanctifiant, jusqu'aux emblèmes des flamines d'Auguste et Livie (fig. 391); les formules se transformèrent. La *Mémoire éternelle* resta le *Requiescat in pace;* de même l'*Hic jacet* fut encore en honneur, et le rite ancien se perpétua sans qu'on y vît aucun mal. Le chiffre X. P., flanqué de l'A et de l'Ω remplaça les ascias antiques; la croix pattée brilla à la place où se gravaient les vases à libations. On ajouta quelques oiseaux mystiques ou des fleurs plus ou moins exotiques, et tout fut dit (fig. 392).

Grâce à ce compromis, Rome ne devint pas chrétienne; ce fut le christianisme qui se fit romain. Ce mélange entre les deux religions s'opéra sans secousse apparente. Les nouveaux convertis, dans les cérémonies, dans les vêtements du prêtre, dans les tombeaux même, se romanisèrent petit à petit. Le latin devint la langue sainte. Étudier ici cette fusion n'est pas de notre compétence; cela nous mènerait d'ailleurs beaucoup trop loin.

Mais ce qu'il nous paraît important de signaler, c'est la différence qui existe, pour les usages et les monuments funèbres, entre deux

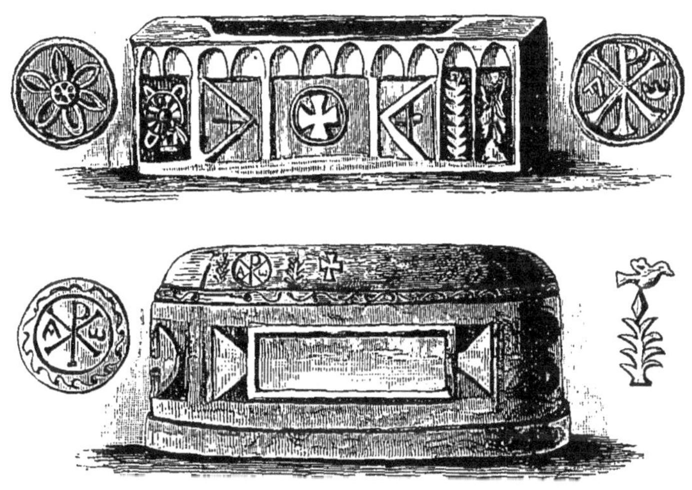

Fig. 391. — Tombeau chrétien, avec emblèmes païens, du cimetière des Alyscamps, à Arles. — Tombeau chrétien trouvé à Saint-Martin-lès-Autun (Musée d'Autun).

régions parfaitement distinctes en France, régions qui se rapportent presque à ce que l'on nomme encore aujourd'hui les pays de droit écrit et les pays de droit coutumier.

Il existe dans notre pays, en politique, en littérature, en art et dans bien d'autres choses, deux courants qui n'ont pas encore dit leur dernier mot : l'un profondément national, qui s'est raffermi par certaines adjonctions venues des pays celtiques d'outre-Manche, l'invasion hybernienne du VIIe siècle entre autres, l'un profondément national, disons-nous, un peu rude, violent parfois, caustique souvent, gaulois avant tout; l'autre plus élégant peut-être, moins indépendant toujours, très autoritaire, et qui a subi jusqu'aux moelles les influences néfastes des pays du sud. Ce dernier a des tendances extraordinaires à l'envahissement ; gardez-vous de lui :

> Laissez-*lui* prendre un pied chez vous,
> Il en aura bientôt pris quatre.

Dans les monuments funéraires des premiers siècles, ces deux courants sont aussi franchement accusés que possible.

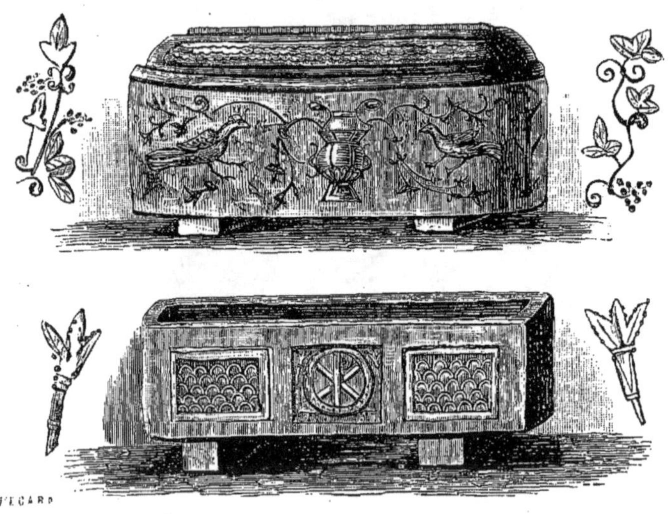

Fig. 392. — Tombeaux chrétiens des premiers siècles, dans la cathédrale de Vienne (Dauphiné).

Nous avons vu, en Provence, les *mausolées,* les *cippes* et les *sarcophages* romains ; nous allons voir, en Bourgogne et ailleurs, les *stèles* avec tous leurs accessoires.

La *stèle* est encore un *menhir;* celles de Dijon et d'Autun nous le prouvent par leur seule forme et leur seul aspect (fig. 393 et 394). Seulement elles portent des inscriptions qui en expliquent cette fois la destination d'une manière irrécusable.

Plus tard, nous trouverons en Armorique des *lechs,* assez semblables aux pierres simples des musées bourguignons, et par celles-ci nous parviendrons peut-être à déchiffrer ceux-là. — On lit sur les nôtres des génitifs très éloquents : APPIÆ AVGVSTÆ ; c'est la pierre d'Appia Augusta; — MONIMENTVM ou simplement MONI, LIPIDI LIPPONIS; c'est le monument de Lipidus, etc. Là-bas, nous verrons : LAPIDEM HERANNVEN, FIL. HERANAL AMIE. Pierre de Nuen, fils d'Alamic, traduit M. de Keranflech ; CRUX PROSTLON, croix de Prostlon; VORMVINI, encore un génitif. Ici est la pierre où le *lech* de Vormvinus;

C'est, on le voit, le même esprit et la même façon de procéder.

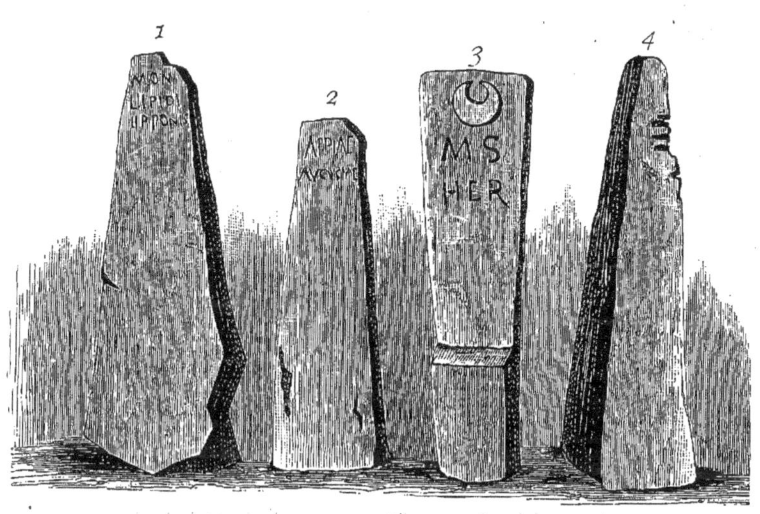

Fig. 393. — 1. 2. Stèles funéraires découvertes au Coussot, près de Dijon. — 3. Stèle funéraire du Musée d'Autun. — 4. Stèle funéraire découverte entre le cours du Parc et la rue de Long-Vic, à Dijon.

Comme nous traiterons les *lechs* avec nombreux exemples à l'appui, au chapitre des Mérovingiens, nous ne voulons pas arrêter plus longtemps le lecteur sur ces monolithes et sur ces textes un peu trop arides.

La *stèle,* peu à peu, se transforme à son tour; elle s'orne de figures nombreuses, creusées en relief. C'est le défunt qui se présente à nos regards, dans l'exercice de ses fonctions habituelles, tenant en main les instruments de son métier, les outils de sa profession. Quand on est pris comme nous par la passion de pénétrer dans la vie du peuple qu'on étudie, ces modestes pierres, à cause de ce naturalisme si plein de vérité, prennent tout à coup un intérêt capital.

C'est le Gallo-Romain chez lui, que l'on aperçoit derrière ces naïves images, avec sa femme et ses enfants ; c'est la vie d'une race tout entière qui renaît. Si l'on réunissait dans un musée tous ces bas-reliefs dispersés actuellement aux quatre coins de la France, les mœurs de nos ancêtres du IVe siècle n'auraient bientôt plus rien de caché pour nous.

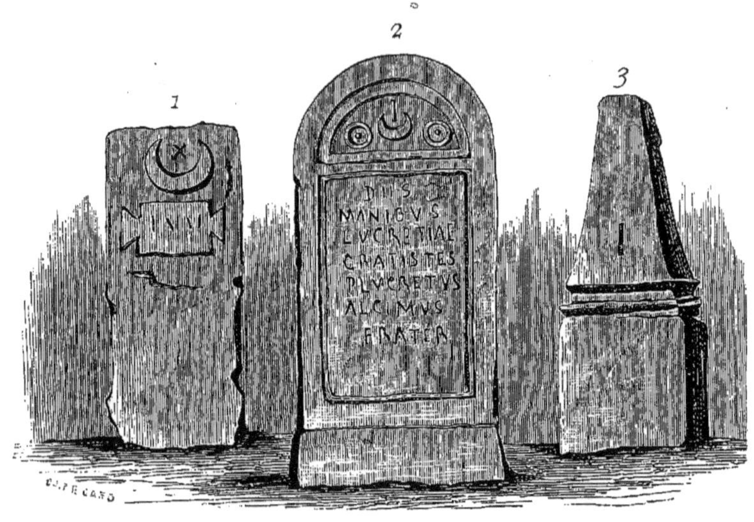

Fig. 394. — 1. 3. Stèles funéraires du Musée d'Autun. — 2. Stèle du Musée de Vienne (Dauphiné).

Ah ! dès que les nôtres, méprisant les défenses hiératiques, se mirent à la besogne et prirent en main le martel et le ciseau, ils s'en donnèrent à cœur joie. Tout ce qui les entourait leur servit bientôt de modèle ; ils devinrent soudainement de véritables artistes, gardant en cela, comme en bien d'autres choses, les principes des ancêtres, l'amour de la nature. Au revers des mouleurs romains, qui fabriquaient tous leurs héros selon la formule, ils ne nous ont laissé que des portraits. — Ces stèles, à les examiner sérieusement, sont vraiment surprenantes.

Ici, c'est une brave marchande, qui du doigt vous indique sa balance, en ayant l'air de vous vanter sa marchandise (fig. 395). — Là, ce sont des architectes qui, la règle en main, vont mesurer leur ouvrage (fig. 395).

Plus loin des fillettes, *fifiliœ,* se regardent dans des miroirs. (Caumont, *Abécédaire,* p. 477.)

Des enfants jouent avec des animaux domestiques portant des paniers pleins de fruits mûrs, ou se tiennent droits et bien sages

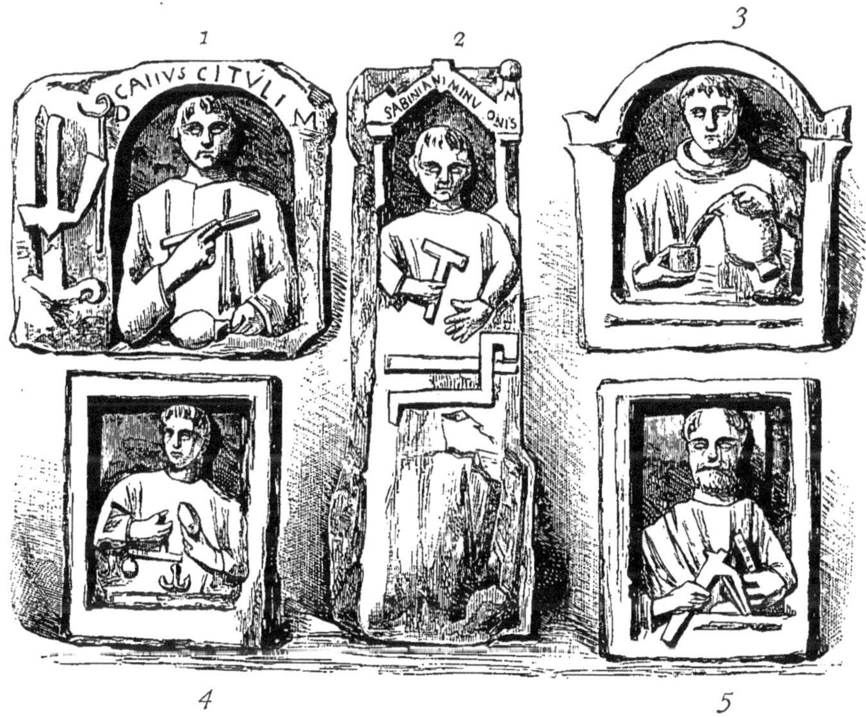

Fig. 395. — 1. 2. Stèles du Musée d'Autun. — 3. Stèle de Bangy (Cher), d'après M. de Caumont. — 4. 5. Stèles du Musée de Bordeaux, d'après M. de Caumont.

entre les figures de leurs parents à la tenue calme et digne. (Caumont, *Abécédaire,* p. 473, 474, 480 et 487.)

Des femmes s'éventent avec un *flabellum* presque moderne (*Id.*, p. 494). Un forgeron se campe près de son enclume. Un potier, l'ébauchoir en main, montre le vase qu'il vient de terminer (*Id.*, 498 et 500). Des laboureurs conduisent des chevaux au pâturage (fig. 396). Les marchands de vin versent à boire (fig. 395). Les guerriers s'appuient sur leurs boucliers, exhibant les décorations qui couvrent leur glorieuse poitrine ou tiennent fièrement en main leurs grandes lances au fer aigu. (Stèles du Musée d'artillerie.) Tout cela s'agite, s'anime et paraît vivant. Rien de figé, de sacré, comme dans les figures *iconiques*,

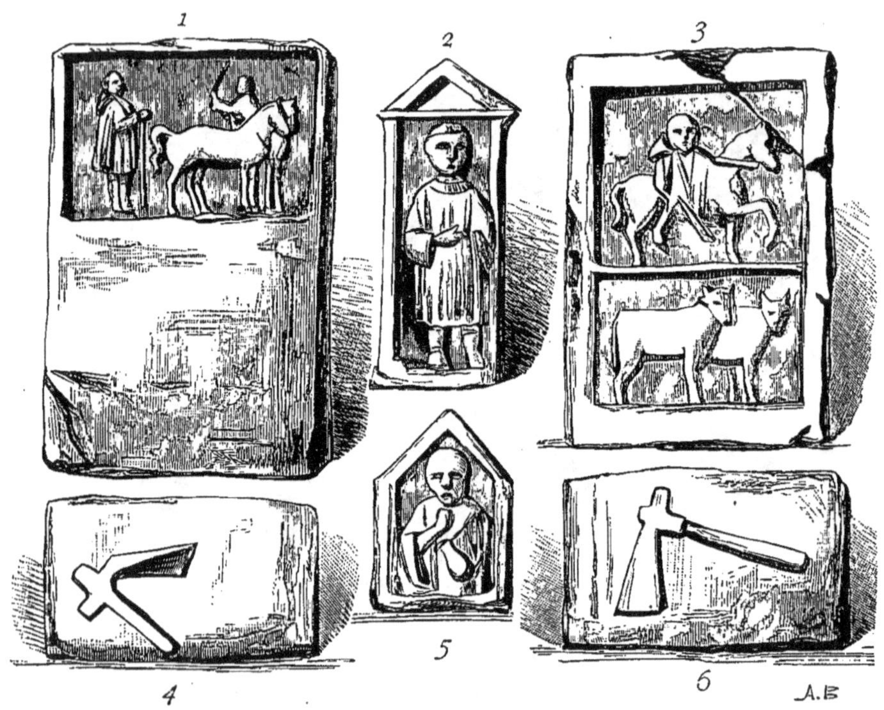

Fig. 396. — 1. Stèle provenant des fouilles de l'aqueduc des Fontaines, au Musée de Dijon. — 2. Stèle provenant des ruines du temple élevé aux sources de la Seine (Musée de Dijon). — 3. Stèle du Musée de Bordeaux, d'après M. de Caumont. — 4. 6. *Ascias* du Musée de Dijon. — 5. Stèle d'Autun.

comme dans celles que nous apportera plus tard de Constantinople le byzantinisme du xe siècle.

Hélas ! nous ne pouvons ici passer en revue toutes ces merveilleuses petites créations d'un art si curieux et si simple. Il faudrait un volume pour décrire ces trésors, inconnus il y a quelques années à peine.

L'art officiel, étant classique par essence, méprisait nécessairement toutes ces vulgarités. Des maçons, des menuisiers, des cabaretiers et des vendeuses de légumes! Qu'avait à faire le style noble au milieu de cette populace?

Depuis quelques années, on commence à regarder enfin ces œuvres[1], premiers essais de barbares extraordinairement civilisés; espérons que par la suite, à force de les examiner avec soin, on parviendra peut-être à les comprendre.

Oublier de parti pris tout ce qui vient des nôtres est une loi trop savante pour qu'elle ne provoque pas enfin une réaction souveraine; nous serons heureux d'y avoir contribué de toutes nos forces. On regarde trop le ciel, les dieux et les demi-dieux, dans ce que l'on appelle les sphères officielles; il serait bon d'abaisser un peu les yeux olympiens de ces messieurs vers la terre.

Ce n'est jamais en haut, à quelque époque que ce soit, qu'il faut chercher les premiers essais de renaissance dans une branche quelconque des beaux-arts. L'étincelle couve toujours dans les cendres d'un modeste foyer. Viennent les guerres, les sabres, les massacres, ce qu'on est convenu d'appeler l'histoire : tout est détruit, tout disparaît. — Les cavalcades passées, le feu sacré gardé pieusement se rallume au moindre souffle, prêt à éclairer à nouveau le monde.

Il brilla vivement chez nous au siècle des Antonins. Lorsque survint la grande chevauchée des Saliens, il faillit s'éteindre *pour jamais*. Mais je ne sais quel génie local le préserva jusqu'au XIIIe siècle, où nous le verrons paraître dans toute sa gloire, à l'époque de l'affranchissement des communes, avec la même allure qu'il eut du temps de nos *stèles*, avec ce sans-gêne, ce laisser-aller, ce caractère qui marque toujours l'apparition de la race gauloise dans toutes ses rénovations nationales.

Au milieu de tous les signes gravés sur ces stèles se rencontre à

1. Nous ne parlerons pas des *puits funéraires*, découverts récemment et mis en lumière par M. l'abbé Baudry, quoique l'usage de ces puits, d'abord trouvés en Vendée, semble maintenant, d'après les nouvelles fouilles, avoir été général en France à l'époque gallo-romaine. Nous étudions spécialement les manifestations extérieures de l'esprit gaulois, et ces curieuses sépultures étaient si bien cachées qu'il a fallu un hasard pour mettre les archéologues sur la voie de cette découverte. Nous renvoyons donc le lecteur que pourraient intéresser ces recherches aux rapports si lumineux de M. Quicherat et à l'ouvrage de M. l'abbé Baudry : *Puits funéraires gallo-romains du Bernard (Vendée)* [La Roche-sur-Yon, 1873.]

nouveau l'*ascia*, que nous avons déjà vue sur les sarcophages d'Arles et du musée de Lyon; l'*ascia*, qui figure sur les grandes dalles des dolmens de l'Ouest. Nous avons essayé d'en donner l'explication dans le chapitre où nous traitons des monuments celtiques; nous croyons inutile d'y revenir en cet endroit. C'est toujours l'immortelle charrue qui doit servir au mort à cultiver les champs dans lesquels va pouvoir

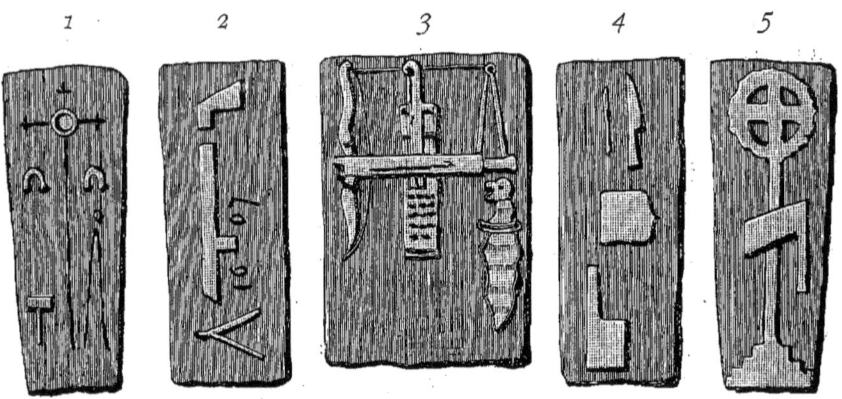

Fig. 397. — 1. 5. Pierres tombales, d'après E. Cottus. — 2. 4. Pierres du Musée de Moulins. — 3. Stèle du Chasseur, au Puy-en-Velay.

errer sa grande âme ; c'est toujours l'instrument sacré tenu dans la main des momies, l'*ouschabtiou* du rituel funéraire égyptien.

Il paraît que, après le triomphe du christianisme, cette tradition ne se perdit pas totalement dans les pays français.

M. Laisnel de La Salle a rencontré en plein Berry, dans la très ancienne église de Lourouer-Saint-Laurent, près de La Châtre, de nombreux socs de charrue gravés sur les tombes formant le pavé de ce sanctuaire. On nous en a signalé quelques autres ; mais, n'ayant pu les contrôler par nous-même, nous n'osons les citer ici à l'appui de notre thèse.

Du reste, l'auteur des *Souvenirs du bon vieux temps* considère les siens comme des signes indiquant des tombes de laboureurs (*Croyances et légendes du centre de la France,* t. II, p. 88). Nous ne le contredirons pas, jusqu'à plus ample informé. L'habitude d'indiquer la profession du défunt par les instruments de son travail étant générale en France à toutes les époques, l'outil, c'est le blason du pauvre, l'écusson du prolétaire.

Nous donnons ici (fig. 397 et suiv.) quelques exemples de cet usage, complément nécessaire de l'étude des *stèles* de l'époque gallo-romaine.

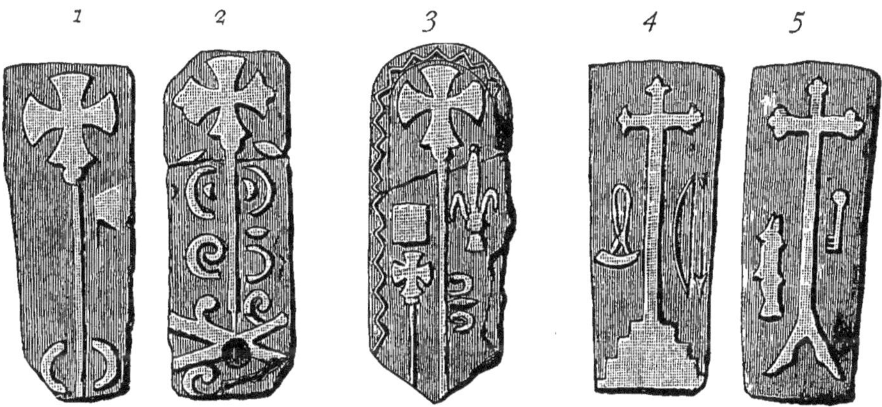

Fig. 398. — 1. 2. 3. Pierres tombales provenant de l'ancien cimetière de Kermaria, an Draoun, Lannion (Côtes-du-Nord). — 4. 5. Pierres tombales avec signes professionnels, d'après E. Cottus (London).

A Arles déjà, le magnifique sarcophage de Tyrannia la musicienne, qui mourut à vingt-cinq ans et fut l'honneur de son sexe, « quæ moribus, pariter et disciplina cæteris feminis exemplum dedit, » portait sculptés sur ses flancs une lyre avec un archet, une délicieuse cithare, une syrinx et divers autres symboles relatifs à sa profession de chanteuse.

Au Puy, de même, nous avons vu la stèle dite du Chasseur, avec son arbalète et son poignard si caractéristique, *culter venatorius* (fig. 397) dont nous avons parlé plus haut.

Des pierres bien plus récentes, puisque l'une porte la date de 1607, se rencontrent de même au musée de Moulins : l'une montre en relief les outils d'un charpentier ; l'autre, ceux d'un boucher (fig. 397).

Nous rapprochons ici de ces symboles, parfaitement reconnaissables, des tombes plus énigmatiques : celles de Kermaria, qui sont couvertes d'ornements presque celtiques (fig. 398); celles de Nantes ou de Saint-Gildas-de-Rhuis, d'une rudesse tout à fait primitive; celles qu'a publiées M. Ed. Cottus, qui ont un cachet entièrement britannique (fig. 399); celles enfin de Locmaria, près de Quimper, où la première lettre du nom d'un pêcheur se lie si curieusement au profil à peine tracé de son navire, qui vogue ayant à son mât le signe de la croix

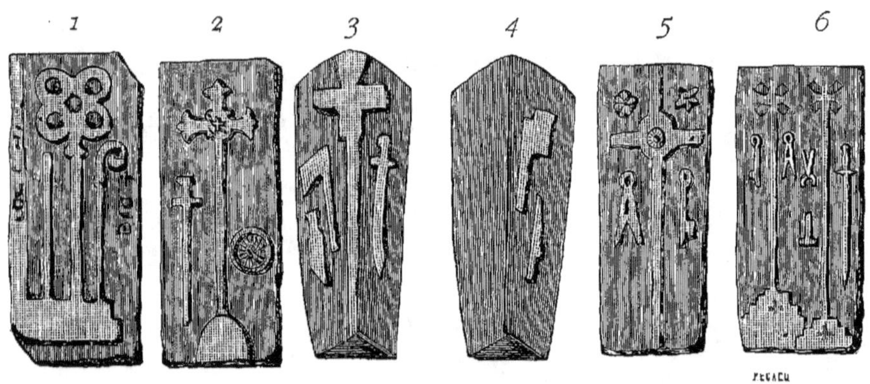

Fig. 399. — Pierre tombale dans l'église de Saint-Gildas-de-Rhuis (Morbihan). — 2. 5. 6. Pierres tombales avec signes, épée, bouclier, ciseaux, clefs, tenailles, marteau, glaive, d'après Édouard Cottus (London). — 3. 4. Pierres tombales du Musée de Nantes.

au-dessous duquel flotte une petite oriflamme à peine indiquée par un zigzag (fig. 400).

Sur toutes ces tombes, le chasseur, comme au Puy, se reconnaît à son arc, à sa flèche, à son petit *huchet;* le chevalier, à son glaive; l'abbé, à sa crosse, à sa croix pastorale; le forgeron, à son marteau, à ses tenailles; le pêcheur, à son harpon, et la femme enfin à la clef de la grande armoire du logis, qu'accompagne une paire de ciseaux, ustensiles nécessaires à toute bonne et soigneuse ménagère.

M. Le Men, le savant conservateur du musée de Quimper, avait préparé sur ces pierres un travail considérable. Comme cette étude ne peut manquer d'être publiée un jour ou l'autre, nous lui laisserons tout l'honneur de sa découverte, ne voulant pas nous étendre plus longuement à cette place sur ce sujet si neuf et si intéressant tout à la fois. Contentons-nous de dire que les usages païens, chez nous, n'ont jamais entièrement disparu de nos mœurs et de nos esprits. — « Les religions, dit M. Émile Burnouf, ne font pas table rase quand elles se succèdent l'une à l'autre ; mais elles se pénètrent, en quelque sorte, comme les deux formes successives d'un insecte qui se métamorphose, la forme nouvelle se substituant par degrés à l'ancienne et ne

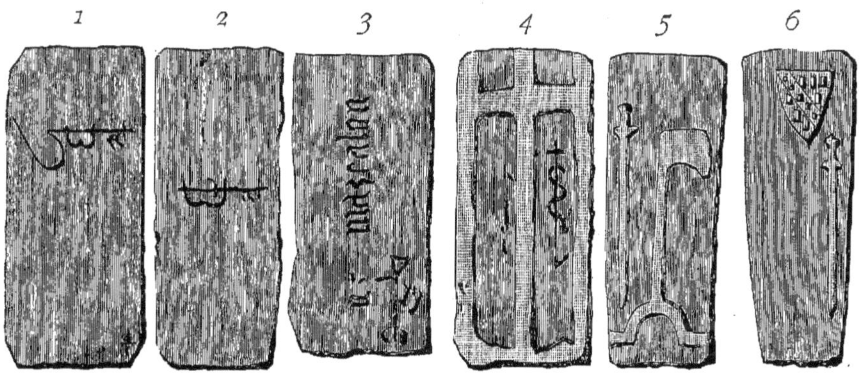

Fig. 400. — 1. 2. 3. 4. Pierres tombales de pêcheurs, dans l'église de Locmaria (Quimper). — 5. Pierre tombale de l'église de Ploumilliau (Côtes-du-Nord). — 6. Pierre tombale de chevalier, dans l'église de Saint-Gildas-de-Rhuis (Morbihan).

s'en débarrassant tout à fait qu'avec le temps. » (*Science des religions*, p. 80.)

Cette transition nous amène au dernier sujet dont nous allons avoir à nous occuper, celui des divinités adorées par nos aïeux.

Toutes les religions, à part celle des Juifs, dont nous n'entendons aucunement parler ici et que nous mettons tout d'abord hors de cause, professant pour la Bible le respect que l'on doit avoir pour les saintes Écritures, toutes les religions commencèrent par le *naturalisme* le plus pur. « Le monde, dit Pline, ou ce que nous appelons autrement le ciel, qui, dans ses vastes flancs, embrasse tous les êtres (*l'univers*), est un Dieu éternel, immense, qui n'a jamais été produit et qui ne sera jamais détruit. Chercher quelque chose au delà est un travail inutile à l'homme et hors de sa portée. Voilà l'être véritablement sacré, l'être éternel, immense, qui renferme tout en lui ; il est tout en tout, ou plutôt il est lui-même tout; il est *l'ouvrage de la nature* et *la nature elle-même.* »

Dans l'Inde, premier berceau de notre race, le culte procéda directement de cette même idée. « Il suffit, dit le savant Alfred Maury, de lire le *Rig-Véda* pour se convaincre que le naturalisme, c'est-à-dire la *divinisation de la nature physique,* constituait le fondement du culte des populations pastorales qui occupaient alors le Pendjab et qui s'avancèrent ensuite au nord de l'Hindoustan. Ce naturalisme est le reflet de ce qu'a inspiré de bonne heure à l'homme le spectacle de la nature, l'œuvre sublime de la création[1]. »

« La religion védique a donc été une religion révélée, mais non une révélation immédiate, le résultat des communications d'un prophète ou d'un sage inspiré par la divinité ; c'est la *révélation de la nature,* le concept suggéré à l'intelligence humaine par la première *aperception* de l'univers. La création, en tant que manifestant une puissance cachée et mystérieuse qui la dirige, l'entretient et vit en elle, voilà ce que l'Arya adore. Tous les phénomènes dont le retour et la succession constituent le monde, voilà ce que le chantre védique invoque et glorifie. Il rend à ces forces latentes un culte de reconnaissance et d'amour, de respect et de crainte ; il les appelle des *dieux,* et, dans son langage figuré, il les transforme en êtres pareils à ceux qu'il voit, qu'il sent, qu'il entend, qu'il touche, mais en leur attribuant une puissance infiniment supérieure. — *Raconter les merveilles de la nature, c'est pour l'Arya dire l'histoire de ses dieux*[2]. »

« Le firmament, qui déroulait au-dessus de sa tête sa vaste nappe d'azur, les feux mystérieux qui en sèment le fond transparent, *le soleil* surtout, qui éclipse par sa splendeur toutes les autres clartés célestes lui apparaissaient comme des êtres supérieurs dont il se croyait le sujet et l'enfant. Il élevait vers eux ses bras suppliants et sa prière ; il les appelait les *Dêvas*, c'est-à-dire les resplendissants..... Ces *Dêvas* si nombreux, si variés, ne sont à vrai dire que des métamorphoses

1. *Croyances et légendes de l'antiquité,* par L.-P.-Alfred Maury, de l'Institut. (Paris, librairie Académique Didier et Cie, p. 8, *la Religion des Aryas.*)

2. *Id.*, p. 9.

d'une divinité unique dont l'astre du jour est la *manifestation sensible.* A travers toutes ces formes, que son imagination individualise, on perce jusqu'à la cause universelle qui crée et entretient l'univers qui plane sur la terre, mais réside dans la profondeur des cieux[1]. »

Le Soleil devint son dieu suprême, *Indra,* et sa révélation, ajoute M. Edgar Quinet, fut « la révélation par la lumière ». *In principio lux erat Verbum,* comme l'écrivirent plus tard, au fronton de leur maison, les grands artistes de la Renaissance française[2].

« Mais, en regardant autour d'eux (ceci est de M. Émile Burnouf[3]), les hommes d'alors s'aperçurent que tous les mouvements des choses inanimées qui s'opèrent à la surface de la terre procèdent de la chaleur, et que la chaleur se manifeste elle-même par *le feu.* » Le feu, dès lors, devint le principe réel auquel ils rapportèrent tous les mouvements des corps..... *La vie* leur parut ainsi étroitement liée à l'idée *du feu.* »

« Quand la chaleur arrive avec le printemps, toutes les jeunes plantes commencent à croître, se couvrent de verdure et de fleurs, fructifient, et à la fin de l'année se trouvent grandies et fortifiées; puis, à mesure que la chaleur se retire, la végétation s'alanguit, s'arrête; il semble que les forêts et les plaines soient frappées de mort. Le grand phénomène de l'accumulation de la chaleur solaire dans les plantes, phénomène que la science a depuis peu mis en lumière, fut aperçu de très bonne heure par les anciens hommes; il est plusieurs fois signalé dans le *Véda* en termes expressifs. — Quand ils allumaient le bois du foyer, ils savaient qu'ils ne faisaient que *le forcer à rendre le feu qu'il avait reçu du soleil*[4]. »

« Le soleil fut donc le moteur universel, le *Père de la vie* qui engendra le premier son *Fils éternel,* le feu d'ici-bas. *Agni,* né de ses

1. *Croyances et légendes de l'antiquité*, p. 18.

2. Sur une maison modeste de la ville du Mans se voit, au milieu d'un soleil doré, cette inscription savante. On prétend que ce logis fut habité par Germain Pilon, lorsqu'il sculpta le fameux tombeau de Guillaume du Bellay, qui se trouve à la cathédrale.

3. *La Science des religions*, par Émile Burnouf, directeur de l'École française d'Athènes. (Paris, Maisonneuve, 1870, p. 208. Principes d'unité des religions.)

4. *Id.*. p. 209.

rayons, grâce à la coopération de l'air mis en mouvement qu'on appelle aussi le vent, *spiritus,* l'esprit. »

Les Hindous adorèrent donc le *feu* comme fils resplendissant du *soleil,* celui qui règne dans les cieux.

Les Celtes rapportèrent de l'Inde en Gaule toutes ces croyances; nous n'en voulons pour preuve que les deux coutumes indéracinables conservées chez nous de faire à la Saint-Jean (solstice d'été) des feux de joie sur les montagnes, de parcourir les champs au temps de Noël (solstice d'hiver) avec des brandons et de lancer au loin des roues enflammées sur la pente des collines.

Ce premier culte des forces génératrices du monde, sans aucune préoccupation de dogmes étroits et limités, était véritablement grandiose.

La reconnaissance des peuples pour le *bienfaisant soleil* se traduisit, hélas ! par des présents aux gardiens du feu sacré.

On porta, dans les lieux vénérés où s'accomplissaient les rites, les prémices des moissons et la fleur du troupeau. Les sacrifices s'instituèrent, et les victimes devinrent la nourriture quotidienne des prêtres. Dès lors, par esprit de concurrence lucrative, des subdivisions dans les manifestations célestes s'établirent bien vite. Les desservants des lieux bénis chaque jour

De quelque nouveau saint surent charger leur prône.

On créa mille dieux nouveaux. On leur donna des noms. Outre *Indra* et *Agni*, il y eut *Mithra* et *Varona, Aditi;* la lumière, la terre, le ciel, les *Marouts,* les nuages, les eaux, *Vichnou,* Poûchan, Bruhmanaspati, Rhaga, l'illustre Savitri, etc. (A. Maury, p. 83). Chacun eut son temple et son collège sacerdotal, sur lequel il répandait à profusion ses bienfaits. Le polythéisme naquit, et avec lui l'obscurité, les superstitions et tout le cortège d'erreurs qui abaissèrent, enchaînèrent, arrêtèrent si longtemps l'humanité dans sa marche incessamment progressive.

Quand César pénétra dans la Gaule, nos pères, comme leurs

frères de là-bas, avaient déjà plusieurs dieux. Il en compta jusqu'à cinq auxquels nécessairement il donna des noms latins : *Mercure*, dont il dit avoir vu une innombrable quantité de représentations; *Apollon, Mars, Jupiter* et *Minerve*. (Liv. VI, XVII.)

« Mais, ainsi que le dit le Père dom Martin, il n'a parlé de ces choses que d'après ce qui se disait vulgairement ou ce qui pouvait se

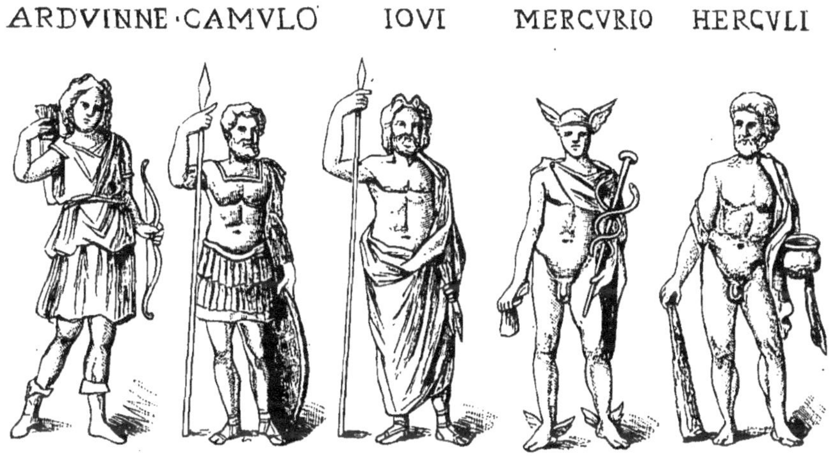

Fig. 401. — Divinités gallo-romaines, d'après *la Religion des Gaulois tirée des plus pures sources de l'antiquité*, par le Père dom Martin (t. Ier, p. 480).

savoir en gros, et il ne faut pas attendre de lui de grandes lumières sur la religion, qu'il n'entendait peut-être pas, ou du moins dont il s'embarrassait fort peu, son fait étant la guerre et d'en bien parler. » (*La Religion des Gaulois*, t. Ier, p. 333.)

Un bas-relief, trouvé dans l'ancienne Sabine et consacré par un soldat gaulois de la septième cohorte prétorienne, Quartinius, natif de Reims, nous donne la représentation de ces divinités gallo-romaines, mentionnées par l'auteur des *Commentaires;* elles diffèrent un peu de celles que cite César. Ce sont les figures de *Diane*, de *Mars*, de *Jupiter*, de *Mercure* et d'*Hercule* (fig. 401), ou, pour leur rendre leurs noms vrais d'*Arduinne*, de *Camulus*, de *Tarann*, de *Gwyon* et d'*Ogmios*. (Maury, p. 221.) Le Père dom Martin, qui le premier a publié ce bas-relief, disserte sur ces dieux gaulois d'une façon fort savante; nous ne le suivrons pas dans ses considérations. On n'attend pas de nous que nous nous lancions dans les obscurités de cette mythologie toute de convention.

A la suite des Romains, nos naïfs ancêtres se mirent à diviniser tout ce qui les entourait. Les prêtres, y trouvant leur profit, peuplèrent

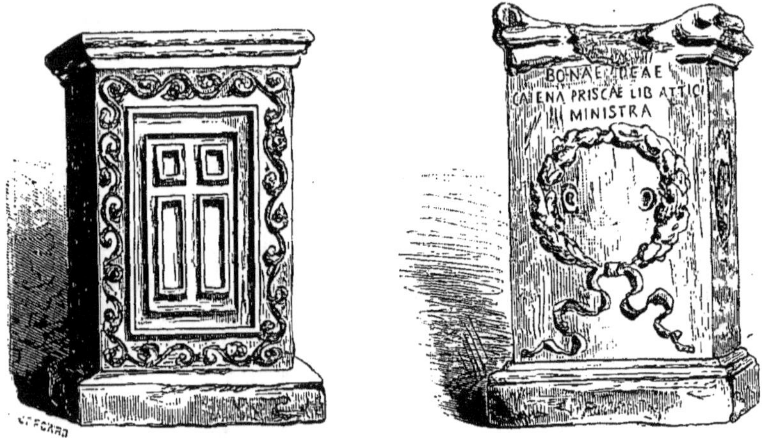

Fig. 402. — Autel dédié à Mercure, découvert à Vaison (Muséum Calvet d'Avignon). — Autel de la Bonne Déesse, au Musée d'Arles.

de statues saintes la Gaule entière. On eut la *Divona* de Bordeaux, la *Penina* des Alpes, le *Circius*, vent du nord de Provence; l'*Ardoina* des Ardennes, la *Nehalenia* de Nîmes, le *Volianus* de Nantes, la *Vesuna* de Périgueux et même la déesse Bibracte, d'Autun. (Dom Martin, *passim.*)

Nous ferons remarquer, à propos de cette invasion céleste, que le *culte de la nature* l'inspira seul, même à l'égard des divinités supérieures qui ne sont que des mythes solaires, légèrement transformés par des interprétations vulgairement latines.

Qu'était-ce, en effet, qu'Apollon, frère de Diane, si ce n'est le brillant conducteur du char lumineux lançant au loin ses traits fécondants et rapides? Qu'était-ce que Mars lui-même? Un enfant né d'une fleur, sur laquelle Junon délaissée se reposa, d'après le conseil de

LE PÉDAGOGUE DE SOISSONS

(Pl. 9.)

NIOBIDE ET SON PÉDAGOGUE

MARBRE DE PAROS

Trouvé, en 1831, au pied du mur d'un temple antique, à Soissons.

Le Pédagogue cherche à protéger
un des fils de Niobé contre les flèches d'Apollon.

MUSÉE DU LOUVRE

Pl. 5

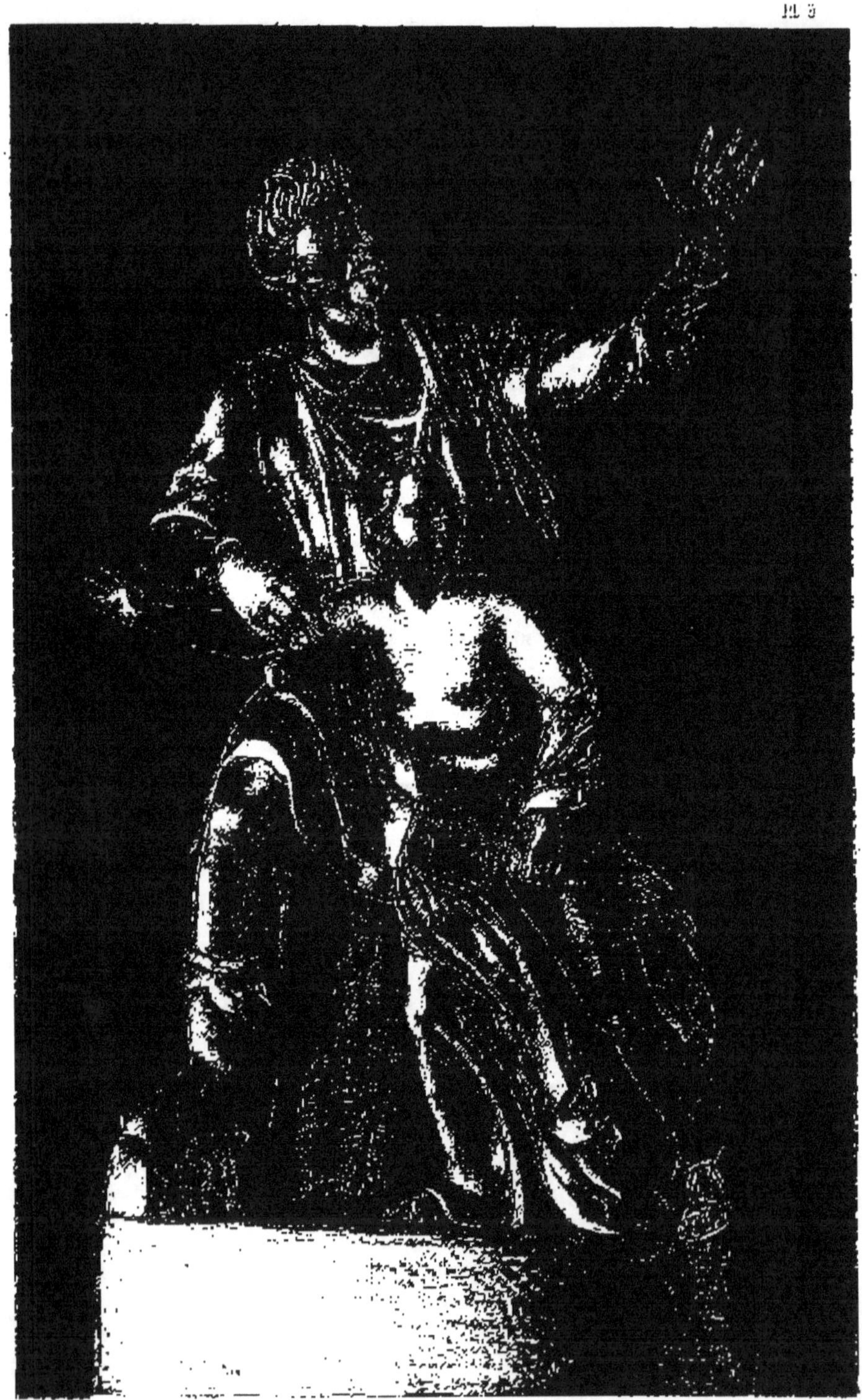

Imp. Lemercier & Cie Paris.

LE PÉDAGOGUE DE SOISSONS

Cérès, la déesse des germes terrestres. Jupiter, le maître de la foudre, représentait le feu du ciel. Minerve passait pour être la mère d'Apollon, d'après Cicéron et Clément d'Alexandrie. Mercure, selon Macrobe, était une personnification du soleil, et les ailes de sa coiffure et de ses pieds indiquaient la rapidité de la course de cet astre, de même que son caducée signifiait les forces génératrices dont *Hêlios* était la source. Hercule enfin, ce grand redresseur de torts qui délivra Prométhée et dont nous ne pouvons ici étudier la fable si curieuse et si sublime, naquit des amours de Jupiter et d'Alcmène, symbolique incarnation humaine du grand maître des cieux.

Les souverains pontifes romains eurent beau obscurcir, embarrasser, embrouiller les traditions si saines de ce peuple, malgré leurs distinctions subtiles, le Gaulois sut toujours à qui il s'adressait quand il vint à leur temple implorer le secours d'en haut.

On put élever chez lui des autels à la Bonne-Déesse (fig. 402), à Jupiter, à Cérès, qui enseigna à Triptolème l'art de labourer la terre ; à Mars, à Vénus, à Mercure, à Castor, à Pollux, les dieux de la fraternité ; à Isis, près de Saint-Germain-des-Prés ; à Mithra, encore une personnification solaire ; à Auguste, à Claude, à la déesse Rome[1] elle-

1. Par le seul exemple de Paris, on peut juger de l'hospitalité que la Gaule offrit bénévolement à tous les dieux des différentes religions du paganisme.

On sait que l'on trouva, en 1684, dans le jardin de M. Berrier, près de Saint-Eustache, une magnifique tête de Cybèle en bronze ; elle a été publiée par le P. dom Martin, à la page 42 de son tome II de *la Religion des Gaulois*, ainsi qu'une autre figure de la même déesse découverte au bas de la butte Montmartre.

Le culte d'Isis était en grand honneur dans cette même cité de Lutèce, et Corrozet fait la description d'une idole placée contre le mur septentrional de Saint-Germain-des-Prés, que fit abattre, en 1514, Guillaume Briçonnet, évêque de Meaux, abbé dudit Saint-Germain. Elle était, dit notre auteur, maigre, haute, droite et noire, pour son antiquité, nue, sinon avec quelque figure de linge enlacé entour ses membres. (*Id.* p. 136.)

Un bas-relief de Mithra, dit Sauval, fut découvert dans l'enclos des Carmélites, rue Notre-Dame-des-Champs ; il représentait le dieu, coiffé d'un bonnet phrygien, égorgeant un taureau, accosté de deux figures symbolisant le jour et la nuit, surmontées des deux chars de la Lune et du Soleil. Le musée du Louvre possède plusieurs bas-reliefs de ce même Mithra, qui font comprendre celui que nous indique ici Sauval ; ils portent comme inscription : *Deo Soli invicto Mithra.*

Un des autels trouvés à Notre-Dame était dédié à Jupiter et à Vulcain, un autre trouvé à Saint-Landri, cette fois, à Diane Lucifère, et le dernier enfin, dont on mit à jour les fragments près de celui d'Ésus, portait sculptées sur deux de ses faces les figures de Castor et de Pollux. L'amitié légendaire de ces deux frères explique l'amour des Gaulois pour leur fable sublime ; ils étaient les patrons-nés de l'antique *brodeure* des vieux Celtes.

même. Son vrai dieu resta toujours *Ésus*, le Jéhovah des Gaulois, comme l'appelle M. Henri Martin, Ésus, le Jupiter des navigateurs parisiens. Or, qu'était donc cet *Ésus,* si ce n'est le *C'huez,* le grand souffle, le *Spiritus* indien, le *spiraculum vitæ* de M. Chavée, le générateur par excellence, l'*Agni,* l'*Indra* de nos régions, en une seule et

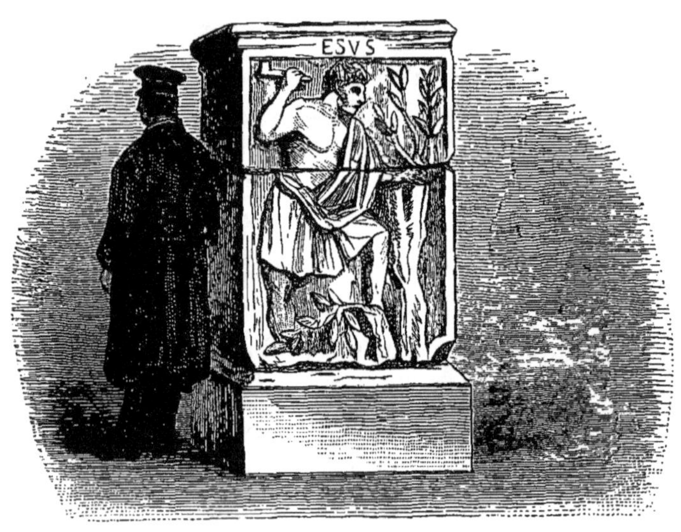

Fig. 403. — Autel gallo-romain d'Ésus, découvert, en 1711, dans des fouilles faites sous le chœur de Notre-Dame de Paris ; actuellement au Musée des Thermes, à l'hôtel de Cluny.

même personne (fig. 403)? (Voir Henri Martin, *Études d'archéologie celtique,* p. 285.)

Sur l'autel de Paris, il a comme symbole le taureau bienfaisant, dressé par lui pour les travaux de l'agriculture, si doux que les oiseaux du ciel viennent tranquillement se reposer sur sa croupe, le taureau sacré, qui, comme celui de Phrè, le Mnévis d'Égypte, *naturam inseminare dicatur,* ainsi que le rapporte Porphyre (fig. 404).

Ce culte du taureau, emblème du soleil, tout comme à Héliopolis, était général en Gaule. On trouve partout, dans notre sol, de petits taureaux de bronze. Le Père Martin prétend même que les Gaulois ne juraient leur grand serment que sur ces petites idoles d'airain. (*La Reli-*

gion des Gaulois, t. Ier, p. 55.) Tous les musées en regorgent, nous en donnons deux : l'un trouvé dernièrement à Carnac, et l'autre orné de trois cornes, découvert à Avrigny en 1756, légué à François-Xavier Chifflet, par le cardinal de Choiseul, actuellement au musée de Besançon (fig. 405).

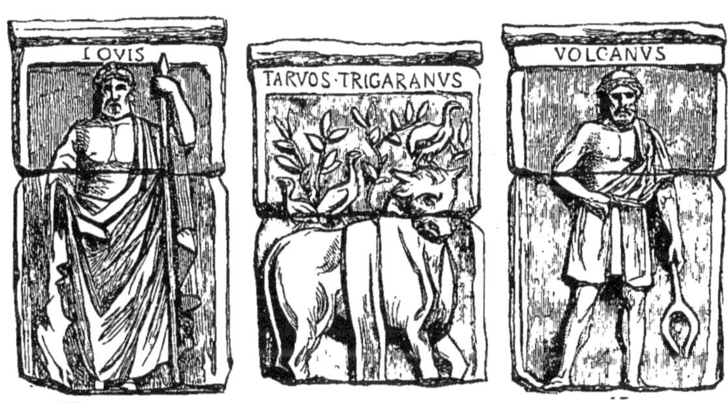

Fig. 404. — Autel gallo-romain du Musée de Cluny, trouvé, en 1711, sous le chœur de Notre-Dame de Paris. — Jupiter, Vulcain et le taureau aux trois grues (*Tarvos trigaranus*).

Les autels tauroboliques étaient de même innombrables chez nous, il y en a un presque en place dans la petite ville de Tain, près de Tournon ; un autre à Saint-Dié, dans la Drôme. Les musées de Lyon et de Vienne en possèdent de magnifiques, toujours ornés du fameux *Bucrane* (tête de bœuf) en relief. Enfin, au faubourg Saint-Marcel, on a découvert un bas-relief que le peuple a pris longtemps pour la représentation du monstre dompté par le saint évêque de Paris, et qui n'était qu'un autel taurobolique (fig. 406).

On a fait tellement de commentaires sur toutes ces pierres antiques, que nous n'osons ici entreprendre même la nomenclature des ouvrages publiés à ce sujet. Lorsque, le seizième jour de mars 1711, en creusant une cave au-dessous du chœur de MM. les chanoines, on trouva ces anciens autels qui figurent actuellement dans la salle des Thermes, au musée de Cluny, l'émoi fut grand dans le camp des antiquaires. Les archéologues de ce temps, MM. Baudelot, de Mautour, le baron de Leibniz, dom Bernard de Montfaucon, dom Alexis Lobineau, firent couler des flots d'encre pour expliquer, chacun à sa manière, ce mélange inconnu jusque-là de dieux gaulois et de divinités romaines. Depuis, les savants modernes ont continué à disserter sur ces sujets encore plus longuement que les anciens; nous

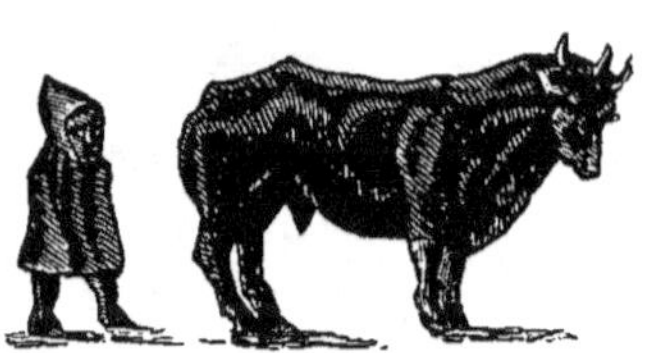
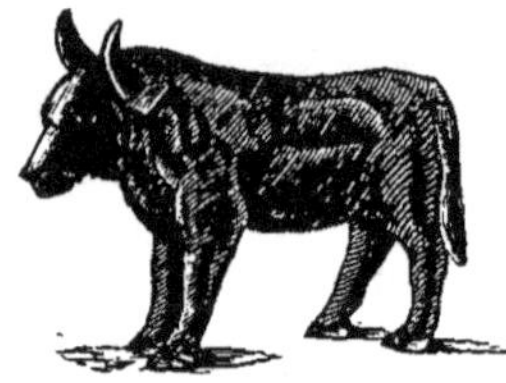

Fig. 405. — Taureau en bronze du Musée de Besançon. — Taureau en bronze trouvé à Carnac (Morbihan).

ne les imiterons pas. Contentons-nous ici d'une description nécessaire, et laissons le lecteur juger le problème selon son goût et sa manière de voir.

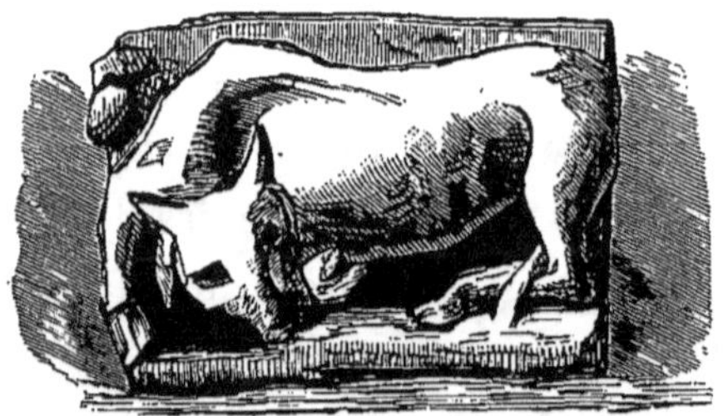
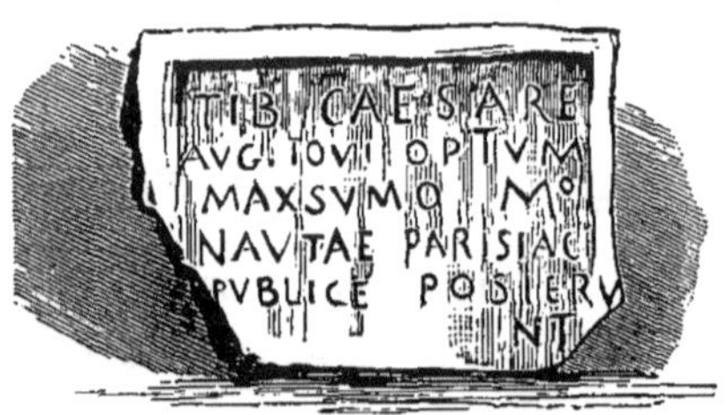

Fig. 406. — Taurobole de Saint-Marcel (Musée de Cluny). — Inscription des *Nautæ Parisiaci* (Musée des Thermes).

Le premier autel (fig. 403 et 404) est complet; il se compose de deux pierres superposées et forme un cippe carré dont les faces présentent des personnages sculptés en relief.

Sur la première face est la figure de Jupiter; le dieu est représenté debout; la partie gauche du corps est couverte d'une draperie, et dans la main droite est une pique sans fer. Au-dessus de la tête, on lit : IOVIS.

La seconde face représente la figure de Vulcain. Le dieu *du feu* est coiffé d'un bonnet de forgeron; il tient d'une main les tenailles et de l'autre le marteau. Au-dessus est l'inscription : VOLCANVS.

Sur la face opposée, l'on voit Ésus. Il a le bras droit levé et tient une hache dont il frappe un arbre, placé près de lui. Au-dessus est écrit : ESVS.

La quatrième face représente un taureau debout au milieu des feuillages ; il porte trois grues ; l'une est posée sur sa tête, et les deux autres sont sur son corps. Au-dessus on lit l'inscription : TARVOS TRIGARANVS. (*Catalogue du musée de Cluny*, p. 19.)

Le second de ces autels, bien plus mutilé que celui d'Ésus, représente des guerriers armés de boucliers longs, au-dessus desquels on lit les mots : EVRISES et SENANI V... ILOM (fig. 409) ; l'une des faces porte une inscription qui nous donne la date de l'érection de ces monuments. — D'après ce texte, le fait remonterait au règne de Tibère :

TIB. CÆSARE
AUG. IOVI OPTVM.
MAXSVMO MO.
NAVTÆ PARISIACI
PUBLICE POSIERV
NT.

M. de Guilhermy, dans ces *nautes parisiens* ainsi réunis en communauté, croit voir les ancêtres directs de nos échevins d'autrefois et de notre conseil municipal moderne.

Le grand autel de notre figure 407 a été trouvé dans les fouilles de Saint-Landri.

La première face représente une figure de Diane Lucifère, vêtue d'une tunique et tenant de la main droite un flambeau (fig. 408). Sur la seconde face est un guerrier couvert d'une tunique attachée sur l'épaule gauche. Il est coiffé d'un casque à cimier.

Sur la troisième face, on distingue un autre guerrier armé d'une cuirasse dont la ceinture est enrichie d'un dessin en relief (fig. 407). Cette cuirasse se termine, à son extrémité inférieure, par des lambrequins ornés. Sur le pectoral est une tête de Méduse ; le frontal du casque qui couvre la tête du personnage est surmonté d'une Chimère. Nous ne parlerons pas du troisième autel, il n'offre que des figures tout à fait indéchiffrables, tant la mutilation en est complète, non plus que de quelques autres fragments qui se voient au musée de Cluny, ainsi qu'à l'hôtel Carnavalet. Mais arrêtons-nous un instant au quatrième cippe de Castor et Pollux, sur lequel se distingue une

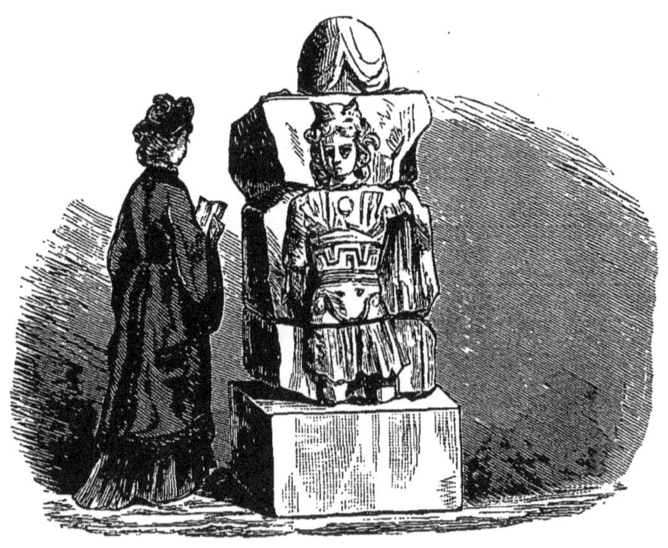

Fig. 407. — Autel trouvé dans les fouilles de Saint-Landri (Musée des Thermes, Hôtel de Cluny).

tête de dieu cornu fort singulière. Ce dieu se nomme CERNVNOS (fig. 409). Le Père dom Martin voit dans son nom deux radicaux celtiques : le *kern,* qui signifie *corne,* et le *unn* ou *onn*, qui voudrait dire lance ou *soc de charrue;* il le rapproche du « *Bacchus Sabazius*, fils de Proserpine et de Jupiter, qui, le premier, introduisit l'usage d'asservir les bœufs au joug de la charrue, d'où on avait pris occasion de le représenter avec des cornes » (p. 101, t. II).

C'est encore du naturalisme, et nous ne contredirons pas l'opinion du savant bénédictin, si lumineux dans ces obscures matières, d'autant plus que cette opinion se confirme quand on rapproche le *Cernunos* de Paris d'un autre bas-relief du musée de Reims représentant un autre dieu cornu, assis à l'orientale (fig. 410), au-dessus de deux animaux qu'il nourrit avec des graines sortant à flots d'une outre qu'il tient sous son bras droit. Un rat, figure de la destruction, se voit dans le fronton de ce bas-relief. On sait qu'au moyen âge on plaçait toujours au-dessous des saints triomphants la figure de leur ennemi vaincu. Au IVe siècle, on a donc bien pu sculpter l'antithèse de l'abon-

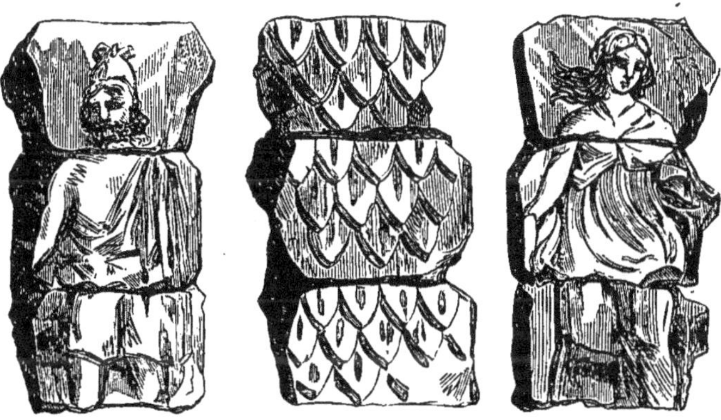

Fig. 408. — Autel dédié à Diane Lucifère, trouvé dans les fouilles de Saint-Landri (Musée de Cluny).

dance dans un autel élevé au père de l'agriculture, le dieu bienfaisant par excellence.

On voit, par tout ce qui précède, que l'idée d'une symbolisation permanente des forces vives de la nature se peut lire dans toutes les personnifications divines de la Gaule romaine.

La riche collection du musée de Moulins va nous montrer, par des statuettes plus intimes, la même pensée surnageant partout dans les moindres productions ayant trait à la mythologie gauloise de ce temps.

Dans les habitations même les plus vulgaires de nos ancêtres se trouvait à l'entrée une sorte de *Laraire* (fig. 411), petit sanctuaire où se plaçaient les images des dieux protecteurs de la famille et du foyer, des dieux aimés entre tous, — quelque chose comme ces petites niches que, dans certaines contrées, on rencontre dans les vaisseliers antiques, non loin de la table où se fait le repas de la maisonnée. —

Des coqs chantent dans les assiettes, des fleurs s'épanouissent au milieu des faïences, les brocs pendent au-dessus des plats ronds, les tasses brillent au milieu des aiguières de terre blanche et, dans le bois noir creusé, une niche s'enfonce, servant d'abri à la figure du saint patron de la paroisse : saint Nicolas, saint Mathurin, saint Jean, saint Herbot, saint Maclou, saint Hervé, saint Samson ou saint Pierre. — Souvent, c'est une vierge caressant son divin fils, œuvre

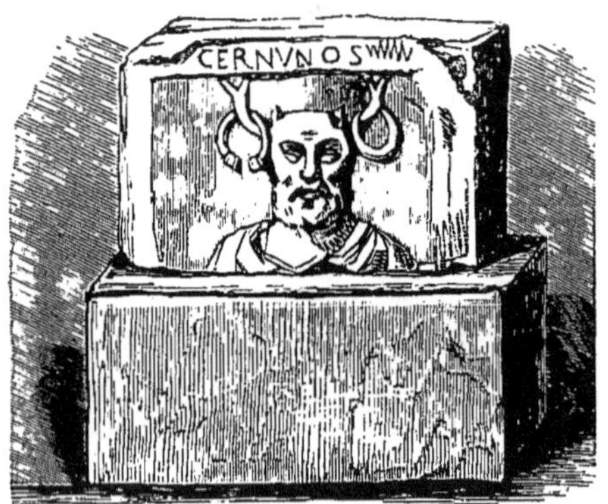

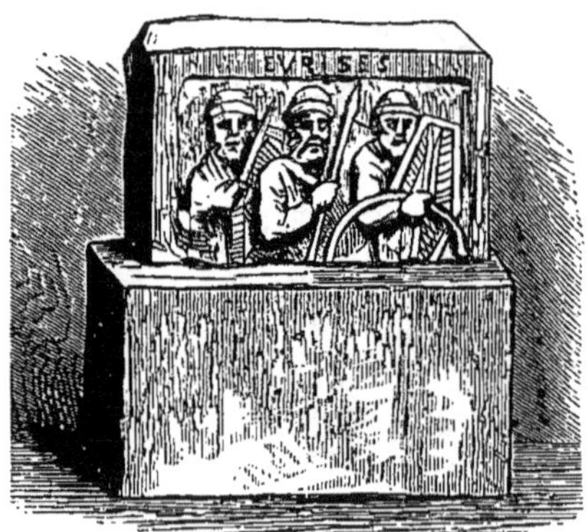

Fig. 409. — Autels du chœur de Notre-Dame de Paris. — *Cernunos*, le dieu cornu. — Euriscs, les guerriers parisiens.

grossière émaillée de bleu, de vert, de jaune ou de rouge, qui prend la place du *Genius loci*.

Savez-vous ce que mettaient, dans leurs niches sacrées, les paysans du IVe siècle? Une Vénus. Mais non pas l'impudique amante du dieu Mars, ou l'épouse adultère d'Anchise, celle qu'on adorait à Amathonte, à Lesbos, à Paphos ou ailleurs; — mais bien la *Venus Genitrix* (fig. 412), qui donnait aux mères vertueuses des enfants d'une beauté surprenante; la Vénus fécondante, qui d'une main tord sa chevelure et, souvent, de l'autre indique les sources de la vie. — Le nombre de statuettes de cette déesse trouvées en Gaule est incroyable. Le seul musée de Moulins en possède à lui seul au moins vingt exemplaires.

Parfois les nôtres remplaçaient la mère de l'Amour par une sage

LA VÉNUS D'ARLES

(Pl. 10.)

MARBRE DE PAROS (époque grecque)

trouvé à Arles, en 1651 ; offert par la ville à Louis XIV.

La tête est celle de la statue, mais rapportée; restauration exécutée par Girardon.

MUSÉE DU LOUVRE

Pl. 10

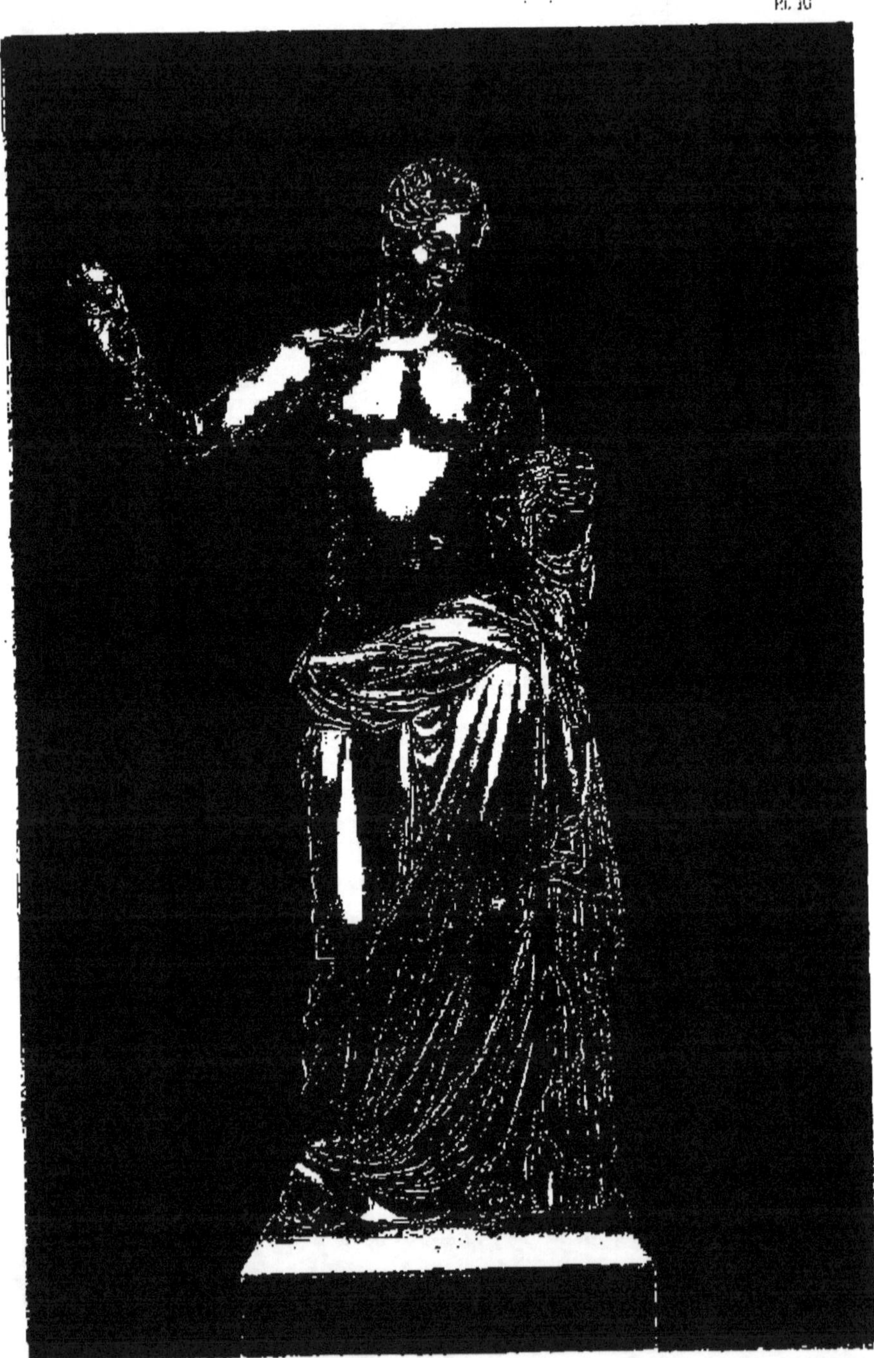

Imp. Lemercier & Cie Paris

Boucher Chromolith.

LA VENUS D'ARLES

Minerve, celle dont était né le dieu Soleil, le blond Phœbus, ou par un symbole de la jeunesse (fig. 413), ou par une figure de l'Agriculture, montée sur un petit cheval d'une originalité sans égale, ou par les statuettes groupées du mariage : deux époux s'embrassant avec tendresse (fig. 414).

Mais la grande déesse que l'on trouve surtout dans les fouilles de ces modestes villas, c'est la *mère* (fig. 414 et 415), la vraie *mère*,

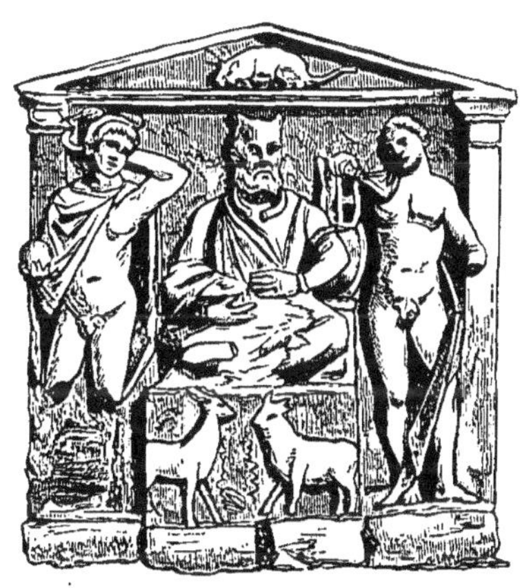

Fig. 410. — Autel de Cernunos, le dieu cornu (Musée lapidaire de la ville de Reims).

qui offre son sein pur à deux enfants qu'elle enlace doucement dans ses bras.

Maya, dans l'Inde, était le principe féminin universel, la vierge, mère du Bouddha. (*La Science des religions,* d'Émile Burnouf, p. 107.)

Avant l'apparition du christianisme, nous eûmes en Gaule un culte pour cette mère. Nous ne parlerons pas de l'autel des druides : *Virgini pariturœ;* nos figures nous prouvent plus que de raison la foi qu'avait la Gaule dans cette sublime personnification de la famille.

L'Inde ancienne des *Védas,* la religion primitive naturelle, avait survécu à toutes les mythologies impériales et romaines.

Le terrain, on le voit, était tout préparé pour une révélation plus sublime : le christianisme pouvait venir; sans presque rien changer à ses croyances. Le Celte était pour ainsi dire initié aux dogmes sacrés qu'il apportait, et son cœur s'ouvrait déjà tout grand pour ouïr la bonne nouvelle, Εὐαγγέλιον, l'Évangile.

Il est un autre dieu, bien plus naturel encore que tous les autres,

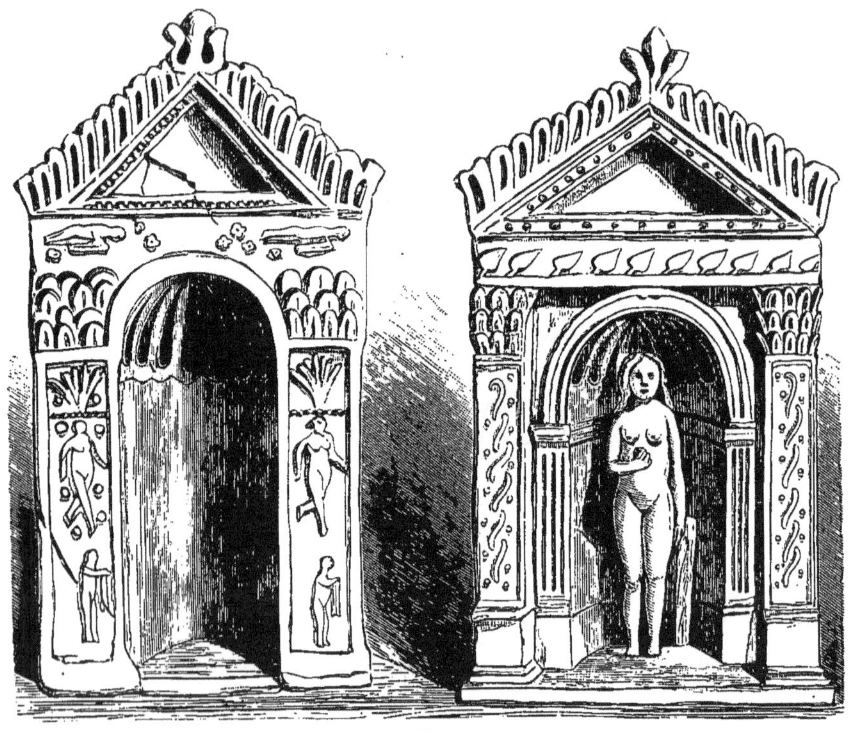

Fig. 411. — Niche (*laraire*) découverte au Champ-Larry (Allier). — Vénus trouvée à Néris (Collection Tudot, Musée de Moulins).

qui, celui-là, n'a rien de romain, d'indien ni d'oriental, et qu'on rencontre presque partout mêlé aux Vénus, aux Minerves, aux Isis, aux Mayas des vieux Gaulois du temps jadis. C'est le *dieu Rire* (fig. 416).

La collection Tudot en possède des variétés innombrables. — Ah! c'est que le *rire* était bien le fond de notre caractère national; c'est que le *rire*, vous le trouverez toujours en France à toutes les époques, et que le mot *joie*, qui ne dérive chez nous d'aucune langue voisine, était une chose éminemment gauloise. « Dites-moi ce que vous buvez, et je vous dirai qui vous êtes, » écrivait jadis un vieux professeur de Touraine. Or, nous buvons le vin, nous autres ; non pas ce jus cuit des Romains, ou cette liqueur onctueuse des Espagnols, mais le bon vin clair et limpide, qui met en humeur gaie tous les esprits et réchauffe le sang de nos veines. Devant Auguste vainqueur et déifié,

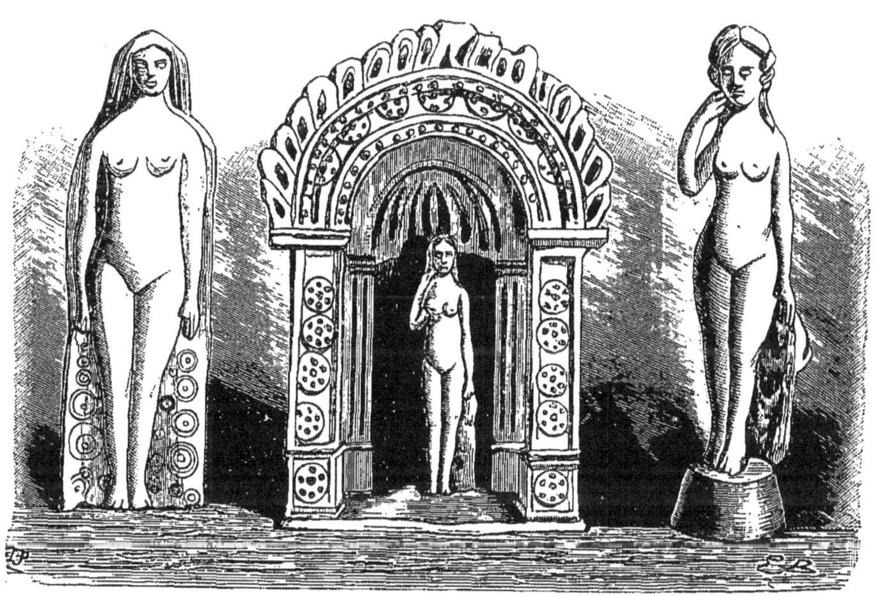

Fig. 412. — Laraire de Moulins. — Statues de Vénus Anadyomène, déesse de la génération et de la beauté, provenant de Saint-Bonnat, près de Moulins (Collection Tudot).

placer le rire était bien le fait de la terre qui devait plus tard voir naître Rabelais.

Humez donc le piot, Ventre-Saint-Quenet, mes gaillards. Esbaudissez-vous, mes amours ; et gaiement vivez tout à l'aise de corps. Vous avez ri de la sottise des grands et des ambitions des parvenus ; vous avez souffleté de vos sarcasmes les rois, les empereurs et bien d'autres choses ; vous avez ri au nez d'Alexandre le Grand lui-même, souvenez-vous donc et restez Gaulois de sang. Le jour où il ne rira plus, le Français mourra de male mort, car le rire est à l'homme ce que le rayon de soleil est à la nature.

Nous venons de passer en revue les manifestations diverses de la nation gauloise quand elle se retrouva vivante, quand elle sentit à nouveau battre son cœur, à l'époque calme et pacifique des Antonins.

Nous avons essayé d'esquisser à grands traits les principaux caractères de cette première Renaissance, si splendide et si grandiose.

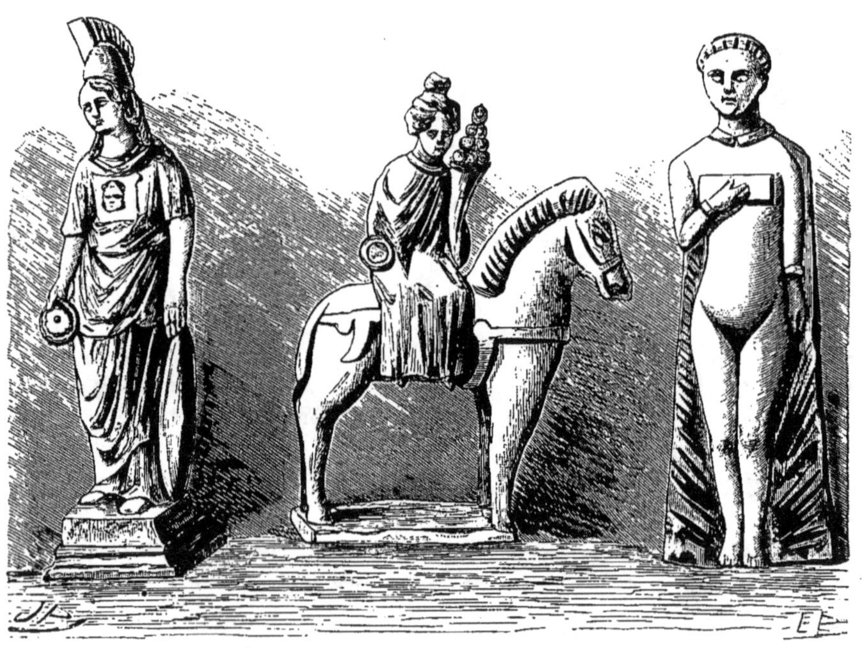

Fig. 413. — Statuette de Minerve de Vichy. — Déesse *maire* Abondance, protectrice des champs. — Déesse de la jeunesse. (Collection Tudot, Musée de Moulins.)

De toute cette étude rapide, que pouvons-nous conclure? — Que la veille de l'invasion des vrais barbares et de l'effondrement de l'empire des césars, la NATION, comme disaient nos pères de 1789, avait pris une place honorable entre toutes, dans le grand concert de la civilisation humaine.

Qu'était la Gaule, en effet, au commencement du IVe siècle? Quel aspect offraient nos campagnes et nos cités? D'immenses villes couvraient notre sol. A travers les larges rues couraient des troupes d'étudiants se rendant aux écoles. Sur les places s'élevaient partout de gracieux temples entourés d'une sorte de cloître où se promenaient en souriant entre eux des augures, guettant les rares clients que leur envoyait de temps à autre la Providence. — Au-dessus se dressaient de vastes arènes vers lesquelles se ruaient d'innombrables specta-

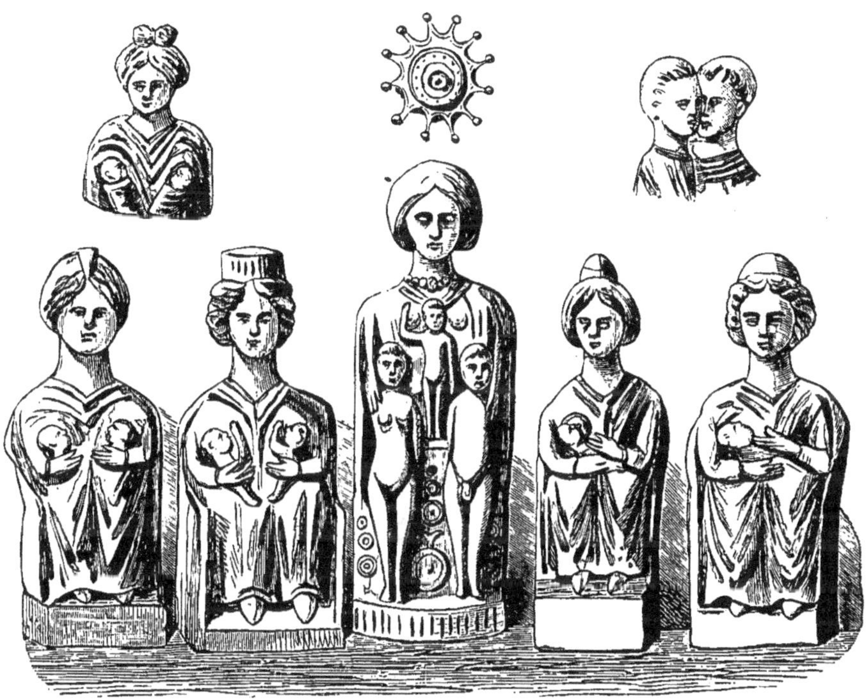

Fig. 414. — Déesses mères avec un ou deux enfants (Collection Tudot.) — Groupe du mariage (fragments). — Statuette de la déesse mère, protectrice de la famille ; types de Rouen et de Montpellier (Musée de Moulins).

teurs, émus déjà par les rugissements des bêtes fauves enfermées sous les sombres voûtes. Plus loin s'allongeaient des cirques, vides à cette heure, où s'exerçaient de nombreux cochers, debout sur leurs petits chars, fouettant leurs coursiers rapides et les animant de la voix. Dans le flanc des collines s'enfonçaient les gradins d'un théâtre recouvert des grandes bandes du *velarium* parfumé qu'agitait une brise légère. Au loin l'on entendait, à travers les arcades ouvertes des galeries supérieures, un peuple qui applaudissait les nobles vers des grands tragiques grecs lancés par les voix sonores des acteurs. A la porte de ces villes, vaste ouverture flanquée de grosses tours rondes, quelques guerriers revêtus de cuirasses dorées, le casque empanaché sur la tête, regardaient d'un œil indifférent passer les colons qui, coiffés du petit capuchon brun des montagnards, arrivaient au marché poussant

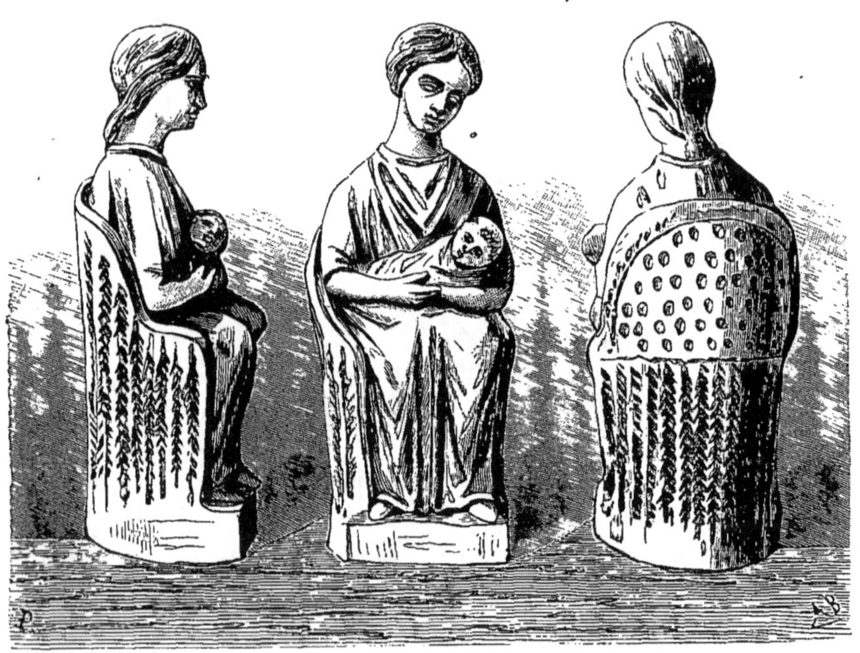

Fig. 415. — Déesse mère, type particulier à l'Allier (Musée de Moulins).

devant eux de grands bœufs roux qui traînaient placidement les charrettes où s'entassaient, au milieu des produits de la ferme, les enfants et les femmes. Quelques voitures légères croisaient ces lourds attelages : celles des magistrats, des préfets, des consuls, des maîtres, des offices, des chefs du corps municipal, tous maintenant enfants du pays, qui se rendaient à leur maison des champs où les attendaient de nombreux amis. Là, vers le soir, après le jeu de paume et le bain dans les vastes salles seigneuriales, en compagnie de femmes parées de colliers de pierres précieuses qui, dit Sidoine Apollinaire, partageaient leur temps entre les travaux d'aiguille et la lecture, on se reposait en causant littérature, en faisant des vers, en écoutant le récit des matrones, les exploits des chasseurs ou le babil aimé des petits enfants[1].

L'amour de l'art avait envahi littéralement tout ce peuple; nous avons vu ses essais de sculpture, ses bronzes si recherchés du Romain,

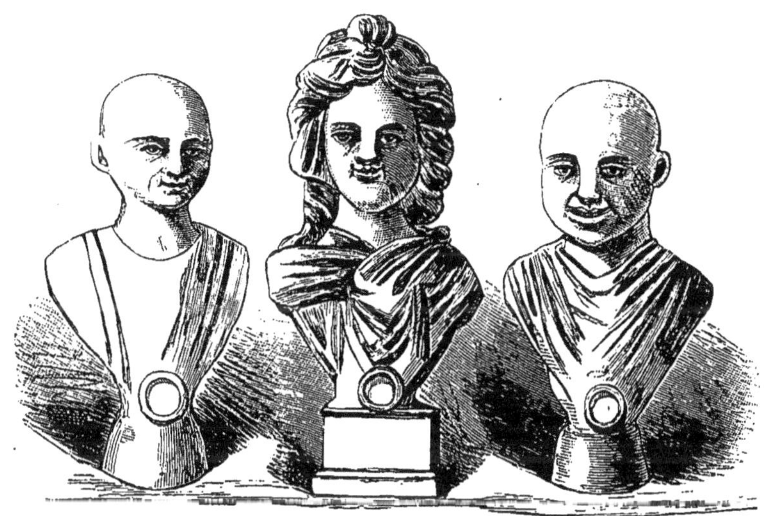

Fig. 416. — Le dieu Rire ; statuettes du Musée de Moulins.

ses poteries délicieuses entourées de gracieux feuillages façonnés d'une main habile, couvertes d'inscriptions éloquentes, pleines

1. Rien n'est fantaisiste dans cette description ; lisez M. Fustel de Coulanges, p. 307, dans son *Histoire des institutions politiques de l'ancienne France ;* il y décrit, d'après Sidoine Apollinaire, ces demeures superbes, vastes, immenses, véritables châteaux, *castella,* qui renferment plusieurs appartements, des salles de réception, des thermes, des portiques où l'on étale les images des ancêtres avec les insignes des hautes fonctions qu'ils ont remplies. Là, les Gallo-Romains, civilisés bien plus qu'on paraît le penser, vivent en partageant leur temps entre les soins de l'exploitation rurale et les plaisirs de la chasse ou de la littérature. On cause, on fait des vers, on s'écrit, on s'informe des affaires publiques; la vie est large, opulente; il y a surtout un grand luxe de serviteurs et de chevaux. « Ils aiment la chasse, les chevaux, la danse, ajoute-t-il plus loin, les jeux de paume et les dés, les conversations élégantes, les repas en compagnie de quelques amis, le chant, la musique, les vers et les beaux discours; quant à des débauches et à des plaisirs grossiers, il n'en est jamais question. Sidoine parle des femmes de la plus haute classe, il les montre partageant leur temps entre les travaux d'aiguille et la lecture, car elles ont des bibliothèques et elles lisent. Il ne paraît pas en connaître dont la conduite mérite le blâme. » (*Id.*, p. 314.)

d'humour et de fantaisie. Nous avons vu ses verreries si délicates, si fines, ses émaux enfin si colorés et si brillants. Tout s'épanouissait dans ces contrées rendues à elles-mêmes. On apprenait à sculpter les figures humaines, à écrire, choses pieusement défendues jusque-là. Les orateurs, les savants, les rhéteurs pullulaient dans les nouvelles villes. Rome elle-même, quittant les gymnases grecs, envoyait ses fils à Marseille, à Autun, à Bordeaux et à Saintes. Ausone, un poète, précepteur de Gratien, voyait son élève prendre la pourpre et se laissait nommer consul. — Notre langue se formait; devenant non pas latine, mais bien romane; parler si doux, que devaient illustrer plus tard tant de chefs-d'œuvre dédaignés d'abord, aujourd'hui si recherchés, depuis qu'on a su les comprendre.

La Gaule s'illuminait — flamme nouvelle destinée à régénérer plus tard le monde corrompu par le vice italien, — quand tout à coup, dans ce calme, dans cette paix, dans cette gaieté, dans ce rire, tomba des bords du Rhin une troupe de bêtes fauves, guerriers immondes couverts de peaux d'ours et de veaux marins, les jambes cerclées d'innombrables lanières de cuir; brandissant, au-dessus de leurs têtes chevelues, où brillaient seuls des yeux couleur de mer orageuse, leurs fameuses haches, lourdes et terribles, qu'ils lançaient de loin à la face de l'ennemi, leurs harpons aigus bizarrement recourbés, ou leurs *skramasax* à lames empoisonnées.

Ils amenaient avec eux un roi, *koning*, héréditaire, proclamé solennellement dans le *mâl*, la grande assemblée des pilleurs, et triomphalement porté sur un bouclier.

Tout se courbait devant son autorité sacrée.

« Si l'on touche un des miens, je brûle tout le pays. » — « Si vous ne faites pas ce que j'ai dit, si vous résistez à ma volonté, je vais détruire tout ce qu'il y a de verdoyant, à une lieue autour de la cité, si bien que la charrue pourra y passer. »

Et l'on pilla les maisons, on détruisit les basiliques, on chercha l'or jusqu'au fond des tombeaux.

L'orgie devait durer plusieurs siècles, festins de Germains ou d'Allemands, si vous voulez, échappés de leurs tanières, où, dans des cornes de buffles, on vidait des fûts éventrés à coups de sabre. Le roi alors se levait et criait : « Je tuerais bien quelqu'un ici ! » Et les massacres recommençaient.

Nos fertiles campagnes, ravagées par ces monstres, furent désertées par les laboureurs patients. Nos villes si florissantes virent tout à coup disparaître les arts renaissants, et la Gaule, pour un temps, retomba dans la barbarie, livrée seule, hélas ! aux bras sanglants des soldats de la *Truste* de *Mérovée*.

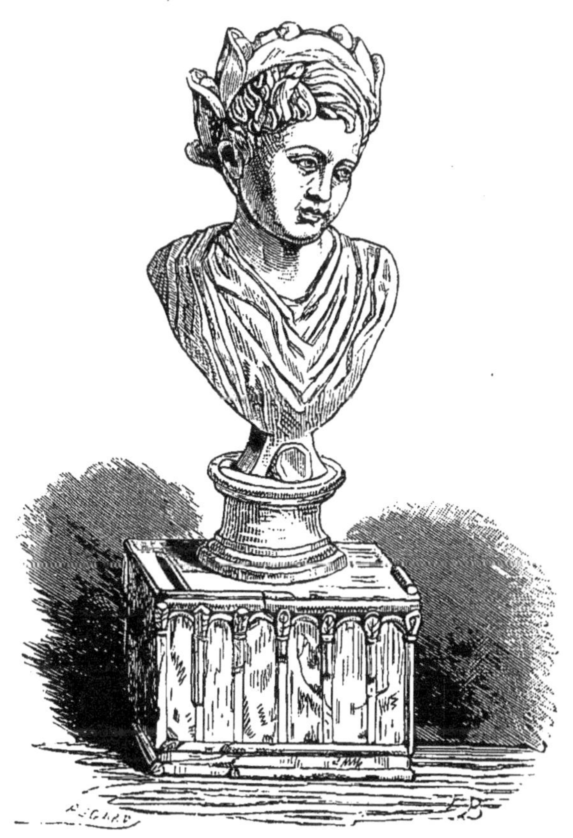

Fig. 417. — Buste du Rire, d'après une terre cuite trouvée à Vichy en 1858 (Musée de Moulins).

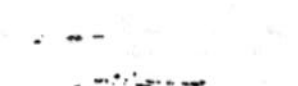

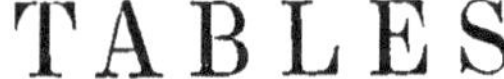

TABLES

PLANCHES CHROMOLITHOGRAPHIQUES

GRAVURES HORS TEXTE

GRAVURES DANS LE TEXTE

INTRODUCTION

CHAPITRE PREMIER

L'HOMME DES CAVERNES

PAYSAGES.

USTENSILES EN PIERRE.

USTENSILES ET PLAQUES GRAVÉES

EN BOIS DE RENNE OU EN IVOIRE.

CÉRAMIQUE. — PARURES.

CHAPITRE DEUXIÈME

L'HOMME DES DOLMENS

USTENSILES EN PIERRE.

GRAVURES ET ORNEMENTATION DES DOLMENS.

CÉRAMIQUE.

CHAPITRE TROISIÈME

LA GAULE INDÉPENDANTE

PAYSAGES.

CITÉS GAULOISES :

CIMETIÈRES DE LA MARNE :

MÉDAILLES.

ARMES ET HARNACHEMENTS.

COLLIERS, BRACELETS ET PARURES.

OBJETS GRECS TROUVÉS EN GAULE.

ORNEMENTATION.

CHAPITRE QUATRIÈME

LA CONQUÊTE

ARMES.

MÉDAILLES.

APPAREILS DE CONSTRUCTION.

STATUES ICONIQUES.

POTERIES ROMAINES.

VERRERIES ROMAINES.

CHAPITRE CINQUIÈME

LES GALLO-ROMAINS

COSTUMES.

GLADIATEURS ET COCHERS DU CIRQUE :

GUERRIERS ET CHASSEURS :

PAYSANS :

ARMES.

JOUETS D'ENFANTS.

CÉRAMIQUE.

ORNEMENTATION.

VERRERIES GALLO-ROMAINES.

BRONZES GALLO-ROMAINS.

BIJOUX.

TOMBEAUX.

TABLE DES MATIÈRES

CHAPITRE QUATRIÈME

LA CONQUÊTE

CHAPITRE CINQUIÈME

LES GALLO-ROMAINS

⁂

PARIS. — IMPRIMERIE Vve P. LAROUSSE ET Cie

19, rue Montparnasse, 19

—

Encres de la Maison Ch. Lorilleux

⁂

www.ingramcontent.com/pod-product-compliance
Lightning Source LLC
LaVergne TN
LVHW010517100826
845148LV00001B/26

* 9 7 8 2 0 1 2 5 6 6 7 0 5 *